LA QUESTION DU MOUVEMENT OUVRIER

Tome 2

Éditions du Sandre
57, rue du Docteur Blanche
75016 Paris

CORNELIUS CASTORIADIS

LA QUESTION DU MOUVEMENT OUVRIER

Tome 2

(ÉCRITS POLITIQUES, 1945-1997, II)

Édition préparée par
Enrique Escobar, Myrto Gondicas et Pascal Vernay

Éditions du Sandre

Avertissement

Le lecteur trouvera dans l'« Avertissement » du volume 1 des *Écrits politiques, 1945-1997* de Castoriadis le plan d'ensemble de la publication, ainsi que des explications sur les principes qui ont guidé cette édition. Rappelons toutefois que les notes de bas de page entre crochets obliques ou « brisés » – < > – ont été introduites par nous pour apporter des éclaircissements sur tel personnage, tel événement ou telle allusion de l'auteur, quand cela nous a semblé indispensable, et pour renvoyer à d'autres parties de l'œuvre ; tandis que les ajouts entre crochets carrés – [ ] – ont été introduits par l'auteur lors des rééditions en 1973, 1974 et 1979.

Rappelons enfin que les volumes *La Question du mouvement ouvrier* et *Quelle démocratie ?* de notre édition sont cités dans nos notes : *QMO* et *QD*, respectivement, avec mention éventuellement du tome correspondant.

E.E., M.G. et P.V.

LISTE DES SIGLES DES VOLUMES ET ARTICLES DE CASTORIADIS LE PLUS FRÉQUEMMENT CITÉS[1]

OUVRAGES PUBLIÉS DU VIVANT DE L'AUTEUR

SB, 1 : *La Société bureaucratique, 1 : Les Rapports de production en Russie*, Paris, UGE, « 10/18 », 1973 (rééd. en un vol., avec *SB, 2*, Christian Bourgois, 1990).

SB, 2 : *La Société bureaucratique*, 2 : *La Révolution contre la bureaucratie*, Paris, UGE, « 10/18 », 1973 (rééd. Christian Bourgois, 1990).

EMO, 1 : *L'Expérience du mouvement ouvrier, 1 : Comment lutter*, Paris, UGE, « 10/18 », 1974.

EMO, 2 : *L'Expérience du mouvement ouvrier, 2 : Prolétariat et organisation*, Paris, UGE, « 10/18 », 1974.

CMR, 1 : *Capitalisme moderne et révolution, 1 : L'Impérialisme et la guerre*, Paris, UGE, « 10/18 », 1979.

CMR, 2 : *Capitalisme moderne et révolution, 2 : Le Mouvement révolutionnaire sous le capitalisme moderne*, Paris, UGE, « 10/18 », 1979.

CS : *Le Contenu du socialisme*, Paris, UGE, « 10/18 », 1979.

SF : *La Société française*, Paris, UGE, « 10/18 », 1979.

IIS : *L'Institution imaginaire de la société*, Paris, Seuil, 1975 (rééd. « Points Essais », 1999).

CL, 1 : *Les Carrefours du labyrinthe*, Paris, Seuil, 1978 (rééd. « Points Essais », 1998).

DG, 1 : *Devant la guerre. 1. Les réalités*, Paris, Fayard, 1981.

DDH : *Domaines de l'homme (Les Carrefours..., 2)*, Paris, Seuil, 1986 (rééd. « Points Essais », 1999).

MM : *Le Monde morcelé (Les Carrefours..., 3)*, Paris, Seuil, 1990 (rééd. « Points Essais », 2000).

1. Nous ne donnons ici que les sigles utilisés par Castoriadis lui-même, ou bien par nous dans des renvois en note de bas de page à d'autres parties de l'œuvre.

MI : *La Montée de l'insignifiance (Les Carrefours…, 4)*, Paris, Seuil, 1996 (rééd. « Points Essais », 2007).

FF : *Fait et à faire (Les Carrefours…, 5)*, Paris, Seuil, 1997 (rééd. « Points Essais », 2008).

PUBLICATIONS POSTHUMES

FP : *Figures du pensable (Les Carrefours…, 6)*, Paris, Seuil, 1999 (rééd. « Points Essais », 2009).

SPP : *Sur* Le Politique *de Platon* (séminaires EHESS, 1986; éd. P. Vernay), Paris, Seuil, 1999.

SV : *Sujet et vérité dans le monde social-historique* (séminaires 1986-1987; éd. E. Escobar et P. Vernay), Paris, Seuil, 2002.

CQFG, 1 : *Ce qui fait la Grèce. 1. D'Homère à Héraclite* (séminaires 1982-1983; éd. E. Escobar, M. Gondicas et P. Vernay), Paris, Seuil, 2004.

SD : *Une société à la dérive. Entretiens et débats 1974-1997* (éd. E. Escobar, M. Gondicas et P. Vernay), Paris, Seuil, 2005.

FsCh : *Fenêtre sur le chaos* (éd. E. Escobar, M. Gondicas et P. Vernay), Paris, Seuil, 2007.

CEL : *La Cité et les lois (Ce qui fait la Grèce, 2)* (séminaires 1983-1984; éd. E. Escobar, M. Gondicas et P. Vernay), Paris, Seuil, 2008.

ThFD : *Thucydide, la force et le droit (Ce qui fait la Grèce, 3)* (séminaires 1984-1985; éd. E. Escobar, M. Gondicas et P. Vernay), Paris, Seuil, 2011.

ARTICLES

CFP : « La concentration des forces productives » (inédit, mars 1948; *SB, 1*, p. 101-114).

PhCP : « Phénoménologie de la conscience prolétarienne » (inédit, mars 1948; *SB*, 1, p. 115-130).

SB : « Socialisme ou barbarie » (*S. ou B.*, n° 1, mars 1949; *SB, 1*, p. 135-184).

RPR : « Les rapports de production en Russie » (*S. ou B.*, n° 2, mai 1949; *SB, 1*, p. 205-282).

DC I-II : « Sur la dynamique du capitalisme » (*S. ou B.*, n°s 12 et 13, août 1953 et janvier 1954).

SIPP : « Situation de l'impérialisme et perspectives du prolétariat » (*S. ou B.*, n° 14, avril 1954; *CMR, 1*, p. 375-435).

CS I : « Sur le contenu du socialisme » (*S. ou B.*, n° 17, juillet 1955; *CS*, p. 67-102).

CS II : « Sur le contenu du socialisme » (*S. ou B.*, n° 22, juillet 1957; *CS*, p. 103-221).

CS III : « Sur le contenu du socialisme » (*S. ou B.*, n° 23, janvier 1958; *EMO, 2*, p. 9-88).

RPB : « La révolution prolétarienne contre la bureaucratie » (*S. ou B.*, n° 20, décembre 1956; *SB, 2*, p. 267-338).

PO I-II : « Prolétariat et organisation » *(S. ou B.*, nos 27 et 28, avril et juillet 1959; *EMO, 2*, p. 123-248).

MRCM I, II et III : « Le mouvement révolutionnaire sous le capitalisme moderne » (*S. ou B.*, nos 31, 32 et 33, décembre 1960, avril et décembre 1961; *CMR, 2*, p. 47-258).

RR : « Recommencer la révolution » (*S. ou B.*, n° 35, janvier 1964, *CMR, 2*, p. 307-365).

RIB : « Le rôle de l'idéologie bolchevique dans la naissance de la bureaucratie » (*S. ou B.*, n° 35, janvier 1964; *EMO, 2*, p. 385-416).

MTR I *à* V : Marxisme et théorie révolutionnaire (*S. ou B.*, nos 36 à 40, avril 1964 à juin 1965; *IIS*, p. 13-230).

IG : « Introduction » à *SB, 1* (p. 11-61).

HMO : « La question de l'histoire du mouvement ouvrier » (*EMO, 1*, p. 11 à 120).

I

LE CONTENU DU SOCIALISME

On trouvera dans ce chapitre les pages 47-260 de l'ouvrage Le Contenu du socialisme, *Paris, UGE, « 10/18 », 1979 (où étaient repris trois textes publiés entre 1952 et 1957 dans* S. ou B. *et un autre publié en 1961 dans la revue anglaise* International Socialism*). Son « Introduction » ainsi que les p. 261-411 sont publiées dans le volume* Quelle démocratie ? *de notre édition. Le dernier texte, « Transformation sociale et création culturelle », a déjà été réédité par nos soins dans un nouvel ensemble plus spécialement consacré aux problèmes culturels,* Fenêtre sur le chaos, *Paris, Seuil, 2007.*

Bien que Castoriadis ait donné le même titre à plusieurs textes de 1955-1958, il ne faut pas croire qu'il s'agit de parties successives d'un seul et même ensemble : « Sur le contenu..., I » est parfois une première version de thèmes entièrement repris plus tard, de même que « Sur le contenu..., III » n'est pas une simple suite du « II ». Castoriadis a d'ailleurs préféré, lors de la réédition en « 10/18 », intégrer ce dernier texte (voir plus bas, p. 193-247), dans EMO, 2 (p. 9-88), puisqu'il concerne essentiellement les rapports entre les contradictions de l'organisation de l'entreprise capitaliste et les formes d'organisation, de conscience et de lutte ouvrières. Celui que nous avons placé en annexe dans ce chapitre (mais qui est chronologiquement le premier), « Le programme socialiste », a été publié dans le n° 10 (juillet 1952, p. 1-9) de la revue. L'emprise des conceptions marxistes traditionnelles est évidente: il y est dit en particulier qu'il est « plus que jamais nécessaire de réaffirmer l'idée de la dictature du prolétariat », « dictature illimitée que le prolétariat exerce contre les classes qui lui sont hostiles ». Y sont par contre clairement affirmées la critique de la monopolisation des fonctions de direction par le « parti révolutionnaire », la nécessité de l'« exercice total du pouvoir politique et économique » par les organismes soviétiques, la nécessité de la gestion de l'économie par les producteurs, celle aussi de l'appropriation de la culture par le prolétariat et surtout de la création d'éléments culturels nouveaux : « La création culturelle du passé ne pourra être utilisée par le prolétariat dans sa lutte pour la construction d'une nouvelle forme de société qu'à la condition d'être en même temps transformée et intégrée dans une totalité nouvelle. » L'auteur insiste sur la nécessité de « formuler d'une manière beaucoup plus précise que par le passé » le programme socialiste, et cela parce que les deux éléments essentiels du programme traditionnel, nationalisation et planification, d'une part, et dictature du parti comme expression de la dictature du prolétariat, d'autre part, sont devenus « les bases programmatiques du capitalisme bureaucratique ». De là la nécessité de définir le socialisme de façon positive et concrète (comme gestion ouvrière) et non pas de façon négative et abstraite (comme abolition de la propriété privée et planification en général).

Quant au deuxième texte consacré au programme (le premier dans ce chapitre), « Sur le contenu du socialisme, I » (1955), s'il s'agit en un sens, comme le signalera l'auteur en 1957, d'une première version de CS II, il est sans doute plus que cela. Il résume d'abord de façon excellente l'analyse de la bureaucratie des pays de l'Est que fait le groupe, puis présente une première formulation de certaines idées sur la gestion ouvrière de la production développées dans le texte de 1957 qui ne sont pas toutes reprises telles quelles par la suite (ce qui ne veut pas dire que l'auteur y ait forcément renoncé), insistant en particulier sur le « gaspillage immense » suscité aussi bien par l'opposition des producteurs au système que par le « manque à gagner résultant de la neutralisation de l'inventivité et de la créativité de millions d'individus ». Il y est également dit, ce qui n'était certainement pas courant dans certains milieux dans les années 50, que l'aliénation dans la société capitaliste ne concerne pas seulement le domaine économique mais « l'ensemble des sphères d'activité sociale » : « elle ne se manifeste pas seulement à propos de la production de la vie matérielle, mais affecte fondamentalement aussi bien la fonction sexuelle que la fonction culturelle de l'homme. »

« Le contenu du socialisme, II » a été probablement le texte publié dans la revue qui a eu la plus large diffusion dans d'autres pays avant même sa reprise en volume par Castoriadis. Une version anglaise fut donnée en 1972 par le groupe Solidarity *de Londres, sous le titre :* Workers' Councils and the Economics of a Self-Managed Society, *traduction de « Maurice Brinton » (Christopher Pallis). Cette version a servi de base aux traductions publiées en Allemagne en 1974 (*Arbeiterräte und selbstverwaltete Gesellschaft, *Franfkfurt a. M., Neue Kritik) et en Espagne en 1976 (sous le nom de « Paul Cardan » :* Los Consejos obreros y la economía en una sociedad autogestionaria, *Bilbao, Editorial Zero). Le texte fut sans doute lu très attentivement*

*en Italie par certains acteurs de ce qui deviendra l'*operaismo *(voir, par exemple, « Sull'uso capitalistico delle macchine » de Raniero Panzieri dans* Quaderni rossi, *n° 1, 1961, p. 53-72). Certaines de ses idées (la critique de la technologie capitaliste, l'idée d'une « automatisation » possible de certaines fonctions de direction de l'économie) ont également eu, directement ou indirectement, une postérité que nous ne pouvons pas retracer ici. Il y a un point – important, certes –, sur lequel Castoriadis a modifié (dès 1963, dans « Recommencer la révolution ») sa position : « Le contenu..., II » présente comme une évidence qu'il y a un privilège historique du prolétariat industriel. Castoriadis revient à plusieurs reprises dans le volume* Quelle démocratie? *de notre édition sur les problèmes que posent à l'idée d'une démocratie des conseils aussi bien le recul numérique de la classe ouvrière que le fait que l'entreprise n'est plus le lieu privilégié de la socialisation dans la société contemporaine – sans renoncer pourtant à cette idée. La principale modification de l'édition « 10/18 », par rapport au texte publié dans la revue, concerne un certain nombre de notes, parfois longues, dont Castoriadis estimait à juste titre qu'elles touchaient à des problèmes de substance et étaient plus à leur place dans le corps du texte (elles ont été incluses, en général, entre parenthèses).* The Meaning of Socialism *(« Ce que signifie le socialisme»), que* Solidarity *publia également comme brochure et qui eût aussi une diffusion considérable, résume et reformule à l'intention des lecteurs britanniques, tout en explicitant et développant certains points, ce qui a été dit dans les textes antérieurs.*

SUR LE CONTENU DU SOCIALISME, I[*]

DE LA CRITIQUE DE LA BUREAUCRATIE À L'IDÉE DE L'AUTONOMIE DU PROLÉTARIAT

Les idées exposées dans ce texte seront peut-être comprises plus aisément si on retrace le chemin qui nous y a conduits. En effet, nous sommes partis de positions où se situe nécessairement un militant ouvrier ou un marxiste à une étape donnée de son développement, donc que tous ceux à qui nous nous adressons ont partagé à un moment ou un autre ; et si les conceptions exposées ici ont une valeur quelconque, leur développement ne peut pas être le fait du hasard et de traits personnels, mais doit incarner une logique objective à l'œuvre. Décrire ce développement ne peut donc qu'accroître la clarté et faciliter le contrôle du résultat final[1].

Comme une foule de militants d'avant-garde, nous avons commencé par constater que les grandes organisations « ouvrières » traditionnelles n'ont plus une politique marxiste révolutionnaire ou ne représentent plus les intérêts prolétariens. Le marxiste arrive à cette conclusion en confrontant l'action de ces organisations (« socialistes » réformistes ou « communistes » staliniennes) avec la théorie qui est la sienne. Il voit les partis dits « socialistes » participer aux gouvernements bourgeois, exercer activement la répression des grèves ou des mouvements des peuples coloniaux, être champions de la défense de la patrie capitaliste, oublier même jusqu'à la référence à un régime socialiste. Il voit les partis « communistes » staliniens appliquer tantôt cette même politique

* *Note 1979* : *S. ou B.*, n° 17 (juillet 1955) <rééd. « 10/18 », *CS* (1979), p. 67-102>. Le texte était précédé de l'indication suivante : « Ce texte ouvre une discussion sur les problèmes programmatiques, qui sera poursuivie dans les prochains numéros de *Socialisme ou Barbarie.* »

1. Dans la mesure où cette introduction reprend brièvement l'analyse de divers problèmes déjà traités dans cette revue, nous nous sommes permis de renvoyer le lecteur aux textes correspondants publiés dans *Socialisme ou Barbarie.*

opportuniste de collaboration avec la bourgeoisie, tantôt une politique « extrémiste », un aventurisme violent sans rapport avec une stratégie révolutionnaire conséquente. L'ouvrier conscient fait les mêmes constatations sur le plan de son expérience de classe ; il voit les socialistes prodiguer leurs efforts pour modérer les revendications de sa classe et pour rendre impossible toute action efficace visant à les satisfaire, pour substituer à la grève des palabres avec le patronat ou l'État ; il voit les staliniens tantôt interdire rigoureusement les grèves (comme de 1945 à 1947) et essayer de les réduire même par la violence[1] ou les faire insidieusement avorter[2] ; tantôt vouloir imposer à la cravache la grève aux ouvriers qui n'en veulent pas parce qu'ils la perçoivent comme étrangère à leurs intérêts (comme en 1951-1952, avec les grèves « anti-américaines »). Hors de l'usine, il voit lui aussi les socialistes et les communistes participer aux gouvernements capitalistes, sans qu'il s'ensuive une modification quelconque dans sa condition ; et il les voir s'associer, aussi bien en 1936 qu'en 1945, lorsque sa classe veut agir et le régime est aux abois, pour arrêter le mouvement et sauver ce régime, en proclamant qu'il faut « savoir terminer une grève », qu'il faut « produire d'abord et revendiquer ensuite ».

Aussi bien le marxiste que l'ouvrier conscient, constatant cette opposition radicale entre l'attitude des organisations traditionnelles et une politique marxiste révolutionnaire exprimant les intérêts immédiats et historiques du prolétariat, pourront alors penser que ces organisations « se trompent » ou qu'elles « trahissent ». Mais, dans la mesure où ils réfléchissent, où ils apprennent, où ils constatent que réformistes et staliniens se comportent de la même manière jour après jour, qu'ils se sont comportés ainsi toujours et partout, autrefois, maintenant, ici et ailleurs, ils voient que parler de « trahison » et d'« erreurs » n'a pas de sens. Il ne pourrait s'agir d'« erreurs » que si ces partis poursuivaient les buts de la révolution prolétarienne avec des

1. La grève d'avril 1947 chez Renault, la première grande explosion ouvrière d'après-guerre en France, n'a pu avoir lieu qu'après une lutte physique des ouvriers avec les responsables staliniens.

2. Voir dans le n° 13 de *Socialisme ou Barbarie* (p. 34-46) la description détaillée de la manière dont les staliniens, en août 1953, chez Renault, ont pu « couler » la grève, sans s'y opposer ouvertement.

moyens inadéquats ; mais ces moyens, appliqués d'une façon cohérente et systématique depuis plusieurs dizaines d'années, montrent simplement que les buts de ces organisations ne sont pas les nôtres, qu'elles expriment des intérêts autres que ceux du prolétariat. Dire, du moment où l'on a compris cela, qu'elles « trahissent » n'a pas de sens. Si un commerçant, pour me vendre sa camelote, me raconte des histoires et essaie de me persuader que mon intérêt est de l'acheter, je peux dire qu'il me trompe, non pas qu'il me trahit. De même, les partis socialistes ou staliniens, en essayant de persuader le prolétariat qu'ils représentent ses intérêts, le trompent, mais ne le trahissent pas ; ils l'ont trahi une fois pour toutes, il y a longtemps, et depuis ce ne sont pas des traîtres à la classe ouvrière, mais des serviteurs conséquents et fidèles d'autres intérêts, qu'il s'agit de déterminer.

D'ailleurs, cette politique n'apparaît pas simplement constante dans ses moyens et dans ses résultats. Elle est incarnée dans la couche dirigeante de ces organisations ou syndicats ; le militant s'aperçoit rapidement et à ses dépens que cette couche est inamovible, qu'elle survit à tous les échecs et qu'elle se perpétue par cooptation. Que le régime intérieur de l'organisation soit « démocratique », comme chez les réformistes, ou dictatorial, comme chez les staliniens, la masse des militants ne peut absolument pas influer sur leur orientation, déterminée sans appel par une bureaucratie dont la stabilité n'est jamais mise en question ; car même lorsque le noyau dirigeant arrive à être remplacé, il l'est au profit d'un autre non moins bureaucratique.

À ce moment, le marxiste et l'ouvrier conscient se rencontrent presque fatalement avec le trotskisme[1]. Le trotskisme offre en effet une critique permanente, pas après pas, de la politique réformiste et stalinienne, depuis un quart de siècle, montrant que les défaites du mouvement ouvrier – Allemagne 1923, Chine 1925-1927, Angleterre 1926, Allemagne 1933, Autriche 1934, France 1936, Espagne 1936-1938, France et Italie 1945-1947 – sont dues à la politique des organisations traditionnelles, et que cette politique a été en rupture constante avec le marxisme. En même temps,

1. Ou avec d'autres courants d'essence analogue (bordiguisme, par exemple).

le trotskisme[1] offre une explication de la politique de ces partis à partir d'une analyse sociologique. Pour ce qui est du réformisme, il reprend l'interprétation qu'en avait donnée Lénine : le réformisme des socialistes exprime les intérêts d'une aristocratie ouvrière (que les sur-profits de l'impérialisme permettent à celui-ci de « corrompre » par des salaires plus élevés) et d'une bureaucratie syndicale et politique. Pour ce qui est du stalinisme, sa politique est au service de la bureaucratie russe, de cette couche parasitaire et privilégiée qui a usurpé le pouvoir dans le premier État ouvrier grâce au caractère arriéré du pays et au recul de la révolution mondiale après 1923.

C'est sur ce problème de la bureaucratie stalinienne que nous avons commencé, au sein même du trotskisme, notre travail de critique. Pourquoi sur celui-là en particulier, cela n'a pas besoin de longues explications. Tandis que le problème du réformisme paraissait réglé par l'histoire au moins sur le plan théorique, le réformisme devenant de plus en plus un défenseur ouvert du système capitaliste[2], sur le problème crucial entre tous, celui du stalinisme – qui est *le* problème contemporain par excellence et qui pèse dans la pratique d'un poids beaucoup plus grand que le premier –, l'histoire de notre époque apportait démenti après démenti à la conception trotskiste et aux perspectives qui en découlaient. La politique stalinienne s'expliquait pour Trotski par les intérêts de la bureaucratie russe, produit de la dégénérescence de la révolution d'Octobre. Cette bureaucratie n'avait aucune « réalité propre », historiquement parlant; elle n'était qu'un « accident », le produit de l'équilibre constamment rompu des deux forces fondamentales de la société moderne, le capitalisme et le prolétariat. Elle s'appuyait en Russie même sur les « conquêtes d'Octobre » qui avaient donné des bases socialistes à l'économie du pays (nationalisation, planification, monopole du commerce extérieur, etc.)

1. Chez ses représentants sérieux, qui se réduisent à peu près à Léon Trotski lui-même. Les trotskistes actuels, malmenés par la réalité comme jamais courant idéologique ne le fut, en sont à un degré tel de décomposition politique et organisationnelle qu'on ne peut rien en dire de concis.

2. En fin de compte, notre conception finale de la bureaucratie ouvrière amène aussi à réviser la conception léniniste traditionnelle sur le réformisme. Mais nous ne pouvons pas nous étendre ici sur cette question.

et sur le maintien du capitalisme dans le reste du monde ; car la restauration de la propriété privée en Russie signifierait le renversement de la bureaucratie au profit d'un retour des capitalistes, tandis que l'extension mondiale de la révolution détruirait cet isolement de la Russie – dont la bureaucratie était le résultat à la fois économique et politique – et déterminerait une nouvelle explosion révolutionnaire du prolétariat russe, qui chasserait les usurpateurs. De là le caractère nécessairement empirique de la politique stalinienne, obligée de louvoyer entre les deux adversaires et se donnant comme objectif le maintien utopique du *statu quo* ; par là même, obligée de saboter tout mouvement prolétarien dès que celui-ci mettait en danger le système capitaliste et aussi de surcompenser les résultats de ce sabotage par une violence extrême chaque fois que la réaction encouragée par la démoralisation du prolétariat tentait d'instaurer une dictature et de préparer une croisade capitaliste contre « les restes des conquêtes d'Octobre ». Ainsi, les partis staliniens étaient condamnés à une alternance d'aventurisme « extrémiste » et d'opportunisme.

Mais ni ces partis ni la bureaucratie russe ne pouvaient rester ainsi indéfiniment suspendus en l'air ; en l'absence d'une révolution, disait Trotski, les partis staliniens seraient de plus en plus assimilés aux partis réformistes et attachés à l'ordre bourgeois, tandis que la bureaucratie russe serait renversée, avec ou sans intervention militaire étrangère, au profit d'une restauration du capitalisme.

Trotski avait lié ce pronostic à l'issue de la Deuxième Guerre mondiale, qui, comme on sait, y a apporté un démenti éclatant. Les dirigeants trotskistes se sont donné le ridicule d'affirmer que sa réalisation était une affaire de temps. Mais pour nous, ce qui est devenu tout de suite apparent – déjà pendant la guerre –, c'est qu'il ne s'agissait pas et ne pouvait pas s'agir d'une question de délais, mais du *sens* de l'évolution historique, et que toute la construction de Trotski était, dans ses fondements, mythologique.

La bureaucratie russe a soutenu l'épreuve cruciale de la guerre en montrant autant de solidité que n'importe quelle autre classe dominante. Si le régime russe comportait des contradictions, il présentait aussi une stabilité non moindre que le régime américain ou allemand. Les partis staliniens ne sont pas passés du côté de l'ordre bourgeois, mais ont continué à suivre fidèlement (à part, certes, des défections individuelles comme il y en a dans tous les partis) la politique russe : partisans de la défense nationale dans les pays alliés de l'URSS, adversaires de cette défense dans les pays ennemis de l'URSS (y compris les tournants successifs du PC français en 1939, 1941 et 1947). Enfin, chose la plus importante et la plus extraordinaire, la bureaucratie stalinienne étendait son pouvoir dans d'autres pays; soit en imposant son pouvoir à la faveur de la présence de l'Armée russe, comme dans la plupart des pays satellites d'Europe et des Balkans, soit en dominant entièrement un mouvement confus des masses, comme en Yougoslavie (ou plus tard en Chine et au Vietnam), elle instaurait dans ces pays des régimes en tous points analogues au régime russe (compte tenu bien entendu des conditions locales), que de toute évidence il était ridicule de qualifier d'État ouvriers dégénérés[1].

On était donc dès ce moment obligé de chercher ce qui donnait à la bureaucratie stalinienne, en Russie aussi bien qu'ailleurs, cette stabilité et ces possibilités d'expansion. Pour le faire, il a fallu reprendre l'analyse du régime économique et social de la Russie. Une fois débarrassés de l'optique trotskiste, il était facile de voir, en utilisant les catégories marxistes fondamentales, que la société russe est une société divisée en classes, parmi lesquelles les deux fondamentales sont la bureaucratie et le prolétariat. La bureaucratie y joue le rôle de classe dominante et exploiteuse au plein sens du terme. Ce n'est pas simplement qu'elle est classe privilégiée, et que sa consommation improductive absorbe une part du produit social comparable (probablement supérieure) à celle qu'absorbe la consommation improductive de la bourgeoise dans les pays de capitalisme privé. C'est qu'elle commande souverainement l'utilisation du produit social total, d'abord en en déterminant la répartition en salaires et plus-value (en même temps qu'elle essaie d'imposer aux ouvriers les salaires les plus bas possible et d'en extraire le plus de travail possible), ensuite en déterminant la répartition de cette plus-value entre sa propre consommation

1. Voir la « Lettre ouverte aux militants du PCI », dans le n° 1 de *Socialisme ou Barbarie* (p. 90-101). [Maintenant dans *La Société bureaucratique, 1,* p. 185-204 <rééd. Bourgois, 1990, p. 145-158>.]

improductive et les investissements nouveaux, enfin en déterminant la répartition de ces investissements entre les divers secteurs de la production.

Mais la bureaucratie ne peut commander l'utilisation du produit social que parce qu'elle en commande la production. C'est parce qu'elle *gère* la production au niveau de l'usine qu'elle peut constamment obliger les ouvriers à produire davantage pour le même salaire; c'est parce qu'elle gère la production au niveau de la société qu'elle peut décider la fabrication de canons et de soieries plutôt que de logements et de cotonnades. On constate donc que l'essence, le fondement de la domination de la bureaucratie sur la société russe, c'est le fait qu'elle domine au sein des rapports de production; en même temps, on constate que cette même fonction a été de tout temps la base de la domination d'une classe sur la société. Autrement dit, à tout instant l'essence effective des rapports de classe dans la production est la division antagonique des participants à la production en deux catégories fixes et stables, dirigeants et exécutants. Le reste concerne les mécanismes sociologiques et juridiques qui garantissent la stabilité de la couche dirigeante; tels sont la propriété féodale de la terre, la propriété privée capitaliste ou cette étrange forme de propriété privée non personnelle qui caractérise le capitalisme actuel; tels sont en Russie la dictature totalitaire de l'organisme qui exprime les intérêts généraux de la bureaucratie, le parti « communiste », et le fait que le recrutement des membres de la classe dominante se fait par une cooptation étendue à l'échelle de la société globale[1].

Il en résulte que la nationalisation des moyens de production et la planification ne résolvent nullement le problème du caractère de classe de l'économie, ne signifient d'aucune façon la suppression de l'exploitation; elles entraînent certes la suppression des anciennes classes dominantes mais ne répondent pas au problème fondamental : qui dirigera maintenant la production, et comment? Si une nouvelle couche d'individus s'empare de cette direction, l'« ancien fatras » dont parlait Marx réapparaîtra rapidement; car cette couche

1. Voir « Les rapports de production en Russie », dans le n° 2 de *Socialisme ou Barbarie* (p. 1-66). [Maintenant, dans *La Société bureaucratique, 1,* p. 205-283 <rééd. Bourgois, 1990, p. 159-216>.]

utilisera sa position dirigeante pour se créer des privilèges, et pour augmenter et consolider ces privilèges, elle renforcera son monopole des fonctions de direction, tendant à rendre sa domination plus totale et plus difficile à mettre en question; elle tendra à assurer la transmission de ces privilèges à ses descendants, etc.

Relativement à l'argumentation de Trotski, pour qui la bureaucratie n'est pas classe dominante puisque les privilèges bureaucratiques ne sont pas transmissibles héréditairement, il suffit de rappeler : 1. que la transmission héréditaire n'est nullement un élément nécessaire de la catégorie classe dominante; 2. qu'en fait, le caractère héréditaire de membre de la bureaucratie (non pas, certes, de telle ou telle situation bureaucratique particulière) en Russie est évident; il suffit d'une mesure comme la non-gratuité de l'enseignement secondaire (établie en 1936) pour instaurer un mécanisme sociologique inexorable assurant que seuls des fils de bureaucrates pourront entrer dans la carrière bureaucratique. Qu'au surplus la bureaucratie veuille essayer (par des bourses d'études ou des sélections « au mérite absolu ») d'attirer à elle les talents qui naissent au sein du prolétariat ou de la paysannerie, non seulement ne contredit pas mais plutôt confirme son caractère de classe exploiteuse; des mécanismes analogues existent depuis toujours dans les pays capitalistes, et leur fonction sociale est de revigorer par du sang neuf la couche dominante, d'amender en partie les irrationalités résultant du caractère héréditaire des fonctions dirigeantes et d'émasculer les classes exploitées en en corrompant les éléments les plus doués.

Qu'il ne s'agit pas là d'un problème particulier à la Russie ou aux années 1920, il est facile de s'en apercevoir. Car le problème est posé à l'ensemble de la société moderne, indépendamment même de la révolution prolétarienne; il n'est qu'une autre expression du processus de concentration des forces productives. Qu'est-ce qui crée, en effet, la possibilité *objective* d'une dégénérescence bureaucratique de la révolution? C'est le mouvement inexorable de l'économie moderne, sous la pression de la technique, vers une concentration de plus en plus poussée du capital et du pouvoir, l'incompatibilité du degré de développement actuel des forces productives avec la propriété privée et le marché comme mode d'intégration des entreprises. Ce mouvement se traduit par une foule de transformations structurelles dans les pays capitalistes occidentaux, sur lesquelles nous ne pouvons nous étendre ici. Il suffit de rappeler qu'elles s'incarnent socialement dans une nouvelle bureaucratie, bureaucratie économique aussi bien que bureaucratie du travail. Or, en faisant table rase de la propriété privée, du marché, etc., la révolution *peut* – si elle s'arrête à cela – faciliter la voie de la concentration bureaucratique totale. On voit donc que, loin d'être privée de réalité propre, la bureaucratie personnifie la dernière phase du développement du capitalisme.

Il devenait dès lors évident que le programme de la révolution socialiste, et l'objectif du prolétariat ne pouvait plus être simplement la suppression de la propriété privée, la nationalisation des moyens de production et la planification, mais la *gestion ouvrière* de l'économie et du pouvoir. Faisant un retour sur la dégénérescence de la révolution russe, nous constations que le parti bolchevique avait sur le plan économique comme programme non pas la *gestion ouvrière,* mais le *contrôle ouvrier.* Cela parce que le parti, qui ne pensait pas que la révolution pouvait être immédiatement une révolution socialiste, ne se posait même pas comme tâche l'expropriation des capitalistes, considérait donc que ceux-ci garderaient la direction des entreprises; dans ces conditions, le contrôle ouvrier aurait comme fonction à la fois d'empêcher les capitalistes d'organiser le sabotage de la production, de contrôler leurs profits et la disposition du produit des entreprises, et de constituer une « école » de direction pour les ouvriers. Mais cette monstruosité sociologique d'un pays où le prolétariat exerce sa dictature par l'instrument des Soviets et du parti bolchevique et où les capitalistes gardent la propriété et la direction des entreprises, ne pouvait pas durer; là où les capitalistes n'ont pas pris la fuite, ils ont été expulsés par les ouvriers qui se sont emparés en même temps de la gestion des entreprises.

Cette première expérience de gestion ouvrière n'a duré que peu; nous ne pouvons pas entrer ici dans l'analyse de cette période (fort obscure et sur laquelle peu de sources existent) de la révolution russe[1], ni des facteurs qui ont déterminé le passage rapide

1. *Note 1979*: Voir depuis « Le rôle de l'idéologie bolchevique... », dans *L'Expérience du mouvement ouvrier, 2,* p. 395-416 <repris dans le volume *Quelle démocratie?* de notre édition>, et le texte de M. Brinton qui y est cité.

du pouvoir dans les usines entre les mains d'une nouvelle couche dirigeante : état arriéré du pays, faiblesse numérique et culturelle du prolétariat, délabrement de l'appareil productif, longue guerre civile d'une violence sans précédent, isolement international de la révolution. Il y a un seul facteur dont nous voulons souligner l'action pendant cette période : la politique systématique du parti bolchevique a été dans les faits opposée à la gestion ouvrière et a tendu dès le départ à instaurer un appareil propre de direction de la production responsable uniquement vis-à-vis du pouvoir central, c'est-à-dire en fin de compte du Parti. Cela au nom de l'efficacité et des nécessités impérieuses de la guerre civile. Si cette politique était la plus efficace même à court terme, cela reste à voir; en tout cas, à long terme, elle posait les fondements de la bureaucratie.

Si la direction de l'économie échappait ainsi au prolétariat, Lénine pensait que l'essentiel était que la direction de l'État lui fût conservée, par le pouvoir soviétique; que, d'un autre côté, la classe ouvrière, participant à la direction de l'économie par le contrôle ouvrier, les syndicats, etc., « apprendrait » graduellement à gérer. Cependant, une évolution impossible à retracer ici mais inéluctable a rapidement rendu inamovible la domination du parti bolchevique dans les Soviets. Dès ce moment, le caractère prolétarien de tout le système était suspendu au caractère prolétarien du parti bolchevique. On pourrait facilement montrer que dans ces conditions, le parti, minorité strictement centralisée et monopolisant l'exercice du pouvoir, ne pouvait même plus garder un caractère prolétarien au sens fort de ce terme, et devait forcément se séparer de la classe dont il était sorti. Mais point n'est besoin d'aller jusque-là. En 1923, « le parti comptait sur 350 000 membres : 50 000 ouvriers et 300 000 fonctionnaires. Ce n'était plus un parti ouvrier, mais un parti d'ouvriers devenus fonctionnaires[1] ». Réunissant l'« élite » du prolétariat, le parti avait été amené à l'installer aux postes de commande de l'économie et de l'État; et de là, elle ne devait rendre de comptes qu'au parti, c'est-à-dire à elle-même. L'« apprentissage » de la gestion par la classe ouvrière signifiait simplement qu'un certain nombre d'ouvriers, apprenant

1. Victor Serge, *Destin d'une révolution* (Paris, 1937), p. 174.

les techniques de direction, sortaient du rang et passaient du côté de la nouvelle bureaucratie. L'existence sociale des hommes déterminant leur conscience, les membres du parti allaient désormais agir non pas d'après le programme bolchevique, mais en fonction de leur situation concrète de dirigeants privilégiés de l'économie et de l'État. Le tour était joué, la révolution était morte, et s'il y a quelque chose d'étonnant, c'est plutôt la lenteur subséquente de la consolidation de la bureaucratie au pouvoir[1].

Les conclusions qui résultent de cette brève analyse sont claires : le programme de la révolution socialiste ne peut être autre que la *gestion ouvrière.* Gestion ouvrière du pouvoir, c'est-à-dire pouvoir des organismes autonomes des masses (Soviets ou Conseils) ; gestion ouvrière de l'économie, c'est-à-dire direction de la production par les producteurs, organisés aussi dans des organismes de type soviétique. L'objectif du prolétariat ne peut pas être la nationalisation et la planification sans plus, parce que cela signifie remettre la domination de la société à une nouvelle couche de dominateurs et d'exploiteurs ; il ne peut pas être réalisé en remettant le pouvoir à un parti, aussi révolutionnaire et aussi prolétarien ce parti soit-il au départ, parce que ce parti tendra fatalement à l'exercer pour son propre compte et servira de noyau à la cristallisation d'une nouvelle couche dominante. Le problème de la division de la société en classes apparaît en effet à notre époque de plus en plus sous sa forme la plus directe et la plus nue, dépouillé de tous les masques juridiques, comme le problème de la division de la société en dirigeants et exécutants. La révolution prolétarienne ne réalise son programme historique que dans la mesure où elle tend dès le départ à supprimer cette division, en résorbant toute couche dirigeante particulière et en *collectivisant,* plus exactement en *socialisant intégralement* les fonctions de direction. Le problème de la capacité historique du prolétariat de réaliser la société sans classes n'est pas celui de sa capacité de renverser physiquement les exploiteurs au pouvoir (qui ne fait pas de doute), mais d'organiser positivement une gestion collective, socialisée, de la production et du pouvoir. Il devient dès lors évident que la réalisation

1. Voir l'éditorial du n° 1 de *Socialisme ou Barbarie,* p. 27 et suiv. [Maintenant dans *La Société bureaucratique, 1,* p. 139-184 <rééd. Bourgois, 1991, p. 111-144>.]

du socialisme pour le compte du prolétariat par un parti ou une bureaucratie quelconque est une absurdité, une contradiction dans les termes, un cercle carré, un oiseau sous-marin ; le socialisme n'est rien d'autre que l'activité gestionnaire consciente et perpétuelle des masses. Il devient également évident que le socialisme ne peut pas être « objectivement » inscrit, même pas à 50 %, dans une loi ou une constitution quelconque, dans la nationalisation des moyens de production ou la planification, ni même dans une « loi » instaurant la gestion ouvrière : si la classe ouvrière ne peut pas gérer, aucune loi ne peut faire qu'elle le puisse, et si elle gère, la « loi » ne fera que constater cet état de fait.

Ainsi, partis de la critique de la bureaucratie, nous sommes parvenus à formuler une conception positive du contenu du socialisme ; brièvement parlant, « le socialisme sous tous ses aspects ne signifie pas autre chose que la gestion ouvrière de la société », et « la classe ne peut se libérer qu'en réalisant son propre pouvoir ». Le prolétariat ne peut réaliser la révolution socialiste que s'il agit d'une façon autonome, c'est-à-dire s'il trouve en lui-même à la fois la volonté et la conscience de la transformation nécessaire de la société. Le socialisme ne peut être ni le résultat fatal du développement historique, ni un viol de l'histoire par un parti de surhommes, ni l'application d'un programme découlant d'une théorie vraie en soi – mais le déclenchement de l'activité créatrice libre des masses opprimées, déclenchement que le développement historique rend *possible,* et que l'action d'un parti basé sur *cette* théorie peut énormément *faciliter.*

Il est dès lors indispensable de développer sur tous les plans les conséquences de cette idée.

L'IDÉE DE L'AUTONOMIE DU PROLÉTARIAT ET LE MARXISME

Il faut dire tout de suite que cette conception n'a rien d'essentiellement nouveau. Son contenu est le même que celui de la célèbre formulation de Marx « l'émancipation des travailleurs sera l'œuvre des travailleurs eux-mêmes »; il a été également exprimé par Trotski lorsque celui-ci disait « le socialisme, à l'opposé du capitalisme, s'édifie consciemment ». Il ne serait que trop facile de multiplier les citations de ce genre.

Ce qu'il y a de nouveau, c'est de vouloir et de pouvoir prendre cette idée totalement au sérieux, en tirer les implications à la fois théoriques et pratiques. Cela n'a pas pu être fait jusqu'ici, ni par nous, ni par les grands fondateurs du marxisme. C'est que, d'un côté, l'expérience historique nécessaire manquait; l'analyse qui précède montre l'importance énorme que la dégénérescence de la révolution russe possède pour la clarification du problème du pouvoir ouvrier. C'est, d'un autre côté et à un niveau plus profond, que la théorie et la pratique révolutionnaires dans la société d'exploitation sont sujettes à une contradiction cruciale, résultant du fait qu'elles participent de cette société qu'elles veulent abolir et se traduisant sous une infinité d'aspects.

Un seul de ces aspects nous intéresse ici. Être révolutionnaire signifie à la fois penser que seules les masses en lutte peuvent résoudre le problème du socialisme et ne pas se croiser les bras pour autant; penser que le contenu essentiel de la révolution sera donné par l'activité créatrice, originale et imprévisible des masses, et agir soi-même à partir d'une analyse rationnelle du présent et d'une perspective anticipant sur l'avenir[1]. En fin de compte : postuler que la révolution signifiera un bouleversement et un élargissement énormes de ce qu'est notre rationalité, et utiliser cette même rationalité pour anticiper le contenu de cette révolution.

Comment cette contradiction est relativement résolue et relativement posée à nouveau à chaque étape du mouvement ouvrier jusqu'a la victoire finale de la révolution, ne peut pas nous retenir ici; c'est tout le problème de la dialectique concrète du développement historique de l'action révolutionnaire du prolétariat et de la théorie révolutionnaire. Il suffit en ce moment de constater qu'il y a une difficulté intrinsèque au développement d'une théorie et d'une pratique révolutionnaires dans la société d'exploitation,

1. Voir « La direction prolétarienne », dans le n° 10 de *Socialisme ou Barbarie* (p. 10 et suiv.). [Maintenant dans *L'Expérience du mouvement ouvrier, 1*, p. 145-162 <et dans le t. 1, Annexes>.]

et que, dans la mesure où il veut dépasser cette difficulté, le théoricien – de même d'ailleurs que le militant – risque de retomber inconsciemment sur le terrain de la pensée bourgeoise, plus généralement sur le terrain de ce type de pensée qui procède d'une société aliénée et qui a dominé l'humanité pendant des millénaires. C'est ainsi que, face aux problèmes que pose la situation historique nouvelle, le théoricien sera souvent amené à « réduire l'inconnu au connu », car c'est en ceci que consiste l'activité théorique courante. Il peut ainsi soit ne pas voir qu'il s'agit d'un type de problème nouveau, soit, même s'il le voit, lui appliquer les types de solution hérités. Cependant, les facteurs dont il vient de reconnaître ou même de découvrir l'importance révolutionnaire, la technique moderne et l'activité du prolétariat, tendent non seulement à créer de nouveaux types de solution, mais à détruire les termes mêmes dans lesquels se posaient antérieurement les problèmes. Les solutions de type traditionnel que donnera dès lors le théoricien ne seront pas simplement inadéquates ; dans la mesure où elles seront adoptées – ce qui implique que le prolétariat reste lui aussi sous l'emprise des idées reçues –, elles seront objectivement l'instrument du maintien du prolétariat dans le cadre de l'exploitation, bien que peut-être sous une autre forme.

Marx était bien conscient de ce problème : son refus du socialisme « utopique » et sa phrase « un pas pratique en avant vaut mieux qu'une douzaine de programmes » traduisaient précisément sa méfiance des solutions « livresques » toujours écartées par le développement vivant de l'histoire. Cependant, reste dans le marxisme une part importante (qui est allée en croissant chez les marxistes des générations suivantes) d'héritage idéologique bourgeois ou « traditionnel ». Dans cette mesure, il y a une ambiguïté du marxisme théorique, ambiguïté qui a joué un rôle historique important ; par son truchement, l'influence de la société d'exploitation a pu s'exercer de l'intérieur sur le mouvement prolétarien. Le cas, analysé plus haut, de l'application par le parti bolchevique en Russie des solutions efficaces traditionnelles au problème de la direction de la production en offre une illustration dramatique ; les solutions traditionnelles ont été efficaces en ce sens qu'elles ont efficacement ramené l'état traditionnel des choses et conduit à la restauration de l'exploitation sous de nouvelles formes. Nous rencontrerons plus loin d'autres cas importants de survivance d'idées bourgeoises dans le marxisme. Il est cependant utile d'en discuter dès maintenant un exemple sur lequel ce que nous voulons dire apparaîtra clairement.

Comment sera rémunéré le travail dans une économie socialiste ? On sait que Marx, dans la « Critique du programme de Gotha », distinguant cette forme d'organisation de la société après la révolution (« phase inférieure du communisme ») du communisme lui-même (où règnerait le principe « de chacun selon ses capacités à chacun selon ses besoins »), a parlé du « droit bourgeois » qui prévaudrait pendant cette phase, entendant par là une rémunération égale pour la même quantité et qualité de travail – ce qui peut signifier une rémunération inégale pour les différents individus[1].

Comment justifie-t-on ce principe ? On part des caractéristiques fondamentales de l'économie socialiste : à savoir que, d'un côté, l'économie est encore une économie de pénurie, où il est par conséquent essentiel que l'effort de production des membres de la société soit poussé au maximum ; d'un autre côté, les hommes sont encore dominés par la mentalité « égoïste » héritée de la société précédente et maintenue précisément par cette pénurie. Il y a donc besoin d'un effort productif le plus grand possible, en même temps que besoin de lutte contre la tendance « naturelle » encore à ce stade de se dérober au travail. On dira donc qu'il faut, si l'on veut éviter la pagaille et la famine, proportionner la rémunération du travail à la qualité et la quantité du travail fourni, mesurées par exemple par le nombre de pièces fabriquées, les heures de présence, etc., ce qui conduit naturellement à une rémunération nulle pour un travail nul et règle du même coup le problème de l'obligation de travailler. On aboutit en somme à une sorte de « salaire au rendement[2] », et, selon que l'on est plus ou moins astucieux on conciliera plus ou moins bien cette conclusion avec la critique acerbe de cette forme de salaire dans le cadre du capitalisme.

1. Nous avons montré d'ailleurs que cette inégalité serait extrêmement limitée. Voir « Sur la dynamique du capitalisme », n° 13 de *S. ou B.* (p. 66-69). <Le texte sera publié dans le volume *Sur la dynamique du capitalisme* de notre édition.>

2. Le terme n'est évidemment pas utilisé ici avec le sens technique précis qu'il a actuellement.

Ce faisant, on aura oublié purement et simplement que le problème ne peut plus se poser dans ces termes : à la fois la technique moderne et les formes d'association des ouvriers qu'implique le socialisme le rendent caduc. Qu'il s'agisse du travail sur une chaîne de montage ou de fabrication de pièces sur des machines « individuelles », le rythme de travail du travailleur individuel est dicté par le rythme de travail de l'ensemble auquel il appartient – automatiquement et « physiquement » dans le cas du travail à la chaîne, indirectement et « socialement » dans la fabrication de pièces sur une machine, mais toujours d'une manière qui s'impose à lui. Il n'y a plus par conséquent de problème de rendement individuel[1]. Il y a un problème du rythme de travail d'un ensemble donné d'ouvriers – qui est en fin de compte l'ensemble d'une usine –, et ce rythme ne peut être déterminé que par cet ensemble d'ouvriers lui-même. Le problème de la *rémunération* arrive donc à être un problème de *gestion*, car une fois établi un salaire général, le taux de rémunération concret (rapport salaire-rendement) sera déterminé à travers la détermination du rythme de travail; celle-ci à son tour nous conduit au cœur du problème de la gestion comme problème concernant sous une forme concrète la totalité des producteurs (qui auront sous une forme ou une autre à définir que tel rythme de production sur une chaîne de nature donnée équivaut comme dépense de travail à tel rythme de production sur une chaîne d'une autre nature, et cela entre les divers ateliers de la même usine comme aussi entre les diverses usines, etc.). Rappelons, s'il le faut, que cela ne signifie nullement que le problème en devient nécessairement plus facile dans sa solution, peut-être même le contraire; mais il est enfin correctement posé. Des erreurs dans sa solution pourraient être fécondes pour le développement du socialisme, leur élimination successive permettant d'arriver à *la* solution; tandis qu'aussi longtemps qu'on le pose sous la forme du « salaire au rendement » ou du « droit bourgeois », on reste placé d'emblée sur le terrain d'une société d'exploitation.

Certes, le problème sous sa forme traditionnelle peut subsister pour les « secteurs arriérés » – ce qui ne veut pas dire qu'il faudra nécessairement lui donner une solution « arriérée ». Mais, quelle

1. Cf. les extraits de *Tribune Ouvrière* publiés dans ce numéro de *S. ou B.* (n° 17).

que soit la solution dans ce cas, ce que nous voulons dire est que le développement historique tend à changer à la fois la forme et le contenu du problème.

Mais il importe d'analyser le mécanisme de l'erreur. Face à un problème légué par l'ère bourgeoise on raisonne comme des bourgeois. En ceci d'abord, qu'on pose une règle universelle et abstraite – seule forme de solution des problèmes pour une société aliénée – en oubliant que « la loi est comme un homme ignorant et grossier » qui répète toujours la même chose[1], et qu'une solution socialiste ne peut être socialiste que si elle est une solution concrète impliquant la participation permanente de l'ensemble organisé des travailleurs à sa détermination ; qu'une société aliénée est obligée de recourir à des règles universelles abstraites, parce qu'autrement elle ne pourrait pas être *stable,* et parce qu'elle est incapable de prendre en considération les cas concrets pour eux-mêmes, n'ayant ni les institutions ni l'optique nécessaires pour cela, tandis qu'une société socialiste qui crée précisément les organes qui peuvent prendre en considération tous les cas concrets ne peut avoir comme loi que l'activité déterminante perpétuelle de ces organes.

On raisonne encore comme des bourgeois en ceci qu'on accepte l'idée bourgeoise (et reflétant justement la situation dans la société bourgeoise) de l'intérêt individuel comme motif suprême de l'activité humaine. C'est ainsi que pour la mentalité bourgeoise des « néo-socialistes » anglais, l'homme dans la société socialiste continue à être, avant tout autre chose, un *homme économique,* la société devrait donc être réglementée à partir de cette idée. Transposant ainsi à la fois les problèmes du capitalisme et le comportement du bourgeois à la société nouvelle, ils sont essentiellement préoccupés par le problème des *incentives* (des gains incitant à travailler) et oublient que déjà dans la société capitaliste ce qui fait travailler l'ouvrier ne sont pas les *incentives,* mais le contrôle de son travail par d'autres hommes et par les machines elles-mêmes. L'idée de l'*homme économique* a été « créée » par la société bourgeoise à son image ; très exactement à l'image du bourgeois et certainement pas à l'image de l'ouvrier.

1. Platon, *Le Politique,* 294 b-c.

Les ouvriers n'agissent comme des « hommes économiques » que là où ils sont obligés de le faire, c'est-à-dire vis-à-vis des bourgeois (qui perçoivent ainsi la monnaie de leur pièce) mais certainement pas entre eux (comme on peut le voir pendant les grèves, et aussi dans leur attitude vis-à-vis de leurs familles ; autrement il y a belle lurette qu'il n'y aurait plus d'ouvriers). Qu'on dise qu'ils agissent ainsi envers ce qui leur « appartient» (famille, classe, etc.), ce sera parfait, car nous disons précisément qu'ils agiront ainsi envers tout lorsque tout leur « appartiendra ». Et prétendre que la famille est là, visible, tandis que le « tout » est une abstraction serait encore un malentendu – car le tout dont nous parlons est concret, commence avec les autres ouvriers de l'atelier, de l'usine, etc.

LA GESTION OUVRIÈRE DE LA PRODUCTION

Une société sans exploitation n'est concevable, on l'a vu, que si la gestion de la production n'est plus localisée dans une catégorie sociale, autrement dit si la division *structurelle* de la société en dirigeants et exécutants est abolie. On a également vu que la solution du problème ainsi posé ne peut être donnée que par le prolétariat lui-même. Ce n'est pas seulement qu'aucune solution n'aurait de valeur, ne pourrait même simplement être réalisée, si elle n'était réinventée par les masses d'une manière autonome; ni que le problème posé l'est à une échelle qui rend la coopération active de millions d'individus indispensable à sa solution. C'est que par sa nature même, la solution du problème de la gestion ouvrière ne peut tenir dans une formule, ou, comme nous l'avons déjà dit, que la seule loi véritable que connaisse la société socialiste est l'activité déterminante perpétuelle des organismes gestionnaires des masses.

Les considérations qui suivent ne visent donc pas à « résoudre » théoriquement le problème de la gestion ouvrière – ce qui serait encore une fois une contradiction dans les termes – mais à en clarifier les données. Nous visons seulement à dissiper des malentendus et des préjugés largement répandus, en montrant comment le problème de la gestion *ne se pose pas,* et comment *il se pose.*

Si l'on pense que la tâche essentielle de la révolution est une tâche négative, l'abolition de la propriété privée – qui peut être effectivement réalisée par décret –, on peut penser la révolution comme centrée sur la « prise du pouvoir », donc comme un *moment* (qui peut durer quelques jours et être à la rigueur suivi de quelques mois ou années de guerre civile), où les ouvriers, s'emparant du pouvoir, exproprient en droit et en fait les propriétaires des usines. Et dans ce cas, on sera effectivement amené à accorder une importance capitale à la « prise du pouvoir » et à un organisme construit exclusivement en vue de cette fin.

C'est ainsi, en fait, que les choses se passent pendant la révolution bourgeoise. La société nouvelle est toute préparée au sein de l'ancienne; les manufactures concentrent patrons et ouvriers, la redevance que payent les paysans aux propriétaires fonciers est dénuée de toute fonction économique comme ces propriétaires le sont de toute fonction sociale. Sur cette société en fait bourgeoise ne subsiste qu'une squame féodale. Une Bastille abattue, quelques têtes coupées, une nuit d'août, des élus (dont beaucoup d'avocats) rédigeant des Constitutions, des lois et des décrets – et le tour est joué. La révolution est faite, une période historique est close, une autre s'ouvre. Il est vrai qu'une guerre civile peut suivre; la rédaction des nouveaux Codes prendra quelques années, la structure de l'Administration comme celle de l'Armée subiront des changements importants. Mais l'essentiel de la révolution est fait avant la révolution.

C'est qu'en effet la révolution bourgeoise n'est que pure négation pour ce qui est du domaine économique. Elle se base sur ce qui est déjà là, elle se borne à élever à la légalité un état de fait en supprimant une superstructure déjà irréelle en elle-même. Ses constructions limitées n'affectent que cette superstructure; la base économique prend soin d'elle-même. Que ce soit avant ou après la révolution bourgeoise, le capitalisme, une fois établi dans un secteur de l'économie, se propage par la propre force de ses lois sur le terrain de la simple production marchande qu'il trouve devant lui.

Il n'y a aucun rapport entre ce processus et celui de la révolution socialiste. Celle-ci n'est pas une simple négation de certains aspects de l'ordre qui l'a précédée; elle est essentiellement *positive*. Elle doit construire son régime – non pas construire des usines, mais construire des nouveaux rapports de production, dont le développement du capitalisme ne fournit que les présuppositions. On s'en apercevra mieux en relisant le passage où Marx décrit la « Tendance historique de l'accumulation capitaliste ». On nous excusera d'en citer un large extrait :

« (...) Dès que le mode de production capitaliste se suffit à lui-même, la socialisation progressive du travail et la transformation consécutive de la terre et des autres moyens de production en moyens de production communs, parce que socialement exploités, et par suite l'expropriation des propriétaires privés prennent une forme nouvelle. Cette expropriation s'opère par le jeu des lois immanentes de la production capitaliste elle-même, par la centralisation des capitaux. Chaque capitaliste en tue beaucoup d'autres. Concurremment avec cette centralisation, ou l'expropriation de beaucoup de capitalistes par quelques-uns, se développent la forme coopérative sur une échelle de plus en plus grande du procès de travail, l'application raisonnée de la science à la technique, l'exploitation systématique du sol, la transformation des moyens particuliers de travail en moyens ne pouvant être utilisés qu'en commun, l'économie de tous les moyens de production par leur utilisation comme moyens de production d'un travail social combiné, l'entrée de tous les peuples dans le réseau du marché mondial, et par conséquent le caractère international du régime capitaliste. À mesure que diminue le nombre des grands capitalistes, qui accaparent et monopolisent tous les avantages de ce procès de transformation, on voit augmenter la misère, l'oppression, l'esclavage, la dégénérescence, l'exploitation, mais également la révolte de la classe ouvrière qui grossit sans cesse et qui a été dressée, unie, organisée par le mécanisme même du procès de production capitaliste. Le monopole du capital devient l'entrave du mode de production qui s'est développé avec lui et par lui. La centralisation des moyens de production et la socialisation du travail arrivent à un point où elles ne s'accommodent plus de leur enveloppe capitaliste et la font éclater. La dernière heure de la propriété privée capitaliste a sonné. Les expropriateurs sont expropriés à leur tour[1]. »

Qu'existe-t-il donc, en fait, de la nouvelle société, au moment où l'« enveloppe capitaliste éclate » ? Toutes les prémisses, il est vrai ; une société formée presque entièrement de prolétaires, l'« application rationnelle de la science dans l'industrie », et aussi, étant donné le degré de concentration des entreprises supposé dans ce passage, la séparation de la propriété et des fonctions effectives de direction de la production. Mais où sont les rapports de production socialistes déjà réalisés au sein de cette société, comme les rapports de production bourgeois l'étaient dans la société « féodale » ?

Car il est évident que ces nouveaux rapports ne peuvent pas être *simplement* ceux réalisés dans la « socialisation du processus du travail », la coopération de milliers d'individus au sein des grandes unités industrielles ; ce sont là les rapports de production *typiques* du *capitalisme* hautement développé.

La « socialisation du processus de travail » telle qu'elle a lieu dans l'économie capitaliste est la prémisse du socialisme en tant qu'elle supprime l'anarchie, l'isolement, la dispersion, etc. Mais elle n'est nullement une « préfiguration » ou un « embryon » de socialisme, en tant qu'elle est socialisation *antagonique,* c'est-à-dire qu'elle reproduit et approfondit la division de la masse des exécutants et d'une couche de dirigeants. En même temps que les producteurs sont soumis à une discipline collective, que les conditions de production sont unifiées entre secteurs et localités, que les tâches productives deviennent interchangeables, on observe à l'autre pôle non pas seulement un nombre décroissant de capitalistes à rôle de plus en plus parasitaire, mais la constitution d'un appareil séparé de direction de la production. Or les rapports de production socialistes sont ceux qui excluent l'existence séparée d'une couche fixe et stable de dirigeants de la production. On voit donc que le point de départ de leur réalisation ne peut être que la destruction du pouvoir de la bourgeoisie ou de la bureaucratie. La transformation capitaliste de la société *s'achève* avec la révolution

1. *Le Capital,* tome IV (trad. Molitor), p. 273-274. [Pléiade, I, p. 1239.]

bourgeoise, la transformation socialiste *commence* avec la révolution prolétarienne.

L'évolution moderne a d'elle-même supprimé des aspects du problème de la gestion considérés autrefois comme déterminants. D'un côté, le travail de direction est devenu lui-même un travail salarié, comme l'indiquait déjà Engels ; d'un autre côté, il est devenu lui-même un *travail collectif d'exécution*[1]. Les « tâches » d'organisation du travail qui autrefois incombaient au patron assisté de quelques ingénieurs sont maintenant exécutées par des bureaux groupant des centaines ou des milliers de personnes, elles-mêmes exécutants salariés et parcellaires. L'autre groupe des tâches traditionnelles de direction, en somme l'intégration de l'entreprise dans l'ensemble de l'économie et en particulier l'« étude » ou le « flair » du marché (nature, qualité, prix des fabrications demandées, modifications de l'échelle de production, etc.), s'était déjà transformé dans sa nature avec les monopoles ; il s'est aussi transformé dans son mode d'accomplissement, puisque l'essentiel y est désormais exécuté par un appareil collectif de prospection des marchés, d'étude des goûts des consommateurs, de vente du produit, etc. Cela dans le cas du capitalisme de monopole. Lorsque la propriété privée laisse la place à la propriété étatique, comme dans le capitalisme bureaucratique [total], un appareil central de coordination du fonctionnement des entreprises prend la place à la fois du marché comme « régulateur » et des appareils propres à chaque entreprise ; c'est la bureaucratie planificatrice centrale, dont la « nécessité » économique découlerait, d'après ses défenseurs, précisément de ces fonctions de coordination.

Il est inutile de discuter ce sophisme. Notons simplement en passant que les avocats de la bureaucratie démontrent, dans un premier mouvement, que l'on peut se passer des patrons puisqu'on peut faire fonctionner l'économie d'après un plan et, dans un deuxième mouvement, que le plan pour fonctionner a besoin de patrons d'un autre type. Car – et c'est là ce qui nous intéresse – le problème de la coordination de l'activité des entreprises et des secteurs productifs après la suppression du marché, autrement dit

1. Voir l'article de Ph. Guillaume, « Machinisme et prolétariat », dans le n° 7 de *S. ou B.* (en particulier p. 59 et suiv.).

le problème de la planification, est virtuellement déjà supprimé par la technique moderne. La méthode de Leontief[1] même dans son état actuel[2] enlève toute signification « politique » ou « économique » au problème de la coordination des divers secteurs ou des diverses entreprises. Car elle permet, si le volume de production désirée d'objets d'utilisation finale est fixé, d'en déterminer les conséquences pour l'ensemble des secteurs, des régions et des entreprises, sous forme d'objectifs de production à réaliser par telle unité dans tel laps de temps. Elle permet en même temps un grand degré de souplesse, car elle rend possible, si l'on veut modifier un plan en cours d'exécution, de tirer immédiatement les implications pratiques de cette modification. Combinée avec d'autres méthodes modernes[3], elle permet à la fois de choisir, une fois les objectifs globaux fixés, les méthodes optimales de réalisation, et de définir celles-ci pour toute l'économie dans les détails. Brièvement parlant, la totalité de l'« activité planificatrice » de la bureaucratie russe, par exemple, pourrait dès maintenant être transférée à une machine électronique.

Le problème ne se pose donc qu'aux deux extrémités de l'activité économique : au niveau le plus particulier, savoir : traduire l'objectif de production de telle usine en objectif de production pour chaque groupe d'ouvriers des ateliers de cette usine; et au niveau universel, savoir : fixer pour l'ensemble de l'économie les objectifs de production des biens d'utilisation finale.

Dans les deux cas, le problème n'existe que parce qu'il y a – et qu'il y aura encore plus dans une société socialiste – un développement technique (au sens large du terme). Il est en effet clair qu'avec une technique stable le type de solution (sinon les solutions elles-mêmes qui dans leur teneur précise varieront par exemple s'il y a accumulation) serait donné une fois pour toutes, qu'il s'agisse de la répartition des tâches au sein d'un atelier

1. Nous avons exposé quelques concepts fondamentaux de cette méthode dans l'article « Sur la dynamique du capitalisme », publié dans le n° 12 de *S. ou B.* (p. 17 et suiv.). Voir aussi Leontief *and others, Studies in the Structure of American Economy,* 1953.

2. Restriction importante, car les applications pratiques de cette méthode n'ont presque pas été développées jusqu'ici, pour des raisons évidentes.

3. Voir T. Koopmans, *Activity Analysis of Production and Allocation,* 1951.

(parfaitement compatible avec l'interchangeabilité des producteurs aux différents emplois) ou de la détermination des produits d'utilisation finale. Ce sera la modification incessante des combinaisons productives et des objectifs finaux qui créera le terrain sur lequel devra s'exercer la gestion collective.

L'ALIÉNATION DANS LA SOCIÉTÉ CAPITALISTE

Par aliénation – moment caractéristique de toute société de classe mais qui apparaît dans une étendue et une profondeur incomparablement plus grandes dans la société capitaliste –, nous entendons que les produits de l'activité de l'homme – qu'il s'agisse d'objets ou d'institutions – prennent face à lui une existence sociale indépendante et, au lieu d'être dominés par lui, le dominent. L'aliénation est donc ce qui s'oppose à la créativité libre de l'homme dans le monde créé par l'homme : elle n'est pas un principe historique indépendant, ayant une source propre. C'est l'objectivation de l'activité humaine, dans la mesure où elle échappe à son auteur sans que son auteur puisse lui échapper. Toute aliénation est une objectivation humaine, c'est-à-dire a sa source dans une activité humaine (il n'y a pas de « forces secrètes » dans l'histoire, pas plus de ruse de la raison que de lois économiques naturelles) ; mais toute objectivation n'est pas nécessairement une aliénation dans la mesure où elle peut être consciemment reprise, affirmée à nouveau ou détruite. Tout produit de l'activité humaine (même une attitude purement intérieure) dès qu'il est posé « échappe à son auteur » et mène une existence indépendante de lui. On ne peut pas faire qu'on n'ait pas prononcé telle parole ; mais on peut cesser d'en être déterminé. La vie passée de tout individu est son objectivation à ce jour ; mais il ne lui est pas nécessairement et exhaustivement aliéné, son avenir n'est pas définitivement dominé par son passé. Le socialisme sera la suppression de l'aliénation en tant qu'il permettra la reprise perpétuelle, consciente et sans conflit violent, du donné social, en tant qu'il restaurera la domination des hommes sur les produits de leur activité. La société capitaliste est une société aliénée en tant qu'elle est dominée par ses propres créations, en tant que ses transformations ont lieu indépendamment de la volonté et de la conscience des hommes (y compris de la classe dominante) d'après des quasi-« lois » exprimant des structures objectives indépendantes de son contrôle.

Ce qui nous intéresse ici n'est pas de décrire comment se produit l'aliénation sous forme d'aliénation de la société capitaliste – ce qui impliquerait l'analyse de la naissance du capitalisme et de son fonctionnement – mais de montrer les manifestations concrètes de cette aliénation dans les diverses sphères d'activité sociale et leur unité intime.

Ce n'est que dans la mesure où l'on saisit le contenu du socialisme comme l'autonomie du prolétariat, comme activité créatrice libre se déterminant elle-même, comme gestion ouvrière dans tous les domaines, que l'on peut saisir l'essence de l'aliénation de l'homme dans la société capitaliste. Ce n'est pas par hasard en effet que bourgeois « éclairés » et bureaucrates réformistes ou staliniens veulent réduire les maux du capitalisme à des maux essentiellement économiques, et, sur le plan économique, à l'exploitation sous la forme de la distribution inégale du revenu national. Dans la mesure où leur critique du capitalisme sera étendue à d'autres domaines, elle prendra son point de départ encore dans cette distribution inégale du revenu et consistera essentiellement en variations sur le thème de la puissance corruptrice de l'argent. S'agit-il de la famille et du problème sexuel, on parlera de la pauvreté poussant à la prostitution, de la jeune fille vendue au riche vieillard, des drames du foyer résultant de la misère. S'agit-il de la culture, il sera question de la vénalité, des obstacles que rencontreront les talents non nantis, de l'analphabétisme. Certes, tout cela est vrai, et important. Mais cela ne concerne que la surface du problème ; et ceux qui ne parlent que de cela regardent l'homme uniquement comme consommateur et en prétendant le satisfaire sur ce plan, ils tendent à le réduire à ses fonctions physiques de digestion (directe ou sublimée). Mais pour l'homme il ne s'agit pas d'« ingérer » purement et simplement mais de s'exprimer et de créer, et non seulement dans le domaine économique mais dans la totalité des domaines.

Le conflit de la société de classe ne se traduit pas simplement dans le domaine de la distribution, comme exploitation et limitation de la consommation ; ce n'est là qu'un aspect du conflit, et non le plus important. Son aspect fondamental est la limitation et en fin de compte la tentative de suppression du rôle humain de l'homme dans le domaine de la production. C'est le fait que l'homme est exproprié du commandement sur sa propre activité, aussi bien individuellement que collectivement. Par son asservissement à la machine, et, à travers celle-ci, à une volonté abstraite, étrangère et hostile, l'homme est privé du véritable contenu de son activité humaine, la transformation consciente du monde naturel ; la tendance profonde qui le porte à se réaliser dans l'objet est constamment inhibée. La signification véritable de cette situation n'est pas seulement qu'elle est vécue comme un malheur absolu, comme une mutilation permanente par les producteurs ; c'est qu'elle crée un conflit perpétuel au niveau le plus profond de la production, qui explose à la moindre occasion ; c'est aussi qu'elle conditionne un gaspillage immense – à comparaison duquel celui des crises de surproduction est vraisemblablement négligeable – à la fois par l'opposition positive des producteurs à un système qu'ils refusent et par le manque à gagner résultant de la neutralisation de l'inventivité et de la créativité de millions d'individus. Au-delà de ces aspects, il faut se demander dans quelle mesure le développement ultérieur de la production capitaliste serait même « techniquement » possible, si le producteur immédiat continuait à être maintenu dans l'état parcellaire qui est actuellement le sien.

Mais l'aliénation dans la société capitaliste n'est pas simplement économique ; elle ne se manifeste pas seulement à propos de la production de la vie matérielle, mais affecte fondamentalement aussi bien la fonction sexuelle que la fonction culturelle de l'homme.

Il n'y a en effet de société que dans la mesure où il y a organisation de la production et de la reproduction de la vie des individus et de l'espèce – donc organisation des rapports économiques et sexuels – et que dans la mesure où cette organisation cesse d'être simplement instinctive et devient consciente – donc contient le moment de la culture.

Comme disait Marx, « l'abeille, par la structure de ses cellules de cire, fait honte à plus d'un architecte. Mais ce qui, de prime abord, établit une différence entre le plus piètre architecte et l'abeille la plus adroite, c'est que l'architecte construit la cellule dans sa tête avant de la réaliser dans la cire » (*Le Capital,* trad. Molitor, t. II, p. 4). Technique et conscience vont évidemment de pair : un instrument est une signification matérialisée et opérante, ou encore une médiation entre une intention réfléchie et un but encore idéal.

Ce qui est dit dans ce texte de Marx de la fabrication des cellules des abeilles peut être dit tout aussi bien de leur organisation « sociale ». Comme la technique représente une rationalisation des rapports avec le monde naturel, l'organisation sociale représente une rationalisation des rapports entre individus du groupe. Mais l'organisation de la ruche est une rationalisation non consciente, celle d'une tribu est consciente; le primitif peut la décrire, et il peut la nier (en la transgressant). Rationalisation dans ce contexte ne signifie évidemment pas « notre » rationalisation. À une étape et dans un contexte donné, aussi bien la magie que le cannibalisme représentent des rationalisations (sans guillemets).

Si donc une organisation sociale est antagonique, elle tendra à l'être aussi bien sur le plan productif que sur le plan sexuel et sur le plan culturel. Il est faux de penser que le conflit dans le domaine de la production « crée » ou « détermine » un conflit secondaire et dérivé sur les autres plans; les structures de domination de classe s'imposent d'emblée sur les trois plans à la fois et sont impossibles et inconcevables en dehors de cette simultanéité, de cette équivalence. L'exploitation, par exemple, ne peut être garantie que si les producteurs sont expropriés de la gestion de la production; mais cette expropriation à la fois présuppose que les producteurs tendent à être séparés des *capacités* de gestion – donc de la culture – et reproduit cette séparation à une échelle élargie. De même, une société où les rapports interhumains fondamentaux sont des rapports de domination présuppose à la fois et entraîne une organisation aliénante des rapports sexuels, à savoir une organisation créant chez les individus des inhibitions fondamentales, tendant à leur faire accepter l'autorité, etc.[1].

1. Voir sur la relation profonde entre la structure de classe de la société et la réglementation patriarcale des rapports sexuels les travaux de W. Reich, *The Sexual Revolution* (1945), *Character Analysis* (1948) [trad. fr. *La Révolution sexuelle,* Paris, Plon, 1968; *Analyse caractérielle,* Paris, Payot, 1971] et *La Fonction de l'orgasme*

Il y a en effet de toute évidence une équivalence dialectique entre les structures sociales et les structures « psychologiques » des individus. Dès ses premiers pas dans la vie, l'individu est soumis à une pression constante visant à lui imposer une attitude donnée vis-à-vis du travail, du sexe, des idées, à le frustrer des objets naturels de son activité et à l'inhiber en lui faisant intérioriser et valoriser cette frustration. La société de classe ne peut exister que dans la mesure où elle réussit à imposer cette acceptation à un degré important. C'est pourquoi le conflit n'y est pas un conflit purement extérieur, mais il est transposé au cœur des individus eux-mêmes. La structure sociale antagonique correspond à une structure antagonique chez les individus, chacune se reproduisant perpétuellement par le moyen de l'autre.

Le but de ces considérations n'est pas seulement de souligner le moment d'identité de l'essence des rapports de domination, qu'ils se situent dans l'usine capitaliste, dans la famille patriarcale ou dans la pédagogie autoritaire et la culture « aristocratique ». C'est d'indiquer que la révolution socialiste devra nécessairement embrasser l'ensemble des domaines, et cela non pas dans un avenir imprévisible et « par surcroît » mais dès le départ. Certes, elle doit commencer d'une certaine, façon, qui ne peut être autre que la destruction du pouvoir des exploiteurs par le pouvoir des masses armées et l'instauration de la gestion ouvrière de la production. Mais elle devra aussitôt s'attaquer à la reconstruction des autres activités sociales, sous peine de mort. Nous essaierons de le montrer sur l'exemple des rapports du prolétariat au pouvoir avec la culture

La structure antagonique des rapports culturels dans la société actuelle s'exprime aussi (mais nullement exclusivement) par la division radicale entre le travail manuel et le travail intellectuel, ce qui a comme résultat que l'immense majorité de l'humanité est totalement séparée de la culture comme *activité* et ne participe qu'à une infime partie de ses résultats. D'un autre côté, la division de la société en dirigeants et exécutants devient de plus en plus homologue à la division du travail manuel et intellectuel (tous les

(trad. française, 1952). En particulier dans le dernier, l'analyse de la structure névrotique de l'individu fasciste (p. 186-199).

travaux de direction étant des travaux intellectuels, et tous les travaux manuels étant des travaux d'exécution[1]). La gestion ouvrière n'est donc possible que si cette dernière division tend dès le départ à être dépassée, en particulier pour ce qui est du travail intellectuel relatif à la production. Cela implique à son tour l'appropriation de la culture par le prolétariat. Non pas certes comme culture toute faite, comme assimilation des « résultats » de la culture historique ; cette assimilation, au-delà d'un point, est à la fois impossible dans l'immédiat et superflue (pour ce qui intéresse ici). Mais comme appropriation de l'activité et comme récupération de la fonction culturelle, comme changement radical du rapport des masses des producteurs au travail intellectuel. Ce n'est qu'au fur et à mesure de ce changement que la gestion ouvrière deviendra irréversible.

1. Entre les deux se situe la catégorie des travaux intellectuels d'exécution, dont l'importance va croissant. Nous en parlerons plus loin.

SUR LE CONTENU DU SOCIALISME, II*

L'évolution de la société moderne et du mouvement ouvrier depuis un siècle, et en particulier depuis 1917, impose une révision radicale des idées sur lesquelles ce mouvement a vécu jusqu'ici. Quarante années se sont écoulées depuis le jour où une révolution prolétarienne s'emparait du pouvoir en Russie. De cette révolution, finalement, ce n'est pas le socialisme qui a surgi, mais une société d'exploitation monstrueuse et d'oppression totalitaire des travailleurs ne différant en rien des pires formes du capitalisme, sauf que la bureaucratie a pris la place des patrons privés, et le « plan » la place du « marché libre ». Il y a dix ans, nous étions rares à défendre ces idées. Depuis, les travailleurs hongrois les ont fait éclater à la face du monde.

L'immense expérience de la révolution russe et de sa dégénérescence, les Conseils ouvriers hongrois, leur activité et leur programme sont les matériaux premiers de cette révision. Ils sont loin d'être les seuls. L'analyse de l'évolution du capitalisme et des luttes ouvrières dans les autres pays depuis un siècle, et singulièrement à l'époque présente, montre que partout les mêmes problèmes fondamentaux se posent dans des termes étonnamment similaires, appelant partout la même réponse. Cette réponse est le socialisme, le socialisme qui est l'antithèse rigoureuse du capitalisme bureaucratique instauré en Russie, en Chine et ailleurs. L'expérience du capitalisme bureaucratique permet de voir ce que le socialisme n'est pas et ne peut pas être. L'analyse des révolutions

* *Note 1979* : *S. ou B.*, n° 22 (juillet 1957) <rééd. « 10/18 », *CS* (1979), p. 103-221>. Le texte était précédé de l'indication suivante : « Une première partie de ce texte a été publiée dans le n° 17 de *Socialisme ou Barbarie,* p. 1 à 22. Les pages qui suivent représentent une nouvelle rédaction de l'ensemble et leur compréhension ne présuppose pas la lecture de la partie déjà publiée. Ce texte ouvre une discussion sur les questions de programme. Les positions qui s'y trouvent exprimées n'expriment pas nécessairement le point de vue de l'ensemble du groupe Socialisme ou Barbarie. »

prolétariennes, mais aussi des luttes quotidiennes et de la vie quotidienne du prolétariat permet de dire ce que le socialisme peut et doit être. Nous pouvons et nous devons aujourd'hui, basés sur l'expérience d'un siècle, définir le contenu positif du socialisme d'une manière incomparablement plus précise que n'avaient pu le faire les révolutionnaires d'autrefois. Dans l'immense désarroi actuel, des gens se considérant comme partisans du socialisme sont prêts à affirmer qu'ils « ne savent pas ce qu'il faut entendre par ce terme ». Nous prétendons montrer que, pour la première fois, on peut savoir ce que signifie concrètement le socialisme.

L'analyse que nous allons entreprendre n'aboutit pas seulement à la révision des idées qui ont généralement cours sur le socialisme, et dont beaucoup remontent à Lénine et quelques-unes à Marx. Elle aboutit également à une révision des idées généralement répandues sur le capitalisme, son fonctionnement et la racine de sa crise, idées dont certaines viennent, avec ou sans déformation, de Marx lui-même. En fait, les deux analyses vont ensemble et s'exigent l'une l'autre.

Cette révision, bien entendu, ne commence pas aujourd'hui. Plusieurs courants ou révolutionnaires isolés en ont fourni des éléments depuis longtemps. Dès le premier numéro de *Socialisme ou Barbarie,* nous nous efforcions de reprendre cette tâche de façon systématique. Les idées centrales se trouvent déjà formulées dans l'éditorial du numéro 1 de *S. ou B.* : que la division essentielle des sociétés contemporaines est la division en dirigeants et exécutants, que le développement propre du prolétariat le conduit à la conscience socialiste, qu'inversement le socialisme ne peut être que le produit de l'action autonome du prolétariat, que la société socialiste se définit par la suppression de toute couche séparée de dirigeants et par conséquent par le pouvoir des organismes de masse et la gestion ouvrière de la production. Mais nous sommes nous-mêmes restés, d'un certain point de vue, en deçà de leur contenu.

Ce fait ne mériterait pas d'être mentionné, s'il ne traduisait pas lui aussi, à son niveau, l'action des facteurs qui ont déterminé l'évolution du marxisme lui-même depuis un siècle : la pression énorme de l'idéologie de la société d'exploitation, le poids de la mentalité traditionnelle, la difficulté de se débarrasser des modes de pensée hérités.

En un sens, la révision dont nous parlons ne consiste qu'à expliciter et à préciser ce qu'était l'intention véritable du marxisme à son départ et qui a toujours été le contenu le plus profond des luttes prolétariennes – que ce soit à leurs moments culminants ou dans l'anonymat de la vie quotidienne de l'usine. En un autre sens, elle conduit à éliminer les scories accumulées pendant un siècle autour de l'idéologie révolutionnaire, à briser les verres déformants à travers lesquels nous avons tous été habitués à regarder la vie et l'action du prolétariat. Le socialisme vise à donner un sens à la vie et au travail des hommes, à permettre à leur liberté, à leur créativité, à leur positivité, de se déployer, à créer des liens organiques entre l'individu et son groupe, entre le groupe et la société, à réconcilier l'homme avec lui-même et avec la nature. Il rejoint ainsi les fins essentielles du prolétariat dans ses luttes contre l'aliénation capitaliste – non pas des aspirations se perdant dans un avenir indéterminé, mais le contenu des tendances qui existent et se manifestent dès aujourd'hui, que ce soit dans les luttes révolutionnaires ou dans la vie quotidienne. Comprendre cela, c'est comprendre que pour l'ouvrier le problème *final* de l'histoire c'est un problème *quotidien*; c'est, du même coup, comprendre que le socialisme n'est pas la « nationalisation », la « planification », ou même l'augmentation du niveau de vie – et que la crise du capitalisme n'est pas l' « anarchie du marché », la surproduction ou la baisse du taux de profit. C'est, enfin, voir d'une façon entièrement nouvelle les tâches de la théorie et la fonction d'une organisation révolutionnaire.

Poussées à leurs conséquences, saisies dans toute leur force, ces idées transforment la vision de la société et du monde, modifient la conception aussi bien de la théorie que de la pratique révolutionnaire.

La première partie de ce texte est consacrée à la définition positive du socialisme. La partie suivante[1] s'occupe de l'analyse du capitalisme et de sa crise. Cet ordre, qui peut paraître peu logique, se, justifie par le fait que les révolutions polonaise et hongroise

1. Elle sera publiée dans le prochain numéro de *S. ou B.* [n° 23, janvier 1958. Maintenant, dans *L'Expérience du mouvement ouvrier, 2,* p. 9-88 < et ici, p. 193-247>.]

ont fait de la question de la définition positive de l'organisation socialiste de la société une question pratique immédiate. Mais il découle également d'une autre considération. Le contenu même de nos idées nous amène à soutenir qu'on ne peut finalement rien comprendre au sens profond du capitalisme et de sa crise sans partir de l'idée la plus totale du socialisme. Car tout ce que nous avons à dire peut se réduire en fin de compte à ceci : le socialisme, c'est l'autonomie, la direction consciente par les hommes eux-mêmes de leur vie ; le capitalisme – privé ou bureaucratique –, c'est la négation de cette autonomie, et sa crise résulte de ce qu'il crée nécessairement la tendance des hommes vers l'autonomie en même temps qu'il est obligé de la supprimer.

LA RACINE DE LA CRISE DU CAPITALISME

L'organisation capitaliste de la vie sociale – et nous parlons aussi bien du capitalisme privé de l'Ouest que du capitalisme bureaucratique de l'Est – crée une crise perpétuellement renouvelée dans toutes les sphères de l'activité humaine. Cette crise apparaît avec la plus grande intensité dans le domaine de la production : la production, l'atelier de l'usine – non pas l'« économie » et le « marché ». Mais la situation, quant à l'essentiel, est la même dans tous les domaines – qu'il s'agisse de la famille, de l'éducation, de la politique, des rapports internationaux ou de la culture. Partout, la structure capitaliste consiste à organiser la vie des hommes *du dehors,* en l'absence des intéressés et à l'encontre de leurs tendances et de leurs intérêts. Ce n'est là qu'une autre manière de dire que la société capitaliste est divisée entre une mince couche de dirigeants, qui ont pour fonction de décider de la vie de tout le monde, et la grande majorité des hommes, réduits à exécuter les décisions des dirigeants et, de ce fait, à subir leur propre vie comme quelque chose d'étranger à eux-mêmes.

Cette organisation est profondément irrationnelle et contradictoire, et le renouvellement perpétuel de ses crises, sous une forme ou une autre, est absolument inévitable. Il est profondément irrationnel de prétendre organiser les hommes, qu'il s'agisse de production ou de vie politique, comme s'ils étaient des objets, en ignorant délibérément ce qu'eux-mêmes pensent et veulent quant à leur propre organisation. Dans les faits, le capitalisme est obligé de s'appuyer sur la faculté d'auto-organisation des groupes humains, sur la créativité individuelle et collective des producteurs, sans laquelle il ne pourrait pas subsister un jour. Mais toute son organisation officielle à la fois ignore et essaie de supprimer le plus possible ces facultés d'auto-organisation et de création. Il n'en résulte pas seulement un gaspillage immense, un énorme manque à gagner ; le système suscite obligatoirement la réaction, la lutte de ceux à qui il prétend s'imposer. Longtemps avant qu'il ne soit question de révolution ou de conscience politique, ceux-ci n'acceptent pas, dans la vie quotidienne de l'usine, d'être traités en objets. L'organisation capitaliste ne peut pas se faire seulement *en l'absence* des intéressés, elle est obligée en même temps de se faire *à l'encontre* des intéressés. Son résultat n'est pas seulement le gaspillage, c'est le conflit perpétuel.

Si mille individus ont un potentiel donné de capacités d'organisation, le capitalisme consiste à en prendre à peu près au hasard une cinquantaine, à leur confier les tâches de direction et à décider que les autres sont des cailloux. C'est déjà là, métaphoriquement parlant, une perte d'énergie sociale à 95 %. Mais cela n'est qu'un aspect de la question. Comme les neuf cent cinquante restants ne sont pas des cailloux, et que le capitalisme est simultanément obligé de s'appuyer sur leurs facultés humaines et de les développer pour pouvoir fonctionner, ils réagissent à cette organisation qu'on leur impose, ils luttent contre elle. Leurs facultés d'organisation, qu'ils ne peuvent exercer *pour* un système qui les rejette et qu'ils rejettent, ils les déploient *contre* ce système. Le conflit s'installe ainsi en permanence au cœur de la vie sociale. Il devient, en même temps, la source d'un nouveau gaspillage : car les activités de la petite minorité de dirigeants ont dès ce moment pour objet essentiel non pas tant d'organiser l'activité des exécutants, mais de riposter à la lutte des exécutants contre l'organisation qui leur est imposée. La fonction essentielle de l'appareil de direction cesse d'être l'organisation et devient la *coercition* sous ses multiples formes. Le temps total passé au sein de l'appareil de direction d'une grande usine moderne à organiser la production est moins important que le temps dépensé, directement ou indirectement, à mater la résistance des exploités – qu'il s'agisse de surveillance, de contrôle des pièces, de calcul de primes, de « relations humaines », d'entrevues avec les délégués ou les syndicats, ou finalement de la préoccupation permanente visant à ce que tout soit mesurable, vérifiable, contrôlable pour déjouer à l'avance la parade que pourraient inventer les travailleurs contre une nouvelle méthode d'exploitation. La même chose vaut, avec les transpositions nécessaires, pour l'organisation d'ensemble de la vie sociale et pour les activités essentielles de l'État moderne.

Mais l'irrationalité et la contradiction du capitalisme n'apparaissent pas seulement dans le domaine de l'organisation, de la forme de la vie sociale. Elles apparaissent encore plus dans le fond, dans le *contenu* de cette vie. Plus que tout autre régime social, le capitalisme a mis le *travail* au centre des activités humaines – et plus que tout autre régime il tend à faire de ce travail une activité proprement *absurde*. Absurde non pas du point de vue des philosophes ou des moralistes – mais du point de vue de ceux qui l'accomplissent. Ce n'est pas seulement « l'organisation humaine » de la production, c'est la nature, le contenu, les méthodes, les instruments et les objets de la production capitaliste qui sont en cause. Les deux aspects sont bien entendu inséparables – mais il est d'autant plus important de mettre en lumière le second. Par la nature du travail dans l'usine capitaliste et quelle que soit la source finale de l'organisation, l'activité du travailleur, au lieu d'être l'expression organique de ses facultés humaines, devient un processus étranger et hostile qui domine son sujet. À cette activité, dont les principes qui la règlent, les modalités qui la concrétisent, les objectifs qu'elle sert lui sont ou doivent lui être étrangers, le prolétaire n'est relié en théorie que par ce fil ténu et incassable – la nécessité de gagner sa vie. Son propre travail, sa propre journée qui va commencer, se dressent désormais devant lui comme des ennemis. De ce fait, le travail signifie à la fois une mutilation continue, un gaspillage constamment renouvelé de force créatrice et un conflit incessant entre le travailleur et son activité, entre ce qu'il tendrait à faire et ce qu'il est obligé de faire.

De ce point de vue aussi, le capitalisme n'arrive à survivre que dans la mesure où la réalité ne se plie pas à ses méthodes et à son esprit. Ce n'est que dans la mesure où l'organisation « officielle » de la production – et de la société – est constamment contrecarrée, corrigée, complétée par l'auto-organisation effective des travailleurs que le système parvient à fonctionner. Ce n'est que dans la mesure où l'attitude effective des travailleurs face au travail est différente de celle qu'ils devraient avoir d'après le contenu et la nature du travail sous le capitalisme que le processus de travail parvient à être efficace. Les travailleurs arrivent à s'approprier les principes généraux régissant leur travail – auxquels d'après l'esprit du système ils ne devraient pas avoir accès et que le système essaie par tous les moyens de leur rendre obscurs. Les travailleurs concrétisent constamment ces principes d'après les conditions spécifiques dans lesquelles ils se trouvent – tandis que cette concrétisation devrait être faite uniquement par l'appareil de direction, dont c'est là la fonction présumée.

Toute société d'exploitation vit parce que ceux qu'elle exploite la font vivre. Mais les esclaves ou les serfs font vivre les maîtres et les seigneurs en conformité avec les normes de la société des maîtres et des seigneurs. Le prolétariat fait vivre le capitalisme à l'encontre des normes du capitalisme. C'est en cela que se trouve l'origine de la crise historique du capitalisme, c'est en cela que le capitalisme est une société grosse d'une perspective révolutionnaire. L'esclavage ou le servage fonctionnent pour autant que les exploités ne luttent pas contre le système. Mais le capitalisme n'arrive à fonctionner que pour autant que les exploités luttent contre le fonctionnement qu'il tend à imposer. L'aboutissement final de cette lutte, l'élimination complète des normes, des méthodes, des formes d'organisation capitalistes et la libération totale des forces de création et d'organisation des masses, c'est le socialisme.

LES PRINCIPES DE LA SOCIÉTÉ SOCIALISTE

La société socialiste c'est l'organisation par les hommes eux-mêmes de tous les aspects de leurs activités sociales ; son instauration entraîne donc la suppression immédiate de la division de la société en une classe de dirigeants et une classe d'exécutants.

Le *contenu* de l'organisation socialiste de la société est tout d'abord la *gestion ouvrière.* Cette gestion, la classe ouvrière l'a revendiquée et a lutté pour la réaliser aux moments de son action historique : en Russie en 1917-18, en Espagne en 1936, en Hongrie en 1956.

La forme de la gestion ouvrière, l'institution capable de la réaliser, c'est le Conseil des travailleurs de l'entreprise. La gestion ouvrière signifie le pouvoir des Conseils d'entreprise et finalement, à l'échelle de la société entière, l'*Assemblée centrale* et le *Gouvernement des Conseils.* Le Conseil d'usine ou d'entreprise, assemblée de représentants élus par les travailleurs, révocables à tout instant, rendant compte régulièrement devant ceux-ci de leurs activités et unissant les fonctions de délibération, de décision et d'exécution, est une création historique de la classe ouvrière qui a surgi, de nouveau, chaque fois que le problème du pouvoir dans la société moderne s'est trouvé posé. Comités de fabrique en Russie en 1917, Conseils d'entreprise en Allemagne en 1919, Conseils ouvriers en Hongrie en 1956 ont exprimé, au nom près, le même mode d'organisation original et typique de la classe ouvrière.

Définir concrètement l'organisation socialiste de la société n'est rien d'autre que tirer les conséquences de ces deux idées, gestion ouvrière et Gouvernement des Conseils, elles-mêmes créations organiques de la lutte du prolétariat. Mais cette définition ne peut se faire qu'en essayant de décrire les grandes lignes du fonctionnement et des institutions de cette société.

Il ne s'agit pas, ici, de donner des « statuts » à la société socialiste. Il est bien entendu que les statuts comme tels ne signifient rien. Les meilleurs statuts ne valent que pour autant que les hommes sont constamment prêts à défendre ce qu'ils contiennent de sain, à suppléer à ce qui y manque, à changer ce qu'ils contiennent d'inadéquat ou de dépassé. De ce point de vue, tout fétichisme de la forme « soviétique » ou de la forme « Conseil » est évidemment à condamner. Les règles de l'éligibilité et de la révocabilité à tout instant ne suffisent absolument pas en elles-mêmes à « garantir » que le Conseil restera l'expression des travailleurs. Il le restera aussi longtemps que les travailleurs seront prêts à faire tout ce qu'il faut pour qu'il le reste. La réalisation du socialisme n'est pas une affaire de changement de législation ; elle dépend de l'action autonome de la classe ouvrière, de la capacité de la classe à trouver en elle-même la conscience des buts et des moyens, la solidarité et la détermination nécessaires.

Mais cette action autonome ne reste pas et ne peut pas rester informe. Elle s'incarne nécessairement dans des formes d'action et d'organisation, dans des méthodes de fonctionnement et dans des institutions, qui peuvent la servir et l'exprimer de façon adéquate. Autant que le fétichisme « statutaire », il faut condamner le fétichisme « anarchiste » ou « spontanéiste » qui, sous prétexte que finalement la conscience du prolétariat décide de tout, se désintéresse des formes d'organisation concrètes que cette conscience doit utiliser si elle veut être socialement efficace. Le Conseil n'est pas une institution *miraculeuse* ; il ne peut pas être l'expression des travailleurs, si les travailleurs ne sont pas décidés à s'exprimer par son moyen. Mais il est une forme d'organisation *adéquate* : toute sa structure est agencée pour permettre à cette volonté d'expression de se faire jour, si elle existe. Le Parlement, par contre, qu'il s'appelle « Assemblée nationale » ou « Soviet suprême[1] », est par définition un type d'institution qui ne saurait être socialiste : il est fondé sur la séparation radicale entre la masse « consultée » de temps en temps et ceux qui, censés la « représenter », restent incontrôlables et en fait inamovibles. Le Conseil est fait pour représenter les travailleurs, et il peut cesser de remplir cette fonction ; le Parlement est fait pour ne pas représenter les masses, et cette fonction-là, il ne cesse jamais de la remplir.

La question de l'existence d'institutions adéquates est donc essentielle pour la société socialiste. Elle l'est d'autant plus que cette société ne peut s'instaurer que par une révolution, c'est-à-dire

1. Le « Soviet suprême » actuel, bien entendu.

par une crise sociale au cours de laquelle la conscience et l'activité des masses parviennent à une tension extrême. C'est dans cet état que les masses arrivent à faire table rase de la classe dominante, de ses forces armées et de ses organisations, et à dépasser en elles-mêmes le lourd héritage de siècles de servitude. Cet état n'est pas un paroxysme, mais au contraire une préfiguration du degré d'activité et de conscience des hommes dans une société libre. Le « reflux de l'activité révolutionnaire » n'a rien de fatal. Il est cependant toujours possible, face à l'énormité des tâches à accomplir. Et tout ce qui accumule les obstacles, déjà innombrables, devant l'activité révolutionnaire des masses favorise ce reflux. Il est donc essentiel que la société révolutionnaire se donne, dès ses premiers jours, le réseau d'institutions et de méthodes de fonctionnement qui permettent et favorisent le déploiement de l'activité des masses, et qu'elle supprime parallèlement tout ce qui l'inhibe ou le contrecarre. Il est essentiel qu'elle se donne, à chaque pas, des formes stables d'organisation qui deviennent les modes normaux d'expression de la volonté des masses, aussi bien dans les « grandes affaires » que dans la vie courante – qui est, en vérité, la *première* grande affaire.

La définition de la société socialiste que nous visons comporte donc nécessairement une certaine description des institutions et du fonctionnement de cette société. Cette description n'est pas « utopique », car elle n'est que l'élaboration et l'extrapolation des créations historiques de la classe ouvrière, et en particulier de l'idée de la gestion ouvrière.

(Au risque de renforcer l'aspect « utopique » de ce texte, nous avons utilisé partout en parlant de la société socialiste le futur, pour éviter l'emploi du conditionnel, ennuyeux à la longue. Il va de soi que cette manière de parler n'affecte en rien l'examen des problèmes, et le lecteur remplacera facilement: « La société socialiste sera… » par : « L'auteur pense que la société socialiste sera… »

Quant au fond : nous avons délibérément réduit au minimum les références à l'histoire ou à la littérature. Mais les idées énoncées dans les pages qui suivent ne sont que les formulations théoriques de l'expérience d'un siècle de luttes ouvrières : expérience positive ou expérience négative, conclusions directes ou conclusions indirectes, réponses effectivement données aux problèmes qui ont été posés ou réponses à des problèmes qui n'auraient pas manqué de l'être si telle ou telle révolution s'était développée. Il n'y a pas une phrase de ce texte qui ne se relie ainsi aux questions qu'implicitement ou explicitement les luttes ouvrières ont déjà rencontrées. Cela devrait clore la discussion sur l'« utopisme ».

Une élaboration analogue des problèmes d'une société socialiste est donnée par Anton Pannekoek dans le premier chapitre de son livre *The Worker's Councils* (Melbourne, 1950) [tr. fr. *Les Conseils ouvriers,* Paris, Bélibaste, 1974]. Sur la plupart des points fondamentaux, notre point de vue est extrêmement proche du sien.)

Le principe qui nous guide dans cette élaboration est celui-ci : la gestion ouvrière n'est possible que si l'attitude des individus face à l'organisation sociale change radicalement. Cela, à son tour, n'est possible que si les institutions qui incarnent cette organisation sociale acquièrent pour les individus un sens, si elles font partie de leur vie réelle. De même que le travail ne prendra un sens pour les individus que dans la mesure où ils le *comprendront* et le *domineront,* de même les institutions de la société socialiste devront être *compréhensibles* et *contrôlables.* (Bakounine déjà formulait le problème du socialisme comme étant d'« intégrer les individus dans des structures qu'ils comprennent et qu'ils puissent contrôler ».)

La société actuelle est une jungle obscure, un encombrement de machineries et d'appareils dont personne, ou presque, ne comprend le fonctionnement, que personne ne domine en fait et auxquels finalement personne ne s'intéresse. La société socialiste ne pourra exister que si elle amène un changement radical de cette situation, si elle introduit une simplification extrême de l'organisation sociale. Le socialisme, c'est la transparence de l'*organisation* de la société pour les membres de la société.

Dire que le fonctionnement et les institutions de la société socialiste doivent être compréhensibles signifie que la société doit disposer du maximum d'information. Ce maximum d'information n'équivaut nullement à l'accumulation matérielle des données. Le problème ne consiste absolument pas à munir chaque habitant d'une Bibliothèque nationale portative. Le maximum d'information dépend au contraire tout d'abord d'une *réduction* des données à l'essentiel, afin qu'elles deviennent maniables par tous. Cette réduction sera possible du fait que le socialisme signifiera immédiatement une simplification énorme des problèmes, et la disparition pure et simple des quatre cinquièmes des réglementations actuelles, devenues sans objet. Elle sera, d'autre part, facilitée par l'effort systématique vers la *connaissance* de la réalité sociale et sa diffusion, comme aussi vers la *présentation* simplifiée et adéquate des données. Nous donnerons des exemples des immenses possibilités existant dans ces domaines plus loin, à propos du fonctionnement de l'économie socialiste.

Pour que le fonctionnement et les institutions de la société socialiste puissent être dominés par les hommes, au lieu de les dominer, il faut réaliser, pour la première fois dans l'histoire, la démocratie. Démocratie signifie étymologiquement la *domination des masses.* Mais nous ne prenons pas le mot « domination » en son sens formel. La domination réelle ne peut pas être confondue avec le vote ; le vote, même libre, peut être, et est le plus souvent, la farce de la démocratie. La démocratie n'est pas le vote sur des questions secondaires, ni la désignation de personnes qui décideront elles-mêmes, en dehors de tout contrôle effectif, des questions essentielles. La démocratie ne consiste pas non plus à appeler les hommes à se prononcer sur des questions incompréhensibles ou qui n'ont aucun sens pour eux. La domination réelle, c'est le pouvoir de décider soi-même des questions essentielles et de décider *en connaissance de cause.* Dans ces quatre mots : *en connaissance de cause,* se trouve tout le problème de la démocratie[1]. Il n'y a aucun sens à appeler les gens à se prononcer sur des questions, s'ils ne peuvent le faire *en connaissance de cause.* Ce point a été souligné depuis longtemps par les critiques réactionnaires ou fascistes de la « démocratie » bourgeoise, et on le retrouve parfois dans l'argumentation privée des staliniens les plus cyniques[2]. Il est évident que la « démocratie » bourgeoise est une comédie, ne

1. L'expression se trouve chez Engels, *Anti-Dühring* (éd. Costes), t. III, p. 52.

2. On a ainsi pu lire, il y a quelques années, sous la plume d'un philosophe, à peu près ceci : Comment oserait-on discuter les décisions de Staline puisqu'on ignore les éléments sur lesquels il était le seul à pouvoir les fonder ? (Sartre, *Les Communistes et la Paix.*)

serait-ce que pour cette raison que *personne* dans la société capitaliste ne peut se prononcer en connaissance de cause, et moins que tout autre les masses, à qui l'on cache systématiquement les réalités économiques et politiques et le sens des questions posées. La conclusion qui en découle n'est pas de confier le pouvoir à une couche de bureaucrates incompétents et incontrôlables, mais de transformer la réalité sociale, de façon que les données essentielles et les problèmes fondamentaux soient saisissables par les individus, et que ceux-ci puissent en décider en connaissance de cause.

Décider signifie décider soi-même ; décider de qui doit décider n'est déjà plus tout à fait décider. Finalement, la seule forme totale de la démocratie est la *démocratie directe.* Et le Conseil des travailleurs de l'entreprise n'est et ne doit être que l'instance qui remplace l'Assemblée générale de l'entreprise dans les intervalles de ses sessions[1].

La réalisation la plus large de la démocratie directe signifie que toute l'organisation économique, politique, etc., de la société devra s'articuler sur des cellules de base qui soient des collectivités concrètes, des unités sociales organiques. La démocratie directe n'implique pas simplement la présence physique des citoyens dans le même lieu lorsque des décisions doivent être prises ; elle implique aussi que ces citoyens forment organiquement une communauté, qu'ils vivent dans le même milieu, qu'ils ont la connaissance quotidienne et familière des sujets à traiter, des problèmes à résoudre. Ce n'est qu'au sein d'une telle unité que la participation politique de l'individu devient totale, à condition que l'individu sente et sache que sa participation aura un effet, autrement dit que la vie concrète de la communauté est dans une large mesure déterminée par la communauté elle-même, et non pas par des instances inconnues ou hors d'atteinte qui décident pour elle. Par conséquent, le maximum d'autonomie, d'auto-administration, doit exister pour les cellules sociales.

1. Lénine ne perd pas une occasion, dans *L'État et la Révolution,* de défendre l'idée de la démocratie directe, contre les réformistes de son époque, qui l'appelaient avec mépris « démocratie primitive ».

Ces cellules, la vie sociale moderne les a déjà créées et continue à les créer : ce sont essentiellement les entreprises « moyennes » ou « grandes » de l'industrie, des transports, du commerce, de la banque, des assurances, des administrations publiques, où les hommes, par centaines, par milliers ou par dizaines de milliers, passent l'essentiel de leur vie attelés à une tâche commune, où ils rencontrent la société sous sa forme concrète. L'entreprise n'est pas simplement une unité de production, elle est devenue l'unité primaire de vie sociale de la grande majorité des individus[1]. Au lieu de se baser sur des unités territoriales que le développement économique a rendu complètement artificielles – sauf lorsque précisément il a maintenu ou leur a conféré à nouveau une unité de production, comme le village à un bout, la ville d'une seule entreprise ou d'une seule industrie, à l'autre bout, la structure politique du socialisme s'articulera sur les collectivités de travailleurs unifiées par un travail commun. La collectivité de l'entreprise sera le terrain fécond de la démocratie directe, comme le furent en leur temps et pour des raisons analogues la cité antique, ou les communautés démocratiques de fermiers libres aux États-Unis du XIXe siècle.

Cette démocratie directe indique toute l'étendue de la *décentralisation* que la société socialiste sera capable de réaliser. Mais, en même temps, il faudra qu'elle résolve le problème de l'*intégration* de ces unités de base dans la société totale, qu'elle réalise la *centralisation* sans laquelle la vie d'une nation moderne s'effondrerait aussitôt.

Ce n'est pas la centralisation comme telle qui conduit dans la société moderne à l'aliénation politique, à l'expropriation du pouvoir au profit de quelques-uns. C'est la constitution d'appareils séparés et incontrôlables ayant la centralisation comme tâche exclusive et spécifique. La bureaucratie et son pouvoir sont inséparables de la centralisation aussi longtemps que la centralisation est conçue comme la fonction indépendante d'un appareil

1. Voir sur cet aspect de l'entreprise Paul Romano, « L'ouvrier américain », dans le n° 5-6 de *S. ou B.*, p. 129-132, et R. Berthier, « Une expérience d'organisation ouvrière », dans le n° 20 de *S. ou B.*, p. 29-31.

indépendant. Mais dans la société socialiste, il n'y aura pas de conflit entre l'autonomie des organismes de base et la centralisation, dans la mesure où les deux fonctions découleront des mêmes organes, où il n'y aura pas d'appareil séparé chargé de réunifier la société après l'avoir fragmentée – et il faut rappeler que c'est cette tâche absurde qui forme la « fonction » de la bureaucratie.

La monstrueuse centralisation caractéristique des sociétés modernes d'exploitation, et la liaison intime de cette centralisation avec le totalitarisme de la bureaucratie *dans une société de classe*, amène aujourd'hui, chez beaucoup, une réaction violente, explicable et saine, mais qui reste dans la confusion, passe de l'autre côté de la barrière et par là même renforce l'ennemi qu'elle veut abattre. La centralisation, voilà l'ennemi, c'est le cri que poussent, en France aussi bien qu'en Pologne ou en Hongrie, beaucoup de révolutionnaires honnêtes revenus du stalinisme. Mais cette idée, déjà ambiguë, devient catastrophique sans ambiguïté lorsqu'elle conduit, comme c'est souvent le cas, à demander formellement soit la fragmentation des instances du pouvoir, soit purement et simplement l'extension des pouvoirs d'organismes locaux ou d'entreprise, en négligeant ce qui se passe au niveau du pouvoir central. Lorsque des militants polonais, par exemple, pensent trouver la voie de la suppression de la bureaucratie dans une vie sociale organisée et dirigée par « plusieurs centres » – l'administration d'État, une Assemblée parlementaire, les Conseils d'usine, les syndicats, les partis politiques –, comment ne pas voir que ce « polycentrisme » est équivalent à l'absence de centre réel, et que, comme la société moderne ne peut pas s'en passer, cette « Constitution » ne pourra jamais exister que sur le papier, et ne servira qu'à cacher le véritable centre réel – se formant à nouveau au sein de la bureaucratie étatique et politique – d'autant plus redoutable et incontrôlable? Comment ne pas voir que, si l'on morcelle les organes accomplissant un processus vital, on crée par là même dix fois plus impérieusement le besoin d'un autre organe réunifiant les morceaux dispersés? De même, si l'on s'axe uniquement ou même essentiellement sur l'extension des pouvoirs des Conseils au niveau de l'entreprise particulière, comment ne pas voir qu'on livre par là même ces Conseils à la bureaucratie centrale, qui seule « sait » et « peut » faire fonctionner l'économie dans son ensemble (et l'économie moderne n'existe que comme ensemble) ? Ne pas vouloir affronter le problème du pouvoir central revient en fait à laisser à la bureaucratie – celle-là ou une autre – le soin de le résoudre.

La société socialiste devra donc de toute évidence donner une réponse socialiste au problème de la centralisation, et cette réponse ne peut être que la prise en mains de ce pouvoir par la Fédération des Conseils, l'institution d'une Assemblée centrale des Conseils et d'un Gouvernement des Conseils. Nous verrons plus loin que cette Assemblée et ce Gouvernement ne signifient pas une *délégation* du pouvoir des masses, mais une *expression* de ce pouvoir. Il nous faut seulement ici exposer le principe essentiel de leurs rapports avec les Conseils et les communautés sociales, car ce principe affecte de plusieurs façons le fonctionnement de toutes les institutions de la société socialiste.

Dans une société où la population est expropriée du pouvoir politique au profit d'une instance centralisatrice, le rapport essentiel entre cette instance et les instances inférieures qu'elle contrôle (ou finalement la population) peut être résumé comme suit : les communications qui vont de la base au sommet transmettent uniquement des *informations*, les communications qui vont du sommet à la base transmettent essentiellement des *décisions* (et subsidiairement, le minimum d'informations nécessaires à l'intelligence et à la bonne exécution des décisions du sommet). En cela s'exprime non seulement le monopole du pouvoir exercé par le sommet – monopole de décision – mais aussi le monopole des *conditions* du pouvoir, puisque le sommet est le seul à posséder la « totalité » des informations nécessaires pour juger et décider et que pour toute autre instance ou individu l'accès à des informations autres que celles concernant son secteur ne peut être qu'un accident (que le système tend à empêcher, ou qu'il évite de toute façon de favoriser).

Dire que dans la société socialiste le pouvoir central ne sera pas une délégation, mais une expression du pouvoir des masses signifie une transformation radicale de cet état de choses. Des courants dans les deux sens seront instaurés entre la « base » et le « sommet ». Une des tâches essentielles de l'instance centrale sera de retransmettre les informations recueillies à l'ensemble des organismes de base. Le Gouvernement des Conseils aura parmi ses fonctions principales d'être un collecteur et diffuseur d'information. D'autre part, dans tous les domaines essentiels les décisions seront prises par la base et remonteront vers le sommet, chargé d'en assurer ou d'en suivre l'exécution. Un double courant d'informations et de décisions sera ainsi instauré, et cela ne concernera pas seulement les rapports entre le Gouvernement et les Conseils, mais sera le modèle de toutes les relations entre les institutions, de n'importe quel type, et les participants.

Encore une fois, on n'essaie pas ici de définir des statuts à toute épreuve. Il est clair que collecter et diffuser des informations, par exemple, n'est pas une fonction neutre. Toutes les informations ne peuvent être diffusées – ce serait le plus sûr moyen de les rendre incompréhensibles ou inintéressantes –, le rôle du Gouvernement est donc de toute évidence un rôle *politique,* même à cet égard. C'est pourquoi aussi nous l'appelons Gouvernement et non « Service Central de Presse ». Mais ce qui est important, c'est que sa fonction explicite est d'informer, qu'il en a la responsabilité. La fonction explicite du Gouvernement actuel est de cacher la réalité à la population.

LE SOCIALISME, C'EST LA TRANSFORMATION DU TRAVAIL

Le socialisme ne peut s'instaurer que par l'action autonome de la classe ouvrière, il n'*est* rien d'autre que cette action autonome. La société socialiste n'est rien d'autre que l'organisation de cette autonomie, qui à la fois la présuppose et la développe.

Mais cette autonomie est la domination consciente des hommes sur leurs activités et leurs produits, il est clair qu'elle ne peut pas être seulement une autonomie *politique.* L'autonomie sur le plan politique n'est qu'un aspect, une expression dérivée de ce qui forme le contenu propre et le problème essentiel du socialisme : l'instauration de la domination des hommes sur leur activité première, qui est le *travail.* Nous disons bien : *instauration,* et non pas : *restauration.* Jamais en effet un tel état n'a existé dans l'histoire, et de ce point de vue toutes les comparaisons avec des situations historiques passées – celle de l'artisan ou du paysan libre, par exemple –, pour fécondes qu'elles soient à certains égards, n'ont qu'une portée limitée et risquent d'aboutir à des utopies à rebours.

Que l'autonomie ne peut pas se confiner au domaine politique se voit immédiatement. On ne peut concevoir une société d'esclavage hebdomadaire dans la production interrompu par des Dimanches d'activité politique libre. (C'est pourtant à cela que revient la définition de Lénine : « Le socialisme, c'est les Soviets plus l'électrification. ») L'idée que la production et l'économie socialistes pourraient être dirigées à quelque niveau que ce soit par des « techniciens » supervisés par des Soviets, des Conseils ou autres organismes incarnant le pouvoir politique de la classe ouvrière est un non-sens. Le pouvoir *effectif* dans une telle société reviendrait rapidement aux dirigeants de la production. Les Soviets ou Conseils dépériraient tôt ou tard dans l'apathie de la population, qui ne nourrirait plus de son intérêt et de son activité des institutions qui auraient cessé d'être déterminantes dans le déroulement de sa vie essentielle.

L'autonomie ne signifie donc rien si elle n'est pas *gestion ouvrière,* c'est-à-dire détermination par les travailleurs organisés de la production, à l'échelle aussi bien de l'entreprise particulière que de l'industrie et de l'économie dans son ensemble. Mais, à son tour, cette gestion ouvrière ne peut pas rester extérieure au travail lui-même, elle ne peut pas rester séparée des activités productives. La gestion ouvrière ne signifie absolument pas le remplacement de l'appareil bureaucratique qui dirige actuellement la production par un Conseil des travailleurs aussi démocratique, révocable, etc., que soit celui-ci. Elle signifie que pour l'ensemble des travailleurs, des rapports nouveaux s'instaurent avec le travail et à propos du travail. Elle signifie que le *contenu* même du travail commence à se transformer aussitôt.

Actuellement l'objet, les moyens, les modalités, le rythme du travail sont déterminés en dehors des travailleurs par l'appareil bureaucratique de direction. Cet appareil ne peut diriger que par le moyen de règles universelles abstraites, fixées « une fois pour toutes » et dont la révision périodique inévitable signifie chaque fois une « crise » dans l'organisation de la production. Ces règles comprennent aussi bien les normes de production proprement dites que les spécifications techniques, les taux de salaire et les primes comme l'organisation productive à l'atelier. L'appareil bureaucratique de direction une fois supprimé, ce type de réglementation de la production ne pourra plus subsister, ni pour la forme ni pour le fond.

En accord avec les aspirations les plus profondes des ouvriers, les « normes » de production dans leur signification actuelle seront abolies et une égalité complète en matière de salaire sera instituée. Cela signifie la suppression de la contrainte économique – sauf sous la forme la plus générale du « qui ne travaille pas, ne mange pas » – comme de la discipline imposée extérieurement, par un appareil spécifique de coercition dans la production. La *discipline de travail* sera la discipline imposée par le groupe de travailleurs à ses membres individuels, par l'atelier aux groupes qui le composent, par l'Assemblée de l'entreprise aux ateliers. L'*intégration* des activités particulières en un tout se fera essentiellement par la coopération des divers groupes d'ouvriers ou ateliers, elle sera l'objet d'une activité coordinatrice permanente des travailleurs. L'*universalité* essentielle de la production moderne se dégagera de l'expérience concrète du travail et sera formulée par des conférences de producteurs.

Donc la gestion ouvrière n'est ni la « supervision » d'un appareil bureaucratique de direction de l'entreprise par des représentants des ouvriers, ni le remplacement de cet appareil par un autre analogue formé par des individus d'origine ouvrière. C'est la *suppression* de l'appareil de direction séparé, la restitution de ses fonctions à la communauté des travailleurs. Le Conseil d'entreprise n'est pas un nouvel appareil de direction ; il n'est qu'une des instances de coordination, une « permanence » et le lieu régulateur des contacts de l'entreprise avec l'extérieur.

Cela déjà signifie que la nature, le contenu du travail commence à être transformé aussitôt. Le travail actuellement est dans son essence une activité d'exécution séparée, la *direction* de leur activité étant soustraite aux exécutants. La gestion ouvrière signifie la réunification des *fonctions* de direction et d'exécution.

Mais même cela n'est pas suffisant – ou plutôt conduit et conduira immédiatement plus loin. La restitution des fonctions de direction aux travailleurs les amènera nécessairement à s'attaquer à ce qui est actuellement le *noyau* de l'aliénation, c'est-à-dire à la *structure technologique* du travail, de ses objets, de ses instruments et de ses modalités, qui font qu'obligatoirement le travail domine les producteurs au lieu d'être dominé par eux. Les travailleurs ne pourront évidemment pas résoudre ce problème du jour au lendemain, sa solution sera la tâche de cette période historique que nous désignons par socialisme. Mais le socialisme, c'est d'abord et avant tout la solution de *ce problème.* Entre le capitalisme et le communisme il n'y a pas trente-six périodes et « sociétés de transition », comme on a voulu le faire croire, il n'y en a qu'une : la société socialiste. Et cette société n'est caractérisée en premier lieu ni par la liberté politique, ni par l'expansion des forces productives, ni par la satisfaction croissante des besoins de consommation, mais par la *transformation de la nature et du contenu du travail,* ce qui signifie : la *transformation consciente de la technologie héritée* de façon à subordonner pour la première fois dans l'histoire cette technologie aux besoins de l'homme non pas seulement en tant que consommateur, mais *en tant que producteur.* La révolution socialiste signifiera le début de cette transformation, et sa réalisation marquera l'entrée de l'humanité dans l'ère communiste. Tout le reste – la politique, la consommation, etc. –, ce sont des conséquences, des conditions, des implications, des présuppositions qu'il faut voir dans leur unité systématique, mais qui précisément ne peuvent acquérir cette unité, ne peuvent prendre leur sens, qu'en étant organisées autour de ce centre qu'est la transformation du travail lui-même. La liberté des hommes sera une illusion ou une mystification si elle n'est pas liberté dans leur activité fondamentale – l'activité productive. Et cette liberté n'est pas un cadeau de la nature, ni ne surgira d'elle-même, par surcroît, d'autres développements : les hommes auront à la créer consciemment. En dernière analyse, c'est cela le contenu du socialisme.

Les conséquences qui en découlent pour ce qui est des tâches *immédiates* d'une révolution socialiste sont capitales. Les travailleurs s'attaqueront au problème de la transformation de la nature du travail à la fois par ses deux bouts. D'un côté, il y a le besoin d'accorder au développement des capacités et des facultés proprement humaines des producteurs l'importance primordiale. Cela implique, en tout premier lieu, la démolition graduelle pierre par pierre de ce qui subsiste de l'édifice de la division du travail. D'un autre côté, il y a le besoin d'une réorientation de l'ensemble du développement technique et de son application à la production.

Ce ne sont là que deux aspects de la même chose, qui est le rapport des hommes à la technique. Considérons le deuxième aspect, le plus tangible, celui du développement technique comme tel.

On peut poser, en première approximation, que toute la technologie capitaliste, toute l'application actuelle de la technique à la production, est viciée à la base, en ce que non seulement elle est inapte à aider l'homme à dominer son travail, mais que son but premier est exactement le contraire. On pense et on dit d'habitude que la technologie capitaliste vise à développer la production pour le profit, ou la production pour la production, et indépendamment des besoins des hommes – les hommes étant conçus dans ce contexte comme les consommateurs potentiels des produits. Il s'agirait donc d'adapter la production aux besoins réels de consommation de la société, aussi bien quant à son volume que quant à la nature des objets produits.

Ce problème existe, bien entendu. Mais le problème profond est ailleurs. Le capitalisme n'utilise pas une technologie qui serait en elle-même neutre à des fins capitalistes. Le capitalisme a créé une technologie capitaliste, qui n'est nullement neutre. Le sens réel de cette technologie n'est même pas de développer la production pour la production; c'est en premier lieu de se subordonner et de dominer les producteurs. La technologie capitaliste est essentiellement caractérisée par la tentative d'éliminer le rôle humain de l'homme dans la production – et à la limite, d'éliminer l'homme tout court. Qu'ici, comme partout ailleurs, le capitalisme n'arrive pas à réaliser sa tendance profonde – s'il y parvenait, il s'écroulerait aussitôt – n'affecte pas ce que nous disons. Au contraire, cela éclaire un autre aspect de sa contradiction et de sa crise.

Le capitalisme ne peut pas compter sur la coopération volontaire des producteurs; au contraire, il doit faire face à leur hostilité, au mieux à leur indifférence quant à la production. Il *faut* donc que la machine impose son rythme de travail; si cela n'est pas réalisable, il *faut* qu'elle puisse permettre de mesurer le travail effectué; dans tout processus productif, le travail doit être mesurable, définissable, contrôlable de l'extérieur – autrement ce processus n'a pas de sens pour le capitalisme. Il *faut* en même temps, aussi longtemps que l'on ne peut pas se débarrasser complètement du producteur, que celui-ci soit remplaçable à l'extrême, donc qu'il soit réduit à sa plus simple expression, celle de la force de travail non qualifiée. Il n'y a ni complot ni plan conscient derrière tout cela. Il y a simplement un processus de « sélection naturelle » des inventions appliquées dans l'industrie qui fait que celles qui correspondent au besoin fondamental du capitalisme d'avoir affaire à un travail mesurable, contrôlable, remplaçable sont préférées aux autres et sont seules ou en majorité appliquées. Il n'y a pas de physique ou de chimie capitalistes : il n'y a même pas de technique, au sens général du terme, capitaliste; mais il y a bel et bien une *technologie* capitaliste, en entendant par ce terme, dans le « spectre » des techniques possibles d'une époque (déterminé par le développement de la science), la « bande » des procédés effectivement appliqués. À partir du moment, en effet, où le développement de la science et de la technique permet un choix entre plusieurs procédés possibles, une société choisira infailliblement les procédés qui ont pour elle un sens, qui sont « rationnels » dans le cadre de sa logique de classe. Mais la « rationalité » d'une société d'exploitation n'est pas la rationalité d'une société socialiste. La modification consciente de la technologie sera la tâche centrale d'une société de travailleurs libres. D'une façon correspondante, l'analyse de l'aliénation et de la crise de la société capitaliste doit partir de ce noyau de tous les rapports sociaux qui est le rapport de production concret, le rapport de travail, conçu sous ses trois aspects indissociables : rapport des travailleurs avec les moyens et les objets de la production, rapport des travailleurs entre eux, rapport des travailleurs avec l'appareil de direction de la production.

(Le fait qu'on choisit parmi plusieurs procédés techniquement possibles et que l'on aboutit ainsi à une *technologie* effectivement appliquée dans la production concrétisant la technique (comme savoir-faire général d'une époque) est analysé par les économistes académiques. Cf. par exemple Joan Robinson, *The Accumulation of Capital* (Londres, 1956 <trad. fr. *L'accumulation du capital*, Paris, Dunod, 1972>), p. 101-178. Mais évidemment le choix est toujours présenté dans ces analyses comme découlant de critères de « rentabilité » et essentiellement des « prix relatifs du capital et du travail ». Ce point de vue abstrait n'a que très peu de prise sur la réalité de l'évolution industrielle. Marx, par contre, souligne le contenu *social* du machinisme, sa fonction d'asservissement des exploités.)

C'est Marx, comme on sait, qui a le premier accompli ce pas historique de dépasser la surface des phénomènes du capitalisme – le marché, la concurrence, la répartition – et de s'attaquer à l'analyse de la sphère centrale des rapports sociaux, les rapports de production concrets dans l'usine capitaliste. Le Volume I du *Capital* attend encore sa continuation. La caractéristique la plus saisissante de la dégénérescence du mouvement marxiste est sans doute le fait que ce point de vue, le plus profond de tous, a été rapidement abandonné, même par les meilleurs, au profit d'analyses des « grands » phénomènes, analyses qui de ce fait se trouvaient soit complètement faussées, soit limitées à des aspects partiels et par là même conduisant à une optique catastrophiquement fausse[1]. Il est frappant de voir Rosa Luxembourg consacrer deux importants volumes à *L'Accumulation du capital* en ignorant totalement ce que le processus d'accumulation signifie dans les rapports de production concrets, en ne se préoccupant que de la possibilité d'un équilibre global entre production et consommation, et en pensant découvrir à la fin un processus automatique d'effondrement du capitalisme (ce qui, faut-il le dire, est faux concrètement et absurde *a priori*). Il est tout autant frappant de voir Lénine, dans *L'Impérialisme*, partir de la constatation fondamentale et juste que le processus de la concentration du capital est parvenu au stade de la domination des monopoles et négliger la transformation des rapports de production dans l'usine que signifie cette concentration, passer à côté du

1. Cela a été le grand mérite du groupe américain qui publie *Correspondence* de reprendre l'analyse *de la crise de la société du point de vue de la production* et de l'appliquer aux conditions de notre époque. Voir leurs textes traduits et publiés dans *Socialisme ou Barbarie* : « L'ouvrier américain », de Paul Romano (n°s 1 à 5-6) et « La reconstruction de la société », de Ria Stone (n°s 7 et 8). En France, c'est Ph. Guillaume qui a repris ce point de vue (voir son article « Machinisme et prolétariat » dans le n° 7 de cette revue). Plusieurs idées de ce texte-ci lui sont dues, directement ou indirectement.

phénomène fondamental de la constitution d'un appareil énorme de direction de la production, qui désormais incarne l'exploitation, et voir la conséquence primordiale de la concentration dans la transformation des capitalistes en rentiers « tondeurs de coupons ». Le mouvement ouvrier paye encore les conséquences de cette manière de voir et, d'un certain point de vue, pour autant que les idées jouent un rôle dans l'histoire, Khrouchtchev est au pouvoir en Russie en fonction de l'idée que l'exploitation ne peut être que la « tonte de coupons ».

Mais il faut remonter plus loin. Il faut remonter à Marx lui-même. Si Marx a mis en lumière, de façon incomparable, l'aliénation du producteur dans le processus de production capitaliste, l'asservissement de l'homme à l'univers mécanique créé par lui, son analyse est parfois incomplète, lorsqu'elle ne voit dans cette activité *que* l'aliénation. Dans *Le Capital* – par opposition à ses manuscrits de jeunesse –, il n'apparaît guère que le prolétariat est – et ne peut qu'être – porteur *positif* de la production capitaliste qui est obligée de s'appuyer sur lui *comme tel* et de le *développer* comme tel en même temps qu'elle essaie de le réduire à un rôle purement mécanique et à la limite de l'expulser de la production. De ce fait même, cette analyse ne voit pas que la crise première du capitalisme est cette crise dans la production, découlant de l'existence simultanée de deux tendances contradictoires dont aucune ne saurait disparaître sans que le capitalisme s'effondre. On y montre le capitalisme comme « le despotisme dans l'atelier et l'anarchie dans la société » – au lieu de le voir comme le despotisme *et* l'anarchie à la fois dans l'atelier *et* dans la société. On est ainsi amené à chercher la raison de la crise du capitalisme non pas dans la production – sauf en tant qu'elle développe « l'oppression, la misère, la dégénérescence, mais aussi la révolte », le nombre et la discipline du prolétariat – mais dans la surproduction et la baisse du taux du profit. On ne peut donc pas voir que, aussi longtemps que ce *type de travail* subsiste, cette crise même subsistera et tout ce qu'elle entraîne, quel que soit le régime non seulement de propriété, mais même de l'État et finalement même de *gestion* de la production.

C'est ainsi que Marx arrive, dans certains passages du *Capital,* à ne voir dans la production moderne *que* le fait que le producteur est estropié et réduit à un « fragment d'homme » – ce qui est vrai *tout autant que le contraire* – et, ce qui est encore plus grave, à relier cet aspect à la production moderne et finalement à la *production comme telle,* au lieu de le relier à la *technologie capitaliste.* C'est la nature de la production moderne comme telle, c'est une étape de la technique à laquelle on ne peut rien – c'est le fameux « règne de la nécessité » qui serait le fondement de cet état de choses. C'est ainsi que la prise en mains de la société par les producteurs – le socialisme – arrive parfois à signifier pour Marx seulement une *gestion* politique et économique extérieure laissant intacte cette structure du travail et en réformant simplement les aspects les plus « inhumains ». Cette idée s'exprime clairement dans le passage connu du Volume III du *Capital,* où Marx dit, en parlant de la société socialiste :

« Le règne de la liberté ne commence en effet que lorsqu'il n'existe plus d'obligation de travail imposée par la misère ou les buts extérieurs; il se trouve donc par la nature des choses en dehors de la sphère de la production matérielle proprement dite... Dans cet état de choses, la liberté consiste uniquement en ceci : l'homme social, les producteurs associés, règlent de façon rationnelle leurs échanges avec la nature et les soumettent à leur contrôle collectif, au lieu de se laisser aveuglément dominer par eux; et ils accomplissent ces échanges avec le moins d'efforts possible, et dans les conditions les plus dignes et les plus adéquates à leur nature humaine. Mais la nécessité n'en subsiste pas moins. Et le règne de la liberté ne peut s'édifier que sur ce règne de la nécessité. La réduction de la journée de travail est la condition fondamentale[1]. »

S'il est vrai que « le règne de la liberté ne commence que lorsqu'il n'existe plus d'*obligation* de travail *imposée par la misère ou les buts extérieurs* », il est étonnant de lire sous la plume de celui qui a écrit que « l'industrie est le livre ouvert des facultés humaines », que « *donc* » la liberté se trouve en dehors du *travail.* La conclusion vraie – que Marx lui-même a tirée en d'autres endroits – est que le

1. *Le Capital,* tr. Molitor, t. XIV, p. 114-115. [Pléiade, II, p. 1487-1488.]

règne de la liberté commence lorsque le travail devient *activité libre* aussi bien dans ses motivations que dans son contenu. Dans cette conception, par contre, la liberté est ce qui n'est pas travail, ce qui entoure le travail – soit le « temps libre » (réduction de la journée de travail), soit la « réglementation rationnelle » et le « contrôle collectif » des échanges avec la nature, minimisant les efforts et préservant la dignité humaine. Dans cette perspective, effectivement la réduction de la journée de travail devient la « condition fondamentale », puisque finalement l'homme ne serait libre que dans ses loisirs.

La réduction de la journée de travail est en vérité importante, non pas pour cette raison, mais pour permettre aux hommes de réaliser un équilibre entre leurs divers types d'activité. Et l'« idéal » à la limite, le communisme, n'est pas la réduction de la durée de travail à zéro, mais la libre détermination par chacun de la nature et de la durée de son travail. La société socialiste pourra et devra réaliser la réduction de la journée de travail, mais ce ne sera pas là sa préoccupation fondamentale. Son souci premier, ce sera de s'attaquer au « règne de la nécessité » *comme tel,* de transformer la nature même du travail. Le problème n'est pas de laisser un « temps libre » – qui risquerait de n'être qu'un temps *vide* – aux individus, pour qu'ils puissent le remplir à leur guise de « poésie » ou de sculpture sur bois. Le problème est de faire de tout le temps un temps de liberté, et de permettre à la liberté concrète de s'incarner dans l'activité créatrice. Le problème est de mettre la poésie dans le travail. (Poésie signifie très exactement création.) La production n'est pas le négatif qu'il s'agit de limiter le plus possible pour que l'homme puisse se réaliser dans les « loisirs ». L'instauration de l'autonomie, c'est aussi – c'est en premier lieu l'instauration de l'autonomie dans le travail.

Sous-jacente à l'idée que la liberté se trouve « en dehors de la sphère de la production matérielle proprement dite » se trouve une double erreur. D'un côté, que la nature même de la technique et de la production moderne rend inéluctable la domination du processus de production sur le producteur au cours du travail. D'un autre côté, que la technique, et en particulier la technique moderne, suit un développement autonome devant lequel il n'y a qu'à s'incliner, et qui posséderait par surcroît cette double propriété : d'une part, réduire constamment le rôle humain de l'homme dans la production, d'autre part, augmenter constamment son rendement. De ces deux propriétés inexplicablement combinées, résulterait une dialectique miraculeuse du progrès technique : asservi de plus en plus *au cours* du travail, l'homme serait désormais en mesure de réduire énormément la *durée* du travail, si seulement il parvenait à organiser rationnellement la société.

Or, pour les raisons indiquées plus haut, il n'y a pas de développement autonome de la technique appliquée à la production, de la technologie. De l'ensemble des technologies que rend possibles le développement scientifique et technique de l'époque, la société capitaliste réalise celle qui correspond à sa structure de classe, qui permet au capital de mieux lutter contre le travail. On tend à considérer généralement que l'application de telle ou telle invention à la production dépend de sa « rentabilité » économique. Mais il n'y a pas de « rentabilité » économique neutre, la lutte de classe dans l'usine est le facteur principal qui détermine la rentabilité. Une invention donnée sera préférée par la direction de l'usine à une autre, toutes conditions égales d'ailleurs, si elle augmente l'indépendance du cours de la production par rapport aux producteurs. L'asservissement croissant de l'homme découle essentiellement de ce processus, non pas d'une malédiction inhérente à une phase donnée du développement technologique. Il n'y a pas non plus de magie dialectique de l'asservissement et du rendement : le rendement augmente en fonction de l'énorme essor scientifique et technique qui est à la base de la production moderne, et *malgré*, non pas à cause de cet asservissement. L'asservissement signifie simplement un gaspillage *immense*, du fait que les hommes ne contribuent à la production que pour une fraction infinitésimale de leurs facultés totales. (Ceci n'implique aucune idée *a priori* sur ces facultés. Aussi basse que soit l'appréciation qu'en font M. Dreyfus[1] ou M. Khrouchtchev, ils seraient obligés d'admettre que leur organisation de la production n'en met à contribution qu'une partie infime.)

La société socialiste n'aura donc à subir aucune sorte de malédiction technique. Ayant supprimé les rapports capitalistes-

1. *Note 1979* : PDG de Renault à l'époque.

bureaucratiques, elle s'attaquera simultanément à la structure technologique de la production qui en est à la fois le support et le produit éternellement renouvelé.

LA GESTION OUVRIÈRE DE L'ENTREPRISE

La capacité des ouvriers d'un atelier ou d'un département d'organiser eux-mêmes leur travail ne fait guère de doute. Les sociologues d'industrie bourgeois eux-mêmes non seulement le reconnaissent, mais sont obligés de constater que les « groupes élémentaires » d'ouvriers accomplissent d'autant mieux leur tâche que la direction les laisse en paix et n'essaye pas de les « diriger[1] ».

Mais comment le travail de tous ces « groupes élémentaires » – ou bien des ateliers et des départements – sera-t-il coordonné ? Les théoriciens bourgeois, après avoir constaté que l'appareil de direction actuel, formellement chargé de cette coordination, est en fait peu capable de la réaliser véritablement, parce qu'il est sans prise sur les producteurs et déchiré par des conflits internes, en un mot, après l'avoir détruit par leurs critiques, n'ont rien à mettre à la place. Et, comme au-delà de l'organisation « élémentaire » de la production, il faut bien une organisation « secondaire », ils en reviennent finalement au même appareil bureaucratique de direction, qu'ils exhortent de « comprendre », de s'« améliorer », de « faire confiance aux gens », etc.[2]. On peut en dire autant, à

1. Le texte de D. Mothé, « L'usine et la gestion ouvrière », qu'on lira plus loin [dans *S. ou B.*, n° 22, p. 75 et suiv.], est déjà une réponse de fait – venant de l'usine même – aux problèmes concrets de gestion ouvrière de l'atelier et d'organisation du travail. En renvoyant à ce texte, nous n'envisageons ici que les problèmes de l'usine dans son ensemble.

2. Voir, p. ex., dans l'excellente synthèse de la « sociologie industrielle » que fait J.A.C. Brown (*The Social Psychology of Industry*, Penguin Books, 1954 <trad. fr. *Psychologie sociale de l'industrie*, Paris, Éditions de l'Épi, 1961>), la contradiction totale entre l'analyse dévastatrice qu'il donne de la production capitaliste et les seules conclusions qu'il en tire – exhortations morales adressées à la direction pour qu'elle « comprenne », « s'améliore », « se démocratise », etc. Qu'on ne dise pas qu'un « sociologue industriel » n'a pas à prendre position, qu'il décrit des faits et ne pose pas des normes ; conseiller à l'appareil de direction de « s'améliorer », c'est

un autre niveau, des dirigeants russes « déstalinisés » et « démocratisés[1] ». C'est que les uns et les autres ne peuvent pas reconnaître la capacité gestionnaire des ouvriers au-delà d'un cadre très restreint. Ils ne peuvent pas voir dans la masse des travailleurs d'une entreprise un sujet actif de gestion et d'organisation. Pour eux, au-delà des dix, quinze ou vingt individus commence la foule, hydre aux mille têtes qui ne peut pas agir collectivement – ou alors seulement dans l'hystérie et le délire – et que seul un appareil de direction et de coercition, conçu à cette fin, peut maîtriser et « organiser ».

Ce point de vue ne peut pas nous préoccuper. En réalité, on sait que les défauts et les incohérences de l'appareil bureaucratique de direction sont tels que même aujourd'hui les ouvriers individuels ou les « groupes élémentaires » d'ouvriers sont obligés de prendre à leur charge une bonne partie des tâches de coordination[2]. Et l'expérience historique prouve que la classe ouvrière est parfaitement à même de résoudre le problème de la gestion des entreprises. En Espagne, en 1936-37, les ouvriers n'ont éprouvé aucune difficulté à faire marcher les usines. À Budapest, en 1956, d'après les récits des réfugiés hongrois, les grandes boulangeries (employant des centaines d'ouvriers) ont fonctionné pendant les jours de l'insurrection et après, sous la direction des ouvriers, comme jamais auparavant. Ces exemples pourraient être facilement multipliés.

La manière positive de discuter ce problème n'est pas de supputer dans l'abstrait les capacités gestionnaires des ouvriers mais d'examiner les fonctions réelles de l'appareil de direction actuel, celles qui gardent un sens dans une entreprise socialiste et la façon dont ces dernières pourront être accomplies.

Ces fonctions sont actuellement de quatre types :

– des fonctions de coercition ;

prendre position – et une position dont on a démontré précédemment soi-même qu'elle est entièrement utopique.

1. Voir les textes du XXe Congrès du PCUS analysés par Claude Lefort, « Le totalitarisme sans Staline », n° 19 de *S. ou B.*, en particulier p. 59-62. [Maintenant, dans *Éléments d'une critique de la bureaucratie*, Droz, Genève-Paris, 1971, p. 166 et suiv. <repris dans la rééd. partielle Gallimard, « Tel », 1986>]

2. Voir le texte de D. Mothé, « L'usine et la gestion ouvrière », déjà cité.

– des « services généraux » de toute sorte, non directement reliés à la fabrication;
– des fonctions « techniques »;
– des fonctions de « direction au sommet », au sens strict du terme.

La première partie des fonctions de l'appareil de direction actuel concerne les tâches de *coercition* des travailleurs. Ces fonctions et les postes correspondants – par exemple la surveillance, les contremaîtres, une partie des « services du personnel », etc. – seront purement et simplement supprimés. Chaque groupe d'ouvriers est parfaitement capable de se discipliner lui-même, comme aussi de conférer l'autorité nécessaire, si une tâche particulière exige un commandement individuel, à quelqu'un choisi en son sein.

Une deuxième partie comporte l'accomplissement de tâches qui, en elles-mêmes, ne sont nullement des tâches de direction, mais des tâches d'exécution indispensables au fonctionnement de l'entreprise et séparées de la fabrication directe. C'est le cas de la majeure partie des « bureaux » actuels. Rentrent ici l'appareil comptable, les services commerciaux et les services généraux de l'entreprise. Au sein de ces services, le développement moderne de la production a rendu le travail tout autant divisé, parcellaire et socialisé que dans la fabrication directe. Les neuf dixièmes du personnel qui s'y trouvent n'accomplissent et n'accompliront, leur vie durant, que des tâches d'exécution parcellaires. Des réformes importantes devront être réalisées dans ces services. Tout d'abord, la structure capitaliste de l'entreprise y entraîne en général un gonflement démesuré de l'emploi[1], et il est probable que la transformation socialiste entraînera de grandes économies de travail dans ces secteurs. Ensuite, certains parmi ces services verront non seulement leur importance se réduire, mais leur fonction se transformer. Les services commerciaux actuels, par exemple,

1. Voir, sur le gonflement extrême des services « improductifs » dans l'usine actuelle, G. Vivier, « La vie en usine », dans le n° 12 de *S. ou B.,* p. 39-41. Vivier estime que, pour l'entreprise qu'il décrit, « *sans réorganisation rationnelle des services,* 30 % des employés sont en surnombre » (les mots soulignés le sont dans l'original).

qui sont en train de connaître un développement vertigineux, deviendront dans une économie socialiste planifiée des services d'approvisionnement et de livraison, chargés essentiellement de tâches de comptabilité-matière d'un côté, de transports extérieurs de l'autre, en liaison avec les services homologues des usines-fournisseurs et des magasins de vente aux consommateurs. Ces transformations, et d'autres analogues, effectuées, ces services ne seront plus que des « ateliers » comme les autres, organisant eux-mêmes leur travail propre, en contact et coordination avec les autres ateliers. Ils ne peuvent tirer aucune prérogative particulière de la nature de leur travail. Aucune n'en découle en fait d'ailleurs aujourd'hui, et ce n'est qu'en fonction d'autres facteurs – la division entre travail manuel et « intellectuel », la hiérarchie beaucoup plus poussée dans les bureaux – que les individus à la tête de ces services accèdent parfois au sommet de la véritable « direction » de l'entreprise.

En troisième lieu, il y a l'appareil « technique » proprement dit de l'usine, des ingénieurs aux dessinateurs. De celui-là aussi il est vrai que l'évolution moderne l'a transformé en un appareil collectif, au sein duquel le travail est divisé et socialisé et qui ne comprend pour les neuf dixièmes que des exécutants parcellaires. Mais, cela posé quant à sa structure *interne*, il est certain qu'il accomplit quant au reste de l'usine – quant aux services de fabrication – une fonction de direction. C'est cet appareil technique collectif qui détermine ou est censé déterminer, une fois les objectifs et l'échelle de production définis, les *moyens* et les *modalités* de la production, décide des transformations nécessaires de l'outillage, fixe la séquence et les modalités de chaque opération, etc. En théorie, les services de fabrication ne sont que de simples exécutants des consignes données par le service technique de l'usine, et une séparation complète existe entre ceux qui formulent ces consignes et ceux qui sont chargés de les exécuter dans les conditions concrètes de la production de masse.

Cette situation repose, jusqu'à un certain point, sur un fait réel : la spécialisation et la compétence scientifique et technique réservées à une minorité. Mais il n'en découle nullement que la meilleure manière d'utiliser cette compétence serait de lui laisser la décision quant à la marche réelle de l'ensemble de la production. Cette compétence est, par définition, limitée à un secteur ou un aspect précis du processus de fabrication ; sorti de ce secteur, le technicien n'est pas plus en mesure de prendre responsablement une décision que n'importe qui d'autre. Même au sein de ce secteur, d'ailleurs, son point de vue est fatalement partiel. D'un côté, il ignore et tend à négliger les autres secteurs, qui nécessairement influencent le sien. D'un autre côté, et surtout, il est séparé du processus réel de production.

Cette séparation des techniciens et du processus effectif de production est actuellement une des principales sources de gaspillage et de conflits dans l'usine capitaliste. Elle ne peut être supprimée que si une coopération profonde s'instaure entre les services « techniques » et les services « productifs » de l'usine. Cette coopération reposera sur la détermination collective, en commun, par les ouvriers chargés de la réalisation d'un processus de fabrication et les techniciens, des moyens et des modalités de cette réalisation. Cette coopération pourra-t-elle s'effectuer sans conflits ? Il n'y a aucune raison intrinsèque pour que des conflits insurmontables surgissent. Les ouvriers n'ont pas d'intérêt à contester les réponses que le technicien, comme technicien, donne aux problèmes techniques qui se posent, et, s'il y a contestation, elle peut se résoudre rapidement dans l'expérience : le domaine de la production permet des vérifications presque immédiates de ce qui est avancé par les uns ou par les autres. Que pour telle pièce ou tel outil (dans un état donné des connaissances et dans des conditions données de production), telle composition de métal soit la plus indiquée, par exemple, ne peut pas être et ne sera pas objet de controverse. Mais les réponses ainsi fournies de façon définitive par la technique ne définissent qu'un cadre général ou une partie seulement des éléments déterminant le processus concret de production. Au sein de ce cadre, il existe une multitude de façons d'organiser ce processus, et le choix ne peut se faire qu'en fonction, d'une part, de considérations d'« économie » en général – économie de travail, de matières premières, d'énergie, d'outillage ; d'autre part, et surtout, de considérations relatives au sort des hommes dans le processus de production. Pour ces dernières, seuls les hommes sont par définition compétents, la compétence du technicien, comme tel, est absolument nulle. Autrement dit, ce que nous contestons fondamentalement, c'est qu'il puisse y avoir une technique capable d'organiser les hommes extérieure aux hommes eux-mêmes (c'est finalement aussi absurde que l'idée d'une psychanalyse à laquelle le psychanalysé resterait extérieur, et qui ne serait qu'une « technique » de l'analyste). Il y a simplement des techniques de l'oppression et de la coercition, et des techniques de l'« intéressement personnel » – qui d'ailleurs restent toujours finalement inefficaces. Par conséquent, l'organisation réelle du processus de production ne peut qu'appartenir à ceux qui l'accomplissent, après prise en considération des éléments techniques fournis par les techniciens compétents. En fait, un va-et-vient permanent sera évidemment instauré, ne serait-ce que parce que les producteurs envisageront de nouvelles manières d'organiser la fabrication qui poseront des problèmes techniques pour lesquels les techniciens devront fournir les éléments certains ou probables d'appréciation, avant qu'une décision en connaissance de cause ne puisse être prise. Mais la décision, dans ces cas comme dans les autres, appartiendra aux producteurs (y compris les techniciens), de l'atelier, si elle n'affecte que l'atelier, de l'entreprise, si elle affecte toute l'entreprise.

Les raisons d'un conflit possible entre travailleurs et techniciens ne sont donc nullement techniques ; si un tel conflit surgissait, il serait un conflit nettement *social* et *politique*. Il ne pourrait découler que de l'éventuelle tendance des techniciens à assumer un monopole effectif de direction, à constituer à nouveau un appareil bureaucratique dirigeant. Quelle est la force et l'évolution probable de cette tendance ?

Nous ne pouvons pas entrer ici dans un examen, même sommaire, de cette question. Qu'il suffise de rappeler que ce ne sont pas les techniciens qui forment la majorité ou même une part essentielle de l'appareil supérieur de direction de la production, de l'économie ou de la société actuelles – et cela dévoile en même temps le caractère mystificateur des arguments tendant à prouver que la classe ouvrière serait incapable de gérer la production, parce qu'elle ne disposerait pas des « capacités techniques nécessaires ». Dans leur grande majorité, les techniciens n'occupent que des positions subalternes et n'accomplissent que des tâches d'exécution parcellaires. Ceux parmi les techniciens qui arrivent au sommet n'y sont pas en tant que *techniciens,* mais en tant que « dirigeants » et « organisateurs ». Le capitalisme actuel est un capitalisme *bureaucratique,* il n'est pas et ne sera jamais un capitalisme *technocratique.* La technocratie est une généralisation vide de sociologues superficiels ou une rêverie de techniciens éprouvant durement leur impuissance devant le régime actuel et son absurdité. Les techniciens ne constituent pas une classe à part ; du point de vue formel ils ne sont rien de plus qu'une catégorie de travailleurs salariés, et l'évolution du capitalisme moderne, en les transformant de plus en plus en exécutants parcellaires et remplaçables, comme en réduisant leur pénurie relative, tend à les rapprocher du prolétariat. À ce rapprochement s'oppose leur place dans la hiérarchie des revenus et des « positions sociales », comme aussi ce qu'il leur reste de perspective de « percée » individuelle. Mais cette perspective se ferme au fur et à mesure que la profession se massifie d'un côté, se bureaucratise de l'autre. Parallèlement, une révolte se développe devant les irrationalités du système capitaliste et bureaucratique et contre l'impossibilité où se trouve le technicien parcellaire et fonctionnarisé de donner libre cours à ses facultés d'invention et de travail. À une fraction de techniciens déjà arrivés ou arrivistes, qui se placent résolument du côté de l'exploitation, s'oppose ainsi une minorité croissante de techniciens révoltés, prêts à collaborer au renversement du système. Au milieu se trouve la grande majorité des techniciens subissant dans l'apathie leur sort d'employés privilégiés, dont le conservatisme présent signifie précisément qu'ils ne risqueraient pas un conflit avec le pouvoir réel, quel qu'il soit, et que l'évolution ne peut que tendre à radicaliser. Il est donc extrêmement probable que le pouvoir ouvrier dans l'usine, après avoir éliminé un petit nombre de techniciens-bureaucrates, sera activement appuyé par une fraction substantielle des autres et pourra sans conflit majeur intégrer le reste dans le réseau de coopération de l'usine.

Reste la véritable « direction » de l'entreprise, qui en fait occupe actuellement très peu de personnes (les gens qu'un Président-Directeur Général « consulte » avant de prendre une décision se comptent en général sur les doigts dans les entreprises les plus importantes). Les tâches de cette direction sont de deux ordres : d'un côté, prendre des décisions, en fonction des fluctuations du marché ou des perspectives à long terme, relativement aux investissements, aux stocks, à l'échelle de fabrication, etc. ; d'un autre côté, assurer la coordination des divers services de l'entreprise et, en, particulier, des diverses fractions de l'appareil bureaucratique.

Une partie de ces tâches disparaîtra dans une économie planifiée : ainsi toutes les décisions reliées actuellement aux fluctuations du marché (échelle des fabrications, niveau des investissements, etc.). D'autres seront vraisemblablement réduites considérablement : ainsi la coordination entre les divers secteurs de l'entreprise se présentera sans doute de façon beaucoup plus simple si les producteurs organisent eux-mêmes leur travail et si les divers groupes, ateliers ou départements, peuvent se mettre directement en contact les uns avec les autres. D'autres, en revanche, seront beaucoup plus poussées : ce sera le cas, en premier lieu, pour ce qui est de l'élaboration active des possibilités, des objets et des moyens de production future, autrement dit, des propositions concernant la place de l'entreprise dans le développement d'ensemble de l'économie. L'ensemble de ces tâches de direction sera à la charge de deux organes :

a) un Conseil des délégués d'atelier et de bureau, élus et révocables à tout instant. Dans une entreprise de cinq à dix mille travailleurs, ce Conseil pourrait comprendre trente à cinquante membres. Les délégués ne sortiront pas de la production. Ils se réuniront en séance plénière aussi souvent que cela s'avérera nécessaire à la lumière de l'expérience (probablement une ou deux demi-journées par semaine). Ils rendront compte à leurs camarades d'atelier ou de bureau de cette séance, dont ils auront vraisemblablement discuté déjà auparavant les sujets avec eux. Ils assureront une permanence centrale formée d'un ou plusieurs délégués à tour de rôle. Ils auront, parmi leurs tâches principales, à assurer les liaisons avec le « monde extérieur » ;

b) l'Assemblée Générale de tous les travailleurs de l'usine, ouvriers, employés et techniciens, instance suprême de décision pour tous les problèmes concernant l'entreprise dans son ensemble ou résultant de divergences ou de conflits entre secteurs. Cette Assemblée Générale sera la restauration de la démocratie directe, dans le cadre naturel du monde moderne, l'entreprise comme unité sociale de base. Elle devra ratifier toutes les décisions du Conseil autres que de simple routine. Elle pourra évoquer toutes les décisions prises en Conseil des délégués, les ratifier ou les infirmer; elle décidera elle-même des questions qui doivent lui être soumises directement. Elle aura une périodicité fixe – une ou deux journées par mois, par exemple – et pourra être convoquée à tout instant si un nombre donné de travailleurs, d'ateliers ou de délégués le demandent.

Quel sera le *contenu effectif* de la gestion ouvrière de l'entreprise, les tâches permanentes qu'elle aura à accomplir ?

On peut voir plus clair dans ce problème en considérant schématiquement la gestion ouvrière sous deux aspects, l'aspect statique et l'aspect dynamique.

Par aspect statique, nous entendons qu'un objectif donné de production est fixé à l'entreprise par le plan pour une période donnée (nous verrons plus loin comment se fait la détermination de cet objectif) et qu'en même temps sont fixés les moyens, au sens le plus général, dont disposera l'entreprise pour la réalisation de cet objectif. Le plan définira, par exemple, comme objectif de production pour telle usine d'automobiles, la production annuelle de tel nombre de voitures de tel type, et lui allouera à cette fin les quantités de matières premières, énergie, outillage, etc., nécessaires – en même temps qu'il définira la quantité d'heures de travail (autrement dit, la durée du travail étant fixée, le nombre de travailleurs) correspondant à cette production.

Sous cet angle, la gestion de l'entreprise par les travailleurs signifie que ce sont ces derniers qui ont la charge et la responsabilité de réaliser l'objectif qui leur est assigné avec les moyens mis à leur disposition. La tâche des travailleurs de l'entreprise est donc homologue aux tâches « positives » de l'appareil de direction actuel, qui aura été supprimé : l'organisation du travail de chaque atelier ou département par les travailleurs eux-mêmes; la coordination du travail des ateliers en rapport productif immédiat par les contacts directs entre intéressés (s'il s'agit de problèmes limités ou de la routine de la production), par réunions de délégués ou par assemblées communes de deux ou plusieurs ateliers ou départements (s'il s'agit de problèmes plus importants) ; la coordination des travaux de l'ensemble de l'usine, par le Conseil d'entreprise et l'Assemblée Générale ; la liaison avec le reste de l'économie, assurée par le Conseil.

Dans ces conditions l'*autonomie,* par rapport à la production, signifie la détermination des modalités de réalisation de certains objectifs donnés à l'aide de moyens généralement définis. Entre ces objectifs et les moyens dont il est nécessaire qu'ils soient définis par le plan (parce qu'ils découlent de la production d'autres entreprises), il y a un « jeu » important, un processus de concrétisation qui ne peut être effectué que par les travailleurs de l'entreprise : objectifs et moyens ne déterminent pas automatiquement et exhaustivement les modalités de travail, d'autant plus que la définition des moyens par le plan reste forcément générale et ne peut ni ne doit descendre jusqu'à tous les « détails » importants. Cette concrétisation, cette détermination des modalités de réalisation de l'objectif de l'entreprise à l'aide des moyens fournis est le premier domaine d'exercice de l'autonomie des travailleurs. Il est très important. Mais il est *limité*, et il est d'une importance cruciale de prendre nettement conscience de ses limitations, car celles-ci définissent le cadre inévitable de *départ* de la production socialiste – le cadre qu'elle aura à faire reculer au fur et à mesure de son développement.

L'autonomie ainsi conçue, sous l'aspect statique, est évidemment tout d'abord limitée dans la détermination des *objectifs* de la production. Les travailleurs d'une entreprise donnée *participent* à la détermination des objectifs de production de leur entreprise, du fait qu'ils participent à la détermination du plan dans son ensemble. Mais ils ne déterminent pas eux-mêmes d'emblée et tout seuls ces objectifs. Dans l'économie moderne, où la production de chaque entreprise à la fois conditionne celle de toutes les autres et est conditionnée par celle-ci, la définition d'objectifs de production cohérents ne peut pas se faire par chaque entreprise particulière, elle doit se faire par et pour toutes ensemble, et le point de vue général ne peut que prévaloir sur le point de vue particulier.

L'autonomie est également limitée dans la détermination des *moyens* de production. Les travailleurs d'une entreprise ne peuvent pas déterminer en *pleine* autonomie les moyens qu'ils préfèrent utiliser, car ces moyens ne sont que le résultat de la production d'autres entreprises ; une telle autonomie signifierait que chaque entreprise pourrait déterminer les objectifs de production de toutes les autres, et ces autonomies s'annuleraient réciproquement. Cette limitation est toutefois beaucoup moins rigide que la première – celle relative aux objectifs – car des modifications des moyens de production proposées par l'usine utilisatrice peuvent être facilement réalisables par l'usine productrice sans entraîner pour cette dernière des servitudes additionnelles ; cela se voit tout à fait clairement dans le cas des grandes usines de production mécanique – automobile, par exemple – à intégration poussée, où une bonne partie de l'outillage utilisé est fabriquée par l'usine même, et où par conséquent la coopération des ateliers fabriquant l'outillage et des ateliers utilisateurs pourra conduire à des modifications extrêmement amples des moyens de production actuellement utilisés[1].

Mais si l'on considère ce que l'on peut appeler l'aspect dynamique de la gestion ouvrière, c'est-à-dire la fonction de la gestion ouvrière dans le *développement* et la *transformation* de la production socialiste, plus exactement le fait que ce développement et cette transformation seront l'*objectif premier* de cette gestion, tout ce que nous venons de dire doit être repris et les limites de l'autonomie reculent graduellement.

On peut le voir tout d'abord sur le plan de la détermination des *moyens* de production. Partant de la technologie héritée du capitalisme, la production socialiste s'attaquera, comme nous l'avons dit, à la transformation consciente de cette technologie. L'aspect premier de ce problème est celui-ci : actuellement, l'équipement – et, plus généralement, les moyens de production – est en principe conçu et fabriqué *indépendamment* de son utilisateur et de son point de vue (on prétend, bien entendu, en tenir compte, mais cela n'a rien à voir avec le point de vue de l'utilisateur placé dans les conditions concrètes de production de l'usine capitaliste). Or l'équipement est fabriqué pour être consommé productivement,

1. Voir l'article de D. Mothé déjà cité.

et le point de vue de ce consommateur productif, c'est-à-dire du producteur-utilisateur de l'équipement, est primordial. Dans la mesure où le point de vue du producteur de l'équipement est également important, le problème de la définition des moyens de production ne peut être résolu que par la coopération vivante de ces deux catégories de travailleurs. Au sein d'une usine intégrée, cela implique le contact permanent entre les catégories correspondantes d'ateliers. À l'échelle de l'économie entière, cela doit se faire par l'instauration de formes permanentes, normales, de coopération entre usines comme entre secteurs de la production. (Ce problème est *distinct* de celui de la planification générale ; celle-ci pose un cadre quantitatif – tant d'acier, tant d'heures de travail, à un bout, tant de produits de consommation finals, à l'autre bout – mais n'a pas à intervenir dans la forme, le type, etc., des produits intermédiaires). Cette coopération prendra nécessairement deux formes. D'un côté, les problèmes du choix des meilleures méthodes et de leur propagation, de l'uniformisation et de la rationalisation seront l'objet de la coopération *horizontale* des Conseils organisés par branche et secteur d'industrie (textile, chimie, mécanique, industries électriques, etc.). D'un autre côté, l'intégration des points de vue des producteurs et des utilisateurs de l'équipement, et plus généralement de tous les produits intermédiaires, sera l'objet de la coopération *verticale* des Conseils représentant les étapes successives de production (sidérurgie – industrie des machines-outils – industrie mécanique, par exemple). Dans les deux cas, cette coopération devra s'organiser sous des formes permanentes, de Comités verticaux et horizontaux des représentants des Conseils d'entreprise comme aussi de Conférences des producteurs plus larges.

En considérant donc le problème sous l'angle dynamique – qui est finalement le seul important –, on constate que le terrain d'exercice de l'autonomie s'élargit énormément. Déjà, au niveau des entreprises, mais surtout au niveau de la coopération entre entreprises, les producteurs détermineront eux-mêmes les moyens de production. Ils seront par là à même de dominer graduellement le processus du travail, puisqu'ils auront non seulement à en définir les modalités, mais qu'ils pourront en modifier la base technologique.

Ce fait lui-même modifie ce que nous avions dit sur la détermination des *objectifs.* Les trois quarts de la production moderne (brute) sont constitués par des produits intermédiaires, par des moyens de production au sens le plus général. La détermination des moyens de production par les producteurs signifie donc immédiatement une participation *directe* extrêmement importante à la détermination des objectifs de production (puisque la nature des objets intermédiaires sera définie en commun par les producteurs et les utilisateurs de ces objets). La limitation qui subsiste – et qui est importante – découle de ce que finalement ces moyens doivent servir, quelle que soit leur nature précise, à la production de biens de consommation finals et que ces derniers ne peuvent être déterminés que de façon générale, par le plan.

Mais, à cet égard aussi, la considération de l'aspect dynamique modifie radicalement la situation. La consommation moderne est caractérisée par l'apparition incessante de nouveaux produits. Ce sera aux entreprises produisant des biens de consommation de concevoir, d'étudier et de réaliser ces nouveaux produits.

Cela pose le problème plus général du contact entre producteurs et consommateurs. La société capitaliste repose sur une scission complète de ces deux aspects de l'homme, et sur l'exploitation du consommateur comme tel. Il ne s'agit pas simplement de l'exploitation monétaire ou de la limitation des revenus. La production capitaliste prétend satisfaire plus que toute autre dans l'histoire les besoins des masses, mais en fait c'est elle qui détermine sinon ces besoins eux-mêmes, du moins la manière de les satisfaire. Le point de vue du consommateur n'est qu'une des nombreuses variables que manipulent les techniques de vente modernes. La scission entre producteur et consommateur apparaît avec une évidence particulière dans la question de la *qualité* des produits. Le dialogue entre l'ouvrier-homme et l'ouvrier-robot que résume D. Mothé dans son texte déjà cité : « Tu crois que c'est important, cette pièce ? – Qu'est-ce que ça peut te faire. Ça va dans le mur », montre de façon saisissante pourquoi le problème de la qualité est insoluble dans le cadre de la société d'exploitation. Le vulgaire voit dans une marchandise une marchandise, au lieu d'y voir un moment de la lutte de classe cristallisé ; il voit dans les défauts des marchandises des défauts, au lieu d'y voir la résultante d'un conflit de l'ouvrier avec lui-même, de l'ouvrier avec l'exploitation, et des diverses instances de la bureaucratie de l'usine les unes avec les autres.

La suppression de l'exploitation entraînera d'elle-même une modification de cet état de choses, et l'ouvrier pourra lui-même faire prévaloir, au cours de son travail, son attitude de consommateur éventuel de ce même produit. Mais la société socialiste devra sans doute, à sa première phase, envisager l'instauration de formes normales – autres que le « marché » – de contact entre producteurs et consommateurs comme tels.

Dans tout ce qui précède, nous avons présupposé la division du travail héritée de la société actuelle, qui fournira le point de départ. Mais nous avons déjà indiqué plus haut que la société socialiste ne peut pas ne pas s'attaquer, dès son premier jour, à la démolition de cette division. C'est là un problème immense, qui ne peut pas être traité dans le cadre de ce texte. Les premiers jalons de sa solution, cependant, apparaissent dès maintenant. La production moderne, en ruinant pour une grande partie les qualifications professionnelles d'autrefois et en créant des machines universelles semi-automatiques ou automatiques, a démoli elle-même l'ossature traditionnelle de la division du travail dans l'industrie et a donné naissance à un ouvrier universel, pouvant se servir de la plupart des machines utilisées après un court apprentissage. Décortiquée de ses éléments de classe, la répartition des travailleurs au sein d'une grande entreprise moderne correspond de moins en moins à une véritable division *du travail* et de plus en plus à une division *des tâches.* Les travailleurs sont rivés à des endroits donnés du mécanisme productif non pas en fonction d'une correspondance irrévocable entre leurs « qualifications » et les « exigences du travail », mais parce que c'était la place disponible, parce qu'elle leur confère tel ou tel avantage – en fin de compte, parce qu'on les a mis là, tout simplement. L'usine socialiste n'aura évidemment aucune raison d'accepter la rigidité artificielle des emplois qui prévaut actuellement. Elle aura tout intérêt à susciter une rotation des travailleurs entre ateliers et départements, comme aussi entre départements et « bureaux ». Une telle rotation ne peut que faciliter énormément la participation active et en connaissance de cause des travailleurs à la gestion de l'usine, dans la mesure où une proportion croissante de travailleurs sera familiarisée de première main avec le travail d'un nombre croissant d'ateliers. La même chose vaut pour la rotation de travailleurs entre différentes entreprises, et pour commencer entre entreprises productrices et utilisatrices.

Quant à ce qui subsiste du problème de la division du travail proprement dite, il ne peut être traité qu'en liaison avec le problème de l'éducation – non seulement des nouvelles générations, mais aussi des adultes –, que nous ne pouvons pas aborder ici.

SIMPLIFICATION ET RATIONALISATION DES PROBLÈMES GÉNÉRAUX DE L'ÉCONOMIE

Le fonctionnement de l'économie socialiste implique la direction consciente des processus économiques par les producteurs à tous les niveaux, et tout particulièrement au niveau central. Il est complètement illusoire de croire, soit qu'une bureaucratie centrale laissée à elle-même ou « contrôlée » pourrait diriger l'économie vers le socialisme (elle la conduirait à nouveau vers l'exploitation), soit que des mécanismes objectifs « automatiques » pourraient être établis qui, comme des appareils de pilotage, orienteraient à chaque instant l'économie dans le sens voulu. Dans tout ces cas – direction de l'économie par une bureaucratie « éclairée », régulation par des mécanismes de « vrai marché » restaurés dans la pureté originelle qu'ils auraient, semble-t-il, possédée avant que le capitalisme ne les corrompe, ou régulation par un super-ordinateur électronique –, la même impossibilité fondamentale apparaît. Tout plan présuppose une décision sur le taux d'expansion de l'économie, et ce taux à son tour dépend essentiellement de la répartition du produit social en consommation et investissement. (On pourrait ajouter: 1) qu'il dépend aussi du progrès technique. Mais ce progrès est fonction essentiellement des investissements consacrés directement et indirectement à la recherche; 2) qu'il dépend de l'évolution de la productivité du travail. Mais celle-ci dépend à son tour du capital disponible par ouvrier et du niveau technique (deux facteurs qui nous ramènent à l'investissement), et surtout de l'attitude des producteurs face à l'économie. Celle-ci est directement liée à leur attitude face aux objectifs du plan et à la méthode utilisée pour les déterminer, donc nous renvoie aux facteurs discutés dans le texte.)

Or il n'y a aucune base rationnelle « objective » permettant de déterminer cette répartition. Une décision d'investir 0 % du produit social n'est ni plus ni moins « rationnelle » objectivement qu'une décision d'en investir 90 %. La seule rationalité qui puisse exister en la matière, c'est la décision que prennent les hommes sur leur propre sort, en connaissance de cause. Et la détermination des objectifs du plan par les travailleurs qui auront à l'exécuter est la seule garantie, en fin de compte, de leur participation spontanée et volontaire à l'effort de sa réalisation et donc d'une mobilisation effective des individus autour à la fois de la gestion et de l'expansion de l'économie.

Mais cela ne signifie pas que le plan et la direction de l'économie ne sont que « politique pure ». La planification socialiste s'appuiera sur des éléments rationnels objectifs et elle est seule capable d'intégrer ces éléments à une orientation consciente de l'économie. Ces éléments sont des moyens extrêmement puissants d'« économie » de pensée et de travail, de simplification de la représentation de l'économie et de ses lois, permettant de rendre accessibles les problèmes de la gestion centrale à l'ensemble des travailleurs. Une gestion ouvrière de la production non plus au niveau de l'usine particulière, mais au niveau de l'ensemble de l'économie n'est possible que si les tâches de direction ont subi une énorme simplification, de telle façon que les producteurs et leurs organes collectifs puissent avoir sur les problèmes décisifs des opinions en connaissance de cause. Il faut, autrement dit, que l'immense chaos des faits et des relations économiques puisse être réduit en quelques données qui condensent de façon adéquate les problèmes posés : limitées en nombre, compréhensibles, résumant sans déformation et sans mystification, suffisantes pour juger. Une telle condensation adéquate *peut* avoir lieu, parce qu'il y a premièrement un linéament rationnel de l'économie, deuxièmement, des techniques modernes de compréhension de l'économie, troisièmement, la possibilité de mécaniser et d'automatiser tout ce qui n'est pas domaine de décision humaine proprement dite.

La discussion de ces éléments, de ces techniques et de ces possibilités est donc indispensable dès maintenant. Sans le déblaiement étendu du terrain qu'ils permettent, la gestion ouvrière de l'économie risquerait de s'écrouler sous le poids de la matière qu'elle doit dominer. Il va de soi que cette discussion est loin d'être exclusivement « technique » dans son contenu, et que nous serons constamment guidés par les principes généraux posés au départ.

L'usine du plan

Un plan de production, qu'il concerne une usine particulière ou l'ensemble de l'économie, est un raisonnement (comportant un très grand nombre de raisonnements secondaires) qui se réduit à deux prémisses et une conclusion. Les deux prémisses sont : les moyens dont on dispose au départ (équipement, main-d'œuvre, stocks, etc.) et la situation qu'on se propose d'atteindre (production de telles quantités d'objets et de services spécifiés au cours de telle période). Nous les appellerons respectivement les *conditions initiales* et l'*objectif*. La conclusion, c'est le chemin qu'il faut suivre pour passer des conditions initiales à l'objectif (tels produits intermédiaires à fabriquer au cours de telle période, etc.). Nous appellerons cette conclusion les *objectifs intermédiaires.*

S'il s'agit, à partir de conditions initiales simples, de réaliser un objectif simple, l'objectif intermédiaire peut être déterminé immédiatement. Au fur et à mesure que les conditions initiales ou l'objectif ou les deux se compliquent ou s'écartent dans le temps, la détermination des objectifs intermédiaires devient évidemment plus difficile. Dans le cas de l'économie, la complexité des éléments est telle (il y a des milliers de produits différents, plusieurs procédés de fabrication possibles pour beaucoup d'entre eux, et la production de chaque catégorie de produits met à contribution directement ou indirectement pratiquement celle de tous les autres) qu'on pourrait penser qu'une planification rationnelle (au sens d'une détermination *a priori* de tous les objectifs intermédiaires une fois les conditions initiales et l'objectif final fixés) est impossible. C'est ce qu'ont affirmé d'ailleurs pendant longtemps les apologistes de la « libre concurrence ». Il n'en est cependant rien[1]. Le problème peut être résolu en général, et les techniques disponibles de calcul économique et de calcul tout court permettent de le résoudre d'une façon remarquablement simple. Une fois les conditions initiales (la situation de l'économie au départ) connues et l'objectif ou les objectifs finals fixés, on peut réduire tout le travail de planification (la détermination des objectifs intermédiaires) à un travail purement technique d'exécution, qui lui-même peut être mécanisé et automatisé à un degré énorme.

La base de ces méthodes est précisément l'idée de l'interdépendance totale des divers secteurs de l'économie (le fait que tout ce qu'un secteur utilise pour produire est déjà produit d'un autre, et inversement que tout le produit de chaque secteur doit en fin de compte être utilisé par les autres). À cette idée qui remonte à Quesnay, et qui forme la base de l'analyse de l'accumulation capitaliste par Marx, un groupe d'économistes américains autour de W. Leontief ont pu depuis vingt ans donner une expression statistique et une application à l'économie réelle qui vont s'amplifiant constamment[2]. Cette interdépendance signifie qu'à tout instant (pour un état donné de la technique et une structure donnée de l'équipement de l'économie) la production de chaque secteur est liée par des relations relativement stables aux quantités de produits d'autres secteurs que ce secteur utilise (consomme productivement). Tout le monde sait qu'il faut une quantité donnée de charbon pour produire une tonne d'acier de tel type, et qu'en plus

1. La « planification » bureaucratique pratiquée en Russie et dans les pays satellites ne prouve rien, ni dans un sens ni dans l'autre. Elle est tout autant irrationnelle, contient tout autant d'anarchie et de gaspillage (« extérieur », indépendamment du gaspillage dans les usines et la production) que le « marché » capitaliste – quoique bien entendu sous une autre forme. Nous avons fourni une brève description de ce gaspillage et une analyse des racines de cette irrationalité dans le n° 20 de *S. ou B.* (« La révolution prolétarienne contre la bureaucratie », p. 139 à 156.) [Maintenant, dans *La Société bureaucratique, 2,* p. 267-337 <et éd. Bourgois, 1990, p. 371-406>.]

2. La littérature relative à ce sujet s'accroît tous les jours. Le point de départ d'une étude du sujet reste toujours le travail de W. Leontief, *The Structure of American Economy,* New York, 1951 [trad. fr. *La Structure de l'économie américaine,* Paris, Génin-Médicis, 1958]. Voir aussi Leontief *and others, Studies in the Structure of American Economy,* New York, 1953.

il faut tant de ferraille ou de minerai de fer, tant d'heures de travail, tant de dépenses d'entretien et de réparations, etc. Le rapport « charbon utilisé/acier produit », exprimé en valeur, est le *coefficient technique courant* déterminant la consommation productive de charbon par unité d'acier produite.

Si l'on veut augmenter la production d'acier, au-delà d'un certain point il ne servira à rien d'augmenter les quantités de charbon, ferraille, etc., livrées aux aciéries ; il faudra construire de nouveaux fours, autrement dit augmenter l'équipement ou la capacité productive installée des aciéries. Pour produire telle quantité additionnelle d'acier, il faudra donc produire telle et telle quantité d'équipement (de type spécifié). Le rapport « telle quantité de tel type d'équipement/capacité de production d'acier par période », exprimé en valeur, est le *coefficient technique de capital* déterminant la quantité de capital utilisé par unité d'acier produite au cours d'une période.

Tout cela est parfaitement connu et banal, et on peut s'en tenir là s'il s'agit de la direction d'une seule entreprise ; chaque firme se base sur ces considérations – beaucoup plus détaillées – lorsque, ayant décidé de produire tant ou d'augmenter sa capacité de production de tant, elle achète ses matières premières, embauche de la main-d'œuvre ou commande son équipement. Mais lorsqu'on considère l'ensemble de l'économie, le problème change : l'interdépendance des secteurs fait que l'augmentation de la production d'un secteur se répercute (à des degrés différents) sur tous les autres et finalement sur le secteur même dont on est parti. Une augmentation de la production d'acier exige immédiatement une augmentation donnée de la production de charbon ; mais cette dernière entraîne, supposons, d'un côté l'accroissement de tel type d'équipement des mines, d'un autre côté, l'embauche de main-d'œuvre supplémentaire. Les besoins accrus d'équipement des mines entraînent (supposons) une demande *additionnelle* d'acier – et d'autres types de produits et de travail. La demande additionnelle d'acier se répercute à son tour sur la demande de charbon – et ainsi de suite. De son côté, la main-d'œuvre nouvellement employée a des revenus accrus – donc elle achète davantage de biens de consommation de divers types, dont la production exige telles et telles quantités de matières premières, d'équipement, etc.

(et à nouveau de charbon et d'acier). Ce n'est pas la plaisanterie sur l'âge du capitaine, mais un des problèmes centraux auxquels la planification doit – et peut – répondre : de combien augmentera la demande de bas nylon dans les Basses-Pyrénées si on construit un haut fourneau en Lorraine ?

La méthode des matrices de Léontief, combinée à d'autres méthodes modernes (l'*activity analysis* de Koopmans[1], dont la « recherche opérationnelle » est un cas particulier), permet, dans le cas d'une économie socialiste, la solution en théorie exacte de ce problème. Une matrice est un tableau dans lequel sont disposés systématiquement les coefficients techniques (courants et de capital) exprimant la dépendance de chaque secteur par rapport à chacun des autres. Tout objectif final défini se présente comme une série de biens d'utilisation finale en quantités spécifiées devant être produits au cours d'une période donnée. Dès que cet objectif final est donné, la solution d'un système d'équations simultanées permet de définir immédiatement tous les objectifs intermédiaires, donc les tâches à réaliser pour chaque secteur de l'économie.

La solution de ces problèmes sera la tâche d'une *entreprise* spécifique, mécanisée et automatisée à un degré important, et dont le travail consistera en une véritable « fabrication en série » des plans et de leurs diverses pièces détachées. Cette entreprise, c'est l'*usine du plan.*

L'atelier central de l'usine du plan sera probablement (pour commencer) un ordinateur électronique dont la mémoire magnétique aura emmagasiné les coefficients techniques et les capacités installées de production de chaque secteur et qui, « nourri » avec des objectifs hypothétiques, « produira » les tâches de production par secteur que ces objectifs impliqueraient (y compris, bien entendu, les heures de travail qu'aurait à fournir dans chaque cas le secteur « travailleurs »). (La division de l'économie en une centaine de secteurs, correspondant à la capacité *présente* [1957] des ordinateurs électroniques, est à peu près « à mi-chemin »

1. Voir T. Koopmans, *Activity Analysis of Production and Allocation,* New York, 1951.

entre la division en deux secteurs, biens de production et biens de consommation, avec laquelle travaillait Marx, et les quelques milliers de secteurs qu'exigerait une division parfaitement rigoureuse. Il est probable qu'elle sera suffisante dans la pratique. Elle pourrait d'ailleurs être facilement raffinée dès maintenant par une solution du problème en plusieurs étapes.)

Autour de cet atelier seraient disposés d'autres analogues, dont les tâches seraient : étude de la répartition et des flux régionaux de la production courante et des investissements nouveaux; étude de divers optima techniques, compte tenu de l'interdépendance générale; détermination de la valeur unitaire des diverses catégories de produits, etc.

Deux services de l'usine du plan méritent une mention particulière : le recensement et le service des coefficients techniques.

La qualité du travail de planification, ainsi conçu, dépend de la qualité de la connaissance réelle de l'état de l'économie qui est à sa base; l'exactitude de la solution dépend, autrement dit, de la connaissance adéquate des « conditions initiales » et des coefficients techniques. Des recensements industriels et agricoles sont faits à intervalles réguliers dans les pays capitalistes avancés dès maintenant; ils offrent une base de départ, mais ils sont extrêmement fragmentaires, imprécis, inexacts et inadéquats. Un inventaire propre et complet sera la première tâche d'un pouvoir ouvrier. Mais cet inventaire, qui implique une préparation sérieuse considérable, ne sera pas fait par décret du jour au lendemain, ni ne sera achevé une fois fait. Son perfectionnement et sa mise à jour sera une tâche permanente de l'usine du plan, en coopération étroite avec les services correspondants des entreprises. Les résultats de ce travail modifieront et enrichiront chaque fois la mémoire de l'ordinateur central (qui pourra d'ailleurs se charger lui-même d'une partie considérable de la tâche).

D'un autre côté, la détermination des coefficients techniques posera des problèmes analogues. Elle peut être faite grossièrement au départ à partir de données statistiques générales (« en moyenne, le textile a utilisé tant de coton pour produire tant de cotonnades »), mais elle devra être rapidement précisée par le travail des techniciens de chaque secteur, capable de fournir des relations beaucoup plus précises. Aussi bien la connaissance graduellement améliorée des coefficients techniques que surtout la modification *réelle* de ces coefficients à la suite des nouveaux développements de la technologie entraîneront des révisions périodiques des données emmagasinées par l'ordinateur.

Une connaissance aussi large de l'état réel et des possibilités de l'économie, la révision perpétuelle des données matérielles et techniques et les conclusions *instantanées* qui pourront en être tirées chaque fois signifieront des gains dont il est difficile de se faire une idée, mais dont il est probable qu'ils seront immenses. Nous ne citerons que deux indications. Dans une série de problèmes particuliers, l'emploi des méthodes modernes et des calculateurs électroniques a permis de donner des réponses s'éloignant considérablement de la pratique suivie jusqu'alors et beaucoup plus économiques et rationnelles. Or ces possibilités restent actuellement inexploitées dans le domaine où elles doivent être de loin les plus importantes, celui de l'économie dans son ensemble. D'autre part, *toute* modification technique dans un secteur donné peut en principe affecter les conditions de rentabilité et le choix rationnel des méthodes de production dans tous les autres secteurs. L'économie socialiste pourra tenir compte de cet effet *intégralement* et *instantanément.* L'économie capitaliste n'en tient compte qu'en petite partie et avec des délais considérables.

La réalisation matérielle de cette usine du plan sera immédiatement possible dans un pays moyennement industrialisé. L'équipement nécessaire existe d'ores et déjà, les hommes capables de le faire fonctionner également. Des branches professionnelles qui n'ont pas de raison d'être dans une économie socialiste, comme les banques et les assurances, effectuent actuellement, à l'aide de ces mêmes moyens modernes, un travail identique dans la forme. S'adjoignant des mathématiciens, des économétriciens et des statisticiens, les travailleurs de ces secteurs pourront fournir le personnel de l'usine du plan. Et la gestion ouvrière, les exigences d'une économie rationnelle, donneront une impulsion extraordinaire au développement, à la fois « spontané et automatique » et conscient, des techniques logiques et mécaniques de la planification.

Pour résumer : le rôle de l'usine du plan ne sera évidemment pas de *décider* du plan. Les *objectifs* du plan seront déterminés par la société, sous une forme que nous décrirons plus loin. Le rôle de l'usine du plan sera : *avant* l'adoption du plan, de calculer et de présenter à la société les implications et les conséquences du plan ou des plans proposés. *Après* l'adoption du plan, de réviser constamment les données de la planification courante, et de tirer le cas échéant les conséquences de ces modifications, en informant l'Assemblée centrale et les secteurs intéressés sur les changements d'objectifs intermédiaires – donc de tâches de production – qui doivent en découler. Ni dans le premier cas, ni dans le second elle n'aura à décider elle-même de quoi que ce soit, sauf, comme toute autre usine, de l'organisation de son propre travail.

Le marché des biens de consommation

Avec une technique donnée, la détermination des « objectifs intermédiaires » est, comme nous venons de le voir, une affaire mécanique (avec une technique en évolution permanente, d'autres problèmes se posent, que nous traiterons plus loin). Mais qu'en est-il des biens de consommation ? Comment sera faite la détermination de la liste et des quantités des biens de consommation à produire ?

Il est clair d'abord que cette détermination ne peut pas se faire de façon démocratique directe. La décision de planification proposée à la société ne peut pas porter, comme sur un objectif final, sur la liste complète dans le détail des biens de consommation à produire et de leurs quantités. Une telle décision ne serait pas démocratique, car elle ne serait pas prise en connaissance de cause : personne ne peut prendre une décision sensée sur des listes comportant des milliers d'articles en quantités variables. Deuxièmement, une telle décision équivaudrait à une tyrannie de la majorité sur la minorité, dépourvue de toute justification. Si 40 % de la population désirent consommer tel article et sont disposés à payer pour l'avoir, il n'y a aucune raison de les en priver sous prétexte que les autres n'en veulent pas. Il n'y a pas de goût plus logique qu'un autre, ni une raison quelconque pour prendre une décision tranchant le problème, puisque la satisfaction des désirs des uns n'est pas incompatible avec celle des désirs des autres. Le rationnement – car c'est à cela qu'un système de décision majoritaire reviendrait en l'occurrence – est le mode le plus irrationnel de régler ce problème ; mode intrinsèquement absurde partout ailleurs que sur le radeau de la *Méduse* ou dans la forteresse assiégée.

La décision de planification concernera donc le niveau de vie ou le volume global de la consommation en termes de revenu disponible pour chacun – et non pas la composition dans le détail de cette consommation.

Si le volume global de la consommation est défini, on pourrait être tenté de traiter les articles dont il se compose comme des « objectifs intermédiaires ». On pourrait dire : « Lorsque les consommateurs disposent de tel revenu, ils achètent telle quantité de cet article. » Mais ce serait là une réponse artificielle et finalement erronée. La détermination d'un objectif de niveau de vie n'entraîne pas pour la consommation humaine des implications du type de celles qu'entraîne pour la production de charbon la décision de produire tant de tonnes d'acier. Il n'y a pas des « coefficients techniques » du consommateur. Dans la production matérielle, ces coefficients ont un sens intrinsèque ; dans le domaine de la consommation, ils ne représenteraient qu'un artifice comptable. Certes, il y a une régularité statistique de la structure de la demande des consommateurs, en fonction de leur revenu, régularité sans laquelle l'économie capitaliste privée ne pourrait pas fonctionner. Cependant cette régularité est toute relative. Qui plus est, elle sera modifiée de fond en comble pendant la période socialiste : une redistribution étendue des revenus aura lieu ; des bouleversements multiples surviendront sur tous les plans ; le viol permanent des consommateurs par la publicité et les techniques de vente du capitalisme cessera ; d'autres goûts surgiront en fonction de l'accroissement du temps libre. Enfin, la régularité statistique de la demande des consommateurs ne résout pas le problème des *écarts* que la demande réelle au cours d'une période peut présenter par rapport au plan. Une planification réelle ne peut pas dire : « le niveau de vie augmentera de 5 % l'année prochaine, cela, comme l'expérience nous l'enseigne, entraînera une augmentation de 20 % de la demande de voitures, donc il faut produire 20 % de voitures de plus » et s'en tenir là. Elle sera obligée de *commencer* ainsi, à défaut d'autres critères ; mais elle doit comporter, incorporés à sa structure, des mécanismes correctifs pouvant répondre aux écarts de l'évolution réelle par rapport à l'évolution « prévue ».

Pour ces raisons, la société socialiste réglementera la structure de sa consommation à partir du principe de la *souveraineté du consommateur* – ce qui implique l'existence d'un marché réel pour les biens de consommation. La décision générale de planification définira la proportion de son produit que la société veut consacrer à la satisfaction de ses besoins de consommation, celle consacrée aux besoins de la collectivité (« consommation publique ») et celle consacrée au développement des forces productives (« investissement »). Mais la *structure* de la consommation sera définie par la demande des consommateurs eux-mêmes.

Comment fonctionnera ce marché, comment s'y réalisera l'adaptation réciproque de l'offre et de la demande ?

Il y a d'abord une condition d'équilibre global : l'ensemble des revenus distribués (salaires, retraites, etc.) devra être égal à la valeur (quantités × prix) des biens de consommation offerts au cours de la période.

Une première décision « empirique » devra être prise pour commencer sur la structure de la consommation. Elle s'appuiera sur les régularités statistiques traditionnellement « connues », en les corrigeant pour tenir compte de l'effet des facteurs nouveaux (égalisation des revenus, par exemple). Elle devra prévoir également la constitution de stocks plus élevés que ceux qui sont « techniquement » nécessaires.

Les écarts possibles du déroulement réel de la consommation par rapport aux prévisions rencontreront trois « amortisseurs » ou processus de correction successifs :

a) variations des stocks ;

b) hausse (ou baisse, en cas de déficit de la demande) du prix de la marchandise considérée aussi longtemps que les stocks continuent à baisser (ou à s'accumuler) avec explication au public de la raison de cette modification des prix ;

c) entre-temps, rajustement de la structure de la production des biens de consommation, jusqu'au point où le flux de production devient égal (après reconstitution de stocks normaux) au flux de la demande. À ce moment-là, le prix de vente est ramené au prix normal.

Étant donné le principe de la souveraineté des consommateurs, l'écart entre demande réelle et production prévue doit être corrigé non pas par l'instauration d'une différence permanente entre prix de vente et prix normal, mais par la modification de la structure de la production. En effet, un tel écart signifie *ipso facto* que la décision de planification était erronée dans ce domaine.

Monnaie, prix, salaires et valeur

Beaucoup d'absurdités ont été dites sur la monnaie et sa suppression dans une société socialiste. Il est pourtant clair que le rôle de la monnaie est radicalement transformé à partir du moment où elle ne peut plus être instrument d'accumulation ou de pression sociale, personne ne pouvant posséder des moyens de production et tous les revenus étant égaux. Les travailleurs toucheront un revenu ; et ce revenu prendra la forme de signes leur permettant de répartir leurs dépenses comme ils l'entendent dans le temps et entre divers objets. Luttant contre des réalités et non contre des mots, nous n'avons aucune hésitation à appeler ce revenu « salaire », et ces signes « monnaie ».

De même, nous avons appelé plus haut « prix normal » l'expression monétaire de la *valeur-travail.* Cette valeur, seule base rationnelle possible d'une comptabilité sociale et seul étalon de mesure ayant une signification pour les hommes, sera nécessairement le fondement du calcul de rentabilité de la production socialiste (calcul dont l'objet essentiel sera la réduction des coûts directs et indirects en travail humain). La détermination du prix des objets de consommation à partir de leur valeur signifiera que pour chacun le coût des objets de consommation apparaîtra comme l'équivalent du travail qu'il aurait lui-même dépensé à les produire muni de l'équipement et de la capacité sociaux moyens.

(La valeur-travail comprend évidemment le coût social *actuel* de l'équipement usé en cours de période. Voir, sur le calcul de la valeur-travail à l'aide de la méthode matricielle, « Sur la dynamique du capitalisme », dans le nº 12 de *S. ou B.*, p. 7 à 22. L'adoption de la valeur-travail comme étalon équivaut à utiliser ce que les économistes académiques appellent « coût normal à long terme ». Le point de vue exprimé dans le texte correspond à celui de Marx, qui est en général violemment combattu par les économistes académiques, même « socialistes »; pour ceux-ci, ce serait le « coût marginal » qui devrait déterminer les prix (cf. par exemple Joan Robinson, *An Essay on Marxian Economics*, Londres, 1947, p. 23 à 28). Nous ne pouvons entrer ici dans cette discussion. Disons seulement que l'application du principe du coût marginal signifierait que le prix du billet Paris-New York par avion devrait être égal tantôt à zéro et tantôt au coût d'un Super-Constellation.)

Ce sera une simplification et une clarification si l'unité monétaire est le « produit net d'une heure de travail », c'est-à-dire l'unité de valeur, et le salaire horaire une fraction de cette unité (égale au rapport consommation privée/production nette totale), de telle façon que la « décision fondamentale » de la planification (répartition du produit social entre consommation et investissement) soit immédiatement évidente à chacun, de même que le coût social de tout objet qu'il achète.

L'égalité absolue des salaires

Suivant l'aspiration profonde des ouvriers – les revendications ouvrières, lorsqu'elles s'expriment indépendamment de la bureaucratie syndicale, sont de plus en plus souvent dirigées contre la hiérarchie des salaires[1] – une égalité absolue prévaudra en matière de salaires. Aucune justification, autre que l'exploitation, ne peut

1. Les grèves de Nantes, en 1955, se sont déroulées sur une revendication anti-hiérarchique d'augmentation uniforme pour tous. Les Conseils ouvriers hongrois demandaient la suppression des normes et une limitation sévère de la hiérarchie. Ce qui transpire des déclarations officielles indique qu'une lutte permanente contre la hiérarchie se déroule dans les usines russes. Voir « La révolution prolétarienne contre la bureaucratie », dans le nº 20 de *S. ou B.*, p. 149-153. [*La Société bureaucratique, 2*, p. 286-301 <rééd. Bourgois, p. 381-389>.]

fonder l'existence d'une hiérarchie des salaires[1], qu'elle corresponde à la qualification professionnelle ou à des différences de rendement. Si le travailleur avançait lui-même les frais de sa qualification professionnelle, et si la société socialiste le considérait comme s'il était une « entreprise », la récupération de ces frais au cours de sa vie active pourrait tout au plus « justifier » un écart allant dans le cas extrême de 1 à 2 (entre le manœuvre et le spécialiste de la chirurgie du crâne). Mais les frais de formation seront avancés par la société (ils le sont en fait dès maintenant dans la plupart des cas), et le problème de leur « récupération » n'a pas de sens. Quant au rendement, il dépend déjà actuellement beaucoup moins de la prime, et beaucoup plus de la contrainte imposée par les machines et la surveillance, d'un côté, de la discipline des groupes élémentaires des travailleurs dans l'atelier, de l'autre. La société socialiste ne peut pas imposer l'augmentation du rendement par la contrainte économique, sans entrer de nouveau dans tout le fatras capitaliste des normes, de la surveillance, etc. La discipline de travail résultera (comme c'est en partie le cas aujourd'hui déjà) de l'organisation du groupe élémentaire des travailleurs dans l'atelier, de la coopération et du contrôle réciproque des ateliers dans l'usine, des conférences des producteurs des diverses entreprises et des divers secteurs. Le groupe élémentaire de travailleurs dans un atelier peut en règle générale discipliner un individu, et, si celui-ci se révèle incorrigible, l'obliger à quitter l'atelier. Le récalcitrant n'aurait alors d'autre recours que de chercher à entrer dans un autre groupe de travailleurs et à s'en faire accepter ou de rester sans travail.

L'égalité des salaires donnera un sens réel au marché des biens de consommation où chaque participant sera enfin doté pour la première fois d'un vote égal. Elle supprimera un nombre infini de conflits, aussi bien dans la vie courante que dans la production, et permettra de réaliser une cohésion extraordinaire des travailleurs. Elle détruira à sa base toute la monstruosité mercantile du capitalisme, privé ou bureaucratique, la commercialisation

1. Pour une discussion détaillée du problème de la hiérarchie, voir « Les rapports de production en Russie », dans le n° 2 de cette revue, p. 50 à 66. [*La Société bureaucratique, 1,* p. 264-281 <rééd. Bourgois, 1990, p. 159-214>.] Voir également « Sur la dynamique du capitalisme », *S. ou B.,* n° 13, p. 67 à 69.

des personnes, cet univers où l'on ne gagne pas ce que l'on vaut, mais où l'on vaut ce que l'on gagne. Quelques années d'égalité des salaires et peu de chose subsistera de la mentalité présente des individus.

La décision fondamentale

La décision fondamentale, c'est la décision par laquelle la société détermine l'objectif final du plan. Elle concerne les deux données qui, en fonction des « conditions initiales » de l'économie, déterminent l'ensemble de la planification : le temps de travail que la société veut consacrer à la production ; la partie de la production qu'elle veut consacrer respectivement à la consommation privée, à la consommation publique, à l'investissement.

Dans la société capitaliste privée ou bureaucratique, le temps de travail est déterminé par la classe dominante, au moyen de contraintes directes (c'était le cas jusqu'à hier dans les usines russes) ou économiques. La société socialiste subira elle aussi la contrainte de l'économie puisque une décision de modification de la durée du travail se répercutera (toutes choses égales par ailleurs) sur la production. Mais elle pourra décider en connaissance de cause, devant les données du problème clairement exposées.

La société socialiste sera la première société moderne à pouvoir déterminer de façon rationnelle la répartition du produit social entre consommation et investissement. (Nous laissons désormais de côté le problème de la consommation publique.) Dans la société capitaliste privée, cette répartition est effectuée de façon absolument aveugle, et il est vain de chercher une « rationalité » quelconque dans les facteurs qui déterminent le volume de l'investissement. (Dans son œuvre principale, consacrée à cette question, et après un usage modéré d'équations différentielles, Keynes parvient à la conclusion que la déterminante principale de l'investissement sont les « esprits animaux » des entrepreneurs : *The General Theory*, p. 161-162. Quant à l'idée que le volume de l'investissement serait essentiellement déterminé par le taux d'intérêt et que ce dernier découlerait du jeu des « forces réelles de la productivité et de l'épargne », il y a longtemps qu'elle a été démolie par l'économie académique elle-même. Voir par exemple Joan Robinson, *The Rate of Interest and Other Essays,* 1952.) Dans la société bureaucratique, le volume de l'investissement relève d'une décision entièrement arbitraire de la bureaucratie centrale, qui n'a jamais été capable de la justifier autrement qu'en psalmodiant des litanies sur la « priorité de l'industrie lourde ». (On chercherait en vain dans les copieux travaux de M. Bettelheim la moindre tentative d'une justification rationnelle quelconque du taux d'accumulation « choisi » par la bureaucratie russe. Le « socialisme » de tels « théoriciens » ne signifie pas seulement : Staline (ou Khrouchtchev) seul peut savoir. Il signifie aussi : ce savoir, de par sa nature, n'est pas communicable au reste de l'humanité. Dans un autre pays, et en d'autres temps, cela s'appelait le *Führerprinzip.*) Mais y aurait-il une base rationnelle « objective » d'une décision, centrale en la matière, cette décision serait *ipso facto* irrationnelle, si elle était prise en l'absence des seuls intéressés – de l'ensemble de la société. Elle reproduirait la contradiction fondamentale de tout régime d'exploitation : elle traiterait les hommes dans le plan comme une variable à comportement prévisible parmi d'autres, elle les transformerait donc en *objets* dans son principe théorique et serait rapidement amenée à les traiter en objets dans la pratique. Elle contiendrait le germe de son propre échec, puisque au lieu de stimuler la participation des producteurs à l'exécution du plan, elle les éloignerait d'un plan étranger à leur volonté. Il n'y a pas de rationalité « objective » permettant de décider, à l'aide de formules mathématiques, de l'avenir de la société, de son travail, de sa consommation, de son accumulation. La seule rationalité dans ce domaine, c'est la raison vivante des hommes, la décision des hommes eux-mêmes sur leur propre sort.

Mais cette décision ne sera pas un coup de dés. Elle s'appuiera sur une clarification complète des données du problème, elle sera une décision en connaissance de cause.

La possibilité de cette clarification résulte de l'existence, pour un état donné de la technique, d'un rapport déterminé entre l'investissement et l'accroissement de production que cet investissement permet. Ce rapport n'est rien d'autre que le résultat de l'application à l'ensemble de l'économie des « coefficients techniques de capital » dont nous avons parlé plus haut. Tel investissement dans les aciéries permet tel accroissement du produit net des aciéries ; et tel volume *global* d'investissements permet tel accroissement net du produit social global. Par conséquent, tel *rythme* d'accumulation permet tel *rythme* d'accroissement du produit social, donc du niveau de vie (ou des loisirs) – et finalement, telle *fraction* du produit consacrée à l'accumulation permet tel *rythme* d'accroissement du niveau de vie. Le problème peut donc être posé dans ces termes : telle augmentation immédiate de la consommation est possible – mais elle signifie qu'on renonce à toute augmentation pour les années à venir. Telle autre augmentation, plus limitée, permettrait au produit social et donc aussi au niveau de vie de s'accroître au rythme de *x* % par an, et ainsi de suite. « L'antinomie entre le présent et le futur », avec laquelle se gargarisent les apologistes du capitalisme et de la bureaucratie, sera encore là, mais clairement exposée ; et la société pourra la trancher, consciente du cadre et des implications de sa décision.

L'accroissement net du produit social dont nous avons parlé n'est évidemment pas la somme pure et simple des accroissements dans chaque secteur ; plusieurs éléments s'ajoutent et se retranchent pour passer de celle-ci à celui-là. Telles sont par exemple les « utilisations intermédiaires » des produits de chaque secteur, d'un côté, les « économies externes », de l'autre (un investissement dans une branche, en supprimant un goulot d'étranglement, peut permettre l'utilisation de capacités de production déjà installées dans d'autres secteurs jusqu'alors gaspillées). Mais le calcul de cet accroissement net ne présente aucune difficulté particulière ; il est effectué automatiquement en même temps que le calcul des « objectifs intermédiaires » (mathématiquement, la solution de l'un donne immédiatement la solution de l'autre).

Nous avons discuté le problème de la détermination globale du *volume* des investissements ; la place ne nous permet pas de discuter le problème du choix des investissements particuliers. Bornons-nous à quelques indications. La répartition des investissements par *secteurs* est automatique une fois l'objectif final déterminé (tel niveau de consommation finale implique directement ou indirectement telle et telle capacité installée dans chaque secteur). Le choix de tel type d'investissement entre plusieurs amenant le même résultat ne peut que dépendre essentiellement des considérations relatives à la situation que tel ou tel type d'équipement crée aux travailleurs qui l'utilisent, et, d'après tout ce que nous avons dit, le point de vue de ces derniers sera décisif. Entre équipements équivalents sous cet angle (centrales thermiques et hydrauliques, par exemple), le critère de rentabilité est toujours applicable. Là où le calcul de la rentabilité implique l'utilisation d'un taux d'intérêt « comptable », la société socialiste sera encore en position de supériorité sur l'économie capitaliste : elle utilisera comme « taux d'intérêt » le taux d'expansion de l'économie, car on peut montrer que ces deux taux doivent être nécessairement identiques dans une économie rationnelle (von Neumann, 1937).

Finalement donc, tout plan soumis aux travailleurs pour décision devra spécifier :

– la durée de travail qu'il implique ;
– le niveau de consommation pendant la première période ;
– les ressources consacrées à l'investissement et à la consommation publique ;
– le rythme d'augmentation de la consommation pendant les périodes à venir ;
– les tâches de production incombant à chaque entreprise.

Nous avons par endroits, afin de simplifier, présenté la décision sur l'objectif du plan et la détermination des objectifs intermédiaires (implications du plan quant à telle et telle production spécifique) comme deux actes consécutifs et uniques. Mais en réalité il y aura un va-et-vient continu entre ces deux phases, et pluralité de propositions. D'un côté, les travailleurs ne peuvent décider en connaissance de cause de l'objectif de la planification que s'ils en connaissent les implications pour eux-mêmes, non seulement en tant que consommateurs, mais en tant que *producteurs* de telle entreprise spécifique. D'autre part, il n'y a de décision en connaissance de cause que si cette décision peut tenir compte de l'ensemble des possibles, donc si elle est choix portant sur une *gamme* d'objectifs et d'implications. Par conséquent, le processus de décision prendra la forme suivante : discussion par les Assemblées d'entreprise et élaboration par les Conseils de propositions totales ou partielles portant sur les objectifs et les possibilités de production pour la période à venir ; regroupement par l'usine du plan de ces propositions, élimination des propositions irréalisables ou entraînant des sous-emplois non voulus ; élaboration des propositions réalisables (regroupées pour autant qu'elles sont compatibles) et de leurs implications sous la forme la plus concrète possible (« la proposition A implique que l'usine X augmentera l'année prochaine sa production de r % avec l'aide de l'équipement additionnel Y ») ; discussion de ces propositions au sein des Conseils et des Assemblées, éventuellement contre-propositions et répétition de la procédure précédente ; discussion finale et vote majoritaire au sein des Assemblées d'entreprise.

LA GESTION DE L'ÉCONOMIE

On a vu ce que signifie la gestion ouvrière de l'entreprise : la suppression de l'appareil de direction séparé et la réalisation des tâches de direction par les travailleurs eux-mêmes, organisés sous forme d'Assemblées d'un ou de plusieurs ateliers ou bureaux, d'Assemblée générale de l'entreprise et de Conseil de l'entreprise.

La gestion ouvrière de l'*économie dans son ensemble* signifie également que la direction de l'économie n'est pas confiée à un appareil de direction spécifique, mais qu'elle appartient aux travailleurs organisés.

L'exposé qui précède montre que cette direction est parfaitement réalisable. Sa présupposition, c'est la clarification et l'exploitation des possibilités de la technique moderne par les hommes ; c'est l'utilisation consciente d'une série de procédés, de moyens et de mécanismes, appuyés sur une connaissance de la réalité de l'économie, qui déblayent le terrain, et simplifient les problèmes essentiels posés à la société. Tels sont, d'un côté, le « marché » de biens de consommation, l'égalité des salaires, la liaison entre les prix et les valeurs. D'un autre côté, et surtout, l'existence de l'« usine du plan ». La partie de loin la plus étendue des travaux de planification ne comporte que des tâches d'exécution et peut donc être confiée à une entreprise mécanisée et automatisée qui n'a pas comme telle de rôle ni de fonction politique et qui se borne à mettre à la disposition de la société les divers plans possibles et les implications de ces plans pour chacun, tant de point de vue de la production que du point de vue de la consommation.

Ce déblaiement effectué, et les orientations cohérentes possibles dégagées devant la population, le choix est effectué par celle-ci. Chacun peut décider des objectifs du plan en connaissance de cause, puisqu'il connaît les implications de tel ou tel choix pour lui-même en tant que consommateur et producteur. Les éléments du plan sont partis comme propositions des diverses entreprises ; ils ont été élaborés sous forme d'une gamme de plans cohérents possibles par l' « usine du plan » ; ces plans reviennent finalement devant les Assemblées d'entreprise, qui en discutent et votent.

Le plan une fois adopté, il trace le cadre des activités économiques dans la période qu'il couvre et il en constitue le point de départ. Mais le plan ne *domine* pas la vie économique de la société socialiste. Il n'est que ce point de départ, constamment repris et modifié. La vie économique – et donc aussi totale – de la société ne peut pas reposer sur une rationalité technique morte, donnée une fois pour toutes. La société ne peut pas s'aliéner à ses propres décisions. Ce n'est pas seulement que la réalité ne peut que s'écarter, sous une foule d'aspects, du plan le plus « parfait » du monde. C'est que l'activité gestionnaire des travailleurs tendra constamment, directement ou indirectement, à modifier à la fois les données et les objectifs du plan. De nouveaux produits, de nouveaux moyens de production, de nouvelles méthodes, de nouveaux problèmes et de nouvelles difficultés aussi surgiront constamment ; des temps de travail diminueront, des prix seront modifiés entraînant des réactions des consommateurs ou des déplacements de la demande. Certaines de ces modifications n'affecteront qu'une seule entreprise, d'autres plusieurs, et il y en aura sans doute qui se répercuteront sur l'ensemble de l'économie. (De ce point de vue, s'ils n'étaient pas faux, les chiffres montrant année après année la réalisation à 101 % des plans porteraient la condamnation la plus sévère de l'économie et de la société russes. Cela signifierait, en effet, qu'en l'espace de cinq ans *rien* ne se passe dans le pays, que pas une idée originale n'a germé où que ce soit – ou alors que Staline les avait toutes prévues et incorporées d'avance dans le plan, laissant dans sa bonté aux inventeurs la joie illusoire de la découverte.) L'« usine du plan » n'aura donc pas à fonctionner un jour tous les cinq ans, elle aura vraisemblablement à fonctionner tous les jours, pour une raison ou pour une autre.

Le contenu de la gestion de l'économie

Ce que nous avons dit jusqu'ici concerne surtout la *forme* de la gestion de l'économie, les institutions et les mécanismes qui en assureront le fonctionnement démocratique. Cette forme permettra à la société de donner à sa gestion de l'économie le *contenu* qu'elle veut – en un sens plus étroit, d'orienter librement le développement économique.

Mais de tout ce que nous avons dit, il résulte que ce développement visera des fins essentiellement différentes de celles que lui attribuent dans les sociétés contemporaines les idéologues et les philanthropes les mieux intentionnés. On considère comme allant de soi que l'économie idéale est celle qui assure le rythme le plus rapide de développement de la production matérielle, et, conjointement, de réduction de la durée du travail. Cette idée, prise absolument, est absolument absurde. Plus exactement, elle n'est que la condensation extrême de toute la mentalité, la psychologie, la logique et la métaphysique du capitalisme, de sa réalité aussi bien que de sa schizophrénie. Le travail c'est l'enfer – il faut donc le réduire le plus possible. M. Wilson ou M. Khrouchtchev ne peuvent rien donner à la population, que des voitures et du beurre. Il faut donc que la société soit persuadée qu'elle n'est heureuse que si elle possède le plus de voitures possible, que si elle « rattrape la production américaine de beurre dans trois ans ». Et lorsque les hommes arrivent à avoir les voitures et le beurre qu'ils peuvent utiliser, il ne leur reste plus qu'à se suicider. C'est ce qu'ils font dans ce pays idéal qui s'appelle la Suède. Cette mentalité « acquisitive », que le capitalisme fait vivre et qui le fait vivre, sans laquelle il ne pourrait fonctionner et qu'il pousse au paroxysme, a pu être une folie utile pendant une phase du développement de l'humanité. Mais elle mourra avec le capitalisme. La société socialiste ne sera pas cette course absurde derrière des pourcentages d'augmentation de la production – ce ne sera pas là sa préoccupation fondamentale. La satisfaction des besoins de consommation, de même qu'une répartition plus équilibrée du temps des individus entre le travail productif et leurs autres activités, seront sans doute des objectifs essentiels d'une économie socialiste, tout au moins pendant sa première phase. Mais le développement des hommes et des communautés sociales sera le principe central. Une part très importante de l'investissement de la société sera donc sans doute orientée vers les transformations de l'équipement, vers l'éducation universelle, vers l'abolition de la division entre la ville et la campagne. Le développement de la liberté *dans* le travail et les facultés créatrices des producteurs, la création de communautés humaines intégrées et complètes, seront les voies dans lesquelles l'humanité socialiste cherchera le sens de son existence – et qui lui permettront, *par surcroît,* de réaliser toute la puissance matérielle dont elle aura besoin.

LA GESTION DE LA SOCIÉTÉ

Nous avons déjà vu le type de modifications qu'entraînera la coopération verticale et horizontale des Conseils d'entreprise, coopération qui sera organisée par des Comités d'industrie formés par des délégués des entreprises. Une coopération analogue devra s'instaurer sur le plan régional, dans le cadre de Comités représentant toutes les unités de la région. Et finalement, cette coopération devra s'instaurer sur le plan national, pour l'ensemble des activités de la société, économiques ou non. Un organisme central qui sera l'expression des travailleurs devra assurer, d'un côté, les tâches de coordination économique générale pour autant qu'elles ne sont pas couvertes par le plan, plus exactement pour autant que le plan est constamment ou fréquemment modifié (ne serait-ce que la décision de déclencher la procédure de révision du plan doit être prise par quelqu'un) ; d'un autre côté, les tâches de coordination des activités des autres secteurs de la vie sociale qui n'entrent qu'en partie ou pas du tout dans la planification proprement dite ou dans aucune espèce de planification. Cet organe central sera l'émanation des Conseils, l'Assemblée Centrale des délégués des Conseils, désignant en son sein un Conseil central, le « Gouvernement ».

Ce réseau d'Assemblées et de Conseils n'est rien d'autre que l'*État* et le *pouvoir* de la société socialiste, *tout* l'État et *tout* le pouvoir. Il n'existe aucune autre institution pouvant diriger, pouvant prendre des décisions déterminantes pour la vie des hommes. Pour s'en assurer, il faut montrer :

a) qu'une telle organisation peut embrasser l'ensemble de la population de la nation, et non seulement l'industrie ;

b) qu'elle peut organiser, diriger et coordonner toutes les activités sociales qui ont besoin d'être organisées, dirigées et coordonnées, et en particulier les activités non économiques ; autrement dit, qu'elle peut accomplir les fonctions de l'« État » socialiste (qu'il ne faut pas confondre avec les fonctions de l'État contemporain).

Nous aurons, ensuite, à considérer quelle peut être la signification de l'« État », des « partis » et de la « politique » dans cette société.

Les Conseils, forme exclusive et exhaustive d'organisation de la population

L'organisation des travailleurs par Conseils ne pose pas de problème particulier pour ce qui est de l'*industrie* (en prenant ce terme au sens le plus général : mines, énergie et services publics, manufactures, transports et communications, bâtiment et travaux publics). La transformation révolutionnaire de la société partira précisément de la constitution de Conseils par les travailleurs de l'industrie et est impossible sans celle-ci. Dans la phase post-révolutionnaire de normalisation des rapports sociaux, un problème sera posé par la nécessité de regrouper les travailleurs d'entreprises peu importantes, pour en faciliter et simplifier la représentation ; il va sans dire que ce regroupement se basera au départ sur un compromis entre des considérations de proximité géographique et d'intégration industrielle. Ce problème est toutefois d'une importance limitée, car si le *nombre* de ces entreprises est grand, le nombre de *travailleurs* qu'elles occupent ne représente qu'une petite fraction du total des travailleurs industriels.

Aussi paradoxal que cela puisse paraître, l'organisation de la population par Conseils peut trouver un fondement tout aussi naturel dans le cas de l'*agriculture* que dans celui de l'industrie. On pense traditionnellement que la paysannerie ne peut que créer des difficultés considérables à un pouvoir prolétarien à cause de sa dispersion, de son attachement à la propriété, de son arriération politique et idéologique. Il est certain que ces facteurs existent, mais il est fort douteux que la paysannerie montrerait une hostilité active face à un pouvoir prolétarien ayant à son égard une politique intelligente – c'est-à-dire socialiste. Le « cauchemar paysan » qui obsède actuellement beaucoup de gens résulte du télescopage de deux problèmes complètement différents : d'une part, le rapport de la paysannerie avec un pouvoir et une économie socialiste dans le cadre d'une société moderne ; d'autre part, le rapport de l'État et de la paysannerie en Russie en 1921 et en 1932, ou dans les pays satellites de la Russie de 1945 à maintenant. La situation qui a conduit en Russie à la NEP en 1921 n'a pas de valeur d'exemple historique pour un pays même moyennement industrialisé, car elle n'a aucune chance de s'y répéter. Il s'agissait d'une agriculture qui ne dépendait pas du reste de l'économie nationale pour ses moyens de production, que sept ans de guerre et de guerre civile avaient achevé de replier sur elle-même, et à qui l'on demandait de fournir ses produits aux villes, sans pouvoir lui donner quoi que ce soit en échange. En 1932 en Russie, comme après 1945 dans les pays satellites, on a assisté à une résistance absolument saine de la paysannerie contre l'exploitation monstrueuse que lui imposait l'État bureaucratique dans le cadre de la collectivisation forcée.

Dans un pays comme la France – pourtant « arriéré » eu égard à l'importance de la paysannerie – un pouvoir prolétarien n'aura pas à craindre la grève du blé, ni à organiser des expéditions punitives dans les campagnes. Précisément parce qu'elle est attachée à ses intérêts, la paysannerie n'aura cure d'entrer en lutte contre un État qui pourra en riposte la priver immédiatement d'essence, d'électricité, d'engrais, d'insecticides et de pièces de rechange. Elle ne le ferait que si elle était poussée à bout, soit par l'exploitation, soit par la politique absurde de collectivisation forcée. Mais l'organisation socialiste de l'économie signifiera une amélioration *immédiate* de la situation économique de la majorité des paysans, ne serait-ce qu'en fonction de la suppression de l'exploitation qu'ils subissent actuellement de la part des gros intermédiaires. Quant à la collectivisation forcée, elle est l'antithèse exacte d'une politique socialiste dans le domaine agricole. La collectivisation de l'agriculture ne peut être que le produit du développement organique de la paysannerie, aidé par l'évolution technique ; sous aucune condition elle ne saurait lui être imposée par la contrainte directe ou indirecte (économique).

Le pouvoir socialiste commencera par reconnaître l'autonomie la plus large des paysans dans la gestion de leurs propres affaires. Il les invitera à s'organiser en Communes rurales, correspondant à des unités géographiques et de culture, comportant des populations approximativement égales. Chaque Commune aura, à l'égard du reste de la société, et quant à son organisation politique, le statut d'une entreprise ; son organisme souverain sera l'Assemblée générale, sa représentation permanente le Conseil de paysans. La Commune rurale et son Conseil auront la charge de l'auto-administration locale ; ils décideront, en particulier, si, quand et comment ils veulent procéder à la constitution de coopératives de production, sous quel statut, etc. D'autre part, la Commune et son Conseil seront responsables face au plan et au gouvernement, et non les paysans individuels comme tels. La Commune s'engagera vis-à-vis du p1an à livrer telle ou telle fraction de la récolte ou telle quantité de produits spécifiés, et recevra des quantités fixées de moyens de production et d'argent. Ce sera à elle de répartir les obligations et les recettes entre ses membres.

Des problèmes économiques complexes, mais nullement insolubles, se posent à cet égard, dans lesquels nous ne pouvons pas malheureusement entrer ici. Ils se résument en ceci : comment se fait la détermination des prix agricoles en économie socialiste ? La difficulté réside en ce que l'application de prix uniformes pourra maintenir des inégalités importantes de revenu (des « rentes différentielles ») entre communes rurales ou même entre paysans de la même commune. La solution complète du problème dépend évidemment de la socialisation intégrale de l'agriculture. Entretemps, il faudra réaliser des solutions de compromis. Telle pourrait être, par exemple, l'imposition des communes les plus « riches » combinée à des subventions accordées aux communes les plus pauvres, jusqu'à atténuer substantiellement ces inégalités (les supprimer complètement par ce moyen équivaudrait à une socialisation forcée). À noter qu'une partie des différences actuelles de rendement provient du maintien artificiel d'exploitations sur des sols pauvres ou avec une capitalisation primitive, que l'État capitaliste subventionne pour des raisons politiques. Le pouvoir socialiste pourra réduire rapidement ces écarts en refusant de subventionner des activités non rentables et en offrant d'autres solutions aux paysans affectés – comme aussi en aidant l'équipement des communes saines mais pauvres.

La situation est analogue à celle existant dans l'industrie pour ce qui est des moyennes et grandes entreprises de services (commerce, banques, assurances, spectacles – et l'ensemble des administrations de l'ex-État[1]).

Elle est analogue à celle existant dans l'agriculture, pour ce qui est des mille et une formes de petite exploitation qui subsistent dans les villes (petit commerce, services « personnels », artisanat, certaines professions « libérales », etc.). Les solutions ici aussi ne peuvent qu'être du même type, en ce sens que le pouvoir ouvrier n'imposera en aucun cas une socialisation forcée, mais exigera de ces catégories de la population de se grouper dans des collectivités

1. Voir, sur la structure d'une grande Compagnie d'Assurances en train de subir une « industrialisation » rapide aussi bien techniquement que socialement et politiquement, les articles d'Henri Collet (« La grève aux A.G.-Vie » dans le n° 7 de *S. ou B.*, p. 103 à 110) et de R. Berthier (« Une expérience d'organisation ouvrière : le Conseil du personnel des A.G.-Vie », dans le n° 20 de *S. ou B.*, p. 1 à 64). Sur la même évolution en cours aux États-Unis, et englobant de plus en plus les secteurs « tertiaires », voir C. Wright Mills, *White Collar,* New York, 1951, en particulier p. 192 à 198 [trad. fr. *Les Cols blancs,* Paris, Maspero, 1966]. Pour mesurer l'importance des changements qui sont à attendre dans ce domaine, il faut comprendre que l'industrialisation des bureaux et des « services » et, finalement, l'industrialisation du travail « intellectuel » en est encore à ses premiers balbutiements. Cf. N. Wiener, *Cybernetics,* Paris et New York, 1948, p. 37-38.
Dans un tout autre secteur, celui du théâtre et du cinéma, on peut comparer aux idées émises dans le texte le rôle multiple – économique, politique, de gestion du travail – qu'a joué pendant la révolution hongroise le Comité révolutionnaire des travailleurs du secteur. Voir « Les artistes du théâtre et du cinéma pendant la révolution hongroise », dans le n° 20 de *S. ou B.*, p. 96 à 104.

(associations ou coopératives) qui seront à la fois leurs organes politiques représentatifs et les instances responsables face aux organismes de gestion de l'économie. Il n'est pas question pour l'industrie socialisée, par exemple, d'approvisionner individuellement chaque petit commerçant ou artisan, elle approvisionnera la coopérative dans laquelle ceux-ci sont regroupés, à charge pour elle d'organiser les rapports entre ses membres. Et, sur le plan politique, le choix pour ces catégories sera d'être représentées sous la forme de Conseils, ou de ne pas pouvoir l'être du tout, puisqu'il ne peut pas être question d'élections générales de type français ou russe. Mais il ne faut pas méconnaître que ces solutions présentent un défaut grave par rapport aux Conseils des grandes entreprises ou même aux Communes rurales : ces derniers ne reposent pas sur l'identité de la *profession* (cela serait plutôt, dans la mesure où cela existe, leur faiblesse) mais sur l'unité d'un *travail* et en même temps sur une *vie* commune. Ils représentent, autrement dit, des unités sociales organiques. Une coopérative de petits commerçants ou artisans, dispersés localement et séparés dans leur travail et dans leur vie, ne reposera jamais que sur une parenté d'intérêts économiques au sens étroit, et en cela aussi elle sera un héritage capitaliste que la société socialiste devra éliminer au plus tôt. La solution sera donnée en partie par l'absorption rapide d'une partie de ces couches de la population, aujourd'hui hypertrophiées, par les autres occupations, en partie par l'aide que la société pourra leur apporter pour fonder des entreprises importantes, gérées en commun.

Il faut répéter, à propos de ces catégories, ce que nous avons déjà dit à propos des paysans : nous n'avons aucune expérience de l'attitude de ces couches face à un pouvoir *socialiste*. Elles sont sans doute, au départ et jusqu'à un certain degré, attachées à la « propriété ». Mais jusqu'à quel point? Ce que nous savons, c'est comment elles ont réagi lorsque le stalinisme a voulu les faire entrer de force dans un *bagne*, non pas dans une société socialiste. Une société qui, leur laissant une grande autonomie quant à leurs propres affaires, organisera rationnellement leur intégration dans l'économie, leur fournira l'exemple d'une gestion socialiste et les aidera positivement si elles veulent avancer vers la socialisation, jouira auprès d'elles d'un autre prestige et aura sur leur évolution une autre influence qu'une bureaucratie exploiteuse et totalitaire, qui par tous ses actes n'a fait que renforcer l'« attachement à la propriété » de ces couches et les rejeter des siècles en arrière.

Les Conseils, forme universelle d'organisation des activités sociales

Les cellules de base de l'organisation sociale que nous venons d'envisager ne sont nullement de simples organes de gestion de la *production.* Elles sont en même temps et surtout les organes de l'*auto-administration* de la population *sous tous ses aspects* : d'un côté les organes de l'auto-administration *locale,* d'un autre côté, les *seules* articulations du pouvoir *central,* qui n'existe que comme fédération et regroupement de la totalité des Conseils.

Dire que le Conseil d'entreprise sera l'organe d'auto-administration des travailleurs *et non seulement de gestion de la production,* signifie simplement reconnaître que l'entreprise n'est pas seulement une unité de production, mais une cellule sociale, qu'elle est devenue le lieu principal de « socialisation » des individus où tendent à se dérouler une foule d'activités autres que le simple « gagne-pain » : cantines, coopératives, colonies de vacances, clubs, bibliothèques, loisirs, maisons de santé ou de repos, où les liens humains les plus importants se nouent, autant sur le plan privé que sur le plan « public ». L'individu moderne est actif, dans la mesure où il l'est, comme individu public, beaucoup plus par son activité syndicale ou politique dans l'entreprise qu'en tant que « citoyen » abstrait mettant tous les quatre ans un bulletin de vote dans une urne. La transformation des rapports de production et de la nature même du travail ne pourra d'ailleurs que renforcer énormément la signification – désormais exclusivement positive – de la communauté des travailleurs pour chaque individu qui y appartient.

Par conséquent, le Conseil d'entreprise ou la Commune rurale absorbera la totalité des fonctions « municipales » actuelles et une foule d'autres que la centralisation monstrueuse de l'État contemporain soustrait aux organes locaux à la seule fin de mieux assurer le contrôle de la classe dominante et de sa bureaucratie centrale sur la population. Rentrent ici tous les services et entreprises « municipaux » et « communaux », comme aussi l'exercice direct de la « police » (par des détachements de travailleurs armés désignés à tour de rôle), celui de la justice de première instance et le contrôle de l'éducation à ses premières phases.

Certes, les deux regroupements – productif et local – ne coïncident pas actuellement dans beaucoup de cas : les habitations ne sont pas toujours concentrées autour du lieu de travail. Dans la mesure où cet écart est nul ou négligeable – comme c'est le cas de beaucoup de villes ou de quartiers industriels, ou des Communes rurales –, gestion de la production et auto-administration locale s'effectueront par les mêmes Assemblées générales et les mêmes Conseils. Dans la mesure par contre où un écart important existe, il faudra que des Conseils *locaux* (Soviets) s'instituent, représentant à la fois les diverses entreprises de la localité et les habitants comme tels. Dans la première phase, de tels Conseils locaux seront nécessaires dans beaucoup de cas. Mais il faut les concevoir comme des organes « latéraux » chargés des affaires locales, en coopération, au niveau local et national, avec les Conseils de producteurs qui seuls représentent les instances de pouvoir.

(Bien que le mot en russe signifie « conseil », le Soviet russe ne doit pas être confondu avec le *Conseil* dont nous avons parlé tout au long de ce texte. Ce dernier, basé sur l'*entreprise*, peut jouer aussi bien un rôle politique qu'un rôle de gestion de la production. Il est par essence un organisme universel. Le Soviet (conseil) des Députés Ouvriers de Petrograd de 1905, issu de la grève générale, quoique exclusivement formé d'ouvriers, est resté un organe uniquement politique. Les Soviets de 1917, le plus souvent basés sur la *localité,* étaient des institutions purement politiques au sein desquelles se réalisait le front unique de toutes les couches populaires s'opposant à l'ancien régime. (Voir Trotski, *1905* et *Histoire de la Révolution russe.*) Leur rôle correspondait aux conditions du pays, en particulier à l'« arriération » de l'économie et de la société russes et aux éléments « bourgeois démocratiques » de la révolution de 1917. Comme tels, ils appartiennent au passé. La forme normale de représentation des travailleurs à l'époque présente est incontestablement le Conseil d'entreprise.)

Le problème posé par l'écart de ces deux types de regroupement pourrait être résolu presque immédiatement par des changements organisés de lieux d'habitation des travailleurs. Mais ce n'est là qu'un petit aspect de la question. En fait, il s'agit d'un des problèmes fondamentaux qui se poseront à la société socialiste et qui met en cause son orientation générale pour des décennies. La concentration des habitations autour des locaux de production – ou le contraire – pose toute la question des aspects économiques, sociaux et humains de l'urbanisme au sens le plus profond du terme, et finalement le problème même de la division entre la ville et la campagne. Nous n'avons pas à entrer dans ce domaine mais simplement à souligner que la société socialiste ne pourra envisager, dès le départ, ces problèmes que comme des problèmes totaux, engageant tous les aspects de la vie des individus et de sa propre organisation économique, politique, et culturelle.

Ce que nous avons dit de l'auto-administration locale s'étend sans peine au niveau *régional.* Des Fédérations régionales des Conseils d'entreprise et des Communes rurales auront la charge de la coordination des activités de ces Conseils à l'échelon régional et de l'organisation des activités qui n'apparaissent qu'à cet échelon.

L'industrialisation de l'« État »

Nous venons de voir qu'une série de fonctions de l'État actuel seront confiées aux organes d'auto-administration de la population, et cela ne concerne pas seulement les fonctions « territoriales » – locales ou régionales. Mais qu'adviendra-t-il des fonctions vraiment « centrales » de l'État, celles qui concernent par leur contenu l'ensemble de la vie nationale de façon indivisible ?

Dans une société de classe, et en tout cas dans la société capitaliste « libérale » du XIXe siècle, la fonction ultime de l'État c'est de garantir par le monopole légal de la violence le maintien des rapports sociaux existants. En ce sens, Lénine avait raison en reprenant l'expression d'Engels[1] d'affirmer contre les réformistes de

1. Voir *L'État et la Révolution.*

son époque que l'État n'était rien de plus que « les détachements spécialisés d'hommes armés et les prisons ». En même temps, le sort de cet État lors d'une révolution socialiste était clair : cet appareil d'État devait être détruit, les « détachements spécialisés d'hommes armés » dissous et remplacés par l'armement du peuple, la bureaucratie permanente abolie et remplacée par des fonctionnaires élus et révocables.

La concentration du capitalisme en même temps que sa crise, l'intégration croissante de tous les domaines de la vie sociale et le besoin correspondant de les soumettre tous au contrôle de la classe dominante ont amené depuis cette époque une extension énorme de l'appareil d'État, de ses fonctions, de sa bureaucratie. L'État n'est plus simplement un appareil de coercition qui s'est élevé « au-dessus » de la société; il est la pièce centrale du mécanisme *quotidien* du fonctionnement de la société, et, à la limite, il apparaît comme résorbant l'ensemble des activités sociales (comme dans la société capitaliste bureaucratique pleinement réalisée : Russie et pays satellites). Au-delà du « pouvoir » au sens étroit, l'État contemporain assume un rôle chaque jour accru de *direction* et de *gestion* non seulement de l'économie mais d'une foule d'activités sociales. Et, parallèlement, il se charge lui-même d'activités qui n'ont en soi rien d'« étatique » mais qui sont devenues des instruments précieux de ses fonctions de domination ou qui impliquent la mise en œuvre de moyens considérables qu'il est seul à posséder.

Cette situation fait que, dans beaucoup de têtes, le mythe de l'« État, incarnation de l'Idée absolue » que raillait Engels, a été remplacé par le mythe de l'État, incarnation inexorable de la centralisation et de la « rationalisation technique » de la vie sociale moderne. Cela conduit certains, d'un côté, à considérer les conclusions que Marx, Engels ou Lénine ont tirées de l'analyse théorique de l'État et de l'expérience des révolutions de 1848, de 1871 ou de 1905, comme dépassées, utopiques ou inapplicables; d'un autre côté, à avaliser tranquillement la réalité de l'État russe, par exemple, qui constitue (non pas dans ce qu'il cache – la terreur policière et les camps de concentration – mais dans ce qu'il proclame officiellement dans sa Constitution) la négation la plus totale qui se puisse concevoir de la conception marxiste de l'« État » socialiste et l'exacerbation la plus monstrueuse des caractères de l'État capitaliste les plus violemment critiqués par Marx ou Lénine (séparation radicale des gouvernants et des gouvernés, inamovibilité des fonctionnaires, traitements et privilèges de ceux-ci incomparablement supérieurs à ceux de n'importe quel État bourgeois, etc.).

Mais cette évolution elle-même contient le germe de la solution. L'État moderne est devenu une immense entreprise – l'entreprise de loin la plus importante dans la société moderne. Ses fonctions de *direction*, il ne peut les accomplir que dans la mesure où il s'est transformé en une énorme constellation d'appareils d'*exécution*, au sein desquels le travail est devenu un travail collectif, divisé et spécialisé. Il y a ici, à une échelle beaucoup plus grande, le même développement que celui qu'a subi la direction de la production dans les entreprises particulières. Dans leur immense majorité, les administrations publiques ne font qu'accomplir des tâches spécifiques, sont à proprement parler des entreprises spécialisées dans telle ou telle catégorie de travaux (dont certains socialement nécessaires et d'autres purement parasitaires ou rendus nécessaires par la structure de classe de la société) ; le « pouvoir » n'a pas plus de liaison intrinsèque avec ces travaux qu'avec la production d'automobiles, par exemple. La notion de « pouvoir » et de « droit administratif » qui reste collée à ce qui est en réalité une série de « services publics » est un héritage juridique sans contenu réel dont la seule fonction est de protéger l'arbitraire et l'irresponsabilité des sommets bureaucratiques[1].

Dans ces conditions, la solution ne se trouve pas dans l'« élection et la révocabilité des fonctionnaires » ; celle-ci, dans la plupart des cas, n'est ni nécessaire – ces fonctionnaires n'exercent aucune espèce de pouvoir – ni possible – ils sont des travailleurs spécialisés et on ne pourrait pas davantage les « élire » que des tourneurs ou des médecins. La solution consistera en ce que la plupart des

1. Voir dans le livre de J. Ellul, *La Technique ou l'enjeu du siècle* (Paris, 1954), le chapitre IV, « La technique et l'État ». Malgré son optique fondamentalement fausse, Ellul a le mérite d'analyser certains de ces aspects essentiels de la réalité de l'État moderne, joyeusement ignorés par la plupart des sociologues et écrivains politiques, « marxistes » ou non.

administrations de l'État actuel seront purement et simplement *industrialisées,* ce qui ne sera très souvent que la reconnaissance explicite et la déduction des conséquences d'un état de fait déjà réalisé. Cette industrialisation signifie concrètement :

a) la transformation explicite de ces « administrations » en *entreprises* de même statut que les autres entreprises, au sein desquelles le processus de mécanisation et d'automatisation du travail pourra systématiquement être développé dans grand nombre de cas ;

b) la *gestion* de ces entreprises par le Conseil des travailleurs qu'elles occupent, et l'autonomie de ces travailleurs pour ce qui est des modalités d'organisation de leur propre travail (la formation de Conseils des travailleurs des administrations de l'État était une des revendications des Conseils ouvriers hongrois) ;

c) la *limitation* de ces entreprises à leur rôle d'entreprises, c'est-à-dire aux tâches d'exécution qui leur incombent et dont l'objet et l'orientation générale sont définis par la société.

On a vu que tel sera le cas avec l'« usine du plan ». Il le sera également pour tout ce qui, des administrations actuelles relatives à l'*économie,* subsistera ou pourra être utilisé après transformation (finances, commerce extérieur, agriculture, etc.). De même pour ce qui est d'une série de fonctions de l'État qui sont d'ores et déjà proprement *industrielles* (travaux publics, transports et communications, santé publique et sécurité sociale, etc.) C'est en fin de compte également le cas de l'*éducation.*

Le pouvoir central : Assemblée et Gouvernement des Conseils

Ce qui subsiste des fonctions de l'État tombe sous trois catégories : les bases matérielles du pouvoir ou de la coercition, les « détachements spécialisés d'hommes armés et les prisons » – autrement dit, l'armée et la justice ; la « politique » au sens étroit du terme, intérieure et extérieure – autrement dit, les problèmes que pourra poser au pouvoir ouvrier une opposition au régime ou le maintien de régimes d'exploitation dans les autres pays ; la véritable politique, la vue globale, la coordination et l'orientation de l'ensemble des activités sociales.

Pour ce qui est de l'Armée, il va de soi que les « détachements spécialisés d'hommes armés » seront supprimés et remplacés par l'armement du peuple. Les travailleurs des entreprises et des Communes formeront les unités d'une armée non plus permanente, mais territoriale, chaque Conseil ayant la charge de la police dans sa région. Des regroupements régionaux permettront l'intégration des unités locales et l'utilisation rationnelle de l'armement « lourd ». Dans quelle mesure des formes d'armement « stratégique » ne pouvant être utilisées que centralement resteront nécessaires, cela ne peut être décidé a priori ; dans l'affirmative, chaque Conseil devrait contribuer par un contingent à la formation de certains services militaires centraux, qui seront sous le contrôle de l'Assemblée centrale des Conseils. Il est clair que non seulement les moyens mais la conception d'ensemble de la guerre pour un pays socialiste ne peuvent pas être copiés sur ceux d'un pays impérialiste, et il vaut pour la technique militaire ce que nous avons dit de la technologie capitaliste : il n'y a pas de technique militaire neutre, il n'y a pas de bombe atomique au service du socialisme. Philippe Guillaume a clairement montré qu'une révolution prolétarienne doit nécessairement élaborer une stratégie propre et des méthodes se conformant à ses fins sociales et humaines (voir « La guerre et notre époque », dans les n°s 3 et 5-6 de *S. ou B.*). La nécessité des armements dits « stratégiques » ne va donc nullement de soi pour un pouvoir révolutionnaire.

Pour ce qui est de la justice, elle sera confiée aux organismes de base, chaque Conseil étant tribunal de première instance pour les infractions commises dans son ressort. Des règles de procédure établies par l'ensemble des Conseils, comme peut-être également le droit d'appel devant le Conseil régional ou l'Assemblée centrale, garantiront les droits individuels. Il ne saurait être question de Code pénal ni d'établissements pénitentiaires, la notion même de « peine » étant absurde du point de vue d'une société socialiste ; les jugements ne pourront viser que la rééducation du délinquant et sa réintégration dans le milieu social. La privation de liberté n'a de sens que s'il est jugé que l'individu constitue un danger permanent pour les autres, et dans ce cas ce ne sont pas des établissements pénitentiaires, mais des institutions essentiellement « pédagogiques » et « médicales » (« psychiatriques ») qui devront s'en charger.

Les problèmes politiques – au sens étroit aussi bien qu'au sens large – sont les problèmes qui concernent l'ensemble de la population et que seule celle-ci est habilitée à résoudre. Mais elle ne peut les résoudre que si elle est organisée à cette fin. (Actuellement, tout est organisé pour empêcher la population d'être à même de résoudre les problèmes politiques et pour la persuader que seuls des spécialistes de l'universel, les politiciens – qui généralement n'ont d'universel que leur ignorance de toute réalité particulière – en possèdent les solutions.) Cette organisation comportera, d'un côté, le Conseil et l'Assemblée générale des travailleurs de chaque entreprise, milieu collectif vivant de formation et de lutte des opinions et dernière instance souveraine pour toute décision politique; d'un autre, côté, une institution centrale, émanation directe des organismes de base, l'Assemblée centrale des Conseils. L'existence d'une telle instance centrale est évidemment nécessaire non seulement en fonction de questions qui demandent une décision immédiate (quitte à ce que cette décision soit ensuite ratifiée ou renversée par la population) mais surtout parce qu'une élaboration, une clarification et une information préalables à la décision sont presque toujours indispensables et qu'inviter la population à se prononcer sans cette préparation ne serait souvent qu'une mystification équivalant à la négation de la démocratie (puisque négation de la possibilité de décider *en connaissance de cause*). Il faut qu'il existe une forme sous laquelle les problèmes sont soumis à la discussion et à la décision de la population, une décision sur le moment où ils le sont, etc. Comme nous l'avons dit déjà plus haut, ces fonctions ne sont nullement « techniques », elles sont essentiellement et profondément *politiques*, l'instance qui les accomplit est bel et bien un *pouvoir central* (quoique très différent dans sa structure et dans son rôle du pouvoir central actuel), et il n'est pas de société socialiste qui puisse s'en passer.

La question réelle n'est pas celle de l'existence ou non d'une telle instance, mais de son organisation de telle façon qu'elle n'incarne plus l'aliénation du pouvoir politique de la société entre les mains d'un corps spécialisé, mais qu'elle soit l'expression et l'instrument de ce pouvoir politique. Et cela est parfaitement réalisable dans les conditions de la société moderne.

L'Assemblée centrale des Conseils sera formée par des délégués des organismes de base (ou de regroupements de ces organismes, entreprises, communes rurales, etc.), élus directement par les Assemblées générales de ces organismes et révocables à tout instant. Ces délégués – pas plus que ceux aux Conseils d'entreprise – ne sortiront pas de la production. Ils se réuniront en session plénière aussi fréquemment que ce sera nécessaire ; il est certain qu'en se réunissant deux jours par semaine ou une semaine par mois ils pourront abattre beaucoup plus de travail effectif que les parlements actuels (qui, à vrai dire, n'en accomplissent aucun). Ils devront rendre compte de leur mandat périodiquement (une fois par mois, par exemple) devant l'entreprise ou les entreprises qu'ils représenteront. (En France, cette Assemblée pourrait être formée de 1 000 à 2 000 délégués – un délégué par 10 000 ou 20 000 travailleurs. Un compromis doit être réalisé entre deux exigences : comme Assemblée de *travail,* cette Assemblée ne doit pas être trop nombreuse ; d'autre part, elle doit fournir la représentation la plus large et la plus directe des milieux dont elle est issue.) Ils désigneront en leur sein ou formeront par rotation le *Gouvernement,* permanence de quelques dizaines de membres chargés de préparer le travail de l'Assemblée, d'agir à sa place lorsque celle-ci n'est pas en session et de la convoquer extraordinairement si c'est nécessaire.

Si le Gouvernement prend des décisions lorsqu'il peut et doit soumettre les questions à l'Assemblée, ou des décisions que celle-ci désapprouve, il est responsable devant l'Assemblée et encourt les sanctions de celle-ci. Si l'Assemblée prend indûment des décisions à la place des Assemblées d'entreprise ou des décisions contraires à la volonté de celles-ci, ses membres sont responsables devant leurs mandants et encourent les sanctions de leur part (dont la première est évidemment la révocation). Ni le Gouvernement ni l'Assemblée ne peuvent persévérer, car ils n'ont pas de pouvoir propre, ils sont révocables, et finalement les travailleurs des entreprises sont armés. Mais, si l'Assemblée laisse faire le Gouvernement, ou si les travailleurs laissent faire leurs délégués à l'Assemblée, il n'y a évidemment rien à faire. La population ne *peut* exercer le pouvoir politique que si elle *veut* l'exercer. Cette organisation fait simplement que la population *pourra* exercer le pouvoir, pourvu qu'elle le *veuille.*

Mais cette volonté elle-même n'est pas une force occulte, apparaissant et disparaissant de façon inexplicable. L'aliénation politique dans la société capitaliste n'est pas seulement l'existence d'institutions qui par leur structure rendent « techniquement » impossible l'expression et l'exercice de la volonté politique du peuple. L'aliénation politique actuelle consiste en ce que cette volonté est tuée à sa racine, que sa formation même est empêchée, que finalement l'intérêt pour la chose publique est totalement supprimé. Rien n'a une résonance plus sinistre que les complaintes des démocrates libéraux sur l'« apathie politique du peuple », apathie que leur régime politique et social créerait à nouveau chaque matin si elle n'existait déjà. Cette suppression de la volonté politique dans les sociétés modernes résulte aussi bien du *contenu* de la « politique » actuelle que de son *mode d'expression* et de la *distance* infranchissable qui la sépare de la vie réelle des gens. Son contenu, c'est de mieux organiser la société d'exploitation, c'est-à-dire l'exploitation de la société. Son mode d'expression est nécessairement la mystification, par le mensonge direct ou l'abstraction. Le monde dans lequel elle se déroule, c'est celui des « spécialistes », des combines secrètes et de la fausse technique occulte.

Toutes ces conditions seront radicalement modifiées dans une société socialiste. L'exploitation étant supprimée, le contenu de la politique sera la meilleure organisation de la vie commune. Une attitude différente des individus face à la chose publique en sera la conséquence immédiate, puisque les problèmes politiques seront les problèmes propres de chacun, qu'il s'agisse de l'entreprise ou de la vie nationale, et que son attitude face à ces problèmes jouera un rôle et aura des résultats perceptibles pour chacun. Le mode d'expression de la politique consistera à mettre les vrais problèmes à la portée de chacun. La distance séparant les « sphères politiques » de la vie réelle des gens sera totalement supprimée.

Ces points méritent quelques explications. Qu'il s'agisse du mode d'expression et du contenu de l'activité politique ou de la distance qui la sépare de la vie réelle et des intérêts des gens, on prétend aujourd'hui de tous les côtés que ces phénomènes sont dominés par une évolution technique irréversible, qui supprime toute possibilité réelle de démocratie[1]. Le contenu de la politique – la direction de la société – est devenu, dit-on, hautement complexe, il embrasse une foule extraordinaire de données et de problèmes dont chacun ne peut être dominé qu'en fonction d'une spécialisation poussée. Cela étant, il est évident que ces problèmes ne pourraient jamais être exposés au public de façon compréhensible – ou alors, seulement au prix de simplifications qui les déforment totalement. Comment s'étonner donc que le grand public ne s'intéresse à la politique guère plus qu'au calcul différentiel ?

Si ces arguments présentés comme le dernier cri de la sociologie politique, mais en réalité vieux comme le monde (ils sont longuement discutés par Platon, et le *Protagoras* leur est en partie consacré), prouvaient quelque chose, ils prouveraient non pas que la *démocratie,* mais que la *direction de la société tout court,* quelle qu'en soit la forme, est impossible. Car le politicien devrait être alors l'incarnation du Savoir absolu et total. Aucune spécialisation technique, aussi poussée soit-elle, ne qualifie son possesseur à la domination de disciplines autres que la sienne. Une assemblée de techniciens, dont chacun représenterait la pointe la plus avancée du savoir de sa branche, n'aurait, comme assemblée de techniciens, compétence pour résoudre *aucune* question : un seul individu pourrait se prononcer sur chaque problème spécifique, et absolument personne sur les problèmes généraux.

Ni la société actuelle n'est dirigée par les techniciens comme tels (et ne pourrait jamais l'être), ni ceux qui la dirigent n'incarnent le Savoir absolu – mais plutôt l'incompétence généralisée. En fait, d'ailleurs, la société actuelle n'est pas dirigée, elle évolue à vau-l'eau. Exactement comme la direction au sommet de l'appareil bureaucratique d'une grande entreprise, la « direction » politique actuelle ne fait que rendre des sentences arbitrales – et profondément arbitraires – tranchant entre les avis des divers services techniques qui la « servent » et qu'elle ne peut absolument pas dominer. En ceci, elle subit le choc en retour de son propre système et connaît la même aliénation politique qu'elle impose au

1. C'est le point de vue de J. Ellul dans son livre déjà cité, dont la conclusion est qu'« il est parfaitement vain de prétendre soit enrayer cette évolution, soit la prendre en main et l'orienter ». La technique, pour lui, n'est qu'asservissement se développant de lui-même, indépendamment de tout contexte social.

reste de la société. Le chaos de son organisation sociale et le développement de chaque branche pour elle-même lui rendent impossible l'exercice rationnel (de son propre point de vue) du pouvoir qu'elle détient[1].

Si nous discutons ce sophisme, c'est qu'il nous met sur la voie d'une vérité importante. Exactement comme dans le cas de la production, on met en cause la technique et la « technicisation » modernes en général, au lieu de voir qu'il s'agit de la *technologie capitaliste spécifique*. Comme dans le cas de la production, de même, dans le cas de la politique, le capitalisme signifie non seulement l'utilisation à des fins capitalistes de techniques « en soi neutres », mais la création et le développement de techniques spécifiques visant là l'exploitation et l'aliénation du producteur, ici l'oppression, la mystification et l'aliénation politique du citoyen. Si, sur le plan de la production, le socialisme signifiera la transformation consciente de la technologie, afin de mettre la technique au service des hommes, sur le plan politique le socialisme signifiera une transformation analogue, afin de *mettre la technique au service de la démocratie*.

La technique politique est essentiellement la technique de l'information et de la communication. Nous prenons ici ces mots avec leur sens le plus large : les *moyens matériels* d'information et de communication ne sont qu'une partie des techniques correspondantes. Mettre la technique de l'information au service de la démocratie ne signifie pas seulement mettre les moyens matériels d'expression à la disposition de la population (ce qui est, certes, fondamental), ni ne coïncide avec la diffusion de toutes les informations et de n'importe quelles informations sous n'importe quelle forme. Cela signifie tout d'abord mettre à la disposition des hommes les éléments nécessaires pour prendre des décisions en connaissance de cause – les éléments que les hommes estimeront nécessaires. Cela signifie traduire fidèlement en un nombre limité et compact d'éléments significatifs pour chacun les données essentielles des problèmes qui doivent être décidés. Nous avons

1. Cf. C. Wright Mills, *White Collar*, p. 347-348, et *The Power Elite* (New York, 1956), p. 134 *sq.*, 145 *sq.* et ailleurs, sur le manque effectif de tout rapport entre la direction politique ou celle des entreprises et des capacités « techniques » quelconques. [Tr. fr. *L'Élite du pouvoir*, Paris, Maspero, 1969.]

pu donner un exemple précis d'une telle information plus haut, à propos de la planification. L'information véritable ne consisterait nullement, dans ce cas, à assener une bibliothèque d'économie, de technologie et de statistique sur la tête de chaque habitant ; l'information qui en résulterait serait strictement nulle. L'information qui sera fournie par l'« usine du plan » à la population sera à la fois *compacte, significative, suffisante* et *fidèle* : chacun saura le travail qu'il aura à fournir, la consommation dont il pourra jouir si telle ou telle variante de plan est adoptée. Voilà comment la technique (en l'occurrence, l'analyse économique, la statistique et le calculateur électronique) peut être mise au service de la démocratie dans un domaine décisif. Il n'y a pas de « cybernétique politique » pouvant définir les éléments nécessaires à la prise d'une décision ; seuls les hommes peuvent les déterminer.

La même chose vaut pour la technique de la communication. On prétend que les dimensions mêmes des sociétés modernes rendent impossible l'exercice de la démocratie. Les distances et les nombres excluraient désormais la démocratie directe et seule serait possible une démocratie représentative, qui renferme toujours un élément d'aliénation du pouvoir politique des représentés aux représentants.

En fait, il y a plusieurs façons de concevoir et de réaliser la démocratie représentative – le Parlement en est une, le Conseil en est une autre, et il est difficile de concevoir l'aliénation politique au sein d'un Conseil fonctionnant d'après sa propre règle. Mais si les moyens de communication modernes sont mis au service de la démocratie, les domaines où la représentation paraît inévitable peuvent subir un rétrécissement énorme. Les distances matérielles sont plus petites dans la France du XXᵉ siècle qu'elles ne l'étaient dans l'Attique du Vᵉ siècle avant Jésus-Christ ; la portée de la voix de l'orateur – donc aussi le nombre d'une assemblée – y était limitée par la puissance de ses cordes vocales, aujourd'hui elle n'est limitée par rien[1]. Les distances du point de

1. « Platon définit l'optimum de population d'une cité par le nombre des citoyens qui peuvent entendre la voix d'un seul orateur. Aujourd'hui, ces limites ne désignent pas une cité, mais une civilisation. Partout où les instruments néo-techniques sont disponibles et où l'on parle un langage commun, il y a maintenant les éléments d'une unité politique qui se rapproche presque des plus petites cités de la Grèce

vue de la communication des *idées,* d'ailleurs, n'ont pas rétréci; elles sont devenues nulles. Si la société le considérait nécessaire, elle pourrait dès demain réaliser une Assemblée générale de la population française; il suffirait pour cela de mettre en contact entre elles par radiotélévision (multiplex) les Assemblées générales des entreprises et des communes. Des liaisons analogues plus restreintes pourraient être réalisées dans une multitude de cas. De toute façon, les séances de l'Assemblée centrale des Conseils et de Gouvernement pourraient être radiotélévisées – ce qui, combiné avec la révocabilité des délégués, maintiendrait les institutions centrales sous le contrôle permanent des travailleurs et altérerait profondément la notion même de « représentation ». (On pourrait évidemment s'amuser à radio-téléviser les séances du Parlement actuel; ce serait un excellent moyen de faire baisser la vente d'appareils.)

On dira que le problème du nombre reste, et que jamais les gens ne pourront s'exprimer en un temps raisonnable. Mais, 1° dans aucune assemblée dépassant 15 ou 20 personnes la totalité des participants ne s'exprime; la proportion de gens qui demandent la parole décline très rapidement avec le nombre des participants. La raison en est claire : 2° les opinions possibles ne varient pas à l'infini, ni les arguments. Dans les réunions ouvrières libres, organisées par exemple pour décider d'une grève, il n'y a jamais eu de difficultés dues au nombre des interventions : les deux ou trois opinions fondamentales étant exprimées, et quelques arguments échangés, on passe à la décision.

L'étendue des discours est le plus souvent inversement proportionnelle à leur poids. Benoît Frachon a parlé au dernier congrès de la CGT quatre heures (*Le Monde* du 19 juin 1957) pour ne rien dire. Le discours de l'éphore qui a persuadé les Spartiates d'entreprendre la guerre du Péloponnèse tient dans Thucydide en vingt et une lignes (I, 86); sur le laconisme des assemblées révolutionnaires, voir la description des séances du Soviet de Pétrograd par Trotski (*1905,* p. 97) et celle d'une réunion des représentants

jadis. Les possibilités en bien ou en mal sont immenses », L. Mumford, *Technique et civilisation,* Paris, 1950, p. 219. <Voir les précisions ultérieures de Castoriadis dans *CEL* (1983), p. 110-11; et la note complémentaire correspondante, p. 292.>

des usines de Budapest pendant la révolution hongroise par un participant (dans le n° 21 de *S. ou B.*, p. 91-92).

En bref : on se lamente de ce que l'étendue de la cité moderne, comparée à celle de la cité d'autrefois – des dizaines de millions au lieu de dizaines de milliers – rende impossible la démocratie directe, au lieu de voir : d'abord, que l'époque moderne a créé de nouveau le milieu organique dans lequel il faut recommencer par instaurer cette démocratie, à savoir l'entreprise ; ensuite, qu'elle a créé et peut encore développer indéfiniment les moyens d'une démocratie véritable à l'échelle de dizaines de millions. Aux problèmes d'une société supersonique, on ne voit de réponse que dans cette diligence postale de la machinerie politique qu'est le Parlement – et on en conclut que la démocratie est devenue impossible. On prétend faire une analyse « nouvelle » – et on ignore ce qu'il y a de vraiment nouveau dans l'époque actuelle : la liberté de transformation du monde matériel, la technique, et son porteur vivant, le prolétariat.

« État », « partis », « politique »

Qu'est-ce que l'« État », la « Politique » et les « Partis » dans une telle société ? Nous avons vu ce qu'il en est de l'« État ». Il y a un « État » dans la mesure où il n'y a pas encore pure et simple « administration des choses », où il y a toujours possibilité de contrainte à l'encontre d'individus ou de groupes, où la décision de la majorité s'impose à la minorité, où des limitations subsistent à la liberté des individus. Il n'y a plus d'État dans la mesure où les organismes qui exercent le pouvoir ne sont rien d'autre que les organisations productives ou locales de la population, où les institutions d'organisation de la vie sociale ne sont plus qu'un aspect de cette vie même, où ce qui subsiste d'instances centrales est sous le contrôle direct et permanent des organismes de base. Cela est la situation de départ. Le développement de la société ne peut qu'amener une atrophie rapide (le « dépérissement ») des traits « étatiques » de l'organisation sociale : les raisons d'exercice de la contrainte disparaîtront graduellement, le champ d'exercice de la liberté des individus s'élargira. (Il va de soi que nous ne parlons pas, ici, des

« libertés démocratiques » formelles, que la société socialiste ne peut, au total, qu'élargir considérablement dès ses premiers jours, mais des libertés essentielles – non pas du droit à la vie, mais du droit de faire ce qu'on veut de sa vie.)

La politique dans une telle société, débarrassée du fatras et des mystifications actuels, n'est rien d'autre que la recherche, la discussion et l'adoption de solutions aux problèmes de caractère général engageant l'avenir de la société – qu'il s'agisse d'économie, d'éducation ou de rapports avec le reste du monde, ou qu'il s'agisse des relations internes entre diverses couches et classes sociales. Ces décisions concernent l'ensemble de la population – et lui appartiennent.

Sur ces problèmes politiques, il est probable et même certain qu'il y aura des orientations différentes, dont chacune sera ou se voudra systématique et cohérente ; et il y aura des gens qui partageront ces orientations, et qui se trouveront dispersés localement et professionnellement. Ces gens se regrouperont pour défendre leurs orientations – autrement dit, formeront des partis. Les Conseils, à l'échelle nationale, auront à décider s'ils considèrent l'orientation de tel ou tel parti compatible avec le statut de la nouvelle société, et donc si ce parti peut fonctionner légalement.

Il serait vain d'essayer de se dissimuler qu'une contradiction existe entre l'existence de partis et le rôle des Conseils. Il est impossible que les deux aillent en se développant simultanément. Si les Conseils réalisent leur fonction, ils seront le milieu vivant principal non seulement de *confrontation,* mais de *formation* des opinions politiques. Or un parti est toujours un milieu exclusif de formation de l'opinion de ses militants – de même qu'un pôle exclusif de leur loyauté. L'existence parallèle des Conseils et des partis signifie qu'une partie de la vie politique réelle se déroulera en dehors des Conseils, et que des gens tendront à agir dans les Conseils en fonction de décisions déjà prises ailleurs. Si cette tendance devait prédominer, elle amènerait rapidement l'atrophie et finalement la disparition des Conseils. Inversement, le développement socialiste ne pourra être caractérisé que par l'atrophie progressive des partis.

Cette contradiction ne peut pas être supprimée par un trait de plume, ni par des dispositions « statutaires ». L'existence des partis traduit la persistance de traits hérités de la société capitaliste – et, tout particulièrement, d'intérêts divergents et d'idéologies leur correspondant, même après leur disparition. Les gens ne formeront pas des partis pour ou contre la théorie des quanta, ni à partir de simples divergences d'opinion sur tel ou tel point particulier. La vie ou l'atrophie des partis sera la mesure exacte de la capacité du pouvoir ouvrier d'unifier la société.

Ce qui constitue les partis n'est pas la divergence d'opinions comme telle, mais la divergence sur des points fondamentaux et l'unité plus ou moins systématique de chaque « ensemble d'opinions », autrement dit, une orientation d'ensemble correspondant à une idéologie plus ou moins définie, qui à son tour découle de l'existence de situations sociales conduisant à des aspirations contradictoires. Aussi longtemps que de telles situations existent et que les aspirations qu'elles suscitent sont ainsi « projetées » politiquement, on ne peut « supprimer » les partis – et au fur et à mesure qu'elles disparaissent il est absurde de penser qu'il s'en formera sur des « divergences » en général.

Si des partis exprimant la survie d'intérêts ou d'idéologies divergents existent, un parti ouvrier socialiste, partisan de *cette* orientation, existera également. Il sera ouvert à tous les partisans du pouvoir des Conseils, et se différenciera de tous les autres, à la fois dans son programme *et dans sa pratique,* précisément sur ce point : son activité fondamentale ne visera que ceci, que les Conseils concentrent tout le pouvoir et qu'ils deviennent les *seuls* centres de la vie politique. Cela implique ainsi qu'il *luttera* contre la détention du pouvoir par un parti particulier, quel qu'il soit.

Il est, en effet, évident que la structure démocratique du pouvoir dans la société socialiste exclut qu'un parti « détienne le pouvoir » – ces mots n'ont même plus de sens dans le cadre que nous avons décrit. Dans la mesure où des grands courants d'opinion se forment et se séparent sur des questions importantes, il est possible que les tenants du point de vue majoritaire soient plus souvent que d'autres délégués dans les Conseils, etc. (Ce n'est point fatal, cependant, car un délégué à un Conseil est élu essentiellement sur une base de confiance totale ne dépendant pas nécessairement de sa prise de position sur telle ou telle question.) Mais les partis ne seront pas des organismes briguant le pouvoir, et l'Assemblée centrale des Conseils ne sera pas un « parlement ouvrier »; les gens n'y seront pas désignés en tant que membres d'un parti. La même chose vaut pour le Gouvernement issu de cette Assemblée[1].

Le rôle d'un parti ouvrier socialiste sera sans doute grand au départ; il aura à défendre de façon systématique et cohérente cette conception, il aura une lutte importante à mener pour dévoiler et dénoncer les tendances bureaucratiques, non pas en général, mais là où elles se présentent concrètement. Aussi – et peut-être surtout – il sera le seul capable au départ d'indiquer rapidement les voies et les moyens d'organisation et de domination de la technique et des techniciens permettant la stabilisation et l'épanouissement de la démocratie ouvrière. Le travail du parti pourra, par exemple, accélérer considérablement la mise sur pied des mécanismes de planification démocratique que nous avons analysés plus haut. Le parti est, en effet, la seule forme sous laquelle peut se réaliser déjà dans la société d'exploitation une fusion entre intellectuels et ouvriers qu'autrement cette société rend impossible et qui puisse donc permettre la mise rapide de la technique au service du pouvoir ouvrier.

Mais si, quelques années après la révolution, le parti « continue à se développer », ce sera le signe le plus certain qu'il est mort – en tant que parti ouvrier socialiste.

Les libertés et la dictature du prolétariat

Le problème des libertés politiques se présente sous deux aspects : la liberté des organisations politiques et les droits des différentes couches sociales.

1. Les événements de Pologne ont encore fourni une confirmation de l'idée que le parti ne saurait être un organe de gouvernement. (Voir, dans le n° 20 de *S. ou B.*, « La révolution prolétarienne contre la bureaucratie », p. 167 et, dans le n° 21, « La voie polonaise de la bureaucratisation », p. 65-66.) [Maintenant, dans *La Société bureaucratique, 2,* p. 327-329 et 348-352 <rééd. Bourgois, 1990, p. 403-405 et 411-413>.]

Seuls les Conseils à l'échelle nationale peuvent être juges du caractère admissible ou non des activités d'une organisation politique. Le critère de fond qui devra les guider dans ce jugement ne peut être que celui-ci : l'organisation en question vise-t-elle à restaurer un régime d'exploitation – autrement dit, vise-t-elle à supprimer le pouvoir des Conseils ? S'ils jugent que tel est le cas, les Conseils ont le droit et le devoir de se défendre, en interdisant ces activités. Il est clair que ce critère est loin d'offrir automatiquement une réponse dans chaque cas précis – mais il est également clair qu'une telle réponse automatique ne peut pas exister, et que les Conseils auront chaque fois la responsabilité de la réponse, au milieu de deux risques également grands : laisser agir impunément les ennemis du socialisme qui visent à le tuer – ou le tuer eux-mêmes par des restrictions extrêmes à la liberté politique. Et il ne faut pas minimiser la portée de ce problème en disant qu'un courant politique tant soit peu important ne peut qu'être représenté dans les Conseils : il est parfaitement concevable et même infiniment probable que des tendances existeront au sein des Conseils *s'opposant* au pouvoir total des Conseils.

La « légalité des partis soviétiques », par laquelle Trotski croyait, en 1936, donner une réponse à ce problème, ne le résout en effet nullement. Si le seul danger pour la société socialiste était celui que lui feraient courir des partis bourgeois « restaurationnistes », il est probable que, ces partis ne trouvant pas de soutien au sein des Assemblées ouvrières, ils seraient automatiquement exclus de la légalité politique. Mais le danger principal que court une révolution socialiste, une fois le capitalisme privé liquidé, ne vient pas des tendances restaurationnistes ; il vient des tendances *bureaucratiques*. De telles tendances peuvent trouver un soutien auprès de fractions de la classe ouvrière, d'autant plus que leur programme ne vise et ne visera pas la restauration des formes d'exploitation traditionnellement connues, mais se présente comme une « variante » du socialisme. À ses débuts, lorsqu'il est le plus dangereux, le bureaucratisme n'est ni un système social ni un programme clair : il n'est qu'une attitude de fait. Les Conseils ne pourront le combattre qu'à partir de leur expérience concrète. Mais un courant révolutionnaire au sein des Conseils dénoncera toujours le « commandement unique de l'usine par le directeur »

– tel qu'il est pratiqué en Russie – ou la direction centrale de l'économie par un appareil séparé – comme en Russie, en Pologne ou en Yougoslavie – comme une variante, non pas du socialisme, mais de l'exploitation ; et il luttera pour la mise hors la loi des organisations qui défendent ces objectifs.

Il est à peine nécessaire d'ajouter que si des limitations de l'*activité politique* de telle ou telle organisation peuvent s'avérer indispensables, aucune limitation n'est concevable dans le domaine de l'*idéologie* et de la *culture*. Une véritable culture socialiste ne peut que signifier une variété réelle de tendances, « écoles », etc., beaucoup plus grande qu'aujourd'hui.

Mais, indépendamment de la question des organisations politiques, le problème se pose : toutes les couches de la population ont-elles et peuvent-elles, dès le départ, avoir les mêmes droits et participer également à la direction politique de la société ? Que signifie, dans ces conditions, la dictature du prolétariat ?

La dictature du prolétariat signifie ce fait incontestable, que l'initiative et la direction de la révolution socialiste et de la transformation consécutive de la société ne peuvent qu'appartenir au *prolétariat des usines*. Elle signifie donc que le point de départ et le centre du pouvoir socialiste seront les *Conseils ouvriers* au sens strict du terme. Mais le prolétariat ne vise pas à instaurer une dictature *sur* la société et sur les autres couches de la population ; il vise à instaurer le socialisme, à savoir une société dans laquelle les différences entre « couches » ou classes sociales doivent s'atténuer rapidement pour finalement disparaître. Le prolétariat ne peut diriger la société vers le socialisme que dans la mesure où il associe les autres couches de la population à cette direction, où il leur reconnaît toute l'autonomie compatible avec l'orientation générale de la société, où il les élève au rôle de *sujets* de la direction politique et il n'en fait pas – ce qui serait contradictoire avec toute son orientation – des objets de sa propre direction. C'est cela que traduit l'organisation *générale* de la population en Conseils, l'*autonomie* étendue de ces Conseils dans leur domaine propre, la *participation* de tous ces Conseils au pouvoir central, que nous avons définies plus haut.

Si la prépondérance numérique du prolétariat n'est pas grande, si la révolution se trouve, au départ, dans une position particulièrement difficile, si d'autres couches adoptent une attitude d'hostilité active au pouvoir des Conseils ouvriers, la dictature du prolétariat se traduira concrètement par une participation *inégale* des diverses couches de la population au pouvoir central. Le prolétariat pourrait être ainsi amené à ne concéder au départ aux Conseils paysans, par exemple, qu'un vote de poids inférieur à celui des autres Conseils, quitte à augmenter ce poids au fur et à mesure que les tensions de classe s'atténueront.

Mais la portée réelle de ce problème est limitée. Le prolétariat ne peut garder le pouvoir que s'il gagne à lui la majorité des couches *salariées,* même si elles ne sont pas dans l'industrie. Or les salariés forment l'écrasante majorité des sociétés modernes – et chaque jour qui passe accroît leur importance. Dans ces conditions, si une forte majorité du prolétariat des usines et la majorité des autres couches salariées sont du côté du pouvoir révolutionnaire, le régime ne serait pas vitalement menacé par une opposition politique de la paysannerie (qui, d'ailleurs, n'est nullement un bloc homogène) ; si elles ne le sont pas, on ne voit pas, de toute façon, comment ce pouvoir pourrait s'instaurer et encore moins durer.

LES PROBLÈMES DE « TRANSITION »

La société dont nous avons parlé n'est pas le communisme, qui suppose la liberté totale et la domination complète des hommes sur leurs activités, l'absence de toute contrainte et l'abondance – en bref, une nouvelle structure de l'être humain.

Mais cette société, c'est le socialisme, et le socialisme est *la seule société de transition* entre le régime d'exploitation et le communisme, c'est le seul type de société capable de conduire l'humanité au communisme. Ce qui n'est pas socialisme, tel que nous l'avons défini, n'est pas société de transition, mais société d'*exploitation.* Et toute société d'exploitation est, si l'on veut, société de transition – mais de transition vers une autre forme d'exploitation. La transition *vers le communisme* n'est possible que si l'*exploitation* est immédiatement abolie – car, autrement, l'exploitation se perpétue et s'amplifie d'elle-même. L'abolition de l'exploitation n'est possible que si *toute couche de dirigeants séparés* est abolie – car dans les sociétés modernes c'est la division en dirigeants et exécutants qui est la racine de l'exploitation. L'abolition de toute direction séparée signifie la *gestion ouvrière* de tous les secteurs d'activité sociale. La gestion ouvrière n'est possible que dans le cadre des nouvelles formes d'organisation démocratique directe des producteurs, que représentent les *Conseils* ; et cette gestion ne pourra se consolider et s'élargir que dans la mesure où elle s'attaque aux sources profondes de l'aliénation dans tous les domaines et, en premier lieu, dans le domaine du *travail*.

Cette position, dans son fond, coïncide absolument avec la substance des idées de Marx et de Lénine sur ce problème. Marx n'a jamais envisagé qu'une forme de société de transition entre le capitalisme et le communisme, qu'il appelle indifféremment « dictature du prolétariat » ou « phase inférieure du communisme » ; et il va de soi, pour lui, que cette société signifierait dès le premier jour la suppression de l'exploitation et de l'appareil d'État séparé[1]. Les positions de Lénine, dans *L'État et la Révolution*, ne sont, à cet égard, qu'une explication et une défense des thèses de Marx contre les réformistes de son époque.

Ces vérités élémentaires ont été systématiquement déformées ou passées sous silence depuis la dégénérescence de la révolution russe. Laissons de côté les staliniens, dont c'était et c'est le rôle de présenter les camps de concentration, le pouvoir absolu du directeur de l'usine, le salaire aux pièces et le stakhanovisme comme l'image achevée du socialisme. Mais, sous une forme plus subtile et tout autant dangereuse, la même mystification a été propagée par le courant trotskiste et par Trotski lui-même, qui sont parvenus à inventer un nombre chaque jour croissant de « sociétés de transition » s'emboîtant tant bien que mal les unes dans les autres. Entre le communisme et le capitalisme, il y avait le socialisme ; mais entre le socialisme et le capitalisme, il y avait l'« État ouvrier » ; entre l'« État ouvrier » et le capitalisme, il y avait l'« État ouvrier dégénéré » (qui est susceptible, la dégénérescence étant un

1. Voir la « Critique des programmes de Gotha et d'Erfurt ».

processus, de gradations : dégénéré, très dégénéré, monstrueusement dégénéré, etc.). Après la guerre, on a assisté à la naissance de toute une série d'États ouvriers qui étaient dégénérés sans avoir jamais été ouvriers (les pays satellites). Tout cela afin d'éviter de reconnaître que la Russie était redevenue une société d'exploitation qui n'avait rien de socialiste, ni de près ni de loin, et que la dégénérescence de la révolution russe obligeait à réexaminer l'ensemble des questions relatives au programme et au contenu du socialisme, au rôle du prolétariat, à la fonction du parti, etc.

L'idée d'une « société de transition » autre que la société socialiste dont nous avons parlé est une mystification. Cela ne veut pas dire, tout au contraire, que des *problèmes* de transition n'existent pas ; en un certain sens, toute la société socialiste est déterminée par l'existence de ces problèmes, et son activité vise à les résoudre. Mais des problèmes de transition existent également en un sens plus étroit : ce sont ceux qui découlent des conditions concrètes de départ devant lesquelles se trouvera placée chaque fois une révolution socialiste, et qui rendent plus ou moins aisée, orientent vers telle ou telle forme la concrétisation des principes qui sont l'essence du socialisme.

C'est ainsi que la révolution ne peut que commencer dans un pays ou groupe de pays. De ce fait, elle aura à subir des pressions d'une nature et d'une durée extrêmement différentes. D'autre part, quelle que soit la rapidité de l'extension internationale de la révolution, le degré de maturation d'un pays jouera un rôle important dans la concrétisation des principes du socialisme. L'agriculture, par exemple, sera un problème probablement important en France – et ne le sera guère aux États-Unis ou en Angleterre (où le problème serait, inversement, celui de la dépendance extrême du pays par rapport aux importations alimentaires). Nous avons été amenés à envisager, au cours de notre analyse, plusieurs problèmes de ce type et nous croyons avoir montré que des solutions allant dans le sens du socialisme existent dans chaque cas. Nous n'avons pas pu envisager les problèmes particuliers qui découleraient d'un isolement prolongé de la révolution dans un pays – et nous ne pouvons guère le faire ici. Mais nous espérons que toute l'analyse qui précède montre implicitement qu'il est faux de croire que les problèmes nés d'un tel isolement sont insolubles, qu'un pouvoir prolétarien isolé doit mourir héroïquement ou dégénérer, qu'il ne peut tout au plus que « tenir » en attendant. *On ne peut attendre, on ne peut tenir qu'en construisant le socialisme* – autrement on a déjà dégénéré, et l'on n'attend plus rien. Cette construction du socialisme pour un pouvoir ouvrier dès le premier jour, non seulement est possible – elle est inéluctable, autrement ce pouvoir n'est déjà plus un pouvoir ouvrier.

Toute la discussion sur le « socialisme dans un seul pays » entre la fraction stalinienne et l'Opposition de gauche (1924-1927) montre à un degré effrayant comment les hommes font leur histoire en croyant savoir ce qu'ils font et en n'y comprenant rien. Staline affirmait la possibilité de la construction du socialisme dans la Russie isolée, en entendant par socialisme l'industrialisation plus le pouvoir de la bureaucratie. Trotski affirmait que cette construction était impossible, en entendant par socialisme pratiquement une société sans classes. Chacun avait raison dans ce qu'il affirmait, et tort en niant l'affirmation de l'autre. Ni l'un ni l'autre ne parlaient en fait de socialisme, et personne pendant toute la discussion n'a mentionné le régime des usines russes, le rapport du prolétariat avec la direction de la production, et le rapport du parti bolchevique, où se déroulait la bataille, avec le prolétariat, principal intéressé en fin de compte dans l'affaire.

Le programme que nous avons développé est un programme actuel, actuellement réalisable dans un pays moyennement industrialisé. Il définit les mesures – ou l'esprit des mesures – et l'orientation que les Conseils devront adopter dès les premières semaines de leur pouvoir, qu'il s'étende sur plusieurs pays ou sur un seul. Peut-être, s'il s'agissait de l'Albanie, il n'y aurait rien à faire. Mais si demain en France, ou même en Pologne – comme hier en Hongrie –, des Conseils ouvriers se constituaient, établissaient leur pouvoir et n'avaient pas à subir une invasion militaire étrangère, ils ne pourraient rien faire d'autre que :

– se fédérer au sein d'une Assemblée centrale et se déclarer le seul pouvoir dans le pays ;

– procéder à l'armement du prolétariat et à la dissolution de la police et de l'armée régulières ;

– proclamer l'expropriation des capitalistes, la destitution de tous les dirigeants de la production et la gestion de chaque entreprise par les travailleurs de l'entreprise organisés dans leur Conseil ;

– proclamer la suppression des normes de travail et instaurer l'égalité complète des salaires et traitements de toutes sortes ;

– inviter les autres catégories de salariés à former des Conseils et à prendre en main la gestion de leurs entreprises respectives ;

– inviter en particulier les travailleurs des administrations de l'État à former des Conseils, proclamer la transformation de ces administrations en entreprises, privées de tout pouvoir général et gérées par les travailleurs qui s'y trouvent ;

– inviter les paysans et les autres catégories non salariées de la population à former des Conseils et à envoyer leurs représentants auprès de l'Assemblée centrale ;

– procéder à l'organisation de l'« usine du plan » et soumettre rapidement à l'approbation des Conseils d'entreprise un premier plan économique provisoire ;

– s'adresser aux travailleurs des autres pays en expliquant la teneur et le sens de ces mesures.

Toutes ces mesures seraient d'une nécessité immédiate – et elles contiennent l'essentiel du processus de construction du socialisme.

CE QUE SIGNIFIE LE SOCIALISME[*]

LE BESOIN D'UN PROGRAMME SOCIALISTE

On ne peut que s'étonner devant le peu de discussions que soulève, parmi les socialistes d'aujourd'hui, la question du socialisme. Il est encore plus surprenant d'entendre de prétendus révolutionnaires proclamer que l'on devrait se préoccuper uniquement des problèmes « pratiques » et « quotidiens » de la lutte des classes, et laisser l'avenir prendre soin de lui-même. Ces conceptions rappellent la fameuse phrase de Bernstein : « Le but n'est rien, le mouvement est tout. » En réalité, il n'y a pas de mouvement si ce n'est vers un but – bien que ce but puisse devoir être constamment redéfini au fur et à mesure que le mouvement se développe.

Des citations soigneusement choisies dans Marx et dirigées contre les socialistes utopiques sont fréquemment utilisées pour éviter toute discussion approfondie sur la question du socialisme. Mais évidemment les citations ne sont pas des preuves. En fait, elles sont exactement le contraire : des preuves de l'absence d'une vraie preuve. Nous n'invoquons pas l'autorité d'un grand auteur pour prouver que si l'on laisse assez longtemps de l'eau sur le feu, elle finira par bouillir. Mais que penser du fond de l'affaire? Marx a polémiqué, de façon justifiée, contre ceux qui voulaient remplacer par des descriptions détaillées et non fondées de la société future l'analyse des luttes effectives qui se déroulaient sous leur nez. Il n'a pas pour autant renoncé à formuler ses propres vues concernant le programme d'une révolution prolétarienne. En fait, il a annexé les éléments d'un tel programme au *Manifeste*

[*] *Note 1979* : Publié dans *International Socialism,* Londres, n° du printemps 1961. Reproduit <avec quelques modifications>, sous forme de brochure, par *Solidarity* de Londres (septembre 1961) et réimprimé à plusieurs reprises, ce texte a été traduit et diffusé aussi en italien, japonais, polonais, suédois et norvégien. Retraduit de l'anglais par moi. <Première publication française, *CS* (1979), p. 223-260.>

communiste. Il n'a négligé aucune des occasions que lui offraient le développement de l'expérience historique ou les besoins du mouvement ouvrier pour amplifier, élaborer ou même modifier ses propres conceptions programmatiques antérieures. On connaît les exemples de la généralisation de l'expérience de la Commune de Paris relative à la formule de la « dictature du prolétariat », ou de la *Critique du Programme de Gotha.*

Soutenir, en 1961, que nous ne pouvons ni ne devons aller plus loin que Marx équivaut à affirmer que rien d'important n'a eu lieu depuis quatre-vingts ans. C'est ce que semblent vraiment penser certaines gens – y compris beaucoup de prétendus « marxistes ». Ils admettent, certes, que beaucoup d'événements ont eu lieu, dont il faudrait dresser soigneusement la chronique; mais ils rejettent l'idée que ces événements exigent des changements tant soit peu fondamentaux de leurs conceptions programmatiques. Leur décomposition organisationnelle va de pair avec leur stagnation théorique et politique.

Nous pensons que ce qui a eu lieu pendant la période que nous discutons, et en particulier depuis 1917, est plus important, pour les socialistes, que n'importe quel autre événement antérieur de l'histoire humaine. Le prolétariat a pris le pouvoir dans un pays immense. Il a résisté victorieusement aux tentatives d'une contre-révolution bourgeoise. Puis il a graduellement disparu de la scène historique, et une nouvelle couche sociale, la bureaucratie, a établi sa domination sur la société russe et a entrepris de construire le « socialisme » moyennant les méthodes les plus brutales de terreur et d'exploitation. Contrairement à tous les pronostics, y compris celui de Trotski, la bureaucratie russe a survécu victorieusement à l'épreuve de la plus grande guerre de l'histoire. Aujourd'hui, elle dispute aux États-Unis la suprématie mondiale dans les domaines industriel et militaire.

Avant la guerre, Trotski prédisait quotidiennement que la bureaucratie ne pourrait pas surmonter cette épreuve suprême, à cause de la « contradiction entre les fondements socialistes du régime et le caractère parasitaire et réactionnaire de la bureaucratie ». Aujourd'hui, les trotskistes disent que la force militaire croissante de la Russie est le produit de ces « fondements socialistes ». Si vous ne pouvez pas comprendre ce genre de logique, vous n'avez qu'à appliquer cette règle : lorsqu'un spoutnik est bien mis sur orbite, il a nécessairement été lancé depuis les profondeurs des fondements socialistes. S'il explose en l'air, cela est dû au caractère parasitaire de la bureaucratie.

Après la guerre, le même régime bureaucratique s'est instauré dans des pays aussi différents que l'Allemagne de l'Est et la Tchécoslovaquie, d'une part, la Corée du Nord et le Vietnam du Nord, d'autre part, *sans révolution prolétarienne.* Si la nationalisation des moyens de production et la planification sont les « fondements » du socialisme, alors, de toute évidence, il n'y a aucun lien nécessaire entre le socialisme et l'action de la classe ouvrière. Tout ce que les ouvriers ont à faire, c'est de se crever pour construire des usines « socialistes » et les faire marcher. N'importe quelle bureaucratie locale moyennant des circonstances favorables et l'aide du Kremlin pourrait réaliser ce « socialisme ».

Puis, quelque chose est arrivé. En 1956, les ouvriers hongrois en armes se sont révoltés contre la bureaucratie. Ils ont formé des Conseils ouvriers et ont exigé la *gestion ouvrière de la production.* Ils démontraient ainsi que la question de savoir si le socialisme était simplement la « nationalisation plus la planification », ou s'il était « les Conseils ouvriers plus la gestion ouvrière de la production » n'était pas une question académique. Il y a cinq ans, l'histoire l'a posée au bout du fusil.

Les idées traditionnelles sur le socialisme ont été soumises, de multiples manières, à l'épreuve des faits. Il est impossible de se voiler la face devant les conclusions. Si le socialisme c'est la propriété nationalisée plus la planification plus la dictature du Parti, alors le socialisme c'est Khrouchtchev plus ses spoutniks plus son « beurre en 1964 ». Si l'on a cette conception, alors le mieux que l'on puisse faire c'est de rester un opposant intérieur au régime, un critique dans les rangs du Parti communiste, essayant de « démocratiser » et d'« humaniser » le système. Du reste, pourquoi même essayer cela ? L'industrialisation peut être réalisée sans démocratie. Comme le disait Trotski, toute révolution a ses faux frais. Que ces faux frais, ici, consistent en de vrais cadavres, on pouvait s'y attendre.

Ces considérations ne sont pas importantes seulement pour toute discussion relative au socialisme ; elles ont aussi une importance fondamentale si nous voulons comprendre le capitalisme contemporain. Dans plusieurs pays capitalistes, des secteurs économiques de base ont été nationalisés, et un degré important de contrôle étatique et de planification économique se trouve réalisé. Le capitalisme lui-même – le capitalisme « orthodoxe », de type occidental – a subi des changements immenses. La réalité a rudement secoué la plupart des idées traditionnelles le concernant. Ainsi, que le capitalisme ne pourrait plus développer la production (idée formulée très explicitement dans le *Programme transitoire* de Trotski : « Les forces productives de l'humanité stagnent. Les inventions et les améliorations nouvelles ne parviennent pas à élever le niveau des richesses matérielles ») ; qu'il y a une succession inévitable de phases d'expansion et de dépressions toujours plus profondes ; que le niveau de vie matériel de la classe ouvrière ne peut pas, sous le capitalisme, s'élever substantiellement et durablement ; qu'une armée industrielle de réserve grandissante est un produit inéluctable du système. Les marxistes « orthodoxes » sont contraints de recourir à toutes sortes d'acrobaties verbales pour défendre ces idées. Ils en sont réduits à des rêveries sur la prochaine grande dépression – laquelle, depuis maintenant vingt ans, doit arriver d'un moment à l'autre.

Ces problèmes, que fait apparaître l'évolution du capitalisme, sont intimement reliés aux conceptions programmatiques du mouvement socialiste. Comme d'habitude, les prétendus « réalistes » (qui répugnent à discuter du socialisme, « sujet qui relève d'un avenir éloigné ») sont aveugles devant la réalité. C'est la réalité qui exige un réexamen, ici et maintenant, des problèmes fondamentaux du mouvement. Nous montrerons, à la fin de ce texte, pourquoi sans un tel réexamen il est impossible d'adopter une position correcte devant les problèmes pratiques les plus banals, les plus quotidiens, les plus terre-à-terre. Pour l'instant, en tout cas, soulignons cette évidence : il ne saurait exister de mouvement socialiste *conscient* qui évite la réponse à cette question fondamentale : qu'est-ce que le socialisme ? Et cette question est le revers de ces deux autres : qu'est-ce que le capitalisme ? Et quelles sont les racines réelles de la crise de la société contemporaine ?

LA CONTRADICTION DANS LA PRODUCTION

Le marxisme traditionnel considère que la crise de la société capitaliste est l'effet de la propriété privée des moyens de production et de l'« anarchie du marché ». La suppression de la propriété privée, affirmait-on, ouvrirait une nouvelle étape au développement de la société humaine. Nous pouvons maintenant voir que la fausseté de cette idée a été démontrée par les faits. Dans les pays de l'Europe de l'Est il n'y a pas de propriété privée. Il n'y a pas de dépressions. Il n'y a pas de chômage. Pourtant, les luttes sociales sont aussi aiguës qu'en Occident. Faut-il rappeler les événements de l'Allemagne de l'Est, en 1953, de la Pologne et de la Hongrie, en 1956, de la Chine, en 1957 – ou les échos des luttes quotidiennes dans les usines russes, reproduits même par la presse soviétique officielle et dans le rapport *public* de Khrouchtchev devant le XXe Congrès du PCUS ?

La pensée traditionnelle voyait dans l'anarchie économique, le chômage de masse, la stagnation de la production et les salaires de famine à la fois des expressions des contradictions du capitalisme profondément enracinées dans la nature du régime, *et* les ressorts principaux de la lutte de classe. Nous voyons aujourd'hui que, malgré le plein-emploi et l'élévation des salaires, les capitalistes rencontrent constamment des problèmes dans la gestion de leur système, et que la lutte de classe n'a d'aucune manière faibli. Les *formes* de cette lutte se sont modifiées, pour des raisons profondes et intimement liées avec les problèmes que nous discutons dans ce texte. Mais son *intensité* n'a pas diminué. L'intérêt des ouvriers concernant la « politique » traditionnelle, qu'elle soit « de gauche » ou non, a décliné. Mais les grèves « non officielles » en Grande-Bretagne, les grèves sauvages aux États-Unis, sont de plus en plus fréquentes. Des individus qui, confrontés à cette situation, continuent à citer les vieux textes ne peuvent rien offrir à la reconstruction essentielle du mouvement socialiste qui est nécessaire.

Le marxisme traditionnel voyait les contradictions et l'irrationalité du capitalisme au niveau de l'économie globale, non pas au niveau de la production. (Ici, et par la suite, j'utilise le terme « marxisme » dans son sens historique effectif. J'entends par là les idées qui ont la plupart du temps prévalu dans le mouvement marxiste, laissant de côté les subtilités philologiques et les interprétations détaillées de telle ou telle citation. Les idées discutées plus bas sont rigoureusement celles que Marx formule dans *Le Capital*.) À ses yeux, le problème se situait au plan du « marché » et du « système d'appropriation », non pas au plan de l'entreprise particulière ou du système de production au sens le plus concret, le plus matériel. Maintenant, l'usine capitaliste est bien entendu affectée par sa relation au marché ; il serait absurde, pour elle, de produire des produits invendables. Le marxisme traditionnel reconnaît, certes, que l'usine moderne est pénétrée de part en part par l'esprit du capitalisme : les méthodes et les rythmes de travail sont plus oppressifs qu'il n'est indispensable, le capitalisme s'intéresse peu à la vie ou à la santé des ouvriers, et ainsi de suite. Mais, *en elle-même*, l'usine, telle qu'elle est actuellement, est considérée comme une pure incarnation de la rationalité et de l'efficacité. Aussi bien du point de vue technique que du point de vue organisationnel, elle est la Raison personnifiée. La technologie capitaliste est *la* technologie, absolument imposée à l'humanité par l'étape présente du développement historique, inlassablement cultivée et appliquée à la production par ces instruments aveugles de la Raison Historique, les capitalistes eux-mêmes. L'organisation capitaliste de la production (division du travail et des tâches, contrôle détaillé du travail par le personnel de supervision et finalement par les machines elles-mêmes) est vue comme l'organisation par excellence de la production, puisque, dans sa course vers le profit, elle s'adapte constamment à la technologie la plus moderne et réalise l'efficacité maximale de la production. Le capitalisme crée, pour ainsi dire, les moyens corrects, les seuls moyens – mais les utilise à des fins mauvaises. Le renversement du capitalisme, d'après les marxistes traditionnels, orientera vers les fins correctes cet appareil de production à l'immense efficacité. Celui-ci pourra alors être utilisé pour « la satisfaction des besoins des masses », au lieu d'être utilisé pour « le profit maximum des capitalistes ». Les excès inhumains du mode capitaliste d'organisation du travail seront, incidemment, éliminés. Mais ce renversement, d'après cette vue traditionnelle, ne changera rien et ne pourra rien changer – sauf peut-être dans un avenir très lointain –

à l'organisation du travail et à l'activité productive elle-même, dont les caractéristiques découlent inévitablement de l'« étape présente de développement des forces productives ».

Marx avait vu, bien évidemment, que la rationalisation capitaliste de la production contenait une contradiction. Elle se réalisait moyennant l'asservissement constamment croissant du travail vivant (l'ouvrier) au travail mort (la machine). L'homme était aliéné, dans la mesure où il était dominé par ses propres produits, ses propres créations (les machines). Il était réduit à un « simple fragment d'homme », du fait de la division du travail toujours plus poussée. Mais, dans l'esprit de Marx, cette contradiction était abstraite, « philosophique ». Elle concernait le destin de l'homme dans la production, non pas la production elle-même. La production augmentait *pari passu* avec la transformation de l'ouvrier en « simple appendice » de la machine, et *à cause* de cette transformation. La logique objective de la production doit obligatoirement écraser les besoins, les désirs, les tendances subjectives des hommes. Elle doit les « discipliner ». On n'y peut rien : c'est la conséquence inexorable de l'étape présente du développement technologique. C'est aussi, plus généralement, la conséquence de la nature même de l'économie, qui est « le royaume de la nécessité ». Et cette situation s'étend, dans l'avenir, aussi loin que Marx se souciait de voir. Même dans la société des « producteurs librement associés », affirme Marx (dans le volume III du *Capital*), l'homme ne sera pas libre dans la production. Le « royaume de la liberté » serait instauré hors le travail, moyennant la « réduction de la journée de travail ». La liberté, c'est les loisirs – du moins, c'est ce qui semble ressortir de ces formulations de Marx.

Ce que nous affirmons, c'est que la plus réelle, la plus profonde, la plus concrète contradiction du capitalisme est en fait cette contradiction que Marx voyait simplement comme une contradiction « philosophique ». Elle est la source de la crise permanente de la société présente, aussi bien à l'Est qu'à l'Ouest. La « rationalité » de la production capitaliste n'est que de surface. Elle met en œuvre tous ses moyens en vue de l'accroissement de la production considérée comme une fin en soi. Cela est, en soi, absolument irrationnel.

La production est un moyen en vue des fins humaines, et non pas l'homme un moyen en vue de la production. L'irrationalité capitaliste a une expression immédiate et concrète : en traitant les hommes dans la production comme de simples moyens, elle les transforme en objets, en choses. Mais, même sur la chaîne d'assemblage, la production est basée sur les hommes en tant qu'êtres actifs et conscients. La transformation de l'ouvrier en simple appendice de la machine – que le capitalisme poursuit constamment, mais ne parvient jamais à réaliser – se trouve en conflit frontal avec le développement de la production. Si le capitalisme parvenait jamais à réaliser cette transformation, cela entraînerait l'effondrement immédiat du procès de production. Du point de vue capitaliste, cette contradiction s'exprime comme l'effort simultané, d'une part, de réduire le travail à la simple exécution de tâches rigoureusement définies (ou plutôt, de *gestes* rigoureusement définis), d'autre part, de faire appel et de recourir constamment à la *participation* volontaire et consciente de l'ouvrier, à sa capacité de comprendre et de faire beaucoup plus qu'il n'est censé comprendre et faire.

Cette situation est imposée à l'ouvrier huit heures par jour ou plus. Comme l'a dit un de nos camarades des Usines Renault [D. Mothé], on demande à l'ouvrier de se comporter simultanément « comme un robot et comme un surhomme ». Là se trouve une source de conflits et de luttes interminables dans toutes les usines, les mines, les chantiers, les ateliers du monde moderne. Et cette situation n'est pas affectée par les « nationalisations », les « plans », par les phases d'expansion ou de récession, par le niveau élevé ou bas des salaires.

C'est cela, la critique fondamentale que les socialistes doivent aujourd'hui adresser à l'organisation existante de la société. En luttant sur ce front, ils donneront une formulation explicite à ce que chaque travailleur, dans chaque usine, dans chaque bureau, ressent à tout instant de chaque journée, et qu'il essaie d'exprimer constamment par son action individuelle ou collective.

LA PRODUCTION CAPITALISTE

Dans notre société, les hommes passent la majeure partie de leur vie au travail. Et ce travail est pour eux à la fois une agonie et un non-sens. C'est une agonie, car l'ouvrier est constamment subordonné à une puissance étrangère et hostile, qui a deux visages : celui de la machine, celui de la direction. C'est un non-sens, car l'ouvrier est placé par ses maîtres devant deux tâches contradictoires : exécuter les ordres, et accomplir un résultat positif.

La direction organise la production en vue d'atteindre une « efficacité maximale ». Mais le premier effet de cette organisation est de susciter la révolte des ouvriers contre la production. Les pertes de production causées par cela dépassent de loin celles qu'amènent les dépressions les plus profondes. Elles sont, probablement, du même ordre de grandeur que le total de la production courante (voir, par exemple, le livre de J. A. C. Brown, *The Social Psychology of Industry*, Penguin).

Pour combattre la résistance des ouvriers, la direction instaure une division encore plus poussée du travail et des tâches. Elle réglemente de manière rigide les méthodes et les procédures du travail. Elle impose des contrôles de la quantité et de la qualité des pièces produites. Elle introduit le salaire aux pièces ou au rendement. Mais aussi, elle impose au développement technologique un biais de classe de plus en plus prononcé. Des machines sont inventées, ou choisies, d'après ce critère fondamental : est-ce qu'elles favorisent la lutte de la direction contre les ouvriers ? Est-ce qu'elles réduisent encore plus la marge d'autonomie de l'ouvrier ? Est-ce qu'elles contribuent à ce que l'on puisse, finalement, l'éliminer tout à fait ? En ce sens, l'organisation présente du travail, en Angleterre ou en France, aux États-Unis ou en Russie, est une *organisation de classe*. La technologie est, de manière prédominante, une *technologie de classe*. Aucun capitaliste anglais, aucun directeur d'usine russe, n'introduirait jamais dans son usine une machine qui augmenterait la possibilité de l'ouvrier individuel ou du groupe d'ouvriers de diriger eux-mêmes leur travail – même si une telle machine contribuait à augmenter la production.

Les ouvriers ne sont nullement désarmés dans cette lutte. Ils inventent constamment des méthodes d'autodéfense. Ils violent les règlements, tout en les respectant « formellement ». Ils s'organisent informellement, ils instaurent une solidarité et une discipline collectives. Ils créent une nouvelle éthique du travail. Ils rejettent la psychologie du bâton et de la carotte. Ils rendent la vie impossible aussi bien aux « crevards » qu'à ceux qui veulent se la couler douce.

Par ses méthodes d'organisation de la production, la direction se trouve prise dans un nœud de contradictions et de conflits sans fin. Ceux-ci dépassent de loin ceux qui sont causés directement par la résistance des ouvriers. La définition stricte des tâches à laquelle la direction veut parvenir est presque toujours arbitraire et souvent fortement irrationnelle. Les normes de travail ne peuvent pas être « rationnellement » définies lorsque les ouvriers s'y opposent constamment et activement. Le traitement des ouvriers comme des rouages séparables de la machine productive se trouve en contradiction avec le caractère profondément collectif de la production moderne. Le résultat, c'est la coexistence d'une organisation formelle, officielle, et d'une organisation informelle, réelle, de l'entreprise, du procès de travail, des communications. Ces deux organisations se trouvent, dès lors, dans une opposition permanente.

La direction du travail est de plus en plus séparée de son exécution. Pour dépasser cette séparation, pour parvenir à administrer – *de l'extérieur* – la complexité immense de la production moderne, la direction est forcée de reconstruire et de refléter en son propre sein tout le procès de production, et cela, ici encore, de manière arbitraire. Cela n'est pas simplement, à strictement parler, impossible ; cela conduit aussi à la création d'un appareil bureaucratique énorme. Au sein de cet appareil, une nouvelle division du travail apparaît, et l'ensemble des contradictions que nous avons décrites s'y trouve reproduit. Une direction séparée de l'exécution ne peut pas planifier rationnellement. Elle ne peut pas corriger à temps les erreurs inévitables. Elle ne peut pas parer à l'imprévu ; elle ne peut pas accepter que les ouvriers fassent tout cela à sa place… et elle ne peut pas accepter qu'ils ne le fassent pas. Elle n'est jamais correctement informée. La source principale de l'information

– les ouvriers dans la production – organise une « conspiration du silence » permanente contre elle. Enfin, la direction ne peut pas vraiment comprendre la production, car elle ne peut pas en comprendre le ressort principal : l'ouvrier.

Cette situation, cet ensemble de relations, est le modèle de tous les conflits dans la société moderne. Avec, certes, les modifications nécessaires, cette description du chaos de l'usine capitaliste s'applique tout aussi bien au Gouvernement britannique, à la Communauté Economique Européenne, au Parti Communiste russe, à la Direction des Charbonnages de France, aux Nations Unies, à l'Armée américaine et à la Commission polonaise de planification.

Le comportement de la direction à l'égard de la production n'est pas accidentel. Ses actions lui sont imposées par le fait que l'organisation de la production est, aujourd'hui, synonyme de l'organisation de l'exploitation. Mais l'inverse est tout aussi vrai : les capitalistes privés, comme la bureaucratie d'État, ont aujourd'hui la possibilité d'exploiter précisément parce qu'ils gèrent la production. La division de classe dans la société moderne est de plus en plus dénudée de tous ses voiles légaux et formels. Ainsi apparaît le noyau des relations sociales fondamentales de *toutes* les sociétés de classe : la division du travail entre une couche qui *dirige* aussi bien le travail que la vie sociale, et une couche qui ne fait qu'*exécuter.* La direction de la production n'est pas simplement un moyen utilisé par les exploiteurs pour accroître l'exploitation. Elle est le fondement et l'essence de l'exploitation elle-même. Dès qu'une couche sociale s'approprie la gestion, le reste de la société est automatiquement réduit à l'état de simples objets de cette couche. Dès qu'une couche parvient à s'assurer une position dominante, elle utilise cette position pour s'arroger des privilèges (un nom poli pour l'appropriation du surplus). Ces privilèges doivent, dès lors, être défendus. La domination doit devenir plus parfaite. Cette spirale qui s'amplifie d'elle-même conduit rapidement à la formation d'une nouvelle société de classe. C'est *cela,* la leçon pertinente que nous devons tirer de l'étude de la dégénérescence de la Révolution d'Octobre – cela, et non pas l'« arriération » ou l'« isolement international ».

LE SOCIALISME SIGNIFIE LA GESTION OUVRIÈRE

Par socialisme nous entendons la période historique qui commence avec la révolution prolétarienne et aboutit au communisme. Cette définition est très rigoureusement en accord avec Marx. Ainsi conçu, le socialisme est la *seule* « phase de transition » entre la société de classe et le communisme. Il n'y en a pas d'autre. Cette société de transition n'est pas le communisme, dans la mesure où une sorte d'« État » et de coercition politique est maintenu (la « dictature du prolétariat »). Est aussi maintenue une coercition économique (« qui ne travaille pas, ne mange pas »). Mais ce n'est pas non plus une société de classe, dans la mesure où sont éliminés non seulement l'ancienne classe dominante, mais *toute espèce* de couche sociale dominante. L'exploitation y est abolie. On doit dénoncer sans merci la confusion introduite dans ce domaine par Trotski et les trotskistes, moyennant l'insertion d'un nombre croissant de « sociétés de transition » entre le capitalisme et le socialisme (États ouvriers, États ouvriers dégénérés, États ouvriers très dégénérés, etc.). Le résultat final de cette confusion est de fournir des justifications à la bureaucratie et de mystifier les travailleurs en les persuadant qu'ils peuvent être, en même temps, la « classe dominante »… et cependant exploités et opprimés sans merci. Une société dans laquelle les travailleurs ne sont pas la force sociale dominante au sens propre et littéral du terme n'est pas, et ne pourra jamais être, une « société de transition » vers le socialisme ou le communisme (sauf, évidemment, au sens où le capitalisme lui-même est une « société de transition » vers le socialisme).

Si donc la révolution socialiste doit abolir l'exploitation et éliminer la crise de la société actuelle, elle doit aussi éliminer toutes les couches distinctes de dirigeants spécialisés et permanents qui exercent la domination dans les diverses sphères de la vie sociale. Et cela, elle doit le faire d'abord et par-dessus tout dans la production elle-même. En d'autres termes, la révolution ne peut pas se borner à exproprier les capitalistes. Elle doit aussi « exproprier » la bureaucratie gestionnaire de ses positions privilégiées présentes.

Le socialisme ne pourra être instauré à moins que ne soit introduite, dès le premier jour, la gestion de la production par les travailleurs. Nous sommes parvenus à cette conclusion en 1948, au bout de notre analyse de la dégénérescence de la Révolution russe [voir les textes reproduits maintenant dans *La Société bureaucratique*, vol. 1, et dans *Capitalisme moderne et révolution*, vol. 1[1]]. Les ouvriers hongrois ont tiré, de leur propre expérience de la bureaucratie, exactement la même conclusion en 1956. La gestion de la production par les travailleurs était une des revendications centrales des Conseils ouvriers hongrois.

Pour des raisons qui semblent mystérieuses, les marxistes ont toujours vu la réalisation du pouvoir de la classe ouvrière uniquement en termes de conquête de pouvoir politique. Le pouvoir effectif, notamment le pouvoir sur la production dans la vie quotidienne, est toujours resté ignoré. Les opposants de gauche du bolchevisme ont critiqué, à juste titre, la substitution de la dictature du parti à la dictature des masses prolétariennes. Mais cela n'est qu'un aspect du problème, et un aspect en fait secondaire. Nous n'avons pas l'intention de discuter ici l'évolution en Russie après 1917, ni la question de savoir si Lénine et les bolcheviques « auraient pu faire autrement ». Cette discussion est parfaitement stérile et vaine. Le point qu'il importe de souligner est le lien entre ce qui a été fait et le résultat final. Déjà, en 1919, la gestion de la production et de l'économie était entre les mains des « spécialistes »; et la gestion de la vie politique était entre les mains des « spécialistes de la politique révolutionnaire », c'est-à-dire du Parti. Dans ces conditions, aucune force au monde n'aurait pu arrêter la dégénérescence bureaucratique. La « conception programmatique » de Lénine – par opposition à sa pratique effective – était que le pouvoir politique devait appartenir aux Soviets, la plus démocratique de toutes les institutions. Mais il n'a aussi jamais cessé de répéter, de 1917 à sa mort, que la production devait être organisée par en haut, selon des méthodes de « capitalisme d'État ». C'était là une conception fantastiquement idéaliste. Le prolétariat ne peut pas être esclave dans la production six jours par semaine, et jouir de dimanches de souveraineté politique. Si ce n'est pas le prolétariat qui gère la production, alors quelqu'un d'autre le fait, nécessairement. Et

1. <Dans les volumes *La Société bureaucratique* et *Sur la dynamique du capitalisme* de notre édition, respectivement.>

comme la production est, dans la société moderne, le véritable lieu du pouvoir, le « pouvoir politique » du prolétariat sera, dans ces conditions, rapidement réduit à n'être qu'un décor. À ce problème, le « contrôle » ouvrier de la production n'offre aucune réponse. Ou bien le « contrôle » ouvrier s'amplifiera rapidement, devenant une gestion ouvrière, ou bien il finira par n'être qu'une farce. Ni dans la production ni dans la politique il ne peut exister de longues périodes de « dualité du pouvoir ».

Quelques-uns des écrits de Lénine pendant cette période devraient être mieux connus des socialistes révolutionnaires que ce n'est le cas. Les passages qui suivent, pris dans « Les tâches immédiates du Gouvernement soviétique », montrent très clairement la pensée des bolcheviques sur la question de l'organisation du travail.

« L'avant-garde du prolétariat russe qui possède la conscience de classe la plus élevée s'est déjà fixé comme tâche l'élévation de la discipline du travail… Ces efforts doivent être soutenus et poursuivis avec la plus grande rapidité. Nous devons soulever la question du travail aux pièces et la mettre à l'épreuve de la pratique ; nous devons soulever la question de l'application de beaucoup de choses qui sont progressives et scientifiques dans le système Taylor… Le système Taylor est une combinaison de la brutalité subtile de l'exploitation capitaliste et d'un nombre de très grandes réalisations scientifiques dans le domaine de l'analyse des mouvements mécaniques pendant le travail, de l'élimination de mouvements superflus et maladroits, de l'élaboration de méthodes de travail correctes, etc. »

« La révolution exige, dans l'intérêt du socialisme, que les masses obéissent sans discussion à la volonté unique des chefs du procès de travail. »

« Nous devons apprendre à combiner la démocratie "de réunion" des masses travailleuses… avec une discipline de fer au cours du travail, avec l'obéissance indiscutée à la volonté d'une seule personne, le leader soviétique, au cours du travail. Nous n'avons pas encore appris à le faire. Nous devons l'apprendre. »

Nous pensons que ces conceptions, ce facteur « subjectif », ont joué un rôle énorme dans la dégénérescence de la Révolution russe, rôle qui n'a jamais encore été pleinement apprécié. Il ne s'agit pas pour nous de dénigrer Lénine. Mais nous pouvons voir la relation entre les vues qui étaient les siennes et la réalité ultérieure du stalinisme. Nous ne sommes pas des révolutionnaires meilleurs que Lénine. Nous sommes de quarante ans plus vieux.

L'histoire a montré que la question de savoir ce qui se passe après la révolution est d'une importance fondamentale pour la pensée socialiste. Presque tout dépend du niveau d'activité consciente et de participation des masses. Une révolution véritable n'a lieu que lorsque et si cette activité atteint des dimensions extraordinaires aussi bien quant au nombre de personnes impliquées qu'à l'intensité de leur participation. Une révolution est une période d'activité intense et consciente des masses, qui essaient de s'emparer *elles-mêmes* de la gestion de toutes les affaires communes de la société. Une dégénérescence bureaucratique ne devient possible que lorsqu'il y a reflux de cette activité. Mais qu'est-ce qui cause ce reflux ? À ce point de l'analyse, beaucoup de révolutionnaires honnêtes ne peuvent que lever les bras au ciel, disant qu'ils voudraient bien le savoir.

Personne ne peut garantir qu'une révolution ne dégénérera pas. Il n'existe pas de recette pour maintenir un niveau élevé d'activité des masses. Mais l'histoire a montré que certains facteurs conduisent, et conduisent très rapidement, au retrait des masses de l'activité politique. Ces facteurs se ramènent à l'émergence et à la consolidation, aux différents endroits de la vie sociale, d'individus et de groupes qui « prennent en charge » les affaires communes. (Et toutes ces remarques sont directement pertinentes pour ce qui est du problème de l'organisation révolutionnaire elle-même, et de sa dégénérescence possible. On n'a qu'à substituer le terme « membres » au terme « masses » dans les phrases qui précèdent.) Le maintien d'un niveau élevé d'activité des masses exige que les masses voient – non pas dans les discours, mais dans les faits de leur vie quotidienne – que le pouvoir leur appartient vraiment, qu'elles peuvent changer les conditions de leur propre existence. Et le domaine premier, et le plus important, où elles peuvent vérifier cela, c'est le travail. La gestion de la production par les travailleurs fournit aux travailleurs quelque chose d'immédiatement saisissable. Elle confère une signification réelle à toutes les autres questions, et à toute l'évolution politique. Sans elle, même une politique révolutionnaire deviendrait rapidement ce qu'est toute politique aujourd'hui : rhétorique et mystification.

QU'EST-CE QUE LA GESTION OUVRIÈRE ?

La gestion ouvrière ne signifie pas que des individus d'origine ouvrière sont nommés à la place des dirigeants d'aujourd'hui. Elle signifie que la production, à tous ses niveaux, est gérée par la collectivité des ouvriers, employés et techniciens. Les questions qui affectent l'atelier ou le département sont tranchées par des assemblées des travailleurs de l'atelier ou du département concerné. Les questions de routine, ou les questions urgentes, sont tranchées par des délégués, élus et révocables à tout instant. La coordination entre deux ou plusieurs ateliers ou départements est assurée par des réunions des délégués respectifs ou par des assemblées communes. La coordination au niveau de l'ensemble de l'entreprise et les relations avec le reste de l'économie sont la tâche des Conseils ouvriers, composés des délégués élus des divers départements. Les questions fondamentales sont tranchées par des assemblées générales comprenant tous les travailleurs de l'entreprise considérée.

L'instauration de la gestion ouvrière permettra de commencer immédiatement à éliminer les contradictions fondamentales de la production capitaliste. La gestion ouvrière marquera la fin de la domination du travail sur l'homme, et le début de la domination de l'homme sur son travail. Chaque entreprise sera autonome au degré le plus élevé possible, décidant elle-même de tous les aspects de la production et du travail qui n'affectent pas le reste de l'économie, et participant elle-même à toutes les décisions qui concernent l'organisation générale de la production et de la vie sociale. Les objectifs généraux de la production seront décidés par l'ensemble de la population travailleuse.

Nous ne pouvons pas toucher ici aux problèmes techniques impliqués par une planification véritablement démocratique.

Nous en avons discuté en détail dans le n° 22 (juillet 1957) de *Socialisme ou Barbarie* [« Sur le contenu du socialisme, II », <ici, *supra,* p. 49-141>]. L'essence de la question est que les objectifs généraux du plan devraient être déterminés collectivement, et acceptés aussi largement que possible. À partir de certaines données fondamentales, des calculatrices électroniques pourraient produire un certain nombre de plans et élaborer de manière assez détaillée les implications techniques de chacun d'eux, par rapport aux divers secteurs de l'économie. Les Conseils ouvriers discuteraient alors de la valeur de ces différents plans, en pleine connaissance de cause de leurs implications en termes de travail humain.

Par exemple, des décisions concernant la question de savoir si une expansion de la production de 10 % devrait conduire à des salaires plus élevés, à une réduction de la durée du travail, ou à une augmentation des investissements, sont des décisions auxquelles *tous* devraient participer. Car elles affectent tout le monde. Ce ne sont pas des décisions qui pourraient être laissées à des bureaucrates « agissant dans les intérêts » des masses. Si de telles décisions fondamentales étaient laissées à des « experts professionnels », ceux-ci commenceraient très rapidement à décider dans le sens de leurs propres intérêts. Leur position dominante dans la direction de la production leur conférerait aussitôt un rôle dominant dans la répartition du produit social. La base de nouvelles relations de classe aurait alors été de nouveau posée réellement et efficacement.

Le plan choisi assignera à chaque entreprise la tâche à accomplir pendant une période donnée, et fournira à chacune les moyens nécessaires à cette fin. Mais, à l'intérieur de ce cadre général, les travailleurs de chaque entreprise auront à organiser leur propre travail. Tous ceux qui connaissent les racines de la crise dans les relations industrielles contemporaines, et tous ceux qui connaissent les revendications des travailleurs et l'objet de leurs luttes informelles, comprendront facilement dans quelles directions ira la réorganisation de la production par les travailleurs. Les normes de travail imposées de l'extérieur seront certainement abolies. (C'était là une revendication explicite des Conseils ouvriers hongrois. Et c'est le terrain d'une lutte permanente dans chaque usine du monde.) La coordination du travail se fera par le moyen de contacts directs et de la coopération. La division rigide du travail commencera aussitôt à être éliminée, moyennant la rotation des gens entre départements et entre travaux.

Il y aura contact et coopération directs et permanents entre les départements et les usines qui utilisent les machines et les outils, et ceux qui les produisent. Ce sera là le résultat du changement de la relation entre ouvriers et instruments de production. La finalité principale des équipements d'aujourd'hui est, comme on l'a vu, d'augmenter la production par le moyen d'une subordination accrue de l'homme à la machine. Lorsque les travailleurs assumeront eux-mêmes la gestion de la production, ils commenceront à adapter l'équipement non seulement aux exigences du travail à faire, mais aussi et surtout à leurs propres besoins en tant qu'êtres humains.

La transformation consciente de la technologie sera une des tâches cruciales que devra affronter la société socialiste. Pour la première fois dans l'histoire, les êtres humains seront maîtres de leur activité productive. Le travail cessera d'être « le royaume de la nécessité ». Il deviendra un champ où les humains exercent leur puissance de création. La science et la technique contemporaines offrent, dans cette direction, des possibilités immenses. Certes, cette transformation ne s'accomplira pas du jour au lendemain; mais pas davantage on ne doit la considérer comme appartenant à un avenir communiste brumeux, éloigné et imprévisible. Ce ne sont pas là des questions qui se résoudront d'elles-mêmes. On devra s'attaquer systématiquement à leur solution dès que le pouvoir des travailleurs sera établi. Cette solution exigera une période de transition. Et c'est cette période qui est, en fait, la société socialiste (en tant qu'elle se distingue du communisme).

LES VALEURS SOCIALISTES

Quelles seront les valeurs essentielles d'une société socialiste? Quelle sera son orientation fondamentale? Ici encore, il ne s'agit pas d'un avenir brumeux, mais des tâches qu'une révolution prolétarienne devra s'assigner immédiatement. Et nous n'essayons pas de produire arbitrairement une nouvelle éthique, ou une nouvelle métaphysique. Nous essayons de formuler des conclusions qui nous semblent découler inévitablement de la crise des valeurs de la société présente et des attitudes réelles des travailleurs aujourd'hui, aussi bien dans l'usine que dans la vie.

La gestion de la production par les travailleurs, la transformation consciente de la technologie, le gouvernement de la société par les Conseils des travailleurs, la planification démocratique, développeront sans aucun doute la productivité et augmenteront considérablement le taux de croissance de l'économie. Ils rendront possible une élévation rapide de la consommation. Beaucoup de besoins fondamentaux de la société pourront être satisfaits. La durée du travail pourra être réduite. Mais, à notre avis, l'essence de la question n'est pas là. Dans tout cela, il ne s'agit que de sous-produits, aussi importants soient-ils, de la transformation socialiste.

Le socialisme n'est pas une conception intéressée par l'accroissement de la production *comme tel.* C'est là une façon de voir essentiellement capitaliste. La préoccupation centrale de l'espèce humaine, le long de son histoire, n'a jamais été d'accroître la production à tout prix. Et pas davantage le socialisme n'est une conception intéressée par la « meilleure organisation » *comme telle*, qu'il s'agisse de l'organisation de la production, de l'économie ou de la société. L'organisation pour l'organisation est l'obsession constante du capitalisme, qu'il soit privé ou bureaucratique (que le capitalisme échoue constamment dans ce domaine est sans intérêt ici). Les questions pertinentes, du point de vue socialiste, sont : plus de production, meilleure organisation – à *quel* prix, au prix payé *par qui,* et à *quelle* fin ?

Les réponses à ces questions aujourd'hui, qu'elles viennent de M. Kennedy, de M. Khrouchtchev, de M. Gaitskell, de M. Gollan ou de M. Healy [les deux derniers étaient respectivement les dirigeants du parti stalinien et du parti trotskiste anglais], consistent à dire : plus de production et meilleure organisation afin d'accroître à la fois la consommation et les loisirs. Mais regardons le monde autour de nous. Les hommes sont soumis à des pressions toujours croissantes de la part de ceux qui organisent la production. Ils travaillent comme des fous à l'usine ou au bureau, pendant la plus grande partie de leur vie éveillée, afin d'obtenir une augmentation de 3 % de leur salaire, ou une journée supplémentaire de vacances par an. À la fin – et cela est de moins en moins une anticipation –, le bonheur humain sera réalisé par un monstrueux embouteillage de voitures, chaque famille regardant la télévision dans sa voiture et mangeant les glaces produites par le réfrigérateur de la voiture.

La consommation comme telle n'a pas de signification pour l'homme. *Les loisirs comme tels* sont vides. Il n'y a guère de gens plus misérables dans la société présente que les vieux sans occupation, même lorsqu'ils n'ont pas de problèmes matériels. Partout de par le monde, les ouvriers attendent impatiemment toute la semaine que le dimanche arrive. Ils sentent le besoin impérieux d'échapper à l'esclavage physique et mental de la semaine de travail. Ils attendent avec impatience le moment où ils seront maîtres de leur temps. Et ils découvrent que la société capitaliste s'impose à eux même pendant ces moments. Ils sont tout autant aliénés pendant leurs loisirs que pendant leur travail. Les dimanches reflètent toute la misère de la semaine de travail qui vient de se terminer et le vide de celle qui va commencer.

La consommation aujourd'hui exprime toutes les contradictions d'une culture qui se décompose. L'« élévation du niveau de vie » est privée de sens car cette élévation n'a pas de fin. (C'est ce que Hegel appelait « mauvais infini », *schlechte Unendlichkeit.*) La société est organisée pour fabriquer plus de besoins que les gens ne pourront jamais satisfaire. Les « niveaux de vie plus élevés » sont les lapins électriques utilisés par les capitalistes comme par les bureaucrates pour maintenir les gens dans la course. Aucune autre valeur, aucune autre motivation ne subsiste pour l'homme dans cette société inhumaine et aliénée. Mais ce procès se contredit lui-même. Tôt ou tard, il cessera de fonctionner. Les « niveaux de vie » de cette décennie font apparaître comme ridicules ceux de la précédente. Chaque catégorie de revenu méprise celle qui se trouve immédiatement au-dessous d'elle.

Le *contenu* de la consommation actuelle est lui-même contradictoire. La consommation reste anarchique (et cela ne pourrait être surmonté par aucune planification bureaucratique) car les biens consommés ne sont pas des biens-en-soi, ne sont pas des absolus, mais incarnent les valeurs de *cette* culture. Les gens se tuent au travail pour acheter des objets dont ils ne peuvent pas jouir ou qu'ils ne sont même pas en mesure d'utiliser. Les ouvriers s'endorment devant les postes de télévision achetés à coups d'heures supplémentaires de travail. Les besoins sont de moins en moins des besoins réels. Les besoins humains ont toujours été fondamentalement des besoins *sociaux*. (Je ne parle pas ici des nécessités biologiques.) Les besoins sont aujourd'hui, à un degré croissant, fabriqués et manipulés par la classe dominante. L'asservissement de l'homme devient manifeste dans la consommation elle-même. Nous affirmons que le socialisme n'est pas intéressé essentiellement par l'accroissement de la production et de la consommation *du type actuel*. Un tel accroissement ne pourrait que conduire, moyennant des liens et des connexions innombrables, qu'à plus de capitalisme.

Le socialisme a affaire à la liberté. Nous n'entendons pas par là seulement la liberté au sens juridique. Ni la liberté au sens moral ou métaphysique. Nous entendons liberté au sens le plus concret, le plus terre-à-terre : la liberté des gens dans leurs vie et activités quotidiennes, la liberté de décider *collectivement* combien produire, combien consommer, combien travailler, combien se reposer. Liberté de décider, *collectivement et individuellement*, *quoi* consommer, *comment* produire, *comment* travailler. (Un marché véritable des biens de consommation, où prévaudra la « souveraineté des consommateurs » sera certainement maintenu, ou plutôt instauré pour la première fois, dans la société socialiste.) Et liberté de diriger sa propre vie, à l'intérieur de ce cadre social.

La liberté, en ce sens-là, *ne* surgira *pas* automatiquement à partir du développement de la production. Elle ne doit pas être confondue avec les loisirs. La liberté, pour l'être humain, ce n'est pas le désœuvrement mais l'activité libre. Le contenu précis que les humains donnent à leur « temps de loisir » est amplement conditionné par ce qui se passe dans la sphère fondamentale de la vie sociale, c'est-à-dire dans la production. Dans une société aliénée, le « loisir », aussi bien dans sa forme que dans son contenu, n'est qu'une des expressions de l'aliénation.

Pas davantage, la liberté ne sera un produit automatique des « possibilités accrues d'éducation pour tous ». L'éducation en elle-même ne résout rien. En elle-même, elle aboutit simplement à la production massive d'individus qui reproduiront la même société, d'individus qui incorporeront dans leur personnalité la structure sociale existante et toutes ses contradictions. L'éducation aujourd'hui, en Angleterre ou en Russie, par l'école ou par la famille, vise à produire des gens adaptés au type présent de société. Elle corrompt le sens humain de l'intégration à la société en le transformant en une habitude de soumission à l'autorité. Elle corrompt le sens humain de prise en considération de la réalité en le transformant en habitude d'adoration du *statu quo.* Elle impose un type de travail privé de sens, qui sépare, déforme et désintègre les potentialités physiques et mentales de l'être humain. Plus on fournit de l'éducation du type présent, plus on produit des êtres à esclavage incorporé.

Le développement de la production et l'abondance matérielle qu'il induirait n'entraîneront pas d'eux-mêmes un changement des attitudes sociales. Ils n'aboliront pas la « lutte de tous contre tous ». Sommairement parlant, cette lutte est beaucoup plus brutale et impitoyable aux États-Unis aujourd'hui qu'elle ne l'est dans un village africain. Les raisons en sont évidentes : dans la société contemporaine, l'aliénation pénètre toutes les choses et détruit le sens de tout. Elle ne détruit pas seulement le sens du travail, mais de toutes les dimensions de la vie individuelle et sociale. Les seules valeurs et motivations qui subsistent sont des « niveaux » de plus en plus élevés (non pas seulement : élevés) de consommation matérielle. Pour compenser la frustration croissante que les gens vivent dans leur travail, comme dans toutes leurs autres activités sociales, la société leur présente un autre but : l'acquisition de « biens » de plus en plus nombreux. La *distance* entre ce à quoi un ouvrier peut avoir effectivement accès et ce que la société fixe comme un niveau « décent » de consommation est allée *croissant* au fur et à mesure que la production augmentait et les niveaux de vie effectifs s'élevaient. Ce procès, et la « lutte de tous contre tous » qui lui correspond, ne s'arrêtera pas avant que ne soit détruite à la racine la culture présente, son adoration de la consommation et sa philosophie acquisitive. Ces attitudes capitalistes ont, en réalité, complètement pénétré, dominé et déformé ce qui se présente aujourd'hui comme « marxisme ».

Aussi bien le capitalisme privé que le capitalisme bureaucratique utilisent la même méthode pour maintenir les gens à la fois enchaînés à leur travail et en antagonisme mutuel. C'est la politique systématique de différenciation des salaires. D'un côté, une différenciation monstrueuse des revenus existe entre les couches les plus basses et les couches les plus hautes de la pyramide bureaucratique – celle de l'entreprise ou celle de l'État. D'un autre côté, des différenciations artificielles de la paie sont introduites systématiquement, afin de détruire la solidarité de classe. Elles sont appliquées à des gens qui accomplissent des travaux très similaires quant à la qualification ou à l'effort exigés. Lorsque la structure de classe de la société sera détruite, aucune justification, économique ou autre, n'existera pour maintenir ces différenciations. Il est impossible de discuter ici les sophismes incroyables moyennant lesquels de prétendus « marxistes » ont essayé de justifier l'inégalité des revenus, que ce soit en Russie ou sous le « socialisme ». Soulignons seulement deux points :

a) l'application stricte du principe « à chacun selon la valeur du travail fourni », soutenu par Marx dans la *Critique du Programme de Gotha,* conduirait au plus à une différenciation des rémunérations de l'ordre de 1 (travail manuel non qualifié) à 1,25 ou 1,5 (physicien nucléaire). Par « valeur du travail fourni », j'entends la valeur dans le sens marxien, définie par la théorie de la valeur-travail ;

b) l'inégalité des revenus dans une société socialiste est habituellement justifiée avec l'argument que la société devrait rembourser à l'ouvrier qualifié ses frais de qualification (y compris les années de formation). Les différenciations des rémunérations dans la société capitaliste remboursent ces frais au multiple. Ce « principe » serait une absurdité dans une société socialiste, où les frais de qualification ne seraient pas supportés par l'individu [ils ne le sont du reste même pas en fait aujourd'hui] mais par la société elle-même.

Il ne pourrait jamais y avoir gestion collective et démocratique de l'usine, de l'économie ou de la société exercée par des gens économiquement inégaux. Le maintien de la différenciation des revenus tendrait immédiatement à faire renaître le chaos actuel. *Salaire égal pour tous ceux qui travaillent,* cela devra être une des règles fondamentales que devra appliquer la révolution socialiste.

L'ORGANISATION SOCIALISTE

Que faisons-nous, réellement, lorsque, en tant que socialistes révolutionnaires, nous essayons de définir notre conception du socialisme ? Nous essayons, à n'en pas douter, de définir le mouvement lui-même. Mais qui sommes-nous ? Que représentons-nous ? Sur quel programme voulons-nous être jugés par les travailleurs ?

L'honnêteté politique élémentaire exige que nous formulions ouvertement, sans ambiguïtés et arrière-pensées, les objectifs pour lesquels nous pensons que devraient lutter les travailleurs. Mais il y a là aussi une question d'une grande importance pratique. Une question de vie et de mort concernant l'organisation révolutionnaire et son développement. Et voici pourquoi.

Considérons d'abord la relation entre l'organisation révolutionnaire et la classe ouvrière. Que doit être cette relation ? Si l'objet unique, ou principal, de la révolution socialiste est d'éliminer la propriété privée et le marché afin d'accélérer, par les nationalisations et la planification, le développement de la production, alors le prolétariat n'a aucun rôle *conscient* et *autonome* à jouer dans cette transformation. Toutes les mesures qui transforment le prolétariat en infanterie obéissante et disciplinée à la disposition de l'état-major « révolutionnaire » sont appropriées et bonnes. Il suffit que la classe ouvrière soit préparée – ou induite à lutter contre le capitalisme jusqu'à la mort. Qu'elle sache comment, pourquoi, en vue de quoi, n'a aucune importance. La « direction » sait. La relation entre le Parti et la classe est alors homologue à la division de la société capitaliste ou bureaucratique entre dirigeants et simples exécutants. Après la révolution, pouvoir et gestion appartiennent au Parti, lequel « gère » la société « dans l'intérêt des ouvriers ». Cette conception est partagée par les staliniens et les trotskistes. Dans ces conditions l'émergence d'une société bureaucratique, d'une société de classe, devient inévitable.

(On trouve cette conception, à peine déguisée, dans le n° d'octobre-novembre 1960 de la *Labour Review* [organe « théorique » des trotskistes anglais]. Un article de Cliff Slaughter, intitulé « Qu'est-ce que la direction révolutionnaire » contient, parmi d'autres choses, une attaque contre les idées de *Socialisme ou Barbarie.* On ne trouvera rien, dans cet article, au-delà de la collection standard de platitudes sur la « nécessité d'une direction de fer » que fournit n'importe quel article trotskiste sur le sujet écrit pendant les vingt dernières années. Aussi, l'auteur suit fidèlement la tradition authentique des épigones de Trotski, en évitant attentivement tout essai de comprendre les idées qu'il critique. Le niveau théorique auquel il se situe est clairement indiqué par le fait que, à ses yeux, toute l'histoire de l'humanité depuis quarante ans ne peut être expliquée que par la « crise de la direction révolutionnaire ». Pas une seconde il ne se demande : et quelles sont donc les causes de cette crise ? Si le Parti est la réponse à cette crise, et que ce Parti « doit être construit par ceux qui saisissent théoriquement le processus historique », comment se fait-il que les saisissants trotskistes ont été, depuis trente ans, incapables de le construire ? Pourquoi les organisations trotskistes se sont-elles désintégrées même dans les pays où elles disposaient autrefois de quelques forces ? La « réfutation » des conceptions antibureaucratiques offerte par Slaughter est basée sur l'argument que, pour le renversement du capitalisme, la conscience est nécessaire. Puis la conscience est, plutôt naïvement, identifiée avec la conscience des dirigeants du Parti. À la fin, l'auteur trahit sa mentalité foncièrement bourgeoise en décrivant la centralisation du pouvoir bourgeois, son organisation, son armement, etc., et en exigeant, pour les combattre, « une élévation de la discipline et de l'autorité centralisée à un degré sans précédent ». Il ne soupçonne pas un seul instant que la centralisation et la discipline *prolétariennes* – telles qu'elles sont illustrées par un Conseil ouvrier ou un comité de grève – représentent quelque chose de radicalement différent de la centralisation et discipline *capitalistes,* dont il demande le développement.)

Mais si l'objet de la révolution socialiste est l'institution de la gestion de la production, de l'économie et de la vie sociale par les travailleurs, moyennant le pouvoir des Conseils ouvriers, alors le sujet actif et conscient de cette révolution et de toute la transformation ultérieure de la société ne peut être personne d'autre que le prolétariat lui-même. La révolution socialiste ne peut avoir lieu que par l'action autonome du prolétariat. Ce n'est que si le prolétariat trouve *en lui-même* la volonté et la conscience nécessaires pour produire cette immense transformation de la société que cette transformation pourra se faire. Un socialisme réalisé « pour le compte du prolétariat », même par le parti le plus révolutionnaire, est un complet non-sens. L'organisation révolutionnaire n'est donc pas et ne peut pas être la « direction » de la classe. Elle ne peut être qu'un instrument de la lutte de la classe. Sa tâche principale est d'aider, par ses paroles et par ses actes, la classe ouvrière à assumer son rôle historique de gestion de la société.

Quel doit être le fonctionnement interne de l'organisation révolutionnaire ? D'après les conceptions traditionnelles, le Parti s'organise et fonctionne d'après certains principes bien prouvés d'efficacité, prétendument basés sur le « bon sens », à savoir une division du travail entre « dirigeants » et « base », le contrôle de ceux-là par celle-ci à intervalles peu fréquents et, d'habitude, *a posteriori* (de sorte que le prétendu contrôle devient en fait ratification pure et simple), spécialisation, division rigide des tâches, etc. Cela peut être du bon sens bourgeois, mais c'est pur non-sens d'un point de vue révolutionnaire. Ce type d'organisation est efficace seulement en ce sens qu'il reproduit efficacement un état de choses bourgeois, aussi bien à l'intérieur qu'à l'extérieur du Parti. Dans sa forme la meilleure et la plus « démocratique », il n'est qu'une parodie du parlementarisme bourgeois.

L'organisation révolutionnaire devra appliquer elle-même les principes que le prolétariat a développés au cours de ses luttes historiques : la Commune, les Soviets, les Conseils ouvriers. Elle devra instaurer l'autonomie de ses organes locaux, au degré le plus grand qui soit compatible avec l'unité de l'organisation ; la démocratie directe, partout où elle peut être matériellement pratiquée ; l'élection et la révocabilité à tout instant de tous les délégués qui participent à des organes ayant pouvoir de décision.

QUE SONT LES REVENDICATIONS SOCIALISTES ?

Quelle devrait être l'attitude de l'organisation à l'égard des luttes de classe quotidiennes ? Quelles devraient être les revendications qu'elle appuie, aussi bien « immédiates » que « transitoires » ?

Les organisations traditionnelles, qu'elles fussent réformistes ou « marxistes », voyaient dans ces luttes essentiellement un moyen pour amener la classe sous le contrôle et la direction du parti. Pour les trotskistes, par exemple, ce qui importe pendant une grève, c'est de parvenir à ce que le comité de grève applique la « ligne » décidée par la fraction du parti. Souvent les grèves ont été menées à l'échec parce que toute l'éducation, toute la mentalité des membres des partis leur fait voir, sans qu'ils en soient nécessairement conscients, comme leur objectif premier *leur propre contrôle* du mouvement, et non le développement propre de celui-ci. De telles organisations considèrent les luttes dans les syndicats comme, essentiellement, une lutte pour le contrôle de l'appareil syndical.

L'idéologie et l'attitude réactionnaires de ces organisations se reflètent dans les revendications qu'elles soutiennent. Et cela de deux manières. D'abord, en ne parlant *que* d'augmentations de salaire, de lutte contre les récessions et le chômage, ou de nationalisations, elles concentrent l'attention des travailleurs sur des réformes qui non seulement sont parfaitement effectuables sous le capitalisme, mais sont, de plus en plus, effectuées par le capitalisme lui-même. Ces réformes sont, en fait, l'expression même de la transformation bureaucratique qui est en cours dans la société contemporaine. Prises en elles-mêmes, ces revendications tendent simplement à rationaliser la structure sociale existante. Elles coïncident parfaitement avec le programme de l'aile « progressiste » ou « de gauche » des classes dominantes.

Ensuite, ces organisations mystifient et manipulent les travailleurs en mettant en avant des revendications « transitoires » – échelle mobile des salaires et des heures de travail, « contrôle » ouvrier, milices ouvrières, etc. – qui sont *supposées* être incompatibles avec le capitalisme, mais ne sont pas présentées comme telles à la classe ouvrière. (En fait, quelques-unes parmi ces revendications ne sont pas incompatibles avec le capitalisme : l'échelle mobile des salaires est appliquée aujourd'hui dans beaucoup d'industries et dans plusieurs pays. Mais cette manifestation de la capacité des trotskistes de vivre dans un monde imaginaire est sans pertinence pour notre discussion principale.) Le Parti, par exemple, « sait » (ou croit qu'il sait) que l'échelle mobile des salaires ne sera jamais acceptée par les capitalistes. Il croit que cette revendication, si les ouvriers se battent vraiment pour elle, conduira à une situation révolutionnaire et finalement à la révolution elle-même. Mais il ne le dit pas publiquement. S'il le faisait, il « effraierait les ouvriers », lesquels ne sont pas « encore » mûrs pour lutter pour le socialisme même. Ainsi la revendication apparemment innocente de l'échelle mobile des salaires est mise en avant comme *réalisable*... cependant que « l'on sait » qu'elle est irréalisable. C'est l'appât, qui fera que les ouvriers mordront d'abord à l'hameçon et avaleront ensuite la ligne révolutionnaire. Le Parti, qui tient fermement la canne, tirera alors la classe gentiment vers la poêle à frire « socialiste ». Tout cela serait monstrueux, si ce n'était pas incroyablement ridicule.

Pour l'organisation révolutionnaire il n'y a qu'un seul critère, simple, qui détermine son attitude devant les luttes quotidiennes des ouvriers. Est-ce que cette forme particulière de lutte, cette forme particulière d'organisation, *accroît* ou *diminue* la participation des ouvriers, leur conscience, leur capacité de gérer leurs propres affaires, leur confiance en eux-mêmes (tous ces facteurs étant, au surplus, les *seuls* pouvant assurer qu'une lutte sera vigoureuse et efficace même du point de vue le plus immédiat et le plus limité) ?

Par conséquent, nous soutenons inconditionnellement la prise de décisions directement par les assemblées de grévistes sur toutes les questions importantes ; les comités de grève élus et soumis à révocabilité permanente (ce qui peut être une évidence en Grande-Bretagne, mais ne l'est certainement pas sur le Continent) ; nous nous opposons à la direction des grèves par les bureaucrates syndicaux ; nous soutenons les organisations autonomes de la base ; nous soutenons inconditionnellement les *shop-stewards* [délégués d'atelier en Grande-Bretagne, élus directement par les ouvriers et révocables à tout instant par eux] ; nous combattons toutes les illusions relatives à la possibilité de « réformer », « améliorer » ou « conquérir » l'appareil bureaucratique des syndicats.

Les revendications doivent être définies par les travailleurs eux-mêmes, non pas leur être imposées par les syndicats ou les partis. Cela ne veut évidemment pas dire que l'organisation révolutionnaire n'a pas son propre point de vue sur ces questions, ou qu'elle devrait s'abstenir de défendre ce point de vue lorsque les travailleurs ne l'acceptent pas. Mais cela implique certainement que l'organisation se refuse à manipuler les travailleurs ou à les forcer à adopter telle ou telle position.

L'attitude de l'organisation face à des revendications particulières est directement liée à sa conception d'ensemble concernant le socialisme. En voici deux exemples.

a) La source de l'oppression de la classe ouvrière se trouve dans la production même. Le socialisme a affaire avec la transformation de ces rapports de production. Par conséquent, les revendications immédiates relatives aux *conditions de travail,* et, plus généralement, à la vie en usine, doivent acquérir une place centrale, au moins aussi importante et peut être encore plus importante que les revendications de salaire. (Ce n'est pas un hasard, évidemment, si les syndicats et les partis traditionnels restent silencieux sur ce problème ; ni qu'une proportion croissante des grèves « non officielles » en Grande-Bretagne et aux États-Unis se déroule précisément autour de ces revendications.) En adoptant cette position, nous n'exprimons pas seulement les préoccupations les plus profondes des travailleurs aujourd'hui ; nous établissons aussi un lien direct avec le problème central de la révolution. Et, en même temps, nous mettons en lumière la nature foncièrement conservatrice de tous les syndicats et partis existants.

b) L'exploitation se traduit de plus en plus par la structure hiérarchique des travaux et des revenus, et par l'atomisation introduite dans le prolétariat moyennant les différenciations de salaire. Nous devons dénoncer sans répit les conceptions hiérarchiques du travail et de l'organisation sociale ; nous devons soutenir les revendications de salaire qui tendent à abolir ou à réduire les différenciations de salaire (par exemple, des augmentations égales pour tous, ou des augmentations *dégressives* en pourcentage, accordant plus à ceux du bas et moins à ceux du haut). Ce faisant, nous aidons le développement, à long terme, du sentiment de solidarité entre les travailleurs, nous dévoilons la bureaucratie, nous attaquons directement la philosophie et les valeurs du capitalisme, nous construisons un pont vers les conceptions fondamentales du socialisme.

Telles sont les vraies « revendications transitoires ». Des revendications transitoires, au sens que donne à ce terme la mythologie trotskiste, n'ont jamais existé dans l'histoire. Des revendications transitoires ont existé et peuvent exister seulement dans deux ensembles de circonstances. Ou bien, dans une situation donnée, des revendications qui sont par ailleurs « réalisables » au sein du capitalisme deviennent explosives et révolutionnaires (« le pain et la paix » en 1917, par exemple) ; ou bien, des revendications immédiates, si elles sont soutenues par une lutte vigoureuse, minent par leur contenu les fondations les plus profondes de la société capitaliste. Les exemples fournis plus haut appartiennent à cette deuxième classe.

Annexe

SUR LE PROGRAMME SOCIALISTE*

À la fois pour la constitution de l'avant-garde révolutionnaire et pour le renouveau du mouvement ouvrier dans son ensemble il est indispensable que le programme socialiste soit formulé à nouveau, et qu'il le soit d'une manière beaucoup plus précise et détaillée que par le passé. Par programme socialiste, nous entendons les mesures de transformation de la société que le prolétariat victorieux devra entreprendre pour parvenir à son but communiste. Les problèmes concernant la lutte ouvrière dans le cadre de la société d'exploitation ne sont pas envisagés ici.

Nous disons : formuler à nouveau le programme de pouvoir du prolétariat, et le formuler d'une manière beaucoup plus précise que par le passé. Formuler à nouveau, car sa formulation traditionnelle a été en grande partie dépassée par l'évolution historique ; en particulier, cette formulation traditionnelle est aujourd'hui indiscernable de sa déformation stalinienne. Formuler avec beaucoup plus de précision, car la mystification stalinienne a précisément utilisé le caractère général et abstrait des idées programmatiques du marxisme traditionnel pour camoufler l'exploitation bureaucratique sous le masque « socialiste ».

Nous avons montré à plusieurs reprises dans cette revue comment la contre-révolution stalinienne a pu se servir du programme traditionnel comme plate-forme. Les deux pièces maîtresses de celui-ci : la nationalisation et la planification de l'économie, d'un côté, et la dictature du parti comme expression concrète de la dictature du prolétariat, de l'autre, se sont avérées, dans les conditions données du développement historique, les bases programmatiques

* *S. ou B.*, n° 10 (juillet 1952) <rééd. « 10/18 », *CS* (1979), p. 47-65>.

du capitalisme bureaucratique. À moins de refuser cette constatation empirique, ou de nier le besoin d'un programme socialiste pour le prolétariat, il est impossible de s'en tenir aux positions programmatiques traditionnelles. Sans une nouvelle élaboration programmatique, l'avant-garde ne sera jamais capable de placer sa délimitation par rapport au stalinisme sur le terrain le plus vrai et le plus profond ; la lamentable expérience du trotskisme l'a prouvé abondamment.

Mais il est aussi évident que cette utilisation des idées programmatiques traditionnelles du marxisme par le stalinisme, loin de signifier que dans la réalisation stalinienne se révélait la véritable essence du marxisme, comme d'aucuns l'ont dit pour s'en attrister ou pour s'en réjouir, a simplement exprimé le fait que ces formes abstraites – nationalisation, dictature – ont pris un contenu concret différent du contenu potentiel qu'elles avaient à l'origine. Pour Marx, la nationalisation signifiait la suppression de l'exploitation bourgeoise. Elle n'a d'ailleurs pas perdu cette signification entre les mains des staliniens ; mais elle en a acquis en plus une autre – l'instauration de l'exploitation bureaucratique. Est-ce à dire que la raison du succès du stalinisme fut le caractère imprécis ou abstrait du programme traditionnel ? Il serait superficiel d'envisager ainsi la question. Ce caractère abstrait et imprécis n'exprimait lui-même que le manque de maturité du mouvement ouvrier, même chez ses représentants les plus conscients, et c'est de cette non-maturité, dans le sens le plus large, que procède la bureaucratie. En revanche, l'expérience bureaucratique, la « réalisation » par la bureaucratie des idées traditionnelles permettra au mouvement ouvrier de parvenir à cette maturité et de donner une nouvelle concrétisation de ses buts programmatiques.

Formuler le programme socialiste avec plus de précision que cela n'a été fait jusqu'ici dans le cadre du marxisme ne signifie nullement un retour vers le socialisme utopique. La lutte du marxisme contre le socialisme utopique a découlé de deux facteurs : d'un côté, la caractéristique essentielle de l'« utopisme » était non pas la description de la société future mais la tentative de fonder cette société dans ses moindres détails d'après un modèle logique, sans examiner les forces sociales concrètes qui tendent vers une organisation supérieure de la société. Cela était effectivement impossible avant l'analyse de la société moderne que Marx a commencée. Les conclusions de cette analyse ont permis à Marx de poser les fondements du programme socialiste ; la continuation de cette analyse aujourd'hui, avec le matériel infiniment plus riche qu'un siècle de développement historique a accumulé, permet d'avancer beaucoup plus dans le domaine du programme.

D'un autre côté, le socialisme utopique se préoccupait uniquement de plans idéaux pour la réorganisation de la société à une époque où ces plans, bons ou mauvais, avaient de toute façon très peu d'importance pour le développement réel du mouvement ouvrier concret, et se désintéressait totalement de ce dernier. Contre cette attitude et ses survivances, Marx avait raison de déclarer qu'un pas pratique valait mieux qu'une centaine de programmes. Mais aujourd'hui, la majeure partie de la lutte révolutionnaire concrète est en fait la lutte contre la mystification stalinienne ou réformiste, présentant des variantes plus ou moins nouvelles de l'exploitation comme du « socialisme ». Cette lutte n'est possible qu'au prix d'une nouvelle élaboration du programme.

Les limitations volontaires que le marxisme s'était imposées dans l'élaboration du programme socialiste tenaient aussi à l'idée, alors implicitement en vigueur, selon laquelle la destruction révolutionnaire de la classe capitaliste et de son État laisserait libre cours à la construction du socialisme. À la fois l'analyse théorique et l'expérience de l'histoire prouvent que cette idée était pour, le moins ambiguë. S'il est, vrai, comme l'a dit Trotski, que « le socialisme, à l'opposé du capitalisme, s'édifie consciemment », donc que l'activité consciente des masses est la condition essentielle du développement socialiste, il faut tirer toutes les conclusions de cette idée, et avant tout celle-ci, que cette édification consciente présuppose une orientation programmatique précise.

Du reste, l'esprit qui imprégnait l'« empirisme » relatif de Marx dans ce domaine reste toujours valable, en ce sens qu'il constitue une sévère mise en garde à la fois contre toute sécheresse dogmatique qui tendrait à subordonner l'analyse vivante du processus historique à des schémas a priori, et contre toute tentative de substituer l'élaboration d'une secte à l'action créatrice des masses elles-mêmes. Il n'y a pas d'élaboration programmatique valable qui ne tienne pas compte du développement réel et surtout du développement de la conscience du prolétariat. Le programme de la révolution formulé par l'organisation de l'avant-garde n'est qu'une expression anticipée des tâches découlant de la situation objective et de la conscience de la classe pendant la période révolutionnaire, et, en retour, la publication et la propagation de ce programme est une condition du développement futur de cette conscience de classe.

COMMUNISME ET SOCIÉTÉ DE TRANSITION

Si nous appelons le programme de la révolution « programme socialiste », c'est uniquement pour indiquer qu'il ne concerne pas la société communiste elle-même, mais la phase de transition historique qui mène vers cette société. Autrement, il n'existe pas de « société socialiste » en tant que type défini et stable de société, et la confusion qui règne autour de cette notion depuis cinquante ans doit être vigoureusement combattue.

Marx a établi une seule distinction entre deux phases de la société post-révolutionnaire, ce qu'il a appelé la phase inférieure et la phase supérieure du communisme. Cette distinction a un fondement économique et sociologique indiscutable : la « phase inférieure du communisme » (celle que nous appelons société de transition) correspond encore à une économie de pénurie, pendant laquelle la société n'a toujours pas réalisé l'abondance matérielle et le plein développement des capacités humaines ; cette limitation à la fois économique et humaine de la société de transition se traduit au plan politique par le maintien – avec un contenu et une forme entièrement nouveaux par rapport à l'histoire précédente – du pouvoir « étatique », c'est-à-dire par la dictature du prolétariat. Si sous ces deux rapports la société de transition porte encore « les stigmates de la société capitaliste dont elle procède », en revanche elle s'en distingue radicalement en ce qu'elle abolit immédiatement l'exploitation. Les sophismes de Trotski autour de la question du « socialisme » et de l'« État ouvrier » ont fait oublier ce fait essentiel : si la pénurie économique justifie la contrainte, la répartition selon le travail et non selon les besoins, en revanche elle ne justifie nullement la persistance de l'exploitation. Autrement le passage de la société capitaliste à la société communiste serait à jamais impossible. La construction du communisme partira toujours d'une situation de pénurie : si cette pénurie rendait nécessaire et justifiait l'exploitation, ce serait un nouveau régime de classe qui en résulterait et non point le communisme.

La société communiste (« phase supérieure du communisme ») se définit par l'abondance économique (« à chacun selon ses besoins »), la disparition complète de l'État (« l'administration des choses se substituant au gouvernement des hommes ») et le plein épanouissement des capacités de l'homme (« l'homme humain, l'homme total »). La société de transition, par contre, est une forme historique passagère définie par son but qui est la construction du communisme. Au fur et à mesure que la pénurie recule et que les capacités humaines se développent, dépérissent à la fois la nécessité de la contrainte organisée (l'État) et la domination de l'économique sur l'humain. Si, selon l'expression de Marx, la société communiste (la véritable société humaine) est le royaume de la liberté, ce royaume de la liberté ne signifie pas la suppression du royaume de la nécessité qu'est l'économie, mais sa réduction progressive et sa subordination totale aux besoins du développement humain, dont l'abondance des biens et la réduction de la journée de travail sont les conditions essentielles.

L'orientation de la société de transition est déterminée par son but – la construction du communisme – et par les conditions dans lesquelles elle doit se réaliser – la situation actuelle de la société mondiale.

La construction du communisme présuppose la suppression de l'exploitation, le développement rapide des forces productives, en dernière analyse le développement des aptitudes totales de l'homme. Ce développement de l'homme est à la fois l'expression la plus générale du but de cette société et le moyen fondamental de la réalisation de ce but. Il s'exprime sous la forme la plus concrète par la libération de l'activité consciente du prolétariat. Celle-ci détermine aussi bien la suppression de l'exploitation (« l'émancipation des travailleurs sera l'œuvre des travailleurs eux-mêmes ») que le développement des forces productives (« de toutes les forces productives de la société, la plus importante est la classe révolutionnaire elle-même ») et le caractère radicalement nouveau de la dictature du prolétariat en tant que pouvoir étatique (« le pouvoir des masses armées »).

La tendance profonde du capitalisme mondial le conduit, à travers la concentration totale des forces productives, à supprimer la propriété privée en tant que fonction économique essentielle pour l'exploitation, et à faire de la gestion de la production la fonction qui distingue les membres de la société en exploiteurs et exploités. Par l'effet du même développement, l'appareil de gestion de l'économie, la bureaucratie étatique et l'intelligentsia tendent à fusionner organiquement, l'exploitation devenant impossible sans liaison directe avec la coercition matérielle et la mystification idéologique.

Par conséquent, la suppression de l'exploitation ne peut être réalisée que si – et uniquement si – la suppression de la classe exploiteuse s'accompagne de la suppression des conditions modernes d'existence d'une telle classe ; ces conditions sont de moins en moins la « propriété privée », le « marché », etc. (supprimés par l'évolution du capitalisme lui-même) et de plus en plus la monopolisation de la gestion de l'économie et de la vie sociale, gestion qui reste une fonction indépendante et opposée à la production proprement dite. La base réelle de l'exploitation moderne ne peut être abolie que dans la mesure où les producteurs organisent eux-mêmes la gestion de la production ; et la gestion économique étant devenue inséparable du pouvoir politique, la gestion ouvrière signifie concrètement la dictature des organismes prolétariens de masse et l'appropriation de la culture par le prolétariat.

L'abolition de l'opposition entre dirigeants et exécutants dans l'économie et son maintien dans la politique (par le truchement de la dictature du parti) est une mystification réactionnaire qui aboutirait rapidement à un nouveau conflit entre les producteurs et les bureaucrates politiques. D'une manière symétrique, la gestion de l'économie par les producteurs est actuellement la condition nécessaire et suffisante pour la réalisation rapide de la société communiste.

C'est seulement dans cette acception complète que le terme « dictature du prolétariat » exprime effectivement l'essence de la société de transition.

L'ÉCONOMIE DE LA PÉRIODE DE TRANSITION

Le problème de l'économie de la période de transition se présente sous deux aspects principaux : suppression de l'exploitation, d'un côté; développement rapide des forces productives, de l'autre.

L'exploitation se présente tout d'abord comme exploitation dans la production même, comme l'aliénation du producteur dans le processus productif. C'est la transformation de l'homme en simple écrou de la machine, en fragment impersonnel de l'appareil productif; la réduction du producteur en exécutant d'une activité dont il ne peut plus saisir la signification ni l'intégration dans l'ensemble du processus économique. Supprimer cette racine, la plus importante et la plus profonde, de l'exploitation, signifie élever les producteurs à la gestion de la production, leur confier totalement la détermination du rythme et de la durée du travail, de leurs rapports avec les machines et avec les autres ouvriers, des objectifs de la production et des moyens de leur réalisation. Il est évident que cette gestion posera des problèmes extrêmement complexes de coordination des divers secteurs de la production et des entreprises, mais ces problèmes n'ont rien d'insoluble.

L'exploitation s'exprime également, d'une manière dérivée, dans la répartition du produit social, c'est-à-dire dans l'inégalité des rapports entre le revenu et le travail fourni. Ce n'est pas l'inégalité en général qui sera supprimée dans la société de transition; cette inégalité ne pourra être supprimée que dans la société communiste, et ceci non pas sous la forme d'un revenu arithmétiquement égal pour tout le monde, mais de la satisfaction complète des besoins de chacun. Mais la société de transition supprimera l'appropriation de revenus sans travail productif, ou ne correspondant pas à la quantité et à la qualité du travail productif effectivement fourni à la société; elle supprimera donc l'inégalité des rapports entre le revenu du travail et la quantité du travail.

Sans vouloir donner une « solution » ou même une analyse du problème de la rémunération du travail productif dans l'économie de transition, nous pouvons cependant constater que cette société tendra dès le départ vers une égalisation aussi grande que possible. Car, tandis que les inconvénients qui résultent d'une inégalité des taux de rémunération du travail sont importants et clairs (distorsion de la demande sociale, satisfaction de besoins secondaires par les uns là où les autres ne peuvent pas encore satisfaire des besoins élémentaires, effets psychologiques et politiques qui en résultent), les avantages en sont tous contestables et secondaires.

Ainsi, la justification d'une rémunération plus élevée du travail qualifié par les « coûts de production » (frais de formation et années non productives) de ce travail, plus grands, tombe à partir du moment où c'est la société elle-même qui supporte ces frais. On peut tout au plus, dans ce cas, accepter que le « prix » de ce travail soit plus grand (correspondant à sa « valeur » ou à son « coût de production »), mais non pas que le revenu personnel de ce travailleur reflète cette différence. L'idée selon laquelle une rémunération plus élevée est nécessaire pour attirer les individus vers les occupations plus qualifiées est simplement ridicule : l'attrait de ces activités se trouve dans la nature de l'activité elle-même, et le problème principal, une fois l'oppression sociale supprimée, sera plutôt de pourvoir aux activités « inférieures ». Deux autres problèmes sont moins simples : pour obtenir dans une période de pénurie le maximum d'effort productif de la part des individus, il serait possible que la société lie la rémunération du travail à la quantité de travail fourni (mesurée par le temps de travail), et peut-être même à son intensité (mesurée par le nombre d'objets ou d'actes produits). Mais l'importance de ce problème diminue au fur et à mesure que l'industrialisation et la production de masse suppriment toute indépendance technique du travail individuel, en l'intégrant dans l'activité productive d'un ensemble qui a son rythme propre que le rythme de l'individu ne peut utilement dépasser (production en chaîne, etc., opposée au travail par pièces). Dans ce cadre, l'essentiel est que l'ensemble concret de producteurs détermine son rythme total optimum, et non pas que chacun augmente son effort productif d'une manière incohérente. C'est donc à l'échelle du groupe d'ouvriers formant unité technico-productive que le problème peut se poser. Un autre problème consiste en ce qu'il peut être essentiel d'obtenir à court terme des déplacements géographiques ou professionnels de la main-d'œuvre ; si la persuasion ne suffit pas pour les provoquer, il peut devenir indispensable d'opérer par des différenciations des taux de salaire. Mais l'importance de ces différenciations sera minime, comme l'exemple de la société capitaliste le prouve abondamment.

Le problème du développement rapide des richesses sociales se présente d'un côté comme un problème de l'organisation rationnelle des forces productives existantes, d'un autre côté comme l'accroissement de ces forces productives. L'organisation rationnelle des forces productives présente elle-même une infinité d'aspects, mais le plus essentiel en est la gestion ouvrière. C'est parce que seuls les producteurs, dans leur ensemble organique, ont une vue et une conscience complètes du problème de la production, y compris son aspect le plus essentiel qui est l'exécution concrète des actes productifs, que seuls ils peuvent organiser d'une manière rationnelle le processus productif. Au contraire, la gestion des classes exploiteuses est toujours intrinsèquement irrationnelle, car elle est toujours extérieure à l'activité productive elle-même, elle n'a qu'une connaissance incomplète et fragmentaire des conditions concrètes dans lesquelles celle-ci se déroule et des implications des objectifs choisis.

Le problème de l'accroissement des forces productives a été surtout présenté jusqu'ici sous l'angle de l'opposition soi-disant irréductible qui existerait entre l'accumulation (accroissement du capital fixe) et la production de moyens de consommation, donc l'amélioration du niveau de vie. Cette opposition sur laquelle insistent les mystificateurs à la solde de la bureaucratie est une opposition fausse qui masque les véritables termes du problème. L'opposition entre les nécessités de l'accumulation et celles de la consommation se résout dans la synthèse qu'offre la notion de la productivité du travail humain. Le développement des forces productives, plus exactement le résultat productif de ce développement, se réduit en dernière analyse au développement de la force productive du travail, c'est-à-dire de la productivité. Cette productivité dépend à son tour à la fois du développement des conditions objectives de la production – essentiellement développement du capital fixe – et du développement des capacités productives du travail vivant. Ces capacités productives sont directement liées d'un côté à l'épanouissement de l'individu productif au sein de la production – donc à la gestion ouvrière – et, de l'autre côté, à l'augmentation de la consommation des travailleurs et de leur bien-être, le développement de leur culture technique et totale et la réduction du temps de travail; plus généralement, cet aspect de la productivité, que l'on pourrait appeler la productivité subjective, dépend de l'adhésion totale et consciente des producteurs à la production. Il y a donc un rapport objectif entre l'accumulation de capital fixe et l'extension de la consommation (au sens le plus large) qui détermine une solution optimum au problème du choix entre ces deux voies d'augmentation de la productivité totale. De même que l'on peut augmenter la production en diminuant et parce qu'on diminue les heures de travail, de même une augmentation du bien-être peut être plus productive – dans le sens le plus matériel du terme – qu'une augmentation de l'équipement. Par sa nature même, une classe exploiteuse ou une couche de dirigeants ne peut voir qu'un des aspects du problème – l'accumulation en capital fixe devient pour elle le seul moyen d'augmenter la production. Ce n'est qu'en se plaçant au point de vue des producteurs que l'on peut réaliser une synthèse entre les deux points de vue. Encore cette synthèse, en l'absence des producteurs eux-mêmes, n'aura qu'une valeur abstraite, car l'adhésion consciente des producteurs à la production est la condition essentielle du développement maximum de la productivité, et cette adhésion ne se réalisera que dans la mesure où les producteurs sauront que la solution donnée est la leur propre.

Aussi longtemps que la pénurie de biens persistera, la société sera obligée d'en rationner la consommation, et la méthode la plus rationnelle de le faire sera d'affecter chaque produit d'un prix; le consommateur pourra ainsi décider lui-même de la manière de dépenser son revenu qui lui procure le maximum de satisfaction, et la société pourra, à court terme, faire face à des pénuries exceptionnelles ou à des inégalités de développement de la production en ajournant la satisfaction des besoins moins intenses par la manipulation des prix de vente des produits en question. Une fois l'inégalité des revenus écartée, l'intensité relative de la demande des divers produits et l'étendue du véritable besoin social pourront être adéquatement mesurées par les sommes que les consommateurs sont disposés à payer pour se procurer le bien en question, et les variations des stocks de ce bien fourniront les directives pour le développement ou le ralentissement de la production dans une branche.

Le problème de l'équilibre économique général en termes de valeur est simple dans ces conditions. Il faut et il suffit que le total des revenus distribués – c'est-à-dire essentiellement des salaires – soit égal à la somme des valeurs des biens de consommation disponibles. Ceci implique, dans la mesure où il doit y avoir accumulation, que les prix des marchandises seront supérieurs à leur coût de production, bien que proportionnels à celui-ci. Ils devront être supérieurs à leur coût de production, puisqu'une partie des producteurs, tout en touchant des salaires ne produit pas des biens consommables mais des moyens de production qui ne sont pas mis en vente. Mais il est rationnel qu'ils soient proportionnels à leurs coûts de production respectifs car ce n'est que sous cette condition que l'acte d'achat de cette marchandise plutôt que d'une autre traduit véritablement l'étendue du besoin subjectif, qu'il signifie, autrement dit, que la société confirme par sa consommation sa décision initiale de consacrer tant d'heures à la production de ce produit.

LA DICTATURE DU PROLÉTARIAT

Face à la recrudescence des illusions démocratiques petites-bourgeoises provoquée par la dégénérescence totalitaire de la Révolution russe, il est plus que jamais nécessaire de réaffirmer l'idée de la dictature du prolétariat. La guerre civile, et la consolidation du pouvoir ouvrier une fois établi signifient l'écrasement violent des tendances politiques tendant à maintenir ou à restaurer l'exploitation. La démocratie prolétarienne est une démocratie pour les prolétaires, elle est en même temps la dictature illimitée que le prolétariat exerce contre les classes qui lui sont hostiles.

Ces notions élémentaires doivent cependant être concrétisées à la lumière de l'analyse de la société actuelle. Aussi longtemps que la base de la domination de classe était la propriété privée des moyens de production, on pouvait donner une forme constitutionnelle à la « légalité » de la dictature du prolétariat, en privant de droits politiques ceux qui vivaient directement du travail d'autrui, et mettre hors la loi les partis qui tenaient à la restauration de cette propriété. Le dépérissement de la propriété privée dans la société actuelle, la cristallisation de la bureaucratie comme classe exploiteuse enlèvent la plus grande part de leur importance à ces critères formels. Les courants réactionnaires contre lesquels la dictature du prolétariat aura à lutter, tout au moins les plus dangereux parmi ceux-ci, ne seront pas les courants bourgeois restaurationnistes, mais des courants bureaucratiques. Ces courants devront être indubitablement exclus de la légalité soviétique à partir d'une appréciation de leurs buts et de leur nature sociale qui ne pourra plus être basée sur des critères formels (« propriété », etc.) mais sur leur caractère véritable en tant que courants bureaucratiques. Le parti révolutionnaire devra considérer ces critères de fond, en proposant et en luttant pour l'exclusion du sein des organismes soviétiques de tous les courants qui s'opposent, ouvertement ou non, à la gestion ouvrière de la production et à l'exercice total du pouvoir par les organismes des masses. Au contraire, les libertés les plus larges devront être accordées aux courants ouvriers qui se placent sur cette plate-forme, indépendamment de leurs divergences sur d'autres points aussi importants fussent-ils.

Le jugement et la décision définitive sur cette question comme sur toutes les autres appartiendront aux organismes soviétiques et au prolétariat en armes. L'exercice total du pouvoir politique et économique par ces organismes n'est qu'un aspect de la suppression de l'opposition entre dirigeants et exécutants. Cette suppression n'est pas fatale, elle dépend de la lutte aiguë qui aura lieu entre les tendances socialistes et les tendances de rechute vers une société d'exploitation ; dans ce sens non seulement la dégénérescence des organismes soviétiques n'est pas a priori exclue, mais la condition du développement socialiste se trouve dans le contenu de l'activité constructive du prolétariat, dont la forme soviétique n'est qu'un des moments. Cependant cette forme offre la condition optimum sous laquelle cette activité peut se développer, et en ce sens elle en est inséparable. Le contraire est vrai pour la dictature du « parti révolutionnaire », qui repose sur la monopolisation des fonctions de direction par une catégorie ou un groupe, qui est donc, dans la mesure où elle se consolide, absolument contradictoire avec le développement de l'activité créatrice des masses et en tant que telle une condition positive et nécessaire de la dégénérescence de la révolution.

LA CULTURE DANS LA SOCIÉTÉ DE TRANSITION

La construction du communisme présuppose l'appropriation de la culture par le prolétariat. Cette appropriation signifie non seulement l'assimilation de la culture bourgeoise, mais surtout la création des premiers éléments de la culture communiste.

L'idée selon laquelle le prolétariat ne peut tout au plus qu'assimiler la culture bourgeoise existante, idée défendue par Trotski après la Révolution russe, est en elle-même fausse et politiquement dangereuse. Il est vrai que le problème qui se posait au prolétariat russe au lendemain de la révolution était surtout l'assimilation de la culture existante – et pratiquement même pas de la culture bourgeoise, mais des formes les plus élémentaires de la culture historique (lutte contre l'analphabétisme par exemple), et dans ce domaine il n'y a ni grammaire ni arithmétique prolétariennes ; mais ce domaine appartient plutôt aux conditions « techniques » et formelles de la culture qu'à la culture elle-même. Pour ce qui est de la dernière il n'y a jamais eu et il n'y aura jamais de pure et simple assimilation de la culture bourgeoise, car ceci signifierait l'asservissement du prolétariat à l'idéologie bourgeoise. La création culturelle du passé ne pourra être utilisée par le prolétariat dans sa lutte pour la construction d'une nouvelle forme de société qu'à la condition d'être en même temps transformée et intégrée dans une totalité nouvelle. La création du marxisme lui-même est une démonstration de ce fait ; les fameuses « parties constitutives » du marxisme étaient des produits de la culture bourgeoise, mais l'élaboration de la théorie révolutionnaire par Marx a signifié précisément non pas la pure et simple assimilation de l'économie politique anglaise ou de la philosophie allemande, mais leur transformation radicale. Cette transformation fut possible parce que Marx se plaça sur le terrain de la révolution communiste ; elle prouve que cette manifestation embryonnaire de la future culture communiste de l'humanité se situait sur un plan nouveau par rapport à l'héritage historique. La conception de Trotski, selon laquelle aussi longtemps que le prolétariat reste prolétariat il doit assimiler la culture bourgeoise, et que lorsqu'une nouvelle culture pourra être créée, elle ne sera plus une culture prolétarienne puisque le prolétariat aura cessé d'exister en tant que classe, n'est tout au plus qu'une subtilité terminologique. Prise au sérieux, elle signifierait soit que le prolétariat peut lutter contre le capitalisme en assimilant la culture bourgeoise et sans se constituer une idéologie qui en soit la négation, soit que l'idéologie révolutionnaire est uniquement une arme destructive sans contenu positif et sans lien avec la future culture communiste. La première idée se réfute d'elle-même ; la deuxième traduit une méconnaissance de ce que peut et doit être une idéologie révolutionnaire et même une idéologie tout court. La lutte contre les idéologies réactionnaires et l'orientation consciente de la lutte de classe présupposent une conception positive sur le fond des problèmes que l'humanité affronte, et cette conception n'est qu'une des premières expressions de la future culture communiste de la société.

Cette position n'a évidemment rien à voir avec les absurdités et le bavardage réactionnaire des staliniens sur la « biologie prolétarienne », l'« astronomie prolétarienne » et l'art prolétarien de planter les choux. Pour les staliniens cette déformation honteuse de l'idée d'une culture révolutionnaire n'est qu'un moyen supplémentaire pour nier la réalité et mystifier les masses.

Si, à travers l'appropriation de la culture existante, le prolétariat crée en même temps les bases d'une culture nouvelle, cela implique une nouvelle attitude de la société prolétarienne vis-à-vis des courants idéologiques et culturels. Une culture n'est jamais une idéologie ou une orientation, mais un ensemble organique, une constellation d'idéologies et de courants. La pluralité des tendances qui constituent une culture implique que la liberté d'expression est une condition essentielle de l'appropriation créatrice de la culture par le prolétariat. Les courants idéologiques réactionnaires qui ne manqueront pas de se manifester dans la société de transition devront être combattus, dans la mesure où ils ne s'expriment que sur le terrain idéologique, par des armes idéologiques et non pas par des moyens mécaniques limitant la liberté d'expression. La limite entre un courant réactionnaire idéologique et une activité réactionnaire politique est parfois difficile à trouver, mais la dictature prolétarienne devra la définir chaque fois sous peine de dégénérescence ou de renversement.

II

L'EXPÉRIENCE DU MOUVEMENT OUVRIER, 2

Ce chapitre reprend les p. 9-261 de L'Expérience du mouvement ouvrier, 2 : Prolétariat et organisation *(Paris, UGE, « 10/18 », 1974), ainsi que les p. 9-46 de* Capitalisme moderne et révolution, 2 : Le Mouvement révolutionnaire sous le capitalisme moderne, *Paris, UGE, « 10-18 », 1979. Les p. 264-444 de* EMO, 2 *sont publiées dans le volume* Quelle démocratie ? *de notre édition. On trouvera les autres textes de* CMR, 2 *ici même, p. 403-572. Une présentation des principaux textes qui figurent dans ce chapitre, ainsi que de ceux du chapitre III, a déjà été donnée dans l'« Introduction » (« Castoriadis, écrivain politique (I) » du tome 1 de* QMO.

SUR LE CONTENU DU SOCIALISME, III : LA LUTTE DES OUVRIERS CONTRE L'ORGANISATION DE L'ENTREPRISE CAPITALISTE*

Nous avons essayé de montrer[1] que le socialisme n'est rien d'autre que l'organisation consciente par les hommes eux-mêmes de leur vie dans tous les domaines ; qu'il signifie donc la gestion de la production par les producteurs, à l'échelle de l'entreprise aussi bien qu'à celle de l'économie ; qu'il implique la suppression de tout appareil de direction séparé de la société ; qu'il doit entraîner une modification profonde de la technologie et du contenu même du travail comme activité primordiale des hommes et conjointement un bouleversement de toutes les valeurs vers lesquelles est orientée, implicitement ou explicitement, la société capitaliste.

Cette élaboration permet en premier lieu de dévoiler les mystifications qui se sont constituées depuis de longues années autour de la notion du socialisme. Elle permet d'abord de comprendre ce que le socialisme *n'est pas.* Projetées sur ce fond, la Russie, la Chine et les « démocraties populaires » montrent leur vrai visage de sociétés de classe et d'exploitation. Que les bureaucrates y aient pris la place des patrons privés apparaît alors, par rapport à cette discussion-ci, absolument indifférent.

Mais elle permet beaucoup plus. Ce n'est qu'à partir de cette notion du socialisme que l'on peut comprendre et analyser la crise de la société contemporaine. Dépassant les sphères superficielles du marché, de la consommation et de la « politique », on peut alors voir que cette crise est directement reliée au trait le plus profond du capitalisme : l'aliénation de l'homme dans son activité fondamentale, l'activité productive. C'est dans la mesure où cette aliénation

* *S. ou B.*, n° 23 (janvier 1958) <rééd. « 10/18 », *EMO, 2* (1974), p. 9-88>.

1. Dans « Le contenu du socialisme, II » <ici, p. 49-141>.

crée un conflit permanent à tous les étages et dans tous les secteurs de la vie sociale qu'il y a crise de la société d'exploitation. Conflit qui s'exprime sous deux formes : à la fois comme *lutte* des travailleurs contre l'aliénation et contre ses conditions, et comme *absence* des hommes à la société, passivité, découragement, retraite, isolement. Dans les deux cas, au-delà d'un point, le conflit conduit à la crise ouverte de la société établie : que la lutte des hommes contre l'aliénation atteigne une certaine intensité, et c'est la révolution. Mais que leur absence à la société dépasse une certaine limite, et c'est l'effondrement du système, comme l'évolution de l'économie et de la société de la Pologne en 1955 et 1956 le montre clairement[1]. Oscillant entre ces deux limites, se déroule la vie quotidienne des sociétés modernes, qui ne parviennent à fonctionner qu'en dépit de leurs propres normes, pour autant qu'il y a lutte contre l'aliénation et que cette lutte ne dépasse pas un certain niveau – qui sont donc basées sur une irrationalité fondamentale.

Nous partons donc, pour reprendre l'analyse de la crise du capitalisme, d'une notion explicite du contenu du socialisme. Cette notion est le centre privilégié, le point focal qui nous permet d'organiser toutes les perspectives et de tout revoir d'un œil neuf. Sans elle, tout devient chaos, constatation fragmentaire, relativisme naïf, sociologie empirique. Mais cette notion n'est pas un *a priori*. La lutte du prolétariat contre l'aliénation et ses conditions ne peut avoir lieu et se développer qu'en posant, soit comme des rapports réels entre les hommes, soit comme des revendications, des aspirations et des programmes, des formes et des contenus socialistes. Par conséquent, la notion positive du socialisme n'est que le produit historique du développement précédent, et en tout premier lieu de l'activité, des luttes et du mode de vie du prolétariat dans la société moderne. Elle est la systématisation provisoire des points de vue qu'offre l'histoire du prolétariat, de ses gestes les plus quotidiens comme de ses actions les plus grandioses. Dans un atelier, les ouvriers s'arrangent entre eux pour à la fois couler les normes et se faire le maximum de boni. À Budapest, ils se

1. Voir RPB, p. 286-310. <Le texte sera repris dans le volume *La Société bureaucratique* de notre édition.>

battent contre les chars russes, s'organisent en conseils et réclament la gestion des usines. Aux États-Unis, ils exigent un arrêt des chaînes deux fois par jour pendant un quart d'heure pour pouvoir prendre une tasse de café. Aux usines Bréguet de Paris, au printemps dernier, ils se mettent en grève et réclament la suppression de la plupart des catégories entre lesquelles la direction les divise. Il y a plus d'un siècle, ils se faisaient tuer en criant : Vivre en travaillant ou mourir en combattant. Dans les usines « socialistes » de la bureaucratie russe, ils imposent le nivellement des salaires dont se plaignent amèrement Khrouchtchev et sa clique dans leurs discours. À des degrés de développement et d'exploitation variables, toutes ces manifestations et brièvement parlant la moitié des actes quotidiens de centaines de millions de travailleurs dans toutes les entreprises du monde expriment cette lutte pour l'instauration de nouveaux rapports entre les hommes et avec le travail, et ne sont compréhensibles qu'en fonction de la perspective socialiste.

Il faut bien comprendre l'unité dialectique que constituent ces divers moments : analyse et critique du capitalisme, définition positive du contenu du socialisme, interprétation de l'histoire du prolétariat. Il n'y a pas de critique, il n'y a même pas d'analyse de la crise du capitalisme possible en dehors d'une perspective socialiste. Une telle critique ne pourrait en effet s'appuyer sur rien – à moins que ce ne soit sur une éthique, que vingt-cinq siècles de philosophie ne sont parvenus ni à fonder ni même à définir. Toute critique présuppose qu'autre chose que ce qu'elle critique est possible et préférable. Toute critique du capitalisme présuppose donc le socialisme. Inversement, cette notion du socialisme ne peut pas être seulement l'envers positif de cette critique ; le cercle risquerait alors d'être parfaitement utopique. Le contenu positif du socialisme ne peut être dérivé que de l'histoire réelle, de la vie de la classe qui tend à le réaliser. C'est là sa source dernière. Mais cela ne veut pas dire non plus que la conception du socialisme est le *reflet* passif et intégral de l'histoire du prolétariat. Elle s'appuie également sur un *choix* qui n'est que l'expression d'une attitude politique révolutionnaire. Ce choix n'est pas arbitraire, car il n'y a pas ici d'alternative rationnelle. L'autre terme serait simplement la conclusion que l'histoire n'est que « fable racontée par un idiot, pleine de bruit et de fureur et ne signifiant rien », et qu'elle ne peut que le rester. Mais ce n'est qu'en fonction d'une politique révolutionnaire, que pour cette politique, que l'histoire du prolétariat peut être source. Pour une autre attitude, cette histoire n'est que source de statistiques et de monographies, de n'importe quoi et finalement de rien du tout. Enfin, ni critique du capitalisme, ni définition positive du socialisme, ni interprétation de l'histoire du prolétariat, ni politique révolutionnaire ne sont possibles en dehors d'une théorie. Les éléments socialistes que produit constamment le prolétariat doivent être extrapolés et généralisés dans un projet total qui est le socialisme, sans quoi ils sont privés de sens ; l'analyse et la critique de la société de classe doivent être systématisées sans quoi elles n'ont pas de portée de vérité. L'une et l'autre sont impossibles sans un travail théorique au sens propre, sans un effort de rationalisation du simplement donné. Cette rationalisation comporte ses risques et ses contradictions. En tant que théorie, elle est obligée de partir des structures logiques et épistémologiques de la culture actuelle – qui ne sont nullement des formes neutres, indépendantes de leur contenu, mais qui expriment de façon antagonique et contradictoire des attitudes, des comportements, des visions du sujet et de l'objet qui ont leurs équivalences dialectiques dans les rapports sociaux du capitalisme. La théorie révolutionnaire risque donc constamment de tomber sous l'influence de l'idéologie dominante, sous des formes à la fois beaucoup plus subtiles et beaucoup plus profondes, beaucoup plus cachées et beaucoup plus dangereuses, que l'influence idéologique « directe » dénoncée traditionnellement dans l'opportunisme par exemple. Le marxisme n'a pas échappé à ce sort, nous en avons déjà donné[1] et nous en donnerons encore des exemples. Ce n'est qu'en revenant chaque fois à la source, en confrontant les *résultats* de la théorie avec le contenu réel de la vie et de l'histoire du prolétariat que nous pouvons révolutionner nos *méthodes* mêmes de pensée, héritées de la société de classe, et construire par bouleversements successifs une théorie socialiste.

1. À propos du problème de la rémunération du travail dans une société socialiste : CS I, p. 12-15 ; à propos de la nature même du travail et de la « réduction de la journée de travail » comme solution du problème de l'aliénation : CS II, p. 14-22 <ici, p. 33-36 et 65-76, respectivement>.

Ce n'est que par l'assimilation de tous ces points de vue et de leur unité profonde que nous pouvons avancer.

Nous commençons l'analyse de la crise du capitalisme par l'analyse des contradictions de l'entreprise capitaliste. Les concepts et les méthodes acquis ainsi dans le domaine primordial, le domaine de la production, nous permettront de généraliser ensuite l'examen et d'y soumettre les différentes sphères sociales et finalement le tout social comme tel.

LES CONTRADICTIONS DE L'ORGANISATION CAPITALISTE DE L'ENTREPRISE

Pour la vue traditionnelle, largement répandue encore aujourd'hui, les contradictions et l'irrationalité du capitalisme existent et se manifestent activement au niveau de l'économie globale, mais n'affectent pas l'entreprise capitaliste autrement que par ricochet. Si l'on fait abstraction des servitudes que lui impose son intégration à un marché irrationnel et anarchique, l'entreprise est le lieu où l'efficacité et la rationalisation capitalistes règnent sans partage. Sous peine de mort, le capitalisme est obligé par la concurrence de poursuivre le résultat maximum avec le minimum de moyens ; et n'est-ce pas là le but même de l'économie, la définition de sa rationalité ? Pour y parvenir, il met à un degré toujours croissant « la science au service de la production » et il rationalise le processus du travail par l'intermédiaire de ces incarnations de la raison opérante que sont ingénieurs et techniciens. Il est absurde que ces entreprises fabriquent des armements, absurde que les crises périodiques les fassent travailler en deçà de leur capacité – mais il n'y a rien à redire quant à leur organisation. La rationalité de cette organisation est la base sur laquelle s'édifiera la société socialiste, lorsque l'anarchie du marché sera éliminée et que d'autres buts – la satisfaction des besoins et non le profit maximum – seront assignés à la production.

Lénine s'en tient absolument à cette vue, et pour Marx lui-même la chose n'est pas au fond différente. Certainement, l'entreprise n'est pas pour lui rationalisation pure ; plus exactement, cette rationalisation contient une contradiction profonde. Elle se fait par l'asservissement du travail vivant au travail mort, elle signifie que les produits de l'activité de l'homme dominent l'homme, elle entraîne donc une oppression, une mutilation sans cesse croissantes. Mais c'est là une contradiction si l'on peut dire « philosophique », abstraite, et ceci en deux sens. Tout d'abord, elle affecte le sort de l'homme dans la production, mais non la production elle-même. La mutilation permanente du producteur, sa transformation en « fragment d'homme » n'entrave pas la rationalisation capitaliste. Elle n'en est que l'envers subjectif. La rationalisation est exactement symétrique de la déshumanisation. C'est le même pas qui fait avancer l'une et l'autre. Rationaliser la production signifie ignorer et même écraser délibérément les habitudes, les désirs, les besoins, les tendances des hommes en tant qu'ils s'opposent à la logique de l'efficacité productive, soumettre impitoyablement tous les aspects du travail aux impératifs du résultat maximum avec le minimum de moyens. Nécessairement donc, l'homme devient moyen de cette fin qu'est la production. Il en résulte que cette contradiction reste « philosophique » et abstraite aussi en un deuxième sens : sommairement parlant, parce qu'on n'y peut rien. Cette situation est le résultat inexorable d'une phase du développement technique et même finalement de la nature même de l'économie, « règne de la nécessité ». C'est l'aliénation au sens hégélien : l'homme doit se perdre d'abord pour pouvoir se retrouver – et se retrouver, après la traversée du purgatoire, sur un autre plan. C'est la réduction de la journée de travail, que permettront l'organisation socialiste de la société et la suppression du gaspillage du marché capitaliste, qui rendra l'homme libre – *en dehors* de la production[1].

En fait, nous allons le voir, cette contradiction philosophique est la contradiction *réelle* du capitalisme, et la source de sa crise au sens le plus terre à terre et le plus matériel de ce terme. Sous ses aspects les plus microscopiques comme les plus gigantesques, la crise du capitalisme exprime directement ce fait : que la situation

1. Voir la critique de cette conception dans CS II, p. 14-22 <et ici, p. 65-76>.

et le statut de l'homme comme producteur sous le capitalisme sont contradictoires et finalement absurdes. La rationalisation capitaliste des rapports de production n'est rationalisation qu'en apparence. Cette énorme pyramide de moyens devrait prendre son sens de sa fin ultime ; or celle-ci, l'augmentation de la production voulue pour elle-même, devenue but en soi et détachée de tout le reste, est absolument irrationnelle. La production est un moyen de l'homme, non pas l'homme un moyen de production. Cette irrationalité de sa fin dernière détermine d'un bout à l'autre tout le processus de production capitaliste ; ce qu'il pouvait contenir de rationalité dans le domaine des moyens, mis au service d'une fin irrationnelle, devient lui-même irrationnel. Mais de ces moyens le principal est l'homme. Faire de l'homme entièrement un moyen de production, signifie transformer le sujet en objet, signifie le traiter en chose dans le domaine de la production. De là découle une deuxième irrationalité, une autre contradiction concrète, dans la mesure où cette transformation des hommes en choses, cette réification, est en conflit avec le développement même de la production qui est par ailleurs l'essence du capitalisme et qui ne peut pas avoir lieu sans un développement des hommes.

Mais ce qui apparaît ainsi comme une contradiction *objective* et *impersonnelle* ne prend son sens historique que par sa transformation en *conflit humain* et *social.* C'est la lutte permanente des producteurs contre leur réification qui transforme ce qui pourrait rester une opposition de concepts en une crise déchirant toute l'organisation de la société. Il n'y a pas de crise du capitalisme résultant du fonctionnement de « lois objectives » ou de contradictions dialectiques. Il n'y en a une que dans la mesure où il y a révolte des hommes contre les règles établies. Cette révolte, inversement, commence comme révolte contre les conditions concrètes de la production ; c'est donc à ce niveau qu'il faut chercher l'origine à la fois et le modèle de la crise générale du système.

L'HEURE DE TRAVAIL

La contradiction du capitalisme apparaît dès le départ dans l'élément simple de la relation entre le capital et l'ouvrier : l'heure de travail.

Par le contrat de travail, l'ouvrier vend sa force de travail à l'entreprise. Mais qu'est-ce que cette force de travail ? Est-ce que l'ouvrier vend son « temps » ? Mais qu'est-ce que ce « temps » ? L'ouvrier ne vend pas, bien entendu, sa simple présence. À une époque où les ouvriers luttaient pour réduire une journée de travail de douze ou de quatorze heures, Marx demandait : qu'est-ce qu'une journée de travail ? Cela signifiait : combien d'heures y a-t-il dans une journée de travail ? Mais il y a une question encore plus profonde : qu'est-ce qu'une *heure* de travail, autrement dit : combien de travail y a-t-il dans une heure ? Le contrat de travail peut définir la durée journalière du travail et le salaire horaire – donc ce que le capitaliste doit à l'ouvrier pour une heure de travail. Mais combien de travail l'ouvrier doit-il au capitaliste pour une heure ? Cela, il est impossible de le dire. C'est sur ce sable que sont bâtis les rapports de production capitalistes.

Autrefois, le mode et le rythme du travail étaient fixés de façon presque immuable par les conditions naturelles et les techniques héritées, l'habitude et la coutume. Aujourd'hui, conditions naturelles et technique sont constamment bouleversées, afin d'accélérer la production. Mais pour l'ouvrier le travail a perdu tout intérêt autre que celui du gagne-pain. Il résiste donc inéluctablement à cette accélération. Le contenu d'une heure de travail, le travail effectif que doit fournir l'ouvrier pendant une heure, devient ainsi l'objet d'un conflit permanent.

Or il n'y a dans l'univers capitaliste aucun critère rationnel permettant de résoudre ce conflit. Que l'ouvrier « flâne » ou qu'il meure d'épuisement sur sa machine, cela n'est ni « logique » ni « illogique ». Seul le rapport de forces entre ouvriers et capital peut décider du rythme de travail dans les conditions données. Toute solution appliquée en fait ne représente donc qu'un compromis, une trêve basée sur le rapport de forces existant sur le moment. La trêve est par son essence même provisoire. Le rapport de forces change. Même s'il ne change pas, c'est la situation technique qui est modifiée. Le compromis péniblement défini à partir d'un outillage donné, de tel type de fabrication, etc., s'écroule ; dans la nouvelle situation les anciennes normes n'ont plus de sens. Et le conflit rebondit.

Cependant, aussi bien pour surmonter ce conflit que pour pouvoir planifier la production de l'entreprise, le capitalisme est obligé de chercher une base « objective », « rationnelle », permettant de définir des normes de production. L'élément essentiel de cette planification sont les temps de travail consacrés à chaque opération. Pour autant que la production n'est pas complètement automatisée, ces temps se ramènent toujours en dernière analyse à des « temps humains », autrement dit aux rendements effectivement obtenus là où le travail vivant continue d'intervenir. Cette vérité reste masquée aux yeux des ingénieurs de production dans la mesure où, l'usine n'étant pas complètement intégrée, l'« usure de l'outillage » par exemple peut leur apparaître comme un élément autonome et irréductible des coûts. Mais ceci n'est qu'une illusion d'optique due au fait que dans la structure actuelle l'ingénieur est obligé de prendre la partie pour le tout.

Le coût de l'usure de l'outillage n'est rien d'autre que le travail des ouvriers qui le fabriquent ou le réparent. Il n'y a donc pas, par exemple, de calcul de « vitesse optimum » d'opération d'une machine balançant le coût du travail de l'ouvrier utilisateur avec le coût de l'« usure de l'outillage » si on ne tient pas compte des rendements effectifs des outilleurs. Nous reviendrons plus loin sur cette question, décisive pour ce qui est de la « rationalité » de la production capitaliste. Qu'il suffise de remarquer ici 1) que cette incapacité de considérer l'ensemble du processus productif, au-delà des frontières accidentelles de l'entreprise particulière, détruit à la base toute prétention à la « rationalité » de l'organisation capitaliste, celle-ci étant obligée de considérer comme des données irréductibles ce qui est en réalité une partie du problème à résoudre ; 2) que même à l'échelle de l'entreprise particulière, la connaissance des rendements effectifs des différents types de travail reste pour la direction capitaliste fatalement imparfaite, comme on le verra plus loin, et par là même rend impossible une planification rationnelle de la production.

Le taylorisme et toutes les méthodes d'« organisation scientifique du travail » qui en découlent directement ou indirectement prétendent précisément fournir cette base « objective ». Postulant qu'il n'y a qu'« une seule bonne méthode » *(the one best way)* pour chaque opération, ils visent à établir cette « seule bonne méthode » et à en faire le critère du rendement que doit fournir l'ouvrier. Cette « seule bonne méthode », on la découvrirait en décomposant chaque opération en une succession de mouvements dont on mesurerait la durée et en choisissant, parmi les divers types de mouvement réalisés par divers ouvriers, les plus « économiques ». L'addition de ces « temps élémentaires[1] » définirait la durée normale de l'opération totale. Pour chaque type d'opération, on pourrait alors dire le travail effectif que contient une heure de montre et surmonter le conflit sur le rendement. Idéalement, cela devrait même permettre d'éliminer la surveillance, pour autant que celle-ci vise à assurer que les ouvriers fournissent le maximum de travail possible : les ouvriers, payés en proportion de leur rendement rapporté à la norme, se surveilleraient eux-mêmes. Une partie des conflits relatifs au salaire pourrait enfin être éliminée, le salaire effectif dépendant désormais de l'ouvrier lui-même.

En fait, cette méthode échoue. Le taylorisme et l'« organisation scientifique du travail » ont résolu certains problèmes[2], en ont créé beaucoup d'autres et au total n'ont pas permis au capitalisme de dépasser sa crise quotidienne dans la production. La faillite de la rationalisation « scientifique » oblige constamment le capitalisme à revenir à l'empirisme de la coercition pure et simple, et par là même à aggraver le conflit inhérent à son mode de production, à en augmenter l'anarchie, à en multiplier le gaspillage.

1. Avec adjonction de divers autres facteurs, comme les pourcentages alloués pour « tenir compte des imprévus » – qui en fait ne peuvent être jugés qu'empiriquement et arbitrairement et ruinent par là la prétendue « rationalité » du reste.

2. Il s'agit ici de l'OST en tant qu'elle s'applique aux problèmes du rendement humain. Comme ingénieurs de production, les tayloristes ont pu jouer un rôle positif dans une foule d'autres domaines concernant la rationalisation matérielle de la production – et parfois aussi la rationalisation des gestes humains, par la diffusion de méthodes plus économiques recueillies auprès des ouvriers.

LA CRITIQUE THÉORIQUE DU TAYLORISME

Il y a d'abord un écart insurmontable entre les postulats de la conception théorique et les caractéristiques essentielles de la situation réelle à laquelle cette conception veut s'imposer. La « seule bonne méthode » n'a pas de rapport avec la réalité concrète de la production. Sa définition présuppose des conditions idéales, extrêmement éloignées des conditions de fait qu'affronte l'ouvrier : qualité de l'outillage et des matières premières, flot ininterrompu d'approvisionnement, etc. – en somme, élimination complète de tous les « accidents » qui souvent interrompent le cours de la production ou font surgir des problèmes imprévus[1].

Mais il y a surtout les vices immanents à la conception théorique elle-même. Le travail est, du point de vue physiologique, un effort multiplié par une durée. La durée est mesurable; l'effort ne l'est pas (il comporte une composante musculaire, une composante d'attention, une composante intellectuelle, etc.). Les « études de temps » ne peuvent tenir compte que de la durée et pour le reste s'en tenir à « des décisions ou des interprétations personnelles de l'agent chargé de la mesure ou des calculs empiriques; ce qui retire toute valeur scientifique aux résultats[2] ». Mais le travail n'est pas qu'une fonction physiologique; il est une activité totale de la personne qui l'accomplit. L'idée qu'il y a « une seule bonne méthode » pour chaque opération ignore le fait fondamental que chaque individu au travail peut avoir et a *sa* manière de s'adapter à la tâche et de l'adapter à soi-même. Ce qui paraît à l'organisateur scientifique du travail comme un

1. Ainsi, une grève éclate dans une entreprise à la suite d'une réduction de 20 % en moyenne des temps alloués à l'atelier de montage. Les délégués des ouvriers ont mis en avant, entre autres, le fait que « l'approvisionnement en pièces se fait en vrac, alors qu'autrefois les pièces étaient triées et rangées dans un chariot; enfin, des arrêts fréquents sont provoqués par manque d'approvisionnement des postes de montage, ce qui pénalise les ouvriers payés au rendement » (R.-J. Jouffret, « Deux cas de mauvaise utilisation des études de temps... », in *Les Relations humaines dans l'industrie,* publié par l'AEP, Paris, 1956, p. 213). De telles situations existent partout.

2. R.-J. Jouffret, *loc. cit.,* p. 212. – Les temps mesurés sont corrigés par des « jugements d'allure » et des « coefficients de repos » qui ne peuvent être basés que sur l'estimation des chronométreurs.

geste absurde entraînant un gaspillage de temps, a sa logique dans la constitution psychosomatique personnelle de l'ouvrier considéré qui l'amène à suivre *sa propre* « bonne méthode » pour une opération donnée. L'ouvrier tend à résoudre les problèmes que lui pose son travail d'une façon qui correspond à sa manière d'être en général. Ses gestes ne sont pas un jeu de construction dans lequel on pourrait enlever tel cube et le remplacer par tel autre « meilleur » en laissant le reste en place. Un geste apparemment « plus rationnel » et « plus économique » peut être pour tel ouvrier beaucoup plus pénible que la manière de faire qu'il s'est inventée lui-même et qui, de ce fait, exprime son adaptation organique à ce corps à corps avec la machine et la matière que constitue le procès de travail. Tel geste est effectué plus rapidement *parce que* tel autre est effectué plus lentement ; l'addition pure et simple des temps minimum de différents ouvriers est une absurdité flagrante, mais l'application d'un « jugement d'allure » uniforme à toutes les phases successives d'une opération menée par le même ouvrier l'est tout autant. L'ensemble des gestes de l'ouvrier n'est pas un vêtement qu'on pourrait remplacer par un autre. Un être humain ne peut pas passer les deux tiers de sa vie éveillée à accomplir des gestes qui lui sont extérieurs, qui ne correspondent à rien en lui. Ce plaquage sur l'ouvrier de gestes « rationnels » n'est pas simplement inhumain ; il est impossible dans les faits, il ne peut jamais se réaliser totalement. D'ailleurs, même pour les gestes que les ouvriers se façonnent eux-mêmes, et pour chaque ouvrier pris individuellement, il n'y a pas de « seule bonne méthode » ; l'expérience montre que le même ouvrier utilise alternativement plusieurs manières de réaliser la même tâche, ne serait-ce que pour interrompre la monotonie du travail[1].

1. C'est là une des « trouvailles » des fameuses expériences de l'usine de Hawthorne, menées aux Etats-Unis de 1924 à 1927 sous la supervision d'Elton Mayo. « … Il a été découvert que plus l'ouvrière étaient intelligente, plus le nombre de variations (des mouvements) était grand » (J. A. C. Brown, *The Social Psychology of Industry*, Londres, 1956, p. 72 <trad. fr., p. 88>).

CRITIQUE DE LA CRITIQUE THÉORIQUE

L'idée que le travail n'est qu'une succession de mouvements élémentaires de durée mesurable, que cette durée est leur seul aspect significatif, n'a de sens que si l'on accepte ce postulat : que l'ouvrier dans l'usine capitaliste doit être transformé intégralement en un appendice de la machine. Comme pour une machine, on détermine les mouvements « rationnels » et ceux qui ne le sont pas, on garde les premiers, on élimine les autres. Comme pour une machine, le temps total d'une opération n'est que la somme des « temps élémentaires » des mouvements auxquels on peut, en mécanique, décomposer cette opération. Comme la machine, l'ouvrier n'a pas et ne doit pas avoir des traits personnels ; plus exactement, comme pour la machine, ses « traits personnels » sont considérés et traités comme des accidents irrationnels à éliminer[1].

La critique théorique du taylorisme, en particulier telle qu'elle est menée par les sociologues industriels modernes[2], consiste essentiellement à montrer que cette vue est absurde, que l'homme n'est pas une machine, que Taylor était un mécaniste, etc. Mais ce n'est là qu'une demi-vérité. La vérité entière, c'est que la réalité

1. La mesurabilité « objective-scientifique » du temps de travail visée par le taylorisme « pénètre jusque dans l'âme de l'ouvrier, dont les propriétés psychologiques sont séparées de la personnalité totale et objectivées face à lui pour être intégrées dans des systèmes rationnels spéciaux et pouvoir être soumises au calcul… Par suite de la rationalisation du processus du travail, les propriétés et les traits spécifiques humains de l'ouvrier n'apparaissent plus que comme simples sources d'erreurs » (G. Lukács, *Geschichte und Klassenbewusstsein*, Berlin, 1923, p. 99-100 [trad. fr. p. 115-116]).

2. Voir le résumé de cette critique dans J.A.C. Brown, *op. cit.*, ch. I et III. Parlant du taylorisme, Alain Touraine écrit (*L'Évolution du travail ouvrier aux usines Renault*, Paris, 1955, p. 115) : « Depuis Taylor, les techniciens du personnel se sont efforcés de supprimer la "flânerie" (des ouvriers) mais les méthodes pseudo-scientifiques et purement coercitives de Taylor sont aujourd'hui condamnées ; l'importance des relations humaines, des communications, de l'information informelle, c'est-à-dire de l'intégration sociale *(social adjustment)* de l'ouvrier dans l'entreprise est devenue le thème principal du Personnel Management américain ». Mais que vaut la condamnation de Taylor, lorsqu'on sait que la grande majorité des entreprises en France applique des méthodes de rémunération au rendement basées sur l'étude des temps (J.-R. Jouffret, *loc. cit.*, p. 211) ? En fait, comme on le verra, c'est par *plus* et non par *moins* de coercition que la direction a répondu à la faillite du taylorisme. Quant aux « relations humaines », on y viendra plus loin.

de la production moderne, dans laquelle vivent des centaines de millions d'individus dans les entreprises du monde entier – cette réalité est précisément cette « absurdité » même. Taylor, de ce point de vue, n'a rien inventé ; il n'a fait que systématiser et mener à ses conséquences logiques ce qui a été de tout temps la logique de l'organisation capitaliste, c'est-à-dire la logique capitaliste de l'organisation. L'étonnant n'est pas que des idées « mécanistes » et absurdes aient pu germer dans la tête des idéologues ou des organisateurs de l'industrie. Ces idées ne font qu'exprimer la réalité propre du capitalisme. L'étonnant est que le capitalisme a *presque* réussi à transformer l'homme dans la production en appendice de la machine, que la réalité de la production moderne n'est que cette entreprise renouvelée chaque jour, chaque instant. Cette entreprise n'échoue que dans la mesure exacte où les hommes dans la production refusent d'être traités comme des machines. Toute critique du caractère inhumain de la production capitaliste qui ne prend pas comme point de départ la critique *pratique* de cette inhumanité qu'exercent les ouvriers dans la production en luttant quotidiennement contre les méthodes capitalistes n'est finalement que littérature moralisante.

LA CRITIQUE PRATIQUE DES OUVRIERS

La racine de l'échec des méthodes d'« organisation scientifique du travail » est la résistance acharnée que leur ont opposée dès le départ les ouvriers. Et, bien entendu, la première manifestation de cette résistance, c'est la lutte permanente qui oppose les ouvriers aux chronométreurs. Dans toutes les usines, c'est sur le terrain de cette lutte que les ouvriers réalisent immédiatement une association spontanée. Les faits qui l'expriment sont peu connus pour des raisons évidentes ; mais leur portée et leur universalité apparaissent clairement dès que parle un auteur connaissant de l'intérieur la réalité de l'usine[1].

1. Le premier à faire l'expérience de cette lutte a été évidemment Taylor lui-même. Parlant des premières années de sa carrière, lorsqu'il appliquait lui-même

Le premier résultat de cette résistance est évidemment que tout semblant de justification « objective » des temps élémentaires est détruit. Le conflit entre les ouvriers et la direction est transposé sur le plan de la détermination de ces temps. Cette détermination présuppose un certain degré de collaboration des ouvriers. Ceux-ci s'y refusent. La direction aurait pu s'en passer si les techniques étaient stables ; avec le temps, on aurait pu alors cristalliser petit à petit des normes représentant le maximum de rendement que l'on peut extorquer à l'ouvrier dans les conditions données. Mais les techniques changent constamment ; les normes doivent être déterminées à nouveau, et le conflit rebondit.

Parlant d'une entreprise où existe un Bureau des Méthodes qui « met à jour » les temps alloués aux ouvriers, un auteur bien-pensant écrit :

« Le travail de mise à jour est considérable ; en effet :

a) l'évolution des techniques est rapide : amélioration des méthodes et amélioration des engins construits ;

b) le nombre des opérations est très élevé.

Les révisions des temps alloués sont nombreuses et devraient normalement être acceptées par les ouvriers. L'expérience montre qu'il n'en est rien, et que de nombreux conflits pouvant entraîner des grèves localisées trouvent leur origine dans ces révisions[1]. »

sa méthode dans les usines, il écrivait : « (…) j'étais alors beaucoup plus vieux que je ne le suis maintenant, à cause des soucis et du caractère sordide et méprisable de toute cette affaire. C'est une vie horrible pour un homme, de n'être pas capable de regarder un ouvrier quelconque dans les yeux sans y trouver l'hostilité, et d'avoir le sentiment que tous les hommes qui vous entourent sont vos ennemis potentiels » (cité par J.A.C. Brown, *loc. cit.*, p. 14 <trad. fr., p. 22-23>).Voir sur l'attitude des ouvriers face aux chronométreurs : G. Vivier, « La vie en usine », *Socialisme ou Barbarie*, n° 12, p. 38 et 40, D. Mothé, « L'usine et la gestion ouvrière », *ibid.*, n° 22, p. 90-92 (reproduit partiellement in *Journal d'un ouvrier*, Paris, Minuit, 1959) ; Paul Romano, « L'ouvrier américain », *ibid.*, n° 2, p. 84-85 : « Lorsque les chronos surgissent, l'ouvrier trouve une foule de prétextes pour arrêter sa machine » (Romano, *loc. cit.*). Le ralentissement systématique du travail face aux chronos est une règle universelle. Lors des études de temps, les ouvriers utilisent des vitesses de coupe et d'alimentation inférieures à celles qui seront appliquées par la suite ; « ils embellissent le travail avec une série de gestes (…) qui seront supprimés immédiatement après le départ du chrono » (D. Roy, « Efficiency and "the Fix" », *American Journal of Sociology*, novembre 1954, p. 255-266).

1. J.-R. Jouffret, *loc. cit.*, p. 212-213. L'idée que les ouvriers « devraient normalement » accepter les révisions des temps proposées est d'autant plus étonnante que l'auteur montre lui-même plus loin que la révision ayant provoqué le conflit décrit

Comme les normes ne peuvent être consacrées ni même établies sans une certaine acceptation des ouvriers, et comme celle-ci fait défaut, la première riposte des exploiteurs est de les établir avec la collaboration d'une minorité qu'ils corrompent. C'est là la signification ultime du stakhanovisme : établir des normes monstrueusement exagérées à partir du rendement de certains individus auxquels on fait une situation privilégiée, et que l'on place dans des conditions sans rapport avec les conditions courantes de la production réelle[1]. Un double résultat est ainsi visé : créer au sein du prolétariat une couche privilégiée, à la fois appui direct des exploiteurs et dissolvant de la solidarité ouvrière précisément sur le terrain de la résistance au rendement; utiliser les normes ainsi établies, sinon telles quelles, au moins pour comprimer les temps alloués à la masse des ouvriers productifs. Mais le stakhanovisme n'est pas une invention de Staline; son père véritable est encore Taylor. Dans sa première « expérience », à la Bethlehem Steel Company, celui-ci a déterminé, après étude « scientifique » des mouvements, une norme quatre fois supérieure à la moyenne du rendement réalisé jusqu'alors, et il a « prouvé » trois ans durant, avec un ouvrier hollandais spécialement choisi, que cette norme « pouvait être réalisée ». Cependant lorsqu'on a voulu étendre le système aux soixante-quinze autres ouvriers de l'équipe, après leur avoir enseigné la méthode « rationnelle » de travailler, on a constaté qu'il n'y avait qu'un ouvrier sur huit qui pouvait tenir la norme.

Dès lors, le problème se pose à nouveau, car les normes établies à partir du rendement de quelques « crevards » ou de quelques stakhanovistes ne peuvent pas être étendues au reste des ouvriers. L'abandon final du stakhanovisme par la bureaucratie russe est l'aveu éclatant de la faillite de cette méthode.

En fait, la vraie riposte de la direction – qui en même temps liquide toutes les prétentions scientifiques du taylorisme et clôt

aboutissait à voler aux ouvriers au moins 10 % de leur temps, et qu'il conclut son étude en disant que dans cette entreprise « le manque de confiance des ouvriers dans les travaux du Bureau des Méthodes s'est révélé fondé dans une large mesure par l'étude contradictoire qui a suivi le conflit ».

1. Voir « Stakhanovisme et mouchardage dans les usines tchécoslovaques » dans le n° 3 de *Socialisme ou Barbarie*, p. 82-87, et la note de Ph. Guillaume : « La déstakhanovisation en Pologne », *ibid.*, p. 144-145.

la discussion sous cet aspect – est qu'elle saborde elle-même tout l'outillage « rationalisateur » de l'OST et revient à l'imposition arbitraire de normes, sanctionnée par la coercition. Chaque année, des centaines et des milliers de livres et d'articles paraissent sur l'OST, l'« étude des temps », etc.; des centaines et des milliers d'individus sont « formés » pour appliquer ces méthodes. On peut affirmer, en schématisant mais en restant fidèle à l'essence des faits, que tout ceci est une énorme mascarade qui n'a rien à voir avec la détermination des normes telle qu'elle se pratique dans la réalité industrielle. La base objective des normes est essentiellement la fraude, le mouchardage et la contrainte. Les ouvriers qui considèrent les chronos comme des policiers ne se réfèrent pas seulement au *contenu,* mais tout autant aux *méthodes* de leur « travail ». Aux usines Renault, la détermination des normes se fait souvent de la façon suivante : on envoie un nouveau chrono, inconnu des ouvriers, se promener dans les ateliers et noter en passant inaperçu les temps des diverses opérations (ce que valent des « temps » notés ainsi, on l'imagine aisément). À l'aide de ces « temps », le chrono fabrique une concoction – la nouvelle « norme » – qu'il va ensuite marchander avec le contremaître de l'atelier considéré. La norme finale est le résultat de ce marchandage. Une ou deux semaines après, une séance rituelle se déroule dans l'atelier : le chrono vient chronométrer les ouvriers, met en marche sa trotteuse, s'affaire, prononce des mots cabalistiques, puis se retire. Enfin, le résultat est proclamé – qui était déjà décidé d'avance[1].

Dans une autre usine, « en septembre 1954, le Bureau des Méthodes a chronométré toutes les opérations effectuées à l'atelier de montage; le chronométreur, interrogé par le chef d'atelier et un délégué, a répondu qu'il effectuait une révision des modes opératoires portés sur les gammes… Le 29 décembre 1954, de nouvelles valeurs, représentant une diminution moyenne des temps alloués de l'ordre de 20 %, étaient communiquées aux délégués de l'atelier… Les ouvriers intéressés cessent le travail; les arguments présentés par leurs délégués sont les suivants :

1. Témoignage recueilli par nous auprès de travailleurs de l'usine.

1. Les délégués et les ouvriers intéressés ont été informés de façon erronée des buts du chronométrage[1]... »

Si les organes de la direction sont obligés de se cacher comme des voleurs dans les propres ateliers de celle-ci, on peut définitivement considérer que toute discussion sur la « rationalisation » du rendement et des normes n'est que bavardage mystificateur. Les normes n'expriment en fait, dans cette situation, qu'un *Diktat* de la Direction – *Diktat* dont l'application dépendra de la capacité de résistance des ouvriers.

L'intervention des syndicats ne change presque rien à cette situation. La ligne suivie par les syndicats consiste en théorie à « s'opposer à toutes modifications des normes et des cadences de production, à moins que ces modifications ne soient justifiées par des améliorations de l'outillage ou des changements des méthodes de fabrication ». Dans la réalité, l'outillage et les méthodes de fabrication sont constamment modifiés par la direction, afin précisément d'accélérer les cadences. On voit donc que l'attitude des syndicats consiste à s'opposer aux modifications des normes dans tous les cas... sauf précisément les cas réellement importants. Comment d'ailleurs juger si telle modification de l'outillage ou des méthodes « justifie » ou non un changement de normes ? La direction s'appuie constamment sur cette impossibilité pour abréger les délais, en prétextant des modifications techniques qui sont en fait fictives. Un ouvrier américain s'exprimait ainsi : « Ils peuvent foutre une machine en l'air pour y changer quelque chose afin de pouvoir abaisser les délais[2]. »

1. J.-R. Jouffret, *loc. cit.*, p. 213.

2. D. Roy, « Quota Restriction and Goldbricking in a Machine Shop », *American Journal of Sociology*, mars 1952, p. 427-442 <trad. fr. : « Deux formes de freinage dans un atelier de mécanique : respecter un quota et tirer au flanc », *Sociétés Contemporaines*, 2000, n°40, p. 33-56>. Il est à noter que toute l'analyse de l'« expérience de Hawthorne » faite par l'école d'Elton Mayo est basée sur le postulat que les ouvriers des ateliers étudiés n'avaient aucune « raison rationnelle » de restreindre leur rendement, qu'il fallait donc leur trouver des motivations « non logiques ». D. Roy remarque à ce propos : « John Mills, autrefois ingénieur de recherche dans la téléphonie et employé pendant cinq ans dans un travail relatif aux questions de personnel pour la Bell Telephone Company, a indiqué récemment qu'il y avait peut-être des facteurs dans la situation de l'atelier du *bank wiring* que le groupe de Mayo n'a pas réussi à détecter : "La rémunération est supposée se trouver en proportion directe avec la production. Eh bien, je me souviens de la première fois où j'ai dépassé cette fiction. Je visitais la Western Electric Company, qui avait la

La norme une fois imposée, les problèmes sont loin d'être résolus. La direction s'est assurée de la quantité du rendement des ouvriers, mais non de sa qualité. Sauf pour les travaux les plus simples, c'est là une question décisive. L'ouvrier, pressé par des normes difficiles à tenir, aura tendance naturellement à se rattraper sur la qualité de son travail. Le contrôle de la qualité des pièces fabriquées devient une source de nouveaux conflits[1]. D'autre part, les fabrications peuvent être effectuées avec une usure plus ou moins grande de l'outillage – et, généralement, il est plus facile d'augmenter le rendement en provoquant une usure anormalement grande de l'outillage. La seule parade de la direction consiste à instituer d'autres contrôles – d'où d'autres conflits[2].

Enfin, le problème du *rendement effectif* reste entièrement ouvert ; nous verrons plus loin que les ouvriers parviennent à vider

réputation de ne jamais réduire un taux de travail aux pièces. Elle ne le faisait en effet jamais ; si un procédé de fabrication se révélait payer plus qu'il ne semblait juste pour la catégorie de travailleurs qui y étaient engagés – si, en d'autres termes, ceux qui avaient déterminé les taux avaient mal jugé –, cette partie du travail était à nouveau renvoyée aux ingénieurs pour qu'elle soit 'dessinée' autrement *(redesigned)*, et l'on fixait alors un nouveau taux pour la nouvelle pièce. Les ouvriers, en d'autres termes, étaient payés comme une classe, censée gagner à peu près tant par semaine avec leurs meilleurs efforts, et, bien entendu, moins pour des efforts moins efficaces" (*The Engineer in Society,* New York, 1946, p. 93) ». Ajoutons que le groupe de chercheurs de Mayo a littéralement habité l'atelier en question pendant cinq ans et que sa prétention était d'étudier la réalité sans schéma théorique établi d'avance, sans « idées préconçues ». C'est ce qui leur a permis de retrouver dans la réalité leurs idées inconscientes (par exemple que la direction est toujours logique, et que si les ouvriers s'opposent à elle ce ne peut être que pour des motifs « non logiques ») et d'ignorer des faits aussi massifs que ceux mentionnés par Mills dans le texte ci-dessus.

1. Voir, sur les conflits relatifs au contrôle, le texte de D. Mothé, « L'usine et la gestion ouvrière », dans le n° 22 de *S. ou B.*, en part. p. 103. « Pour arriver à "gagner sa vie" (c'est-à-dire à ne pas couler ses temps), on doit maquiller une pièce, supprimer une opération. Cela est appelé couramment à l'usine du "sabotage" » (G. Vivier, *loc. cit., Socialisme ou Barbarie,* n° 14, p. 57). Ce maquillage est le *streamlining* des usines américaines ; cf. D. Roy, dans son article de 1954 déjà cité, p. 257. Sur les contradictions, l'empirisme et l'hypertrophie des services de contrôle des pièces, voir Touraine, *loc. cit.,* p. 169-170. Touraine aboutit à la conclusion que finalement « la lourdeur du contrôle pose le problème du retour au self-contrôle », le contrôle de la qualité des pièces par les OS qui les fabriquent. Qu'un tel changement, en apparence minuscule, soit impossible à moins d'un bouleversement total de la structure de l'usine, des salaires, des rapports de l'ouvrier et de son travail n'est pas difficile à voir.

2. *Cf.* D. Roy, *ibid.*

de son contenu le système des normes et même à le tourner contre la direction.

LA RÉALITÉ COLLECTIVE DE LA PRODUCTION ET L'ORGANISATION INDIVIDUALISÉE DE L'ENTREPRISE CAPITALISTE

La contradiction du capitalisme apparaît au départ, sous une forme abstraite, dans l'élément moléculaire de la production : l'heure de travail de l'ouvrier individuel. Le *contenu* de l'heure de travail a des significations directement contraires pour le capital et pour l'ouvrier; pour celui-là, cette signification est le rendement maximum, pour celui-ci, le rendement correspondant à l'effort que lui considère comme juste.

Mais l'ouvrier individuel, dans la production moderne, est une abstraction. La production capitaliste est, à un degré inconnu dans les autres formes historiques de production, une production collective. Non seulement dans la société, mais dans l'usine, dans l'atelier, les travaux de chacun dépendent des travaux de tous les autres. Cette dépendance prend des formes de plus en plus directes en même temps que son champ s'élargit constamment et qu'elle couvre tous les aspects des opérations productives. Ce n'est plus seulement qu'un ouvrier ne peut effectuer telle opération sur telle pièce s'il n'est pas approvisionné au rythme voulu en pièces brutes; il faut aussi qu'il soit approvisionné en outils, en force motrice, en « services » (réglage, manutention, etc.). Plus encore, tous les aspects de l'opération qu'il effectue sont en interdépendance directe avec tous les aspects des opérations qui l'ont précédée et de celles qui vont suivre. Finalement, sur la chaîne d'usinage et, plus encore, sur la chaîne de montage, les rythmes des gestes individuels ne sont que la matérialisation d'un rythme total qui leur préexiste, les commande et leur donne un sens. Le véritable sujet de la production moderne n'est pas l'individu, c'est à divers échelons une *collectivité* d'ouvriers.

Or cette réalité collective de la production moderne, le capitalisme à la fois la développe à l'extrême et il la nie dans son organisation avec acharnement. En même temps qu'il absorbe les individus dans des entreprises de taille toujours croissante, les affectant à des travaux dont l'interdépendance devient chaque jour plus étroite, le capitalisme prétend n'avoir affaire et ne veut avoir affaire qu'à l'ouvrier individuel. Il ne s'agit pas d'une contradiction dans les idées – bien que celle-ci existe et se manifeste de mille façons. Il s'agit d'une contradiction réelle. Le capitalisme essaie perpétuellement de retransformer les producteurs en une poussière d'individus sans aucun lien organique entre eux, poussière que la direction agglomère aux endroits convenables du Moloch mécanique, suivant la « logique » de celui-ci. La « rationalisation » capitaliste commence par être et reste jusqu'à la fin une réglementation minutieuse du rapport de l'ouvrier individuel avec la machine ou le segment du mécanisme total sur lequel il travaille. Cela, comme on l'a vu, tient à l'essence même de la production capitaliste. Le travail y est réduit en une série de gestes dépourvus de sens, au rythme forcené, au cours de laquelle l'exploitation et l'aliénation de l'ouvrier tendent à augmenter sans cesse. Ce travail est pour les ouvriers du travail forcé, auquel ils opposent une résistance individuelle et collective. Pour riposter à cette résistance, le capitalisme ne dispose que de la contrainte économique et mécanique. Le paiement en fonction du rendement réalisé est supposé fournir à l'ouvrier les motifs capables de lui faire accepter cette situation inhumaine. Ce paiement n'a de sens que par rapport à l'ouvrier individuel, dont les gestes ont été décomposés et chronométrés, dont le travail a été défini, mesuré, contrôlé, etc.

Mais cette méthode entre en conflit violent avec la réalité de la production collectivisée et socialisée. Le capitalisme détruit les groupements sociaux qui lui préexistaient, corporation ou village, dissout les liens organiques entre l'individu et son groupe, transforme les producteurs en une masse anonyme de prolétaires. Mais ces prolétaires groupés dans les entreprises ne peuvent vivre et coexister qu'en se socialisant à nouveau, à un autre niveau et dans les nouvelles conditions créées par la situation capitaliste dans laquelle ils sont placés et qu'en se socialisant ils transforment. Constamment, le capitalisme dans l'usine essaie de les réduire en molécules mécaniques et économiques, de les isoler, de les faire graviter autour du mécanisme total en postulant qu'ils n'obéissent qu'à cette loi de Newton de l'univers capitaliste qu'est la motivation économique. Et chaque fois, ces tentatives se brisent devant le processus perpétuellement renouvelé de socialisation des individus dans la production – processus sur lequel le capitalisme lui-même est obligé constamment de s'appuyer.

Le premier aspect que prend cette socialisation des ouvriers, c'est la constitution spontanée d'unités collectives élémentaires dans le cadre imposé par le capitalisme. Ces *groupes élémentaires*[1] constituent les unités sociales fondamentales de l'entreprise. Le capitalisme agglomère les individus au sein d'une équipe ou d'un atelier, en prétendant les maintenir isolés les uns des autres et les relier uniquement par ses règlements de production. En fait, dès que les ouvriers sont réunis à propos d'un travail, des rapports sociaux s'établissent entre eux, une attitude collective face au travail, aux surveillants, à la direction, aux autres groupes d'ouvriers se développe. Le contenu premier de cette socialisation au niveau du groupe élémentaire, c'est que les ouvriers qui le composent tendent à organiser spontanément leur coopération et à régler les problèmes que leur pose le travail en commun et leurs rapports avec le reste de l'usine et avec la direction. De même que l'individu placé devant une tâche s'organise, mi-consciemment, mi-inconsciemment, pour la mener à bien, de même, à un autre niveau, un nombre d'ouvriers placés devant une tâche tendra à s'organiser, mi-consciemment, mi-inconsciemment, pour la réaliser, pour régler les rapports entre les travaux individuels de ses membres et en faire un tout correspondant au but proposé. C'est à cette organisation que correspondent les groupes élémentaires.

Les groupes élémentaires d'ouvriers comprennent un nombre variable, mais généralement petit, de personnes. Ils sont fondés sur le contact direct permanent de leurs membres et l'interdépendance de leurs travaux. Les ouvriers d'un atelier peuvent former un ou plusieurs groupes élémentaires suivant les dimensions

1. Ceux que les sociologues anglo-saxons appellent « groupes informels » ou « groupes primaires ».

de l'atelier, la nature et l'unité des travaux qui y sont effectués, mais aussi en fonction d'autres facteurs d'attraction et de répulsion (personnels, idéologiques, etc.). Les groupes élémentaires coïncident souvent, mais non nécessairement, avec les « équipes » de l'organisation officielle de l'atelier[1]. Ils sont les noyaux vivants de l'activité productive – comme des groupes élémentaires d'un autre type sont les noyaux vivants de toutes les activités sociales aux différents niveaux. En leur sein, se manifeste déjà l'attitude gestionnaire des ouvriers, leur tendance à s'organiser eux-mêmes pour résoudre les problèmes que leur posent leur travail et leurs rapports avec le reste de la société.

LES GROUPES ÉLÉMENTAIRES ET LA SOCIOLOGIE INDUSTRIELLE

Le fait que la production moderne s'appuie en réalité pour une grande partie sur cette association spontanée des ouvriers en groupes élémentaires, plus exactement sur l'autotransformation des assemblages fortuits d'individus en collectivités organiques, a été mis en lumière par la sociologie académique bourgeoise[2]. La contribution de la sociologie industrielle moderne à la reconnaissance de l'importance fondamentale de ce phénomène, et, parallèlement, à la critique de l'organisation capitaliste des rapports humains dans la production à partir de ce point de vue, est incontestablement décisive. Mais cette contribution est viciée à la base par l'optique d'ensemble de ses auteurs, de même que la critique de l'entreprise capitaliste qui en découle n'aboutit qu'à un réformisme utopique et impuissant.

1. On verra plus loin que la divergence entre l'organisation spontanée des ouvriers et l'organisation officielle de l'usine est, d'un certain point de vue, l'expression condensée de tous les conflits et de toutes les contradictions de l'entreprise capitaliste.

2. L'étude des groupes élémentaires remonte à Charles-H. Cooley (*Human Nature and the Social Order,* 1902). Son application à la sociologie industrielle est liée aux travaux d'Elton Mayo et de son école. Voir en particulier Elton Mayo, *The Social Problems of an Industrial Civilization,* Boston, 1945.

La perspective dans laquelle sont vus les groupes élémentaires par les sociologues industriels est la plupart du temps une perspective « psychologiste ». Les ouvriers, comme tous les êtres humains, tendent à se socialiser, à entrer en rapports réciproques, à former des « bandes ». Leur motivation au travail est constituée à partir de cette appartenance à une « bande » et non à partir de considérations économiques. Le « moral au travail » dépend de ce sentiment d'appartenance, des liens qui unissent l'individu et son groupe. Le vice fondamental de l'organisation capitaliste de la production est qu'elle ignore ces phénomènes. La direction a tort, de son propre point de vue, de muter arbitrairement les ouvriers, d'affecter une nouvelle recrue à une équipe donnée sans se soucier des rapports qui pourraient surgir entre lui et les autres, et plus généralement d'ignorer la réalité propre du groupe élémentaire. Cette négligence regrettable doit être attribuée aux conceptions théoriques erronées – celles que Mayo (*op. cit.*, p. 34 à 56) résume sous le nom de *rabble hypothesis* (postulat de la horde) et que nous préférons désigner, dans la suite de ce texte, par le terme de *postulat moléculaire* – qui ont prédominé pendant une certaine période. La critique de cette conception devra amener les dirigeants de la production à changer d'attitude vis-à-vis du problème des relations humaines dans l'entreprise, ce qui permettrait l'élimination des conflits et du gaspillage actuels.

Le caractère à la fois paternaliste et idéaliste de ces solutions, leur contenu foncièrement utopique, leur laborieuse naïveté sont évidents. Les rapports entre la direction et les ouvriers dans l'entreprise capitaliste ne sont pas déterminés par les conceptions théoriques de la direction. Ces conceptions ne font qu'exprimer abstraitement les nécessités inéluctables devant lesquelles est placée la direction en tant que *direction extérieure* et *direction de l'exploitation*. Le « postulat moléculaire » est un produit nécessaire du capitalisme et ne disparaîtra qu'avec lui. Du point de vue pratique, dans l'anarchie qui caractérise aussi bien l'entreprise capitaliste que ses rapports avec le marché (ou avec le « plan »), la direction a bien d'autres chats à fouetter que de s'occuper des inclinations personnelles réciproques de ses employés. Tout au plus un nouveau service bureaucratique chargé des « relations humaines » peut être créé au sein de l'appareil de direction. S'il prend son rôle honnêtement et sérieusement, ce service sera en conflit permanent avec les exigences des dirigeants « productifs », et de ce fait réduit à un rôle décoratif; autrement, il mettra ses techniques « sociologiques » et « psychanalytiques » à la disposition du système coercitif de l'usine[1].

Mais l'essentiel est ailleurs. L'association spontanée des ouvriers en groupes élémentaires n'exprime pas la tendance des individus à former des regroupements en général. Elle est à la fois un regroupement de *production* et un regroupement de *lutte.* C'est parce qu'ils ont à résoudre en commun des problèmes d'organisation de leur travail, dont les divers aspects se commandent réciproquement, que les ouvriers forment obligatoirement des collectivités élémentaires qui ne sont mentionnées dans l'organigramme d'aucune entreprise. C'est parce que leur situation dans la production crée entre eux une communauté d'intérêts, d'attitudes et d'objectifs s'opposant irrémédiablement à ceux de la direction que les ouvriers s'associent spontanément, au niveau le plus élémentaire, pour résister, se défendre, lutter.

Inviter la direction à reconnaître les groupes élémentaires signifie l'inviter à se suicider[2]. Car ces groupes se constituent d'emblée *contre* la direction non seulement parce qu'ils luttent pour faire prévaloir des intérêts en opposition irrémédiable avec les siens, mais parce que le fondement même de leur existence, leur objectif premier est la gestion de leur propre activité. Le groupe tend à organiser l'activité de ses membres, à définir des normes d'effort et de comportement qui signifient implicitement une contestation radicale de l'existence même d'une direction séparée. L'incapacité de reconnaître clairement les conséquences de ce fait constitue la pierre d'achoppement de la sociologie des groupes élémentaires[3].

1. Remarque de Ph. Guillaume.

2. À moins, encore une fois, que cela ne signifie l'inviter à utiliser les « connaissances » relatives à ces groupes pour s'y insinuer et mieux les combattre. La littérature et le cinéma américains contemporains offrent plusieurs exemples de cette utilisation : ainsi, dans le film *Blackboard Jungle (Graine de violence)*, on disloque un groupe élémentaire en déconsidérant aux yeux de ses membres un meneur.

3. Nous pensons en particulier à Mayo, mais on peut en dire autant de *toute* la sociologie industrielle. Ainsi J.A.C. Brown, dans son excellente synthèse de la sociologie industrielle déjà citée, reprend avec insistance les critiques formulées par plusieurs auteurs à cet égard contre Mayo et souligne que les groupes élémentaires

L'ORGANISATION INFORMELLE DE L'ENTREPRISE

Cette contestation dépasse d'ailleurs largement le cadre du groupe élémentaire. D'un côté, ces groupes tendent à se mettre en contact entre eux ; d'un autre côté et plus généralement, des contacts et des rapports s'établissent entre individus et groupes à travers toute l'entreprise, *à côté* et *à l'encontre* de l'organisation officielle. On s'aperçoit alors, avec la sociologie industrielle moderne, que l'entreprise a une double structure et mène, pour ainsi dire, une double vie. Il y a d'une part son *organisation formelle,* celle qui est représentée sur les organigrammes et dont les sommets dirigeants suivent les lignes pour répartir et définir le travail de chacun, s'informer, transmettre des ordres ou imputer des responsabilités. À cette organisation formelle s'oppose dans la réalité l'*organisation informelle,* effectuée et portée par les individus et les groupes à tous les étages de la pyramide hiérarchique selon les besoins de leur travail, les impératifs de l'efficacité productive, les nécessités de leur lutte contre l'exploitation[1]. Corrélativement il y a d'ailleurs ce qu'on pourrait appeler le processus de production formel et le processus de production réel. Le premier comprend ce qui *devrait* se passer dans l'entreprise d'après les plans, schémas, règlements, méthodes de transmission, etc., établis par la direction. Le second est celui qui se déroule effectivement et qui a souvent peu de rapport avec le premier.

L'échec de l'organisation individualiste du capitalisme va donc beaucoup plus loin que le groupe élémentaire. La coopération tend à s'effectuer à côté et à l'encontre de cette organisation. Mais, ce qui est le plus important, cette opposition n'est pas l'opposition de la « théorie » et de la « pratique », des « beaux schémas sur le

ont leur logique, nullement « inférieure » à la logique de la direction, mais reste incapable de sortir de la contradiction ainsi constatée. Et pour cause, car la seule issue est le prolongement de la logique des groupes élémentaires dans l'idée de la gestion ouvrière – idée évidemment « anti-scientifique » pour un sociologue.

1. Voir la description extraordinairement vivante de cette organisation informelle aux usines Renault par D. Mothé, « L'usine et la gestion ouvrière », dans le n° 22 de *S. ou B.,* en particulier p. 81-90, 101-102, 106-110.

papier » et de la « réalité ». Elle a un contenu social et un contenu de lutte. L'organisation formelle de l'usine coïncide en fait avec l'organisation de l'appareil bureaucratique de direction. Ses nœuds, ses articulations, sont ceux de cet appareil. Car dans le schéma officiel de l'entreprise, toute l'entreprise est « contenue » dans son appareil de direction ; les gens n'existent que comme les provinces du pouvoir des responsables. Commençant avec le sommet de la « direction » proprement dite (Président-Directeur général dans les entreprises des pays occidentaux, Directeur de l'usine en Russie) et passant par les bureaux et les services techniques, l'appareil bureaucratique de direction aboutit aux chefs d'atelier, aux contremaîtres et aux chefs d'équipe. Dans la forme, il encadre complètement les exécutants – qui dans le schéma officiel ne sont que des grappes autour de chaque contremaître ou chef d'équipe. L'appareil de direction prétend être la seule organisation de l'entreprise, la seule source de l'ordre et de tout ordre. En fait, il crée autant de désordre que d'ordre et plus de conflits qu'il n'est capable d'en résoudre. Face à lui, l'organisation informelle de l'entreprise comprend les groupes élémentaires d'ouvriers, divers modes de liaison transversale entre ceux-ci, des associations analogues entre individus de l'appareil de direction, et beaucoup d'individus isolés aux divers étages qui n'ont à la limite entre eux que les rapports que leur suppose le schéma officiel. Mais les deux organisations sont tronquées. L'organisation formelle est criblée par le bas, elle n'arrive jamais à encadrer effectivement l'immense masse des exécutants. L'organisation informelle est inachevée par le haut ; en dehors des groupes élémentaires d'exécutants, elle ne comprend vraiment des individus appartenant formellement à l'appareil de direction qu'à partir du moment où l'extension énorme de celui-ci, la division poussée du travail et la collectivisation qui l'accompagne, et finalement la transformation du travail des échelons inférieurs de l'appareil de direction en un travail d'exécution d'un autre type, créent au sein même de cet appareil une catégorie d'exécutants en lutte contre les sommets[1].

1. Une organisation informelle existe aussi, bien entendu, aux échelons supérieurs de l'appareil de direction – mais, comme on le verra plus loin, elle obéit à une autre logique que l'organisation informelle des exécutants.

L'organisation formelle n'est donc pas une façade; dans sa réalité, elle coïncide avec la couche dirigeante. L'organisation informelle n'est pas une excroissance apparaissant dans les vides de l'organisation formelle; elle tend à représenter un autre mode de fonctionnement de l'entreprise, centré sur la situation réelle des exécutants. Le sens, la dynamique, la perspective des deux organisations sont entièrement opposés – et opposés sur un terrain social, qui coïncide finalement avec celui de la lutte entre dirigeants et exécutants.

Car il y a bel et bien lutte permanente entre les deux modes d'organisation, qui s'identifient aux deux pôles sociaux de l'entreprise, et c'est ce que trop souvent les sociologues industriels oublient, qui tendent à critiquer le schéma formel comme absurde. La situation ici est analogue à celle que nous avons discutée à propos du taylorisme, et les carences d'une critique purement théorique les mêmes. L'appareil de direction lutte constamment pour imposer son schéma d'organisation; l'absurdité de celui-ci n'est pas une absurdité théorique, elle est la réalité du capitalisme. Ce qui est étonnant n'est pas l'absurdité théorique du schéma, mais le fait que le capitalisme réussit *presque* à transformer les hommes en points sur un organigramme. Il n'y échoue que dans la mesure exacte où les hommes luttent contre cette transformation.

Cette lutte commence au niveau du groupe élémentaire, mais elle s'étend à travers toute l'entreprise par les nécessités mêmes de la production et de la défense contre la direction et embrasse finalement toute la masse des exécutants. Cette extension se fonde sur plusieurs moments successifs. La position de chaque groupe élémentaire est essentiellement identique à celle des autres; chacun de ces groupes est fatalement amené à coopérer avec le reste de l'entreprise[1]; finalement ils tendent tous à fusionner au sein d'une *classe*, la classe des exécutants, définie par une communauté de situation, de fonction, d'intérêts, d'attitude, de mentalité. Or cette perspective de la classe, la sociologie industrielle l'acceptant dans les mots la refuse dans le fond. Elle parle des groupes élémentaires comme d'un phénomène universel; mais si elle les compare, elle

1. Voir la description de cette coopération dans le texte déjà cité de D. Mothé, comme aussi les longs extraits de D. Roy que nous donnons plus loin.

refuse de les ajouter. Elle fait cependant plus que de les ajouter, puisqu'elle reconnaît en eux la matière à la fois et le principe de l'organisation informelle de l'entreprise ; mais elle maintient séparés ces deux moments, l'identité des groupes élémentaires à travers l'entreprise et leur coopération, et ne se demande pas pourquoi il y a passage de l'un à l'autre. Elle se rend donc incapable de voir la polarisation de l'entreprise entre dirigeants et exécutants et la lutte qui les oppose, d'autant plus qu'elle comprend sous l'organisation informelle des phénomènes de signification radicalement différente, comme la tendance à l'organisation propre des exécutants et la formation de cliques et de clans au sein de la bureaucratie dirigeante. Ce refus de placer effectivement les problèmes de l'entreprise dans une perspective de *classes* – classes dont l'analyse de l'entreprise permet le mieux de voir le processus vivant de formation – la fait sombrer dans l'abstraction théorique en même temps que dans des « solutions pratiques » dont l'utopisme repose précisément sur la suppression imaginaire de la réalité des classes.

Il est nécessaire d'ajouter que le marxisme a souffert d'une abstraction presque symétrique de la précédente, dans la mesure où il s'est limité à poser immédiatement le concept de classe et à opposer directement prolétariat et capitalisme, en négligeant les articulations essentielles de l'entreprise et des groupes humains dans l'entreprise. Il s'est ainsi interdit de voir le processus vivant de formation, d'autocréation de la classe prolétarienne comme résultat d'une lutte permanente commençant au sein de la production ; de relier à ce processus les problèmes de l'organisation du prolétariat dans la société capitaliste ; et finalement, dans la mesure où le contenu premier de cette lutte est la tendance des travailleurs à gérer leur propre travail, de poser la gestion ouvrière comme l'élément central du programme socialiste et d'en tirer toutes les implications. Au concept abstrait du prolétariat correspond le concept abstrait du socialisme comme nationalisation et planification, dont le seul contenu concret se révèle finalement être la dictature totalitaire des représentants de l'abstraction – du parti bureaucratique.

LES CONTRADICTIONS PROPRES DE L'APPAREIL BUREAUCRATIQUE DE DIRECTION

L'organisation capitaliste de la production, pour parvenir à ses fins, est obligée de poursuivre à l'infini le morcellement des tâches productives et l'atomisation des producteurs. Ce processus se solde, quant au résultat visé – se soumettre entièrement les hommes – par un demi-échec, et conduit à un gaspillage énorme. Mais il fait en même temps surgir avec une acuité extrême un deuxième problème : le problème de la recomposition en un tout des opérations productives. Les travaux individuels, supposés définis, mesurés, contrôlés, etc., doivent être à nouveau intégrés dans un ensemble, en dehors duquel ils n'ont pas de sens. Or cette réintégration ne peut se faire dans l'usine capitaliste que par la même instance et suivant les mêmes méthodes que la décomposition qui l'a « précédée » : par un appareil de direction séparé des producteurs, visant à les soumettre aux exigences du capital et les traitant à cette fin comme des choses, comme des fragments de l'univers mécanique comparables aux autres. Logiquement et techniquement, la réintégration n'est que l'autre face de la décomposition, aucune ne peut être effectuée et n'a de sens sans l'autre. Économiquement et socialement, la réalisation des buts poursuivis lors de la décomposition est impossible si ces buts ne dominent pas aussi le processus de réintégration : le terrain gagné sur les producteurs lors de la phase de décomposition ne saurait leur être rendu lors de la phase de réintégration sans remettre en question la structure même des rapports d'exploitation[1].

Par conséquent, l'appareil de direction essaiera de résoudre le problème de la réintégration des travaux *lui-même*, donc en niant *dans le fond* le caractère collectif de la production qu'il est obligé d'admettre dans la forme. La collectivité des ouvriers n'est pas pour l'appareil de direction une collectivité mais une collection. Leur travail n'est pas un processus social dont chaque partie est en interdépendance constamment changeante avec les autres et le

1. Bien entendu, il ne s'agit pas de « phases » séparées dans le temps, mais d'aspects simultanés, de moments logiques du processus d'organisation de la production.

tout, et dont chaque moment contient perpétuellement le germe du nouveau; c'est une *somme* de parties que quelqu'un d'extérieur peut décomposer et recomposer à volonté, comme un jeu de cubes, et qui ne peut changer que pour autant qu'on y introduit autre chose. Car ce n'est qu'à cette condition que le poste de commandement de cette activité collective pourrait être impunément transposé à l'extérieur de cette activité. Ce n'est qu'à cette condition qu'on pourrait retrouver dans un tout exactement ce qu'on a mis dans les parties, sans pertes ni excroissances.

L'appareil de direction est ainsi obligé de prendre tout sur lui-même. Tous les actes productifs doivent, en théorie, être doublés idéalement et *a priori* au sein de l'appareil bureaucratique, tout ce qui comporte une *décision* doit être effectué d'avance – ou après coup – en dehors de l'opération productive elle-même. L'exécution doit devenir exécution pure, et symétriquement la direction doit devenir direction absolue et parfaite. Certes une telle situation ne peut jamais se réaliser; pourtant, l'activité « organisatrice » de l'appareil de direction est dominée par la poursuite nécessaire de cette chimère, qui le place devant des contradictions insolubles.

D'abord, le concept même d'une *direction séparée parfaite* est un concept contradictoire. Une direction séparée parfaite n'est possible que si son pôle complémentaire, une *exécution séparée parfaite*, l'est aussi. Or une exécution séparée parfaite est un non-sens. L'exécution, en tant qu'activité humaine – en tant qu'activité qui ne peut pas être confiée à un ensemble mécanique automatisé – comporte nécessairement l'élément d'auto-direction, elle n'est et ne peut jamais être de l'exécution pure et simple. L'homme n'est pas et ne peut pas être un exécutant séparé parfait; et la seule tentative d'en faire un crée chez lui à la fois une situation et des réactions qui produisent le résultat contraire. Une situation, parce que la suppression des facultés et des capacités d'auto-direction, qui sont indispensables pour le travail d'« exécution », en fait précisément un mauvais exécutant. Des réactions, car l'homme tend toujours d'une façon ou d'une autre à assumer la direction de sa propre activité et se révolte contre l'expropriation de cette direction à laquelle il est soumis. Pendant les étapes historiques qui ont précédé le capitalisme, cette contradiction reste une contradiction abstraite et virtuelle, essentiellement parce que la forme et le contenu des activités productives sont fixées une fois pour toutes. Mais la production capitaliste en perpétuel bouleversement est constamment obligée de faire appel, pour pouvoir fonctionner, aux facultés humaines des exécutants. La contradiction de cette façon devient une contradiction active et effective, puisque le fonctionnement du régime l'amène à en affirmer simultanément les deux termes : l'ouvrier doit se cantonner dans la pure et simple exécution des tâches qui lui sont prescrites – l'ouvrier doit réaliser le résultat visé quelles que soient les conditions et les moyens réels et leur écart par rapport aux conditions et aux moyens théoriques.

Cet écart est inéluctable. La direction séparée parfaite ne se conçoit que comme l'organisme promulguant le plan parfait, qui évidemment ne peut pas exister. Un tel plan parfait impliquerait, de la part de la direction, la prévision absolue et l'information exhaustive, toutes les deux impossibles en soi, deux fois impossibles pour une direction séparée, trois fois impossibles pour une direction qui est direction de l'exploitation des producteurs. Certes, l'industrie moderne tend à « rationaliser » l'ensemble des conditions, des moyens et des objets de production, et cette rationalisation se présente comme une élimination du hasard, de l'imprévisible, comme la création de conditions standardisées pour l'ensemble du processus productif. Dans ces conditions, il devrait être possible, après une période de tâtonnements et par approximations successives, de parvenir à une phase de « repos », où la production pourrait enfin se dérouler d'après le plan. Mais cela impliquerait qu'à partir de ce moment, conditions, méthodes, instruments, objets de la production fussent fixés de façon inaltérable. Or l'essence même de l'industrie moderne est la modification perpétuelle. À une grande échelle, à peine une étape technique arrive à un « tassement » qu'une nouvelle étape s'annonce avec fracas. À une petite échelle – mais tout aussi importante dans la réalité quotidienne de l'usine –, le « tassement » ne se réalise jamais ; de « petites » modifications sont constamment introduites dans les matériaux, dans les machines, dans les objets fabriqués, dans la disposition des hommes et des machines (modifications qui expriment précisément le processus de « rationalisation »). Le plan doit ainsi être perpétuellement modifié, et n'a jamais le temps de s'adapter parfaitement au déroulement de la production.

Par ailleurs, la « standardisation » demeure une norme idéale qui n'est jamais réalisée, d'une part pour des raisons sociales, d'autre part pour des raisons « naturelles ». Tout ce qui est utilisé à une étape quelconque du processus productif est déjà le résultat d'un travail industriel précédent. Ce résultat, ce produit – qu'il s'agisse de matière première ou d'une machine ou d'une pièce détachée – est supposé, en théorie, se conformer à une définition rigoureuse, à des spécifications précises de grandeur, de forme, de qualité, etc., dans des marges données de tolérance. Il suffit qu'une quelconque de ces composantes matérielles ou idéales ne corresponde pas dans la réalité à sa définition théorique pour que le plan ne puisse plus s'appliquer tel quel; cela ne signifie pas, bien entendu, que la production s'écroule, ni même que le dommage soit forcément important – mais cela implique que seule l'intervention vivante des hommes peut suppléer à telle directive désormais caduque et réaliser sur le tas l'adaptation des moyens disponibles, différents des moyens théoriques, et du but visé.

Le fait que toutes les composantes d'un travail quelconque sont le résultat d'un travail antérieur signifie que dès que les résultats effectifs du travail à une étape donnée s'écartent des résultats « théoriques », cet écart se répercute d'une façon ou d'une autre sur les étapes ultérieures de la fabrication. Or les écarts de ce type sont absolument inéluctables dans la production capitaliste, non seulement parce que l'exécutant *exploité* ne s'intéresse pas au résultat de son travail et donc présente souvent des résultats « maquillés » (développant parallèlement toute une gamme de moyens de lutte contre le « contrôle » de l'usine), mais parce que l'exécutant *parcellaire* ne sait et ne doit pas par définition savoir ce qui est important et ce qui ne l'est pas dans ce qu'il fait. L'ensemble des spécifications qui lui sont fixées par ses directives de production, le sont comme étant toutes d'égale importance (avec les marges de tolérance admises). En fait elles ne le sont pas, ni dans l'absolu, ni du point de vue de la possibilité de récupérer facilement tel ou tel écart dans une étape ultérieure de la production. Dans la mesure où l'exécutant pressé par les délais ne peut pas tenir toutes les « cotes » à la fois, il trichera sur quelques-unes au hasard. Le service de planification, de son côté, ne peut pas établir la hiérarchie des cotes vraiment importantes et de celles qui ne le sont pas : d'un côté, il ne les connaît pas lui-même, car cette hiérarchie résulte de la *pratique industrielle* des opérations, dont il est par définition séparé; d'un autre côté, son rôle est de présenter toutes les directives comme également et absolument importantes. Ainsi les méthodes de direction séparée, en rendant impossible une exécution intelligente, conduisent à leur propre échec[1].

Parallèlement, il y a toujours un élément d'imprévisible « naturel », même dans les conditions de la grande industrie moderne. Même des matériaux fabriqués dans les meilleures conditions possibles présentent des spécificités imprévues, qu'il faut compenser de façon également imprévue au cours de l'exécution. Même les calculateurs électroniques, fabriqués non pas dans des conditions industrielles, mais dans des conditions de laboratoire, se détraquent et s'affolent pour des raisons inconnues[2]. C'est que l'industrie moderne signifie à chacune de ses étapes une tension extrême de l'exploitation des possibilités de la connaissance et de la matière, qu'elle tend à travailler chaque fois à la limite du connu et du faisable. Ce déplacement continu de sa frontière signifie qu'elle ne peut jamais s'installer dans des régions dont l'exploration est achevée. À peine un territoire est-il ouvert, qu'il faut déjà qu'il soit exploité dans les conditions de production en masse. Les moyens s'accroissent à une vitesse vertigineuse – mais les objectifs et les exigences aussi. Les instruments deviennent de plus en plus fins et précis – mais les tolérances deviennent parallèlement de plus en plus étroites. Autrefois, l'« imprévu », l'« irrationnel », l'« accident », c'était la paille dans l'acier; aujourd'hui, cela peut être des irrégularités infimes dans la composition chimique des molécules. Ce n'est pas le degré de résistance de la matière à l'homme qui diminue, c'est la ligne sur laquelle cette résistance devient effective qui se déplace – de telle sorte que l'écart entre la théorie et la réalité ne peut toujours être comblé que par la

1. Voir à cet égard les longs développements de D. Mothé dans l'article déjà cité; également ceux de G. Vivier (*Socialisme ou Barbarie,* n° 12, p. 46-47, n° 14, p. 56-57) et de Paul Romano (*ibid.,* n° 2, p. 89-91).

2. *Cf.* N. Wiener, *Cybernetics,* Paris et New York, 1948, p. 172-173.

pratique, en tant qu'intervention à la fois rationnelle et concrète de l'homme. Mais cette pratique elle-même se situe constamment à un niveau plus élevé, et suppose la mise en œuvre de capacités toujours plus développées de l'individu – absolument incompatibles avec le rôle de l'exécutant pur et simple.

Toutes ces raisons font que la réalité de la production s'écarte toujours d'une façon plus ou moins appréciable du plan et des directives de production – et que cet écart ne peut être comblé que par la pratique, l'invention, la créativité de la masse des exécutants. Chaque fois qu'un nouveau mode de fabrication est introduit ou un nouveau modèle du produit va être fabriqué, sur lequel les bureaux et les ingénieurs de l'usine ont dépensé parfois des années de préparation et de « mise au point », il se passera des semaines ou des mois avant que la production ne commence à s'écouler de façon approximativement satisfaisante. Les usagers de voitures savent que lorsqu'une usine « lance » un nouveau modèle, les voitures qui sortent les premiers mois présentent la plupart du temps de sérieux défauts[1]. Pourtant, leur « prototype » avait été essayé pendant des années, on l'avait fait rouler au Sahara et au Groenland, etc. Mais le délai qui s'écoule entre le début de la nouvelle fabrication et la sortie d'exemplaires à peu près satisfaisants, c'est le délai nécessaire à l'ensemble de la masse des exécutants de l'usine pour concrétiser les directives initiales de fabrication

1. « Après chaque changement de modèle, la maîtrise parcourt l'usine frénétiquement, essayant de faire fonctionner normalement les plans et les machines étudiés pendant des mois dans les bureaux. À ce moment, le contremaître est patron, il place les ouvriers là où il veut, il brise de vieux groupes, il affirme son autorité. C'est le moment de la plus grande désorganisation dans l'usine. Pour cette raison précisément, peu d'ouvriers de Detroit achèteront une nouvelle voiture immédiatement après le changement de modèle. Ils laissent cette bêtise aux gens qui ne travaillent pas en usine et donc ne savent pas. Ce n'est que lorsque les ouvriers ont pu rétablir un certain ordre dans la production que celle-ci peut se dérouler sans heurts. Le contremaître a reçu en charge un groupe d'ouvriers, et on lui a dit ce qu'il doit leur faire faire. L'organisation qu'il effectue est toujours mauvaise. La chaîne va trop vite, ou bien il n'y a qu'un seul homme là où il devrait y en avoir deux. Les ouvriers le lui expliquent, mais lui a ses ordres et ne peut pas effectuer des modifications d'après les dires des ouvriers. Les hommes sont donc obligés de prendre la situation entre leurs mains. Ils fichent le travail en l'air jusqu'au moment où la chaîne doit être arrêtée. Finalement, après que cette situation a duré un certain temps, la direction est éduquée, la production est ajustée, et les voitures produites valent la peine d'être achetées » (*The American Civilization,* texte ronéoté produit par le groupe américain *Correspondence* de Detroit, p. 47).

dans les conditions réelles de travail, pour combler les trous du plan de production, résoudre des problèmes qui n'avaient pas été prévus, adapter la fabrication à leur défense contre l'exploitation (par exemple « s'arranger » avec les cotes des pièces), etc. Un état d'équilibre entre le plan de production, l'état réel de l'usine du point de vue des possibilités de fabrication, et la lutte des ouvriers contre l'exploitation est ainsi atteint – jusqu'à ce qu'une nouvelle modification intervienne.

Ces écarts entre le plan de production et la réalité de l'usine, la direction en est bien entendu « consciente » en général, et en principe c'est elle-même qui est supposée les combler. Dans la pratique, cela est évidemment irréalisable : s'il fallait, chaque fois que quelque chose « ne tourne pas rond », tout arrêter et demander des instructions par voie hiérarchique, l'usine réaliserait une petite partie de ses objectifs de production. Soit dit en passant, la tolérance de fait à laquelle la direction est réduite vis-à-vis des initiatives indispensables des exécutants ne rend pas le rôle de ceux-ci plus facile. L'appareil de direction est à la fois jaloux de ses prérogatives et plein de peur devant les responsabilités ; il évitera le plus possible de trancher une question à moins d'être « couvert », mais reprochera durement à ses inférieurs de l'avoir tranchée eux-mêmes. Si l'initiative réussit, il se bornera à grommeler, et essaiera surtout de s'en attribuer le mérite ; si elle échoue, il sévira[1]. Pour l'exécutant, l'attitude idéale est de prendre l'initiative vraiment efficace, et de faire semblant de suivre en tout la directive officielle – ce qui n'est pas toujours facile. L'usine arrive ainsi par endroits à constituer un monde double – où les gens font semblant de faire une certaine chose en en faisant une autre.

Aussi bien la prévision nécessaire à la planification que la réadaptation permanente du plan à une réalité qui évolue constamment posent le problème de l'*information* concernant le cours de la production. Ce problème devient rapidement insoluble pour un appareil bureaucratique de direction. La source ultime de toute information, ce sont les exécutants, constamment engagés dans la

1. Voir D. Mothé, *loc. cit.*, p. 88.

bataille de la production. Or ceux-ci n'y collaborent pas ; non seulement ils n'informent pas nécessairement la direction sur la situation, mais très souvent sont amenés à conspirer tacitement pour la lui cacher. L'appareil de direction ne peut réagir à cela qu'en créant des organes spéciaux d'information – qui se heurtent rapidement à la même difficulté, puisqu'ils doivent puiser l'information originale en dehors d'eux-mêmes. La conspiration autour de l'information ne se limite d'ailleurs pas aux exécutants ; l'appareil de direction lui-même y participe, un aspect essentiel de l'activité de ses membres consistant à maquiller les résultats de leur propre activité ou de l'activité du secteur qui leur est confié. Leur sort, le sort de leur clan ou de leur service en dépendent[1].

Mais l'information n'est pas simplement la récolte de « faits ». C'est déjà leur *choix*, mais c'est aussi et beaucoup plus leur *élaboration*, le dégagement de relations et de perspectives qui les relient. Cela est impossible en dehors d'un cadre conceptuel, donc d'un ensemble d'idées organisées, donc d'une théorie (même si celle-ci reste inconsciente). Par conséquent, toute l'information dont peut disposer l'appareil de direction est viciée à la base par sa théorie de la société – ou de la réalité industrielle. Cela apparaît nettement lorsqu'on considère l'appareil bureaucratique dirigeant la société entière – État ou parti bureaucratique. Diriger la société présuppose qu'on la connaît, connaître la société signifie en avoir une conception théorique adéquate. Mais les dirigeants actuels ne peuvent essayer de saisir la réalité sociale qu'en la soumettant à des schémas absurdes. De même que leurs idéologues, tantôt ils projettent le fonctionnement de la société sur celui d'un modèle mécanique, tantôt, dégoûtés de l'échec de cette assimilation absurde, ils se réfugient dans l'irrationalisme, le rôle des accidents et l'arbitraire. Nous retrouverons ces problèmes plus loin. Mais les mêmes questions et les mêmes impossibilités se présentent devant l'appareil dirigeant de l'entreprise. La réalité qu'il doit connaître est la réalité de la production. Celle-ci est en premier et en dernier lieu une réalité humaine. Les faits les plus importants sont ceux qui concernent la situation, l'activité et le sort des hommes dans la production. Ces faits sont évidemment impossibles à connaître

1. Voir RPB, p. 279-281.

de l'extérieur. Aussi bien d'ailleurs, la direction s'en préoccupe-t-elle très peu. Mais, dans la mesure où elle est obligée de s'en préoccuper, elle ne peut le faire qu'en les considérant comme des faits extérieurs, en les transformant en observables mécaniques – bref, en détruisant leur nature même. Par conséquent, aux yeux de la direction, ou bien l'ouvrier n'existe pas, ou bien il existe comme un système de nerfs et de muscles capable d'effectuer une quantité de gestes – gestes qu'on peut augmenter proportionnellement à l'argent qu'on lui promet. Cette vue entièrement imaginaire de l'ouvrier est la base de la « connaissance » de la réalité de la production que possède la direction. Dans le regard même du dirigeant est incorporée, par construction, la négation de la réalité propre de l'objet qu'il prétend voir. Et il ne peut pas en être autrement. Car la reconnaissance de cette réalité propre impliquerait inversement que le dirigeant se nie lui-même comme dirigeant.

Cette situation n'est guère modifiée lorsque les vieilles méthodes grossières et le schéma des « molécules irrésistiblement attirées par l'argent » sont abandonnés au profit de conceptions plus modernes et des découvertes de la sociologie industrielle. Seule la nature des « lois » supposées régir les hommes et leurs relations change ; l'attitude fondamentale reste la même. On ne suppose plus que l'ouvrier serait capable d'assassiner son camarade et de se tuer à la tâche pour quelques sous – on suppose tout au contraire qu'il est essentiellement déterminé par une « solidarité de groupe ». Mais dans les deux cas il s'agit d'une connaissance de la direction *sur* les ouvriers, et cette connaissance doit lui permettre de mieux les utiliser pour la production. La solidarité de groupe est devenue à son tour le mobile extérieur déterminant les actes de l'ouvrier ; connaissant le mobile, agissant sur lui, on peut amener l'ouvrier à faire ce que l'on veut qu'il fasse. La situation de la direction reste toujours celle de l'ingénieur chargé d'agencer le montage et le fonctionnement des pièces de mécanique humaine qui forment l'entreprise et dont il connaît les lois. Que l'auteur de ces lois ne soit plus Bentham, mais Freud ou Elton Mayo, ne change rien à l'affaire. À peine est-il nécessaire d'ajouter que rien ne change *non plus* à l'impossibilité de connaître la réalité industrielle. Placées dans cette perspective et utilisées à ces fins, psychologie, psychanalyse et sociologie sont vidées de leur contenu et transformées en leur contraire[1]. Que le groupe, par exemple, ne soit pas pour ses membres un mobile extérieur, qu'il soit unité d'auto-détermination se créant et se recréant d'elle-même, que par là même il ne peut que s'opposer tôt ou tard à toute direction extérieure voulant s'imposer à lui – ces vérités ne peuvent servir à la direction, car elles la contestent dans ses fondements. La direction ne peut avoir que la théorie de sa pratique, c'est-à-dire de son existence sociale.

Mais des contradictions tout aussi insolubles déchirent l'appareil de direction pour ainsi dire indépendamment de sa lutte permanente contre les exécutants. Une série de facteurs, dérivant tous en dernière analyse de la tendance à confiner les travailleurs à des tâches d'exécution de plus en plus limitées, poussent l'appareil de direction à une prolifération extraordinaire. Prenant sur lui un nombre constamment accru de tâches, l'appareil de direction ne peut exister que comme un organisme collectif énorme. Dans une entreprise importante, les individus employés dans les bureaux forment à eux seuls déjà une entreprise de taille[2]. Cet organisme collectif subit lui-même le processus de la division du travail en son sein sous une double forme. D'un côté, l'appareil de direction se subdivise en « branches spécialisées » – les différents « services » des bureaux de l'entreprise. D'un autre côté, au sein de cet appareil pris globalement et de chacun de ces « services », la division entre dirigeants et exécutants est inéluctablement instaurée à nouveau. De ce fait, tous les conflits précédemment décrits réapparaissent au sein de l'appareil de direction.

L'organisation du travail au sein de l'appareil de direction ne peut évidemment se faire que sous les mêmes formes de

1. Par exemple, toute psychanalyse digne de ce nom est basée sur l'idée que la *liberté* du sujet est à la fois la fin et le moyen du processus thérapeutique – et toute l'utilisation de la psychanalyse par la sociologie industrielle est basée sur la *manipulation* du sujet, à la fois comme moyen et comme fin ultime.

2. Aux usines Renault, la proportion des « mensuels » dans le total des effectifs est passée de 6,5 % en 1919 à 11,7 % en 1930, 17,8 % en 1937 et 20,2 % en janvier 1954 (A. Touraine, *L'Évolution du travail ouvrier aux usines Renault,* Paris, 1955, p. 164-165). Sur le développement des bureaux dans l'industrie américaine, voir C. Wright Mills, *White Collar,* New York, 1956, p. 65-70 <trad. fr. *Les Cols blancs*, Paris, Maspero, 1966>.

« rationalisation » appliquées à la production proprement dite : subdivision et parcellarisation des tâches, transformation des individus en une masse d'exécutants anonymes et interchangeables, etc. Elle entraîne les mêmes conséquences ici et là. Pour mater la lutte des ouvriers, la direction aboutit ainsi à introduire la lutte de classe en son propre sein. L'immense majorité des employés de l'appareil de direction, voués à un travail parcellaire, privés de toute qualification importante, réduits à des salaires comparables à ceux des ouvriers, privés statistiquement de toute chance substantielle d'avancement, se distinguent désormais difficilement de leurs camarades des ateliers ; ce ne sont au fond que des illusions, de plus en plus minées par la situation réelle, qui peuvent les en séparer[1]. Mais, indépendamment de ce processus d'unification des couches d'exécutants dans l'entreprise, l'apparition de cette masse d'exécutants au sein de l'appareil de direction a comme résultat principal que *la direction ne dispose plus d'elle-même* ; même s'ils ne sont pas solidaires des ouvriers, les employés des couches inférieures ont vis-à-vis du travail la même attitude que ceux-ci.

D'autre part, le morcellement inéluctable de l'appareil de direction en une série de services spécialisés crée fatalement un problème de réunification des activités, des méthodes et des points de vue de ces services. Chacun d'eux tend à affirmer son propre point de vue au détriment des autres, car c'est le seul moyen d'affirmer son importance et d'étendre sa place au sein de l'appareil. Or le sommet de l'appareil de direction, chargé de résoudre ces conflits, ne dispose en général d'aucun critère rationnel pour le faire. Il lui faudrait en effet pour cela être capable de reprendre lui-même tous les points de vue qui s'opposent, c'est-à-dire en fait de « doubler » tous les services coûteux péniblement constitués ;

1. L'analyse de l'attitude de ces couches fournie par C. Wright Mills dans les derniers chapitres de son *White Collar* présente à cet égard les défauts 1) de mêler les différentes catégories de « prolétaires en faux col », dont cependant situation et perspectives divergent fondamentalement ; 2) de ne pas tenir compte de la *dynamique* de leur situation. En particulier les illusions relatives au « statut social » *(status)* ne pourront survivre longtemps aux conditions réelles qui les avaient autrefois nourries. Le phénomène de l'industrialisation du travail des bureaux est évidemment d'une importance décisive à cet égard. Cf. l'excellente analyse de R. Berthier, « Une expérience d'organisation ouvrière », dans le n° 20 de *S. ou B.*, p. 6 *sq.*

et c'est en fait la solution à laquelle aboutissent nombre de dirigeants, qui s'entourent d'une équipe personnelle restreinte, sorte d'état-major privé et clandestin[1]. La direction est ainsi obligée d'instaurer sa propre organisation informelle en opposition avec l'organisation formelle qu'elle a instituée par ailleurs. Mais il est évident, non seulement que ces deux solutions se réfutent l'une l'autre (ou bien l'état-major clandestin est inutile ou bien il prouve l'inutilité d'une bonne partie des services) mais que leur juxtaposition ne peut être que la source de nouveaux conflits. Et, finalement, la direction au sommet ne dirige effectivement rien, elle en est réduite à *arbitrer* des points de vue opposés, et cela de façon véritablement arbitraire car elle ne connaît presque rien aux problèmes dont il s'agit. Logiquement, son seul fondement est désormais qu'une décision quelconque, même arbitraire, même absurde, vaut mieux que l'absence totale de décision[2].

L'absence de critères rationnels pouvant servir à résoudre les conflits entre points de vue opposés qui surgissent inéluctablement au sein de l'appareil bureaucratique de direction se combine avec un autre phénomène capital : l'absence de critères rationnels concernant la place des individus au sein de cet appareil. Ces deux facteurs sont à la racine des traits caractéristiques de tout appareil bureaucratique moderne : la lutte de tous contre tous pour l'« avancement », la formation de cliques et de clans qui dominent de façon occulte la vie « officielle » de l'appareil, et la transformation des options objectives en enjeux de la lutte entre cliques et clans.

1. À une tout autre échelle, ce phénomène de « doublage » de la structure bureaucratique couvrant toute la société par un organisme plus restreint de direction, le Parti, qui essaie sans succès d'être l'instance réunificatrice et par là même tend à rendre superflu tout l'appareil bureaucratique d'État, a été mis en lumière par Claude Lefort à partir des textes du XXe Congrès du PCUS. Voir, dans le n° 19 de *S. ou B.* son article « Le totalitarisme sans Staline », en particulier p. 45 et suiv. (maintenant in *Éléments d'une critique de la bureaucratie,* Droz, Genève-Paris, 1971, p. 166 et suiv.). Ajoutons qu'en doublant la structure de la bureaucratie d'État, le Parti est obligé de la reproduire en son sein, en créant des commissions spécialisées, etc. C'est dire qu'il n'y a là, ni de près ni de loin, solution du problème.

2. Sur la nullité nécessaire des dirigeants dans le système actuel, voir C. Wright Mills, *The Power Elite,* New York, 1956, spécialement p. 138-148 pour ce qui est des dirigeants de l'industrie, p. 205-224 pour ce qui est des dirigeants militaires, et le chapitre final du livre <trad. fr. *L'Élite du pouvoir*, Paris, Maspero, 1969>.

Il faut bien comprendre le sens de cette analyse des contradictions de la direction bureaucratique. Nous ne comparons pas celle-ci à une direction parfaite, pour dégager les déficiences qu'elle présente relativement à cet étalon imaginaire. Il n'y a pas de direction parfaite, quelle qu'en soit la structure sociale (même s'il s'agit de la collectivité organisée des producteurs), et une telle comparaison serait entièrement privée de sens. Sous tous les aspects que nous avons évoqués, une direction humaine rencontrerait des problèmes, et des difficultés quant à leur solution. La discussion ne porte pas sur la possibilité d'éliminer ces problèmes, elle montre que la structure et la nature de la direction actuelle, direction bureaucratique extérieure aux activités qu'il s'agit de diriger, *en font des problèmes insolubles*, ou au mieux des problèmes qui n'arrivent à être « résolus » qu'au prix de gaspillages énormes et de crises perpétuelles.

La prévision parfaite n'existera jamais. Et il n'est pas nécessaire qu'elle existe pour que la production puisse être rationnellement organisée. Mais la structure actuelle est implicitement basée sur le postulat qu'une telle prévision existe, et que la direction la possède. Puisque les producteurs sont privés en théorie de la possibilité de réaliser « sur le tas » la réadaptation permanente du plan à la réalité, il faut bien que cette adaptation soit effectuée *a priori* et une fois pour toutes par la direction. De ce fait, le « plan de production » – de l'entreprise ou de l'économie entière – prend une valeur absolue. Le processus d'adaptation permanente entre prévision – sans laquelle il n'y a pas d'action rationnelle – et réalité étant disloqué du fait de la séparation radicale entre dirigeants et exécutants, l'équilibre ne peut chaque fois être rétabli que par à-coups, en fonction d'interventions spécifiques, tardives et spasmodiques.

Le problème d'une information adéquate existera toujours. Mais la structure actuelle le rend littéralement insoluble, car son existence même pousse l'ensemble de la société à conspirer pour masquer la réalité. Le problème de l'adéquation des individus aux fonctions qu'ils remplissent existera encore longtemps. Mais la structure actuelle détruit toute possibilité de solution rationnelle, en disposant ces fonctions le long d'une pyramide hiérarchique, en liant non seulement le sort économique mais la situation totale de l'individu et finalement sa valeur à ses propres yeux à son succès dans une lutte désespérée et absurde contre tous les autres. La société humaine sera toujours placée devant des options qui ne seront pas des problèmes de géométrie comportant une solution unique au bout d'une voie rigoureusement définie. Mais la structure actuelle fait que ces problèmes ne sont pas explicitement posés ou bien qu'ils sont résolus en fonction de considérations extérieures à leur contenu.

Or, à moins d'un bouleversement radical de la structure actuelle, cette direction séparée est inévitable. Il faut bien que d'une façon ou d'une autre les activités de milliers d'individus et de groupes élémentaires soient coordonnées. Il faut bien que le point de vue « universel » du fonctionnement de l'entreprise prévale sur les points de vue « particuliers » des ouvriers ou de leurs groupes. Il faut donc bien finalement qu'une couche *particulière* de dirigeants se charge d'imposer à la *totalité* des producteurs ce point de vue « universel ». Dès lors, le conflit est inévitable. Tout d'abord, les impératifs découlant de ce point de vue « universel » de la direction prennent pour chaque groupe d'ouvriers la forme d'une loi extérieure qui lui est imposée arbitrairement, dont il ne peut même pas connaître la justification, qui donc de ce fait même lui apparaît comme complètement irrationnelle. Mais aussi, le point de vue « universel » de la direction est en fait un point de vue particulier; c'est le point de vue à la fois partial et partiel d'une couche *particulière,* qui n'accède qu'à une partie de la réalité, qui vit une vie à part de la production effective, qui a des intérêts propres à faire valoir. Inversement, le point de vue « particulier » des groupes de producteurs est en fait un point de vue universel. Le point de vue de chaque groupe élémentaire se retrouve dans tous les autres. Les normes qui émergent en leur sein sont identiques. Les intérêts qu'ils essaient de faire valoir sont les mêmes. La direction s'efforce de *penser à* la réalité effective de la production. Les producteurs *sont* cette réalité effective elle-même. Pris en leur totalité, ils embrassent la totalité des aspects de l'activité de l'entreprise – en fait, ils *sont* cette totalité.

Le sont-ils? Peuvent-ils effectivement, à travers les ateliers et les bureaux, former une unité organique? Ne sont-ils pas rivés chacun à des endroits définis du mécanisme total de l'entreprise, chacun privé d'une vue du reste, incapables de s'articuler dans une totalité vivante ? L'analyse peut les identifier les uns aux autres, et encore les additionner ; mais peuvent-ils s'unifier eux-mêmes ? C'est l'analyse des luttes ouvrières qui seule peut fournir une réponse à ces questions.

LA LUTTE OUVRIÈRE CONTRE L'ALIÉNATION

L'organisation capitaliste de la production est profondément contradictoire. La direction capitaliste prétend n'avoir à faire qu'à l'ouvrier individuel, tandis qu'en fait la production est portée par la collectivité des ouvriers. Elle prétend réduire l'ouvrier à des tâches limitées et déterminées, mais elle est en même temps obligée de s'appuyer sur les capacités universelles que celui-ci développe à la fois en fonction et à l'encontre de la situation qui lui est faite. De ces tâches, elle prétend enlever tout élément de direction en définissant d'avance exhaustivement les modalités d'exécution ; mais cette définition exhaustive étant toujours impossible, la production ne peut être effectuée que dans la mesure où l'ouvrier organise lui-même son travail et dépasse le rôle du pur et simple exécutant qui est théoriquement le sien.

Les conflits qui résultent de cette situation aboutissent à une véritable anarchie de la production dans chaque entreprise. Mais ils créent en même temps une situation et une attitude contradictoires chez les ouvriers eux-mêmes. Les conditions dans lesquelles ils sont placés les poussent à s'organiser de la façon la plus efficace pour la production, à améliorer les machines, à inventer de nouveaux procédés, etc. L'organisation capitaliste les y oblige, car lorsque quelque chose ne marche pas, ce sont les ouvriers qui payent (et qui ne peuvent pas se défendre en critiquant la mauvaise organisation de l'usine). Mais d'autre part, l'organisation et la créativité des ouvriers sont combattues, dès qu'elles se manifestent, par l'appareil de direction ; elles sont de toute façon constamment perturbées et mutilées par celui-ci ; enfin, dans les conditions actuelles, les améliorations de l'organisation et des méthodes de production profitent essentiellement au capital, qui souvent d'ailleurs s'en empare et les tourne contre les ouvriers. Les ouvriers le savent et par conséquent freinent eux-mêmes, consciemment aussi bien qu'inconsciemment, leur participation à la production. Ils freinent leur rendement; ils taisent leurs idées; ils mettent en application sur leurs machines individuelles des améliorations soigneusement cachées aux contremaîtres; ils s'organisent entre eux pour réaliser un travail tout en maintenant une façade respectant la méthode officielle de l'organiser – et ainsi de suite[1].

Cette attitude contradictoire des ouvriers signifie que le conflit insurmontable qui déchire la société capitaliste est transposé au cœur du prolétariat lui-même, aussi bien dans le comportement de l'ouvrier individuel que dans l'attitude de la classe ouvrière. Il serait entièrement faux de se représenter le prolétariat comme une positivité pleine, comme une classe qui porte déjà en elle la solution de tous les problèmes et qu'une classe ennemie et une organisation sociale qui lui reste extérieure empêchent seules de se réaliser. Ce serait là à la fois une mystification démagogique et une théorie pauvre et superficielle. Le capitalisme ne pourrait pas continuer à exister si sa crise ne se répercutait pas au sein du prolétariat lui-même. L'oppression, l'exploitation, l'aliénation créées par le capitalisme s'expriment dans la classe ouvrière par des contradictions que jusqu'ici elle n'est pas arrivée à surmonter. La positivité de la classe ouvrière, c'est qu'elle ne reste pas simplement déchirée par ces contradictions mais qu'elle lutte constamment pour les dépasser et que, aux niveaux les plus différents, le contenu de cette lutte est l'organisation autonome des ouvriers, la gestion ouvrière de la production, finalement la réorganisation de la société.

1. Voir les textes déjà cités de Romano, Vivier, Mothé. Mentionnant le nombre relativement très petit de « suggestions » ouvrières visant à l'amélioration de la productivité, A. Touraine écrit : « Comment cet échec relatif s'explique-t-il? En premier lieu, par le souvenir du passé. L'ouvrier, habitué à voir ses suggestions, ses initiatives, se retourner contre lui en provoquant l'intervention des chronométreurs, n'abandonne que lentement son ancienne méfiance » (*op. cit.*, p. 121). « Abandonne lentement » est un euphémisme : les chiffres cités par Touraine se réfèrent à la période 1945-1947. Ce qui s'est passé depuis n'a pas incité les ouvriers à abandonner leur méfiance, tout au contraire.

Les bureaucrates – et parfois même des militants révolutionnaires déformés par un « marxisme » étriqué – ne veulent voir dans les luttes du prolétariat qu'une tendance vers l'amélioration de son niveau de vie, ou à la rigueur une lutte « contre l'exploitation ». Mais la lutte du prolétariat n'est pas et *ne peut pas être* simplement une lutte « contre » l'exploitation ; elle tend *nécessairement* à être une lutte pour une nouvelle organisation des rapports de production ; ce ne sont là que deux aspects de la même chose, car la racine de l'exploitation c'est l'organisation actuelle des rapports de production. L'ouvrier ne peut être exploité, c'est-à-dire exproprié des fruits de son travail, que dans la mesure où il est exproprié de la direction de ce travail, et la lutte contre l'exploitation le place rapidement devant le problème de la gestion, à l'échelle de son atelier toujours, à l'échelle de l'usine et de la société périodiquement.

On a d'habitude les yeux fixés sur les moments « historiques » de l'action du prolétariat – révolution ou grève générale –, ou tout au moins sur ce que l'on peut nommer son organisation et son action *explicites* – syndicats, partis, grèves importantes. Mais ces actions et ces organisations ne peuvent être comprises que comme des moments d'un processus d'action et d'organisation permanent, qui trouve son origine dans les profondeurs de la vie quotidienne de l'entreprise et qui ne peut rester vivant et adéquat à ses intentions qu'à condition d'y retourner constamment. Cette action et cette organisation quotidiennes, auxquelles il faudra désormais reconnaître l'importance capitale qui est la leur, nous les engloberons sous le terme de *lutte implicite*. Implicite à l'existence du prolétariat, à la condition même de prolétaire. L'organisation informelle ou élémentaire des ouvriers n'est qu'un aspect de cette lutte. L'organisation n'est qu'un moment logique du processus de lutte – de même que l'action. La lutte comprend l'action, l'organisation, les objectifs. Notre propos est beaucoup plus général que l'analyse de l'organisation informelle, il englobe aussi bien les *actions* informelles que les *objectifs* informels. Cette lutte implicite n'est que l'envers, pourrait-on dire, du *travail* quotidien du prolétariat. Le travail, dans l'entreprise capitaliste, ne va pas sans lutte. Cette situation découle directement d'une organisation du travail basée sur l'opposition entre dirigeants et exécutants.

Ainsi l'organisation capitaliste du travail tend à s'appuyer sur la définition de normes de travail. Les ouvriers luttent contre les normes. On peut ne voir dans cette lutte qu'une « défense contre l'exploitation ». Mais en fait elle contient infiniment plus : précisément pour se défendre contre l'exploitation, l'ouvrier est obligé de revendiquer le droit de déterminer lui-même son rythme de travail, de refuser d'être traité comme une chose.

La norme une fois définie, les problèmes sont loin d'être réglés. Ce n'est qu'un terrain de bataille qui vient d'être circonscrit. Dans cette bataille, la bataille du rendement effectif, les ouvriers sont amenés à s'organiser, à inventer des moyens d'action, à définir des objectifs. Rien ne leur est donné d'avance ; tout doit être créé et conquis de haute lutte.

La dynamique de l'enchaînement des objectifs, de l'organisation et des moyens d'action est claire. Les ouvriers visent un maximum de salaire pour un travail « honnête ». Ce maximum n'a de sens que comme un maximum collectif – autrement dit, toute tentative d'atteindre un maximum individuel se révèle rapidement illusoire et se retourne finalement contre son auteur. La réalisation de ce premier objectif implique la poursuite de la plus grande liberté possible dans le cadre donné de l'entreprise capitaliste. Elle implique également la recherche du maximum d'efficacité véritable dans la production – condition indispensable de l'économie de l'effort. Par là, les ouvriers sont amenés à lutter contre l'ensemble des méthodes d'organisation capitaliste de la production. Ils sont également amenés à s'organiser de façon « élémentaire » ou « informelle », sous des formes que le capitalisme disloque et qu'ils recréent chaque fois à nouveau.

Nous ne disons pas que les ouvriers réussissent à réaliser ces objectifs toujours ou même la plupart du temps. En dernière analyse, ils ne peuvent les réaliser sans faire voler en éclats l'organisation capitaliste de l'entreprise – ce qui est impossible sans faire en même temps voler en éclats l'organisation capitalise de la société. Reculs et défaites sont des phases inévitables du processus. Mais aussi longtemps que l'organisation capitaliste est là, la lutte renaît toujours de ses cendres et est amenée, à la fois par sa propre dynamique et par la dynamique objective de la société capitaliste, à s'étendre et à s'approfondir. Et c'est le sens de cette lutte qu'il s'agit de dégager. Nous ne disons pas non plus que ce sens est simple, état de grâce dont serait automatiquement investie la condition ouvrière, apriorisme socialiste inné chez les prolétaires. Le prolétariat n'est pas socialiste – il le devient, plus exactement *il se fait* socialiste. Et, longtemps avant qu'il n'apparaisse comme socialiste en s'organisant au sein de syndicats et de partis de ce nom, il fait naître les éléments embryonnaires d'une nouvelle forme d'organisation sociale, d'un nouveau comportement et d'une nouvelle mentalité humaine dans sa vie et sa lutte quotidienne au sein de l'entreprise capitaliste. C'est de ce terrain que nous allons partir pour analyser la dynamique et la signification des luttes ouvrières.

LA LUTTE AUTOUR DU RENDEMENT

La tendance des ouvriers à réglementer eux-mêmes, dans toute la mesure du possible, leur rythme de travail – en combattant les normes de la direction, puis en « tournant » ces normes par tous les moyens disponibles – apparaît, aux yeux de la direction, comme « restriction du rendement » ou « restriction de la production ». Face à cette restriction, la riposte « rationnelle » classique de la direction, c'est le « salaire au rendement » ou « aux pièces »[1]. L'ouvrier sera ainsi poussé, « par son propre intérêt », à augmenter son rendement au maximum. Ce faisant, il fournira aussi incidemment des indications sur le rendement maximum qu'il est possible d'atteindre – ce qui permettra de réviser le moment venu les normes vers le bas.

Les sociologues industriels (principalement l'école d'Elton Mayo) ont critiqué cette méthode comme « mécaniste », parce qu'elle postule que l'ouvrier est un « homme économique » dont

1. Les types, les formules et les dénominations du « salaire au rendement » sont innombrables. Mais pour ce qui nous occupe ici, seul importe le contenu général de ces formules : le salaire de l'ouvrier est, entre de larges limites, fonction de la quantité de production fournie.

le seul mobile serait le gain maximum, tandis que d'autres mobiles jouent en réalité un rôle beaucoup plus important. Cette critique part d'une idée vraie pour aboutir à une conclusion fausse ; elle atteint le système capitaliste dans son ensemble, mais très peu le problème qui nous occupe. Les ouvriers ne sont certainement pas des « hommes économiques » ; mais ils se comportent exactement comme des « hommes économiques » *face à la direction*, ils la payent avec sa propre monnaie.

Tout d'abord, les ouvriers en général ne se laissent pas prendre à l'appât du rendement, car l'expérience leur enseigne rapidement qu'après une courte période de primes élevées surviendra une réduction draconienne des normes[1]. Ensuite, ils découvrent des moyens pour réaliser un salaire accru *sans* augmentation réelle ou sans augmentation apparente du rendement.

Dans la production en petite et moyenne série avec primes individuelles, les moyens utilisés par les ouvriers sont pratiquement imparables. En prenant comme exemple l'atelier décrit par un auteur américain[2], on peut les formuler comme suit :

1. Pour éviter une révision des normes en cas de rendements élevés, les ouvriers ne *présentent* jamais (ce qui ne veut pas dire qu'ils *n'atteignent* jamais) des résultats dépassant 145-150 % de la norme.

2. Sur les « bons boulots », représentant à peu près la moitié des travaux faits à l'atelier, et définis par la possibilité d'atteindre un rendement de loin supérieur à la norme, lorsque les ouvriers ne peuvent pas « maquiller » le rendement effectif pour rester à l'intérieur du dépassement permis de la norme, ils « flânent » au propre ou au figuré. Le gaspillage qui en résulte est estimé par l'auteur à l'aide de longs calculs très prudents à environ 40 % du temps des ouvriers – et c'est là à son avis une « sous-estimation ».

1. « Ne sais-tu pas que si je me faisais 1,5 dollar de l'heure sur ces pompes ce soir, demain matin tout leur foutu Département des méthodes descendrait ici ? Et qu'ils chronométreraient à nouveau le travail, si vite que la tête t'en tournerait ? Et qu'ils en couperaient le prix à moitié ? », dit à D. Roy un des ouvriers de l'atelier où il a travaillé.

2. D. Roy, dans ses articles déjà cités.

3. Sur les « sales boulots », représentant l'autre moitié des travaux de l'atelier et définis par l'impossibilité d'atteindre une prime substantielle quel que soit l'effort déployé (la ligne du partage des eaux semble se situer, dans le cas analysé par Roy, aux alentours de 120 % de la norme), les ouvriers en général « laissent tomber » et se rabattent sur le taux de base (le « mini garanti », le taux horaire qui sera payé d'après la convention collective, quel que soit le rendement atteint). Il y a toutefois une exception importante : si le « sale boulot » en question représente une commande importante ou un type de travail qui revient souvent, une lutte impitoyable avec les chronos commence pour obtenir la révision des normes[1]. Le gaspillage réalisé dans ce cas est, d'après l'auteur, comparable à celui du cas précédent.

4. L'existence même de ces deux types de travaux (comme aussi d'autres travaux mineurs payés au temps : réglage des machines avant la production, travaux sur lesquels des normes n'ont pas encore été fixées, « retravail » de pièces manquées) donne aux ouvriers de grandes possibilités d'accroître leur salaire sans que leur rendement apparent dépasse le taux « normal ». Ainsi, si un ouvrier a un « bon boulot » de 4 heures, pendant lesquelles il pourrait réaliser 200 % de la norme, et un « sale boulot » de 4 heures pendant lesquelles il ne pourra réaliser que la norme, il a le choix entre trois attitudes. Il peut *a)* suivre les règles formelles de la direction, auquel cas il se fera un salaire de 12 heures (4 × 2 + 4 × 1) – avec la certitude que quelques jours plus tard les délais seront réduits sur le « bon boulot ». Il peut *b)* s'en tenir sur le bon boulot à un rendement de 150 % ; il se fera alors un salaire de 10 heures (4 × 1,5 + 4 × 1). Il peut enfin *c)* réaliser le rendement de 200 % sur le « bon boulot » et de 100 % sur l'autre, mais *présenter* le premier travail comme ayant été effectué en 5 h 1/3 et le deuxième comme ayant été effectué en 2 h 2/3. Il apparaîtra alors que

1. Roy décrit longuement une lutte épique dans un tel cas entre les quatre meilleurs ouvriers de l'atelier et les chronos, lutte qui a duré neuf mois et s'est soldée par la victoire des ouvriers. Ce résultat fait penser – de même que les remarques de D. Mothé, *loc. cit.*, p. 91-92 – que la grande majorité des travaux sont au départ des « sales boulots » et que c'est la lutte des ouvriers contre les délais qui en transforme progressivement une partie en « gâteaux ».

la norme a été réalisée à 150 % dans les deux cas, l'ouvrier se fera un salaire de 12 heures, la production maximum aura été effectuée – et les délais ne risqueront pas d'être réduits[1].

L'ouvrier peut atteindre un résultat analogue en changeant la répartition apparente de son temps entre les « bons boulots » et les travaux payés au temps (avec la différence que dans ce cas il augmente sa paye sans augmenter la production).

5. La réalisation de ces possibilités par les ouvriers implique une rupture avec la plupart des règles d'organisation du travail établies par la direction. En fait, tout le système de « rationalisation » capitaliste du travail en est atteint; la direction perd la possibilité de déterminer la répartition du temps des ouvriers entre différents travaux, finalement toute sa comptabilité et ses calculs de rentabilité sont ruinés à la base. La direction réagit donc nécessairement et elle ne peut le faire qu'en instaurant des « contrôles » additionnels. Si ces contrôles sont « efficaces », ils ramènent les ouvriers vers la solution *b)* décrite plus haut – à savoir la restriction de la production, d'où gaspillage. Mais ils deviennent rapidement inefficaces. Si les contrôleurs restent dans les bureaux, ils ne peuvent au fond rien contrôler. C'est le cas des chronos, utilisés en fait d'après l'expression de Roy comme les véritables « haches » de la direction : impitoyables face aux ouvriers qu'ils trouvent en infraction et dont ils provoquent immédiatement le renvoi, ils n'apparaissent que très rarement dans l'atelier. S'ils vivent dans l'atelier, ils sont incapables à la longue de résister à la pression continue des ouvriers[2]. Tel est le cas des « contrôleurs de temps » censés pointer le temps du début et de la fin de chaque travail, afin de prévenir précisément le « maquillage » du rendement effectif. Très rapidement, ces contrôleurs demandent d'eux-mêmes aux ouvriers : « À quelle heure veux-tu que je te pointe ? » En fait, non

1. Cette troisième politique, appliquée vraisemblablement par les ouvriers dès que les conditions en furent donnés, correspond exactement au concept de la « maximisation des gains sur une longue période » récemment découvert par les économistes bourgeois comme le principe devant guider les décisions des entrepreneurs capitalistes.

2. Rappelons que l'ulcère de l'estomac est la maladie professionnelle des contremaîtres.

seulement les ouvriers de la production, mais tous les employés des « services » en contact direct et permanent avec les premiers (« contrôleurs de temps », magasiniers d'outillage, convoyeurs de stock, régleurs, inspecteurs et finalement même contremaîtres) coopèrent constamment à un degré plus ou moins grand pour enfreindre le règlement (à leurs yeux, et objectivement, absurde) de la direction et permettre aux ouvriers de se débrouiller. Ce débrouillage serait impossible sans cette coopération constante, englobant les parties de l'appareil de direction qui se trouvent en contact permanent avec les producteurs.

Ne pouvant plus se fier à ses représentants humains, la direction est obligée à nouveau de se rabattre sur une réglementation impersonnelle et abstraite. Elle introduit des règlements nouveaux, visant à rendre « objectivement impossible » la transgression de ses principes. Mais l'observation effective de ces nouveaux règlements dépend nécessairement à son tour d'un contrôle humain : leur efficacité présuppose que le problème qu'ils sont appelés à résoudre est déjà résolu. De ce point de vue, les règlements additionnels restent vains, car les ouvriers coopérant avec les couches inférieures des « services auxiliaires » arrivent rapidement à les tourner. Mais il y a plus : la plupart du temps ces règlements introduisent un degré supplémentaire de gaspillage et d'anarchie. Les ouvriers et les employés des services sont de ce fait obligés à consacrer une partie de leurs efforts non seulement à tourner le règlement, mais à compenser ses effets irrationnels.

Ainsi, dans l'usine décrite par D. Roy, pour éviter que les ouvriers ne se « débrouillent » de la manière décrite plus haut en répartissant comme il leur convient la distribution apparente de leur temps entre différents travaux, la direction nomme des « contrôleurs des temps ». En fait, ceux-ci deviennent des alliés des ouvriers et se tournent contre la direction. La direction, à un certain moment, décide de réagir et prend un « décret » visant à rendre « objectivement impossible » le débrouillage des ouvriers. Le « décret » en question interdit que les ouvriers gardent auprès de leur machine les outils et autres moyens auxiliaires de production après la fin d'un travail donné, comme aussi qu'ils obtiennent des magasiniers de l'outillage « en avance » (deux pratiques évidemment nécessaires pour pouvoir s'occuper d'autre chose que le travail qu'on est censé faire). Des bons d'outillage en triplicata doivent assurer le contrôle. À la fin de chaque équipe, cartons de fabrication et jauges doivent être rendus aux magasiniers, que le travail soit terminé ou non, et repris par l'équipe suivante.

Les effets du décret – prévus d'ailleurs par les ouvriers expérimentés – ne se font pas attendre : accroissement considérable du travail des magasiniers, résultant aussi bien de l'augmentation de la paperasserie que de la nécessité de réassembler et de réassortir chaque fois l'outillage demandé (jusqu'alors, ouvriers et régleurs se servaient eux-mêmes dans le magasin d'outillage) ; perte de temps considérable pour les ouvriers et formation de queues devant le magasin. Mais le résultat voulu par la direction n'est pas atteint : les triplicatas sont rédigés et échangés chaque fois – mais les magasiniers continuent à fournir aux ouvriers de l'outillage en avance.

Devant cette situation la direction, quatre mois plus tard, modifie son premier décret par un deuxième. Pour éviter la formation de queues devant le magasin on n'oblige plus les équipes de rendre cartons et jauges à la fin de leur journée, mais l'outillage ne peut être fourni désormais que sur la base d'une commande en duplicata issue par les « contrôleurs des temps ». En même temps, les inspecteurs doivent contresigner le temps de terminaison d'un travail avant qu'une nouvelle commande puisse être obtenue (ceci afin de permettre un contrôle réciproque des temps marqués par les « contrôleurs des temps » et les inspecteurs).

Cependant le deuxième décret aussi n'a comme résultat que d'accroître le travail de paperasserie des magasiniers. Pour le reste, les régleurs qui ont le droit de pénétrer dans le magasin s'y procurent l'outillage nécessaire aux ouvriers pour effectuer des travaux non encore commandés. Les inspecteurs se mettent rapidement au pas et « contresignent » les temps à la convenance des ouvriers. L'atelier retrouve sa routine, sous des formalités légèrement différentes – avec une production de papiers bleus, blancs et roses notablement accrue.

La direction ne se laisse pas décourager. Elle publie un troisième « décret » interdisant formellement l'entrée du magasin d'outillage à toute personne autre que les magasiniers et les deux chefs de département *(super-intendants)*. L'ordre, signé par Faulkner, Directeur de l'usine, est affiché à la porte du magasin.

Un vieil ouvrier, Hank, prédit que le nouvel ordre « ne durera pas une semaine », et un régleur explique pourquoi ses effets retomberont surtout sur les magasiniers et les affûteurs : « Jusqu'ici les contremaîtres et les régleurs faisaient eux-mêmes une grande partie de l'affûtage, et facilitaient le travail des magasiniers en cherchant eux-mêmes les outils dont ils avaient besoin. » Le résultat du troisième décret est que de nouveau une queue est formée devant le magasin. Les contremaîtres sont furieux, injurient les magasiniers et les préviennent qu'ils les chargeront de chaque minute de retard subie par les ouvriers qui n'obtiennent pas à temps leurs outils. Les gars qui forment la queue devant la fenêtre du magasin gueulent et se moquent des magasiniers.

Alors Jonesy, le plus consciencieux et le plus efficient des magasiniers, déclare « qu'il en a marre », et laisse à nouveau contremaîtres et régleurs entrer dans le magasin. Les notes prises le soir même par D. Roy méritent d'être citées textuellement : « Dix jours exactement après la promulgation du nouvel ordre, le soleil perce à nouveau les sombres nuages de l'efficacité directoriale. La prédiction de Hank avait été dépassée de quatre jours… Johny (régleur) et d'autres entrent dans le magasin presque à volonté… Lorsque j'ai demandé à Walt (magasinier) quelques « mâchoires » s'adaptant à une autre pièce, il m'a dit : "Il y en a des quantités là derrière, mais je ne sais pas laquelle il te faudrait. Il vaudrait mieux que tu amènes le régleur pour qu'il te trouve la bonne." Il m'a encore dit : "J'enfreins les règles ici, mais pas trop – juste ce qu'il faut pour permettre aux gars de produire." L'ordre de Faulkner est toujours accroché, à hauteur des yeux, à la porte du magasin…

« Et voilà pour l'ordre de Faulkner. On se débrouille à nouveau, et les ouvriers et leurs alliés des services auxiliaires se sont remis aux affaires courantes… »

La dialectique de la situation peut facilement être résumée en un certain nombre de moments de portée universelle. L'élément essentiel des coûts de production, c'est le travail humain (de toute façon, le seul élément sur lequel la direction peut ou croit pouvoir constamment agir : les autres dépendent de facteurs qui échappent la plupart du temps à son contrôle). La direction essaie de réduire ses coûts en essayant d'obtenir le rendement maximum avec le salaire minimum. Les ouvriers veulent obtenir le salaire maximum en fournissant le rendement qu'eux-mêmes considèrent correct. D'où le conflit fondamental sur le contenu de l'heure de travail. La direction essaie de surmonter ce conflit en « rationalisant », en définissant strictement l'effort à fournir par les ouvriers, en liant le salaire à la production atteinte. Cette « rationalisation » ne fait que développer le conflit initial, et à le faire proliférer en nombre de conflits spécifiques : conflit sur la définition des normes ; conflit sur l'application concrète des normes ; conflit sur la qualité et l'usure de l'outillage ; conflit sur l'application des règlements visant à organiser le travail dans la perspective de la direction. Le conflit initial, loin d'être surmonté, s'est amplifié en même temps qu'approfondi, car les ripostes successives de la direction obligent les ouvriers à mettre en question tous les aspects de l'organisation du travail. En même temps, les faux frais de la gestion capitaliste se sont considérablement accrus : restriction volontaire du rendement de la part des ouvriers, temps perdu à simplement lutter contre les normes et le règlement, multiplication des services auxiliaires et en particulier des services « de contrôle » qui doivent chaque fois être contrôlés par d'autres, etc.[1].

1. *Note 1974* : Ce texte – dont la première partie, sorte d'introduction programmatique, a été publiée en juillet 1955 dans le n° 17 de *S. ou B.*, et la deuxième partie, consacrée à la discussion des problèmes d'une société socialiste, dans le n° 22, en juillet 1957 – se prolongeait par une analyse des luttes politiques du prolétariat, par une critique de l'organisation globale de la société capitaliste et par une analyse de la crise de la culture contemporaine. Les événements (Mai 1958, scission dans le groupe S. ou B.) en ont interrompu l'élaboration et la publication. Des parties du premier projet ont été utilisées lors de la rédaction de « Prolétariat et organisation, I » (publié ici, p. 123-187 <et dans ce tome, p. 273-316>), du « Mouvement révolutionnaire sous le capitalisme moderne » et de « Marxisme et théorie révolutionnaire ».

BILAN*

Le 28 septembre, cinq électeurs français sur six allaient aux urnes. Quatre votants sur cinq approuvaient la nouvelle Constitution et accordaient au gouvernement tous les pouvoirs pour quatre mois. Deux semaines après, de Gaulle ordonnait à l'armée de quitter les Comités de Salut Public, et la séparait donc des ultras. Il faisait ainsi le premier pas depuis son accession au pouvoir, suivi depuis de plusieurs autres, vers la restauration de l'autorité de la bourgeoisie française sur Alger. Ce que nous considérions il y a quatre mois comme l'éventualité de loin la plus improbable, la transition à froid vers un nouveau régime, est en train de se réaliser.

Que représente ce régime ? Le pouvoir, plus direct et plus nu qu'auparavant, des couches les plus concentrées et les plus modernes de la finance et de l'industrie ; le gouvernement du pays par les représentants les plus qualifiés du grand capital, libérés pour l'essentiel du contrôle parlementaire. Quelle est son orientation ? La remise en ordre, dans l'optique et les intérêts du grand patronat, du fonctionnement du capitalisme français. Ne pouvant plus faire marcher sa machine politique par le moyen de partis morcelés, déconsidérés, décomposés, le capitalisme français les met hors circuit, en rendant le gouvernement indépendant en fait du Parlement. Devant l'impossibilité de maintenir par la force dans un statut quasi colonial l'Afrique noire qui s'éveille, il lâche du lest, fait de nécessité vertu et tente de maintenir les populations africaines dans son domaine d'exploitation en s'associant la bourgeoisie noire et une bureaucratie naissante à laquelle il ouvre des perspectives d'ascension dans la nouvelle « Communauté ». Comprenant qu'il ne peut liquider par les seuls moyens militaires

* *S. ou B.*, n° 26 (novembre 1958) <rééd. « 10/18 », *EMO, 2* (1974), p. 89-116>.

la guerre d'Algérie, il profite de l'usure du FLN pour laisser entrevoir la possibilité d'un compromis.

Cela ne veut pas dire que tous les problèmes se posant au patronat français sont résolus, ni que les solutions déjà données n'en recèlent de nouveaux. Il est différent de laisser entrevoir qu'en Algérie des négociations ne sont pas exclues, et de les faire effectivement aboutir. Au-delà des artifices juridiques de la « Communauté », les masses africaines poseront bien un jour ou l'autre le problème réel de leur exploitation. La Constitution gaulliste elle-même n'est qu'une cote mal taillée, qui organise comme on l'a dit le conflit des pouvoirs ; solution la moins mauvaise possible pour la bourgeoisie dans le présent, puisque la seule lui permettant de restaurer l'autorité gouvernementale, elle ne pourra fonctionner qu'à condition que l'apathie politique actuelle se prolonge, et que Parlement et électeurs se résignent au rôle de troisième ordre qu'elle leur assigne. Enfin, sur le plan économique, tout reste à faire et l'élimination des couches arriérées de la production française fera verser plus de larmes que ne l'a fait la réduction du personnel politique traditionnel.

Mais dans l'immédiat, et sans doute pour longtemps, le capitalisme français sort victorieux de la crise profonde qui couvait depuis le début de la guerre d'Algérie et qui a explosé violemment le 13 mai. Pour la première fois depuis 1945, il rétablit l'unité et la discipline dans son camp ; il arrive à se donner une direction politique ; il réussit à devancer les événements, au lieu de courir derrière eux sans espoir. Il sort surtout victorieux, au sens qu'il est parvenu à se fabriquer une « république » oligarchique lui permettant de gouverner par le truchement de ses hommes de confiance, sans avoir à composer avec une opposition quelconque.

Cette victoire, le capitalisme français ne l'a pas obtenue par la violence ; la menace lointaine de la violence a suffi. Il n'a pas eu à instaurer ouvertement une dictature, parce qu'en fait tout le monde a accepté la dictature affublée du masque de la légalité. Il n'a pas eu à recourir à la guerre civile, car pour faire une guerre civile il faut être deux, et le deuxième personnage ne s'est pas manifesté. La nouvelle Constitution a ceci de dictatorial, qu'elle élimine en réalité la politique de la scène publique et en fait l'affaire privée et secrète du gouvernement. Mais ce n'est là qu'en apparence un acte arbitraire : c'est la population française, dans sa grande majorité, qui s'est retirée de la politique, tacitement depuis des années, explicitement depuis le 13 mai, bruyamment enfin le 28 septembre. L'approbation de la Constitution, l'octroi de tous les pouvoirs à de Gaulle signifiaient, précisément : nous ne voulons plus nous en occuper, vous avez carte blanche.

Il ne s'agit pas que de la population française en général. Il s'agit aussi des travailleurs, qui, loin de lutter contre l'instauration du nouveau régime, l'ont positivement approuvée. Sans le vote que leur majorité a émis le 28 septembre, la transition à froid vers la Ve République eût été beaucoup plus difficile, sinon impossible. Comment expliquer cette attitude et la confiance accordée à un général qui, même s'il n'apparaissait pas comme le fasciste dénoncé chaque jour par *L'Humanité,* exprime clairement les intérêts et la politique du grand capital ? Comment un tel phénomène a-t-il pu se produire, non pas dans un pays arriéré, non pas en 1851, mais en plein milieu du XXe siècle, dans un grand pays industriel, où le prolétariat a derrière lui un long passé de luttes révolutionnaires ?

C'est aujourd'hui la première tâche des militants ouvriers et socialistes de se poser aussi sérieusement et aussi profondément que possible cette question, et d'essayer d'y voir clair. L'attitude que traduit le vote de la majorité des travailleurs le 28 septembre, même si elle n'est que passagère, même si elle reflète des éléments profondément contradictoires, signifie au total une régression importante. Il serait criminel d'en détourner les yeux ou bien de glisser dessus après une « explication » hâtive et superficielle. Les dirigeants du PC et de l' UGS qui s'en contentent et s'empressent de revenir aux affaires courantes, ont d'excellentes raisons pour le faire, car en tout état de cause et quelle qu'en soit l'explication, le vote du 28 septembre constitue leur condamnation sans appel.

Les contradictions, l'anarchie et la crise des sociétés capitalistes modernes ont atteint une intensité exceptionnelle dans la France d'après-guerre. En même temps qu'il connaissait un ample essor économique, technique et scientifique, le pays était plongé dans des guerres coloniales interminables et absurdes, dans un chaos économique périodique, dans l'anarchie politique permanente. Les gouvernements renversés tous les trois mois, les lois votées et non appliquées, l'inflation presque jamais interrompue, la fiscalité écrasante et frappant uniquement les plus faibles, la situation scandaleuse du logement douze ans après la fin de la guerre pendant que des milliers de milliards étaient engouffrés dans les expéditions coloniales; tout cela a fini par déconsidérer totalement les institutions de la république parlementaire bourgeoise, les partis censés les faire fonctionner, les idées qui les inspirent, la notion même de politique.

À vrai dire, cette république était déjà en faillite avant la Deuxième Guerre mondiale. Les partis socialiste et communiste ont dû en 1936 s'employer à fond pour maintenir dans les cadres du régime le mouvement d'occupation des usines. Ils ont dû encore, en 1944-1945, user de toute leur influence pour restaurer ce régime historiquement condamné, en en modifiant les formes dans un sens démagogique. Les travailleurs ont pu alors être leurrés par les quelques « réformes » réalisées, par l'idée qu'un retour en arrière était impossible, par l'espoir que la majorité socialiste-communiste donnerait au régime parlementaire un sens différent, par la présence des communistes au gouvernement. Dès 1947-1948, ils étaient fixés. Quelques années après son installation, la pagaille et la pourriture du régime ne provoquaient plus l'exaspération ou la colère, mais simplement les ricanements et les haussements d'épaules; la vie de la IVe République ne se déroulait pas à l'encontre de la volonté de la population, mais en l'absence de cette population, qui n'avait plus pour les institutions que mépris et dégoût.

Face à ces institutions complètement usées et discréditées, qu'y avait-il? La gauche, les partis ouvriers? Mais cette « gauche » et ces « partis ouvriers » n'étaient que des parties intégrantes du régime, la chair de sa chair et le sang de son sang. Non seulement ils n'ont jamais présenté, en actes ou même en paroles, aux travailleurs une perspective révolutionnaire; ils se sont plongés jusqu'au cou dans le système, dont le fonctionnement eût été impossible et inconcevable sans leur participation active. Active, cette participation l'était aussi bien lorsqu'ils étaient au pouvoir que dans l'« opposition ». Davantage même, peut-être, dans ce dernier cas. Car cette opposition non seulement est toujours restée sur le terrain du régime et n'a jamais essayé de déranger l'ordre établi; elle a toujours formé le complément indispensable du pouvoir, elle a été la soupape de sûreté du système, le moyen de canaliser et de rendre inoffensifs les mouvements de l'opinion populaire, de faire avorter ou aboutir à de misérables compromis les luttes ouvrières.

La moitié des députés de la IVe République, des conseillers municipaux et des maires, un président de la République, plusieurs présidents du Conseil, des dizaines de ministres, des masses de hauts fonctionnaires et de dirigeants d'entreprises nationalisées ont été fournis au régime par le PS et le PC. Ils l'ont été pour faire la même politique que les radicaux et les indépendants. Il est inutile de s'étendre sur le cas de la SFIO. Après avoir pris une part active dans la conduite de la guerre d'Indochine, trempé dans toutes les combines parlementaires, s'être opposé aux revendications ouvrières pour se préoccuper de l'équilibre du budget et de la « stabilité des prix », le parti socialiste a pu ajouter les plus beaux fleurons à sa couronne en prenant la direction de la guerre d'Algérie que la droite n'osait pas assumer seule, en favorisant l'organisation du fascisme à Alger et finalement en prêtant son appui à l'opération de Gaulle – appui sans lequel celle-ci n'avait guère de chances de réussir.

Certes, le PC n'a pas pris autant de responsabilités directes dans la politique du régime. Mais le fonctionnement de la République eût été également impossible sans lui, car il était seul capable de maintenir pendant douze ans la majorité du prolétariat français sur des voies de garage. Certes aussi, le PC n'est pas un parti purement et simplement installé dans le régime bourgeois français, comme la SFIO ; sa perspective est toujours l'instauration en France d'un régime capitaliste bureaucratique totalitaire intégré au bloc oriental. Mais cet objectif n'ayant dans les circonstances internationales actuelles aucune chance de réalisation, le PC en est réduit à essayer d'influencer la politique de la bourgeoisie française dans un sens favorable à la politique extérieure russe ; la période de « guerre froide » (1948-1952) terminée, il s'évertua à fournir à la bourgeoisie tous les gages possibles de sa bonne volonté. Ce même parti qui en 1952 essayait à coups de matraque de faire débrayer les ouvriers pour qu'ils manifestent contre Ridgway, s'opposa pratiquement toujours à leurs luttes dès qu'elles visaient à défendre leurs intérêts. En 1953, quatre millions d'employés de l'État étant en grève, le PC et la CGT utilisent leur influence et leurs énormes moyens matériels pour prévenir l'extension de la lutte à l'industrie – et y réussissent. En l'été 1955, PC et CGT jouent encore le même rôle par rapport aux grèves des métallos de Nantes et de Saint-Nazaire. En juillet 1957, la CGT solidaire de FO et de la CFTC sabote la grève des employés de Banque. Depuis le début 1956, le PC s'abstient de toute action qui pourrait gêner le travail de Mollet et de Lacoste en Algérie; il accorde à Mollet les pouvoirs spéciaux en mars 1956, comme à Pflimlin en mai 1958. Lorsqu'au printemps 1956 rappelés et ouvriers manifestent, parfois avec une violence extrême, contre la guerre d'Algérie, c'est encore la tactique insidieuse du PC qui enraye leur mouvement.

Ce ne sont là que quelques exemples de la politique des organisations traditionnelles, que l'on pourrait multiplier facilement. Mais, encore plus que dans les grandes occasions politiques, c'est dans leur existence et leur activité quotidiennes que syndicats et partis « ouvriers » ont pu démontrer que rien d'essentiel ne les sépare du régime auquel ils prétendent dans leur programme s'opposer. C'est à leurs faits et gestes les plus courants, dans toutes sortes de circonstances banales, que des millions de travailleurs ont appris à voir dans les députés, les conseillers municipaux, les dirigeants et les délégués syndicaux socialistes ou communistes des représentants comme les autres, au vocabulaire près, de la société établie, surtout préoccupés d'arrondir les angles, d'éviter les histoires, de tenir les gens tranquilles – bref, de maintenir l'ordre dans leur secteur.

C'est également à la structure de ces organisations, à leur attitude et à leurs méthodes, que les travailleurs ont appris à les identifier avec les autres institutions de la société capitaliste. Ces organisations « ouvrières », ces syndicats, ces partis « d'un type nouveau » ont fonctionné exactement comme des organisations capitalistes, des partis capitalistes, des entreprises ou le Parlement bourgeois. Des dirigeants inamovibles, choisissant eux-mêmes les gens dont ils s'entourent; la consécration rituelle du pouvoir par une fausse démocratie, sous forme de congrès dont le résultat est cuisiné d'avance; la base de l'organisation maintenue dans le rôle d'exécutants des consignes du bureau politique ou du comité directeur. La réduction de la classe ouvrière à un objet manipulé selon la ligne de la direction des partis ; une propagande démagogique et grossièrement mensongère ; l'organisation gardant pour elle-même le monopole des informations et essayant constamment d'imposer son point de vue aux masses, sans jamais laisser à celles-ci la possibilité de décider ou même de s'exprimer.

Tout cela ne signifie pas que les masses comparaient l'attitude des organisations bureaucratiques avec le modèle d'une organisation ouvrière révolutionnaire et les condamnaient à partir de cette comparaison. Les masses ont fait leur expérience des syndicats et des partis « ouvriers » en ce sens qu'elles les ont de plus en plus identifiés au régime lui-même et à ses autres institutions sous tous les rapports : quant à leurs objectifs, quant à leur structure, quant à leur attitude, quant à leurs méthodes d'action. Et c'est précisément dans la mesure où, en l'absence d'une organisation révolutionnaire, aucune comparaison positive ne pouvait être effectuée, dans la mesure où aucune autre perspective ne paraissait s'ouvrir, où tout ce qui s'offrait sur le marché politique ne représentait que des variantes de la même pourriture essentielle, que les masses ont accepté le gaullisme.

Cela signifie encore moins que si, à tel ou tel moment, le parti communiste avait eu une autre politique, tout eût été différent. Tout d'abord, le parti communiste ne pouvait absolument pas faire une autre politique que celle qu'il a faite : la politique d'une organisation bureaucratique liée à la Russie, visant à instaurer en France une dictature totalitaire et incapable d'y parvenir actuellement, craignant par-dessus tout la mobilisation autonome des masses et obligée quand même de s'attacher ces masses sans lesquelles elle n'est rien, réduite donc finalement à louvoyer sur toutes les questions essentielles. Les idées sur lesquelles il est construit, la mentalité de ses cadres, sa structure et ses méthodes d'action, le type de rapports qu'il entretient avec les ouvriers excluent entièrement qu'il puisse jamais la modifier. Mais même si, par miracle, le parti communiste avait changé de politique à un moment donné, cela n'eût pas suffi à effacer les résultats de toute son action antérieure. Cela n'eût pas supprimé la profonde scission qu'il a lui-même créée au sein du prolétariat français, ni empêché qu'il continue à représenter pour de nombreux ouvriers et intellectuels français la perspective d'instauration en France d'un régime du type russe qu'ils abhorrent à juste titre, surtout depuis la révolution hongroise. Cela n'eût pas d'un coup annulé les produits de vingt-cinq ans de propagande chauvine, d'attitudes réformistes, de ce travail permanent visant à détruire chez le prolétariat tout germe d'action autonome, d'auto-organisation, d'initiative, de critique, à l'attacher à la « grandeur française », à lui faire oublier ce qu'est le socialisme, à le persuader qu'il ne peut rien par lui-même et en dehors du parti. Les divers éléments de l'évolution politique française depuis la guerre, l'attitude du prolétariat, celle des organisations « ouvrières » et la relation entre les deux forment un tout indissociable. Ayant accordé sa confiance au parti communiste, l'ayant soutenu, l'ayant nourri, le prolétariat a subi en retour les résultats de l'action de ce parti, et non seulement en surface ; jusqu'à un certain point, il en a lui-même été profondément pénétré. Le résultat ne pouvait être, à cette étape, que l'usure de toutes les idées et de toutes les volontés, l'obscurcissement de toute perspective d'action autonome, qui ont finalement abouti à l'instauration du gaullisme.

Car lorsque le 13 mai est arrivé, la population travailleuse n'avait pas seulement perdu depuis longtemps toute illusion relative au régime et aux organisations « ouvrières » ; elle avait aussi perdu, pour l'essentiel, toute foi dans ses possibilités d'organisation et d'action. Elle n'arrivait pas à envisager la perspective d'un régime fondamentalement différent, ou bien reculait devant l'énormité des problèmes qu'un tel changement aurait posés. L'attitude des organisations devant les événements, la participation des socialistes à l'opération de Gaulle, les communistes accrochés aux basques de Pflimlin puis menant une tiède opposition à de Gaulle sans mettre à la place rien d'autre qu'un retour à peine déguisé aux beautés de la IVe République, tout cela a certes accentué le désarroi et le dégoût des travailleurs, mais n'a pas joué un rôle primordial. L'essentiel réside ailleurs : dans le travail des organisations bureaucratiques pendant des décennies visant à intégrer idéologiquement les travailleurs dans la société capitaliste, et y réussissant en partie, tout au moins jusqu'au point d'effacer toute perspective d'action autonome sur le plan politique.

Certes on pourrait dire, dans l'abstrait, que même dans ces conditions le prolétariat aurait pu tout tirer de lui-même et aller de l'avant. Il ne l'a pas fait, et rien ne sert d'épiloguer là-dessus, sauf pour ceux qui veulent toujours trouver dans la non-maturité des conditions une justification de leur inaction.

Privée ainsi de toute perspective d'action propre, qu'est-ce que la majorité des travailleurs pouvait faire d'autre que voter « oui » le 28 septembre ? Rien ne s'offrait à elle, en dehors du gaullisme, que le retour à la IVe République, ou alors l'inconnu, le chaos et la menace d'une guerre civile qui aurait précisément posé les problèmes qu'elle ne voulait et ne pouvait pas se poser. En face, de Gaulle représentait une possibilité de changement, plus même : si nos affaires doivent de toute façon être gérées par d'autres que nous, autant qu'elles le soient par quelqu'un d'efficace et qui paraît au moins savoir ce qu'il veut.

Une étape du mouvement ouvrier en France s'achève ainsi dans la déroute, dans le dégoût et l'apathie des ouvriers, dans la faillite des organisations bureaucratiques. Les révolutionnaires se doivent de regarder cette situation calmement en face, mais surtout de se tourner vers l'avenir et de réfléchir aux conditions et à l'orientation de leur action de demain.

L'état actuel d'apathie des masses ne sera pas éternel. Il ne faudra pas un temps long pour que les nuages de fumée et de poussière, les faux cauchemars et les espoirs insensés se dissipent, pour que le nouveau régime apparaisse dans sa vraie perspective, pour que les travailleurs retrouvent, absolument intacte, la dure réalité de la société de classes, la dure nécessité de la lutte. Ils retrouveront alors aussi, sans doute, les leçons de la période qui vient de finir.

Il est peu probable, en effet, que les organisations bureaucratiques pourront continuer à jouer le même rôle de frein des luttes que par le passé. Leur usure, manifeste depuis longtemps, portée à son comble depuis le 13 mai, ne pourra que s'accélérer encore sous le nouveau régime. À vrai dire, ces organisations sont désormais entièrement privées de sens ; on aperçoit mal, dans la nouvelle période, les raisons d'être du parti communiste, du parti socialiste, de l'UGS ou de M. Mendès France. La politique de « grandeur et de renouveau de la France », d'aménagement rationnel des relations avec l'Afrique et les colonies, de remise en ordre des affaires de la société établie qu'ils ont demandée, de Gaulle est en train de la réaliser. Qu'est-ce qui sépare l'opposition actuelle du gouvernement ? Presque uniquement qu'elle lui demande d'aller plus vite en Algérie, ou qu'elle lui fait un procès d'intention. Sur le terrain sur lequel elle s'est depuis longtemps placée, le terrain de l'amélioration du capitalisme, cette opposition est et restera véritablement une opposition de Sa Majesté. Pourra-t-elle dans ces conditions persuader le pays que son sort dépendra de l'élection de 50 et non 40 députés communistes à un Parlement croupion – quelques mois après que 150 députés communistes à un Parlement « souverain » eurent avec éclat prouvé leur totale inutilité ?

Cette situation placera sur un terrain nouveau les rapports entre les ouvriers et les organisations bureaucratiques. Déjà en 1953, en 1955, en 1957 la tension entre les travailleurs et la bureaucratie syndicale et politique était proche du point de rupture. Personne ne peut dire si cette rupture éclatera dans la période qui vient, mais une chose est certaine : ce n'est qu'à cette condition qu'il pourra y avoir une action ouvrière. Si les organisations bureaucratiques étaient capables de maintenir encore leur emprise sur les travailleurs, il faudrait en conclure que l'on ne verrait pas de luttes importantes, quelles que soient les conditions objectives. En automne 1957, malgré une détérioration considérable de ses conditions de vie, la classe ouvrière n'a pas pu briser le barrage des organisations syndicales, ni surmonter les difficultés qu'elle éprouvait devant l'idée d'une lutte généralisée qui risquerait de dépasser les revendications de salaire ; et l'effervescence dans les usines n'a abouti à rien. Dans la période actuelle, l'emprise des organisations bureaucratiques et la difficulté qu'éprouvent les ouvriers pour entrevoir une perspective propre n'agissent pas comme un obstacle que rencontrerait leur action à une étape de son développement et qui l'empêcherait d'aller plus loin ; elles agissent au départ, et empêchent tout simplement que les luttes se déclenchent. Ce n'est que si les travailleurs parviennent à agir de façon autonome qu'ils pourront lutter, et lutter efficacement, pour la défense de leur condition. Dans le cas contraire, on assistera tout au plus à des tentatives sporadiques, avortées, brisées qui n'aboutiront qu'au découragement et à la consolidation du pouvoir absolu du patronat.

Mais le développement de la capacité des travailleurs d'agir de façon autonome, la création de possibilités d'extension et d'approfondissement de leurs luttes, exigent impérieusement la construction rapide d'une organisation ouvrière révolutionnaire. C'est la leçon cruciale qui se dégage des quatorze années d'après-guerre en France. Des tentatives d'action autonome des travailleurs ont eu lieu à plusieurs reprises, à divers moments et à différents endroits. Avec d'immenses difficultés, la classe ouvrière, même pendant la période qui vient de s'écouler, est parvenue à tirer d'elle-même les premiers éléments d'une réponse révolutionnaire à la situation sur toutes sortes de problèmes. Elle a déclenché des luttes à l'encontre des organisations, comme en 1953 ; elle a redonné leur véritable caractère de combat aux grèves, comme en 1955 à Nantes ; elle s'est dressée contre la guerre d'Algérie, avec les manifestations du printemps 1956. Ces tentatives en sont toujours restées à leurs premiers pas ou ont été étouffées dans l'œuf. Pourquoi ? Parce que, au lieu de rencontrer une organisation révolutionnaire qui en aurait repris le contenu, les aurait fait connaître dans l'ensemble de la classe ouvrière du pays, leur aurait fourni les moyens d'expression nécessaires, les liaisons indispensables avec d'autres localités et d'autres professions, elles ont trouvé face à elles la bureaucratie syndicale et politique qui s'est acharnée à les faire avorter, à les empêcher de se propager, à les tenir cachées du reste des travailleurs.

Les événements en France ont démontré de façon écrasante la nécessité d'une organisation révolutionnaire, non pas pour « diriger » les ouvriers, ni pour se substituer à eux, mais pour propager, amplifier et développer les méthodes et les formes d'action, les objectifs de lutte, la conscience de classe que les ouvriers eux-mêmes créent constamment. Les événements de quatorze années ont prouvé que les difficultés, déjà énormes, qu'éprouve le prolétariat sous le capitalisme pour parvenir à une conscience claire de ses objectifs de classe et des moyens propres à les réaliser, sont multipliées à l'infini par l'action des organisations bureaucratiques. Ils ont également prouvé que cette action ne reste pas extérieure à la classe ouvrière, mais tend à la pénétrer profondément, à la soumettre aux illusions réformistes et chauvines, et, le plus important, à démolir constamment chez elle l'idée qu'elle est capable de résoudre ses problèmes par son action propre. Et cela se déroule à tous les niveaux. La bureaucratie « ouvrière » s'est systématiquement efforcée de faire oublier aux ouvriers français qu'une grève doit être conduite par un comité de grève élu, révocable et responsable devant les grévistes – et elle y a réussi. Elle s'est également efforcée de leur faire oublier ce qu'est une transformation révolutionnaire de la société, ce que signifie le socialisme, de les persuader qu'ils sont incapables de gérer eux-mêmes leurs affaires et la société – et elle y a également réussi.

Ce dernier point, qui peut sembler éloigné et abstrait, est en réalité le plus concret et le plus important de tous. Dès que la crise du régime capitaliste atteint un certain degré d'intensité, les ouvriers ne peuvent plus défendre leur condition sans poser le problème total de la société. On l'a bien vu en automne 1957, on l'a vu encore mieux en mai 1958. Dans le premier cas, les ouvriers sentaient bien que la revalorisation des salaires dépendait de la situation économique d'ensemble de la France, déterminée à son tour par la guerre d'Algérie. Une lutte pour les salaires qui prendrait une certaine ampleur poserait inévitablement aussi bien le problème du contrôle des prix, sans lequel les augmentations de salaire resteraient illusoires, que celui de la politique algérienne – donc conduirait à une lutte pour le pouvoir. Mais quel pouvoir ? La question s'est posée encore plus nettement le 13 mai. Lutter contre un fascisme ou un État autoritaire ? Oui. Pour maintenir la IVe République ? Certainement pas. Mais alors pour quoi ?

Au-delà du niveau élémentaire de l'entreprise, il ne peut pas y avoir d'action de classe sans perspective révolutionnaire. Or le fonctionnement quotidien du régime capitaliste, le travail quotidien de la bureaucratie « ouvrière », tendent à la fois objectivement et intentionnellement à obscurcir, à brouiller, à effacer cette perspective dans la conscience des travailleurs. C'est à cet égard que le rôle d'une organisation révolutionnaire est absolument décisif, en tant qu'elle trace une perspective socialiste, qu'elle montre en termes concrets qu'une solution ouvrière à la crise de la société existe, que le prolétariat est capable de la réaliser. Il faut qu'une organisation révolutionnaire proclame constamment et ouvertement la nécessité d'une transformation socialiste de la société, qu'elle indique le contenu de cette transformation à partir de l'expérience des luttes révolutionnaires du prolétariat et de ses besoins actuels, qu'elle montre les problèmes qu'elle rencontrera et les solutions qui peuvent leur être données. Cette perspective est l'élément catalyseur permettant la cristallisation des idées et des volontés des travailleurs, qui sans cela risqueraient de ne jamais parvenir à la clarté nécessaire pour une action décisive. En maintenant constamment présent l'objectif socialiste devant les travailleurs, l'organisation ne se substitue pas à eux, elle ne fait que leur rappeler ce que fut leur propre action à ses moments les plus élevés. Car le socialisme n'est pas une invention d'idéologues et de théoriciens, mais la propre création de la classe ouvrière, qui a réalisé la Commune, les Soviets, les Conseils ouvriers, qui a revendiqué la gestion de la production, la suppression du salariat et l'égalisation des rémunérations, qui a proclamé qu'elle n'attend pas son salut de Dieu, de César ou des tribuns mais d'elle-même.

C'est donc la première tâche aujourd'hui que d'entreprendre la construction d'une organisation ouvrière révolutionnaire, sur des bases idéologiques excluant tout compromis, toute confusion, toute imprécision. Cette organisation devra tirer les leçons de l'expérience du mouvement ouvrier français et international. Elle devra renouer avec le contenu des grandes luttes du passé, mais aussi répondre aux besoins actuels des travailleurs et aux problèmes posés par l'évolution de la société moderne. Elle proclamera ouvertement et quotidiennement que l'objectif du prolétariat ne peut pas être de limiter ou d'aménager l'exploitation capitaliste, mais de la supprimer. Elle montrera que toutes les tentatives de « réformer » et d'« améliorer » le capitalisme n'ont en rien atténué la crise de la société contemporaine; que par le « marché » ou par le « plan », avec la « propriété privée » ou la « propriété nationalisée », les exploiteurs capitalistes et bureaucrates ne poursuivent que leurs intérêts et qu'ils sont, les uns et les autres, radicalement incapables d'assurer un développement rationnel et harmonieux de la société; qu'avec l'expansion ou la récession, les salaires élevés ou bas, la vie du travailleur est toujours la même, celle d'un exécutant rivé à une tâche éternellement répétée, asservi aux ordres des dirigeants, d'un consommateur qui n'arrive jamais à joindre les deux bouts et court après les besoins toujours plus élevés que crée la société moderne.

Elle montrera que la seule issue à la crise de la société est le socialisme, compris comme le pouvoir des Conseils de travailleurs et la gestion ouvrière de la production, de l'économie, de la société. Elle dénoncera la mystification de la « nationalisation » et de la « planification », en faisant voir qu'elles ne sont que la forme du pouvoir de la bureaucratie politique et économique et qu'elles ne suppriment ni l'exploitation ni l'anarchie profonde du capitalisme. Elle montrera que la production ne pourra être orientée dans les intérêts de la société que si ce sont les travailleurs eux-mêmes qui la gèrent; qu'il ne peut y avoir de planification socialiste que si les masses organisées décident de ses objectifs et de ses moyens; que dans une société socialiste il ne peut y avoir d'autre « État » et d'autre pouvoir que celui des travailleurs organisés dans leurs Conseils. Elle rappellera que c'est l'instauration d'un tel pouvoir qui a toujours été l'objectif de la classe ouvrière dans ses grandes luttes révolutionnaires; elle analysera les difficultés que ces luttes ont rencontrées, les obstacles qu'elles auront à vaincre dans l'avenir, afin d'aider le prolétariat à s'élever à la hauteur de sa tâche historique, la réalisation d'une société pour la première fois humaine.

L'organisation révolutionnaire ne parlera pas du socialisme les dimanches et les jours de fête. Elle en parlera constamment, mais aussi et surtout elle s'inspirera des principes du socialisme dans son action quotidienne et courante. Elle sera inconditionnellement aux côtés des travailleurs dans la défense de leur condition à laquelle le régime d'exploitation les oblige chaque jour. Mais son attitude sera toujours réglée sur ce principe, que c'est aux ouvriers eux-mêmes de diriger leurs luttes, de définir leurs revendications, de choisir leurs moyens d'action. Elle mettra à leur disposition ses moyens d'expression, d'information et de liaison. Elle s'attachera à diffuser auprès de l'ensemble de la classe ouvrière l'exemple et l'expérience des luttes partielles. Son action aura comme fin et comme moyen principal le développement de la conscience des travailleurs et de leur confiance dans leur propre capacité de résoudre leurs problèmes.

La structure de l'organisation elle-même devra être un exemple de fonctionnement collectif et démocratique aux yeux de la classe ouvrière. C'est d'ailleurs là la condition nécessaire pour que l'organisation soit efficace. L'orientation de l'organisation sera définie par la base; les organismes et les personnes chargées des tâches indispensables de centralisation seront sous le contrôle permanent de l'ensemble des militants. Mais il ne s'agit pas là de simples règles de démocratie formelle : ce n'est que de cette façon que l'ensemble de l'organisation peut être véritablement associée à son travail, que les individus peuvent se mobiliser pour des objectifs dont ils connaissent l'importance puisqu'ils les ont eux-mêmes définis, qu'ils peuvent déployer et développer leurs capacités. Une organisation qui réduit ses membres au rôle d'exécutants n'est pas simplement anti-démocratique; elle est aussi et surtout inefficace, car elle ne peut mettre en œuvre qu'une infime partie du potentiel humain que représentent ses membres.

Cette organisation se construira inévitablement dans la période à venir. Les idées sur lesquelles elle doit être fondée existent et deviennent chaque jour plus évidentes pour un nombre croissant d'individus. Les luttes ouvrières en démontreront le besoin vital. Les jeunes générations sont là, sur lesquelles ni les institutions officielles ni les vieilles organisations n'ont de prise, et qui éprouvent sur leur personne la crise de la société. Mais le rythme de sa construction peut être influencé de façon décisive par l'attitude qu'adoptera, dans les mois qui viennent, cette importante fraction des militants des organisations traditionnelles qui réfléchit aujourd'hui sur les événements et essaie d'en tirer les leçons.

On a en effet analysé plus haut l'évolution de la France d'après-guerre en décrivant les rapports entre le prolétariat et la bureaucratie « ouvrière ». Mais cette analyse resterait incomplète si elle passait sous silence le rôle capital de cet élément indispensable de liaison entre les travailleurs et les directions bureaucratiques qu'ont été les militants. Sans la participation quotidienne de dizaines et de centaines de milliers de militants, ni les syndicats ni les partis « ouvriers » n'auraient pu agir ou simplement exister. Dans leur grande majorité ces militants, quels qu'aient pu être leurs défauts ou leurs déformations, ne peuvent pas être confondus avec la bureaucratie stalinienne ou réformiste. Ils ont sincèrement lutté pour ce qu'ils croyaient être la défense des intérêts des travailleurs ou une politique menant au socialisme. Aujourd'hui, ils sont bien obligés de le constater : à quoi ont abouti toutes ces années de travail acharné, ces soirées passées à se réunir et ces nuits à coller des affiches, cet argent, ces journaux vendus, ces bagarres, ces injures, cette tension perpétuelle ? À ce que la classe ouvrière se détourne d'eux et des idées qu'ils sont censés incarner; à ce que de Gaulle s'installe au pouvoir.

Face à cette réalité, de nombreux militants parviennent aujourd'hui à voir que la politique des organisations bureaucratiques forme un tout, qu'il n'y avait pas d'« erreurs », que leur activité depuis quatorze ans préparait nécessairement le résultat d'aujourd'hui qui en retour éclaire son sens définitivement. Ils arrivent ainsi à une critique radicale de la direction des organisations et de ces organisations comme telles qui est sans doute la première nécessité actuellement. Mais elle ne suffit pas. Les militants sont éclairés sur le rôle de leurs directions. Ils ne peuvent actuellement rien sur les masses, que se dire : les masses n'ont pas pu faire *tout* d'elles-mêmes, et nos organisations ont *tout* fait pour qu'elles ne fassent rien. Mais il est aussi indispensable qu'ils se demandent : qu'est-ce que *nous* avons fait ?

Sans leur action, les organisations n'auraient pas pu jouer le rôle qu'elles ont joué. Les militants doivent donc comprendre les responsabilités qui sont les leurs, non pas pour s'en attrister ou pour se frapper la poitrine, mais pour avancer; et pour cela, ils doivent essayer de voir clairement les motivations de ce comportement qui les a conduits pendant des années à soutenir une politique diamétralement opposée aux fins qu'ils croyaient poursuivre en militant.

Deux postulats étroitement liés se trouvent à la base de ce comportement. En premier lieu, l'idée que ce qui importe avant tout, c'est de militer et d'agir « efficacement », l'efficacité étant mesurée par la capacité d'influencer dans l'immédiat et de façon visible la vie de la société, *donc* la vie du régime capitaliste, d'exercer une pression sur l'action du gouvernement, d'obtenir pour ce faire le plus grand nombre possible de voix aux élections, etc. Comme seule une grande organisation peut agir « efficacement » en ce sens, il en résulte que l'existence, l'unité, le prestige d'une telle organisation deviennent des fins en soi qu'il s'agit de défendre à n'importe quel prix et, finalement, quelle que soit la politique de l'organisation. Cela d'autant plus – et c'est là le second postulat – que les militants n'ont pas à se préoccuper, une fois qu'ils ont adhéré à l'organisation, de la justesse de telle ou telle de ses actions, encore moins de sa politique d'ensemble, qu'ils n'ont qu'à l'appliquer et à la défendre devant le public, qu'ils n'ont à réfléchir que pour mieux l'exécuter et que, quant au reste, le Bureau politique pense pour eux.

Il est à peine nécessaire de rappeler à quel point ces postulats s'effondrent aujourd'hui sous le poids de leurs propres conséquences. Les militants ont agi pour l'efficacité pendant des années – et quel a été le résultat ? Ils auraient tout aussi bien pu passer leurs années à copier *Le Capital* sur le dos d'un timbre-poste, à construire un Kremlin miniature avec des allumettes, leurs objectifs en auraient tout autant profité. Des doctrinaires sectaires ne comprenaient pas combien il était important que le PC eût 150 députés ; il les a eus. Qu'ont-ils fait, et où sont-ils maintenant ? Les problèmes étaient résolus par Staline et Thorez ; le Bureau politique réfléchissait pour eux, il possédait la science et les informations que de simples militants ne pouvaient pas posséder. Il avait donc toujours raison, il ne pouvait pas se tromper. Mais qui s'est trompé alors, ou bien vivons-nous dans un mirage et de Gaulle est-il un fantôme ? Les problèmes qui couvaient en eux depuis de longues années, les points d'interrogation qui s'accumulaient – Tito, l'attitude des organisations face aux luttes les ouvrières, Berlin-Est, le XXe Congrès, l'Algérie, la Pologne, la Hongrie, Suez, pour n'en mentionner que les plus cuisants –, ils se les masquaient au prix d'un effort de plus en plus grand, en s'accrochant désespérément à cette seule « réalité » tangible : l'organisation, le parti, sa force, son efficacité, qu'il ne fallait surtout pas mettre en danger par des doutes et des critiques. L'organisation, qui n'était au départ qu'un moyen pour réaliser certaines fins politiques, devenait ainsi la fin absolue, et sa politique seulement un moyen.

Cette « fin absolue » est aujourd'hui un néant grotesque, cette « réalité » une parfaite illusion : ces partis sont des cadavres, ils n'ont rien changé à rien, ils sont encore moins capables de se changer eux-mêmes. Les problèmes esquivés depuis des années, la réalité interdit désormais qu'on les ajourne davantage si l'on veut rester conséquent : si ce qui importe avant tout c'est l'action efficace, comment ne pas voir non seulement que l'action des partis a été totalement inefficace, mais que désormais toute efficacité leur est absolument interdite ?

Ce n'est qu'à condition de se débarrasser de ces illusions (et de ne pas les rééditer sous des formes légèrement modifiées) que les militants pourront dépasser leur crise actuelle et jouer un rôle positif dans le développement d'une nouvelle organisation révolutionnaire.

L'action politique n'a pas de sens, en effet, si elle n'est pas efficace. Mais efficace par rapport à quoi, c'est toute la question. Une politique révolutionnaire est efficace dans la mesure où elle élève la conscience et la combativité des travailleurs, les aide à se débarrasser des mystifications de la société établie et de ses instruments bureaucratiques, enlève les obstacles de leur route, augmente leur propre capacité de résoudre leurs problèmes. Il est efficace d'aider dix ouvriers à voir clair dans les problèmes actuels ; il ne l'est absolument pas de faire élire dix députés communistes supplémentaires.

L'action politique n'a pas de sens en dehors d'une organisation. Mais quelle organisation, et pour quoi faire ? L'organisation n'est rien, si son fonctionnement, son activité, sa politique quotidiennes ne sont pas l'incarnation visible et contrôlable par tous des fins qu'elle proclame. Cela est infiniment plus important que la taille de l'organisation comme telle, qui n'a, à proprement parler, aucune signification en dehors du contenu de l'organisation : une organisation bureaucratique trois fois plus importante est simplement trois fois plus néfaste, un point c'est tout.

Les militants qui tirent les leçons de la faillite des organisations traditionnelles et veulent aller de l'avant doivent comprendre que, s'ils ne veulent pas reprendre le même calvaire avec le même néant au bout, il faut commencer par le commencement. Ils doivent abandonner l'idée qu'ils peuvent faire l'économie d'une révision radicale des idées sur lesquelles ils ont vécu pendant des années. Ils doivent se débarrasser de cette illusion – qui s'empare curieusement aujourd'hui de l'« opposition communiste » et montre combien les survivances du stalinisme peuvent être profondes – qu'il suffit de critiquer le PC sur des problèmes finalement conjoncturels, comme son attitude sur l'Algérie ou le

13 mai, et qu'il faut surtout éviter de poser les grandes questions « abstraites » : s'ils s'engageaient sur cette voie, ils se prépareraient le même sort politique que le PC lui-même, lorsque la question algérienne ne sera plus là et que le 13 mai sera oublié. Ils doivent surtout comprendre que les débuts d'une nouvelle organisation révolutionnaire seront fatalement modestes, qu'on n'a ni à s'en attrister ni à s'en réjouir, mais simplement reconnaître que c'est la seule voie ouverte aujourd'hui et que tout le reste, c'est du charlatanisme politique. Ceux qui veulent du « grand » peuvent rester au PC ; ceux qui se contentent de moins aller à l'UGS. Mais ceux qui veulent habiter quelque chose de solide auront à le construire eux-mêmes. Presque tous les matériaux sont là, mais la terre est rase.

Pendant un tiers de siècle le mouvement ouvrier a été presque entièrement dominé par la bureaucratie, stalinienne ou réformiste. Depuis quelques années les manifestations les plus diverses, mais qui expriment finalement toutes la même évolution, annoncent que cette période s'achève. À l'Est, le prolétariat de Berlin, de Poznan, de Budapest a lutté de front contre le pouvoir de la bureaucratie, et même en Russie le Kremlin ne peut plus gouverner comme par le passé. Dans les pays occidentaux l'emprise des organisations bureaucratiques sur les travailleurs est profondément usée. En France, cette usure se traduit pour l'instant de façon négative, par le dégoût et le retrait des ouvriers. Mais il faut regarder plus loin. La reprise des luttes ouvrières est inéluctable, et celles-ci pourront difficilement passer par les voies traditionnelles. À la nouvelle période du mouvement ouvrier correspondra nécessairement une nouvelle organisation, tirant les leçons de la phase de bureaucratisation quant au programme socialiste, quant à sa propre structure, quant à ses rapports avec les travailleurs. Cette organisation ne pourra se construire que sur des bases idéologiques claires, éliminant impitoyablement les néo-réformismes, les néo-stalinismes et les néo-trotskismes qui foisonnent aujourd'hui dans la confusion et qui n'ont d'intérêt que pour l'archéologie politique.

C'est à la construction de cette organisation que *Socialisme ou Barbarie* appelle tous ceux qui veulent travailler pour le prolétariat et le socialisme.

NOTE SUR LUKÁCS ET ROSA LUXEMBOURG*

Le livre de Georg Lukács, *Histoire et conscience de classe,* a été publié en 1923 ; les textes qui le composent furent écrits entre 1919 et 1922, en pleine période révolutionnaire. L'évolution ultérieure de son auteur qui, pour rester au sein de l'Internationale Communiste, a renié son livre et en a interdit la réédition, ne peut pas effacer le fait qu'il s'agit d'un ouvrage théorique d'une signification capitale et qui, sur le plan philosophique, reste à peu près la seule contribution importante au marxisme depuis Marx lui-même.

Les « Remarques critiques » sur *La Révolution russe* de Rosa Luxembourg posent, à travers la défense de la politique bolchevique entreprise par Lukács, l'essentiel des problèmes d'une politique révolutionnaire en période de renversement du régime d'exploitation. Il va sans dire que nous publions ce texte comme une contribution à la discussion de ces problèmes, sans pour autant partager nécessairement les vues de l'auteur. Ce n'est pas ici le lieu d'en entreprendre la discussion systématique ; les lecteurs de *Socialisme ou Barbarie* peuvent, s'ils désirent connaître notre point de vue, se référer aux nombreux textes déjà publiés par la revue sur ces questions. Sur un point, cependant, le texte de Lukács appelle un commentaire qu'il est nécessaire de faire ici même.

Lukács critique à juste titre Rosa pour sa conception « organique » de la révolution, son oubli de tirer toutes les implications qui découlent de l'idée de la révolution violente. Il rappelle que,

* *Note 1974* : *S. ou B.,* n° 26 (novembre 1958) <rééd. « 10/18 », *EMO, 2* (1974), p. 117-121>. Cette note introduisait le texte de Lukács « Remarques critiques sur la critique de la révolution russe de Rosa Luxembourg », publié par la revue dans la traduction de K. Axelos et J. Bois avant que celle-ci ne paraisse dans *Histoire et conscience de classe* (Paris, Minuit, 1960, p. 309-332). Dans ce texte, Lukács critiquait *La Révolution russe,* de Rosa Luxembourg, publiée en allemand pour la première fois en 1922.

à l'opposé de la révolution bourgeoise qui n'a qu'à supprimer les obstacles empêchant l'épanouissement complet d'une production capitaliste déjà développée, la révolution prolétarienne doit entreprendre la transformation consciente des rapports de production, transformation pour laquelle le capitalisme ne crée que « les présuppositions objectives » (c'est-à-dire matérielles) d'un côté, le prolétariat comme classe révolutionnaire, de l'autre. Il laisse cependant à son tour complètement dans l'ombre la question de savoir en quoi consiste cette transformation. Lorsqu'il dit par exemple que, aussi poussée que soit la concentration du capital, il reste toujours un saut qualitatif à effectuer pour passer au socialisme, le contenu de ce saut qualitatif reste entièrement indéterminé : le contexte, et le fait que tout cela vise à défendre la politique bolchevique, laisse entendre qu'il s'agirait de pousser cette concentration à sa limite (par la nationalisation ou étatisation) et de supprimer les bourgeois comme propriétaires privés des moyens de production. Or, en réalité, le saut qualitatif en question consiste en la transformation du contenu des rapports de production capitalistes, la suppression de la division en dirigeants et exécutants, en un mot : la gestion ouvrière de la production. La maturation du prolétariat comme classe révolutionnaire, condition évidente de toute révolution qui n'est pas un simple putsch militaire, prend alors un sens nouveau. Sans doute, elle ne peut toujours pas être considérée comme le produit « spontané » et simplement « organique » de l'évolution du capitalisme, séparé de l'activité des éléments les plus conscients et d'une organisation révolutionnaire ; mais c'est une maturation par rapport non pas au simple soulèvement, mais par rapport à la gestion de la production, de l'économie, de la société dans son ensemble, sans laquelle parler de révolution socialiste est entièrement dépourvu de sens. Le rôle du parti ne consiste alors absolument pas à être l'accoucheur par la violence de la nouvelle société, mais d'aider cette maturation-là, sans laquelle sa violence ne pourrait conduire qu'à des résultats opposés aux fins qu'il poursuit. Or, à cet égard, il faut rappeler que le parti bolchevique non seulement n'a pas aidé, mais s'est la plupart du temps opposé aux tentatives de s'emparer de la gestion des usines faites par les Comités de fabrique russes en 1917-1918.

Vue sous cet angle, et aussi bien entendu à la lumière de l'évolution ultérieure de la révolution russe, la distinction entre la dictature du parti et la dictature de la classe que Lukács écarte dédaigneusement, prend toute son importance ; il ne s'agit pas de plus ou de moins de démocratie, il ne s'agit même pas de deux conceptions différentes du socialisme ; il s'agit de deux régimes sociaux diamétralement opposés. Car, quelles que soient les intentions et la volonté des personnes, des groupes et des organisations, la dictature du parti ne peut que conduire inévitablement à la dictature d'une nouvelle classe bureaucratique.

C'est dans ce contexte que le problème de la « liberté » prend son vrai sens. Seuls les organismes de masse du prolétariat peuvent décider si tel ou tel courant politique doit être libre ou non ; qu'ils puissent se tromper, c'est certain, mais personne sur terre ne peut les protéger contre de telles erreurs. Il est trop facile de se borner à dire que le règne du prolétariat n'a pas comme but de servir la liberté, mais que la liberté doit servir le règne du prolétariat. Le règne du prolétariat ne peut qu'être la liberté pour le prolétariat lui-même. L'essentiel de l'expérience est qu'en Russie ni la liberté ni le règne du prolétariat n'ont été sauvés de cette façon. Dire qu'ils ne pouvaient pas l'être, vu les circonstances, c'est une autre discussion. Mais il ne faut pas ériger ce que les bolcheviks ont – peut-être contraints – fait dans des circonstances données et qui préparait objectivement l'avènement du contraire du socialisme en principe général de la révolution ; car alors la voie est ouverte à l'identification de Kornilov à Kronstadt – effectuée par Trotski et reprise ici par Lukács – qui a tôt fait de conduire à l'identification de Kornilov à Trotski et à Lukács lui-même, dont se sont chargés par la suite Staline et ses successeurs.

PROLÉTARIAT ET ORGANISATION, I*

Les organisations que la classe ouvrière avait créées pour se libérer sont devenues des rouages du système d'exploitation. Telle est la brutale constatation qui s'impose à tous ceux, travailleurs et militants, qui regardent la réalité en face. Et beaucoup sont aujourd'hui paralysés par ce dilemme : comment agir sans s'organiser ? Et comment s'organiser sans retomber dans l'évolution qui a fait des organisations traditionnelles les ennemis les plus acharnés des fins qu'elles devaient réaliser ?

Certains croient pouvoir trancher la question de façon purement négative. L'expérience prouve, disent-ils, que toutes les organisations ouvrières ont dégénéré ; *donc* toute organisation est condamnée à dégénérer. C'est tirer de l'expérience trop ou trop peu. Toutes les révolutions jusqu'ici ont été vaincues ou ont dégénéré. Faut-il en déduire que l'on doit abandonner la lutte révolutionnaire ? Défaite des révolutions et dégénérescence des organisations expriment, chacune à son niveau, un même fait : la société établie sort provisoirement victorieuse de sa lutte avec le prolétariat. Veut-on en conclure qu'il en sera toujours ainsi, il faut alors être logique et se retirer sous sa tente. Car poser le problème de l'organisation n'a de sens qu'entre gens persuadés qu'ils peuvent et doivent lutter en commun, donc en s'organisant, et qui ne commencent pas par postuler que leur défaite est inéluctable.

Mais pour ceux-ci, les questions que soulève la dégénérescence des organisations ouvrières prennent alors tout leur sens, et exigent des réponses positives. Pourquoi ces organisations ont-elles dégénéré, et que signifie exactement cette dégénérescence ? Quel a été leur rôle dans l'échec provisoire du mouvement ouvrier ? Pourquoi

* *S. ou B.*, n° 27 (avril 1959) <rééd. « 10/18 », *EMO, 2* (1974), p. 123-187>.

le prolétariat les a-t-il soutenues ou ne les a-t-il pas dépassées ? Que faut-il en conclure sur l'organisation et l'action dans l'avenir ?

À ces questions il n'y a pas de réponse simple, car elles affectent tous les aspects et toutes les tâches du mouvement ouvrier contemporain. Il n'y a pas non plus de réponse simplement théorique. Le problème de l'organisation révolutionnaire ne sera résolu qu'à mesure de la construction réelle de cette organisation, qui à son tour dépendra du développement de l'activité de la classe ouvrière. Il doit cependant recevoir un début de solution dès maintenant. Les révolutionnaires ne peuvent pas s'abstenir de toute activité en attendant le développement des luttes ouvrières. Celles-ci ne résoudront pas le problème de l'organisation des révolutionnaires, elles ne feront que le poser à un niveau plus élevé. Et dans le développement de ces luttes, l'organisation a un rôle à jouer. Il n'y aura ni construction réelle de l'organisation sans développement des luttes, ni développement durable des luttes sans construction de l'organisation. Si l'on ne partage pas ce postulat, si l'on pense que ce que l'on fait ou l'on ne fait pas n'a pas d'importance, si l'on agit uniquement pour être en règle avec sa conscience morale, on n'a pas besoin de lire les pages qui suivent.

Ce début de solution ne peut pas être empirique, ni une somme de recettes négatives. Une collectivité de révolutionnaires ne peut qu'adopter des règles positives d'activité et de fonctionnement, et ces règles doivent découler de ses principes. Aussi réduite que soit l'organisation, son fonctionnement, son activité, sa pratique quotidienne doivent être l'incarnation visible et contrôlable par tous des fins qu'elle proclame.

Répondre au problème de la construction d'une organisation révolutionnaire exige donc de partir de l'ensemble de l'expérience du mouvement révolutionnaire et d'analyser les conditions devant lesquelles la deuxième moitié du XXe siècle place ce mouvement. Il faut pour cela effectuer ce qui peut apparaître comme un détour, revenir aux idées les plus fondamentales, reconsidérer les objectifs révolutionnaires et l'histoire du mouvement ouvrier.

1. LE SOCIALISME : GESTION DE LA SOCIÉTÉ PAR LES TRAVAILLEURS

Un fait domine, par ses conséquences directes et indirectes, l'histoire de l'humanité au XXᵉ siècle. La classe ouvrière a effectué une révolution victorieuse en 1917, en Russie; et, loin de conduire au socialisme, cette révolution a abouti finalement au pouvoir d'une nouvelle couche exploiteuse, la bureaucratie. Pourquoi, et comment[1] ?

Le prolétariat russe, en 1917, s'est mobilisé pour détruire le pouvoir du Tsar et des capitalistes et pour supprimer l'exploitation; il s'est armé, et il s'est organisé dans les comités de fabrique et les Soviets pour mener sa lutte. Mais, lorsque après une longue guerre civile les derniers débris de l'Ancien Régime furent éliminés, il se trouva que le pouvoir économique et politique était à nouveau concentré entre les mains d'une nouvelle couche de dirigeants, cristallisée autour du parti bolchevique. Le prolétariat n'assumait pas la direction de la nouvelle société – ce qui est une autre façon de dire qu'il n'y était pas la classe dominante. Dès lors, il ne pouvait que redevenir classe exploitée. La dégénérescence de la révolution russe n'a été rien d'autre que ce retour au pouvoir exclusif d'une couche particulière.

Tous les facteurs qui ont conduit à cette dégénérescence ont finalement la même signification profonde : le prolétariat n'a pas assumé la direction de la révolution et de la société qui en a résulté. C'est le parti bolchevique qui a tendu dès le départ et a réussi très tôt à exercer la totalité du pouvoir dans le pays. Ce parti s'était constitué sur l'idée qu'il était le dirigeant naturel du prolétariat et l'expression de ses intérêts historiques. Mais les idées et l'attitude du parti bolchevique n'auraient pas pu prévaloir si la classe ouvrière elle-même, dans sa grande majorité, ne les avait pas partagées et n'avait pas tendu à voir dans le parti l'organe nécessaire de son pouvoir. Ainsi les organismes qui devaient exprimer la domination politique des masses travailleuses, les

1. L'analyse de cette question a occupé une place centrale du travail de *Socialisme ou Barbarie*; on ne peut ici qu'en résumer les conclusions. Voir SB, RPR, CS I, etc.

Soviets, ont été rapidement transformés en appendices du pouvoir bolchevique.

Cependant, même si cette évolution n'avait pas eu lieu sur le plan politique, rien de fondamental n'aurait changé, car la révolution n'avait apporté aucune modification profonde aux rapports réels de production. Les propriétaires privés expropriés ou exilés, l'État bolchevique a confié la direction des entreprises à des dirigeants nommés par lui et a combattu les quelques tentatives des ouvriers de s'emparer de la gestion de la production. Mais celui qui commande la production commande en dernière analyse la politique et la société. Une nouvelle couche de dirigeants de la production et de l'économie s'est ainsi rapidement formée qui, s'agglomérant aux dirigeants du parti et de l'État, a constitué la nouvelle classe dominante[1].

La conclusion fondamentale de l'expérience de la révolution russe est donc qu'il ne suffit pas que le prolétariat détruise la domination étatique et économique de la bourgeoisie. Le prolétariat ne peut réaliser l'objectif de sa révolution que s'il édifie son propre pouvoir dans tous les domaines. Si la direction de la production, de l'économie, de l'« État », devient à nouveau la fonction d'une catégorie spéciale d'individus, l'exploitation et l'oppression des travailleurs renaîtront fatalement. Avec elles renaîtra aussi la crise permanente qui déchire les sociétés contemporaines et qui trouve son origine dernière dans le conflit entre dirigeants et exécutants au sein de la production.

1. On a essayé pendant longtemps de réduire les facteurs qui ont provoqué la dégénérescence de la révolution russe à l'isolement international de la révolution et au caractère arriéré de la Russie. Cette « explication » n'explique rien : l'isolement international et l'arriération du pays auraient pu tout aussi bien conduire à la défaite pure et simple de la révolution et à la restauration du capitalisme, ils ne montrent nullement pourquoi la révolution a pu à la fois vaincre et dégénérer. Mettre l'accent sur ces facteurs, c'est à la fois escamoter ce qui fait la spécificité historique de l'évolution russe et passer sous silence ses enseignements les plus féconds pour la pratique révolutionnaire. Isolement et arriération ont favorisé cette évolution, ont concrétisé sa figure, mais n'en ont pas déterminé la signification. Il est impossible de faire de la bureaucratisation un accident, et tout autant impossible de prétendre qu'une révolution étendue à l'Allemagne, par exemple, ne « pouvait » pas dégénérer. L'évolution ultérieure a amplement montré que le problème de la bureaucratie se posait pour l'ensemble du prolétariat international et qu'il ne pouvait être résolu qu'en fonction d'une expérience de la bureaucratie comme réalité.

Le socialisme n'est et ne peut être rien d'autre que la gestion de la production, de l'économie et de la société par les travailleurs. À cette idée, qui a constitué dès le départ le centre des conceptions de *Socialisme ou Barbarie,* la révolution hongroise a fourni depuis une confirmation éclatante[1].

L'autonomie du prolétariat

L'idée de gestion ouvrière de la production et de la société implique que le seul pouvoir dans la société post-révolutionnaire est celui des organismes de masse des travailleurs (les Conseils) qui l'exercent directement. Il ne peut être question que des organismes spéciaux quelconques, par exemple des partis politiques, assument des tâches de pouvoir et de gouvernement. Mais il ne s'agit pas là d'une simple règle constitutionnelle ; cette idée oblige à reconsidérer l'ensemble des problèmes théoriques et pratiques qui se posent au mouvement révolutionnaire.

Il n'y aurait en effet aucun sens à parler de gestion ouvrière si les travailleurs n'étaient pas capables de l'assumer et donc de produire de nouveaux principes d'organisation et d'orientation de la vie sociale. La révolution et encore plus la construction d'une société socialiste présupposent que la masse organisée des travailleurs est devenue capable de diriger, en se passant de toute personne interposée, l'ensemble des activités de la société – donc qu'elle est devenue capable de se diriger elle-même à tous égards et de façon permanente. La révolution socialiste ne peut être que le produit de l'activité *autonome* du prolétariat, autonome signifiant : qui se dirige elle-même, qui n'obéit qu'à elle-même.

Il ne faut pas confondre cette question avec celle de la capacité technique du prolétariat à diriger la production[2]. Le prolétariat, c'est l'ensemble des travailleurs salariés et exploités, c'est le producteur collectif. Les connaissances techniques ont cessé

1. Voir le n° 20 de *S. ou. B.,* presque exclusivement consacré à la révolution hongroise, et les textes de révolutionnaires hongrois publiés dans les n°s 21 et 23.

2. Cette confusion constitue l'essentiel des pseudo-analyses de Burnham sur la bureaucratie. Voir les premiers chapitres de *L'Ère des organisateurs.*

depuis longtemps d'être le monopole de quelques individus; elles appartiennent à une masse de travailleurs de bureau ou de laboratoire, soumis à une division chaque jour plus poussée du travail et ne recevant qu'un salaire à peine supérieur à celui des manuels. Les « chefs » techniques sont tout autant superflus que les contremaîtres dans la production; ce ne sont pas de grands ingénieurs irremplaçables, mais des bureaucrates qui dirigent et « organisent » (c'est-à-dire désorganisent) le travail de la masse des techniciens salariés. L'ensemble des travailleurs exploités des ateliers et des bureaux contient en lui-même toutes les capacités techniques de l'humanité contemporaine. La question de la direction « technique » de la production, pour le prolétariat au pouvoir, ne sera donc absolument pas une question technique, mais la question *politique* de l'unité des travailleurs des ateliers et de ceux des bureaux, de la coopération entre eux, de la gestion commune de la production. Et de même, dans tous les domaines, ce sont des questions politiques qui se poseront au pouvoir prolétarien : sa propre organisation, les rapports entre centralisation et décentralisation, l'orientation générale de la production et de la société, les relations avec les autres couches sociales (paysannerie, petite-bourgeoisie), les relations internationales, etc.

Le socialisme présuppose donc un degré élevé de conscience sociale et politique du prolétariat. Il ne peut pas résulter d'une simple révolte du prolétariat contre l'exploitation, mais seulement de la capacité du prolétariat de tirer de lui-même des réponses positives aux immenses problèmes que posera la reconstruction de la société moderne. Personne ne peut avoir cette conscience « pour » le prolétariat et à sa place – ni un individu, ni un groupe, ni un parti. Ce n'est pas seulement qu'une telle substitution conduirait inéluctablement à la cristallisation d'une nouvelle couche de dirigeants et ramènerait rapidement la société à tout le « fatras antérieur ». C'est qu'il est impossible qu'une catégorie particulière assume des tâches qui sont à l'échelle de l'humanité et d'elle seule. Ce sont les problèmes d'une société d'exploitation qui peuvent être résolus par une minorité de dirigeants; ou plutôt, qui *pouvaient* l'être, car la crise des régimes contemporains traduit précisément ce fait, que la direction de la société moderne est une tâche qui désormais dépasse la capacité de toute catégorie particulière. Cela vaut infiniment plus pour les problèmes que posera la reconstruction socialiste de la société, qui ne pourront être ni résolus ni même posés correctement sans le déploiement de l'activité créatrice de l'immense majorité des individus. Car cette reconstruction signifie exactement et rigoureusement : tout reprendre et tout refaire – les machines, les usines, les objets de consommation, les maisons, les systèmes d'éducation, les institutions politiques, les musées, les idées, la science elle-même – d'après les besoins des travailleurs et dans leur perspective. De ces besoins et de la manière de les satisfaire, seuls les travailleurs eux-mêmes peuvent être juges. Car, même si sur tel point particulier des spécialistes ont une conception plus « correcte », elle ne vaudra rien aussi longtemps que les intéressés n'en verront pas la justesse et la nécessité. Et toute tentative d'imposer aux gens, concernant leur propre vie, des solutions qu'ils n'approuvent pas en fait immédiatement et automatiquement des solutions monstrueusement fausses.

Le développement du prolétariat vers le socialisme

Le socialisme ainsi conçu est-il une perspective historique, une possibilité qui existe au sein de la société moderne, ou bien un rêve ? Le prolétariat est-il simplement matière à exploitation, une classe moderne d'esclaves industriels explosant périodiquement dans des révoltes sans issue ? Ou bien les conditions de son existence et sa lutte contre le capitalisme l'amènent-elles à développer une conscience – c'est-à-dire une attitude, une mentalité, des idées et des actions – dont le contenu tend vers le socialisme ?

La réponse à cette question se trouve dans l'analyse de l'histoire réelle du prolétariat, de sa vie dans la production, de ses mouvements politiques, de son activité pendant les périodes de révolution – analyse qui conduit en retour à bouleverser les idées traditionnelles sur le socialisme, les revendications ouvrières ou les formes d'organisation.

Tout d'abord, la lutte du prolétariat contre le capitalisme n'est ni uniquement « revendicative » ni uniquement « politique » ; elle commence dans la production. Elle ne concerne pas simplement la répartition du produit social, ou, à l'autre bout, l'organisation générale de la société; elle s'attaque dès le départ à la réalité fondamentale du capitalisme, les rapports de production dans l'entreprise. La soi-disant « rationalisation » de la production capitaliste n'est qu'un tissu de contradictions. Elle consiste à organiser le travail *en dehors* des travailleurs et en supprimant le rôle humain de ceux-ci – ce qui est intrinsèquement absurde du point de vue de l'efficacité productive elle-même; elle vise à augmenter sans cesse leur exploitation – ce qui les dresse constamment contre elle.

La lutte des travailleurs contre cette organisation, loin d'avoir comme seul objet le salaire, domine tous les aspects et tous les instants de la vie de l'entreprise. C'est que, d'abord, le conflit entre ouvriers et direction autour des salaires ne peut pas ne pas affecter rapidement tous les aspects de l'organisation du travail[1]. Ensuite, quel que soit le niveau des salaires, les ouvriers sont fatalement amenés à combattre des méthodes de production qui entraînent leur déshumanisation chaque jour plus intolérable. Cette lutte ne reste pas et ne peut pas rester purement négative, elle ne vise pas simplement à limiter l'exploitation. La production doit s'effectuer quand même, et les ouvriers, en même temps qu'ils combattent les normes et l'appareil bureaucratique de contrainte, maintiennent une discipline de travail et instaurent une coopération qui s'opposent, dans l'esprit comme dans la lettre, au règlement de l'usine. Ils assument ainsi certains aspects de la gestion de la production, en même temps qu'ils posent dans les faits des nouveaux principes d'organisation des rapports humains dans la production; ils combattent la morale capitaliste du gain individuel maximum et tendent à la remplacer par une nouvelle morale de solidarité et d'égalité[2].

1. Le niveau effectif des salaires dans la plupart des cas est beaucoup moins influencé par les taux officiels de salaire, les conventions collectives et les accords syndicaux, et beaucoup plus par ce qui se passe dans la production : le contrôle des pièces, la répartition du temps des ouvriers entre différents types de travaux et surtout les normes ont là-dessus une importance décisive, et tous ces facteurs sont l'objet d'une lutte acharnée et permanente entre ouvriers et direction.

2. Les sociologues industriels bourgeois, comme Elton Mayo, s'en sont aperçu depuis fort longtemps. Les « marxistes » actuels sont la plupart du temps des défenseurs acharnés de la hiérarchie. Pour peu que l'on comprenne cette situation

Cette lutte n'est ni accidentelle ni reliée à une forme particulière d'organisation de la production capitaliste. Chaque fois que le capitalisme, pour y parer, bouleverse les techniques et les méthodes de production, elle surgit à nouveau. La tendance gestionnaire des ouvriers qu'elle traduit a une portée universelle, en extension aussi bien qu'en profondeur. Elle existe en Russie aussi bien qu'aux États-Unis, en Angleterre aussi bien qu'en France. Bien que la lutte du prolétariat dans la production reste « cachée », car elle ne comporte ni organisation formelle, ni programme formulé, ni action au grand jour, son contenu se retrouve dans l'activité des masses chaque fois qu'une crise révolutionnaire secoue la société capitaliste. Dans toutes les usines du monde, les ouvriers combattent constamment les normes ; et la suppression des normes était une des revendications les plus importantes des Conseils ouvriers hongrois en 1956. Les Conseils ouvriers sont constitués sur le principe de la révocabilité des délégués, comme l'étaient la Commune et les Soviets ; les délégués d'atelier *(shop-stewards)* des usines anglaises sont constamment révocables par les travailleurs qui les ont élus et auxquels ils rendent régulièrement compte de leur activité.

Née dans l'obscurité de la vie quotidienne des producteurs, la conception socialiste de la société explose au grand jour lors des révolutions prolétariennes qui jalonnent l'histoire du capitalisme. Loin de s'insurger simplement contre la misère et l'exploitation, le prolétariat pose alors le problème d'une nouvelle organisation de la société dans son ensemble, et lui fournit des réponses positives. La Commune de 1871, les Soviets de 1905 et de 1917, les Comités de fabrique en Russie en 1917-1918, les Conseils d'usine en Allemagne en 1919-1920, les Conseils ouvriers en Hongrie en 1956 ont été à la fois des organismes de lutte contre la classe dominante et son État, et de nouvelles formes d'organisation des hommes à partir de principes radicalement opposés à ceux de la société bourgeoise. Ces créations du prolétariat ont réfuté dans la pratique les idées qui dominent depuis des siècles l'organisation

de l'entreprise contemporaine, on voit immédiatement l'inanité de tout « socialisme » qui se limiterait à des modifications extérieures à l'entreprise et qui ne commencerait pas par bouleverser profondément le régime quotidien de la production.

politique des hommes. Elles ont montré la possibilité d'une organisation sociale centralisée qui, loin d'exproprier politiquement la population au profit de ses « représentants », soumet au contraire ceux-ci au contrôle permanent de leurs mandants et réalise pour la première fois dans l'histoire moderne la démocratie à l'échelle de la société entière. De même, la gestion ouvrière de la production, demandée par les Comités de fabrique russes en 1917, a été réalisée par les ouvriers espagnols en 1936-1937 et proclamée comme un de leurs objectifs fondamentaux par les Conseils ouvriers hongrois en 1956.

Mais le développement du prolétariat vers le socialisme ne se manifeste pas seulement dans la vie de l'entreprise ou lors des révolutions. Dès le début de son histoire, le prolétariat lutte contre le capitalisme de façon explicite, c'est-à-dire en constituant des organisations politiques. La tendance de la classe ouvrière ou de larges couches d'ouvriers à s'organiser pour lutter de façon ouverte et permanente traverse comme un fil rouge l'histoire moderne; en l'ignorant, on se condamnerait à comprendre aussi peu le prolétariat et le socialisme que si l'on prétendait ignorer la Commune ou les Conseils. Car elle manifeste, chez le prolétariat, à la fois le besoin et la capacité de poser le problème de la société comme tel non pas simplement lors d'une explosion révolutionnaire mais de façon systématique et permanente; de dépasser le terrain de la défense de ses intérêts économiques et d'opposer à l'idéologie bourgeoise sa propre conception de la société; de sortir du cadre de l'atelier, de l'entreprise et même de la nation, et de poser la question du pouvoir à l'échelle internationale. Il est en effet entièrement faux que la classe ouvrière n'ait créé que des associations économiques ou professionnelles (les syndicats). Dans certains pays, comme l'Allemagne, les ouvriers ont commencé par constituer un mouvement politique, dont les syndicats ont été l'émanation. Dans la plupart des autres cas, comme dans les pays latins et même en Angleterre, les syndicats eux-mêmes au départ n'étaient nullement des organisations purement « syndicales » : leur objectif proclamé était l'abolition du salariat. Il est tout aussi faux que les organisations politiques du prolétariat aient été la création exclusive d'intellectuels, comme on l'a dit pour s'en féliciter ou pour le déplorer. Même là où des intellectuels ont joué un rôle prédominant dans leur constitution, ces organisations n'auraient jamais pu acquérir une réalité quelconque si de nombreux ouvriers n'y avaient adhéré, ne les avaient nourries de leur expérience, de leur activité et souvent de leur sang, si la classe ouvrière dans sa grande majorité ne s'était reconnue pendant longtemps dans leur programme.

Caractère contradictoire du développement du prolétariat

Il y a donc un développement autonome du prolétariat vers le socialisme, qui prend son départ dans la lutte des ouvriers contre l'organisation capitaliste de la production, s'exprime dans la constitution d'organisations politiques et culmine dans les révolutions. Mais ce développement n'est ni le résultat mécanique et automatique des « conditions objectives » dans lesquelles vit le prolétariat, ni une évolution biologique, une maturation inéluctable se nourrissant elle-même. C'est un processus historique, et essentiellement un processus de lutte. Les ouvriers ne naissent pas socialistes, ni ne sont miraculeusement transformés en pénétrant dans l'usine. Ils deviennent, plus exactement ils se font socialistes au cours et en fonction de leur lutte contre le capitalisme.

Mais il faut voir exactement quelle est cette lutte, où se situe son terrain, quel est le vrai ennemi. Le prolétariat ne combat pas seulement le capitalisme comme une force qui lui est extérieure. S'il ne s'agissait que de la puissance matérielle des exploiteurs, leur État et leur armée, la société d'exploitation aurait été abolie depuis longtemps car elle ne dispose d'aucune force propre en dehors du travail des exploités. Elle ne se survit que dans la mesure où elle réussit à leur faire accepter leur situation. Ses armes les plus redoutables ne sont pas celles qu'elle utilise intentionnellement, mais celles que lui fournissent automatiquement la situation objective de la classe exploitée, la disposition des choses dans la société actuelle et l'organisation des rapports sociaux, qui tend à recréer perpétuellement ses propres bases. Le prolétariat ne subit pas seulement un endoctrinement systématique de la part de la bourgeoisie et de la bureaucratie. Il est, plus généralement, dépossédé à un degré important de la culture. Il est dépossédé de son propre passé, puisqu'il ne peut connaître de son histoire et de ses luttes passées que ce que les classes dominantes veulent bien lui laisser voir. Il est dépossédé de sa propre réalité de classe universelle du fait du cloisonnement local, professionnel, national qu'implique la structure sociale actuelle – et de son présent, puisque toutes les informations sont sous le contrôle des classes dominantes.

Malgré sa situation de classe exploitée, le prolétariat combat ces facteurs ou les compense. Il développe une méfiance systématique à l'égard de l'endoctrinement bourgeois et une critique de son contenu. Par mille moyens il tend à absorber la culture dont il est séparé, en même temps qu'il crée les premiers éléments d'une culture nouvelle. Il ignore, du point de vue livresque, son propre passé, mais il en retrouve devant lui les résultats essentiels sous forme de conditions de son action présente.

Mais l'obstacle de loin le plus formidable dans la voie du développement du prolétariat, c'est la renaissance perpétuelle de la réalité du capitalisme au sein du prolétariat lui-même. Le prolétariat n'est pas étranger au capitalisme ; il naît dans la société capitaliste, il s'y trouve, il y participe, il la fait fonctionner. Les idées, les normes, les attitudes capitalistes tendent constamment à envahir le prolétariat – et aussi longtemps que la société actuelle durera il ne pourra pas en être autrement. La situation du prolétariat est absolument contradictoire, car en même temps qu'il fait naître les éléments d'une nouvelle organisation humaine et d'une nouvelle culture, il ne peut jamais se dégager entièrement de la société capitaliste dans laquelle il vit. L'emprise la plus profonde de cette société se manifeste le plus sur les plans auxquels on pense généralement le moins : ce sont les habitudes séculaires, les évidences du sens commun bourgeois que personne ne met en question, l'inertie, l'inhibition de l'activité et de la créativité des hommes systématiquement organisée par la société. Lors d'une révolution, le capitalisme peut être vaincu militairement – et demeurer cependant victorieux si pour le vaincre et sous prétexte d'« efficacité » l'armée révolutionnaire ou la production ont été organisées selon le modèle capitaliste (comme en Russie en 1918-1921) ; car cette victoire de l'« esprit » de la vieille société aura tôt fait de se transformer en victoire totale. Les ouvriers peuvent marquer cette énorme victoire qu'est la construction d'une organisation révolutionnaire exprimant leurs aspirations – et la transformer aussitôt en défaite s'ils pensent que l'organisation une fois construite il ne reste plus qu'à lui faire confiance pour qu'elle résolve leurs problèmes.

La lutte du prolétariat contre le capitalisme est donc, sous son aspect le plus important, une lutte du prolétariat contre lui-même, une lutte pour se dégager de ce qui persiste en lui de la société qu'il combat. L'histoire du mouvement ouvrier, c'est l'histoire du développement du prolétariat à travers cette lutte, développement qui n'est pas une ascension continue, mais une progression contradictoire, inégale, comportant des périodes entières de recul partiel ou total[1].

2. LA DÉGÉNÉRESCENCE DES ORGANISATIONS OUVRIÈRES

Ce n'est que dans ce contexte que l'on peut comprendre l'évolution des organisations ouvrières. Depuis un siècle, le prolétariat a constitué dans tous les pays des organisations destinées à l'aider dans sa lutte, et toutes ces organisations, syndicales ou politiques, ont finalement dégénéré et se sont intégrées au système d'exploitation. Peu importe, à cet égard, qu'elles soient devenues de purs et simples rouages de l'État et de la société capitalistes, comme les organisations réformistes ; ou que, comme les organisations staliniennes, elles visent à réaliser une transformation de cette

1. Ce recul ou cette progression ne se mesurent pas uniquement par la « combativité » du prolétariat, mais par son attitude face aux problèmes qu'il rencontre et qui ne se réduisent pas aux problèmes politiques. La « gauche » française se complaît à considérer le prolétariat français comme plus « avancé » que le prolétariat américain ou anglais, parce que le premier suivrait dans sa majorité une organisation telle que le PC, tandis qu'en Angleterre ou aux États-Unis les ouvriers votent pour des partis réformistes ou bourgeois. Elle n'a jamais prêté attention au fait que les ouvriers américains et anglais qu'elle considère comme politiquement « arriérés » sont, dans la production, beaucoup plus combatifs et intraitables que les ouvriers français ; elle ne comprend même pas ce que ces mots veulent dire.

société qui, donnant le pouvoir économique et politique à une couche bureaucratique, laisse intacte l'exploitation des travailleurs. L'essentiel est qu'elles sont devenues les adversaires les plus acharnés de l'objectif qui était le leur au départ : l'émancipation du prolétariat.

Il ne s'agit là, bien entendu, ni d'« erreurs » ni de « trahisons » de la part des dirigeants. Des dirigeants qui se trompent ou trahissent sont tôt ou tard chassés des organisations qu'ils dirigent. Mais la dégénérescence des organisations ouvrières est allée de pair avec leur bureaucratisation, c'est-à-dire la constitution en leur sein d'une couche de dirigeants inamovibles et incontrôlables. Et la politique de ces organisations exprime désormais les intérêts et les aspirations de cette bureaucratie[1]. Comprendre la dégénérescence des organisations, c'est comprendre comment une bureaucratie a pu naître du mouvement ouvrier.

Brièvement parlant, la bureaucratisation a signifié que le rapport social fondamental du capitalisme moderne, le rapport entre dirigeants et exécutants, s'est reproduit au sein du mouvement ouvrier lui-même, et cela sous deux formes. D'un côté, à l'intérieur des organisations ouvrières, qui ont répondu à leur extension et à la multiplication de leurs tâches en adoptant un modèle bourgeois d'organisation, en instaurant une division du travail de plus en plus profonde qui a abouti à la cristallisation d'une nouvelle couche de dirigeants séparés de la masse des militants désormais réduits au rôle d'exécutants. D'un autre côté, entre les organisations et le prolétariat; la fonction qu'ont graduellement assumée les organisations a été de diriger la classe ouvrière dans son intérêt bien compris – et la classe ouvrière a accepté la plupart du temps de s'en remettre aux organisations et d'exécuter leurs consignes.

On a ainsi abouti à une négation complète de ce qui est l'essence même d'un mouvement socialiste : l'idée de l'autonomie du prolétariat. Cette évolution trouvait en même temps son équivalent

1. Elle possède évidemment aussi d'autres aspects, car d'un côté elle exprime aussi les intérêts de la conservation du système d'exploitation en général, et d'un autre côté elle doit permettre aux organisations bureaucratiques de maintenir leur emprise sur le prolétariat, sans laquelle elle ne serait rien. Mais ces aspects sont secondaires par rapport au problème discuté dans ce texte.

dans une évolution correspondante de l'idéologie et de la théorie révolutionnaires, rendue possible par le caractère contradictoire qui a été dès le départ celui du marxisme lui-même.

En un sens, rien de ce qui a été dit plus haut sur la gestion ouvrière et sur l'autonomie du prolétariat n'est nouveau. Tout se ramène à la formulation de Marx : « L'émancipation des travailleurs sera l'œuvre des travailleurs eux-mêmes »; autrement dit il n'y aura d'émancipation que dans la mesure où les travailleurs décideront eux-mêmes des objectifs et des moyens de leur lutte. Cette intuition de l'autonomie chez Marx va de pair avec les aspects les plus profonds et les plus positifs de son œuvre : l'importance centrale accordée à l'analyse des rapports de production dans l'usine capitaliste, la critique radicale de l'idéologie bourgeoise sous tous ses aspects et de la notion même traditionnelle de « théorie », la vision du socialisme comme d'une nouvelle réalité dont les éléments apparaissent dès maintenant dans la vie et l'attitude des ouvriers.

Mais le marxisme, né lui-même dans la société capitaliste, ne s'est pas dégagé et ne pouvait pas se dégager entièrement de la culture qui a été son terrain. Sa situation – comme la situation de toute idéologie révolutionnaire, comme la situation du prolétariat jusqu'à la révolution – est restée contradictoire. « Les idées dominantes d'une époque sont les idées de la classe dominante » ne signifie pas simplement que ces idées ont la plus grande diffusion matérielle ou sont acceptées par la majorité des gens; mais aussi que ces idées tendent à être admises, en partie et inconsciemment, par ceux-là mêmes qui les combattent le plus violemment. Dans le domaine théorique, non moins que dans le domaine pratique, la lutte du mouvement révolutionnaire pour se dégager de l'emprise du capitalisme est une lutte permanente.

La déchéance de la théorie révolutionnaire

Très tôt, la conception a commencé à prévaloir que le marxisme était la science de la société et de la révolution. On a voulu présenter la théorie révolutionnaire comme la synthèse et la continuation des créations de la culture bourgeoise (philosophie classique allemande, économie politique anglaise, socialisme utopique français), en oubliant que ce qu'il y avait de capital dans l'œuvre de Marx, c'était précisément le renversement des postulats fondamentaux de cette culture. Tout naturellement, on a été amené à dire par la suite que la conscience politique socialiste doit être introduite dans la classe ouvrière « du dehors » ; car « la conscience socialiste moderne ne peut surgir que sur la base d'une connaissance scientifique profonde » et « le support de la science n'est pas le prolétariat mais l'intelligentsia bourgeoise[1] ».

Si ces formulations de Kautsky ont été utilisées par Lénine, elles ne caractérisent nullement en propre le bolchevisme ; elles expriment aussi l'attitude typique des dirigeants de la IIe Internationale et des réformistes[2]. Mais plus encore, leur esprit se trouve chez Marx. La dégradation de la théorie révolutionnaire est symbolisée par la distance qu'il y a entre le sous-titre du *Capital* : critique de l'économie politique (non pas : critique de l'économie politique bourgeoise, mais critique de l'économie politique tout court, de l'idée qu'il y ait une « science » de l'économie politique) et ce qu'il est devenu au cours de son élaboration : une tentative d'établir « les lois du mouvement de l'économie capitaliste ». Entre les mains des épigones, il se transforme encore en preuve scientifique de ce que l'écroulement du capitalisme et la victoire du socialisme sont inéluctables, « garanties par les lois naturelles[3] ». Cette théorie essaie ainsi de reproduire à propos de la société le modèle des sciences de la nature – ce qui revient à dire qu'elle emprunte à la pensée bourgeoise de son époque ses structures logiques, de même qu'elle emprunte à la culture bourgeoise sa méthode d'élaboration ; car ainsi conçue, elle ne peut en effet être élaborée que par des intellectuels spécialistes et séparés du prolétariat. Même ses postulats de base arrivent finalement à refléter des idées essentiellement bourgeoises.

1. Ce sont les expressions de Kautsky que Lénine a utilisées dans *Que faire ?*

2. Que les réformistes aient surtout utilisé l'idée d'une prédiction scientifique de l'évolution de l'économie capitaliste pour condamner l'idée de révolution et « prouver » que l'on doit s'en remettre au fonctionnement des lois économiques pour réaliser le socialisme ne change rien à l'affaire.

3. L'expression est de Kautsky, dans l'introduction qu'il a écrite pour *Le Capital* et qui, publiée séparément sous le titre *Introduction à l'ensemble du marxisme*, a servi à la formation de générations entières de militants.

La théorie économique au sens strict exposée dans *Le Capital* est basée sur le postulat que le capitalisme parvient à transformer effectivement et intégralement l'ouvrier – qui n'y apparaît que comme force de travail – en marchandise ; donc, que la valeur d'usage de la force de travail – l'utilisation qu'en fait le capitaliste – est entièrement déterminée, comme pour toute marchandise, par l'utilisateur, comme sa valeur d'échange – le salaire – l'est uniquement par les lois du marché, et en premier lieu par les coûts de production de la force de travail. Ce postulat est nécessaire pour qu'il y ait « science économique » selon le modèle physico-mathématique qu'a suivi, à un degré croissant, Marx au cours de l'élaboration du *Capital*. Mais il contredit la réalité la plus essentielle du capitalisme : valeur d'usage comme valeur d'échange de la force de travail sont objectivement indéterminées, elles ne se déterminent que par la lutte du prolétariat et du capital dans la production et dans la société. C'est là la racine dernière des contradictions « objectives » du capitalisme (cf. « Sur le contenu du socialisme, III », plus haut). La tentative d'en faire des variables dont le comportement est déterminé intégralement par des lois objectives ne conduit pas, à l'opposé de ce que pensaient Marx et des générations de marxistes à sa suite, à la démonstration d'une crise « inéluctable » du capitalisme, mais au contraire à la « démonstration » de la pérennité de celui-ci : il n'y aurait aucune espèce de crise historiquement importante du capitalisme si le prolétariat se laissait faire à 100 %, comme le postule *Le Capital*. Le paradoxe est que l'« inventeur » de la lutte de classe ait écrit un ouvrage monumental sur des phénomènes déterminés par cette lutte et d'où elle est entièrement absente.

Il est à peine nécessaire d'indiquer à quel point une telle conception se trouve en contradiction avec l'idée d'une révolution socialiste consciente des masses ; celles-ci n'auraient alors en effet comme rôle que d'apporter la vérification de ce que la théorie avait déduit *a priori*[1]. La politique révolutionnaire tendait

1. Nulle part cette contradiction n'apparaît plus clairement que chez Rosa Luxembourg, la révolutionnaire qui a souligné de la façon la plus extrême l'importance de l'expérience propre des masses et de leur action autonome – et qui a consacré tout son travail théorique à une tentative – vaine, faut-il le dire – de montrer que le processus de l'accumulation devrait amener inéluctablement l'écroulement du capitalisme.

en même temps à être transformée en une *technique*. L'ingénieur applique la science du physicien dans des conditions données en vue de certains objectifs; le politicien révolutionnaire applique dans des conditions données les conclusions de la théorie scientifique de la révolution. Staline, qualifiant Lénine de « génial mécanicien de la locomotive de l'histoire », ne faisait qu'exprimer cette idée avec l'écrasante platitude qui lui était propre.

La déchéance du programme et de la fonction du parti

Ce caractère technique est bel et bien l'aspect qui devient graduellement dominant dans le programme des organisations politiques. D'un côté, les objectifs du prolétariat peuvent et doivent être déterminés par la théorie; l'émancipation du prolétariat sera l'œuvre des techniciens de la révolution appliquant correctement leur théorie aux circonstances données. D'un autre côté, ce que *cette* théorie permet aux théoriciens de saisir, ce sont uniquement les éléments « objectifs » de l'évolution de la société, et le socialisme lui-même apparaît de plus en plus privé de tout son contenu humain, comme une simple transformation « objective » et extérieure : pour l'essentiel, comme une modification de certaines dispositions économiques d'où le reste devrait résulter par surcroît dans un avenir indéterminé. Se préoccuper exclusivement de la distribution du produit social, du statut de la propriété ou de l'organisation générale de l'économie (la « nationalisation » et la « planification ») devient alors inévitable, et le fait que le socialisme doit avant tout signifier un renversement radical dans les rapports entre les hommes, que ce soit dans la production ou dans la politique, est complètement masqué.

Et, si le socialisme est une vérité scientifique à laquelle accèdent les spécialistes par leur élaboration théorique, il s'ensuit que la fonction du parti révolutionnaire serait d'importer le socialisme dans le prolétariat. Celui-ci ne pourrait pas en effet parvenir au socialisme à partir de sa propre expérience; tout au plus pourrait-il reconnaître dans le parti qui incarne cette vérité le représentant des intérêts généraux de l'humanité – et le soutenir. Il ne saurait être question qu'il le contrôle, sauf par sa passivité et son refus de le suivre. Même alors, le parti devrait en conclure simplement qu'il n'a pas su rendre son programme assez concret, sa propagande assez convaincante – ou qu'il s'est trompé sur « l'appréciation de la situation »; mais il ne pourrait pas en apprendre grand-chose sur le fond des questions. Le parti détiendrait la vérité sur le socialisme car il détient la théorie qui seule y conduit. Il est donc direction en droit du prolétariat et doit le devenir en fait, car la décision ne peut appartenir qu'aux spécialistes de la science de la révolution. La démocratie n'est alors, dans la mesure où elle est admise, que procédé pédagogique ou adaptation justifiée par le caractère « imparfait » de la science révolutionnaire. Mais c'est le parti qui sait et peut en déterminer la dose utile.

Le parti révolutionnaire organisé d'après un modèle capitaliste

Cette conception, plus exactement cette mentalité, trouve son équivalent à l'intérieur de l'organisation dans son mode de fonctionnement, le type de travail qui s'y effectue, les rapports qui s'y instaurent. L'action de l'organisation sera correcte si elle est conforme à la théorie ou tout au moins à l'art, à la technique de la « politique », qui a ses spécialistes. Quel que soit le degré de démocratie formelle existant à l'intérieur de l'organisation, les militants auront conscience de ce qu'il appartient aux spécialistes d'apprécier la situation objective et d'en déduire la ligne qui s'impose; leur activité consistera alors, tout au long de l'année, à exécuter ce que les politiciens auront décidé. La division des tâches, indispensable partout où il doit y avoir coopération, devient ainsi une véritable division du travail, le travail de direction se séparant du travail d'exécution. Une fois instaurée, cette division tend à s'amplifier et à s'approfondir d'elle-même, les dirigeants se spécialisant dans leur rôle et devenant indispensables, les exécutants s'enfonçant dans leurs tâches concrètes; privés d'informations, de la vue générale de la situation et des problèmes de l'organisation, arrêtés dans leur développement par le manque de participation à l'ensemble de la vie du parti, ces derniers ont de moins en moins la possibilité et la capacité de contrôler les premiers.

Cette division du travail est censée trouver une limite dans la « démocratie ». Mais la démocratie, qui devait signifier que *la majorité dirige,* est réduite à signifier que la majorité *désigne les dirigeants*; calquée ainsi sur le modèle bourgeois de démocratie parlementaire, privée de contenu réel, elle devient rapidement un voile jeté sur le pouvoir incontrôlé des dirigeants. La base ne dirige pas l'organisation sous prétexte qu'elle élit une fois par an des délégués qui désigneront un comité central, pas plus que le peuple n'est souverain sous la république parlementaire sous prétexte qu'il élit périodiquement des députés qui désigneront le gouvernement.

Que l'on considère par exemple le « centralisme démocratique » tel qu'il est censé fonctionner dans un parti léniniste idéal. Que le comité central soit désigné par un congrès « démocratiquement élu » ne change rien au fait qu'il est, à partir de son élection, le maître absolu de l'organisation, en fait et en droit. Ce n'est pas seulement qu'il a (statutairement) tout pouvoir sur le corps du parti (pouvant dissoudre des organisations de base, exclure des militants, etc.) et que, dans ces conditions, il puisse déterminer la composition du congrès suivant. Le comité central pourrait user honnêtement de ses pouvoirs, ceux-ci pourraient être affaiblis; les membres du parti peuvent jouir de « droits politiques » comme la possibilité de s'exprimer dans les publications intérieures ou même extérieures, de former des tendances, etc. La situation n'en serait pas fondamentalement modifiée. Car le comité central resterait toujours l'organe qui définit la ligne politique de l'organisation, en contrôle l'application de haut en bas, en un mot monopolise en permanence la fonction de direction. L'expression des opinions n'a qu'une valeur fort limitée à partir du moment où le type de fonctionnement de la collectivité empêche cette opinion de se former sur des bases solides, c'est-à-dire par une *participation* permanente aux activités et à la solution des problèmes posés. Si le fonctionnement de l'organisation fait de la solution des problèmes généraux la tâche spécifique et le travail permanent d'une catégorie de militants, seule l'opinion de ceux-ci sera ou paraîtra aux autres valable. Et cette situation se transposera à l'intérieur des tendances politiques existant dans le parti. Dans ces conditions, un congrès se réunissant à intervalles réguliers n'est pas plus « démocratique » que les élections parlementaires; les deux reviennent, en effet, à inviter de temps en temps les électeurs à se prononcer sur des problèmes dont on les tient éloignés le reste du temps, en leur enlevant au surplus tout moyen de contrôler ce qui se passera par la suite.

Cette critique ne s'applique pas seulement au bolchevisme, mais aux organisations social-démocrates et aux syndicats de toute espèce. La différence à cet égard entre un parti stalinien et un parti réformiste est comparable à celle existant entre un régime totalitaire et un régime bourgeois « démocratique ». Les droits formels des individus peuvent être plus grands dans le deuxième cas, mais cela ne change rien à la structure réelle du pouvoir, qui est dans les deux cas le pouvoir exclusif d'une catégorie particulière.

Les conditions objectives de la bureaucratisation

La dégénérescence et la bureaucratisation des organisations est donc un phénomène total, embrassant tous les aspects de leur existence. C'est un processus de dégradation aussi bien de la théorie révolutionnaire que du programme, de l'activité, de la fonction et de la structure des organisations, du travail que les militants y accomplissent[1].

1. Il est à peine nécessaire de répéter que ce processus a été contradictoire, ou plutôt que la réalité de ces organisations a été contradictoire dès le départ et pendant la plus longue partie de leur histoire. Si les organisations – les syndicats de la IIe et de la IIIe Internationale – n'avaient été « que » de la bureaucratie, elles n'auraient été rien du tout, elles n'auraient pu ni atteindre les dimensions qu'elles ont atteintes ni joué le rôle qu'elles ont joué. Il y a, dans la pratique de ces organisations avant qu'elles ne dégénèrent totalement, l'équivalent de ce qui a été dit plus haut à propos de la théorie marxiste elle-même : une double réalité. On peut encore le voir sur l'exemple, historiquement sans doute le plus important de tous, des positions de Lénine sur les rapports entre le parti et les masses. La conception du parti détenteur de la conscience socialiste et du prolétariat ne parvenant de lui-même que jusqu'au trade-unionisme joue un rôle plutôt épisodique dans *Que faire?* et Trotski assure (dans son *Staline*) que Lénine l'aurait abandonnée par la suite. Elle est pourtant reprise avec force dans *La Maladie infantile...* (1920), où Lénine oppose aux gauchistes des idées sur les rapports entre le parti et les masses équivalant à celles du *Que faire?* Mais entre-temps il avait écrit *L'État et la Révolution* (1917), d'où le parti est complètement absent. Ces contradictions se retrouvent de façon encore plus aiguë dans la pratique de Lénine, tantôt mettant tout l'accent sur la construction du parti, et, après 1917, essayant de résoudre tous les problèmes par le moyen de celui-ci, tantôt s'inspirant de ce que le mouvement des masses créait de plus original et de plus profond, faisant appel à celles-ci

Cela ne signifie pas que l'évolution historique réelle est le résultat de la dégradation des idées dans la tête des individus. Cette dégradation n'est que l'expression de la persistance de la réalité capitaliste, des modes de pensée et d'action capitalistes, dans le mouvement ouvrier. Elle signifie que ce mouvement ne parvient pas à se dégager de l'emprise de la société dans laquelle il naît, qu'il retombe sous son influence indirecte lors même qu'il croit la combattre le plus radicalement.

Que cette emprise ait une base dans l'ensemble des rapports productifs, économiques, politiques, idéologiques de la société établie, qu'en particulier l'évolution bureaucratique des organisations ouvrières ait été conditionnée par l'évolution objective du capitalisme, c'est certain. Une bureaucratie réformiste n'est pas concevable en dehors d'un développement de l'économie capitaliste qui rend un certain réformisme possible. Une bureaucratie « révolutionnaire » et « totalitaire », comme la bureaucratie stalinienne, n'est pas concevable en dehors d'une situation de crise permanente de la société et d'une incapacité des classes dominantes traditionnelles de la résoudre. Plus généralement, une bureaucratie ouvrière d'une certaine ampleur n'est pas concevable sans un certain degré de concentration de la production et d'étatisation de la vie économique : concentration des entreprises et de la force de travail, et syndicats gigantesques dont la gestion échappe facilement à l'initiative des adhérents; intervention de l'État dans la vie économique et sociale, offrant à la bureaucratie un terrain idéal, revendicatif aussi bien que politique, pour exercer son activité.

Ce genre d'analyse est indispensable, mais incomplet et insatisfaisant. Il serait faux de présenter la bureaucratisation des organisations ouvrières comme le simple *résultat* de l'évolution du capitalisme vers la concentration et l'étatisation. Très tôt, l'action du prolétariat ou des organisations a joué un rôle déterminant

contre le parti et, pendant ses dernières années, constatant avec angoisse l'abîme qui se creusait entre elles et celui-ci. Il faut à cet égard remarquer, à l'usage de certains critiques professionnels du bolchevisme, que les côtés bureaucratiques du léninisme ont tout autant existé – de façon simplement plus hypocrite – chez les sociaux-démocrates dont ils ne parlent jamais, et qu'on chercherait en vain chez ces derniers l'équivalent de ses côtés révolutionnaires.

dans l'évolution de la société moderne, de sorte qu'à partir d'une certaine phase « cause » et « effet » ne peuvent plus être distingués. Les organisations bureaucratiques ont transformé le milieu social pour le rendre adéquat à leur existence, et continuent de le faire. Mais surtout, tout ce qu'une telle analyse apprend c'est que la situation objective rendait possible la dégénérescence bureaucratique (ce que l'on savait déjà), non pas qu'elle la rendait fatale. Et pour ce qui est de l'action révolutionnaire dans l'avenir elle ne sert que très peu. Il serait par exemple vain de prétendre discerner une évolution future qui rendrait la bureaucratisation « objectivement impossible[1] ».

Il est certain que la société capitaliste donnera toujours la possibilité à une fraction dirigeante des classes exploitées de s'intégrer dans le système d'exploitation. Il est aussi certain que les tendances qui ont favorisé la naissance et le développement de la bureaucratie ouvrière sont les tendances dominantes du capitalisme moderne, qui devient chaque jour davantage un capitalisme bureaucratique. L'analyse objective a une importance capitale car elle montre que, nullement accidentelle ou passagère, la bureaucratisation est un facteur avec lequel le mouvement révolutionnaire devra toujours compter. Mais elle ne suffit ni pour l'expliquer ni pour guider l'action.

On peut le voir encore mieux sur un exemple particulièrement important. On tend parfois à présenter la bureaucratisation des organisations comme le résultat *inévitable* de leur extension numérique : des syndicats ou partis comptant des centaines de milliers d'adhérents ne pouvaient, pense-t-on, organiser, coordonner, centraliser leurs activités qu'en créant des organismes chargés spécifiquement de ces tâches, donc en faisant de la direction un travail à part confié à des individus qui s'y consacrent professionnellement.

Il faut remarquer immédiatement la stérilité de ce type de considérations : s'il en était ainsi, la construction d'une organisation ouvrière tant soit peu importante serait impossible sans bureaucratisation – et celle d'une société socialiste probablement

1. Comme Lénine, pour la bureaucratie réformiste, et Trotski, pour la bureaucratie stalinienne, dont ils croyaient que la « crise objective » du capitalisme détruirait les fondements. Ce type de raisonnement revient finalement à l'idée de l'« écroulement inévitable » du capitalisme.

aussi. Car le raisonnement revient à affirmer que le problème de la centralisation ne peut être résolu que par la bureaucratie. Mais on voit tout de suite que cette analyse « objective » n'est nullement objective; car elle a déjà épousé avant de commencer le plus profond des préjugés bourgeois. Ce qui est objectif, inéluctablement posé par la réalité moderne, c'est le *problème* de la centralisation. À ce problème il y a deux solutions – et là l'objectivité s'arrête. Suivant la solution bourgeoise-bureaucratique, la centralisation est la fonction particulière d'une couche particulière de dirigeants. C'est la réponse qu'ont adoptée finalement les organisations ouvrières, et qu'accepte aussi implicitement le raisonnement évoqué plus haut. Mais le prolétariat a résolu au cours de ses luttes le problème de la centralisation de façon complètement différente. Une assemblée générale de grévistes, un comité de grève élu, la Commune, le Soviet, le conseil d'entreprise – c'est de la centralisation. La réponse prolétarienne au problème de la centralisation, c'est la démocratie directe et l'élection de délégués révocables à tout instant. Et personne ne peut démontrer qu'il eût été impossible que les organisations ouvrières résolvent le problème de la centralisation en s'inspirant de cette réponse plutôt que de la réponse bourgeoise.

En fait, le prolétariat a parfois essayé de s'organiser à sa façon même en période « normale ». Les premiers syndicats anglais pratiquaient ce que Lénine appela, avec mépris dans le *Que faire?* et avec admiration dans *L'État et la Révolution,* la démocratie primitive. Ces tentatives ne pouvaient que disparaître tôt ou tard. L'avant-garde, qui a joué un rôle primordial dans la constitution des organisations, ne voyait pas l'organisation de cette manière; elle n'aurait cependant pas pu faire prévaloir son point de vue si la classe ouvrière elle-même ne l'avait pas accepté. Et cela permet de voir un autre aspect essentiel de tous ces problèmes.

Le rôle du prolétariat dans la dégénérescence des organisations

La dégénérescence signifie que l'organisation tend à se séparer de la classe ouvrière, qu'elle devient un organisme à part, sa direction en droit et en fait. Mais cela ne se produit pas *à cause* des défauts de la structure des organisations, de leurs conceptions erronées ou d'un maléfice lié à l'organisation comme telle. Ces traits négatifs expriment l'échec des organisations, qui à son tour n'est qu'un aspect de l'échec du prolétariat lui-même. Lorsqu'un rapport de dirigeant à exécutant se crée entre le parti ou le syndicat et le prolétariat, cela signifie que le prolétariat accepte qu'il s'instaure en son sein un rapport de type capitaliste.

La dégénérescence n'est donc pas un phénomène spécifique des organisations. Elle n'est qu'une des expressions de la survie du capitalisme dans le prolétariat ; du capitalisme, non pas comme corruption des chefs par l'argent, mais comme idéologie, comme type de structuration sociale et de rapports entre les hommes. Elle manifeste l'immaturité du prolétariat par rapport au socialisme. Elle correspond à une phase du mouvement ouvrier, et, plus généralement encore, à une tendance constante du mouvement ouvrier. Ce qui, chez l'organisation, s'exprime comme tendance à s'intégrer dans le système d'exploitation ou à viser le pouvoir pour elle-même, s'exprime de façon symétrique chez le prolétariat comme tendance à s'en remettre, explicitement ou passivement, à l'organisation pour la solution de ses problèmes.

De même, la prétention du parti qu'en possédant la théorie il possède la vérité et doit tout diriger n'aurait aucune portée réelle si elle ne recoupait pas chez le prolétariat la conviction – chaque jour reproduite par la vie sous le capitalisme – que les questions générales sont l'apanage des spécialistes et que sa propre expérience de la production et de la société n'est pas « importante ». Les deux tendances traduisent le même échec, trouvent leur origine dans la même réalité et la même idée, sont impossibles et inconcevables l'une sans l'autre. On doit certes juger de façon différente le politicien qui veut imposer par tous les moyens son point de vue et l'ouvrier impuissant à répondre à son flot de paroles ou à déjouer ses astuces, encore plus le chef qui « trahit » et l'ouvrier qui « est trahi » ; mais il ne faut pas oublier que la notion de trahison n'a pas de sens dans les rapports sociaux. Personne ne peut trahir durablement des gens qui ne veulent pas être trahis et font ce qu'il faut pour ne pas l'être. Comprendre cela permet d'apprécier à sa juste valeur le fétichisme du prolétariat et l'obsession anti-organisationnelle qui se sont emparés récemment de certains. Lorsque les chefs syndicaux font prévaloir une politique réformiste, ils n'y réussissent que parce qu'il y a apathie, acceptation ou réaction insuffisante de la masse ouvrière. Lorsque le prolétariat français, depuis quatre ans, laisse massacrer et torturer les Algériens et ne s'agite, faiblement, que lorsqu'il s'agit de sa propre mobilisation ou de ses propres salaires, il est bien superficiel de dire que c'est là le méfait de Mollet et de Thorez, ou de la bureaucratisation des organisations.

Le rôle énorme des organisations à cet égard ne signifie pas que la classe ouvrière n'est pas dans le coup. Le prolétariat n'est ni une entité totalement irresponsable ni le sujet absolu de l'histoire ; et ceux qui ne voient dans son évolution que le problème de la dégénérescence des organisations veulent paradoxalement en faire les deux à la fois. Le prolétariat, à les écouter, tire tout de lui-même – et n'a aucune part dans la dégénérescence des organisations. Non ; en première approximation, le prolétariat n'a que les organisations qu'il est capable d'avoir.

Sa situation oblige le prolétariat à entreprendre et toujours recommencer une lutte contre la société capitaliste. Au cours de cette lutte, il produit de nouveaux contenus et de nouvelles formes – des formes et des contenus socialistes ; car combattre le capitalisme signifie mettre en avant des objectifs, des principes, des normes, des modes d'organisation qui s'opposent radicalement à la société établie. Mais aussi longtemps que celle-ci dure, le prolétariat reste en partie sous son emprise.

Cette emprise se manifeste de façon particulièrement visible sur les organisations ouvrières. Lorsqu'elle devient dominante, ces organisations dégénèrent – ce qui va de pair avec leur bureaucratisation. Il y aura toujours – aussi longtemps que le capitalisme durera – des « conditions objectives » rendant cette dégénérescence possible ; cela ne veut pas dire qu'elle soit fatale. Les hommes font leur propre histoire. Les conditions objectives permettent simplement un résultat qui est le produit de l'action et de l'attitude des hommes. En l'occurrence, cette action est allée dans un sens bien défini : d'un côté, les militants révolutionnaires sont restés en partie ou sont redevenus prisonniers des rapports sociaux et de l'idéologie capitalistes. D'un autre côté, le prolétariat est également resté sous cette emprise et a accepté d'être l'exécutant de ses organisations.

3. UNE NOUVELLE PÉRIODE DU MOUVEMENT OUVRIER COMMENCE

Sous quelles conditions cette situation peut-elle se modifier dans l'avenir? Que l'expérience de la période précédente permette, aussi bien aux militants révolutionnaires qu'aux ouvriers, de prendre conscience de ce que les conceptions et les attitudes des uns et des autres avaient de contradictoire et, en fin de compte, de réactionnaire. Que les militants puissent opérer le renversement nécessaire et parviennent à concevoir d'une nouvelle manière, d'une manière socialiste, ce que sont la théorie, le programme, la politique, l'activité, l'organisation révolutionnaires. Que le prolétariat, d'autre part, parvienne à voir sa lutte comme une lutte autonome et l'organisation révolutionnaire non pas comme une direction chargée de son sort mais comme un moment et un instrument de sa lutte.

Ces conditions existent-elles maintenant? Ce renversement est-il affaire d'un effort de volonté, d'une inspiration, d'une nouvelle théorie plus correcte? Non; ce renversement est désormais rendu possible par un fait *objectif* énorme, qui est précisément la bureaucratisation du mouvement ouvrier. L'action du prolétariat a produit la bureaucratie. La bureaucratie s'est intégrée dans le système d'exploitation. Si la lutte du prolétariat contre l'exploitation continue, elle se tournera aussi non simplement contre les bureaucrates comme personnes, mais contre la bureaucratie comme système, comme type de rapports sociaux, comme réalité et comme idéologie correspondante.

C'est là un complément essentiel à ce qui a été dit plus haut sur le rôle des facteurs objectifs. Il n'y a pas de lois, économiques ou autres, rendant désormais la bureaucratisation impossible; mais il y a une évolution qui est devenue objective, car la société s'est bureaucratisée et donc la lutte du prolétariat contre cette société ne peut être que lutte, en même temps, contre la bureaucratie. La destruction de la bureaucratie n'est pas « inéluctable », comme la victoire du prolétariat dans sa lutte n'est pas « inéluctable ». Mais les conditions de cette victoire sont désormais posées par la réalité sociale, car la prise de conscience du problème de la bureaucratie ne dépend plus de raisonnements théoriques ou d'une lucidité exceptionnelle ; elle peut résulter de l'expérience quotidienne des travailleurs qui rencontrent devant eux la bureaucratie non pas comme menace potentielle dans un avenir lointain, mais comme un adversaire en chair et en os, né de leur propre action.

Prolétariat et bureaucratie dans la période actuelle

Les événements des dernières années montrent que le prolétariat fait l'expérience des organisations bureaucratiques non pas en tant que directions qui « se trompent » ou « trahissent », mais de façon infiniment plus profonde.

Là où ces organisations sont installées au pouvoir, comme dans les pays de l'Est, le prolétariat y voit nécessairement l'incarnation pure et simple du système d'exploitation. Lorsqu'il parvient à briser le carcan totalitaire, sa lutte révolutionnaire n'est pas simplement dirigée *contre* la bureaucratie, mais met en avant des objectifs qui traduisent positivement l'expérience de la bureaucratisation. Les ouvriers de Berlin-Est demandaient en 1953 « un gouvernement de métallurgistes », les conseils ouvriers hongrois revendiquaient la gestion ouvrière de la production[1].

Dans la plupart des pays occidentaux, l'attitude des travailleurs face aux organisations bureaucratiques montre qu'ils y voient des institutions qui leur sont extérieures et étrangères. À l'opposé de ce qui se passait encore à la fin de la Deuxième Guerre mondiale, dans aucun pays industrialisé les travailleurs ne croient plus que les partis ou les syndicats veulent ou peuvent changer fondamentalement leur situation. Ils peuvent les « appuyer », en votant pour eux comme pour un moindre mal ; ils peuvent les utiliser – c'est souvent encore le cas pour ce qui est des syndicats

1. Voir les n°s 13 et 20 de *S. ou B.* et les textes reproduits dans *SB, 2.*

– comme on utilise un avocat ou les pompiers. Mais rarement ils se *mobilisent* pour eux ou sur leur appel ; jamais ils n'y *participent*. Que les inscrits au syndicat augmentent ou diminuent, personne n'assiste aux assemblées syndicales. Les partis peuvent de moins en moins compter sur le militantisme actif d'adhérents ouvriers et fonctionnent surtout avec des permanents payés, des petits-bourgeois et des intellectuels « de gauche ». Aux yeux des travailleurs, partis et syndicats font partie de l'ordre établi – plus ou moins pourris que le reste, mais fondamentalement identiques à celui-ci. Lorsque des luttes ouvrières se déclenchent, elles se déroulent fréquemment en dehors des organisations bureaucratiques, parfois directement *contre* elles[1].

On est donc entré dans une nouvelle phase de développement du prolétariat – que l'on peut si l'on veut dater de 1953 ; c'est le début d'une période historique pendant laquelle le prolétariat tendra à se débarrasser des résidus de ses créations de 1890 et de 1917. Désormais, lorsque les travailleurs mettront en avant leurs propres objectifs et voudront lutter sérieusement pour les réaliser, ils ne pourront le faire qu'en dehors et le plus souvent à l'encontre des organisations bureaucratiques. Cela ne signifie pas que celles-ci disparaîtront. Aussi longtemps que le prolétariat acceptera le système d'exploitation, il subsistera des organisations exprimant cet état de fait et qui seront les rouages de l'intégration du prolétariat à la société capitaliste, dont le fonctionnement est désormais inconcevable sans elles. Mais de ce fait même, chaque lutte tendra à opposer les travailleurs aux organisations bureaucratisées ; et si ces luttes se développent, de nouvelles organisations surgiront du prolétariat lui-même, car des fractions d'ouvriers, d'employés, d'intellectuels sentiront la nécessité d'agir de façon systématique et permanente pour aider le prolétariat à réaliser ses nouveaux objectifs.

1. Voir les textes sur les grèves de 1953 et 1955 en France et sur les grèves en Angleterre et aux États-Unis dans les nos 13, 18 et 26 de *S. ou B.* (reproduits en partie dans *EMO, 1* <maintenant dans *QMO*, t. 1>). Sur la signification de l'attitude de la population française face au gaullisme, voir le texte « Bilan » <ici, p. 249-267>.

Le besoin d'une nouvelle organisation

Si la classe ouvrière doit entrer dans une nouvelle phase d'activité et de développement, d'immenses besoins pratiques et idéologiques apparaîtront.

Le prolétariat aura besoin d'organes d'expression, permettant à l'expérience et à l'opinion ouvrières de dépasser l'atelier et le bureau où les enferme la structure capitaliste de la société et brisant le monopole bourgeois et bureaucratique sur les moyens d'expression. Il aura besoin d'organes d'information, le renseignant sur ce qui se passe chez les diverses couches d'ouvriers, chez les classes dominantes, dans la société en général, dans les autres pays. Il aura besoin d'organes de lutte idéologique contre le capitalisme et la bureaucratie et capables de dégager une conception socialiste positive des problèmes de la société. Il sentira le besoin qu'une perspective socialiste soit définie, que les problèmes qu'affronterait un pouvoir ouvrier soient éclaircis et élaborés, que l'expérience des révolutions passées soit dégagée et rendue aux générations présentes. Il aura besoin d'instruments matériels et de liaisons interprofessionnelles, interrégionales, internationales. Il aura besoin d'attirer dans son camp les employés, les techniciens, les intellectuels et de les intégrer à sa lutte.

Ces besoins, la classe ouvrière ne peut pas les satisfaire directement elle-même, en dehors d'une période de révolution. La classe ouvrière peut faire « spontanément » une révolution, mettre en avant les revendications les plus profondes, inventer des formes de lutte d'une efficacité incomparable, créer des organismes qui expriment son pouvoir. Mais la classe ouvrière, en tant que tout indifférencié, ne fera pas par exemple un journal ouvrier national, dont l'absence se fait cruellement sentir aujourd'hui; ce sont des ouvriers et des militants qui le feront, et qui nécessairement s'organiseront pour le faire. Ce n'est pas la classe ouvrière dans son ensemble qui diffusera l'exemple de telle lutte menée dans tel endroit; si des ouvriers et des militants organisés ne le diffusent pas, cet exemple sera perdu car il restera inconnu. La classe ouvrière comme telle ne s'intégrera pas, en période normale, les techniciens et les intellectuels que toute la vie dans la société capitaliste tend à séparer des ouvriers; et sans une telle intégration, une foule de problèmes qui se posent au mouvement révolutionnaire dans une société moderne resteraient insolubles. Ni la classe ouvrière comme telle, ni les intellectuels comme tels ne résoudront le problème de l'élaboration continue d'une théorie et d'une idéologie révolutionnaires, qui ne peut se faire que par la fusion de l'expérience ouvrière et des éléments positifs de la culture moderne ; or le seul lieu dans la société contemporaine où cette fusion puisse avoir lieu, c'est une organisation révolutionnaire.

Travailler pour répondre à ces besoins signifie donc nécessairement construire une organisation aussi large, aussi solide, aussi efficace que possible. Cette organisation ne pourra exister qu'à deux conditions.

La première, c'est que la classe ouvrière reconnaisse en elle un instrument indispensable à sa lutte. Sans un appui important de la classe ouvrière l'organisation ne saurait se développer ni pour le bien ni pour le mal. La phobie de la bureaucratisation que développent actuellement certains méconnaît ce fait fondamental : il y a très peu de place pour une nouvelle bureaucratie, aussi bien objectivement (les bureaucraties existantes couvrent les besoins du système d'exploitation) que, surtout, dans la conscience du prolétariat. Ou alors, si le prolétariat laissait à nouveau une organisation bureaucratique se développer et tombait encore sous son emprise, il faudrait en conclure que toutes les idées dont on se réclame sont fausses, en tout cas pour ce qui est de la période historique actuelle, et probablement pour ce qui est de la perspective socialiste aussi. Car cela signifierait que le prolétariat est incapable d'établir un rapport socialiste avec une organisation politique, qu'il ne peut pas résoudre sur des bases saines et fécondes le problème de ses relations avec l'idéologie, avec les intellectuels, avec d'autres couches sociales ; que donc, finalement, le problème même de l'« État » serait insoluble pour lui.

Mais l'organisation ne sera reconnue par le prolétariat comme un instrument indispensable de lutte que si – c'est la deuxième condition – elle tire toutes les leçons de la période historique écoulée, si elle se place au niveau de l'expérience et des besoins actuels du prolétariat. L'organisation ne pourra se développer et même exister tout court que si son activité, sa structure, ses idées, ses méthodes correspondent à la conscience antibureaucratique des travailleurs et l'expriment, que si elle est capable de définir sur des bases nouvelles la politique, la théorie, l'action, le travail révolutionnaires.

La politique révolutionnaire

La fin et le moyen à la fois de la politique révolutionnaire est de contribuer au développement de la conscience du prolétariat dans tous les domaines, et particulièrement là où les obstacles à ce développement sont les plus grands : sur le problème de la société comme tout. Mais la conscience n'est pas enregistrement et reproduction, apprentissage d'idées apportées de l'extérieur, contemplation de vérités toutes faites. Elle est activité, création, capacité de production. Il ne s'agit donc pas de « développer la conscience » par des leçons, quelle que soit la qualité du contenu et des pédagogues; mais de contribuer au développement de la conscience du prolétariat en tant que faculté créatrice.

Non seulement, donc, il ne peut être question pour une politique révolutionnaire de s'imposer au prolétariat ou de le manipuler; mais il ne peut être question de prêcher ou d'enseigner au prolétariat une « théorie correcte ». La tâche d'une politique révolutionnaire est de contribuer à la formation de la conscience du prolétariat par l'apport des éléments dont celui-ci est dépossédé. Mais le prolétariat ne peut contrôler ces éléments ni, ce qui est encore plus important, les intégrer effectivement à sa propre expérience, et donc les féconder, que s'ils sont organiquement reliés à elle. Cela est tout le contraire de la « simplification » ou de la vulgarisation et implique plutôt un approfondissement continu des questions. La politique révolutionnaire doit constamment montrer comment les problèmes les plus généraux de la société se retrouvent dans l'activité et la vie quotidiennes des travailleurs, et inversement, comment les conflits qui déchirent cette vie sont en dernière analyse de même nature que ceux qui divisent la société. Elle doit montrer la correspondance des solutions que les travailleurs donnent aux problèmes qu'ils affrontent dans l'entreprise, et de celles qui valent à l'échelle de la société entière. Elle doit en somme dégager les contenus socialistes que crée constamment le prolétariat – qu'il s'agisse d'une grève ou d'une révolution –, les formuler, les diffuser, en montrer la portée universelle.

Cela est loin de signifier que la politique révolutionnaire est l'expression passive, le reflet de la conscience ouvrière. Cette conscience contient tout, les éléments socialistes et les éléments capitalistes, on l'a longuement montré. Il y a Budapest, et il y a aussi de larges couches d'ouvriers français qui traitent les Algériens de bougnoules ; il y a des grèves contre la hiérarchie et des grèves catégorielles. La politique révolutionnaire peut et doit lutter contre la pénétration perpétuelle du capitalisme dans le prolétariat, car la politique révolutionnaire n'est qu'un aspect de cette lutte du prolétariat contre lui-même. Elle implique nécessairement un *choix* dans ce que produit, demande, accepte le prolétariat. La base de ce choix, c'est l'idéologie et la théorie révolutionnaires.

La théorie révolutionnaire

La conception de la théorie révolutionnaire qui a prévalu pendant longtemps – science de la société et de la révolution, élaborée par les spécialistes et introduite dans le prolétariat par le parti – est en contradiction directe avec l'idée même d'une révolution socialiste comme activité autonome des masses. Mais elle est aussi profondément erronée sur le plan théorique même. Il n'y a pas de « démonstration » de l'écroulement inéluctable de la société d'exploitation[1], il y a encore moins de « vérité » sur le socialisme pouvant être établie par une élaboration théorique en dehors du contenu concret créé par l'activité historique et quotidienne du prolétariat. Il y a un développement propre du prolétariat vers le socialisme – sans quoi il n'y aurait pas de perspective socialiste. Les conditions objectives de ce développement sont données par

1. Quelle que soit l'acuité de sa crise – les événements de Pologne l'ont encore démontré récemment –, la société d'exploitation ne peut être renversée que si les masses, non seulement entrent en action, mais portent cette action au niveau nécessaire pour qu'une nouvelle organisation sociale prenne la place de l'ancienne. Si cela n'a pas lieu, la vie sociale doit continuer, et elle continuera sur l'ancien modèle, plus ou moins modifié en surface. Or aucune théorie ne peut « démontrer » qu'inéluctablement les masses s'élèveront à ce niveau d'activité ; une telle « démonstration » serait une contradiction dans les termes.

la société capitaliste elle-même. Mais ces conditions posent seulement un cadre, elles définissent les problèmes que rencontre le prolétariat dans sa lutte, elles sont loin de déterminer le contenu des réponses. Ces réponses constituent une création du prolétariat, qui reprend les éléments objectifs de la situation mais en même temps les transforme et par là même construit un champ d'action et des possibilités objectives inconnues et insoupçonnées auparavant. Le contenu du socialisme, c'est précisément cette activité créatrice de masses qu'aucune théorie n'a jamais pu et ne pourra jamais anticiper. Marx n'a pas pu anticiper la Commune (non pas comme événement, mais comme forme d'organisation sociale), ni Lénine les Soviets, ni l'un ni l'autre n'ont pu anticiper la gestion ouvrière. Marx n'a pu que tirer les conclusions et dégager la signification de l'action du prolétariat parisien pendant la Commune – et il a eu l'immense mérite de le faire en bouleversant ses propres conceptions antérieures. Mais il serait tout autant faux de dire qu'une fois ces conclusions dégagées, la théorie possède la vérité et qu'elle peut la fixer dans des formulations valant désormais sans limite. Ces formulations ne valent que jusqu'à la phase suivante d'entrée en action des masses, car celles-ci tendent chaque fois à dépasser le niveau de leur action antérieure, et par là même les conclusions de l'élaboration théorique précédente.

Le socialisme n'est pas une théorie juste s'opposant à des théories fausses; c'est la possibilité d'un monde nouveau qui se lève des profondeurs de la société et qui met en question jusqu'à la notion même de « théorie ». Le socialisme n'est pas une idée correcte. C'est un projet de transformation de l'histoire. Son contenu est que ceux qui sont la moitié du temps les objets de l'histoire en deviennent intégralement les sujets – ce qui serait inconcevable si le sens de cette transformation était détenu par une catégorie spécifique d'individus.

La conception de la théorie révolutionnaire doit être modifiée en conséquence. Elle doit l'être tout d'abord en ce qui concerne la source dernière de ses idées et de ses principes, qui ne peut être autre que l'expérience et l'action du prolétariat, historique aussi bien que quotidienne. Toute la théorie économique est à reconstruire à partir de ce qui est contenu en germe dans la tendance des ouvriers vers l'égalité des salaires; toute la théorie de la production, à partir de l'organisation informelle des ouvriers dans l'entreprise ; toute la théorie politique, à partir des principes incarnés par les Soviets et les Conseils. Ce n'est qu'avec ces points de repère que la théorie pourra mettre en lumière et utiliser ce qui a une valeur révolutionnaire dans la création culturelle générale de la société contemporaine.

La conception de la théorie doit être modifiée, en second lieu, en ce qui concerne son objet et sa fonction. Celle-ci ne peut pas être de produire les vérités éternelles du socialisme, mais d'aider à la lutte pour la libération du prolétariat et de l'humanité. Cela ne signifie pas que la théorie est un appendice utilitaire de la lutte révolutionnaire, ni que sa valeur se mesure à l'aune de l'efficacité de propagande. La théorie révolutionnaire est elle-même un moment essentiel de la lutte pour le socialisme, et elle est cela dans la mesure où elle est vérité. Non pas vérité spéculative, vérité de contemplation, mais vérité unie à une pratique, vérité qui éclaire un projet de transformation du monde. Sa fonction est donc de formuler chaque fois explicitement le sens de l'entreprise révolutionnaire et de la lutte des ouvriers ; d'éclairer le cadre où se place cette action, d'en situer les divers éléments et de fournir un schéma global de compréhension permettant de les relier entre eux ; de maintenir vivant le rapport entre le passé et l'avenir du mouvement. Mais elle est surtout d'élaborer la perspective socialiste. Le dernier répondant de la critique du capitalisme et de la perspective d'une nouvelle société, pour la théorie révolutionnaire, c'est l'activité du prolétariat, son opposition aux normes d'organisation sociale établies, sa tendance à instaurer de nouveaux rapports entre les hommes. Mais à cette activité la théorie peut et doit donner un statut de vérité en en dégageant la portée universelle. Elle doit montrer que la contestation par le prolétariat de la société capitaliste exprime la contradiction la plus profonde de cette société ; elle doit montrer la possibilité objective d'une société socialiste. Elle doit donc, à partir de l'expérience et de l'activité du prolétariat, définir la perspective socialiste de la façon la plus complète possible à l'instant donné – et en retour interpréter cette expérience à partir de cette perspective.

Enfin, la conception de la théorie doit être modifiée en ce qui concerne son mode d'élaboration. Expression de ce qui possède une portée universelle dans l'expérience du prolétariat, et fusion de cette expérience et des éléments révolutionnaires qui existent dans la culture contemporaine, la théorie révolutionnaire ne peut pas être élaborée, comme par le passé, par une couche spécifique d'intellectuels. Elle n'aura de valeur, elle ne sera cohérente avec ce qu'elle proclame par ailleurs comme ses principes les plus essentiels, que si elle se nourrit constamment, dans la pratique, de l'expérience vivante des travailleurs telle qu'elle se forme quotidiennement. Ceci implique une rupture radicale avec la pratique des organisations traditionnelles. Le monopole des intellectuels en matière de théorie n'est pas brisé du fait qu'une mince couche d'ouvriers sont « éduqués » par l'organisation – et transformés ainsi en intellectuels de deuxième choix; au contraire, de cette façon le problème est simplement perpétué. La tâche qui se pose à l'organisation dans ce domaine est d'associer organiquement les intellectuels et les travailleurs *en tant que travailleurs* à l'élaboration de ses conceptions. Cela signifie que les problèmes posés, les méthodes de discussion et d'élaboration doivent être transformés de telle façon que la participation des travailleurs soit possible. Ce n'est pas là une « concession pédagogique » mais la condition première pour que la théorie révolutionnaire soit adéquate à ses principes, à son objet, à son contenu. Cette participation ne peut évidemment pas être égale sur tous les sujets ; ce qui importe, c'est qu'elle existe sur les sujets essentiels. Or la première conversion à effectuer pour les révolutionnaires est relative à cette question : qu'est-ce qu'un sujet essentiel. Il est certain que les travailleurs ne pourraient pas participer, en tant que travailleurs et à partir de leur expérience, à une discussion du problème de la baisse du taux de profit. Il se trouve, comme par hasard, que ce problème n'a strictement aucune importance (même pas « scientifique »). Plus généralement : la non-participation, dans les organisations traditionnelles, allait de pair avec une conception de la théorie révolutionnaire comme d'une « science » qui n'avait rien à voir, sauf par ses conséquences les plus éloignées, avec l'expérience des gens. Ce que l'on dit ici revient à se placer à un point de vue diamétralement opposé : rien ne peut être essentiel, par définition, pour la théorie révolutionnaire, s'il ne peut être trouvé une manière de le relier organiquement à l'expérience propre des travailleurs. Que cette liaison ne sera pas toujours simple et directe, que l'expérience dont il s'agit ne sera pas l'expérience réduite à l'immédiat, c'est évident aussi. La mystification « spontanéiste », pour laquelle le travailleur peut, par une opération magique et sans travail, trouver dans l'ici et le maintenant de son expérience tout ce qu'il lui faut pour faire une révolution socialiste, est le pendant exact de la mystification bureaucratique à laquelle elle veut s'opposer et tout autant dangereuse qu'elle.

Ces considérations montrent qu'il est vain de parler de théorie révolutionnaire en dehors d'une organisation révolutionnaire. Seule une organisation qui se constitue comme organisation révolutionnaire ouvrière, dans laquelle les ouvriers prédominent numériquement et dominent quant au fond, et qui établit un vaste courant d'échange avec le prolétariat, lui permettant de mettre à contribution l'expérience la plus large de la société – seule une telle organisation peut réaliser une théorie qui soit autre chose que le produit des travaux solitaires des spécialistes.

L'action révolutionnaire

La tâche de l'organisation n'est pas de parvenir à une conception, la meilleure possible, de la lutte révolutionnaire et de la garder pour elle-même. Cette conception n'a de sens que comme un moment de cette lutte ; elle n'a de valeur que si elle peut aider la lutte des ouvriers et la formation de leur expérience. Ces deux aspects sont inséparables. L'expérience des ouvriers ne se forme pas, comme celle d'un intellectuel, par la lecture, l'information écrite et la réflexion spéculative, mais dans l'action. L'organisation ne pourra donc contribuer à la formation de l'expérience ouvrière que si a) elle agit elle-même de façon exemplaire, b) elle aide les travailleurs à agir de façon efficace et féconde.

L'organisation ne peut renoncer à agir ou à essayer d'influencer dans un sens déterminé les actions qui se déroulent sans renoncer à exister. Aucune forme d'action considérée en elle-même ne peut être proscrite d'avance. Ces formes ne peuvent être jugées que par leur efficacité quant à la fin de l'organisation – qui est toujours le développement durable de la conscience du prolétariat. Elles vont de la publication de journaux et de brochures jusqu'à la diffusion de tracts appelant à telle action et de mots d'ordre qui, dans une situation historique donnée, peuvent permettre une cristallisation rapide de la conscience des buts et de la volonté d'action du prolétariat. Cette action, l'organisation ne peut la mener de façon cohérente et consciente que si elle a un point de vue sur les problèmes, immédiats aussi bien qu'historiques, qu'affronte la classe ouvrière, et qu'elle le défend devant celle-ci : autrement dit, si elle agit d'après un *programme,* qui condense et exprime l'expérience à ce jour du mouvement ouvrier.

Trois tâches de l'organisation dans la période actuelle sont les plus urgentes et exigent une définition plus précise.

La première, c'est d'amener à l'expression l'expérience des ouvriers, d'aider les ouvriers à prendre conscience de la conscience qu'ils possèdent déjà. Deux obstacles énormes empêchent cette expression des travailleurs. Le premier, c'est l'impossibilité matérielle de s'exprimer, résultat du monopole exercé sur les moyens d'expression par la bourgeoisie, les partis « de gauche » et les syndicats. L'organisation révolutionnaire devra mettre ses organes à la disposition des travailleurs, organisés ou non. Mais il y a un deuxième obstacle, encore plus formidable : même lorsqu'on leur en donne les moyens matériels, les travailleurs ne s'expriment pas. À la racine de cette attitude on trouve l'idée, constamment créée par la société bourgeoise et propagée par les organisations « ouvrières », que ce qu'ils ont à dire n'est pas important. La conviction que les « grands » problèmes de la société sont sans rapport avec l'expérience ouvrière, qu'ils sont l'apanage des spécialistes et des dirigeants, pénètre constamment dans le prolétariat : c'est en dernière analyse cette conviction qui est la condition de survie du système d'exploitation. C'est à l'organisation révolutionnaire qu'il incombe de la combattre, d'abord par sa critique de la société actuelle, montrant en particulier la faillite du système et l'incapacité de ses dirigeants de résoudre ses problèmes; ensuite et surtout, en montrant l'importance positive de l'expérience des travailleurs, la réponse que celle-ci contient en germe aux problèmes les plus généraux de la société. Ce n'est que dans la mesure où l'on détruira l'idée que ce que les ouvriers ont à dire est insignifiant que les ouvriers s'exprimeront.

La deuxième tâche de l'organisation est de placer devant le prolétariat une conception d'ensemble des problèmes de la société actuelle, et en particulier du problème du socialisme. C'est la difficulté qu'éprouvent les travailleurs à voir la possibilité d'une gestion ouvrière de la société, c'est la dégradation qu'a subie l'idée du socialisme à travers ses caricatures bureaucratiques, qui sont l'obstacle principal sur la voie d'une action révolutionnaire du prolétariat, à cette époque de crise profonde des rapports sociaux du capitalisme. Il appartient à l'organisation de susciter à nouveau chez le prolétariat cette *conscience de la possibilité du socialisme,* sans laquelle le développement révolutionnaire sera infiniment plus difficile.

La troisième tâche de l'organisation est d'aider les travailleurs à défendre leurs intérêts immédiats et leur condition. La bureaucratisation complète des syndicats dans l'énorme majorité des cas, l'inanité de toute tentative visant à les remplacer par des nouveaux syndicats « améliorés », font que seule l'organisation révolutionnaire peut, dans la période actuelle, assumer une série de fonctions essentielles pour le succès et même la simple existence de luttes « revendicatives » : des fonctions d'information, de communication, de liaison ; des fonctions matérielles ; enfin et surtout, des fonctions de clarification systématique, par la diffusion des revendications, des formes d'organisation, des méthodes de lutte *exemplaires* créées par telle ou telle catégorie de travailleurs. Cette action de l'organisation ne contredit nullement l'importance que pourraient acquérir, dans la période à venir, des groupements de lutte minoritaires autonomes des travailleurs dans les entreprises. L'action de tels groupements ne pourra être finalement efficace que s'ils arrivent à dépasser le cadre étroit de l'entreprise et à s'étendre sur le plan interprofessionnel et national ; à cette extension, l'organisation peut fournir une contribution décisive. Mais surtout, comme le prouve l'expérience, de tels groupements ne peuvent exister de façon autre que passagère que s'ils sont animés par des militants convaincus de la nécessité d'une action permanente et qui, par conséquent, relient cette action à des problèmes qui dépassent la situation des travailleurs dans leur entreprise. Ces militants trouveront dans l'organisation un appui indispensable à leur action, et, le plus souvent même, proviendront de cette organisation. Autrement dit, la constitution de groupements minoritaires de lutte dans les entreprises s'effectuera la plupart du temps en fonction de l'activité de l'organisation révolutionnaire.

La structure de l'organisation

Dans ce domaine également l'organisation ne peut que s'inspirer des formes socialistes que le prolétariat a créées au cours de son histoire. Elle doit se laisser guider par les principes qui sont à la base du Soviet ou du Conseil d'entreprise et, sans copier littéralement ces types d'organisation, les transposer dans les conditions où elle est placée. Cela signifie :

a) que les organismes de base disposent, dans la détermination de leurs propres activités, de la plus large autonomie compatible avec l'unité de l'action générale de l'organisation ;

b) que la démocratie directe, c'est-à-dire la décision collective par tous les intéressés, est appliquée partout où elle est matériellement possible ;

c) que les organismes centraux, ayant pouvoir de décision, sont constitués par des délégués des organismes de base, élus et révocables à tout instant.

Ce sont, autrement dit, les principes de la gestion ouvrière qui doivent régler la structure et le fonctionnement de l'organisation. En dehors d'eux, il n'y a que les principes capitalistes, qui ne peuvent, on l'a vu, que produire des rapports capitalistes.

C'est en particulier à partir des principes de la gestion ouvrière que l'organisation doit résoudre le problème du rapport entre la centralisation et la décentralisation. L'organisation est une collectivité d'action et même de production ; elle ne peut pas exister sans l'unité dans l'action. Toutes les questions qui concernent l'ensemble de l'organisation relèvent donc nécessairement de décisions centralisées. Centralisées ne signifie pas prises par un Comité central, mais au contraire prises par l'ensemble de l'organisation, soit directement, soit par l'intermédiaire de délégués élus et révocables, par vote majoritaire. Il est d'autre part essentiel que les organismes de base règlent de façon autonome, dans le cadre de ces décisions centrales, leur propre activité.

La confusion créée par la domination bureaucratique depuis trente ans a fait que certains aujourd'hui se dressent contre la centralisation comme telle (qu'il s'agisse de l'organisation révolutionnaire ou de la société socialiste) et lui opposent la démocratie. Cette opposition est absurde. La féodalité était décentralisée, et si la Russie de Khrouchtchev se décentralisait, elle n'en serait pas davantage démocratique. Un Conseil d'entreprise, par contre, c'est de la centralisation. La démocratie n'est qu'une forme de la centralisation ; elle signifie simplement que le *centre,* c'est la *totalité* des participants, et que les décisions sont prises par la majorité de ceux-ci et non pas par une instance à part. Le « centralisme démocratique » des bolcheviks n'était pas un centralisme *démocratique,* comme on l'a vu plus haut ; son fonctionnement effectif revenait à remettre la décision à une minorité de dirigeants. Le prolétariat a été toujours centraliste, aussi bien dans ses actions historiques (Commune, Soviets, Conseils) que dans ses luttes courantes ; il a été également démocratique, c'est-à-dire partisan du pouvoir du plus grand nombre. S'il faut chercher une racine sociale à la contestation du principe majoritaire, ce n'est certainement pas dans la classe ouvrière qu'on la trouvera.

Cependant, le problème de la démocratie dans l'organisation ne concerne pas seulement la forme sous laquelle les décisions sont prises, mais l'ensemble du processus par lequel on parvient à ces décisions. La démocratie n'a de sens que si ceux qui doivent décider peuvent le faire en connaissance de cause[1]. Le problème de la démocratie embrasse donc aussi le problème de l'information adéquate, mais encore beaucoup plus : la nature des questions posées, et l'attitude des participants face à ces questions et aux résultats de telle ou telle décision. Finalement, la démocratie n'est pas possible sans une *participation* active et permanente de l'ensemble des membres de l'organisation à son travail et à son fonctionnement. Cette participation, à son tour, n'est pas et ne peut pas être le résultat de particularités psychologiques des militants, de leur force de caractère ou de leur enthousiasme. Elle dépend avant tout du type de travail que leur propose l'organisation et de la façon dont ce travail est conçu et effectué. Si ce

1. Voir CS II <ici p. 49-141>.

type de travail les réduit à des exécutants de décisions prises en fait par d'autres, leur participation sera infime; car même l'exécutant le plus acharné ne participe à son travail d'exécution que pour une petite partie de ses potentialités. C'est donc la possibilité donnée par l'organisation à chacun de ses membres de participer à la production de l'organisation en tant qu'élément créateur et de contrôler cette production à partir de son expérience propre – c'est cette possibilité qui mesure le degré de démocratie que l'organisation a pu réaliser.

Peut-on prétendre de cette façon avoir résolu une fois pour toutes les problèmes, être à l'abri des modes de pensée de la société établie, avoir trouvé la recette qui évitera à l'organisation toute bureaucratisation, au prolétariat toute erreur et toute défaite? Ce serait ne rien comprendre à ce qui a été dit que de le supposer; et c'est également ne rien comprendre aux questions posées que de demander un tel type de réponse. À ceux qui demandent des « garanties » assurant qu'une nouvelle organisation ne se bureaucratisera pas, on doit répondre : vous êtes déjà parfaitement bureaucratisés vous-mêmes, vous êtes les fantassins rêvés d'une nouvelle bureaucratie, si vous pensez qu'un théoricien établira à partir d'une réflexion spéculative le plan qui éliminera la possibilité de la bureaucratisation. La seule garantie contre la bureaucratisation réside dans votre propre réflexion, dans votre propre action – dans votre participation la plus grande possible, certainement pas dans votre abstention.

L'activité révolutionnaire est sujette à une contradiction cruciale, on l'a dit ici depuis des années : elle participe de la société qu'elle veut abolir. Cette contradiction est l'homologue de la situation contradictoire du prolétariat lui-même sous le capitalisme. C'est une absurdité que de chercher *maintenant* une solution *théorique* à cette contradiction; une telle solution n'existe pas, la solution théorique d'une contradiction réelle est un non-sens. Cela ne peut pas motiver l'abstention, mais la lutte. Partiellement, la contradiction se résout à chaque étape de l'action; totalement, seule la révolution peut la résoudre. Elle se résout en partie dans la pratique lorsqu'un révolutionnaire met en avant, devant des ouvriers, des idées qui leur permettent d'organiser et de clarifier leur expérience – et lorsque ces ouvriers utilisent ces idées pour aller plus loin, faire surgir de nouveaux contenus et finalement « éduquer l'éducateur ». Elle se résout en partie lorsqu'une organisation propose une forme de lutte et que cette forme est reprise, enrichie, élargie par les travailleurs. Elle se résout lorsqu'au sein de l'organisation un véritable travail collectif s'instaure, lorsque les idées et l'expérience de chacun sont discutées par les autres et dépassées pour se fondre dans une perspective et une action communes, lorsque les militants se développent par leur participation à tous les aspects de la vie et de l'activité de l'organisation. Rien de tout cela n'est jamais définitivement acquis, mais il n'y a que cette voie sur laquelle on puisse progresser. Quelles que soient la forme de l'organisation et son activité, la participation effective des militants sera *toujours* un problème, une tâche à réaliser quotidiennement. Ce problème, on ne le résout pas en décrétant qu'il ne faut pas d'organisation – car cela revient à se contenter d'une participation nulle, c'est-à-dire équivaut exactement à la solution bureaucratique totale. On ne le résout pas non plus par des statuts qui automatiquement garantissent la participation maximum – car de tels statuts n'existent pas. Il y a simplement des statuts qui *permettent* la participation, et d'autres qui la *rendent impossible*. Quels que soient le contenu de la théorie révolutionnaire ou du programme, son rapport profond avec l'expérience et les besoins du prolétariat, il y aura toujours la possibilité, plus même : la *certitude* qu'à un moment donné cette théorie ou ce programme seront dépassés par l'histoire, et il y aura toujours le risque que ceux qui les ont jusqu'alors défendus tendent à en faire des absolus et veuillent leur subordonner et leur asservir les créations de l'histoire vivante. On peut limiter ce risque, éduquer les militants et pour commencer s'éduquer soi-même dans cette idée, que le critère ultime du socialisme se trouve chez les hommes qui luttent aujourd'hui, et non dans les résolutions votées l'année dernière. Mais on ne peut jamais l'éliminer complètement; en tout cas, on ne l'élimine pas en éliminant la théorie et le programme, car cela revient à éliminer toute action rationnelle, à perdre la vie pour garder de mauvaises raisons de vivre.

Cette situation contradictoire, ce n'est pas le militant révolutionnaire qui la crée; elle lui est imposée, comme au prolétariat, par la société capitaliste. Ce qui distingue le militant révolutionnaire du philosophe bourgeois, c'est qu'il ne reste pas fasciné par la contradiction une fois qu'il l'a constatée, mais lutte pour la dépasser; qu'il ne cherche pas à la dépasser par une spéculation solitaire, mais par l'action collective. Et agir, c'est tout d'abord s'organiser[1].

1. *Note 1974* : Ce texte et le suivant ont été rédigés pendant l'été 1958 et diffusés à l'intérieur du groupe S. ou B. à l'automne de cette même année. Les références au texte de Claude Lefort, sur lequel s'étaient rassemblés les camarades qui ont alors quitté le groupe, sont données plus loin. Je n'ai pas grand-chose à ajouter à la description matérielle des circonstances de cette scission faite dans le texte qui suit – ou alors il faudrait reprendre par le détail l'histoire du groupe depuis ses origines, tâche qui ne me paraît pas aujourd'hui particulièrement urgente. Sur les antécédents de cette discussion, voir aussi la « Postface au "Parti révolutionnaire"... » <*EMO, 1,* p. 163-178; maintenant *QMO*, t. 1, Annexes>.

Pour ce qui est des problèmes de fond, je maintiens toujours les idées formulées dans le texte que l'on vient de lire, bien que je les considère maintenant comme incomplètes et insuffisantes. Je n'estime pas qu'il serait très utile d'ajouter quelques commentaires à la discussion de 1958, car elle ne pourrait être enrichie qu'en dépassant le terrain même où elle s'était située, terrain trop étroit, presque exclusivement sociologique, rationnel et opératoire. Les questions : *qui* milite, *pourquoi* et *comment,* n'y avaient pas été pratiquement abordées, ni d'une part ni de l'autre; pas plus que n'avaient été soulevées les questions qui surgissent au niveau des *groupes* de militants, qui sont loin de jamais former des collectivités de travail rationnelles et transparentes. Ces facteurs psychiques et « psychosociologiques » déterminent pourtant le fonctionnement et la réalité effectifs des groupes et des organisations tout autant que les facteurs sociologiques généraux, et beaucoup plus que leurs « programmes » et leurs « statuts ».

On trouvera une brève description – en partie inexacte – de la scission de 1958, et une exposition du point de vue opposé à celui formulé dans « Prolétariat et organisation », dans la brochure qu'Henri Simon, après sa rupture avec *Informations et Correspondance Ouvrières,* qu'il avait fondé après son départ de *S. ou B.* et sa séparation d'avec Claude Lefort, vient de publier : *ICO : Un point de vue* (chez l'auteur, 34, rue Saint-Sébastien, 75011 Paris). On ne s'étonnera pas si je dis que la conclusion que j'ai tirée de sa lecture est que l'évolution d'*ICO,* et la rupture finale de Simon avec ce groupe, ont été largement déterminées par la pression des problèmes dont, en 1958, il refusait de reconnaître la réalité ou l'importance.

PROLÉTARIAT ET ORGANISATION, II*

Parallèlement à la dégénérescence bureaucratique, et nourri par elle, un primitivisme anti-organisationnel renaît constamment dans le mouvement ouvrier. Tout particulièrement dans la période actuelle, de façon symétrique à l'étendue et à la profondeur de la bureaucratisation des organisations et de la société, un véritable courant idéologique est apparu qui tire de l'expérience des quarante dernières années des conclusions dirigées en fait contre toute forme d'organisation.

La prémisse théorique de ces conclusions, c'est l'identification de la bureaucratie et de l'organisation. Prémisse qui reste le plus souvent inconsciente, et c'est normal ; formulée clairement, elle conduirait immédiatement à se demander pourquoi l'organisation de la société par le prolétariat, pendant et après une révolution, ne serait pas aussi vouée fatalement à la bureaucratisation (et, en fait, les gens qui depuis la révolution russe ont répondu par l'affirmative à cette question et ont abandonné la lutte ne se comptent plus). L'erreur cruciale de ce raisonnement est qu'il pose l'organisation à part, qu'il en fait un facteur autonome de l'évolution historique. En réalité, les organisations ne sont pas les seules à avoir dégénéré, on l'a vu : l'idéologie révolutionnaire a également dégénéré, les formes de lutte de la classe ouvrière aussi. Ni l'organisation n'est un facteur autonome et originaire de la dégénérescence : les organisations n'auraient pas pu dégénérer si le prolétariat lui-même ne participait pas d'une certaine façon de cette évolution et ne continuait pas à appuyer les organisations bureaucratisées. La bureaucratisation n'est que la plus profonde des formes sous lesquelles s'exprime l'emprise continuée de la société capitaliste sur le prolétariat.

* *S. ou B.*, n° 28 (juillet 1959) <rééd. « 10/18 », *EMO, 2* (1974), p. 189-248>.

Il n'est donc pas étonnant que cette tendance anti-organisationnelle se soit exprimée dans *Socialisme ou Barbarie.* C'est Claude Lefort qui, après quelques autres camarades[1], s'en est fait le porte-parole. En 1951, il formulait cette conception d'une manière qui voulait être conséquente jusqu'au bout[2]. La tendance à s'organiser politiquement, disait-il en substance, n'appartient qu'à une phase du mouvement ouvrier ; bolchevisme et antibolchevisme (Lénine et Rosa Luxembourg), malgré leur opposition profonde, se rencontrent pour affirmer la nécessité d'une organisation de l'avant-garde et expriment une période historique désormais dépassée : « Il n'est donc pas seulement erroné mais *impossible* dans la période actuelle de constituer une organisation *quelconque* » (p. 38, souligné par nous). Il ne pourrait y avoir tout au plus qu'un regroupement spontané de l'avant-garde en période de révolution, « comme détachement provisoire purement conjoncturel du prolétariat » (p. 37). On ne devrait donc en aucune manière « se fixer pour tâche d'apporter à l'avant-garde un programme d'action à suivre, encore moins une organisation à rejoindre » (p. 38).

Cohérente jusqu'à ce point, cette conception cessait de l'être lorsqu'elle voulait aborder le problème des tâches des révolutionnaires ; elle est en effet inconciliable avec une activité révolutionnaire quelconque – *même* purement théorique. Lefort proposait que l'on continue *Socialisme ou Barbarie* comme revue théorique, « lieu de discussion et d'élaboration[3] », mais ne prenait pas la peine d'expliquer en quoi le prolétariat avait besoin de revues théoriques en général et de *Socialisme ou Barbarie* en particulier. Si le processus révolutionnaire est cette maturation spontanée du prolétariat et de son avant-garde dans laquelle l'activité politique d'éléments organisés n'apparaît au mieux que comme un facteur de perturbation, la conclusion que le travail théorique est tout au plus un passe-temps privé des intellectuels en marge de l'histoire est inéluctable. Et les intellectuels confinés à ce travail ne peuvent

1. Voir « Le parti révolutionnaire » dans *EMO, 1,* p. 121-143 et 163-175 <maintenant *QMO*, t. 1, Annexes>. Lefort avait voté à l'époque cette résolution.

2. Voir le texte « Le prolétariat et le problème de la direction révolutionnaire » (*Éléments…* , p. 30-38), dont sont tirées les quatre citations qui suivent.

3. *S. ou B.,* n° 10, p. 27. <Castoriadis cite ici la revue parce que Lefort n'a pas repris les douze dernières lignes de son texte dans sa réédition d'*Éléments…*>

que rester radicalement séparés des ouvriers : car, sous cette forme, la théorie n'a pas d'intérêt pour les ouvriers, ni, surtout, ne leur offre une possibilité quelconque de participation. Que la théorie élaborée par les intellectuels dans ces conditions n'aurait de révolutionnaire que le nom, c'est aussi évident : des spécialistes séparés du prolétariat et discutant d'une théorie sans lien quelconque avec une pratique sociale se livrent à une activité de type bourgeois ; et leur éventuelle intention de voir les choses « avec les yeux des ouvriers » ne suffit pas à modifier leur rétine. Extérieurs au prolétariat et à son action, ils ne pourraient produire qu'une spéculation qui lui serait étrangère et qui reproduirait finalement des idées bourgeoises.

Cette position était en fait intenable pour qui voulait maintenir un degré quelconque d'activité politique, et Lefort, qui avait quitté *Socialisme ou Barbarie* en 1951, y revenait après un certain temps. Comme il dit aujourd'hui, « l'activité révolutionnaire, collective et cherchant toujours plus à l'être, implique nécessairement une certaine organisation ». Cela lui paraît tellement évident qu'il ajoute aussitôt : « De cela, personne n'a jamais disconvenu, ni ne disconvient[1] » (p. 120), oubliant qu'il en avait violemment disconvenu dans le temps.

Les faits se chargèrent cependant de prouver qu'un accord vague sur la nécessité « d'une certaine organisation » était absolument insuffisant pour fonder une activité collective. En revenant à *Socialisme ou Barbarie,* Lefort essayait de concilier sa participation avec son vieux postulat identifiant l'organisation à la bureaucratie, par des attitudes qui revenaient en fait à ceci : l'organisation doit être organisation le moins possible, l'action doit être action le moins possible, l'idéologie même doit être idéologie le moins possible. L'histoire des frictions et des conflits perpétuellement renouvelés qui en résultèrent ne peut pas être retracée ici. Disons seulement qu'aux yeux des camarades qui ne partageaient pas ces positions, l'attitude de Lefort, Berthier et quelques autres est apparue de plus en plus comme une tentative de châtrer le plus

1. Claude Lefort, « Organisation et parti », *Éléments…*, p. 109-120. Toutes les citations faites dans la suite du texte sont tirées de cet article, les chiffres entre parenthèses indiquant la page.

possible l'activité de *Socialisme ou Barbarie* aux fins de prévention antibureaucratique.

Les événements du 13 mai ont posé les problèmes de façon telle qu'il devenait impossible de les esquiver plus longtemps. Devant la perspective d'une crise sociale, beaucoup de lecteurs et de sympathisants venaient à *Socialisme ou Barbarie* pour travailler avec nous. Comment pouvait-on travailler tous ensemble, comment pouvait-on s'organiser ? Deux conceptions se sont immédiatement affrontées.

Pour la majorité de *Socialisme ou Barbarie,* une organisation était impossible sans l'adoption d'un certain nombre de principes. Il fallait savoir qui était considéré comme membre de l'organisation ; si le nombre des participants imposait une répartition en groupes, il était nécessaire de maintenir la cohésion de l'ensemble d'un côté par des Assemblées générales fréquentes et souveraines, d'autre part, dans les intervalles, par un organe responsable formé par des délégués élus et révocables des groupes de base ; enfin les divergences qui pouvaient surgir devraient être tranchées par des votes et les décisions appliquées par tous, la minorité restant libre d'exprimer publiquement son désaccord.

Pour Lefort, Berthier et quelques autres camarades, les frontières d'une organisation devaient être « délibérément imprécises » ; les groupes formant l'organisation agiraient chacun comme ils l'entendaient ; les décisions prises en commun, plus exactement les votes, ne seraient pas obligatoires pour la minorité, qui pourrait agir d'après ses idées. Le problème de l'unité et de la coordination de l'activité de l'organisation n'était même pas posé, les seules tâches « centrales » envisagées étant considérées et présentées comme des tâches techniques, et pour le reste appel étant fait à la « coopération spontanée » des camarades.

Il était clair qu'aucune solution à 50 % n'était dès lors possible. Lefort et ceux qui pensent comme lui ont quitté *Socialisme ou Barbarie,* et c'est là la seule solution raisonnable dont tout le monde, eux comme nous, doit se féliciter. Chacun peut désormais appliquer sans entrave ses principes et voir ce qu'ils valent dans la pratique. Nous prétendons, quant à nous, qu'avec les principes et les méthodes de Lefort il ne peut se construire ni exister aucune espèce d'organisation – ni « souple », comme il dit, ni rigide, ni cristalline, ni gazeuse. Tout ce qui peut exister, c'est un groupe de discussion qui pourra vivre – c'est-à-dire discuter – aussi longtemps que ses dimensions resteront réduites. Mais si ce groupe voulait passer à une véritable activité, ou même s'il venait simplement à s'étendre, il lui serait impossible de ne pas éclater, ceux qui prennent au sérieux ses principes s'opposant à ceux qui prennent au sérieux l'idée d'une activité, et celle-ci étant incompatible avec ceux-là.

Il est en effet impossible qu'une organisation, « souple » ou non, s'étende si elle ne développe pas une activité réelle. Les gens, et en particulier les ouvriers, ne participent pas régulièrement à une organisation s'il s'agit simplement de discuter et de s'« informer » réciproquement, mais seulement s'il s'agit de *faire* quelque chose qui leur paraît assez important pour lui sacrifier une part des maigres loisirs que leur laisse l'exploitation capitaliste. Et il est impossible qu'une activité réelle et efficace, c'est-à-dire cohérente, se développe sans un minimum d'homogénéité idéologique et de discipline collective. Cela implique une définition claire des idées, des buts et des moyens – c'est-à-dire un programme ; une manière de résoudre dans la pratique les divergences pouvant surgir au cours d'une action – c'est-à-dire l'acceptation du principe majoritaire ; ces deux points entraînent la nécessité de définir ceux qui participent à l'organisation. Enfin, il est impossible qu'une organisation se développe sans rencontrer et sans être obligée de résoudre dans la pratique le problème de la centralisation.

C'est sur ces points que portent nos divergences avec Lefort – et non pas sur le point de savoir si l'organisation révolutionnaire doit être une « direction » du prolétariat. Et il est caractéristique que celui-ci ait choisi de discuter ce dernier point dans le texte publié dans le dernier numéro de la Revue, et non pas les divergences réelles. Ce n'est peut-être pas pour créer une diversion ; mais c'est en tout cas parce que Lefort et ses camarades ont décidé que ces problèmes n'existent pas – et qu'ils ont simplement choisi de ne pas les envisager. Il est inutile d'épiloguer sur cette attitude, qui nous paraît purement négative et stérile. Ce qui est important, par contre, c'est de discuter les positions théoriques qu'ils sont amenés à prendre et qui conduisent bien au-delà des divergences sur le problème de l'organisation.

L'EXPÉRIENCE DU TROTSKISME

Lefort fait appel, pour introduire ses positions, à une analyse de l'expérience du trotskisme. Cette analyse est cependant à la fois incomplète et ambiguë. Incomplète, car les phénomènes de bureaucratisation existant à l'échelle de la petite organisation trotskiste – et que le groupe Socialisme ou Barbarie avait dénoncés lorsqu'il a rompu avec le trotskisme[1] – ne découlent pas simplement de ce que le PCI avait décidé d'être « le parti du prolétariat, sa *direction* irremplaçable ». Plus exactement, cette idée elle-même n'exprimait qu'un des aspects de la réalité sociale et historique du trotskisme. Ambiguë, car de la façon dont elle est menée par Lefort, elle semble conduire à la conclusion qu'il est presque impossible de constituer une organisation sans que celle-ci se bureaucratise.

Si l'on se donne la peine de faire une analyse de l'expérience du trotskisme, alors il faut la faire vraiment, et la faire sur le double plan sociologique et historique. Une analyse sociologique ne peut pas se borner à décrire les similarités de comportement des militants trotskistes et les déduire, comme essaie de le faire Lefort, de leur désir de se poser en direction du prolétariat. Il est utile de montrer ici, brièvement, les autres aspects qu'une telle analyse devrait embrasser, car ils sont tous importants pour la discussion du problème de l'organisation révolutionnaire dans l'avenir.

Le premier aspect, c'est le *type de travail* que les militants étaient censés accomplir et qu'ils accomplissaient tant bien que mal. Ils devaient d'abord s'initier à une théorie abstraite, qui n'était reliée à leur expérience courante que par ses conséquences les plus éloignées, et qui était devenue un dogme au sens fort du terme : formulée une fois pour toutes par Marx, Engels, Lénine et Trotski, elle possédait ses interprètes authentiques en la personne des dirigeants du parti et de la IVe Internationale. Deuxièmement, les militants devaient comprendre que cette « théorie » aboutissait nécessairement à des mots d'ordre, types d'action et formes de

1. Voir la « Lettre ouverte aux militants du PCI et de la IVe Internationale », in *SB, 1,* en particulier p. 202-204 <rééd. Bourgois, 1990, p. 145-158 ; le texte sera repris dans le volume *La Société bureaucratique* de notre édition>.

lutte codifiés une fois pour toutes (dans le *Programme de transition*) et valant pour toute la période historique à venir. La seule question qui se posait à cet égard était de savoir si la « situation objective » était du type A, appelant les mots d'ordre a, b et c, ou bien du type B, impliquant les mots d'ordre x, y et z. Les discussions dans l'organisation se réduisaient donc pour l'essentiel à ces « appréciations de la situation », auxquelles les militants ne pouvaient contribuer qu'en « prenant la température des ouvriers dans les usines » ; encore ce qu'ils disaient ne servait que de monnaie d'appoint dans l'argumentation des leaders, qui, à partir de leur « savoir » économique et politique, décidaient si le capitalisme était en crise ou non, si l'on traversait une phase de « montée » ou de « recul ». Troisièmement, et surtout, le travail des militants consistait à propager dans leur milieu les mots d'ordre du parti. Ils atteignaient leur objectif ultime lorsqu'ils réussissaient à les faire adopter, tels quels ou légèrement modifiés, par une section syndicale ou un comité de grève.

Le militant trotskiste était donc, par la nature même de son travail, un *exécutant politique*. Il avait à absorber et à diffuser certaines idées fixées une fois pour toutes par d'autres (vivants ou morts, peu importe). Et c'est là que se trouvait la racine de son aliénation politique.

Mais cette constatation serait complètement insuffisante si elle laissait de côté le *contenu* de ces idées. Il est impossible d'envisager sérieusement le problème du trotskisme en mettant entre parenthèses, comme le fait Lefort, son idéologie. Ce qui importe à cet égard n'est pas tellement que celle-ci ait été « fausse », mais la manière dont elle l'était, son sens, son caractère social. Elle revenait, dans la pratique, à affirmer que le socialisme implique seulement certaines transformations objectives des structures sociales (nationalisation, planification, etc.). Les immenses leçons de la dégénérescence de la révolution russe étaient passées sous silence, la dégénérescence n'était qu'un accident, le bolchevisme n'y avait joué aucun rôle. La critique de la bureaucratie restait complètement superficielle[1], l'idée de l'action autonome de la classe ouvrière

1. Les trotskistes sont même revenus en arrière de la critique de la bureaucratie faite par Trotski. Frank allait jusqu'à écrire en 1947, dans le *Bulletin intérieur* du

absolument ignorée, la notion de gestion ouvrière accueillie par des ricanements[1].

Les militants étaient donc recrutés et « éduqués » à partir d'une idéologie qui ne critiquait les aspects les plus extérieurs du phénomène bureaucratique (« trahison » et « erreurs » de Staline, du PC et du PS) que pour mieux en préserver la substance. Cette idéologie était en relation profonde avec les *motivations* des militants trotskistes, que l'on ne peut comprendre sans considérer l'origine du recrutement trotskiste. Dans le cas typique, le militant trotskiste venait d'une organisation traditionnelle (le plus souvent du PC) avec laquelle il avait rompu en fonction d'une critique des aspects les plus extérieurs de sa politique : nationalisme de la « Résistance », Front Populaire ou gouvernement triparti, attitude opportuniste ou extrémiste face aux luttes ouvrières. Le stalinisme lui paraissait une réédition du réformisme, celui-ci une simple « trahison », le problème de la bureaucratie restait ignoré. Certes, cette critique de la politique des organisations traditionnelles *aurait pu et dû* devenir le point de départ d'une critique beaucoup plus profonde, conduisant à son tour à une nouvelle définition du programme socialiste ; mais, rencontrant l'idéologie trotskiste, elle se saturait à faux et avortait. Le militant venant au trotskisme apprenait que « le prolétariat a cessé de se développer en nombre et en culture » et que « la crise de l'humanité est la crise de la direction révolutionnaire[2] ». Le processus révolutionnaire était donc vu indépendamment du développement continu du prolétariat et de sa conscience. La seule chose qui manquait était une direction révolutionnaire, la seule tâche des militants était de

PCI, qu'une certaine bureaucratie serait nécessaire en tout cas pendant la première phase de l'existence d'un État ouvrier (nous citons de mémoire).

1. Certes, une contradiction subsistait à cet égard dans le trotskisme, écho affaibli de la contradiction fondamentale du bolchevisme. Quand il s'agissait de polémiquer contre les « droitiers », les « vrais » trotskistes déterraient volontiers la phrase de Lénine sur les masses qui sont cent fois plus à gauche que le parti (quoique dans leur bouche elle n'était plus que l'expression d'une hystérie agitatoire permanente ni plus ni moins révolutionnaire que l'opportunisme organique de Craipeau) ; en accusant les staliniens de bureaucratisme, ils réclamaient la démocratie soviétique, etc. Mais ces côtés restaient purement formels et thèmes d'exercices oratoires : c'était le côté romantique, l'habit du jour de fête. Les affaires sérieuses de la politique, telles que les entendaient les trotskistes, c'était autre chose.

2. *Programme de transition de la IVe Internationale.*

la construire. L'humanité ne serait sauvée de la barbarie que si une direction capable de prendre la relève de celles qui avaient « trahi » était constituée « à temps », et le militant qui prenait sur ses épaules cette tâche énorme se classait nécessairement à part, devenait membre d'une nouvelle élite.

Dans ces conditions, n'importe quelle « démocratie » organisationnelle ne pouvait être qu'une coquille vide. Les trotskistes appliquaient le « centralisme démocratique » léniniste qui, comme on l'a vu, crée fatalement une division entre dirigeants et exécutants ; mais même une démocratie soviétique dans le PCI, si elle y avait été concevable, se serait rapidement transformée en son contraire. Car c'est la *nature* et le *type de travail* effectué par l'organisation qui réduisaient la majorité des militants à de simples exécutants de décisions prises par d'autres, qui les excluaient de toute participation effective à la direction de l'organisation ; c'est son *idéologie* qui fournissait à cet état de choses une justification solennelle, plus même, le faisait voir comme le seul concevable. La conception du parti comme direction de la classe ouvrière était bien entendu partie intégrante de cette idéologie ; encore faut-il ajouter, si l'on veut respecter les faits, que *dans la pratique* cette conception n'a joué qu'un rôle minime. Le travail des militants, leur idéologie inconsciemment bureaucratique, étaient des réalités ; leur aspiration à diriger le prolétariat n'a jamais dépassé le stade du désir.

Pour finir, l'analyse « sociologique » la plus étendue du trotskisme resterait abstraite si elle n'insérait pas le phénomène du trotskisme dans un développement historique. Le destin du trotskisme, indépendamment des idées, des intentions et des statuts, était tracé d'avance par le contexte historique dans lequel il était né et avait grandi, ou plutôt végété. Comme on l'a dit ailleurs, le trotskisme n'a été qu'une vaine tentative de restaurer le bolchevisme de la période héroïque à un moment où celui-ci ne pouvait plus avoir de base dans l'histoire réelle. Le trotskisme n'a été qu'un dernier écho des grands mouvements de 1905-1923, avec toutes leurs contradictions et leurs côtés négatifs et sans un seul germe de renouveau. Il n'essayait pas simplement d'être un « parti », mais un parti d'un type bien défini – le type léniniste –, s'attribuant certaines fonctions et pas d'autres, concevant son travail d'une certaine façon et pas d'une autre, le tout en liaison indissoluble avec une idéologie donnée. La « bureaucratisation[1] » du trotskisme, comme aussi son échec, ne peuvent se comprendre qu'à partir de cette situation globale, elle-même produit d'une phase historique déterminée. Phase où ces conceptions et ces comportements avaient prédominé, où ils s'étaient progressivement dégradés jusqu'au stalinisme, où enfin, en réaction contre celui-ci mais se situant sur le même terrain, un noyau qui avait voulu restaurer et maintenir dans sa pureté originelle la flamme contradictoire du bolchevisme, se rencontrait avec un mince courant d'ouvriers et de militants dégoûtés des vieilles organisations et végétait en marge de l'expérience historique.

LES CONCLUSIONS POSITIVES DE LA CRITIQUE DE LA BUREAUCRATIE

Il était nécessaire de s'étendre sur la critique de l'expérience du trotskisme, car elle permet de concrétiser sur un exemple réel, bien que réduit, l'analyse de la bureaucratisation faite dans la première partie de ce texte. Mais elle permet également de mieux comprendre les principes positifs que nous tirons de la critique de toute une phase du mouvement ouvrier et qu'il faut résumer ici brièvement.

Une période historique s'achève, avec une expérience immense du prolétariat sur la bureaucratie considérée du point de vue le plus profond : non pas comme direction qui se trompe ou trahit, mais comme couche exploiteuse qui peut surgir du mouvement ouvrier lui-même. Dans la période qui s'ouvre, le prolétariat ne pourra lutter pour la réalisation de ses objectifs qu'en luttant en même temps contre la bureaucratie. Cette lutte fera surgir d'innombrables besoins, pratiques et idéologiques, auxquels seule une organisation révolutionnaire peut répondre. Cette organisation ne pourra

1. Nous mettons le mot entre guillemets parce qu'il ne faut pas non plus exagérer. Au demeurant, n'est pas bureaucrate qui veut.

se constituer qu'avec des ouvriers et des militants qui ont fait l'expérience de la bureaucratie, ou avec des jeunes qui la rejettent d'emblée comme une forme de la société établie, et ne pourra recruter que parmi eux. Sa fonction sera d'être un instrument du prolétariat dans sa lutte, non pas sa direction. Cette organisation aura une conception de la théorie révolutionnaire radicalement opposée non seulement à celle du trotskisme mais encore à celle qui a prédominé depuis un siècle. Elle rejettera catégoriquement l'idée d'une « science de la société et de la révolution » élaborée par des spécialistes et dont découleraient des conclusions pratiques « correctes », une politique qui ne serait qu'une technique. Elle développera la théorie révolutionnaire en premier lieu à partir de l'expérience et de l'action du prolétariat, qui lui fournira non pas le matériel d'observation ou des exemples de vérification, mais les principes les plus profonds. Par conséquent, les militants ne seront plus des exécutants par rapport à une idéologie définie en dehors d'eux, sur des bases et d'après des méthodes qui leur sont étrangères. Sans la participation active et dominante des travailleurs qui y adhèrent, l'organisation ne pourra jamais définir ni une idéologie, ni un programme, ni une activité révolutionnaire.

La première tâche des militants sera donc d'exprimer leur propre expérience et celle de leur milieu ; le travail de l'organisation consistera en premier lieu à formuler cette expérience et à la diffuser, à en dégager ce qui possède une valeur universelle et à élaborer une conception globale cohérente. Il consistera en même temps à amener à l'expression l'expérience du plus grand nombre possible d'ouvriers, à donner la parole aux travailleurs, à permettre la diffusion et la communication des exemples de lutte, des opinions, des idées dans le prolétariat. Le problème des rapports entre les individus au sein de l'organisation se posera ainsi de façon totalement nouvelle. Il n'y aura plus de base, ni économique ni dans la « production » (c'est-à-dire dans l'activité de l'organisation, dans le type de travail qu'elle accomplit) pour qu'une catégorie d'individus devienne une couche de dirigeants séparés et inamovibles. Les gens seront venus à l'organisation parce qu'ils pensent, non pas qu'il ne « doit » pas y avoir des dirigeants à part, mais qu'il n'y a pas de *fonction* spécifique pour de tels dirigeants ; et ils y seront venus pour faire un travail qui postule explicitement l'importance égale de ce que tout le monde a à dire. La structure de l'organisation exprimera organiquement son orientation et ses conceptions ; elle sera telle que la participation et la prédominance de l'ensemble des militants non seulement s'expriment dans les « statuts » mais soient rendues possibles et facilitées par ceux-ci ; elle ne pourra donc être qu'une structure de type soviétique, s'inspirant des modes d'organisation créés par le prolétariat au cours de son histoire : autonomie la plus large possible des organismes de base dans la détermination de leur propre travail ; détermination de l'orientation générale de l'organisation par des méthodes de démocratie directe et, à défaut, par des délégués élus et révocables ; expression libre des militants et des tendances à l'intérieur et à l'extérieur de l'organisation.

Ces conceptions, élaborées à partir de la critique de l'histoire du mouvement ouvrier et des théories qui l'ont dominée, constituent à la fois une réponse au problème des tâches des révolutionnaires dans la période actuelle, de leur rapport avec le prolétariat, de leur mode d'organisation, et un rejet radical des thèses traditionnelles (et non seulement léninistes) sur le parti. Elles ont été formulées dans la revue[1] et à l'intérieur de *Socialisme ou Barbarie* depuis des années. Lefort choisit de les ignorer, d'en présenter quelques bribes comme « amendements » et « correctifs » apportés à la conception léniniste, de polémiquer avec trois ou quatre phrases d'anciens textes détachées de ce qui les a précédées, entourées et suivies, et de réfuter... le *Que faire ?* On se passera de qualifier le procédé. Mais il est nécessaire d'en dévoiler la logique, voulue ou non : réfuter pour la millième fois, et après tant d'autres, Lénine permet d'esquiver les problèmes actuels et masque l'absence de réponses aux vraies questions qu'affrontent aujourd'hui les

1. Les textes « Sur le contenu du socialisme » (dont la première partie a paru dans le n° 17 de cette revue, datée de juillet 1955, et la suite dans les nos 22 et 23), « La révolution prolétarienne contre la bureaucratie » (n° 20), « Bilan, perspectives, tâches » (n° 21, en particulier p. 10-12), « La voie polonaise de la bureaucratisation » (n° 21), « Perspectives de la crise française » (n° 25, en particulier p. 64-65) suffisent amplement à montrer que la discussion sur le parti en tant que « direction » n'avait plus depuis longtemps d'objet et que Lefort, pour des raisons qu'il est seul à connaître, polémique avec des conceptions dépassées par leurs auteurs. <Textes repris dans *QMO* à l'exception de « La révolution prolétarienne » et « La voie polonaise... », qui prendront place dans le volume *La Société bureaucratique* de notre édition.>

révolutionnaires et le prolétariat. Pour s'en convaincre, il suffit de considérer les propositions « positives » auxquelles aboutit Lefort.

LES TÂCHES DES RÉVOLUTIONNAIRES DANS LA PÉRIODE ACTUELLE

La définition de ces tâches, d'après Lefort, doit prendre son point de départ dans la distinction de deux catégories d'éléments « actifs » dans ce qu'il est convenu d'appeler l'avant-garde : « Parmi ces éléments actifs, certains – et de loin les plus nombreux – tendent à se rassembler au sein des entreprises, sans chercher d'abord à étendre leur action à une plus vaste échelle. Ceux-là trouvent spontanément la forme de leur travail : ils font un petit journal local, ou un bulletin, militent dans une opposition syndicale ou composent un petit groupe de lutte » (p. 119). D'autres éprouvent le besoin d'une action plus large et parmi ceux-ci de nombreux camarades qui se trouvent en dehors des entreprises ; l'action de ces derniers « ne peut avoir d'autre objectif que de soutenir, d'amplifier, de clarifier celle que mènent les groupes d'entreprise » (p. 119).

On pourrait se demander si ces gens qui se rassemblent au sein des entreprises doivent s'y confiner. Le caractère positif de ce travail lui vient-il de ce que ces militants ne cherchent pas « d'abord à étendre leur action » ? Ce « d'abord », que signifie-t-il ? Une perspective d'approfondissement et d'extension lui est-elle nécessaire – ou nuisible ? Mais la question n'est même pas là.

Premièrement, il faut dire carrément que cette distinction relève de la mythologie. Des « petits groupes de lutte », autres qu'occasionnels, il n'en existe pas et s'il en existait, Lefort pas plus que nous n'en saurait, par définition, rien. Deuxièmement, les « petits journaux locaux ou bulletins » qui existent en France peuvent être comptés sur les doigts d'une main. Troisièmement, et c'est le plus important, ces journaux ou bulletins ont toujours été fondés par des militants ouvriers politiques, qui avaient appartenu et, la plupart du temps, continuaient d'appartenir à des organisations ou groupes d'extrême gauche. Que ces militants aient voulu faire de ces journaux des organes d'expression autonome des travailleurs et non des instruments de leur propre organisation, et qu'ils y aient souvent réussi, est très important, capital même, mais va complètement à l'encontre de ce que veut montrer Lefort. Car cela prouve que ce mouvement, encore embryonnaire, n'est pas parti « des entreprises » mais des militants parmi ceux qui « éprouvent le besoin d'élargir leurs horizons », etc. – et que cela ne l'a pas pour autant empêché de se transformer en noyaux réels *dans* les entreprises.

On a discuté pendant longtemps dans *Socialisme ou Barbarie* du problème des « Comités de lutte », en englobant sous cette dénomination toute tentative de regroupement autonome dans les entreprises venant de noyaux minoritaires et indépendants des organisations politiques. On s'est en particulier demandé si, *en dehors d'une période de lutte ouverte,* de tels regroupements pouvaient maintenir une activité permanente. C'est là un problème que la bureaucratisation de plus en plus complète des syndicats rend capital dans la période présente : une organisation des travailleurs sur une base de classe, même minoritaire, embryonnaire et presque informelle, peut-elle exister de façon permanente sous le régime d'exploitation ?

La conclusion d'une expérience de douze ans en France, qui commence avec le Comité de lutte de 1947 chez Renault, est claire et nette : les embryons d'organisation autonome qui ont pu exister ne se sont pas maintenus en dehors des périodes de lutte – sauf dans les cas où ils ont pris un caractère quasi « politique », c'est-à-dire où les participants ont été amenés à clarifier leurs idées sur des problèmes dépassant de loin ceux de l'« entreprise » et où ils se sont sentis engagés comme militants dans une tâche permanente. Et dans ces cas ils ont toujours cherché, à l'encontre de ce que dit Lefort, à étendre leur action à une échelle plus vaste[1].

1. C'est à cette expérience que correspond la phrase du texte « La direction prolétarienne » (*EMO, 1,* p. 157 <maintenant *QMO*, t. 1, Annexes>) citée par Lefort : « (...) En ce sens, la distinction entre comités de lutte et parti (ou toute autre forme d'organisation minoritaire de l'avant-garde ouvrière) concerne exclusivement le degré de clarification et d'organisation, et rien d'autre. » Comme le montre ce qui la précède, elle signifie que, sous le régime d'exploitation, de tels comités (dans la mesure où ils se veulent permanents) ne peuvent être que des organismes semi ou quasi politiques, qu'il ne peut plus y avoir, comme par le passé,

Y aura-t-il dans l'avenir de tels regroupements formés « spontanément », c'est-à-dire en dehors d'une action de militants ? On l'ignore – et la question importe peu. Ce que l'on sait et ce qui seul intéresse est ceci : il y en aura certainement si des militants aux idées claires essaient de les constituer et en font des instruments des travailleurs et non des appendices de leur organisation ; ils se maintiendront si de tels militants les maintiennent, et s'ils forment autour d'eux des gens comme eux et meilleurs qu'eux. Il y a même fort à parier qu'il n'y en aura qu'à cette condition, pour une raison qui devrait être évidente. Qui peut entreprendre et continuer un tel travail à travers les hauts et les bas, les succès et les défaites, à l'encontre des circonstances et du climat onze mois sur douze défavorables ? Seuls des individus à qui une idéologie devenue chair de leur chair permet de résister aux événements, de les interpréter, de les placer dans une perspective et de savoir que, même si pour l'instant ils sont isolés, ils appartiennent à quelque chose d'infiniment plus vaste et plus puissant qu'eux-mêmes. Ce que Lefort ne voit pas, c'est qu'un militant menant une action permanente dans une entreprise et n'essayant pas de l'universaliser et de l'approfondir est une absurdité psychologique. C'est un personnage sans cohérence et sans logique interne, inventé par un mauvais romancier.

Le processus décrit par Lefort est donc purement imaginaire et inventé pour les besoins de sa théorie. Il n'y a pas, en France, des éléments « de loin les plus nombreux » qui tendent à se rassembler au sein des entreprises en se distinguant des autres qui « élargissent leurs horizons ». Il y a un besoin *objectif* énorme de la classe ouvrière de constituer des organismes autonomes de lutte ; et il y a le fait que les seuls qui soient des partisans fermes de tels organismes et résolus à mener le travail nécessaire pour qu'ils se réalisent sont quelques militants politiques aux idées bien claires.

des regroupements uniquement « économiques », « revendicatifs » ou « syndicaux » se situant sur une base de classe. Déjà la *critique* des syndicats elle-même ne peut pas se faire en dehors d'une conception plus générale du rôle des syndicats dans la société actuelle, donc aussi de la bureaucratie – bref, sans un important degré de clarification idéologique. Pour se battre sur le terrain revendicatif, voulait-on dire, les ouvriers conscients sont obligés de dépasser le revendicatif. Lefort comprend ce raisonnement comme « une tentative de subordonner les comités de lutte au Parti ».

Quelle est donc l'action de ces derniers d'après Lefort ? Ils ne doivent pas « avoir d'autre objectif que de soutenir, d'amplifier, de clarifier celle que mènent les militants ou les groupes d'entreprise » (p. 119). Supposons que ces derniers existent ; que signifie amplifier et *clarifier* leur action ? Il s'agit, dit Lefort, « d'apporter à ceux-ci des informations dont ils ne disposent pas, des connaissances qui ne peuvent être obtenues que par un travail collectif mené hors des entreprises » *(ibid.)*. Quelles informations, quelles connaissances ? Sur quel sujet, dans quelle optique, choisies d'après quels critères ? À moins de tomber dans le panneau de l'information « objective » et de l'éducation du peuple, il est clair que rien de tout cela n'est possible sans une idéologie cohérente. Et ici il n'y a qu'un choix : ou bien on cachera cette idéologie – ce qui revient objectivement à tromper les gens sur la marchandise qu'on leur vend ; ou bien on la formulera clairement – et qu'est-ce qui la distingue alors du « programme » tant abhorré et qui, à en croire Lefort, est à l'origine de l'aliénation politique dans les organisations révolutionnaires ? Car l'idéologie dont il s'agit n'est pas une pure théorie ; c'est une idéologie sociale, dont il découle nécessairement des conséquences pratiques. Quel en sera le rapport avec les « militants dans les entreprises » ?

La question qui se pose ici nécessairement est celle du *programme* de l'organisation, et on y reviendra plus loin. Pour l'instant, il suffit de se demander pourquoi les gens qui appartiennent à l'organisation voulue par Lefort vont là plutôt qu'ailleurs ou nulle part. Lefort dit : « en fonction d'un accord idéologique profond ». C'est encore une fois remplacer les idées par des adjectifs : un accord profond, des tâches modestes, une organisation souple – et vouloir faire disparaître le volume des problèmes en jouant sur les coloris. Sur quoi porte cet accord idéologique ? Probablement sur « l'idée que les travailleurs, s'ils veulent se défendre, seront mis en demeure de prendre eux-mêmes leur sort entre leurs mains, de s'organiser eux-mêmes à l'échelle de la société, et que c'est cela le socialisme » (p. 118). Parfait. Cette idée, dit même Lefort, on doit s'employer à la propager. Cette propagation ou propagande, comme on voudra, n'est du reste pas prise très au sérieux, car rien ne la concrétise dans les tâches pratiques proposées par la suite (ce n'est certes pas propager l'idée d'autonomie que de diffuser des informations et des connaissances, ni mener des enquêtes sur l'expérience de vie et de travail dans les entreprises).

Mais si l'idée d'autonomie est prise au sérieux, on se demandera inévitablement comment il faut s'y prendre pour la propager. Faut-il la répéter sous la forme abstraite d'une idée régulatrice – ou bien montrer dans chaque cas concret ce qu'elle signifie? N'implique-t-elle pas, par exemple, que dans une grève revendicative les travailleurs doivent agir d'une certaine façon et non d'une autre – élire un comité de grève révocable, tenir des assemblées générales, etc., au lieu de confier leur grève à la bureaucratie syndicale? Cela, l'organisation doit-elle le dire à chaque occasion, ou non? Qu'elle ne doive pas le faire de façon artificielle, c'est bien entendu; mais précisément, pour le faire de façon non artificielle, ne doit-elle pas être reliée à la classe ouvrière, comporter le plus grand nombre possible de travailleurs? Ces travailleurs, pourquoi y viendront-ils, s'ils ne voient pas dans l'organisation un instrument essentiel de leur action?

Et de cette idée de l'autonomie, ne découle-t-il pas une foule de conséquences, directes et indirectes? Faut-il les cacher? Une foule de problèmes aussi, que les travailleurs se posent de façon très précise? Faut-il les taire? N'en découle-t-il pas, par exemple, de façon certaine quoique indirecte, que les travailleurs doivent lutter contre la hiérarchie et par conséquent mettre en avant des revendications d'augmentation uniforme des salaires? Cela, l'organisation doit-elle le répéter inlassablement, ou non? Et qu'on ne dise pas que, ce faisant, l'organisation « ne fait que » reprendre des revendications qui ont surgi dans le prolétariat lui-même. Cela nous l'avons dit longuement – mais nous n'avons jamais oublié que la classe ouvrière a mis en avant aussi des revendications contraires : les grèves catégorielles, par exemple, n'ont jamais cessé d'exister. L'organisation, et même un révolutionnaire isolé, ne peut pas esquiver le *choix,* et il est futile d'essayer de fuir ses responsabilités en se cachant derrière le prolétariat, transformé en entité imaginaire pour les besoins de la cause.

Le socialisme c'est l'autonomie, dit Lefort. On l'a dit dans cette revue dès sa première page. Mais faut-il s'arrêter là? Ce n'est pas seulement nous, ce sont les ouvriers qui demandent : qu'est-ce que cela signifie? Comment peut fonctionner une société gérée par les travailleurs ? Apparemment, il faut leur répondre : vous verrez bien, lorsque vous le ferez. Mais la question est que, pour une bonne partie, ils ne le font pas parce qu'ils ne voient pas. Autant il est absurde de penser qu'une organisation puisse posséder le plan minuté de fonctionnement de la société socialiste, autant il est vital de concrétiser l'idée du socialisme, de montrer la possibilité d'une organisation socialiste de la société, d'indiquer des solutions aux problèmes que celle-ci rencontrera.

Mais pour l'organisation, il ne s'agit pas seulement de propager l'*idée* d'autonomie ; il s'agit d'aider les travailleurs à *réaliser* des actions autonomes. Cela l'organisation ne peut le faire que si elle est elle-même une organisation d'action. Ce problème, Lefort le laisse entièrement de côté, comme on peut s'en persuader en considérant les « tâches » qu'il assigne à l'organisation. Ce n'est pas que celles-ci soient « modestes » : même si on les enflait à l'infini, elles n'auraient rien à voir avec l'action. Ce n'est qu'indirectement qu'il discute les tâches d'action d'une organisation en laissant entendre qu'elles consisteraient à « assurer une rigoureuse coordination des luttes et une centralisation des décisions » (p. 117), et que c'est là une utopie.

« La fonction de coordination et de centralisation, écrit-il, (...) revient à des groupes d'ouvriers ou d'employés minoritaires qui, tout en multipliant les contacts entre eux, ne cessent pas de faire partie des milieux de production où ils agissent » (p. 118). Ici encore le problème est posé de façon mythologique. Où a-t-on vu, en dehors d'une période de *révolution,* des groupes d'ouvriers et d'employés minoritaires multiplier entre eux les contacts pour assurer la coordination et la centralisation ? Ces groupes sortent tout armés – et désarmants – de la tête de Lefort. Lorsque les ouvriers et les employés commencent à assurer eux-mêmes la coordination et la centralisation, on est en période révolutionnaire ou tout au moins en période de luttes étendues et profondes, et il ne s'agit pas de groupes « minoritaires », mais de délégués de comités de grève, de conseils, etc. En dehors d'une telle période, le problème à vrai dire ne se pose pas, en tout cas pas comme problème de « centralisation des décisions » ; ce qui se pose, comme tâche, c'est un travail orienté vers la diffusion des exemples des luttes partielles, et éventuellement vers leur extension, et il est absurde de prétendre qu'une organisation révolutionnaire n'a rien à faire dans ce domaine.

Ce qu'on demande donc, ce n'est pas que l'organisation « coordonne et centralise », mais qu'elle *aide* effectivement les luttes ouvrières. Les moyens de le faire dépendent des circonstances et aussi de sa propre force; mais ils sont innombrables. On parle à côté de la question lorsqu'on dit : « (...) les luttes ouvrières telles qu'elles se sont produites depuis douze ans n'ont pas souffert de l'absence d'un organe de type parti qui aurait réussi à coordonner les grèves » ni « d'un manque de politisation (...); elles ont été dominées par le problème de l'organisation autonome de la lutte », problème dont « aucun parti ne peut faire que le prolétariat le résolve ». La solution du problème de l'organisation autonome des luttes, qui a effectivement dominé la situation du prolétariat français depuis douze ans, ne dépend pas d'un pari sur un état de grâce du prolétariat que les révolutionnaires n'auraient qu'à attendre en scrutant le ciel. La tendance des travailleurs à s'organiser de façon autonome pour lutter, résultat de l'expérience de la bureaucratisation des organisations, est constamment entravée, combattue, annihilée par leur situation dans la société capitaliste et en particulier par l'action des organisations bureaucratiques, par le manque de moyens matériels, par l'ignorance de ce qui se passe ailleurs, par le doute sur la possibilité de s'organiser, etc. Relativement à tous ces points, une organisation révolutionnaire a un travail énorme à accomplir, plutôt que d'attendre que le libre-arbitre du prolétariat lui permette de tout tirer de lui-même. Ce que Lefort oublie de voir ou de dire, c'est que pendant ces douze ans le prolétariat français à plusieurs reprises essaya de s'engager dans la voie d'une action autonome. Ces tentatives ont avorté; pourquoi? On peut toujours répondre : « parce que la situation n'était pas mûre », c'est une réponse qui ne nous avance nullement. La tâche d'un révolutionnaire n'est ni de spéculer sur la maturité des conditions ni d'en déplorer l'absence; elle est de travailler pour qu'elle se réalise. La non-maturité des conditions en 1955, par exemple, se traduisait par un fait très précis : les ouvriers de Nantes et de Saint-Nazaire sont restés isolés dans leur lutte. Et cela non pas parce qu'il manque en France des téléphones, des routes et des chemins de fer – mais parce que les organisations bureaucratiques et la bourgeoisie ont tout fait pour les maintenir dans l'isolement. Une organisation révolutionnaire, à ce moment, aurait-elle attendu que les métallos de Paris parviennent « librement » à la décision de soutenir la lutte de Nantes ? (Il faut remarquer que ce « librement » signifie : pieds et poings liés par la bourgeoisie, la CGT, la CFTC, FO, le PC, la SFIO, etc.) Non, une organisation digne de ce nom aurait fait tout d'abord un large travail d'information sur ce qui se passait à Nantes, les méthodes de lutte des ouvriers, leurs revendications, etc. ; elle aurait montré le caractère exemplaire de cette lutte, expliqué qu'elle devait être soutenue par tous les travailleurs de France ; elle aurait mis cinq camions à la disposition des Nantais, en leur disant : si vous voulez envoyer une délégation massive chez Renault, en voilà les moyens. Ce n'est que lorsqu'on aurait fait tout cela, et mille autres choses de ce genre, et non seulement à propos de Nantes et pour un jour, mais partout et depuis des années –, c'est alors seulement qu'on aurait pu juger si la situation était « mûre » et jusqu'à quel point le prolétariat français était en mesure de résoudre le problème de son organisation autonome.

Si l'on n'accepte pas cette activité dirigée vers l'autonomie du prolétariat, c'est qu'on donne à l'autonomie un sens absolu, métaphysique : il faut que les ouvriers *en dehors de toute influence* parviennent à certaines conclusions. Dans ce cas, il faut condamner non seulement toute action, mais toute propagation d'idées – y compris l'idée d'autonomie elle-même. C'est encore violer les gens que de vouloir les persuader qu'ils doivent être libres. Et si cela leur plaît, à eux, de ne pas l'être ?

Il n'est guère besoin de dire que c'est là une position désespérément absurde, ni de rappeler que personne n'arrive à rien en dehors de toute influence. Encore faut-il ne pas escamoter les conclusions de cette évidence. L'autonomie ou la liberté n'est pas un état métaphysique, c'est un processus social et historique. L'autonomie se gagne à travers une série d'influences contradictoires, la liberté surgit au cours de la lutte avec les autres et contre eux. Respecter la liberté de quelqu'un, ce n'est pas ne pas y toucher ; c'est le traiter en adulte, et lui dire ce que l'on pense. Respecter sa liberté non pas en moraliste, mais en révolutionnaire, c'est l'aider à faire ce qui peut la lui donner – non pas dans un avenir hypothétique, mais ici et maintenant; non pas instaurer le socialisme pour son compte, mais l'aider à accomplir des actes socialistes dès aujourd'hui. La politique de la liberté, ce n'est pas la politique de la non-intervention, mais celle de l'intervention dans un sens positif; elle ne connaît d'autres limites que le mensonge, la manipulation et la violence.

LA SIGNIFICATION DES DÉLÉGUÉS

Aux modes d'organisation capitalistes, dans leur forme autant que dans leur esprit profond, appliqués par les partis et les syndicats traditionnels, nous avons opposé les modes d'organisation créés par le prolétariat, que l'on peut définir en trois points :

– autonomie la plus large possible des organismes de base, dans les limites posées par l'unité et la cohérence de l'action de l'organisation comme tout;

– démocratie directe, partout où elle est matériellement réalisable;

– élection et révocabilité de tous les organes chargés de tâches de centralisation.

De cela, Lefort fait un « correctif » apporté à la théorie léniniste du parti (ceux qui la connaissent apprécieront) et le réduit à une recette négative : la révocabilité des délégués. Il est évident que séparée ainsi du reste de ces principes organisationnels et surtout d'une conception d'ensemble du travail d'une organisation révolutionnaire, la révocabilité des délégués n'a qu'une signification fort limitée. Aussi nous ne voulons pas discuter les critiques que Lefort lui adresse, et qui passent à côté de notre conception; nous nous arrêterons simplement sur quelques arguments qu'il met en avant et qui nous paraissent révélateurs de l'idéologie qui soustend ses positions mais qu'il ne formule pas dans son texte.

Lefort oppose la révocabilité dans les organismes de classe, où « elle peut avoir un contenu positif du fait qu'il existe un milieu de travail réel » et que ce que les hommes décident « concerne leur vie », à la révocabilité dans le parti, qui est « un milieu artificiel, hétérogène », dont l'unité « n'existe qu'en fonction de la centralisation imposée à l'organisation (...) elle-même fondée sur la cohésion du programme » (p. 115).

Disons d'abord qu'il est faux qu'un Conseil d'entreprise formé par des délégués révocables tire sa valeur simplement de ce que les hommes ont une expérience immédiate « qui leur permet de trancher dans la clarté les problèmes qu'ils rencontrent » *(ibid.)*. Cela n'est déjà pas vrai à l'échelle d'une seule usine, dont la totalité comme telle dépasse l'expérience immédiate de tout travailleur particulier. On n'a qu'à réfléchir à ce que signifierait un Conseil ouvrier chez Renault ou même dans une entreprise de quelques milliers de travailleurs, pour voir que les ouvriers, directement ou par l'intermédiaire de leurs délégués, seraient appelés à décider de problèmes concernant le fonctionnement de l'usine dont ils n'ont pas l'expérience immédiate ou dont les incidences « sur leur vie » peuvent être indirectes et éloignées. C'est le cas aussi bien des problèmes généraux que de ceux concernant des aspects de l'activité de telle partie de l'usine qui ont des incidences sur l'ensemble, dont par conséquent une partie des travailleurs a une expérience directe, mais que l'ensemble doit nécessairement trancher.

Mais l'important est ailleurs. L'implication de l'argument de Lefort est tout simplement que le socialisme est impossible – tout au moins en tant que pouvoir des Conseils ouvriers et gestion ouvrière. Car dans un régime ouvrier, les travailleurs et leurs Conseils n'auraient pas simplement à trancher les questions concernant leur milieu de travail. Ils auraient à décider de *tout* – ou autrement, ils n'auraient à décider de *rien,* car ce qui se passe dans l'entreprise est déterminé par ce qui se passe dans la société en général. Ils auraient à décider d'un plan de production ; de problèmes politiques ; de l'orientation d'une foule d'activités sociales d'importance générale. Ils auraient par exemple à décider des questions les plus générales concernant l'éducation ; ou bien croit-on que dans une société socialiste, ce serait aux instituteurs de dire, souverainement et tout seuls, quelle éducation et combien d'éducation il faut à la société ?

Or, si l'on dit que la valeur des Conseils – et de la règle de la révocabilité – vient de ce que les problèmes qu'ils ont à résoudre sont ceux que les hommes rencontrent dans leur milieu productif, il s'ensuit rigoureusement que les Conseils ne valent rien pour ce qui est de tout le reste – c'est-à-dire de la direction de la société en général. Qui s'en chargera alors? Il ne reste qu'une réponse : un organisme de direction spécial et séparé, ayant comme fonction particulière la solution des problèmes universels. On connaît le nom de ce fonctionnaire de l'universel : c'est la bureaucratie.

Cette conclusion absurde, mais inévitable, résulte de la scission radicale qu'établit Lefort entre le milieu de l'entreprise et le milieu social général, l'expérience immédiate du milieu productif et l'expérience politique et sociale des individus. On y reviendra.

Des conclusions tout autant absurdes résultent de la deuxième partie de l'argument de Lefort : la révocabilité dans le parti, dit-il, ne vaut rien car le parti est un milieu artificiel et hétérogène. Cela signifie immédiatement que les membres du parti ne peuvent pas discuter valablement des problèmes qui se posent à eux, car ils ne participent pas de la même expérience de travail productif. En effet, l'argument ne concerne pas que les délégués : il vaut, s'il vaut, pour tout processus de décision au sein d'une organisation.

De même que le précédent, cet argument tend à détruire tout fondement rationnel de la démocratie dans une société – sauf peut-être dans une collectivité qui serait strictement constituée sur un milieu immédiat de travail. Mais il conduit également à la négation de la possibilité de toute organisation, y compris de celle dont Lefort se dit partisan. S'il s'agit de « constituer peu à peu un véritable réseau d'avant-garde » (p. 119), ou même s'il s'agit simplement de former une organisation, aussi modeste et aussi « souple » qu'on voudra, cette organisation ne sera-t-elle pas appelée à prendre certaines décisions concernant son activité, à résoudre certains problèmes? Comment ses membres pourront-ils le faire valablement, puisqu'ils constituent un milieu artificiel et hétérogène? Car il ne suffit pas évidemment que l'on refuse à un regroupement la dénomination de parti pour qu'il perde le caractère de « milieu artificiel et hétérogène »; celui-ci résulte de ce que l'organisation réunit des gens appartenant à des milieux de production différents. Il ne s'agit même pas ici du problème de la discipline ou des rapports entre une majorité et une minorité. La logique des positions de Lefort conduit nécessairement à refuser tout fondement à une activité collective en dehors de l'entreprise (et pourquoi pas le département ou l'atelier). Car s'agissant des problèmes dont certains ont une expérience directe, seule cette expérience vaut ; ce n'est pas que l'opinion des autres ne doit pas leur être imposée mécaniquement, c'est qu'elle n'a par définition aucune valeur. Et s'agissant des problèmes dont personne n'a une expérience directe, personne ne peut avoir une opinion valable. On se demande alors pourquoi ces gens se réunissent, ce qu'ils peuvent faire et même ce qu'ils peuvent dire en commun. Cette « organisation » n'est qu'une table ronde de singularités se livrant à des monologues dont les contenus ne peuvent jamais se recouper[1].

Même si l'organisation n'est qu'un milieu où les gens viennent pour discuter, il faut nécessairement supposer que les expériences de ceux qui y participent ne sont pas sans rapport entre elles, au contraire, qu'elles tendent à converger objectivement, tout en gardant leurs spécificités essentielles et irréductibles. S'il n'en était pas ainsi, non seulement toute action, mais toute discussion serait impossible. Il est pénible d'avoir à en discuter, mais il est impossible de ne pas souligner la contre-vérité totale de l'affirmation de Lefort, suivant laquelle « l'unité de ce milieu (du parti) n'existe qu'en raison de la centralisation imposée à l'organisation, et cette centralisation est elle-même fondée sur la cohésion du programme ». Que l'organisation soit centralisée ou non, pourquoi les gens y viennent-ils ? Une centralisation ne peut être imposée à l'organisation que si l'organisation existe, et pourquoi diable existe-t-elle ? Qu'est-ce qui pousse des gens qui « diffèrent » tellement les uns des autres à y entrer ? À lire Lefort, on croirait que Lénine, pourvu de pouvoirs magiques, attirait des gens totalement

1. Lefort ne s'aperçoit pas jusqu'où le conduit sa critique de l'organisation. Il va jusqu'à écrire (p. 116) : « La démocratie n'est pas pervertie du fait de mauvaises règles organisationnelles, elle l'est du fait de l'existence même du parti. (Elle) ne peut être réalisée en son sein du fait qu'il n'est pas lui-même un organisme démocratique, c'est-à-dire un organisme *représentatif* des classes sociales dont il se réclame. » On se demande alors : pourquoi l'organisation que lui, Lefort, veut constituer sera-t-elle démocratique ? De quelle classe sociale sera-t-elle « représentative » ? Ici encore, on retombe sur ce dualisme absolu : la seule institution du prolétariat, « c'est la révolution elle-même » (p. 118). Tout ce qui n'est pas révolution est entaché à la fois d'irréalité et de corruption. En quoi peut-on alors parler d'une activité révolutionnaire collective avant la révolution, sur quoi peut-elle se fonder, comment peut-elle être organisée ?

hétérogènes et qu'une fois ces gens bien tassés dans sa besace, il leur imposait l'unité par une centralisation elle-même fondée sur la cohésion de son programme personnel !

Et qui nous dira d'où viennent ces mystérieux programmes ? Qu'est-ce que cette nouvelle philosophie de l'immédiat, qui oppose une expérience directe du milieu productif, seule féconde et à glorifier, à une expression universelle de l'expérience sociale, entachée d'artifice et condamnable ? Depuis quand l'humanité peut-elle progresser sans donner à son expérience des expressions qui se veulent universelles et qui certes ne valent qu'un temps, mais sans lesquelles il n'y aurait pas de temps ?

La vérité se trouve à l'opposé de ce que prétend Lefort. Un parti ou une organisation ne peut exister que parce qu'il y a une unité virtuelle profonde de l'expérience de larges catégories de gens, dépassant le cadre de l'entreprise, et que cette expérience les conduit à se rassembler pour agir en vue d'objectifs qu'ils se proposaient déjà ou dans lesquels, une fois formulés, ils reconnaissent tout au moins en partie leurs aspirations. Le programme n'est rien d'autre que l'ensemble de ces objectifs. Ici encore, l'erreur consiste à ériger en critère absolu ce qui n'est que terme relatif. Le parti est un milieu hétérogène sous certains rapports, et homogène sous certains autres. Il est hétérogène par rapport au milieu productif auquel appartiennent ses membres ou à leur culture – mais il ne l'est pas par rapport à leur expérience globale de la société et à leurs objectifs. Est-ce là une cohésion artificielle ? Avec des révolutionnaires hongrois émigrés à Paris après 1956, nous avons constaté une homogénéité infiniment plus grande qu'avec des gens qui travaillent à côté de nous depuis des années dans la même entreprise.

Mais cela n'est pas la seule chose qui importe. L'organisation, c'est-à-dire les gens qui la forment, est engagée dans un certain travail. Ce travail à son tour crée une nouvelle expérience commune et leur donne la possibilité « de vérifier ce qu'ils décident à partir de leur vie ». Mais Lefort semble nier qu'il puisse se former, dans une organisation révolutionnaire, une expérience commune et cohérente des militants. « Dans de telles conditions (les conditions du parti), dit-il, les décisions à prendre au niveau des cellules ont toujours une double motivation : celle qui tire son origine d'une action à mener dans un milieu social extérieur et celle qui la tire de l'application du programme ou de l'obéissance à l'instance centrale » (p. 115). Passons sur l'« obéissance à l'instance centrale » qui visiblement n'est là que pour brouiller les cartes, en insinuant dans l'esprit du lecteur que, dans l'organisation, les cellules ne peuvent qu'obéir à une instance centrale. La phrase qu'on vient de lire, et celles qui la suivent, reviennent à affirmer : 1° qu'il y a nécessairement conflit – ou manque de rapport – entre les nécessités de l'action à mener dans le milieu social extérieur et le « programme » de l'organisation ; 2° qu'il sera fatalement résolu en faveur du programme et au détriment des nécessités de l'action dans le milieu.

On a encore ici un exemple de transformation en contraires absolus et absolument séparés de deux termes qui n'ont de sens que par leur union la plus intime. Loin de créer des conflits insurmontables et de conduire inéluctablement à une « bureaucratisation », cette double motivation est l'élément sans lequel il ne peut pas y avoir d'action révolutionnaire. Celle-ci pourrait-elle trouver sa motivation uniquement dans l'« action à mener dans un milieu social extérieur » ? Mais quelle est cette action ? S'agit-il de propager la théorie de la relativité, de rendre les gens végétariens, de leur faire acheter les potages Knorr ? L'action à mener est nécessairement définie, inspirée, guidée à chaque instant par des idées, des principes, des perspectives ; l'ensemble de tout cela n'est rien d'autre que le programme, c'est-à-dire la définition des buts et des moyens de l'action. Inversement, l'activité ne peut pas être motivée uniquement à partir du programme ; elle l'est tout autant par le milieu dans lequel elle se déroule. Cela est loin de signifier simplement que le programme doit être appliqué chaque fois en tenant compte « des conditions concrètes ». Le programme lui-même n'est rien d'autre en définitive que l'expression condensée d'une certaine expérience de la situation sociale telle qu'elle est faite par les travailleurs. Et c'est d'une façon continue et permanente que l'activité de l'organisation doit la conduire à approfondir, modifier et au besoin bouleverser son programme.

Dira-t-on qu'il y a là quand même une « contradiction » et qu'elle provient de ce que le problème a été mal posé au départ, de ce que les cellules de l'organisation mènent une action dans

« un milieu social extérieur », que cette action est à condamner et que la seule possible est celle que mènent « les éléments actifs dans les entreprises » ? Mais alors cette discussion n'a aucun sens : que chacun retourne dans son entreprise et qu'il y reste; surtout, qu'il n'y apporte rien qu'il ait trouvé « dehors ». Ce n'est pourtant pas ce que fait ni ce que dit Lefort : il écrit dans *Socialisme ou Barbarie* et il veut tracer une perspective d'action même aux éléments « qui n'appartiennent pas à un milieu de production » (p. 119). Les tâches qu'il leur assigne, pour dérisoires qu'elles soient, sont déjà impossibles à réaliser sans ce qu'il appelle « nos thèses », « nos idées » ou « nos principes » – et ce que nous appelons *un programme.*

UNE NOUVELLE PHILOSOPHIE DE L'HISTOIRE

Il y a toujours deux termes dans chacun des problèmes qui se posent à la pensée révolutionnaire, comme dans le processus effectif de la lutte de classe et de la révolution.

Il y a l'entreprise, collectivité concrète de travailleurs unis par une expérience directe du milieu de travail et par une organisation « spontanée », informelle – et il y a la classe, unité des travailleurs par-delà les frontières de l'entreprise, de la profession, de la localité et même de la nation, unité médiatisée par leur expérience convergente de l'exploitation et de l'aliénation.

Il y a une expérience immédiate de la société comme travail, et une expérience immédiate de la société comme société. Il y a une expérience immédiate, et il y aussi une expérience déjà élaborée et systématisée.

Il y a un développement propre du prolétariat vers le socialisme, et il y a, depuis un siècle, l'activité politique permanente des militants révolutionnaires dans tous les pays.

Il y a une lutte informelle permanente des travailleurs contre l'exploitation, et il y a aussi une lutte politique explicite contre l'organisation présente de la société, que le prolétariat a presque toujours menée.

Et ainsi de suite.

La séparation de ces termes n'est pas seulement logique ; elle est réelle. Mais aussi la tâche des révolutionnaires n'est pas seulement de les unir dans la pensée, dans une théorie correcte ; elle est d'agir pour dépasser cette séparation dans la réalité, sachant que seule la révolution pourra la dépasser définitivement.

Le fond de la méthodologie de Lefort consiste à opérer la séparation la plus radicale entre les termes de chacun de ces couples, que la pensée révolutionnaire rencontre à chaque pas, et à les maintenir dans une opposition absolue. Le « dépassement » de cette opposition est alors effectué par ce qui est en fait un retour en arrière ; l'un des termes est valorisé, l'autre est condamné ou subit une réduction de sa réalité.

Ainsi le milieu et l'expérience de l'entreprise sont considérés comme seuls importants ; le milieu social général, l'expérience de la société comme telle et sous ses multiples aspects – société politique, culturelle, etc. – ne sont même pas mentionnés. L'action des militants « dans les entreprises » paraît la seule qui compte vraiment ; toute autre action est réduite à communiquer « des informations et des connaissances » ; le travail permanent visant à formuler de façon universelle le *sens* de l'expérience de la société, aussi bien immédiate que médiate, que font les travailleurs est ignoré. Dans la mesure où l'on reconnaît qu'il y a quelque chose comme une théorie révolutionnaire, celle-ci apparaît comme une préoccupation individuelle de certains militants (p. 116-117). La progression du prolétariat vers le socialisme prend ainsi la figure d'une maturation organique, le rôle primordial qu'ont joué et continuent à jouer dans son évolution les organisations et les luttes proprement politiques est escamoté.

Ainsi, par exemple, le concept des rapports de production concrets et de l'entreprise, que *Socialisme ou Barbarie* a très tôt placé au centre de ses analyses, tend à devenir entre les mains de Lefort un concept mythique, qui, poussé à l'absurde, arrive finalement à couper le monde en deux. La vie des travailleurs dans l'entreprise devient la seule réalité – et tout ce qui n'est pas « dans » ou « de » l'entreprise est à la fois irréel et méchant.

Nous disons au contraire que de cette évidence commune, que l'entreprise n'existe pas en dehors et séparée de l'économie, de l'État, etc. – en un mot de la société globale (et réciproquement) –, il faut tirer toutes les conséquences ; de même qu'il faut tirer toutes les conséquences de ces autres évidences, non moins communes : a) que les travailleurs à la fois s'intéressent passionnément à ce qui se passe *en dehors* de l'entreprise, et que s'il n'en était pas ainsi, toute discussion sur le socialisme serait simple bavardage ; b) que c'est précisément sur ce terrain que la formation de l'expérience des travailleurs est la plus difficile, rencontre le plus d'obstacles, se heurte non seulement à l'absence d'informations systématiquement organisée par le capitalisme et la bureaucratie ouvrière mais aussi et surtout à la complexité de la chose elle-même et à la difficulté d'élaborer un schéma global de compréhension, sans lequel toute information qui pourrait être disponible par ailleurs ne sert à rien.

Et c'est sur ce terrain que l'organisation révolutionnaire a une des tâches les plus capitales à remplir – où elle trahit son rôle, si elle se refuse d'aider le prolétariat *contre* le capitalisme, en lui apportant les éléments nécessaires pour la formation de cette expérience globale.

Ces éléments ne sont pas et ne peuvent pas être simplement « des informations et des connaissances ». Tout le problème du programme, de l'idéologie, de la théorie se pose à cet égard. Nous en avons déjà parlé – et nous en reparlerons. Notons pour l'instant que dans la mesure où Lefort admet que l'organisation telle qu'il la conçoit possède une idéologie et se livre à un travail théorique, on aboutit à l'existence séparée de deux mondes dont on refuse d'établir la communication. Dans l'un de ces mondes, il y a les idées en général, une perspective socialiste, les contradictions de l'économie et de la société capitalistes au niveau global, les « anti-structures » et le « parti et son double ». Dans l'autre, le monde « de l'entreprise », il y a la représentation et l'expérience des salariés enfermées dans son état présent – et ce serait attenter à l'autonomie du prolétariat que de vouloir y introduire les premiers éléments, les éléments « idéologiques », « théoriques » et « programmatiques ».

Ainsi les connaissances universelles concernant les problèmes généraux de la société deviennent l'affaire particulière d'une catégorie spéciale, quoique mal définie, d'individus : les militants, les intellectuels, etc. C'est leur chose précieuse et honteuse, ils en parlent entre eux, la cultivent interminablement dans les jardins confidentiels des revues à tirage limité. Mais surtout il ne faut pas en parler aux ouvriers. Ce serait déranger et adultérer le merveilleux processus de maturation autonome de la classe, qui renversera un jour le monde, mais reste en attendant plus fragile qu'un vase de Sully Prudhomme.

La seule jonction que cette conception est capable d'opérer entre le monde « de l'entreprise » et le monde « de l'idéologie » est l'abandon de tout contenu *précis* du programme socialiste et de l'idée de révolution, qui deviennent de simples mots – mots que d'ailleurs on a de moins en moins le droit de prononcer en public. Il y a une maturation de la classe qui porte en elle un avenir – mais ce que pourrait être cet avenir, nous ne le savons ni ne pouvons, ni ne devons essayer de le savoir : seule la classe... Car il apparaît clairement, à la lecture du texte de Lefort, qu'une organisation n'a absolument pas le droit d'avoir un programme, de proposer une conception concrète du socialisme (fruit bien entendu de l'expérience historique des révolutions prolétariennes) : si elle le faisait, ce serait essayer de se substituer à la classe.

Cette conception traduit tout d'abord une déformation totale de la réalité historique. Elle méconnaît entièrement, en deuxième lieu, une présupposition fondamentale de la révolution socialiste. Elle aboutit, enfin, à priver le prolétariat en tant que classe révolutionnaire et même en tant que classe tout court (qui n'existe pas, même dans la société actuelle, seulement dans des entreprises à part les unes des autres) d'éléments à la fois humains et idéologiques qui lui sont indispensables pour sa lutte révolutionnaire et pour sa lutte tout court.

La réalité historique est que le prolétariat n'est pas que maturation vers le socialisme, ou plutôt que cette maturation n'est rien d'autre qu'une lutte permanente au sein du prolétariat : lutte entre les éléments créateurs d'une nouvelle réalité sociale et l'aliénation sous toutes ses formes. Cette dernière ne se manifeste pas moins, mais seulement sous une forme différente, sur le plan de l'entreprise. Il n'y a pas de processus de maturation que nous pourrions « déranger » : *il n'y a* processus de maturation *que* dans la mesure où il est constamment « dérangé », par rapport à ce que serait l'expérience intrinsèque à l'entreprise, par des éléments qui n'y appartiennent pas, économiques, politiques, idéologiques (et parmi ceux-ci réactionnaires, réformistes, staliniens, révolutionnaires). À cela nous ne pouvons rien : cela ne dépend pas de nous que les staliniens diffusent ou non des tracts, ni que les travailleurs n'abandonnent pas au vestiaire ce que la bourgeoisie leur apprend à l'école ou dans les journaux, ce qu'ils ont vu au cinéma ou le souvenir de l'ordre de mobilisation de leur frère ou fils. Tout ce qui dépend de nous, c'est que dans cette bataille permanente, les idées révolutionnaires soient absentes parce que nous refuserions de les représenter ou ne le ferions que de la manière la plus châtrée possible. (Finalement d'ailleurs, même cela ne dépend pas de nous : si nous nous refusions de représenter dans la classe ouvrière nos idées, d'autres se lèveraient tôt ou tard pour le faire si elles valent quoi que ce soit.)

Cette bataille permanente, non seulement nous ne pouvons l'empêcher, mais il serait absurde de souhaiter qu'elle n'eût pas lieu. Car ce n'est qu'en fonction d'elle que peut se former une expérience du prolétariat concernant la société globale – expérience sans laquelle il est vain de parler de perspective socialiste.

En deuxième lieu, cette conception méconnaît entièrement une présupposition fondamentale de la révolution socialiste. Le socialisme n'est possible que comme une action consciente de transformation de la société. Mais une telle transformation consciente n'est possible que si les éléments essentiels de son contenu et de sa forme sont formulés explicitement d'avance. Cela ne signifie pas que la révolution bourgeoise improvise et la révolution prolétarienne agit d'après un plan préétabli – mais simplement que l'improvisation de la révolution prolétarienne contient – et doit, sous peine d'échec, contenir – infiniment plus d'éléments conscients que toute révolution précédente. Il ne peut y avoir de socialisme sans projet socialiste – et le programme socialiste de l'organisation est un des pôles de ce projet. La formulation explicite de ce projet est une condition de la transformation des possibilités historiques objectives dans le sens de la révolution.

Il est à noter ici que les positions de Lefort reposent finalement sur les mêmes postulats faux que les positions qu'il croit combattre violemment, à savoir les postulats du *Que faire ?* Les positions de Lefort sont basées sur l'idée qu'il n'y a qu'un seul type possible de théorie de la société, de programme, d'activité d'élaboration et de diffusion des idées – le type « léniniste », dégénérant immanquablement en type stalinien ou trotskiste. Comme ce type – élaboration séparée de l'expérience des ouvriers, contenu abstrait faussement scientifique, diffusion qui devient de l'endoctrinement – est à condamner, on ne peut que condamner les activités mêmes dont il s'agit – ou à la rigueur les tolérer parmi les « intellectuels » dont elles constituent le vice inguérissable qu'il ne faut surtout pas étaler au grand jour. Lefort postule en fait, comme le Lénine du *Que faire ?* 1° que le prolétariat, de par son expérience propre, ne s'intéresse qu'à l'immédiat – la seule différence étant que cet immédiat n'est plus défini comme « les intérêts économiques » mais comme « l'entreprise » ; 2° qu'il n'y a qu'un seul type de théorie, celui qu'on peut exemplifier sur les écrits de Marx, Lénine, Trotski et leurs resucées de vulgarisation (dans le meilleur des cas, une théorie abstraite, éloignée de l'expérience ouvrière, impénétrable par le prolétariat ; dans le pire des cas, une caricature de théorie, vulgarisation mystificatrice et instrument de manipulation). Lénine trouvait la première chose mauvaise et la deuxième bonne ; pour Lefort, c'est le contraire, mais l'analyse est la même. Ses positions ne sont que les positions du *Que faire ?* avec les signes de valeur inversés.

En fait, le problème fondamental de notre époque est : comment réaliser, dans une autre voie que celle de *L'ABC du communisme*, la fusion indispensable de l'expérience ouvrière et des éléments théoriques, idéologiques, etc. – et seul un illuminé ou un charlatan pourrait prétendre que sans cette fusion il pourrait jamais y avoir transformation socialiste de la société.

Nous disons, quant à nous, non seulement qu'une telle voie existe, mais beaucoup plus : s'il était démontré qu'une telle voie ne pût exister, il faudrait abandonner tout de suite toute idée et toute discussion concernant le socialisme. S'il pouvait être démontré que le prolétariat est par nature hétérogène à la conception la plus universelle et la plus totale des problèmes de la société moderne et de sa transformation, moins même, s'il pouvait être démontré qu'il n'existe pas objectivement de base pour une liaison organique entre l'expérience propre du prolétariat et une telle conception, alors toute révolution prolétarienne serait impossible, il ne saurait y avoir tout au plus que des révoltes ouvrières condamnées à la défaite. Car déjà la victoire sur la société d'exploitation, mais encore plus la construction d'une nouvelle société, implique que le prolétariat puisse trouver dans sa propre expérience les germes d'une conception universelle et les critères lui permettant de résoudre des problèmes dépassant infiniment le cadre de l'entreprise.

Nous disons que si l'expérience du prolétariat ne le porte pas automatiquement, immédiatement, directement et toujours vers les problèmes universels, il y a incontestablement une liaison organique entre l'expérience du prolétariat dans l'entreprise et dans sa vie quotidienne et les problèmes concernant la société globale. Nous disons qu'il est possible, à partir de cette expérience quotidienne, d'aider la formation d'une expérience du prolétariat relative au tout de la société. Nous disons que non seulement ce n'est pas violer le prolétariat, mais au contraire contribuer au développement des virtualités qui se constituent organiquement en lui, que de mettre devant ses yeux, d'une nouvelle façon et dans un nouveau langage, au mieux de nos capacités, l'expérience la plus globale de la société, le projet le plus radical de sa transformation. Cela suppose évidemment une transformation également radicale de la théorie révolutionnaire elle-même, de son mode d'élaboration et d'exposition, de la conception de ce qu'est la politique et de ce qu'est un militant. Cette transformation est la tâche vraiment originale (beaucoup plus que toute modification dans le contenu des idées, aussi importante que celle-ci puisse être) devant laquelle nous place en tant que révolutionnaires la société contemporaine. C'est cette tâche que Lefort est incapable même d'envisager. C'est parce que finalement il ne peut concevoir la théorie autrement que d'après un modèle bourgeois (dont il faut par ailleurs reconnaître qu'il est resté pour l'essentiel celui du marxisme), c'est-à-dire comme l'élaboration par des spécialistes séparés de vérités abstraites (et la déduction à partir de celles-ci de directives politiques également abstraites et incontrôlables pour ceux qui n'en possèdent pas les prémisses), qu'il en vient à vouloir interdire la communication entre cette activité théorique et le prolétariat.

Certes, cette transformation radicale de la conception même de ce qu'est une théorie reste presque entièrement à effectuer; mais ce n'est pas là une raison pour se voiler la face devant une tâche inéluctable. Cette transformation est une œuvre collective énorme, impliquant le travail coordonné d'un grand nombre d'individus (travail qui sera exactement le contraire d'un travail purement livresque) et par là même une des tâches capitales d'une organisation révolutionnaire réalisant la fusion des ouvriers et des intellectuels.

Cette liaison organique entre l'expérience immédiate du prolétariat et l'expérience la plus totale de la société découle de facteurs qui expriment les caractères les plus profonds de la société moderne. Premièrement, le contenu même de l'expérience immédiate du prolétariat le force à sortir des cadres de celle-ci. Presque à chaque instant, ce qui se passe dans l'entreprise renvoie l'ouvrier à ce qui se passe en dehors de l'entreprise. Deuxièmement, cette expérience immédiate elle-même est loin de se confiner à la vie de l'entreprise : qu'on le veuille ou non l'ouvrier est en même temps consommateur, électeur, locataire, deuxième classe mobilisable, parent d'élève, lecteur de journal, spectateur de cinéma, etc. Troisièmement, l'expérience globale de la société, tout en étant différente de l'expérience immédiate de l'ouvrier, n'est pas radicalement autre, car elle traduit finalement les mêmes modèles de rapports sociaux et de conflits. Par exemple, les contradictions dans l'entreprise et celles dans l'économie sont de la même nature ultime, et cette identification devient presque une identité immédiate dans le cas du capitalisme bureaucratique intégral. C'est que le type d'aliénation que tend à réaliser la société d'exploitation moderne est finalement le même dans tous les domaines. C'est là le fondement objectif de l'unité de l'expérience de la société, qu'elle soit vécue par les mineurs du Nord, les métallos parisiens, les employés de banque, les instituteurs ou même les chercheurs du CNRS. Certes cette unité n'est pas directement et immédiatement donnée, et le sujet final de sa réalisation ne peut être que la totalité organisée des travailleurs; mais dans ce domaine aussi, l'organisation est l'instance transitoire qui en permet l'accomplissement inachevé, et qui est donc, ici encore, une « préfiguration » de la société socialiste et de la révolution. Et c'est surtout le passage à une conception adéquate des problèmes de la société dans son ensemble et en particulier de l'État qui est le plus difficile à réaliser pour le prolétariat. Mais le rôle d'un révolutionnaire n'est pas de spéculer sur la facilité plus ou moins grande de ce passage, mais, une fois la possibilité objective de sa réalisation démontrée, de travailler pour qu'il s'effectue.

Finalement, le problème crucial auquel Lefort refuse de répondre est celui-ci : quel est le rapport entre le prolétariat et le socialisme ? Parfois il semble vouloir dire : comme personne ne sait ce qu'est (ou sera) le socialisme, il ne faut surtout pas en parler, et tout ce que nous pouvons faire dans notre activité publique (autre chose ce que nous pensons *in petto)* c'est de coller à la façon dont les ouvriers voient ici et maintenant les problèmes. Position qui est évidemment intenable dans la pratique, et qui, de toute façon, enlève toute justification non seulement à l'existence d'une organisation, mais à toute activité militante quelle qu'elle soit.

Nous disons, quant à nous : la lutte du prolétariat contre l'exploitation le conduit à poser le problème de la transformation des rapports sociaux. Même le fait de poser ce problème, encore plus d'y répondre, c'est l'enjeu d'une lutte séculaire. Cette lutte ne se déroule pas seulement au sein de l'entreprise – elle y commence et elle y revient toujours, mais elle couvre rapidement la société entière sous tous ses aspects. Dans cette lutte, le prolétariat a besoin de la totalité de l'expérience sociale. Loin d'être immédiatement donnée par les conditions « naturelles » de la société capitaliste, cette totalité de l'expérience est à la fois virtuellement créée et constamment détruite par le fonctionnement du capitalisme, qui la morcelle, la cloisonne, l'obscurcit, la cache, la mystifie. Au cours de cette lutte pour la conquête de la totalité, ont toujours surgi dans le prolétariat et dans la société des individus, des groupes, des courants, des organisations qui ont essayé de l'aider. Et il y a eu toute une période pendant laquelle ces groupes, organisations, etc., ont essayé de tout prendre sur eux-mêmes, où ils se sont identifiés avec cette expérience de la totalité. Cette période est sans doute historiquement terminée. Mais quoi qu'il en soit, de même que les hommes ne cesseront jamais de respirer de peur d'avaler des microbes, ni de penser de peur de se tromper, de même ils ne cesseront jamais d'agir de peur de se transformer en bureaucrates. Et, du moment que le problème du socialisme est historiquement posé, nous ne pouvons ni nier qu'il l'est ni nous couvrir la face ; nous ne pouvons que participer à cette lutte et essayer de faciliter la conquête de l'expérience de la totalité par le prolétariat, en nous laissant guider par le contenu le plus profond de l'expérience déjà faite – à savoir que le problème du socialisme c'est la conquête de leur autonomie par les masses organisées des travailleurs et leur domination sur tous les aspects de l'activité sociale. Il est évident que cette expérience nous ne pouvons pas l'élaborer en nous-mêmes et pour nous-mêmes, mais pour le prolétariat et avec lui.

LA STRUCTURE DE L'ORGANISATION

Quelle que soit la définition du rôle et des tâches de l'organisation, c'est un truisme que de constater qu'il faut que celle-ci possède une *structure* déterminée. En particulier, à moins qu'il ne s'agisse d'un regroupement dont l'« activité » se réduit à des discussions ou à la publication d'une tribune libre, dès qu'il s'agit de *faire* quelque chose, il faut que des décisions soient prises d'une façon ou d'une autre ; si des opinions divergentes se manifestent, il faut qu'une règle permette de trancher. Plus généralement, dès qu'un regroupement dépasse une taille infime – quinze ou vingt individus –, il ne peut exister sans se donner certaines règles de fonctionnement, permettant à ses segments de communiquer entre eux, à chacun des militants de savoir ce que les autres font et de le juger, à l'ensemble de définir des positions communes et de les traduire dans des activités communes.

Comment Lefort répond-il à ces problèmes ? Par un adjectif et une négation : « l'organisation qui convient à des militants révolutionnaires est nécessairement *souple* » (souligné dans l'original, p. 120). Elle repose tout d'abord « sur le rejet de la centralisation ». Mais encore ? Rien.

Il serait stérile d'essayer d'imaginer, à la place de Lefort, les solutions positives que pourrait receler ce « rejet de la centralisation ».

S'il n'en dit rien c'est sans doute qu'il n'en sait rien et nous en savons encore moins. Mais on peut d'ores et déjà voir que le « rejet de la centralisation » signifie immédiatement le rejet de l'*unité* de l'organisation et finalement, dans la pratique, le rejet de l'organisation tout court, pour autant du moins qu'il s'agisse d'une organisation d'action.

Centralisation ne signifie pas Comité central. Centralisation signifie que l'ensemble de l'organisation fonctionne en appliquant, dans les matières d'intérêt général, des décisions générales. Elle signifie que chaque militant ou chaque cellule ne définit pas de façon indépendante sa politique de *a* à *z*, mais que les points essentiels de cette politique sont décidés par l'organisation dans son ensemble. Cela, bien entendu, ne dit encore rien sur la manière dont ces décisions sont prises. Dans une organisation bureaucratique, politique ou syndicale, comme dans une entreprise capitaliste, elles le sont par le sommet, formé par des dirigeants inamovibles. Dans une organisation révolutionnaire, comme dans un Soviet ou dans un Conseil d'entreprise, elles doivent l'être par l'ensemble des participants (démocratie directe) et, lorsque cela n'est pas matériellement possible, par leurs délégués élus et révocables. Mais une Assemblée générale qui vote, un Conseil d'entreprise, c'est de la centralisation : il décide pour tous et ses décisions sont obligatoires pour la minorité.

Le « rejet de la centralisation » pur et simple comprend donc aussi bien le rejet de la démocratie directe que de la démocratie soviétique ; il comprend également le rejet du principe majoritaire. Et, en fait, le refus d'accepter des décisions majoritaires a été une des raisons principales du départ de Lefort et de ses camarades de *Socialisme ou Barbarie*. Ils revendiquaient le droit non pas d'expliquer publiquement leurs désaccords avec des décisions régulièrement prises – que personne jamais ne leur a contesté – mais de ne pas les appliquer.

Maintenant, si dans un regroupement chacun agit comme il l'entend, quelles que soient les décisions de la majorité, il est absolument vain et stérile d'appeler ce regroupement organisation. Comme un homme, une organisation se définit par ses actes ; si ces actes ne sont pas homogènes, il y a autant d'organisations que peuvent se présenter de tendances ou d'opinions sur chaque question débattue – et autant dire qu'il n'y a pas d'organisation du tout. En effet, si des militants se regroupent, ce n'est pas pour échanger des arguments ; l'échange des arguments vaut pour eux parce qu'il permet d'aboutir à des décisions mieux fondées. Les militants se regroupent pour agir ensemble, parce qu'ils reconnaissent que seule l'action collective est efficace ; et aussi parce ce qu'ils reconnaissent à l'opinion des autres une valeur pratique. Nier le principe de la majorité, ce n'est pas seulement pulvériser l'efficacité de l'action collective ; c'est faire preuve d'un individualisme qui méprise le jugement de ceux dont il prétend par ailleurs partager les vues fondamentales ; c'est créer une contradiction insurmontable entre ce qu'on dit de l'organisation révolutionnaire et ce qu'on dit d'une société prolétarienne.

Un tel regroupement pourrait certes, à défaut d'autre chose, avoir une utilité en tant que « milieu » où s'échangent des opinions. Mais il serait vain d'en attendre qu'il réalise les tâches essentielles d'une organisation révolutionnaire.

Soit par exemple une organisation comportant un millier de membres répartis entre diverses entreprises et localités en France – et qu'il s'agisse de publier un journal. Comment et par qui seront prises les décisions sur les problèmes qui surgiront perpétuellement au cours de cette activité – sujets à traiter, orientation à tracer, interprétation des événements, choix des articles, place à leur accorder, etc. ? Ce serait masquer les problèmes les plus graves que de présenter ces décisions comme des décisions « techniques » et de prétendre les confier à un secrétariat du même nom ; on ne ferait ainsi que dissimuler aux yeux de l'organisation l'instance qui en fait dirigerait, et sous prétexte d'éliminer tout centre, on en créerait un, occulte, incontrôlé et irresponsable. C'est d'autre part impossible de concevoir la publication d'un journal comme une activité intégralement décentralisée ; il est certain qu'elle ne pourrait avoir lieu qu'avec la collaboration la plus large de l'ensemble de l'organisation ; il serait possible d'envisager une décentralisation partielle de sa rédaction (rubriques confiées à des groupes locaux ou d'entreprise) – mais un journal n'est pas une simple addition de rubriques se disant zut l'une à l'autre. Une centralisation serait donc, même dans ce cas élémentaire, absolument nécessaire, et il serait impossible de l'assurer autrement que par un comité de délégués élus et révocables des groupes constituant l'organisation.

Des problèmes de ce type se posent déjà à l'échelle de trente individus ; on les rencontre à chaque pas lorsqu'on est une centaine ; au-delà, leur solution est une question de vie ou de mort pour une organisation. Ne pas les formuler clairement, ne pas essayer de leur donner une réponse à la fois réelle et conforme aux principes dont on se réclame signifie simplement que l'on ne se pose pas sérieusement le problème de l'organisation. Et comme il n'y a pas en fait de rupture de continuité dans la structure logique de ces problèmes tels qu'ils se posent à une organisation révolutionnaire et tels qu'ils se poseront à une société socialiste, cela montre la stérilité de cette attitude sur la question la plus décisive entre toutes.

Car c'est ne rien dire du tout qu'affirmer que « le mouvement ouvrier (...) doit chercher ses formes d'action dans des noyaux multiples de militants organisant librement leur activité et assurant par leurs contacts, leurs informations et leurs liaisons non seulement les confrontations, mais aussi l'unité des expériences ouvrières » (p. 120). Personne n'a jamais proposé que les noyaux organisent « non-librement » leur activité. On demande seulement de savoir ce que signifie *concrètement* une organisation libre de noyaux multiples. On demande à savoir *comment* ces noyaux assureront l'*unité* des expériences ouvrières, ce que signifie cette unité, et si elle peut être avancée sans que l'on essaye de la formuler.

La seule réponse que l'on connaisse de Lefort et ses camarades à ces problèmes se trouve dans un texte de discussion, où ils demandaient que l'on s'inspire, en matière d'organisation, de la critique de la bureaucratie « notamment menée par Mothé qui (...) a opposé la coopération spontanée des ouvriers au formalisme des règles et à la vanité des appareils de direction ». Laissons de côté Mothé, qui se trouvait ainsi involontairement mis à contribution pour la défense de positions radicalement contraires aux siennes. Constatons seulement que la situation du mouvement révolutionnaire serait désespérée s'il en était réduit à choisir entre la coopération spontanée et les appareils de direction. Cela signifierait en effet que la bureaucratie est inévitable dans tous les domaines où la coopération spontanée est physiquement impossible à cause des dimensions ou de l'articulation, dans l'espace ou dans le temps, des activités dont il s'agit. Lefort est-il en mesure de préciser le sens de l'expression « coopération spontanée » appliquée aux 45 000 travailleurs de chez Renault ? Ou de la coopération spontanée telle qu'elle s'établirait éventuellement entre les mineurs du Pas-de-Calais et les ouvriers agricoles des départements du Midi ? Ou entre une cellule d'une organisation à Toulouse et une autre à Metz ? Les problèmes de l'organisation de la société socialiste ou ceux d'une organisation groupant ne serait-ce que quelques centaines de militants à travers la France seraient-ils identiques à ceux des rapports entre une douzaine de camarades se réunissant une fois par semaine à Paris pour échanger des informations et des idées ?

En réalité, le problème fondamental d'une organisation de type socialiste – qu'il s'agisse de l'organisation de la société ou d'une minorité de militants révolutionnaires sous le régime d'exploitation –, c'est d'effectuer le passage de la coopération au sein d'un atelier ou d'une cellule à la coordination des activités d'ensembles plus vastes qui dépassent fatalement le milieu immédiat et la coopération « élémentaire ». Le problème n'est pas simplement d'opposer la « coopération spontanée » des ouvriers au « formalisme des règles et à la vanité des appareils de direction ». Cela, comme on l'a amplement montré dans cette revue, la sociologie industrielle bourgeoise le fait déjà abondamment. *La tâche du prolétariat est d'organiser la société de façon socialiste là même où par définition la « coopération spontanée » ne peut pas exister.* C'est là le terrain sur lequel la révolution socialiste vaincra ou échouera. Notre tâche en tant que révolutionnaires est de montrer qu'une organisation socialiste non seulement de l'équipe ou de l'atelier, mais de l'économie, de l'« État », de la société dans son ensemble, est possible. Elle est aussi de le montrer dans la pratique *en résolvant* le problème d'une organisation dépassant le cadre du groupe « élémentaire », et non pas en le *niant,* comme le fait Lefort.

Lorsqu'on laisse entendre, comme dans le texte cité, qu'en dehors de la « coopération spontanée » il n'y a que « le formalisme des règles et la vanité des appareils de direction », on peut se croire au comble de la vision révolutionnaire, mais c'est là précisément qu'on épouse en fait la conception la plus profondément bourgeoise. Car, comme personne ne pourrait penser une seconde que la coordination de l'ensemble des activités sociales pourrait être effectuée par la coopération spontanée de quarante millions d'individus, la seule issue c'est précisément… la constitution d'un appareil bureaucratique de direction. On pourra en critiquer la vanité et en déplorer l'existence ; ce ne sont là que des lamentations sans aucun contenu objectif. Car l'inéluctabilité d'un appareil bureaucratique de direction découle de la manière même dont on pose le problème – sauf s'il s'agit de revenir à l'« état de nature » et de décréter la décomposition des sociétés modernes en tribus au sein desquelles la coopération spontanée serait suffisante pour résoudre les problèmes.

La conception socialiste est précisément l'opposé : elle considère que les travailleurs peuvent, au-delà de leur organisation élémentaire spontanée et s'appuyant sur celle-ci, créer une structure recouvrant l'ensemble de la société et capable de la gérer, une structure qui ne soit précisément pas un appareil de direction séparé. Si cela n'était pas vrai, toute critique de la bureaucratie serait un bavardage moralisateur. Il est affligeant d'avoir à rappeler à des sociologues que toute discussion sur la société présuppose que la société existe autrement que comme juxtaposition de groupes élémentaires et coïncidence miraculeuse de coopérations spontanées. Il est affligeant d'avoir à rappeler à des marxistes que la conception socialiste consiste précisément à refuser le dilemme *typiquement bourgeois* de la coopération spontanée et des appareils de direction.

Être socialiste signifie, peut-être plus que toute autre chose, rejeter l'idée qu'il y a un maléfice de la société et de l'organisation comme telles ; refuser la fausse alternative des Moloch bureaucratisés et dépersonnalisés et des vrais rapports humains réduits à une dizaine de personnes ; croire que c'est à la mesure des hommes de créer, à l'échelle de la société et à celle d'une organisation politique, des institutions qu'ils comprennent et qu'ils dominent.

CE QUI EST IMPORTANT*

Dans le n° 3 de *Pouvoir Ouvrier* un instituteur posait la question : pourquoi les ouvriers n'écrivent-ils pas ? Il montrait, de façon profonde, que cela est dû à toute leur situation dans la société et aussi à la nature de la soi-disant « éducation » que dispense l'école capitaliste. Il mentionnait aussi le fait que souvent les ouvriers pensent que leur expérience « ce n'est pas intéressant ».

Ce dernier point me paraît tout à fait fondamental, et je voudrais faire part là-dessus de mon expérience, qui n'est pas l'expérience d'un ouvrier, mais celle d'un militant.

Lorsque des ouvriers demandent, comme cela arrive, qu'un intellectuel leur parle des problèmes du capitalisme et du socialisme, ils comprennent difficilement que l'on accorde une place centrale à la situation de l'ouvrier dans l'usine et dans la production. Il m'est par exemple arrivé de faire devant des ouvriers des exposés autour des idées suivantes :

– la façon dont est organisée l'usine capitaliste crée un conflit perpétuel entre les ouvriers et la direction autour de la production ;

– la direction utilise toujours de nouvelles méthodes pour enchaîner les ouvriers à la « discipline de la production » telle qu'elle l'entend ;

– les ouvriers inventent toujours de nouvelles méthodes pour se défendre ;

– cette lutte a souvent plus d'influence sur le niveau des salaires que les négociations ou même les grèves ;

– le gaspillage qui en résulte est énorme et de loin supérieur à celui que provoquent les crises économiques ;

* *Pouvoir ouvrier*, supplément mensuel à *S. ou B.*, n° 5 (mars 1959) <rééd. « 10/18 », *EMO, 2* (1974), p. 249-253>.

– les syndicats restent toujours étrangers et le plus souvent hostiles à cette lutte des ouvriers ;

– les militants ouvriers doivent diffuser tous les exemples de cette lutte qui ont une valeur en dehors de l'entreprise où ils se sont produits ;

– rien ne serait changé à cette situation par la simple « nationalisation » des usines et la « planification » de l'économie ;

– le socialisme est par conséquent inconcevable sans un changement complet de l'organisation de la production dans les usines, sans la suppression de la direction et l'instauration de la gestion ouvrière.

Ces exposés étaient à la fois concrets et théoriques ; c'est-à-dire, ils donnaient chaque fois des exemples réels et précis, mais en même temps, loin de se limiter à une description, essayaient de tirer des conclusions générales. Ce sont là des choses dont les ouvriers ont évidemment l'expérience la plus directe et la plus complète, et qui, d'autre part, ont une signification profonde et universelle.

Pourtant, ce que l'on constate, c'est que les auditeurs parlent peu et paraissent plutôt déçus. Ils sont venus là pour parler ou entendre parler de choses *importantes* ; et il leur paraît difficile de croire que ces choses importantes sont ce qu'eux-mêmes font tous les jours. Ils avaient pensé qu'on leur parlerait de la plus-value absolue et relative, de la baisse du taux de profit, de la surproduction et de la sous-consommation. Il leur paraît incroyable qu'on leur dise que l'évolution de la société moderne est beaucoup plus déterminée par les gestes quotidiens de millions d'ouvriers dans toutes les usines du monde que par de grandes lois cachées et mystérieuses de l'économie, découvertes par les théoriciens. Ils en arrivent même à contester qu'une telle lutte permanente entre les ouvriers et la direction existe et que les ouvriers parviennent à se défendre ; pourtant, une fois que la discussion a démarré vraiment, ce qu'ils disent démontre qu'ils mènent eux-mêmes cette lutte du moment où ils pénètrent dans l'usine jusqu'au moment où ils en sortent.

Cette idée chez les ouvriers que ce qu'ils vivent, ce qu'ils font et ce qu'ils pensent « n'est pas important », ce n'est pas seulement ce qui les empêche de s'exprimer. *C'est la plus grave manifestation de l'asservissement idéologique au capitalisme.* Car le capitalisme ne peut survivre que si les gens sont persuadés que ce qu'eux-mêmes font et savent est de la petite cuisine privée, sans importance, et que les choses importantes sont le monopole des gros Messieurs et des spécialistes des divers domaines. Constamment, le capitalisme essaie de faire pénétrer cette idée dans la tête des gens.

Mais il faut aussi dire qu'il a été puissamment aidé dans ce travail par les organisations ouvrières.

Depuis fort longtemps, syndicats et partis ont essayé de persuader les ouvriers que les *seules* questions importantes concernent soit les salaires, soit l'économie, la politique et la société en général. Cela est déjà faux. Mais il y a pire. Ce que ces organisations ont considéré comme « théorie » sur ces questions, et ce qui de plus en plus a passé pour tel aux yeux du public, au lieu d'être, comme il aurait fallu, étroitement lié à l'expérience des ouvriers dans la production et dans la vie sociale, est devenu une théorie soi-disant « scientifique », de plus en plus abstraite (et de plus en plus fausse). De cette théorie, bien sûr, seuls les spécialistes – intellectuels et dirigeants – savent et peuvent parler. Les ouvriers n'ont qu'à se taire, et essayer consciencieusement d'absorber et d'assimiler les « vérités » que les premiers leur débitent. On parvient ainsi à un double résultat. L'intense désir que de grandes couches de la classe ouvrière éprouvent pour élargir leurs connaissances et leur horizon, pour dépasser le cadre de l'usine et se former une conception de la société qui les aide dans leur lutte est détruit dès le départ. La soi-disant « théorie » devant laquelle on les place leur paraît, dans le meilleur des cas, une sorte d'algèbre supérieure, inaccessible, et, dans le cas le plus courant, une litanie de mots incompréhensibles qui n'expliquent rien. D'autre part, sur le contenu de cette « théorie » et sur sa vérité les ouvriers n'ont aucun contrôle ; les démonstrations se trouvent, leur dit-on, dans les quatorze volumes du *Capital* et dans d'autres ouvrages immenses et mystérieux que possèdent les camarades savants – à qui il faut faire confiance.

Les racines et les conséquences de cette situation vont infiniment loin. À son origine, il y a une mentalité profondément bourgeoise : comme il y a des lois de la physique, il y a des lois de l'économie et de la société, et ces lois n'ont rien à voir avec l'expérience directe des gens. Il y a des scientifiques et des ingénieurs de la société qui les connaissent. Comme les ingénieurs seuls peuvent décider comment on construit un pont, de même les ingénieurs de la société – dirigeants des partis et syndicats – peuvent seuls décider de l'organisation de la société. Changer la société, c'est changer son organisation « générale », mais cela n'affecte en rien ce qui se passe dans les usines – puisque cela « n'est pas important ».

Pour dépasser cette situation, il ne suffit pas de dire aux travailleurs : parlez, c'est à vous de dire ce que sont les problèmes. Il faut encore démolir cette idée monstrueusement fausse que ces problèmes, tels que les voient les ouvriers, ne sont pas importants, qu'il y en a d'autres qui le sont beaucoup plus et dont seuls les « théoriciens » et les politiciens peuvent parler. On ne peut rien comprendre à l'usine si on ne comprend pas la société ; mais on peut encore moins comprendre quoi que ce soit à la société si on ne comprend pas l'usine. Pour cela, il n'y a qu'un moyen : que les ouvriers parlent.

Montrer cela doit être la tâche première et permanente de *Pouvoir Ouvrier.*

LES CLASSES SOCIALES ET M. TOURAINE*

La domination du stalinisme sur le mouvement ouvrier international pendant trente ans a fait que les intellectuels « de gauche » en France ont vécu sur une double identification. Le marxisme ou l'idéologie révolutionnaire, c'était Garaudy, Thorez et Staline. Le prolétariat, c'était Staline, Thorez et Garaudy. Attirés ou repoussés par le PC, ils n'ont jamais mis en question cette identité. De sorte que, lorsque la bureaucratie stalinienne se lézarde, à leurs yeux c'est déjà le prolétariat lui-même qui se dissout. Lorsque les ouvriers cessent de suivre les mots d'ordre du PC, ils se posent gravement la question : la classe ouvrière existe-t-elle ? Lorsqu'ils parviennent, péniblement, à découvrir que Garaudy et Cie ne sont que des perroquets incapables même de changer de mensonge, ils y voient un signe de la nécessité d'abandonner ou dépasser l'idéologie révolutionnaire.

Ce qu'ils font alors ? Le schéma s'est répété dix fois. Ils « dépassent » un marxisme imaginaire, sans même soupçonner ce qui est à dépasser dans le véritable marxisme. Ils le « réfutent », en lui opposant des faits connus depuis longtemps et qu'il fallait de solides œillères pour pouvoir négliger, et en restant toujours aveugles devant ce qui est vraiment nouveau à notre époque. Ils fabriquent un horrible mélange, la négation des idées fausses qu'ils avaient acceptées pendant des années les conduisant à en prendre le contrepied pur et simple, également faux. Ils restent finalement prisonniers de la même méthodologie, des mêmes postulats, des mêmes mystifications profondes qu'auparavant. Ils continuent à vivre sur la même « philosophie » stalinienne inconsciente, sauf qu'ils prétendent modifier le matériel empirique auquel elle doit s'appliquer.

* *S. ou B.*, n° 27 (avril-mai 1959) <rééd. « 10/18 », *CMR, 2* (1979), p. 11-39>.

La dernière fournée d'intellectuels qui se sont penchés sur le marxisme et le prolétariat et dont le plus représentatif est Alain Touraine[1] n'a pas échappé à ce schéma. Il y a une idéologie *stalinienne* qui consiste à dire : le capitalisme et l'exploitation se définissent essentiellement par la propriété privée, par l'« argent » des patrons et des trusts. L'exploitation des travailleurs, c'est la paupérisation, c'est leur misère en tant que consommateurs. C'est elle qui fonde leur conscience de classe et doit les conduire à appuyer l'action du PC, visant à renverser le capitalisme et à établir le socialisme défini comme nationalisation des moyens de production, etc. Il importe peu que cette dernière conclusion soit de moins en moins mise en avant par les staliniens ; elle reste l'élément principal de la force d'attraction du PC.

C'est par le moyen de ces idées que les staliniens essaient d'escamoter le *fond* du problème social : que le socialisme n'est pas un simple changement du régime de propriété, mais un bouleversement radical de toute l'organisation sociale, et en premier lieu la suppression de la domination exercée sur les travailleurs par une couche particulière dirigeant la production, l'instauration de la gestion ouvrière ; que le niveau de vie est un aspect finalement secondaire de la situation du travailleur car, comme le disait Marx, « que les salaires soient élevés ou bas, la vie dans l'usine est une agonie perpétuelle pour l'ouvrier ».

Or ces idées staliniennes, qui fournissent la justification de toute bureaucratie dirigeante, Touraine les partage intégralement. Il polémique contre ce qu'il appelle « le modèle sociologique qui domine encore la pensée de gauche » mais en le lisant il est impossible de s'y méprendre ; ce qu'il reproche à cette « pensée de gauche », ce sont des prémisses matérielles incorrectes, absolument pas sa philosophie. Pour lui aussi, la paupérisation est un problème essentiel, et il reproche aux staliniens de ne pas voir qu'il est en train d'être résolu. Pour lui aussi, la conscience de classe du prolétariat est une conscience « de non-propriété » – et

1. Voir le n° 12-13 d'*Arguments* et les articles de Touraine, Mallet, Collinet et Crozier. On lira dans le même numéro d'*Arguments* la réponse de D. Mothé aux sociologues, qui montre d'une façon éclatante que ceux-ci restent incapables de voir où se situe le problème social pour un ouvrier. – Les citations de Touraine faites plus bas se rapportent à ce même numéro d'*Arguments*.

il en déduit qu'elle tend à disparaître en même temps que la propriété. Pour lui aussi, le socialisme serait essentiellement la nationalisation, etc. – ce qui l'amène à penser qu'il ne réglerait pas les « autres problèmes ». Il n'est donc pas étonnant qu'appliquant la même philosophie à des « faits » différents, Touraine ne parvienne pour conclure qu'à une autre variante de la politique bureaucratique, aussi vieille que les « faits nouveaux » censés la fonder : un réformisme, dont le contenu reste d'ailleurs parfaitement indéfini. Quant au vrai problème, la situation du travailleur dans son travail, Touraine, dont la spécialité professionnelle est la sociologie du travail, ne parvient même pas à le poser en termes corrects.

Sans pouvoir aborder ici la totalité des problèmes que Touraine effleure et « résout » en huit pages, nous essaierons de montrer, sur quelques exemples importants, en quoi consistent sa méthode, ses postulats et ses conclusions.

L'évolution industrielle moderne, l'organisation du travail et la production en série ont fait disparaître, dit Touraine, l'« autonomie professionnelle » que possédaient les ouvriers qualifiés d'autrefois. Cette disparition a un caractère positif : « l'apparition des grandes organisations mécanisées dans l'industrie a donc créé une condition indispensable à l'apparition d'une conscience de classe véritable, à la constitution d'un mouvement ouvrier positivement révolutionnaire » (p. 9). Touraine oppose cette constatation au « modèle sociologique » qui « domine encore la pensée politique de gauche » (p. 8).

De quelle gauche s'agit-il? Pour le marxisme, en tout cas, depuis toujours c'est la *perte* de l'autonomie professionnelle et des qualifications de métier qui a été considérée comme la condition du développement d'une conscience révolutionnaire chez le prolétariat[1]. Avec un siècle de retard, Touraine ne fait que « découvrir » une idée fondamentale de Marx en se donnant l'air de le dépasser. Ignore-t-il donc que l'analyse de la situation du prolétariat, dans le

1. « (...) les artisans du Moyen Âge s'intéressaient encore à leur travail spécial et à l'habileté professionnelle, et cet intérêt pouvait aller jusqu'à un certain goût artistique borné. Mais c'est également pour cela que tout artisan du Moyen Âge s'absorbait complètement dans son travail, y était doucement assujetti et lui était subordonné bien plus que l'ouvrier moderne à qui son travail est indifférent », K. Marx, *L'Idéologie allemande*, p. 206 de l'éd. Costes (tome VI des *Œuvres philosophiques*).

premier livre du *Capital,* ne s'occupe nullement de la qualification et de l'« autonomie professionnelle » de l'ouvrier, sauf pour montrer qu'elles sont inéluctablement détruites par le capitalisme, et qu'elle est au contraire centrée sur l'ouvrier *parcellaire*?

Cette attitude cavalière face à l'histoire des idées s'accompagne d'une attitude tout autant cavalière à l'égard de l'histoire réelle. Par le passé, dit Touraine, en fonction de l'autonomie professionnelle « la pensée et l'action ouvrières inclinaient davantage à défendre une classe contre une autre qu'à prendre en charge les problèmes de la société » (p. 9). Ce sont les transformations de l'industrie qui feraient que « désormais le mouvement ouvrier ne repose plus sur la défense d'une partie de la société contre une autre, mais sur la volonté de contrôler l'ensemble de l'organisation sociale » (p. 9).

Cette séparation est une contre-vérité totale. Il y a eu, il y a et il y aura aussi longtemps que le capitalisme existe des actions ouvrières visant simplement à défendre les intérêts des travailleurs, ou même de telle catégorie particulière; à la limite, lorsqu'une catégorie défend « ses » intérêts en les opposant à ceux des autres, ces actions coïncident avec les côtés rétrogrades du mouvement ouvrier. Mais le mouvement ouvrier est devenu révolutionnaire dès qu'il a manifesté la volonté de prendre en charge les intérêts de la société entière – c'est-à-dire depuis fort longtemps. Car cette volonté n'a rien à voir avec l'« apparition des grandes organisations mécanisées »; elle s'exprime nettement avec les premières actions d'envergure du prolétariat, qu'il s'agisse de la Commune ou de 1848, ou de la constitution des partis politiques et même des syndicats au XIXe siècle. L'objectif, hautement proclamé par les premiers syndicats ouvriers, de l'« *abolition du salariat* » vise-t-il la « défense d'une partie de la société contre une autre » ou bien plutôt l'abolition de toutes les parties et la réorganisation radicale de la société? Que les entreprises soient primitives, mécanisées ou automatisées, les travailleurs s'aperçoivent tôt ou tard qu'ils ne peuvent pas changer leur condition en agissant seulement pour se défendre ou seulement dans le cadre de l'entreprise, mais en s'attaquant à l'organisation totale de la société. Les transformations modernes, techniques et organisationnelles, de l'industrie ont une énorme importance à de nombreux points de vue; mais ce ne sont pas elles qui ont conditionné l'apparition d'une conscience révolutionnaire chez le prolétariat.

Ces deux exemples ne permettent pas seulement de voir où se situent les standards de rigueur scientifique et littéraire de Touraine. Ils sont caractéristiques de l'attitude irresponsable de l'intellectuel de gauche français devant des questions vitales pour le mouvement ouvrier. Lorsque celui-ci passe sa thèse en Sorbonne, rien n'est à ses yeux suffisamment rigoureux ; il multiplie les citations, se contorsionne pour épouser afin de la mieux comprendre la pensée de l'auteur qu'il veut réfuter, se défend de généraliser et d'extrapoler ou ne se le permet qu'au prix d'infinies précautions et circonlocutions À cet attirail extérieur se réduit, d'ailleurs, le plus souvent son rapport avec la science. Mais ces belles manières de l'esprit, il s'en dépouille entièrement lorsque, en dehors de l'Université, il traite des problèmes qui intéressent le mouvement ouvrier ; chez les parents pauvres, tout est permis au Tout-Paris de la science. On peut raconter n'importe quoi, extrapoler et généraliser sans souci, découvrir des idées banales depuis longtemps, en réfuter d'autres qu'on invente soi-même en les attribuant à des adversaires imaginaires – bref, pisser de la copie à gauche et à droite. Ce sera toujours assez bon pour des ouvriers. Le numéro en question d'*Arguments* fourmille d'exemples de ce comportement.

Mais venons-en au présent. Cette transformation du travail, dit Touraine, en même temps qu'elle crée les conditions de l'apparition d'une conscience de classe, « menace cette conscience de classe », et cela pour deux raisons. D'un côté, étant donné la volonté « de participer à tous les aspects, matériels et non matériels, de la culture », « la conscience de classe devient réformiste si le niveau de participation des ouvriers aux valeurs et aux biens sociaux est élevé. Le haut salaire est une forme particulièrement importante de cette forte participation ». D'un autre côté, il y a la « bureaucratisation du travail » et tout ce qu'elle entraîne.

Si la société capitaliste réussit à créer une forte participation aux valeurs et aux biens, « la classe ouvrière s'intègre à l'ensemble de la société et la conscience révolutionnaire s'affaiblit dans une mesure inconcevable auparavant ». Si les salaires s'élèvent, si les ouvriers assistent à des matchs de football, s'ils lisent *France-Soir*, s'ils s'habillent comme tout le monde – bref, s'ils « ne campent plus dans la nation », leur conscience s'altère. Qu'est-ce qu'ils demandent alors ? Apparemment des salaires encore plus élevés, afin d'assister à plus de matchs de football, de lire deux fois plus de *France-Soir,* de s'habiller encore plus comme tout le monde.

Des différences dans le mode et le degré de participation et de non-participation du prolétariat aux valeurs et aux biens sociaux existent incontestablement par rapport au XIXe siècle ; mais cette constatation superficielle ne fonde nullement les conclusions qu'en tire Touraine. Il est entièrement faux d'opposer, comme il le fait, un prolétariat du XIXe siècle qui ne participait prétendument pas du tout à la société de son époque à un prolétariat du XXe qui y participerait de plus en plus. À toute époque et nécessairement, le prolétariat à la fois participe à la société établie et reste en dehors d'elle. L'opposition mythique dressée par Touraine, cette véritable image d'Épinal, ne présente un semblant de réalité que dans la mesure où l'on se préoccupe des traits les plus superficiels, les plus extérieurs, de l'existence ouvrière : vêtements, types de loisirs, endroits d'habitation, « conduites linguistiques », etc. Se préoccuper surtout ou même beaucoup de cela, c'est se livrer à cette entomologie descriptive qui passe dans l'Université pour sociologie de la classe ouvrière, c'est participer à l'aliénation typique du « sociologue » bourgeois qui transpose à la société les méthodes les plus rudimentaires des sciences de la nature et à laquelle Touraine n'échappe pas. Il est à la fois absurde de faire du *type* de la consommation le critère d'une existence de classe, et absurde de ne pas s'apercevoir que ce type reste toujours essentiellement différent lorsqu'on considère le grand bourgeois ou bureaucrate et l'ouvrier ou le petit salarié. On peut seulement regretter pour les sociologues que cette différence ne se symbolise plus par des vêtements de velours, que leur myopie aurait moins de difficultés à distinguer des autres[1].

Cette participation accrue s'exprimerait en particulier, selon Touraine, par le haut salaire. Nous n'insisterons pas sur cette question, traitée ailleurs dans ce numéro[2]. Remarquons

1. Dans le courrier que l'on reçoit à *S. ou B.* on peut dire au vu de l'enveloppe si une lettre vient d'un ouvrier ou non.

2. Voir l'article de P. Canjuers, « Sociologie-fiction pour gauche-fiction » [*S. ou B.*, n° 27, p. 13-31].

simplement que si la frontière d'autrefois entre le prolétariat et la bourgeoisie séparait « la misère de la richesse » (p. 8), cette frontière subsiste *intégralement* aujourd'hui. C'est une chose de dire qu'il n'y a pas de paupérisation, que la quantité de consommation des ouvriers mesurée en termes d'objets s'est accrue. C'est une autre chose de dire ou de laisser entendre que, même pour les catégories qui ont le plus bénéficié de cette évolution, le problème de la consommation a été résolu, qu'il se pose désormais dans les mêmes termes que pour la bourgeoisie à des différences de degré près. Il faut être aveugle pour ne pas voir qu'il existe à l'intérieur de la société contemporaine une frontière définie précisément par rapport au problème de la consommation[1], que la grande majorité des individus – les quatre cinquièmes et plus des salariés, ouvriers et autres – sont perpétuellement *dans la gêne* du point de vue matériel, qu'ils luttent constamment « pour joindre les deux bouts » et qu'ils savent parfaitement qu'il y a une minorité pour laquelle ce problème *n'existe pas*. Il est indifférent à cet égard que cette gêne comporte ou non scooter ou voiture. L'élévation du pouvoir d'achat n'a suivi que de loin l'élévation des besoins créés par la société moderne (« réels » ou « imaginaires », mais du point de vue sociologique cette distinction est entièrement dénuée de sens : dans un type donné de culture la frustration de l'individu qui ne possède pas de voiture peut être ressentie plus lourdement que la mauvaise nourriture dans un autre, et à cet égard aussi Touraine reste précisément prisonnier de la caricature primaire et stalinienne du marxisme qu'il prétend dépasser), et cette société ne peut tenir, ni du point de vue économique ni du point de vue idéologique, qu'en créant perpétuellement chez ses membres plus de besoins qu'ils

1. Qu'il soit difficile d'établir avec exactitude à quel niveau de revenu s'établit cette frontière n'affecte en rien cette constatation. 650 F par mois en France en 1959 sont-ils un « haut » ou un « bas » salaire ? C'est en tout cas nettement au-dessus de ce que gagne la majorité des salariés en France. Que Touraine lise, dans *L'Express* du 8 janvier 1959, comment on vit avec le « haut salaire » de 650 F par mois. Économistes et sociologues américains sont d'accord pour constater que dans toute la gamme de revenus allant de 2 000 à 20 000 dollars par an, les consommateurs sont gravement préoccupés par l'équilibre de leur budget. En 1948, 45,6 % et en 1949 47,5 % des familles aux États-Unis avaient réalisé une épargne nulle ou négative – c'est-à-dire avaient accru leur endettement au cours de l'année. Voir *Statistical Abstract of the US*, 1951, p. 265 et 268.

n'en peuvent satisfaire ; car l'élévation du niveau de vie, conçue comme accroissement des quantités de beurre consommé, est le seul but de vie que Khrouchtchev peut proposer aux Russes, de même que le capitalisme américain est menacé d'effondrement s'il n'arrive pas à faire pénétrer chez ses citoyens l'idéal moral élevé de « deux voitures par famille ». Loin d'être résolue, la contradiction de la consommation capitaliste est poussée au paroxysme par la société contemporaine, et la tension sur ce plan ne montre aucune tendance à diminuer, comme le prouvent les revendications des salariés dans tous les pays évolués, de plus en plus âpres au fur et à mesure que le niveau de vie s'élève.

Le prolétariat, dit encore Touraine, « participe aux valeurs ». Mais de quelles valeurs s'agit-il ? Quelles sont les valeurs que la société d'aujourd'hui propose aux individus ? Tout simplement, il n'y en a pas. Nous ne les critiquons pas ; nous ne disons pas qu'elles sont fausses. Nous n'avons pas besoin de le faire. Il nous suffit de constater que cette marchandise n'est plus présente sur le marché. Quelles sont les valeurs de la bourgeoisie française aujourd'hui ? Elle ne le sait pas elle-même, elle n'y croit pas, elle ne croit en rien, elle ne propose rien, elle ne dit rien. Qui parle pour elle ? Personne. Où sont les idéologues de la bourgeoisie ? Nul ne le sait. Y a-t-il un milieu, bourgeois, ouvrier ou autre, où quelqu'un oserait se lever et dire que la société actuelle est et doit être basée sur le travail, l'honnêteté, l'amour de la patrie, le respect de Dieu, le sens de la famille, sans soulever une immense rigolade ? Cette valeur, serait-ce la culture ? Mais cette culture, de plus en plus séparée de la société et de la vie des gens – ces peintres qui peignent pour les peintres, ces romanciers qui écrivent pour les romanciers des romans sur l'impossibilité d'écrire un roman –, n'est plus, dans ce qu'elle a d'original, qu'une perpétuelle autodénonciation, dénonciation de la société et rage contre la culture elle-même. Hors de cela, il y a Daniel-Rops et André Stil, ou François Mauriac et Aragon, mais déjà ceux-ci sont de temps en temps secoués par le doute. Il serait étonnant que le prolétariat participe à ces valeurs lorsque la bourgeoisie elle-même depuis longtemps a cessé d'y participer ; il serait étonnant qu'il trouve dans le mode de vie bourgeois une raison de vivre, lorsque les enfants mêmes des classes dominantes ne la trouvent pas, lorsque la jeunesse privilégiée, de New York à Stockholm et de Paris à Moscou, est secouée par une rage destructrice contre cette société et cette culture.

De façon plus générale : la question n'est pas de savoir si le prolétariat « participe » ou « ne participe pas » à la société. Le prolétariat *à la fois* participe et ne participe pas, plus exactement sa participation à la société est *contradictoire.* C'est que sa situation est contradictoire et que la société dont il s'agit est elle-même contradictoire (il ne s'agit là que de deux aspects du même phénomène). Elle propose aux gens, comme fin, un niveau de vie élevé, et éloigne constamment le niveau de vie désirable ; elle prétend voir dans la culture la valeur la plus élevée, et fait de cette culture une activité complètement à part de la vie ; elle se prétend basée sur la souveraineté des citoyens et exclut constamment les citoyens des choses publiques, et ainsi de suite[1].

Mais tous ces aspects finalement s'organisent et prennent leur sens à partir d'un phénomène central : la production. Le prolétaire ne se définit pas par sa place dans la consommation ou par le degré plus ou moins grand de sa participation à la société, mais par sa situation dans le processus de production. Et la question qui se pose est : les modifications intervenues dans les rapports sociaux de production tendent-elles à dissoudre le prolétariat, à « effacer sa conscience de classe », comme dit Touraine, à l'orienter vers le réformisme – ou le contraire ?

1. La contradiction contenue dans l'« élévation du niveau de vie » pratiquée par le capitalisme moderne commence à être perçue par les idéologues bourgeois eux-mêmes ; cf. par exemple le dernier livre de l'économiste américain K. Galbraith, *The Affluent Society,* 1958 <trad. fr. *L'Ère de l'opulence*, Paris, Calmann-Lévy, 1961>. C'est évidemment le moment que choisissent les intellectuels français de gauche, toujours à la pointe du progrès, pour découvrir les mérites de la participation à la société par le moyen de l'élévation du niveau de vie. C'est probablement leur retard sur la pensée bourgeoise qui les habilite à donner des leçons au prolétariat. Sur la destruction de toute participation populaire à la politique de la démocratie capitaliste et sur l'écroulement des valeurs de cette société, voir les excellents chapitres « La société de masse » et « L'immoralité supérieure » dans *The Power Elite* (1956), de C. Wright Mills, sociologue sans guillemets.

LE PROLÉTARIAT ET LA BUREAUCRATISATION

Touraine est d'accord pour considérer que l'essentiel, c'est la place qu'occupe le prolétariat dans le processus social de production. Malheureusement, il ne comprend pas la signification de cette expression : d'un côté, il confond les rapports de production avec les formes de la propriété ; d'un autre côté, il est incapable de voir que l'organisation bureaucratique du travail dans les entreprises du capitalisme moderne laisse intacte, dans son fond, la situation du travailleur et le conflit qui l'oppose au système social.

Constatant que la tendance dominante du capitalisme moderne est la tendance à la bureaucratisation, Touraine a l'air de dire que cela modifie du tout au tout la situation du prolétariat dans la production et dans la société : « c'est le principe même de la condition ouvrière qui se trouve bouleversé et le problème de la propriété ne peut plus occuper le rôle central qui lui appartenait jusqu'alors : la conscience de classe s'efface » (p. 11). Les expériences du prolétariat, « même dans la vie de travail, ne se réduisent pas à celles de la propriété et de la non-propriété ». D'autres problèmes se posent, « qui ne sont pas automatiquement ni directement résolus par le passage au socialisme ».

Que le problème de la propriété, au sens formel-juridique, ne puisse pas occuper la place centrale dans le mouvement ouvrier actuel, c'est ce que l'on répète dans cette revue depuis dix ans. Mais cela ne signifie pas que la « conscience de classe s'efface » ; une telle conclusion ne se justifierait que si les classes étaient définies à partir de leur relation avec la propriété formelle-juridique, et non précisément à partir de leur place dans le « processus social de production ». Les rapports juridiques de propriété sont complètement différents en France, où la propriété privée traditionnelle des moyens de production est la forme dominante, et en Russie, où ces moyens sont « nationalisés » ; cela n'empêche nullement la situation de l'ouvrier dans le processus social de production d'être essentiellement la même dans les deux pays. Le prolétariat ne se définit pas par le fait qu'il a face à lui des propriétaires privés. Il se définit comme classe exploitée et aliénée dans son travail, comme classe de salariés attelée à un travail d'exécution face à une classe dominante qui *dispose* des moyens de production, du travail des salariés et de ses produits ; qu'elle en dispose sous la forme juridique de la propriété privée ou de la propriété « nationalisée » est important sous d'autres rapports, mais absolument indifférent quant à cette question. Ce qui compte, c'est que le pouvoir effectif sur les moyens de production, sur le travail des gens et ses produits appartient à une catégorie particulière dans la société.

Le caractère secondaire de l'aspect juridique de la propriété ne signifie pas, non plus, que l'appropriation réelle des moyens de production ne soit pas un problème central. Cela Touraine le laisse entièrement de côté. Le « passage au socialisme » dont il parle ne concerne visiblement que l'abolition de la propriété privée, et laisse en dehors la question cruciale : *qui dispose effectivement* des moyens de production « nationalisés » ? Or le socialisme ne peut signifier que l'instauration du pouvoir total de la collectivité organisée des travailleurs sur les moyens de production et sur l'organisation de leur propre travail. C'est là la gestion ouvrière, que Touraine écarte dédaigneusement en deux mots : « simplicité utopique », dit-il.

Les positions de Touraine n'auraient un sens que s'il pouvait montrer que ce qu'il appelle, incorrectement, la « bureaucratisation du travail », c'est-à-dire la bureaucratisation de l'entreprise capitaliste, avait effectivement comme résultat d'altérer la situation fondamentale du travailleur salarié, si elle faisait disparaître ce que l'on considère, depuis Marx, comme sa détermination principale, c'est-à-dire l'aliénation dans le processus productif, dans le travail lui-même, si, enfin, elle faisait disparaître – ou tendait à faire disparaître – le conflit entre le travailleur et le système productif et social.

Or c'est sur cette question que Touraine reste le plus flou et le plus contradictoire. D'un côté, il dit que « l'organisation du travail pose un nombre croissant de problèmes qui ne sont que très indirectement reliés au conflit du capitaliste et du prolétaire ». Débarrassé du fétichisme négatif de la propriété privée qui caractérise Touraine, cela veut dire en clair : loin de résoudre ou d'atténuer les conflits entre les travailleurs et le système de production, l'organisation bureaucratisée de l'usine ne fait que les multiplier. D'un autre côté, les « injustices de rémunération ou de commandement » ne peuvent être reliées au système capitaliste que par un « raisonnement superficiel » et par ailleurs « elles se corrigent », tout au moins certaines d'entre elles, grâce « à la pression exercée… par les syndicats » (p. 10). Et finalement, plus que de l'élévation du revenu, c'est « d'une modification du travail ouvrier, d'une transformation des tâches d'exécution, de fabrication, en tâches de communication » que risque de résulter « une disparition de la conscience de classe ouvrière » (p. 11).

LA PROLÉTARISATION DES EMPLOYÉS

Touraine appuie ces considérations par une comparaison entre les ouvriers industriels et les petits employés ou fonctionnaires. L'ouvrier, dit-il, « conserve une conscience de classe plus forte » parce que l'industrie n'est pas encore complètement bureaucratisée; dans la mesure où elle tendra à l'être de plus en plus, la conscience de classe des ouvriers disparaîtra. La preuve? Là où la bureaucratisation est complète, chez les petits employés et les fonctionnaires subalternes, cette conscience n'existe pas.

Cette comparaison renverse complètement le sens du développement historique, elle le place littéralement sur la tête. Ce que l'on constate dans la réalité, c'est que, loin de représenter un modèle d'absence de conscience de classe dont les ouvriers se rapprocheraient de plus en plus, les petits employés et les fonctionnaires subalternes se rapprochent constamment du type de conscience et de comportement qui caractérise le prolétariat industriel. L'entrée en lutte de plus en plus fréquente de ces couches, leur combativité le montrent[1]. Les raisons de cette évolution sont multiples.

1. Il est à peine nécessaire de remarquer la superficialité et la désinvolture avec lesquelles Touraine passe sur ce phénomène connu de tout le monde, que les catégories numériquement les plus importantes de « petits employés et de fonctionnaires subalternes », les postiers, les cheminots, ne se distinguent en rien des ouvriers industriels quant à leur combativité. Sur l'évolution d'autres catégories d'employés – assurances, banques –, voir les articles de R. Berthier dans les nos 20 et 23 de *S. ou B.* Les luttes des travailleurs de bureau depuis dix ou douze ans ne se comptent plus. « New York City, 30 mars 1948. À 8 h 55 ce matin, Wall Street

La prolifération de ces couches ne pouvait qu'aller de pair avec la dégradation rapide de leur position économique relative; leurs salaires ou traitements sont désormais comparables à ceux des ouvriers industriels, le degré de leur exploitation tout aussi grand. Cette même prolifération, la « massification » de ces catégories, détruit d'autre part chaque jour davantage l'illusion qu'elles pouvaient avoir autrefois d'un « statut » social *(status)* privilégié et supérieur, en même temps qu'elle a déjà et définitivement détruit ce qui pouvait en former le fondement objectif : une « chance » statistiquement non négligeable de promotion substantielle. Le petit employé sait désormais irréfutablement qu'il mourra petit employé, exactement comme l'ouvrier. Mais le plus important c'est précisément la transformation du processus du travail dans les bureaux. Le premier jour de son arrivée à Paris, un primitif pourrait rester émerveillé devant les maisons à six étages et ne pas remarquer l'existence des avions. Touraine s'extasie de même devant des nouveautés qui n'en sont pas, mais est incapable de discerner les phénomènes les plus révolutionnaires de son époque. Il parle de la bureaucratisation de l'industrie, et n'aperçoit pas l'*industrialisation des bureaux*, qui n'est que l'autre face du même processus. Il oublie que les méthodes d'organisation industrielle sont appliquées aux bureaux dès que ceux-ci atteignent une certaine dimension; il oublie surtout l'énorme transformation technologique en train de s'accomplir dans ce domaine et qui laisse loin derrière elle les bouleversements les plus grandioses jamais réalisés par l'industrie de fabrication matérielle. Des Pharaons à la Deuxième Guerre mondiale le travail des comptables est resté virtuellement inchangé; le bouleversement

a été le théâtre d'une explosion de violence. Des piquets de grève du local 205 du syndicat des employés financiers soutenus par des membres d'un syndicat de marins de l'AFL ont cassé la figure à quatre policiers à l'entrée de la Bourse et ont occupé le trottoir devant les portes. Une centaine de policiers sont alors intervenus et, après un matraquage furieux, il y eut 12 blessés et 45 arrêtés. Le conflit s'est terminé au bout d'une demi-heure, mais pour le reste de la journée des piquets de grève de 1 200 personnes au total entouraient le bâtiment de la Bourse et injuriaient ceux qui y pénétraient... » (C. Wright Mills, *White Collar*, 1956. p. 301). « Environ 250 employés de bureau à l'usine Rootes de Ryton-on-Dunsmore, près de Coventry, ont commencé hier une grève avec occupation des locaux, à propos d'une revendication de paiement de prime, avancée avec la justification que le personnel des bureaux est tout autant important que les ouvriers de production » (*Financial Times*, 17 février 1959).

que lui font subir les machines électriques et électroniques depuis dix ans est aussi grand que celui qu'a subi la transformation des métaux depuis dix millénaires. Soumis à une division du travail toujours plus poussée, astreints à des tâches répétitives, contrôlées et standardisées, entraînés dans la mécanisation, les travailleurs des bureaux ne sont désormais que des salariés exécutants parcellaires, exploités et aliénés ; ils sont des prolétaires et se comportent de plus en plus comme tels.

Mais Touraine appuie ses « constatations » par des « raisonnements ». La bureaucratisation (ou bien le progrès technique ? Peu importe) transforme les tâches d'exécution et de fabrication en « tâches de communication et de responsabilité ». La bureaucratisation supprime (ou cache) le patron et laisse le salarié face à une organisation « qui n'est qu'un système de transmission et d'exécution » (et non de décision).

Mêler les concepts d'exécution et de fabrication (matérielle) fournit encore un joli exemple de la rigueur de Touraine. Un facteur des PTT ne fabrique rien, cela ne l'empêche pas d'être un pur et simple exécutant. Les tâches de fabrication n'ont pas disparu et ne disparaîtront pas de si tôt – certainement pas avant que le capitalisme ne disparaisse lui-même. Mais là où elles ont disparu, les salariés au bas de l'échelle ne se sont pas transformés en bureaucrates ; ils sont restés des exécutants exploités et aliénés. Seul un avocat du capitalisme pourrait présenter les tâches abrutissantes et déshumanisantes des OS sur les machines-transfert chez Renault, par exemple, comme des tâches de « communication et de responsabilité ». Ces ouvriers n'ont éprouvé aucun changement dans leur situation (sinon pour le pire), et n'en éprouveront pas davantage sous prétexte que les sociologues ont baptisé leur tâche monotone et accablante de simple surveillance, « tâche de communication et de responsabilité[1] ». Et il est proprement

1. Parlant de l'automation chez Renault, Serge Colomb, technicien de l'usine, a déclaré dans une conférence internationale organisée par l'Agence Européenne de Productivité : « Les heures de travail n'ont pas été réduites, et, bien que payés un peu mieux, les ouvriers des départements automatisés n'ont pas eu les avantages annoncés par les prophètes de l'automation. L'isolement de l'ouvrier au milieu d'un ensemble complexe de machines peut avoir des répercussions très sérieuses et accentuer la "déshumanisation" du travail, qui n'en est que plus durement ressentie en l'absence d'un labeur physique pénible » (*Manchester Guardian,* 18 mai 1956).

incroyable que l'on puisse insinuer que les « petits employés ou les fonctionnaires subalternes » se trouvent dans une situation différente de celle des ouvriers parce qu'ils posséderaient une « délégation d'autorité »; la belle délégation d'autorité que possède une vendeuse des grands magasins ou un postier au guichet! Leurs tâches, de même que celles d'un ouvrier de fabrication ou d'un ouvrier surveillant un ensemble automatisé, sont rigoureusement circonscrites et définies par la réglementation bureaucratique du travail. Tous sont des simples exécutants – et tous possèdent une marge d'autonomie, car cette réglementation qui se veut absolue échoue lamentablement lorsqu'elle essaie de l'être[1].

LA BUREAUCRATIE COMME APPAREIL ET COMME CLASSE

La suppression (réelle ou apparente) ou l'éloignement du patron ont-ils les résultats que lui attribue Touraine? Touraine veut présenter la bureaucratie uniquement comme « un système de transmission et d'exécution ». « Les décisions fondamentales ne sont pas prises à l'intérieur de l'organisation bureaucratique. » Et quelle différence cela peut-il faire? Est-ce que cela signifie que les salariés ne savent plus contre qui se tourner, ou qu'ils ne tiennent pas leurs supérieurs, immédiats et éloignés, pour responsables de leur sort? Le fait que le responsable dernier des décisions peut ne pas être l'organisme bureaucratique considéré lui-même, mais une instance plus éloignée, serait-elle l'« État », n'a jamais empêché les postiers ou les cheminots de se mettre en grève et d'être aussi combatifs que les ouvriers industriels, sinon davantage. Car de toute évidence ils savent qu'il *existe* en dernière analyse une instance qui doit prendre une décision, et se moquent de savoir si c'est un patron privé, une entreprise « nationalisée » (comme Renault ou les Charbonnages de France) ou l'État. Ils

1. Voir à cet égard, dans le n° 23 de *S. ou B.*, « Sur le contenu du socialisme », p. 84-125 [*EMO, 1,* p. 9-88 <ici, p. 193-247>].

ne perçoivent pas non plus l'organisme bureaucratique auquel ils font face immédiatement, incarné dans les cadres subalternes et supérieurs par exemple, comme un simple « organisme de transmission et d'exécution » qui serait neutre; ils identifient ces cadres avec leur exploitation, parce que ces cadres ont commencé par s'identifier eux-mêmes à l'exploitation, et que leur comportement concret, dans la production quotidienne, ne diffère pas de celui des contremaîtres, chefs de département, etc., dans une usine.

Ces choses ne devraient pas avoir à être discutées, et il est caractéristique de la décrépitude de la « gauche » française que de telles absurdités soient célébrées comme une contribution à l'idéologie du mouvement ouvrier. Mais il est utile d'ajouter un mot sur l'origine des idées de Touraine concernant la bureaucratie. La source de la « définition » de la bureaucratie donnée par Touraine, c'est le sociologue allemand Max Weber[1], et c'est chez Weber que Touraine prend également l'idée que la bureaucratie n'est qu'un système de transmission. Mais chez Weber cette idée fait partie d'une description formelle (« idéal-typique ») de la bureaucratie, qui vise à saisir l'essence de l'appareil bureaucratique tel qu'il a existé indifféremment sous les Pharaons ou en Prusse, dans l'Église catholique ou dans l'entreprise capitaliste moderne, dans l'Armée ou dans les hôpitaux. Jamais Max Weber n'aurait imaginé que l'on pourrait tirer d'une *définition* des conclusions sur les rapports *réels* des hommes dans l'histoire. Là où il a tiré ces conclusions, à partir d'une étude de la réalité de ces rapports, elles sont diamétralement opposées à celles de Touraine : « Les formes de vie des employés et ouvriers dans l'administration prussienne étatique des mines et des chemins de fer ne sont absolument pas et à aucun degré perceptible différentes de celles existant dans les grosses entreprises capitalistes privées » (*ibid.,* p. 843). À cela s'ajoute que Max Weber considère l'aspect « système de transmission » uniquement lorsqu'il parle de l'*appareil* bureaucratique comme tel. Là, dit-il, « toujours la question se pose : *qui domine* l'appareil bureaucratique existant? » (*ibid.,* p. 128). Il n'envisage pas, dans

1. « J'appelle bureaucratie... », dit Touraine. « Je » doit être pris ici au sens large : il s'agit de Max Weber, *Wirtschaft und Gesellschaft,* p. 128 de la réédition de 1956, dont la définition est d'ailleurs beaucoup plus riche.

ce passage, le problème : qu'est-ce qui se passe lorsque la bureaucratie s'étend et couvre tout le terrain de domination sociale ? Il l'a envisagé ailleurs[1] et il y a répondu : « C'est à la bureaucratisation qu'appartient l'avenir... » « La bureaucratie d'État dominerait, si le capitalisme privé était éliminé, toute seule. » Cela, ajoutait-il, « ne signifierait nullement dans la pratique que l'habitacle d'acier du travail industriel moderne serait brisé[2] ».

Mais en tout cas il est certain que l'on ne peut aujourd'hui présenter la bureaucratie comme un simple « système d'exécution et de transmission », lorsque sur la moitié presque de la terre la bureaucratie est la seule source de pouvoir et de domination. Le sociologue Touraine, s'il voulait suivre ses « définitions », se trouverait face à ce paradoxe insoluble : comment la société russe, par exemple, fonctionne-t-elle, si la bureaucratie y est un simple organisme de transmission et d'exécution ? De transmission et d'exécution de quoi ? Où et par qui sont prises les décisions ? Ce que Touraine est incapable de voir, dans son formalisme (car la définition tronquée de la bureaucratie qu'il donne n'est pas une définition sociologique : c'est la définition qu'en donnerait un professeur de droit administratif), c'est que la bureaucratie n'est pas qu'un appareil chargé de transmettre et d'exécuter ; elle est aussi l'ensemble des gens qui peuplent cet appareil, qui ont des intérêts communs et une fonction commune. Lorsque cette fonction se réduit à la surveillance des frontières, à la perception des droits de douane, etc., ils ne forment qu'une catégorie sociale parmi d'autres. Mais que cette fonction devienne de gérer l'ensemble et le détail de la production, de l'économie et de la vie sociale et que la bureaucratie dispose de l'appareil de contrainte, des moyens

1. Dans « Parlament als Regierung », *Politische Schriften,* p. 148-154 (passage reproduit dans la réédition de 1956 de *Wirtschaft und Gesellschaft* comme paragraphe 4 du chap. IX de la deuxième partie, p. 841-845).

2. *Ibid.,* p. 842-843. Ces phrases datent de 1917, c'est-à-dire exactement de l'année où Lénine constatait de son côté que « le monopole en général a évolué en monopole d'État » (*Coll. Works,* vol. XX-1, p. 282) : « le capitalisme des monopoles est en train de se transformer en capitalisme monopoleur d'État » (*ibid.,* p. 317). Quarante ans après, ces autres lumières de la gauche française que sont Martinet et Naville continuent à affirmer que les seuls qui aient jamais parlé de bureaucratisation et d'étatisation sont Bruno R. et Burnham. Voir encore récemment une lettre de Naville dans *Le Contrat Social* de janvier 1959, p. 60-61. Cela rend évidemment plus commode l'élimination imaginaire du problème de la bureaucratie.

matériels de production, du travail des gens, de l'éducation, alors elle est *classe* et classe dominante, et les décisions sont prises en son sein et ne peuvent être prises nulle part ailleurs (ou bien Touraine croit-il qu'elles sont prises par le peuple russe lors de l'élection du Soviet Suprême ?). Le processus social réel au cours duquel ces décisions sont formées (qui ne coïncide nullement, bien entendu, avec le processus juridique qui l'habille), la manière dont les intérêts et la positon des différentes couches ou groupes de bureaucrates s'y reflètent est un problème que l'on ne peut pas aborder ici. Remarquons simplement que ce processus est essentiellement « irrationnel » et que c'est là une des contradictions fondamentales du capitalisme bureaucratique.

LA LUTTE DES CLASSES SOUS LA DOMINATION BUREAUCRATIQUE

Tel est le sens de l'évolution objective du capitalisme moderne. Et cette évolution ne supprime pas, elle ne fait qu'approfondir la lutte des salariés exécutants contre le système ; car elle ne supprime pas mais maintient et aggrave leur exploitation et leur aliénation.

Cette réalité fondamentale : que le travailleur salarié exécutant est *exploité,* disparaît entièrement de l'« analyse » de Touraine. Car ce n'est pas supprimer le problème de l'exploitation que constater que les salaires ont augmenté. Le prolétariat est exploité s'il reçoit des salaires de 50 sur un produit de 100 ; il l'est tout autant s'il reçoit des salaires de 500 sur un produit de 1 000. Et c'est toujours par rapport au produit total, à la richesse de la société, aux besoins corrélativement accrus, à l'utilisation du produit de son travail par les couches exploiteuses que l'ouvrier juge l'exploitation. Rien n'est changé à cela, ni objectivement ni dans la perception des ouvriers, si les revenus des exploiteurs prennent la forme de « salaires » au lieu de celle de dividendes. Touraine dit : « L'ouvrier… n'a plus en face de lui un entrepreneur mais un directeur salarié… » Les ouvriers de la General Motors, autrement dit, ne se sentiraient plus – ou bien ne *seraient* plus ? L'astuce de

Touraine consiste à laisser constamment dans le vague ce type de questions – exploités puisque le Président de la compagnie n'est qu'un salarié comme eux, et que la différence qui les sépare n'est qu'une différence de degré : il gagne 400 000 dollars par an, eux 4 000 – mais il leur reste « la lutte pour l'avancement »... Il est impossible de discuter les invraisemblables affirmations de Touraine sur le salaire, qui ne peuvent découler que d'une ignorance totale des notions les plus élémentaires de l'économie politique : ainsi par exemple l'idée que la plus-value est la différence entre le prix de vente d'une marchandise et le prix auquel le capitaliste achète le travail (p. 11). Remarquons simplement que l'idée de Touraine suivant laquelle l'ouvrier relie désormais l'idée « du juste salaire non plus à son effort ou au prix du produit de son travail mais au prix de la vie » *(ibid.)* ne représente qu'une extrapolation absurde de ce qui se passe au cours d'une période d'inflation (où les salariés essaient de défendre leur pouvoir d'achat contre la hausse des prix) à toutes les périodes. Les ouvriers ne cessent pas de revendiquer lorsque l'inflation cesse, pas plus que ce n'est « l'inflation qui convainc l'ouvrier que la société fonctionne contre lui » (p. 12). Les « rounds » annuels de revendications de salaires aux États-Unis et en Angleterre, inflation ou pas inflation, auraient pu empêcher Touraine d'écrire des absurdités si seulement il se souvenait, lorsqu'il fait de la théorie supérieure, de ce qu'il lit dans son quotidien.

Cette autre réalité, encore plus fondamentale : l'aliénation du travailleur, on l'a vu, reste dans le flou. Ce qu'en dit Touraine revient à une oscillation répétée entre l'idée que le problème n'existe – ou n'existera – plus du fait de la « disparition des tâches d'exécution », l'idée qu'il est mineur et peut être « corrigé », l'idée, presque, qu'il ne s'agit pas d'un problème social mais d'un problème technique ou d'organisation pure, l'idée enfin que les aspirations et les revendications des ouvriers ne le rencontrent plus.

Nous n'avons pas besoin de discuter cette question « en général[1] ». Il suffit de dire quelques mots de la « transformation radicale de la conscience ouvrière » découverte par Touraine, de cet

1. Voir la réponse de Mothé à Touraine dans le même numéro d'*Arguments*. Voir également les textes de Romano, Vivier, Mothé, Berthier publiés par *S. ou B.*

effacement de la conscience de classe et de ces nouveaux objectifs que le prolétariat, semble-t-il, se pose – ou se posera ? ou doit se poser ? – désormais : « la lutte pour l'avancement, pour la sécurité de l'emploi, pour l'élévation des traitements, pour la réforme du commandement ».

On ne peut pas s'empêcher d'admirer cet horrible mélange. Touraine y fourre pêle-mêle des revendications qui ont existé de tout temps (l'élévation des salaires, baptisés « traitements » puisque les ouvriers sont désormais des bureaucrates), des revendications purement imaginaires (la *réforme* du commandement !) et des attitudes, comme « la lutte pour l'avancement », à la fois simplement individuelles (l'avancement de tout le monde dans une structure hiérarchique n'a aucun sens) et nettement réactionnaires (cette « lutte » ne peut qu'*opposer* les salariés les uns aux autres et est effectivement utilisée par la bureaucratie dirigeante pour les diviser).

On ne peut pas non plus s'empêcher d'admirer la méthode « scientifique » utilisée à ce propos par Touraine. Car enfin il est franchement ridicule d'essayer de déduire de considérations *a priori* les bouleversements de la condition et de la conscience ouvrières qui résulteront d'un « système d'organisation bureaucratique », lorsque ce système est déjà une réalité intégrale pour neuf cent millions d'individus de Budapest à Shanghaï et que l'on peut observer et constater ce qui s'y passe. Que penseriez-vous d'un naturaliste qui dirait : « D'après mes calculs et mes raisonnements, les crocodiles sont des oiseaux vivant dans le désert, se nourrissant essentiellement de *Quaker Oats* et que l'évolution amènera à perdre leurs ailes dans un délai rapproché. » Vous vous demanderiez pourquoi le naturaliste en question ne va pas plutôt observer et étudier ces crocodiles là où ils se trouvent, au lieu de les construire dans son esprit, ou du moins, pourquoi il ne lit pas ce que les voyageurs rapportent à leur égard. Ce naturaliste ressemble étrangement à M. Touraine.

Car dans les pays de l'Est, où la bureaucratisation de la production et de la société a été accomplie à 100 %, ce que l'on constate c'est que la lutte entre exécutants et dirigeants, loin de s'atténuer, s'approfondit Lorsqu'ils ont pu agir au grand jour, les travailleurs de ces pays (ouvriers aussi bien que petits employés et fonctionnaires subalternes) ont agi dans un sens non pas réformiste mais révolutionnaire. Nous disons bien révolutionnaire, et non simplement insurrectionnel ; ce n'est pas seulement que les ouvriers de Berlin-Est, de Poznan et de Budapest ont lutté physiquement contre la bureaucratie, c'est que l'objectif explicite de cette lutte était le bouleversement radical des rapports sociaux, dans la production aussi bien que dans l'État. Ils n'ont pas demandé leur « avancement », ils ont attaqué le système même dans lequel cet « avancement » existe, ils se sont dressés contre la structure hiérarchique elle-même. Ils n'ont pas demandé la « réforme » mais la *destruction* du commandement bureaucratique et son remplacement par la gestion ouvrière de la production. Ils ont pu montrer de façon concrète ce que signifie la gestion ouvrière, en exigeant la suppression des normes de travail ; suppression qui en effet attaque au plus profond l'appareil bureaucratique de direction et tend à rétablir la gestion de son travail par le travailleur au niveau le plus élémentaire. Ils n'ont pas demandé à « participer davantage » à la société, mais à la diriger : les ouvriers de Berlin-Est demandaient « un gouvernement de métallurgistes[1] ».

C'est là la réalité première – que Touraine avec son objectivité scientifique s'obstine à ignorer, en lui substituant son propre idéal petit-bourgeois de l'« avancement » et de la « réforme du commandement » : si l'on pouvait humaniser les adjudants et avoir la possibilité d'être promu adjudant soi-même, tout serait réglé. En cela il n'est pas seul ; dans les neuf dixièmes des cas, la « gauche » française a observé devant les aspects les plus profonds des révoltes ouvrières de l'Est un *silence hargneux*. Dieu sait si elle a parlé interminablement de ce que Khrouchtchev a fait, de ce que Nagy a dit, de ce que Kadar ou Gomulka ont eu tort ou raison de penser. Mais sur l'activité des ouvriers hongrois pendant la révolution, sur les Conseils d'entreprise : rien. C'est que cette activité, ces Conseils, mettaient en question son rôle de représentant et de sauveur du peuple. Le peuple essayait tout d'un coup de se représenter et de se sauver lui-même : quel enfantillage, quelle simplicité utopique !

Ce que montre donc l'évolution du prolétariat sous le capitalisme bureaucratique, ce n'est pas que la conscience de classe

1. Voir les analyses de ces luttes dans les numéros 13, 20, 21, 23 et 24 de *S. ou B.*

s'efface, mais au contraire qu'elle atteint son niveau le plus élevé. Car à travers ces luttes, et en particulier à travers la revendication de la gestion ouvrière, s'exprime l'objectif dernier du prolétariat : la suppression non pas simplement de la forme de la propriété privée, mais du contenu réel des rapports capitalistes comme exploitation et aliénation, la restauration de la domination des hommes sur leur travail, sur ses moyens et sur ses produits. Et c'est précisément, à l'opposé de ce que dit Touraine, la forme que prend sous le capitalisme bureaucratique la lutte pour le contrôle des moyens de production. La gestion ouvrière est en effet inconcevable sans la domination des producteurs sur les moyens de production, sur l'organisation de la production, sur les résultats de la production.

UNE DERNIÈRE NOUVEAUTÉ : LE RÉFORMISME

Si les analyses sociologiques du sociologue Touraine sont bâties sur ce sable, on comprendra que nous estimions superflu de discuter de la superstructure politique qu'il veut leur faire supporter. On ne peut discuter des couleurs avec des aveugles, ni de politique avec quelqu'un qui en parlant des syndicats en France depuis la guerre – ces syndicats qui se sont vautrés dans la collaboration de classe la plus totale – leur reproche leur « intransigeance révolutionnaire », leurs « manifestations de fermeté idéologique », leur « opposition idéologique et politique totale à la société actuelle », leur « rêve de la dictature du prolétariat » (p. 14 et 15). Rêve en effet – d'un sociologue bien endormi et qui a de l'« intransigeance révolutionnaire » à peu près la même idée que M. Gabriel-Robinet[1]. On ne peut discuter du prolétariat avec quelqu'un qui le confond constamment avec les bureaucrates politiques et syndicaux qui l'enchaînent à son exploitation. On ne peut discuter des objectifs du mouvement ouvrier avec quelqu'un qui lui propose

1. <Louis Gabriel-Robinet fut, de 1948 au début des années 1970, l'un des principaux éditorialistes du *Figaro*.>

de se soumettre en fait à la direction mendésiste, c'est-à-dire l'aile « libérale » du capitalisme français.

Remarquons simplement, pour terminer, qu'en tant qu'homme de science, politicien épris d'« empirisme », contempteur des mythes et pourfendeur de l'utopisme simpliste de la gestion ouvrière, Touraine a perdu une excellente occasion de soumettre ses conclusions pratiques à l'épreuve de la réalité. Car ce réformisme qu'il propose au prolétariat français, ces syndicats « forts », participant à tous les « organismes mixtes » que l'on voudra, cette « gauche » politiquement unifiée et qui accepte de « participer au pouvoir politique » – , tout cela existe, dans beaucoup de pays, et par exemple en Angleterre. Et à quoi cela conduit-il ? Les ouvriers anglais se détachent de plus en plus de la bureaucratie syndicale, s'organisent autour des *shop-stewards*, déclenchent chaque jour à propos de tout et de rien dix grèves dont la majorité « non officielles », c'est-à-dire sans ou contre l'avis du syndicat[1]. Où en est la gauche anglaise ? Nulle part. Depuis huit ans, le parti travailliste essaye péniblement de trouver un programme et n'y arrive pas. C'est la bourgeoisie anglaise qui en est, plus que tout autre, consternée. Ses organes, l'*Economist,* le *Financial Times,* supplient périodiquement les dirigeants travaillistes de faire un effort d'imagination et d'inventer quelque chose qui puisse leur servir de programme ; sans cela, disent-ils, l'avenir de la démocratie anglaise, qui ne pourrait pas continuer à exister sans un deuxième parti, est compromis.

Le prolétariat lui-même a toujours été et sera toujours aussi longtemps que le capitalisme durera, partiellement « réformiste » : c'est-à-dire qu'il essaie toujours et par tous les moyens d'améliorer sa situation. En ce sens, il peut appuyer pendant longtemps des partis ou des syndicats réformistes, lesquels peuvent pour des raisons de tous ordres avoir plus d'importance dans un pays que dans un autre. Mais la question n'est pas là. Toute cette action

1. Que Touraine se donne la peine de suivre pour une semaine seulement le *Financial Times,* dont pourtant le rôle n'est pas de rendre compte des mouvements ouvriers. Il y verra une moyenne de cinq ou six grèves par jour, affectant tous les aspects de la vie et de la production dans l'entreprise capitaliste. Il y verra également, de temps en temps, les appels pressants que la bourgeoisie anglaise adresse aux syndicats pour qu'ils « améliorent leur organisation et leurs contacts avec leur base » – c'est-à-dire pour qu'ils reprennent en main les ouvriers.

réformiste (commencée non pas avec l'apparition des « grandes entreprises mécanisées » mais il y a plus de cent ans) n'a en rien résolu les problèmes de la société contemporaine, ni éliminé le conflit entre les classes. Les organisations bureaucratisées qui s'en sont faites les championnes se trouvent aujourd'hui éloignées du prolétariat presque autant que les autres institutions de la société capitaliste. Une politique socialiste, par contre, n'a de sens que si, au-delà des améliorations partielles, elle essaie d'aider les prolétaires à modifier radicalement leur situation, à se libérer de l'esclavage capitaliste et bureaucratique. Une politique socialiste n'a de sens que si elle est révolutionnaire.

LES ÉLECTIONS ANGLAISES*

Le trait le plus apparent des dernières élections anglaises, c'est leur américanisation. S'il reste encore une différence, c'est surtout qu'en Angleterre l'analogie avec le « show » est remplacée par l'analogie avec le « match ». La population électorale est devenue un public ; ce public compte les points, en se fondant sur des critères aussi profondément politiques que le plus ou moins astucieux usage de la télévision, l'allure plus ou moins sympathique et entraînante des leaders... Même les programmes électoraux sont d'abord jugés en tant que morceaux de genre, sur leur valeur en quelque sorte technique, comme une affiche ou un publireportage. Il n'y a qu'à lire l'*Economist* pour s'en convaincre.

Il est évident, néanmoins, que même telles, ces élections mettent en cause l'attitude politique de la société anglaise, et que c'est en termes politiques profonds et non accidentels que l'on doit rendre compte du problème : pourquoi l'échec du Labour ?

À cet échec, les atouts des Conservateurs fournissent un premier ordre de raisons. Ces atouts, c'était, comme les Conservateurs l'ont proclamé, la paix et la prospérité.

Alors qu'après l'affaire de Suez, les Tories avaient facilement pu être présentés par leurs adversaires comme des fauteurs de guerre, aujourd'hui, l'oubli aidant, Macmillan, l'« homme au bonnet de fourrure », l'audacieux visiteur de la Russie en plein hiver, a beau jeu de se donner pour un pionnier de la rencontre au sommet et pour un partenaire indispensable à la poursuite de la « détente ». Dans ces conditions, à quoi peuvent prétendre les Travaillistes ? Qu'on leur fasse confiance pour parler aux Russes mieux que Macmillan ?

De même, il y a six mois, au plus bas de la récession, on pouvait imputer aux Conservateurs l'extension du chômage, etc.

* *S. ou B.*, n° 29 (décembre 1959) <rééd. « 10/18 », *CMR, 2* (1979), p. 40-46>.

Mais aujourd'hui les affaires ont repris, le chômage est en grande partie résorbé ; la production de biens de large consommation est en plein essor : c'est bien ce qu'en langage capitaliste on appelle la prospérité. Il reste aux Travaillistes à offrir encore plus de prospérité.

En somme le capitalisme anglais se trouve, tant sur le plan extérieur que sur le plan intérieur, en bonne posture, ayant surmonté ses difficultés sans faire appel à des moyens exceptionnels ; car s'il est vrai que, il y a six mois, les Travaillistes auraient eu plus de chances de l'emporter, il est encore plus vrai que l'Angleterre est sortie de la récession sans avoir eu besoin des Travaillistes. Le fonctionnement normal d'un capitalisme moderne trouve en lui-même les ressources qui lui permettent de triompher de ses difficultés conjoncturelles.

Et, de fait, les réformes de structure proposées – ou plutôt suggérées – par le Labour l'ont été avec une extrême timidité. De nombreux candidats travaillistes ont à peine osé parler à leurs électeurs de nationalisations et de renforcement de l'intervention étatique.

En revanche, ils se sont déchaînés sur le chapitre des promesses électorales aux « catégories défavorisées de la population » : hausse considérable des rentes et des pensions, stabilisation des loyers, renflouement des entreprises touchées par la récession, donc par le chômage, subventions aux entreprises nationales – également en vue du plein-emploi –, etc. Cette accumulation de promesses a surtout effrayé, car on voyait mal comment ils parviendraient à les concilier dans un budget, et elles n'ont pas fait le poids en face de la prospérité réelle dont les Conservateurs ont pu se targuer.

En somme, les électeurs n'ont pas vu en quoi les programmes des deux grands partis étaient différents, et c'est ce qui explique que les élections aient pris la tournure d'un match, ou d'une course de chevaux. Cette métamorphose n'a pas du tout profité aux Travaillistes. Ils ont fait figure à bon nombre d'électeurs, surtout parmi les jeunes, d'un appareil ayant perdu sa raison d'être, n'ayant plus prise sur le réel. Même si les Conservateurs n'ont guère d'attraits supplémentaires et même beaucoup plus de chances d'être odieux, du moins leur rôle dans la société apparaît comme plus sérieux. Dans la situation actuelle du capitalisme anglais, l'option entre les deux grands partis n'est plus fondée dans la réalité, ne correspond plus à une alternative réelle.

Cependant pour éclairer la situation du Labour par rapport à la vie réelle de la société, il faut le confronter avec ce qui est sans doute le problème du capitalisme anglais contemporain, problème qu'il est de moins en moins capable de régler, et qui est infiniment plus profond que toutes les récessions et les guerres froides; il s'agit de l'« indiscipline » endémique des ouvriers, se traduisant par des grèves « sauvages » qui éclatent un peu partout, à tout moment et à propos de tout, et déchaînent le chaos dans le processus productif[1]. Un exemple en est la grève des ouvriers de l'oxygène, qui a éclaté en pleine campagne électorale et a paralysé ou menacé de paralysie plusieurs secteurs fondamentaux de l'économie anglaise tels que l'industrie automobile, la construction navale, le bâtiment. Ces grèves sauvages traduisent ce fait essentiel que la classe ouvrière tend à échapper au contrôle du patronat sur le processus de production lui-même. Mais aussi au contrôle de la bureaucratie « ouvrière ». Et c'est à partir de là que l'on doit comprendre la situation des syndicats et du Labour dans la société. L'échec du Labour aux élections exprime – bien que sur le plan le plus superficiel – cette situation.

Pour se faire accepter comme interlocuteur valable par la bourgeoisie, il est évidemment vital pour la bureaucratie réformiste de prouver qu'elle est seule capable de contrôler la classe ouvrière. Les grèves sauvages apportent un démenti catégorique à cette prétention. Aussi la bureaucratie n'épargne-t-elle pas ses efforts pour lutter contre elles.

Reprenons l'exemple de la grève de l'oxygène. Elle a été déclenchée alors que des négociations entre le syndicat (TGWU) et le patron pour le renouvellement du contrat collectif avaient abouti à un relatif succès du syndicat. Mais les ouvriers n'étaient pas d'accord avec la revendication présentée par le syndicat (au lieu d'une semaine de congé supplémentaire, ils préféraient une hausse plus importante des salaires) et aussi ils ne faisaient pas

1. Cf. dans le n° 26 de *S. ou B.*, « Les grèves de l'automation en Angleterre » [*EMO, 1*, p. 357-382 <maintenant *QMO*, t. 1>] ; et les notes dans les n°s 22 et 24 de *S. ou B.*

confiance au patron ni au syndicat pour l'application du contrat – dont en outre certaines clauses ne leur étaient pas connues. Les grévistes se sont donné une très forte organisation, avec un comité de grève et des assemblées générales de la base qui décidaient; l'appel à la solidarité des ouvriers d'autres secteurs leur a fourni des fonds amplement suffisants. Les plus hauts bonzes syndicaux se sont dérangés pour tenter de faire reprendre le travail, mais ils se sont heurtés d'abord au refus des ouvriers de les laisser leur parler, et ensuite, malgré cet obstacle franchi, au vote hostile de la base. Les ouvriers n'ont repris le travail que devant les mises à pied de leurs camarades d'autres industries paralysées par leur grève. Mais, de l'aveu même du *Financial Times,* grâce à son organisation, à la participation de la base et à ses ressources, même après une reprise du travail, cette grève pourrait à tout moment éclater de nouveau.

Le souci causé aux syndicats et par suite au Labour par les grèves sauvages s'est manifesté sur un plan plus général à l'occasion du Congrès des Trade Unions. À part quelques efforts pour élaborer une ligne de revendications, qui ont abouti à ce qu'on laisse l'initiative en cette matière aux Fédérations particulières, ce Congrès s'est occupé particulièrement du problème des grèves sauvages et des *shop-stewards*. On sait en effet que les *shop-stewards* (délégués d'atelier contrôlés d'extrêmement près par la base) jouent souvent un rôle déterminant dans l'organisation des grèves sauvages. Mais comme ils sont en même temps le seul lien vivant grâce auquel la bureaucratie communique encore avec sa base, la seule conclusion de ce débat fut, à part des jugements très sévères sur la conduite des *shop-stewards*, la décision de faire une enquête sur leur rôle… pour en reparler l'an prochain.

Ainsi, les syndicats et leur expression politique, le Labour, se trouvent-ils largement déconsidérés aux yeux des patrons en tant qu'instruments capables de maintenir les ouvriers dans la discipline de la production; ce n'est pas pour rien que le *Financial Times* déplore « le grave défaut de communication entre les responsables et leur base », et exhorte les syndicats à y trouver des remèdes. Mais aussi, les organisations réformistes encourent un discrédit encore plus grave pour elles de la part de la fraction la plus combative et la plus radicale de la classe ouvrière.

Il est vrai que cette fraction n'a pas de limites bien strictes. Dans certaines régions fortement industrialisées – en Écosse, par exemple –, les ouvriers mènent des luttes fréquentes et énergiques, souvent malgré et même contre leurs syndicats, tout en restant encore largement attachés au Labour. Ils prolongent ainsi leur action revendicative par une action politique de type traditionnel.

Mais il est de plus en plus évident que, pour un nombre croissant d'ouvriers, il s'établit une coupure profonde entre la lutte contre le capitalisme sur le plan des conditions de vie et de travail et l'attitude politique : ils font des grèves sauvages et votent conservateur. Pour expliquer cette opposition, il faut admettre qu'aux yeux de ces ouvriers, la politique au sens traditionnel du terme ne paraît plus concerner la vie réelle, ce pour quoi ils luttent sans cesse. En d'autres termes, ces deux plans, les organisations réformistes n'arrivent plus à les joindre.

Cela est, en un sens, positif. C'est l'aspect que prend en Angleterre l'expérience par le prolétariat de la vraie nature de la bureaucratie, et le début de l'affirmation de ce que signifie la politique pour le prolétariat face à la politique telle que l'exercent les appareils au pouvoir. Mais il reste que de larges couches d'ouvriers anglais ont voté conservateur. Cela mesure l'immensité de la tâche des révolutionnaires qui doivent travailler à approfondir et à élargir ces objectifs et ces méthodes de lutte mis en avant dans les usines pour les porter jusqu'au niveau de la politique globale, où ils pourront seulement trouver leur pleine signification et apporter une solution au problème de la société. La société capitaliste anglaise ne comporte plus d'alternative réformiste réelle mais seulement une alternative révolutionnaire. La « dépolitisation » actuelle des ouvriers anglais ne pourra être dépassée que s'ils arrivent à prendre une conscience globale de cette alternative et à s'organiser pour la faire triompher.

LA SIGNIFICATION DES GRÈVES BELGES*

La vague de grèves qui, du 20 décembre au 18 janvier, a couvert la Belgique et étonné le monde est sans doute, après les événements de Pologne et de Hongrie en 1956, l'événement le plus marquant du mouvement ouvrier depuis la guerre[1]. Pour la première fois depuis de longues années, le prolétariat d'un pays industrialisé et riche descend par centaines de milliers dans un combat qui le met directement aux prises avec le gouvernement capitaliste. Comme toujours dans ces cas, la classe ouvrière rassemble immédiatement autour d'elle tout ce qui n'est pas pourri dans la population – c'est-à-dire l'immense majorité. Les petits commerçants de Wallonie participent aux manifestations ; les femmes, plus combatives encore que les hommes, renforcent les piquets de grève ; comme à Budapest, la jeunesse presque entière se mobilise contre l'État, et des garçons de quinze ou dix-sept ans forcent les cordons qu'opposent aux manifestants flics et dirigeants syndicaux ; les barrières entre les ouvriers et les intellectuels qui se rangent de leur côté fondent au feu de bois des piquets de grève. Le soldat de métier qui monte la garde sur un pont dit : « Je ne tirerai jamais sur pareil à moi », et les curés déclarent que la cause des ouvriers est juste. Dans toute la Wallonie, le signe d'une situation révolutionnaire est présent pendant trente jours dans l'extraordinaire unification de la population, la solidarité totale entre ceux qui luttent, l'abolition des distances entre les individus, les professions et les âges.

Le signe d'une situation révolutionnaire, on le trouve aussi dans l'origine du mouvement. Depuis de longs mois, le Gouvernement

* *S. ou B.*, n° 32 (avril 1961) <rééd. « 10/18 », *EMO, 2* (1979), p. 255-261>.

1. *Note 1979* : Le n° 32 de *S. ou B.* était consacré pour une grande partie à une description et une analyse des grèves belges, fondées essentiellement sur des témoignages et des reportages de participants (de Bruxelles, de Charleroi, de Mons, de Liège, de la Louvière, etc.).

prépare la cuiller destinée à vider l'océan de la pagaille capitaliste ; depuis de longs mois, la bureaucratie syndicale et politique bavarde et brandit des menaces symboliques de grève d'une ou de vingt-quatre heures. Mais lorsque la Loi unique vient devant le Parlement, les ouvriers, sans plus attendre des ordres, prennent l'affaire entre leurs mains et déclenchent la grève. C'est parmi les plus exploités que le mouvement a, encore une fois, trouvé son origine : les ouvriers communaux. Et l'extension de la grève dans la sidérurgie est marquée, dans plusieurs cas, par de violentes bagarres entre les ouvriers et les délégués syndicaux.

Mais si l'on peut discerner facilement dans les événements de Belgique les caractéristiques des grands mouvements prolétariens, il importe d'en reconnaître les limites, qui furent aussi les conditions de l'échec final. Les ouvriers ont commencé par élire, dans plusieurs endroits, des Comités de grève formés de travailleurs du rang ayant joué un rôle dans le déclenchement du mouvement. Mais dès que les syndicats ont ratifié le mouvement auquel ils ne pouvaient plus s'opposer, ils ont pu facilement imposer partout leurs Comités de grève, en fait nommés par les sommets. Nulle part, par la suite, on ne discerne une tentative des travailleurs de former *leur propre direction autonome*. Tout en se méfiant de la bureaucratie syndicale et politique, la méprisant, parfois la huant, le prolétariat belge ne parvient pas en fait à se dégager de son emprise, à s'affirmer comme direction de soi-même et de la société, à créer un embryon quelconque de nouvelles institutions – comme l'ont été en d'autres circonstances les Comités de grève vraiment représentatifs, les Comités d'usine, les Conseils ouvriers ou les Soviets. Malgré certaines difficultés, la bureaucratie syndicale parvient à conserver d'un bout à l'autre le contrôle du mouvement.

On retrouve ce manque d'autonomie du prolétariat lorsqu'on regarde les *objectifs* du mouvement. La disproportion entre l'ampleur et l'acharnement de la lutte ouvrière, d'un côté, et le but formulé et apparent de cette lutte – le retrait de la Loi unique –, de l'autre côté, est telle qu'on serait tenté de dire que le mouvement n'avait pas d'objectif, en tout cas pas d'objectif méritant qu'on en parle. Que la bureaucratie n'ait ni pu ni voulu donner au mouvement d'autres buts, cela se comprend trop facilement ;

quels pourraient-ils être ? Pour la bureaucratie, l'immense lutte populaire n'était qu'une immense cause d'embarras, car, avec les proportions qu'elle a prises, elle n'était pas *utilisable*. Elle aurait pu tout au plus être utilisée pour forcer la formation d'un gouvernement à participation socialiste ; il est devenu rapidement clair que la bourgeoisie n'en voulait à aucun prix. Pour l'y obliger, la bureaucratie aurait dû radicaliser la lutte, chercher les combats de rue, s'attaquer à l'appareil d'État – bref, faire ce qu'une bureaucratie réformiste a toujours été organiquement incapable de faire. D'un bout à l'autre de la lutte, la bureaucratie a été prise dans cette contradiction insurmontable. Radicaliser le mouvement, c'était se tourner contre cet appareil d'État qu'elle a dirigé hier, qu'elle se prépare à diriger à nouveau demain, dont elle fait de toute façon partie. S'opposer de front aux travailleurs, c'était se couper définitivement d'eux, démolir le fondement de sa propre existence, sans grande chance de maîtriser les événements. De là sa tactique exclusivement dilatoire, l'attente de l'usure de la grève, son refus de l'ordre de grève générale, son refus de la marche sur Bruxelles, sa menace d'abandon de l'outil destinée à calmer les grévistes et jamais réalisée. Tout autant et pour les mêmes raisons, la bureaucratie était-elle incapable d'assigner au mouvement un objectif réel quelconque.

On serait tenté de dire que le mouvement n'avait pas d'objectif – et ce serait faux. Six cent mille salariés en grève, plus d'un million de personnes si l'on compte tous ceux qui ont participé au mouvement, n'ont pas lutté pendant trente jours, consenti des sacrifices énormes, sans *vouloir* quelque chose d'autre et de plus important que le retrait d'une réforme budgétaire à tout prendre plus bénigne que les mesures prises par de Gaulle et Pinay en décembre 1958. Ce que les travailleurs en lutte voulaient transparaît dans le choix qu'ils font de leurs ennemis, des immeubles qu'ils attaquent, dans les slogans qui sortent de la foule – « Les banquiers doivent payer » –, dans ceux qu'elle reprend le plus volontiers – « Les usines aux ouvriers ». Les travailleurs voulaient lutter contre le régime capitaliste. Mais cette volonté ils n'ont pas pu la formuler explicitement, ni lui donner la forme d'objectifs déterminés, d'un programme au sens le plus large de ce terme. Le prolétariat belge n'a pas pu se donner une perspective *positive*, et, pour cette raison, même le côté « négatif », purement défensif de sa lutte, n'a pas pu aboutir.

On se trouve donc devant une contradiction frappante entre la combativité de la classe ouvrière, sa solidarité, la conscience de son opposition en tant que classe à la classe et à l'État capitalistes, sa méfiance de la bureaucratie, d'un côté; et, d'un autre côté, la difficulté pour l'instant insurmontable qu'elle rencontre pour se dégager de l'emprise de cette bureaucratie, assumer positivement la direction de ses affaires, créer ses propres institutions, formuler explicitement ses objectifs. Quelle est l'origine de cette contradiction, et comment pourra-t-elle être surmontée?

Disons tout de suite que les grèves belges traduisent d'une façon typique la situation du prolétariat dans une société capitaliste moderne. Tout d'abord, elles relèguent à leur juste place – le Musée des monstruosités théoriques – les conceptions qui proclamaient la disparition du prolétariat, la fin de la lutte des classes, etc. Dans un pays fortement industrialisé, à niveau de vie supérieur à la moyenne européenne, le prolétariat s'est battu comme classe contre les capitalistes; et il s'est battu contre le régime, non pas pour sa modernisation. Tout autant, elles montrent le caractère caduc d'un certain nombre de schémas d'un pseudo-marxisme conservateur. Ce ne sont pas les « mécanismes inexorables de l'économie capitaliste », mais la tentative d'Eyskens d'éliminer la pagaille d'un secteur de l'économie capitaliste, qui a déclenché les luttes et failli mettre par terre la bourgeoisie belge.

Mais ce que l'on constate surtout, c'est que dès qu'il lui faut passer au plan de l'action *politique* – qui vise l'ensemble de la société –, le prolétariat rencontre des difficultés pour l'instant insurmontables. L'emprise de la bureaucratie, l'habitude de confier la gestion de ses affaires aux « responsables », le *désapprentissage* des affaires de la société sont devenus tels que, dans un pays de vieille tradition de luttes ouvrières, l'idée qu'un réseau de Comités de grève, indépendant des syndicats et responsable devant les travailleurs, aurait dû se constituer aussitôt ne se fait pas jour, même pas parmi les militants les plus à gauche; l'idée que cette énorme lutte puisse être le point de départ d'un combat pour la transformation socialiste de la société, encore moins.

Il serait complètement superficiel d'attribuer ce phénomène à des conditions locales et, partant, « accidentelles ». Dans tous les pays modernes, la même difficulté est virtuellement présente, résultat d'un demi-siècle de bureaucratisation du mouvement ouvrier et de la société en général.

Comment cette situation peut-elle être surmontée? La classe ouvrière belge – et avec elle, les éléments les plus conscients du prolétariat européen – vient de faire une expérience cruciale de la bureaucratie, et c'est là sans doute la *première* condition d'un changement de l'attitude ouvrière contemporaine face au problème général de la société.

Mais à elle toute seule cette expérience peut rester totalement insuffisante – et conduire simplement à la démoralisation, qui n'a jamais rien appris à personne – si un travail n'est pas fait pour en dégager, *avec* les ouvriers belges et *pour* eux, les leçons, pour les formuler clairement, pour tracer une perspective *positive* de lutte pour la transformation de la société. Ce travail, seule une organisation révolutionnaire peut le faire; une organisation qui ne vise pas à se substituer à la classe, ni à la diriger, mais à être un des instruments que celle-ci utilise pour sa libération. Déjà lors des grèves une telle organisation, si elle avait existé, aurait pu jouer un rôle capital : des idées comme l'élection des Comités de grève, leur fédération sur le plan national, des objectifs de caractère socialiste auraient pu être présentés à la classe ouvrière et défendus devant celle-ci, et cela aurait pu modifier radicalement l'allure et l'évolution des luttes.

Nous sommes heureux de pouvoir annoncer aujourd'hui que des camarades belges, avec la coopération de notre organisation *Pouvoir Ouvrier* de France, travaillent depuis les événements à la constitution d'une organisation révolutionnaire en Belgique.

III

LE MOUVEMENT RÉVOLUTIONNAIRE SOUS LE CAPITALISME MODERNE

Ce chapitre reprend les p. 47-258 de Capitalisme moderne et révolution, 2 : Le Mouvement révolutionnaire sous le capitalisme moderne *(les p. 11-46 ont été publiées dans le chapitre précédent, les p. 259-316 le seront dans le volume* Quelle démocratie ? *de notre édition). Le texte publié dans* S. ou B., *traduit en anglais par Maurice Brinton, fut publié dès 1963 par le groupe* Solidarity *de Londres sous le titre* Modern Capitalism and Revolution *(nouvelles éd. 1965 et 1974), et il a été diffusé depuis, à partir de l'anglais ou du français, en d'autres langues et sous diverses formes. Une version espagnole* (Capitalismo moderno y revolución), *qui tenait compte de l'édition anglaise, fut en particulier publiée en 1970 à Paris, aux Éditions Ruedo Ibérico (trad. E. Escobar et D. de la Iglesia). Les grands thèmes du* MRCM *(et notamment ceux de la « privatisation » et de la nature du capitalisme moderne) ont été à nouveau abordés par l'auteur dans de très nombreux textes repris dans le volume* Quelle démocratie ? *de notre édition.*

LE MOUVEMENT RÉVOLUTIONNAIRE SOUS LE CAPITALISME MODERNE*

La longueur de ce texte, et la nécessité d'en étaler la publication sur plusieurs numéros de cette revue, nous incite à le faire précéder, en guise d'introduction, par un résumé de ses thèses principales.

Formant contraste avec l'activité des masses dans les pays arriérés, l'apathie politique prolongée des travailleurs semble caractériser les sociétés capitalistes modernes. En France même, le gaullisme, entreprise de modernisation du capitalisme, n'a été possible que par cette apathie, qu'il a, à son tour, renforcée. Le marxisme étant avant tout une théorie de la révolution prolétarienne dans les pays avancés, on ne peut continuer de se dire marxiste et se taire sur ces problèmes : en quoi consiste la « modernisation » du capitalisme? Quel est son lien avec l'apathie politique des masses? Quelles sont les conséquences qui en découlent pour le mouvement révolutionnaire?

Des traits nouveaux et durables du capitalisme doivent d'abord être constatés et décrits. Les classes dominantes sont parvenues à contrôler le niveau de l'activité économique et à empêcher des crises majeures. L'importance numérique du chômage a énormément diminué. Le salaire ouvrier réel augmente beaucoup plus

* *Note 1979* : *S. ou B.*, nos 31 (décembre 1960), 32 (avril 1961) et 33 (décembre 1961) <rééd. « 10/18 », *CMR, 2* (1979), p. 47-203>. La première version de ce texte a été publiée dans le *Bulletin intérieur* n° 12 du groupe Socialisme ou Barbarie (octobre 1959) ; la deuxième, dans le n° 17 de ce *Bulletin* (mai 1960). Sur la controverse qu'il a, dès le départ, suscitée, les tentatives d'en empêcher ou d'en retarder la publication et finalement la scission de 1963, cf. la « Postface à "Recommencer la révolution" », dans *EMO, 2*, p. 373 et suivantes. La première livraison du texte, dans le n° 31 de *S. ou B.*, était précédée de la mention suivante : « Le texte ci-dessous, dont les idées ne sont pas nécessairement partagées par l'ensemble du groupe Socialisme ou Barbarie, ouvre une discussion sur les problèmes de la politique révolutionnaire dans la période actuelle qui sera poursuivie dans les numéros à venir de cette revue. » <La « Postface... » est reprise dans le volume *Quelle démocratie?* de notre édition.>

rapidement et régulièrement que par le passé, entraînant une augmentation de la consommation de masse par ailleurs indispensable au fonctionnement de l'économie et désormais irréversible. Les syndicats, devenus des rouages du système, négocient la docilité des ouvriers contre des augmentations de salaire. La vie politique se déroule exclusivement entre spécialistes, et la population s'en désintéresse. Il n'y a plus d'organisations politiques auxquelles la classe ouvrière participe ou qu'elle soutienne par son action. Hors de la production, le prolétariat n'apparaît plus comme une classe ayant des objectifs propres. La population entière est prise dans un mouvement de *privatisation* ; elle vaque à ses affaires, cependant que les affaires de la société lui semblent échapper à son action.

Pour les prisonniers des schémas traditionnels, il faudrait en conclure en toute rigueur qu'il n'y a plus de perspective révolutionnaire. Pour le marxisme traditionnel, en effet, les contradictions « objectives » du capitalisme étaient essentiellement de type *économique,* et l'incapacité radicale du système à satisfaire les revendications *économiques* des ouvriers faisait de celles-ci le moteur de la lutte de classe. Correspondant à certaines manifestations du capitalisme d'autrefois, ces idées s'effondrent devant l'expérience actuelle. C'est qu'elles n'ont jamais concerné que des aspects extérieurs du capitalisme. Les contradictions économiques « objectives » disparaissent avec la concentration totale du capital (pays de l'Est) ; mais il suffit du degré d'intervention de l'État pratiqué aujourd'hui dans les pays occidentaux pour corriger les déséquilibres spontanés de l'économie. Le niveau des salaires n'est pas déterminé par des lois économiques « objectives » mais essentiellement par la lutte de classe ; l'augmentation des salaires, pourvu qu'elle n'excède pas l'augmentation du rendement, est praticable par le capitalisme. La vue traditionnelle est aussi fausse sur le plan philosophique ; mécaniste et objectiviste, elle élimine de l'histoire l'action des hommes et des classes pour la remplacer par une « dynamique objective » et des « lois naturelles », et fait de la révolution prolétarienne un réflexe de révolte contre la faim dont on ne voit pas comment jamais une société socialiste pourrait être le résultat. Plus même : la connaissance des ressorts de la crise du capitalisme est, pour elle, l'apanage de théoriciens spécialisés ;

la solution de cette crise, une simple question de transformations « objectives » éliminant la propriété privée et le marché et ne nécessitant nullement une intervention autonome du prolétariat. Cette vue ne peut être, et n'a été dans l'histoire, que le fondement d'une politique *bureaucratique*.

La contradiction fondamentale du capitalisme se trouve dans la *production* et le *travail*. C'est la contradiction contenue dans l'*aliénation* de l'ouvrier : la nécessité pour le capitalisme de réduire les travailleurs en simples exécutants, et son impossibilité de fonctionner s'il y réussit ; son besoin de réaliser simultanément la participation et l'exclusion des travailleurs relativement à la production (comme des citoyens relativement à la politique, etc.). Seule contradiction véritable de la société contemporaine, et source ultime de sa crise, elle ne peut pas être atténuée par des réformes, par l'élévation du niveau de vie ou par l'élimination de la propriété privée et du « marché ». Elle ne sera supprimée que par l'instauration de la gestion collective des travailleurs sur la production et la société. Objet d'une expérience quotidienne du prolétariat, elle est le seul fondement possible de sa conscience du socialisme, et ce qui donne à la lutte des classes sous le capitalisme son caractère universel et permanent. Elle définit le cadre de l'histoire et de la dynamique de la société capitaliste, qui n'est rien d'autre que l'histoire et la dynamique de la lutte de classe. Cette dynamique est *historique* et non « objective », car elle modifie constamment les conditions où elle se développe et les adversaires eux-mêmes, et comporte une *expérience* et une *création* collectives. La lutte de classe a déterminé, à un degré croissant, l'évolution de la technologie, de la production, de l'économie et de la politique et a imposé au capitalisme, directement ou indirectement, les modifications profondes que l'on constate aujourd'hui.

Sur le plan « subjectif », ces modifications s'expriment par l'accumulation chez les classes dominantes d'une *expérience* de la lutte sociale et l'apparition d'une *nouvelle politique capitaliste*. Dominée par l'idéologie du « laissez-faire » et limitant l'État au rôle du gendarme, la politique capitaliste était autrefois pour les marxistes synonyme de l'impuissance pure et simple. Actuellement, elle reconnaît la responsabilité générale de l'État, en élargit constamment les fonctions et s'assigne des objectifs dont la réalisation n'est plus laissée au fonctionnement « spontané » de l'économie (plein-emploi, développement économique, etc.). Elle tend à soumettre à son contrôle toutes les sphères de l'activité sociale et prend par là, quelle que soit sa forme, un caractère *totalitaire.*

Sur le plan « objectif », les transformations du capitalisme se traduisent par la *bureaucratisation* croissante qui, trouvant son origine dans la production, s'étend à l'économie et à la politique et finalement envahit tous les secteurs de la vie sociale. Elle va de pair évidemment avec l'expansion et la prépondérance croissante de la bureaucratie comme couche gestionnaire. La concentration et l'étatisation, autres aspects du même phénomène, entraînent à leur tour des modifications importantes dans le fonctionnement de l'économie.

Mais l'effet le plus profond de la bureaucratisation, c'est que, en tant qu'« organisation » et « rationalisation » des activités collectives faites de l'extérieur, elle achève la *destruction des significations* provoquée par le capitalisme et produit l'*irresponsabilité en masse.* La privatisation des individus est le corollaire de ces phénomènes.

La tendance idéale du capitalisme bureaucratique est la constitution d'une société intégralement hiérarchisée et en « expansion » continue, où l'aliénation croissante des hommes dans le travail serait compensée par l'« élévation du niveau de vie » et où toute l'initiative serait abandonnée aux « organisateurs ». Inscrite objectivement dans la réalité sociale contemporaine, cette tendance coïncide avec le but final des classes dominantes : faire échouer la révolte des exploités en les attelant à la course derrière le niveau de vie, en disloquant leur solidarité par la hiérarchisation, en bureaucratisant toute entreprise collective. Conscient ou non, c'est là *le projet capitaliste bureaucratique,* le sens pratique qui unifie les actes des classes dominantes et les processus objectifs se déroulant dans leur société.

Ce projet échoue parce qu'il ne surmonte pas la contradiction fondamentale du capitalisme, qu'il multiplie au contraire à l'infini. La bureaucratisation croissante des activités sociales étend à tous les domaines le conflit inhérent à la division dirigeants-exécutants et l'irrationalité intrinsèque de la gestion bureaucratique. De ce fait, le capitalisme ne peut absolument pas éviter des *crises* (ruptures du fonctionnement normal de la société), bien que celles-ci ne soient pas d'un type unique et qu'elles ne procèdent pas d'*une* dynamique cohérente et homogène. Sur le fond de la même contradiction immanente au capitalisme, les anciennes expressions de son irrationalité sont remplacées par de nouvelles.

Mais contradiction et crises n'atteignent une portée révolutionnaire que par la lutte de classe. La situation actuelle à cet égard est ambiguë. *Dans la production,* cette lutte manifeste, précisément dans les pays les plus modernes, une intensité inconnue autrefois, et tend à poser le problème de la gestion de la production. Mais *hors des entreprises* elle ne s'exprime plus, ou bien seulement tronquée et déformée par les organisations bureaucratiques. Cette absence du prolétariat à la société a également une double signification. Elle traduit une victoire du capitalisme : la bureaucratisation des organisations chasse les ouvriers de l'action collective, l'effondrement de l'idéologie traditionnelle et l'absence d'un programme socialiste les empêchent de généraliser leur critique de la production et de la transformer en conception positive d'une nouvelle société, la philosophie de la consommation pénètre le prolétariat. Mais aussi, une expérience de la nouvelle phase du capitalisme se constitue, pouvant conduire à une critique des formes de vie sous le capitalisme beaucoup plus profonde et générale que par le passé, et par là à un renouveau du projet socialiste dans le prolétariat à un niveau supérieur.

La maturation des conditions du socialisme se poursuit donc, étant entendu qu'elle ne peut jamais signifier une maturation purement objective (accroissement des forces productives ou des « contradictions »), ni une maturation purement subjective (sédimentation d'expérience effective chez les prolétaires), mais *l'accumulation des conditions objectives d'une conscience adéquate*[1]. Le prolétariat ne pouvait pas éliminer le réformisme et le bureaucratisme avant de les avoir vécus, c'est-à-dire avant de les avoir produits comme réalités sociales. *Maintenant,* la gestion ouvrière, le dépassement des valeurs capitalistes de la production et de la consommation comme fins en elles-mêmes, se présentent au prolétariat comme seule issue.

1. *Note 1979* : Sur cette question, voir maintenant « La question de l'histoire du mouvement ouvrier », dans *EMO, 1,* en particulier p. 66-114. <Rééd. dans le volume *Quelle démocratie ?* de notre édition.>

Ces conditions imposent au mouvement révolutionnaire des transformations profondes. Sa critique de la société, essentielle pour aider les ouvriers à valoriser et à généraliser leur expérience directe, doit être intégralement réorientée ; elle doit s'attacher surtout à décrire et analyser les contradictions et l'irrationalité de la gestion bureaucratique de la société, à tous les niveaux, à dénoncer le caractère inhumain et absurde du *travail* contemporain; à dévoiler l'arbitraire et la monstruosité de la hiérarchie dans la production et la société. De façon correspondante, la lutte autour de l'organisation et des conditions de travail et de vie dans l'entreprise et la lutte contre la hiérarchie doivent être l'élément central de son programme revendicatif. D'autre part, dans les conditions du capitalisme moderne, le problème essentiel est le passage de la lutte de classe du plan de l'entreprise à celui de la société globale. Le mouvement révolutionnaire ne pourra remplir son rôle à cet égard que s'il détruit les équivoques qui pèsent sur l'idée de socialisme, s'il dénonce impitoyablement les valeurs de la société contemporaine, et s'il présente le programme socialiste au prolétariat pour ce qu'il est : un programme d'humanisation du travail et de la société.

Ces tâches, le mouvement révolutionnaire ne pourra les remplir que s'il cesse d'apparaître comme un mouvement politique traditionnel – la politique traditionnelle est morte – et devient un mouvement total concerné par tout ce que les hommes font dans la société et avant tout par leur vie quotidienne réelle. Il doit donc également cesser d'être une organisation de spécialistes, et devenir un lieu de socialisation positive où les individus réapprennent la vraie vie collective en gérant leurs propres affaires et en se développant par le travail pour un projet commun.

Il est enfin évident que les conceptions théoriques sous-jacentes à l'activité révolutionnaire – et la conception même de ce qu'est une théorie révolutionnaire – doivent être radicalement modifiées. Deux notes annexées à ce texte – « Sur la théorie révolutionnaire », « Sur la théorie de l'histoire » – visent à préciser l'orientation de cette transformation[1].

1. *Note 1979* : Ces deux notes – dont un premier projet avait été diffusé dans le groupe Socialisme ou Barbarie en 1959 – sont devenues par la suite « Marxisme et

« Il y a des gens qui ne réussissent à rester révolutionnaires qu'en gardant leurs yeux bien fermés[1]. »

À Cuba, un partisanat paysan a mis par terre une dictature établie de longue date et appuyée par les États-Unis. En Afrique du Sud, des Noirs illettrés, soumis depuis des générations à la domination totalitaire de trois millions de négriers blancs, constituent des organisations clandestines, se mobilisent collectivement, inventent des formes de lutte inédites et sont sur le point d'obliger le gouvernement Verwoerd à entreprendre ce que le *Financial Times* a appelé « une longue et douloureuse retraite ». En Corée du Sud, la dictature de Syngman Rhee, ouvertement soutenue par les États-Unis depuis quinze ans, s'est effondrée sous les coups portés par les manifestations populaires où les étudiants ont joué un rôle prépondérant. Ce sont encore les étudiants qui, en Turquie, se dressèrent les premiers contre le gouvernement Mendérès et ses mesures dictatoriales et ouvrirent la crise qui aboutit à la chute du régime.

Mais en France, un régime s'effondre en 1958 et une guerre se poursuit depuis six ans au milieu d'une apathie générale. Aux États-Unis, politiciens et sociologues se penchent angoissés sur l'indifférence politique de la population[2]. En Angleterre, le parti travailliste après une série de défaites électorales n'arrive pas à intéresser ses propres membres à la discussion sur la modification de son programme. La vie politique de l'Allemagne fédérale se réduit pour l'essentiel aux sautes d'humeur d'un vieillard de quatre-vingts ans et aux intrigues autour de sa succession.

Faudra-t-il donc penser désormais que l'activité politique des masses est un phénomène spécifique aux pays arriérés, que les seules collectivités capables d'agir pour changer leur destin sont

théorie révolutionnaire », publié dans les n°s 36 à 40 de *S. ou B.* (avril 1964 à juin 1965) et repris maintenant dans *L'Institution imaginaire de la société,* Le Seuil, 1975.

1. Léon Trotski, Introduction aux *Cinq premières années de l'Internationale Communiste,* New York, Pioneer Publishers, 1945, p. 9. Cette introduction est datée du 20 mai 1924.

2. Voir par exemple C. Wright Mills, *The Power Elite,* New York 1956 <trad. fr. *L'Élite du pouvoir,* Paris, Maspero, 1969>, et le récent article d'Adlai Stevenson dans le numéro de janvier 1960 de *Foreign Affairs,* p. 191, dont des extraits ont été publiés dans le n° 30 de *Socialisme ou Barbarie,* p. 97.

les paysans, les étudiants, les races opprimées dans les pays coloniaux? L'intérêt de la population pour la politique serait-il fonction directe de son « arriération » économique et culturelle, la civilisation industrielle moderne signifie-t-elle que le sort de la société ne concerne plus les membres de la société?

Ce qui se passe en France depuis deux ans oblige à poser ces mêmes questions de façon encore plus concrète. Deux constatations s'imposent lorsqu'on réfléchit sur l'instauration et l'évolution de la Ve République. D'abord, le régime gaulliste, quelles que soient les intentions et les idées de ses chefs, les contradictions qui le déchirent et les impasses qu'il rencontre, signifie objectivement une entreprise de modernisation du capitalisme français. Le bilan de cette entreprise peut être complexe[1], son sens est tout autant indiscutable que le caractère irréversible de ses effets sur les réalités sociales françaises les plus profondes. Ensuite, cette entreprise n'a été possible au départ, et ne le demeure depuis, qu'en fonction d'une attitude de la population en général, des masses travailleuses plus particulièrement : de leur apathie ou indifférence à l'égard de la politique, de ce que l'on peut appeler en première approximation leur dépolitisation[2].

Si ces deux constatations résument la signification de la situation actuelle en France, il est clair qu'elles soulèvent en même temps une série de problèmes. On ne peut en effet sérieusement définir l'évolution présente de la société française comme une « modernisation » sans réfléchir sur le contenu de cette modernisation et approfondir son sens. On ne peut se borner à constater que c'est l'apathie des masses qui a permis le succès du gaullisme, entreprise de modernisation, et refuser de s'interroger sur le lien entre ces deux phénomènes. On ne peut enfin et surtout parler de dépolitisation en omettant d'enregistrer que cette dépolitisation apparaît comme caractéristique de *tous* les pays

1. Voir, dans le n° 30 de *S. ou B.,* Jean-François Lyotard, « L'État et la politique dans la France de 1960 », et, dans le n° 31, « Le gaullisme et l'Algérie » <rééd. dans *La Guerre des Algériens*, *op. cit.*, p. 165-195 et 199-209>.

2. L'appui électoral massif fourni à de Gaulle en septembre puis en novembre 1958 ne contredit pas cette interprétation, il en est au contraire la confirmation la plus éclatante. Il signifiait : Prenez le pouvoir, chargez-vous de l'État et du pays, pourvu qu'on n'ait pas à s'en occuper.

capitalistes modernes depuis bientôt quinze ans, et que la France n'a fait que rejoindre avec quelque retard des pays plus avancés qu'elle.

Il faut en effet insister sur le caractère *général* de ce phénomène. Les pays qu'il concerne – et auxquels nous nous référons dans ce texte lorsque nous parlons de pays de capitalisme moderne – sont tous ceux où les structures précapitalistes dans l'économie et l'organisation sociale en général ont été pour l'essentiel éliminées. Ce sont les seuls pays qui comptent lorsqu'on veut parler des problèmes d'une société *capitaliste* et non pas des problèmes du *passage* d'une *autre* forme de vie sociale *au* capitalisme. Ce sont les États-Unis, le Canada, l'Australie, la Nouvelle-Zélande, la Suède, la Norvège, la Finlande, le Danemark, l'Angleterre, l'Allemagne occidentale, les Pays-Bas, la Belgique, l'Autriche, la Suisse, maintenant la France et bientôt l'Italie – soit, au total, des pays dont la population dépasse 450 millions d'habitants, qui concentrent les trois quarts de la production totale du monde occidental et les neuf dixièmes de sa production industrielle, enfin et surtout, les pays où vit et travaille l'écrasante majorité du *prolétariat moderne*. Et, parmi les pays du bloc oriental, ceux qui ont achevé leur industrialisation, comme la Russie, la Tchécoslovaquie et l'Allemagne orientale, s'acheminent vers une situation fondamentalement analogue.

Il est bien entendu que la grande majorité de l'humanité reste encore en dehors de ce type de régime : aussi bien l'écrasante majorité des pays du monde occidental (1 400 millions d'habitants contre 450) que celle du bloc oriental (650 millions contre 250)[1]. Mais il est – ou il devrait être – tout aussi bien entendu que le marxisme est en premier lieu une théorie de la révolution dans les pays capitalistes, non pas dans les pays arriérés. Si des marxistes cherchent désormais les racines de la révolution dans les pays coloniaux, et les contradictions du capitalisme dans l'opposition entre l'Occident et le Tiers Monde ou même dans la lutte entre les deux blocs, ils feraient tout aussi bien de cesser de s'appeler marxistes. Car le marxisme était ou voulait être une théorie de la révolution socialiste portée par le prolétariat,

1. *Note 1979* : Chiffres qui se réfèrent, évidemment, à la fin des années 1950.

non pas une théorie de la révolution des paysans africains ou des ouvriers agricoles dans les Pouilles ; non pas une théorie de la révolution comme produit des résidus non capitalistes dans la société nationale ou mondiale, mais l'expression idéologique de l'activité du prolétariat, lui-même produit du capitalisme et de l'industrialisation. Quelle que soit l'énorme importance des pays arriérés, ce n'est pas à Léopoldville, ni même à Pékin, mais à Pittsburgh et à Détroit, dans les Midlands et dans la Ruhr, dans le Bassin parisien, à Moscou et à Stalingrad que se décide finalement le sort du monde moderne. Et personne ne peut se dire marxiste ou socialiste révolutionnaire s'il refuse de répondre à cette question : que devient aujourd'hui le prolétariat comme classe révolutionnaire, là où ce prolétariat existe *effectivement* ?

Nous allons donc essayer de comprendre en quoi consiste la « modernisation » du capitalisme, autrement dit quelles sont les modifications survenues dans le fonctionnement du capitalisme et qui différencient le capitalisme contemporain soit du capitalisme d'autrefois soit – et c'est presque tout aussi important – de l'image que s'en faisait le mouvement marxiste traditionnel ; quel est le lien entre la « modernisation » du capitalisme et la « dépolitisation » des masses ; enfin, quelle peut et doit être la politique révolutionnaire dans la période actuelle[1].

1. On verra que cette analyse aboutit à des conclusions qui rompent avec les idées traditionnelles aussi bien dans le domaine théorique le plus général que dans le domaine de la pratique politique révolutionnaire. Le lecteur pourra vérifier, s'il le désire, que cette rupture à partir d'une réflexion sur les phénomènes qui nous entourent recoupe et prolonge les conclusions des analyses menées depuis des années dans *S. ou B.* à partir d'autres événements ou de préoccupations théoriques. Voir en particulier les textes « Sur la dynamique du capitalisme » (n° 12, spécialement les p. 1-8), « Sur le contenu du socialisme » (n°s 17, 22 et 23) [le dernier maintenant dans *EMO, 2,* p. 9-88], « Bilan, perspectives, tâches » (n° 21) [maintenant dans *EMO, 1,* p. 383-408] et « Prolétariat et organisation » (n°s 27 et 28 [maintenant dans *EMO, 2,* p. 123-248] <et *QMO*, t. 1 et 2 ; « Sur la dynamique... » sera repris dans le volume *Sur la dynamique du capitalisme* de notre édition>.

1. QUELQUES TRAITS IMPORTANTS DU CAPITALISME CONTEMPORAIN

Nous nous bornons pour commencer à décrire les phénomènes nouveaux (nouveaux effectivement ou nouveaux par rapport à la théorie marxiste traditionnelle). Nous n'en fournirons pas pour l'instant une analyse, encore moins une explication systématique[1].

1. Le capitalisme est parvenu à contrôler le niveau de l'activité économique à un degré tel que les fluctuations de la production et de la demande sont maintenues dans des limites étroites et que des dépressions de l'ordre de celles d'avant-guerre sont désormais exclues. C'est là le résultat aussi bien des modifications dans l'économie elle-même que des nouveaux rapports entre l'État et l'économie. Premièrement, l'amplitude des fluctuations spontanées de l'activité économique a été considérablement réduite parce que les composantes de la demande sociale globale sont devenues beaucoup plus stables. Cette stabilité, à son tour, est le résultat de plusieurs facteurs. L'élévation des taux de salaire, l'augmentation du nombre de mensuels parmi les salariés, l'introduction des allocations de chômage, ont limité les variations de la demande de biens de consommation – donc aussi les variations de la production de ces biens ; elles ont aussi beaucoup atténué l'effet cumulatif que ces variations avaient par le passé. L'augmentation continue et irréversible des dépenses de l'État crée une demande stable qui absorbe 20 à 25 % du produit social ; compte tenu de l'activité des organismes para-étatiques et des fonds qui « transitent » par l'État, le secteur public contrôle ou manipule dans le cas de certains pays jusqu'à 40 ou 45 % du produit social global.

1. Les éléments les plus importants de cette explication seront donnés plus loin. Mais en tout cas, il est impossible de reprendre ici les analyses dont ce texte est le prolongement et qu'il présuppose, ou d'en élaborer dans le détail toutes les idées. Nous pensons publier, dans des numéros à venir de *Socialisme ou Barbarie,* des études destinées à compléter et à corroborer les conclusions de ce texte, en particulier sur l'économie capitaliste moderne, sur la crise de l'idéologie marxiste traditionnelle, sur la crise des motivations et des valeurs de la société contemporaine, sur la signification des luttes ouvrières dans la production, etc.

[*Addition édition anglaise 1965.* Par exemple, en Grande-Bretagne, en 1961, la dépense nationale brute (ou « produit national brut aux prix du marché ») se montait à 26 986 millions de livres. Le revenu total de l'ensemble des Autorités publiques (c'est-à-dire impôts directs et indirects, contributions versées au Gouvernement central ou aux Autorités locales, etc.) se montait à 8 954 millions de livres, soit 33,3 % du produit national brut (Tableaux 1 et 43 de *National Income and Expenditure,* 1963, HMSO, Londres).

D'autre part, sur un investissement intérieur total en capital fixe de 4 577 millions de livres en 1961, 1 799 millions – environ 40 % – représentaient l'investissement de l'État ou des entreprises publiques (*ib.,* Tableaux 1 et 48).

En combinant les deux montants – et en éliminant certaines duplications –, on voit que la partie du produit national brut gérée directement par l'État en 1961 était de presque 40 %.

En 1963, en Grande-Bretagne, l'État et ses organismes (y compris les autorités locales et les personnels dirigeants des entreprises nationalisées, mais à l'exclusion des forces armées) employaient 5 250 000 personnes. Cela représente environ 25 % de l'emploi total et peut être comparé avec un chiffre inférieur à 2 000 000 de personnes (environ 10 % de l'emploi total) en 1939.]

Enfin l'accumulation capitaliste, dont les fluctuations étaient principalement responsables de l'instabilité économique dans le passé, varie désormais beaucoup moins ; d'abord, parce que les investissements tendent à devenir plus massifs et s'étalent sur des périodes plus longues ; ensuite, parce que l'accélération du progrès technique incite ou oblige les entreprises à investir d'une façon beaucoup plus suivie ; en dernier lieu, parce que l'expansion continue justifie, aux yeux des capitalistes, une politique d'investissements constamment croissants qui à leur tour nourrissent l'expansion et ratifient a posteriori cette politique.

Deuxièmement, il y a une intervention consciente continue de l'État en vue de maintenir l'expansion économique. Même si la politique de l'État capitaliste est incapable d'éviter à l'économie l'alternance de phases de récession et d'inflation, encore moins d'en assurer le développement rationnel optimum, elle a été obligée d'assumer la responsabilité du maintien d'un « plein-emploi » relatif et de l'élimination de dépressions majeures. La situation de 1933, qui correspondrait aujourd'hui aux États-Unis à un chômage de 30 millions, est absolument inconcevable, ou bien conduirait à l'explosion du système dans les vingt-quatre heures ; ni les ouvriers ni les capitalistes ne la toléreraient plus longtemps. Ce qui fournit désormais à l'État capitaliste les instruments nécessaires pour maintenir les fluctuations économiques dans des limites étroites, c'est l'étendue de son intervention dans la vie économique et surtout l'énorme proportion du produit social qu'il manipule directement ou indirectement.

2. En conséquence l'importance numérique relative du chômage – on ne parle pas ici de son importance humaine[1] – a énormément diminué.

[*Addition édition anglaise 1963.* Dans presque tous les pays européens industrialisés, le pourcentage de chômeurs est resté très bas depuis la guerre, fluctuant entre 1 et 2 % de la force de travail. En Grande-Bretagne, où les fluctuations ont été les plus fortes, le pourcentage annuel moyen de chômeurs n'a pas dépassé 2,3 % (en 1959). Il a atteint entre 3 et 4 % pendant le premier trimestre de 1963, mais vers la fin de cette année il était de nouveau revenu à environ 2 %. L'Allemagne de l'Ouest a absorbé un nombre de chômeurs qui, en 1950, dépassait 1 500 000 et un afflux de réfugiés d'environ 200 000 chaque année. Depuis 1960, le chômage dans ce pays est resté inférieur à 1 %. En France, le chômage n'a jamais dépassé 1 % de la force de travail. L'Italie et le Japon – pays dont l'industrialisation était loin d'être achevée pendant la première période d'après-guerre – non seulement ont absorbé dans l'industrie un nombre considérable de personnes employées auparavant dans l'agriculture, mais ont réduit leur chômage de 9,4 % en 1955 à 3 % en 1962 (dans le cas de l'Italie) et à 0,9 % en 1962 (dans le cas du Japon). En Suède, en Norvège et aux Pays-Bas, le

1. L'élévation des besoins et la situation financière perpétuellement précaire de presque tous les salariés font que, malgré les allocations (en général misérables) de chômage, l'état de chômeur est presque aussi intolérable aujourd'hui qu'autrefois. Pour le reste on peut et on doit dire, en paraphrasant Péguy, que la société où un seul homme est en chômage involontaire est une société absurde.

pourcentage du chômage n'a jamais dépassé, depuis 1954, 2,6 % – et est à présent de loin inférieur à ce chiffre.

Même aux États-Unis, où la politique économique de l'Administration Eisenhower a créé une stagnation virtuelle de l'économie pendant huit ans, et où l'on ressent l'impact des progrès rapides de l'automation (cf. plus bas), le chômage a été en moyenne de 4,6 % entre 1946 et 1962, avec un maximum de 6,8 % en 1958. On peut comparer ces chiffres avec les oscillations du taux de chômage avant la guerre aux États-Unis, allant de 3,3 % (pendant l'année de boom 1929) à 25 % de la force de travail (en 1933). Même en 1940, année de forte « reprise » et de préparation à la guerre, le chômage était encore de 10 % (voir *Annuaire Statistique des Nations Unies 1963*, Tableau 10).]

En dehors de rares cas particuliers, et malgré l'énorme développement technique, il n'y a pas eu de chômage technologique tant soit peu important. Et il est apparent que l'introduction de l'« automation » ne créera à cet égard rien de plus que des situations locales[1].

3. La quasi-disparition du chômage a contribué à élever le revenu ouvrier moyen en longue période. Mais surtout, l'augmentation des salaires en termes réels a été non seulement plus rapide que dans les périodes précédentes du capitalisme, mais infiniment plus régulière[2]. C'est là, d'abord et avant tout, le résultat de plus d'un siècle de luttes ouvrières, aussi bien des luttes générales et organisées que des luttes « informelles » dans le cadre d'une entreprise ou d'un atelier; plus généralement, de la pression constante exercée par les salariés en ce sens dans tous les pays à tout instant.

[*Addition édition anglaise 1965.* Pour n'en citer qu'un exemple : en Grande-Bretagne, les gains horaires moyens des ouvriers mâles adultes dans les industries manufacturières sont passés de

1. Autre chose si l'« automation » est d'ores et déjà utilisée par les entreprises pour discipliner les travailleurs par la menace du chômage et en tout cas pour détériorer leur situation dans le processus du travail.

2. En France, en fonction des facteurs spécifiques bien connus (guerre d'Algérie et décomposition progressive de la gestion capitaliste de l'économie surtout après 1956), ce processus s'est interrompu et même inversé entre 1957 et 1959. Mais sauf bouleversement extraordinaire, il reprendra sa course dans la période qui vient.

39,6 pennies en 1950 à 84,9 pennies en 1964 – un accroissement total de 114,3 %, équivalant à un taux de croissance annuel composé de 6,6 % (voir OCDE, *General Statistics,* juillet 1964, p. 121). Dans ces chiffres, les « gains » comprennent les primes, les allocations pour le coût de la vie et les impôts et contributions payés par l'employé. Ils représentent les gains *horaires* moyens, y compris le paiement des heures supplémentaires, calculés sur le total de la semaine de travail.

Bien entendu, une grande partie de cet accroissement des salaires a été annulée par la hausse du coût de la vie. L'indice des prix à la consommation a augmenté pendant la même période de 61,7 % – soit, 4,1 % par an à taux composé *(ib.)*. Cela donne une croissance annuelle moyenne des gains *en termes réels* de 2,5 % (à taux composé). Ce chiffre est inférieur au taux correspondant pour les pays continentaux industrialisés.

De plus, ce processus n'est évidemment pas équilibré. En Grande-Bretagne, par exemple, il y avait encore en 1964 environ 10 % des ouvriers mâles adultes qui gagnaient moins de 12 livres par semaine.]

D'autre part, une nouvelle politique patronale est apparue, appliquée par un nombre constamment croissant d'entreprises, que l'on peut résumer ainsi : céder, quand c'est nécessaire, sur les salaires, prendre même au besoin les devants pour éviter les conflits ; se rattraper par l'augmentation du rendement ; s'associer le plus possible les syndicats ; tâcher d'« intégrer » les ouvriers à l'entreprise par des avantages et des dispositions calculés à cet effet.

Les revendications économiques au sens étroit – celles visant des augmentations de salaire et même celles visant une réduction de la durée du travail – ne paraissent plus, ni aux yeux des salariés ni à ceux des capitalistes, comme impossibles à satisfaire à moins de bouleverser le système social. Un taux d'augmentation annuelle des salaires [réels] de l'ordre de 3 % est désormais considéré comme allant de soi, normal et inévitable, aussi bien par les patrons que par les ouvriers (bien entendu, par ceux-ci en tant que minimum, par ceux-là en tant que maximum). Le capitalisme peut réaliser un compromis pour ce qui est de la répartition du produit social, parce que précisément un rythme d'augmentation des salaires qui est du même ordre que l'accroissement de la productivité du travail laisse en gros intacte la répartition existante.

[*Addition édition anglaise 1965.* L'évolution de la répartition du revenu mondial en Grande-Bretagne pendant le dernier quart de siècle permet de constater certains faits importants. En excluant la paie des Forces armées, le revenu provenant de l'emploi (salaires horaires et mensuels, contributions des employés à la Sécurité Sociale, etc.) a augmenté de 2 956 millions de livres en 1938 à 7 375 millions en 1950 et à 16 673 millions en 1962 (*National Income and Expenditure 1963, l.c.,* Tableau 2, p. 3-4). Comme le revenu national pendant la même période est passé, respectivement, de 4 816 millions de livres à 10 701 millions et à 22 631 millions (*ib.,* Tableau 1, p. 2-3), on voit que la proportion du revenu national représentée par le « revenu du travail » a augmenté, passant de 61,4 % en 1938 à 68,9 % en 1950 et à 73,7 % en 1962. Cela reflète, en partie, l'accroissement, à l'intérieur de la main-d'œuvre totale, de la proportion des salariés (c'est-à-dire la réduction continue du nombre de « producteurs indépendants » dans l'agriculture, le petit commerce, etc.). Mais il ne peut y avoir de doute sur le fait que la part du travail *n'a pas diminué.* Le revenu du travail a augmenté au moins *pari passu* avec la valeur de la production totale.

Des tendances similaires sont observées dans tous les pays industrialisés. Bien que ces statistiques (comme toutes les statistiques) doivent être interprétées avec grande prudence pour de nombreuses raisons, certaines connues et d'autres moins connues, aucune restriction ou qualification ne peut annuler la conclusion fondamentale : que les salaires augmentent, à long terme, *pari passu* avec la production. Comme on l'expliquera plus loin, cela est pratiquement obligatoire.]

4. L'élévation des taux de salaire et la quasi-disparition du chômage ont conduit à une progression régulière du niveau de vie ouvrier, mesuré en termes de marchandises consommées. À long terme, et abstraction faite des fluctuations conjoncturelles et des situations locales ou professionnelles, cette progression tend à être parallèle à celle de la production globale.

[*Addition édition anglaise 1965.* Cela ne signifie pas, évidemment, que le capitalisme moderne a éliminé la pauvreté. Par exemple, en

1964 en Grande-Bretagne, il y avait environ 3 millions de personnes recevant les subsides de l'Assistance Nationale ; 3 millions d'accusations vivantes du système, 3 millions de preuves de l'inégalité et du caractère partiel des changements que nous décrivons. On ne doit pas cependant oublier qu'aussi bien le concept que la définition de la pauvreté doivent être considérés dans une perspective historique, qu'ils ont changé depuis un siècle, et qu'aujourd'hui le niveau au-dessous duquel on a « droit » à l'« assistance publique » est certainement plus élevé qu'avant-guerre.

Il y a eu, de plus, un changement véritable du standard de vie. Lorsque Michael Harrington (*The Other America,* Penguin, Londres, 1963) ou le Président Johnson parlent du « cinquième submergé » de la population américaine, il y a là certes une mise en accusation accablante du capitalisme le plus moderne du monde. Cette pauvreté doit certainement être mise en lumière et dénoncée. Mais, si l'on veut y regarder de plus près, on doit mettre en regard ce « cinquième submergé » avec le « quart sous-privilégié de notre peuple » du Président Truman, et avec le « tiers pauvre » du Président Roosevelt.]

Ce phénomène n'est pas seulement irréversible (hors cataclysme mondial) ; il résulte d'un processus que rien ne pourra plus arrêter, car il est inscrit désormais dans l'anatomie, dans l'ossature physique du capital. Les deux tiers de la production finale contemporaine sont formés par des objets de consommation, dont une proportion constamment croissante est fabriquée en série. L'accumulation dans ces secteurs de l'économie serait impossible sans une extension régulière de la demande de masse des biens de consommation, y compris ceux considérés autrefois comme biens « de luxe ». Le processus est soutenu par une énorme activité de commercialisation dirigée vers la création de besoins et la manipulation psychologique des consommateurs, et renforcé par des systèmes latéraux, comme le crédit à la consommation, dont les effets sont décisifs sur le marché des « biens durables[1]. L'élévation du niveau de vie va de

1. Le crédit à la consommation a été récemment introduit en URSS avec un grand succès (*Financial Times,* 17 septembre 1959). Plus généralement, la signification des phénomènes que nous décrivons dépasse les sociétés occidentales et devient vraie également pour les pays bureaucratiques de l'Est au fur et à mesure que ceux-ci « se développent ». Symétriquement, la bureaucratisation de la politique

pair avec un accroissement, quoique beaucoup plus limité et irrégulier, des loisirs. Les deux s'accompagnent aussi bien d'un changement du type de consommation que, jusqu'à un certain point, d'un changement du mode de vie en général[1].

5. Le rôle des syndicats est profondément modifié, aussi bien objectivement qu'aux yeux des capitalistes et des ouvriers. Leur fonction essentielle est devenue le maintien de la paix dans l'entreprise, en échange de concessions périodiques sur les salaires et d'un très relatif statu quo sur les conditions de production. Les capitalistes les voient ainsi comme un mal nécessaire, qu'ils ont renoncé à combattre, même indirectement. Ils sont vus par les ouvriers comme des organismes « corporatifs », sortes d'amicales ou mutuelles assurant tant bien que mal la protection d'une partie de leurs intérêts professionnels, et utiles à l'obtention des augmentations courantes de salaire. L'idée que les syndicats pourraient avoir un rapport quelconque avec une transformation du système social, violente ou pacifique, soudaine ou graduelle, est aux yeux des ouvriers et d'après leurs actes une idée de Martien.

et l'irresponsabilité totale de la direction étatique dans les pays occidentaux avancent parallèlement à la « libéralisation » des régimes à l'Est. Les deux régimes convergent ; ce n'est plus seulement leur réalité profonde qui est identique, leur apparence aussi tend à le devenir.

1. Ce qui ne veut nullement dire que ce mode de vie devienne bourgeois, comme le dit A. Touraine (voir *Arguments*, n° 12-13, janvier 1959). Il diffère aussi bien du mode de vie des ouvriers d'autrefois que de celui des privilégiés d'aujourd'hui. Relativement à ce dernier, les différences subsistent intégralement pour ce qui est de la *base économique* de la consommation. La *gêne* reste permanente dans les familles à revenu modeste, si même elle ne s'accroît pas parallèlement au « niveau de vie » qui propose et impose constamment de nouveaux besoins et de nouvelles dépenses ; cependant que, à l'autre bout de l'échelle, il y a des classes auxquelles la satisfaction des besoins matériels ne pose pas de problème économique. Les différences subsistent aussi pour ce qui est de la *structure matérielle* de la consommation, sauf que celle-ci désormais évolue perpétuellement, et subit une différenciation non pas spontanée mais organisée et intentionnelle : au fur et à mesure que le marché « de masse » s'annexe des biens réservés autrefois aux classes supérieures, celles-ci émigrent vers d'autres types de consommation. *Cf.* Vance Packard, *The Status Seekers* (traduit en français sous le titre stupide *Les Obsédés du standing*), en particulier p. 315-319. Ce dernier fait (le *dependence effect* des économistes anglo-saxons) est en lui-même un ingrédient puissant des stimulants de consommation indispensables à l'économie capitaliste moderne.

6. La vie politique, au sens courant du terme, est devenue en fait et aux yeux des gens une affaire de spécialistes, considérés en général comme malhonnêtes et comme « formant tous une même clique[1] ». La population s'en désintéresse, non seulement en temps normal, mais même pendant les périodes que les spécialistes considèrent comme des « périodes de crise politique ». Elle se borne à participer aux jeux électoraux une fois tous les cinq ans, de façon cynique et désabusée.

7. En particulier, il n'y a plus d'organisations politiques ouvrières (nous ne disons pas révolutionnaires). Ce qu'il y a sous ce nom, ce sont des organisations politiques formées aux neuf dixièmes par des bureaucrates, des intellectuels sincères ou arrivistes et des syndicalistes professionnels pour lesquelles vote (ou ne vote pas) la majorité de la classe ouvrière. Il n'existe actuellement dans aucun pays moderne important d'organisation politique importante dont les militants soient fournis dans une proportion importante par la classe ouvrière ou même qui soit simplement capable de mobiliser effectivement sur des problèmes politiques une proportion importante de la classe ouvrière (même en entendant par importante une proportion aussi basse que 10 ou 15 %). Cette évolution est liée, de toute évidence, à la dégénérescence et à la bureaucratisation des organisations ouvrières de jadis, qui les a rendues indiscernables dans leur essence des organisations politiques bourgeoises. Mais elle correspond aussi à l'évolution d'ensemble du capitalisme décrite plus haut. On y reviendra plus loin.

8. Le prolétariat, dans cette société, apparaît ainsi en première approximation comme ayant cessé d'être *classe pour soi* et redevenu simple *classe en soi*; autrement dit, comme une catégorie sociale définie par la place des individus qui la composent dans les rapports de production, constituée par l'identité objective de leur situation dans la société, mais qui ne posent pas eux-mêmes, consciemment, explicitement et collectivement le problème de leur sort dans la société. Plus exactement, le prolétariat continue

1. C. Wright Mills, *The Power Elite*.

à apparaître comme une classe consciente de son être collectif et agissant comme telle lorsqu'il s'agit de ses intérêts « économiques » et « professionnels ». Encore plus, et à un degré croissant, les ouvriers ou les salariés de chaque entreprise tendent à former une collectivité et à agir comme telle dans la lutte permanente au sein de l'entreprise concernant les rapports de production et les conditions de travail. Nous reviendrons longuement sur ce phénomène, qui est pour nous le phénomène fondamental. Mais cela ne change rien au fait que le prolétariat n'apparaît plus par son attitude effective et explicite dans les sociétés capitalistes modernes comme une classe qui tend à agir pour renverser cette société ou même pour la réformer d'après une conception qui lui serait propre.

9. Cette même attitude existe dans toutes les classes ou couches de la population et à propos de toutes les activités sociales et collectives. C'est ce qui montre, si besoin en était, qu'il ne s'agit pas là d'un phénomène conjoncturel ou temporaire, d'un recul passager de la conscience politique du prolétariat, mais bien d'un phénomène social profond, caractéristique du monde moderne. Une infime proportion de citoyens s'intéresse à la chose publique. Mais aussi, une infime proportion de syndiqués s'intéresse aux affaires du syndicat; une infime partie des parents d'élèves s'intéresse aux activités des parents d'élèves; une infime minorité des participants à une association quelconque s'intéresse à la gestion et aux affaires de cette association. La *privatisation* des individus est le trait le plus frappant des sociétés capitalistes modernes. Nous devons prendre conscience de ce que nous vivons dans une société dont le trait le plus important, pour ce qui nous intéresse, est qu'elle réussit jusqu'ici à détruire la socialisation des individus en tant que socialisation politique; une société où les individus en dehors du travail se perçoivent de plus en plus comme des individus privés et se comportent comme tels; où l'idée qu'une action collective puisse déterminer le cours des choses à l'échelle de la société a perdu son sens sauf pour d'infimes minorités (de bureaucrates ou de révolutionnaires, peu importe à cet égard). Une société dans laquelle la chose publique ou plus exactement la chose sociale est vue non seulement comme étrangère ou hostile,

mais comme échappant à l'action des hommes; qui renvoie donc les hommes à la « vie privée », ou à une « vie sociale » dans laquelle la société comme telle n'est pas mise explicitement en question.

2. LA PERSPECTIVE RÉVOLUTIONNAIRE DANS LE MARXISME TRADITIONNEL

Ceux que nous appellerons les « marxistes traditionnels » refusent d'enregistrer ces faits. Certains admettent les transformations objectives du capitalisme contemporain (décrites plus haut sous les paragraphes 1 à 4). Mais les modifications de l'attitude et de l'activité des classes dans la société, et notamment du prolétariat, et en particulier ce phénomène central que nous avons appelé *privatisation,* n'existent pas pour eux. Dénommé « dépolitisation » ou « apathie politique », il est qualifié de provisoire, transitoire, résultat d'une « terrible défaite », etc. La magie des mots est ainsi utilisée pour réduire à rien la réalité des choses. On a pu, par exemple, entendre dire : la dépolitisation actuelle du prolétariat français n'a pas besoin d'explication particulière, elle traduit une phase de recul correspondant à une formidable défaite. Mais de quelle défaite s'agirait-il? Pour qu'il y ait défaite, il faudrait qu'il y ait bataille; et le fait éclatant est que le régime gaulliste s'est installé sans bataille. D'autres « approfondissent » alors l'argument : la défaite se trouverait précisément dans le fait de ne pas avoir livré bataille. Mais il est clair que le refus de livrer bataille, en mai 1958, exprimait précisément l'« apathie » ou « dépolitisation » des masses, que donc cette explication présuppose ce qu'elle devait expliquer. Il est également clair qu'on cherchera en vain une défaite à l'origine de l'apathie politique du prolétariat anglais, américain, allemand ou scandinave. Plus généralement, les questions : est-ce que les modifications objectives du capitalisme sont sans rapport avec l'attitude des hommes dans la société? À quel transitoire se réfère-t-on puisque aussi bien cette minute-ci que l'existence de la Galaxie sont transitoires? Comment les révolutionnaires peuvent et doivent-ils agir pour que cette situation, « transitoire » ou pas, soit dépassée ? – ces questions doivent, dans cette optique, demeurer sans réponse.

D'autres refusent en gros et en détail de reconnaître les transformations du capitalisme, attendent avec confiance la prochaine grande crise économique, continuent à parler de la paupérisation du prolétariat, dénoncent l'augmentation des profits capitalistes en même temps qu'ils essayent de démontrer la baisse historique du taux de profit. Cette attitude est plus conséquente, non seulement parce qu'elle refuse tout ce qui la gêne dans la réalité – un délire est d'autant moins attaquable qu'il est plus radical et plus complet –, mais aussi parce qu'elle essaie de sauver ce qui a passé pendant un siècle pour le fondement de la perspective et de la politique révolutionnaire.

C'est qu'en effet, si l'on pense en termes de marxisme traditionnel[1], il faudrait conclure en toute rigueur que les transformations du capitalisme décrites plus haut suppriment la perspective révolutionnaire. Car ce qui fondait cette perspective dans l'esprit des marxistes traditionnels, c'était, d'un côté, les « contradictions objectives de l'économie capitaliste » ; d'un autre côté, l'incapacité radicale du système à satisfaire les revendications *économiques* des ouvriers.

1. Ce que nous appelons, dans la suite, le marxisme traditionnel et ce qui nous intéresse en premier lieu *n'est pas* la doctrine systématique et pure que l'on pourrait extraire de l'œuvre de Karl Marx, mais ce qui a été la théorie et l'idéologie du mouvement marxiste *effectif* dans sa réalité historique. Cela tout d'abord parce que ce sont les idées qui ont effectivement prévalu (en passant ou non pour celles de Marx, et en l'étant ou pas) qui ont modelé le mouvement ouvrier. La réalité historique de l'idéologie du Christianisme il faut la chercher beaucoup plus dans l'*Imitation* et les *Vies des Saints* que dans les Évangiles, Clément d'Alexandrie ou saint Augustin. La réalité historique de l'idéologie marxiste se trouve dans ce qui a formé des millions de militants – les brochures et les articles de journaux, les œuvres de vulgarisation de Kautsky, *L'ABC du communisme* de Boukharine ou même le *Karl Marx* de Lénine – et non pas dans *Le Capital*, que très peu de gens ont lu, encore moins dans les manuscrits de jeunesse de Marx, publiés pour la première fois en 1925. Ensuite parce que cette idéologie effective, en dépit de son schématisme et sa vulgarité, traduit assez fidèlement l'esprit de tout un côté de l'œuvre de Marx, qui était devenu le plus important aux yeux de Marx lui-même. On le verra dans la suite du texte, à propos de l'économie du *Capital*. Enfin, comme cette même considération le montre, *il n'y a pas* de doctrine systématique que l'on pourrait extraire de l'œuvre de Marx car celle-ci contient des éléments foncièrement contradictoires. On y reviendra à la fin de ce texte.

À vrai dire, il n'y a pas, dans le marxisme traditionnel, une réponse théorique systématique à la question : qu'est-ce qui doit conduire le prolétariat à une activité politique visant à transformer la société[1] ? Mais la pratique du mouvement depuis un siècle et ce que l'on peut appeler son esprit indiquent clairement le sens de la réponse qu'il lui donnait implicitement. Certes on trouvera quelques citations immortelles où la condition du prolétaire est vue comme une condition totale, affectant tous les aspects de son existence. Mais il est vain de se cacher qu'aussi bien dans la théorie courante que dans la pratique quotidienne du mouvement l'essentiel était la condition économique du travailleur salarié et en particulier son exploitation en tant que vendeur de la force de travail, son expropriation d'une partie de son produit. Sur le plan théorique, toute l'attention était tournée vers les « contradictions objectives » et les « mécanismes économiques inéluctables » du capitalisme. Ceux-ci entraînaient le système vers des crises économiques périodiques et peut-être vers un effondrement final ; ils rendaient en même temps impossible la satisfaction des revendications ouvrières concernant la consommation, provoquaient des baisses de salaire ou en annulaient les hausses, créaient périodiquement un chômage de masse et menaçaient constamment le travailleur d'aller grossir les rangs de l'armée industrielle de réserve. Sur le plan pratique, c'étaient les questions économiques qui fournissaient à la fois le point de départ et les lignes centrales

1. Les réponses qu'on peut trouver sont à la fois fragmentaires (car la question n'a jamais été traitée comme telle par les auteurs classiques) et contradictoires. Ainsi chez Marx, à côté de passages (surtout dans les œuvres de jeunesse) soulignant la tendance du prolétariat à supprimer l'inhumanité de sa condition et à viser la société comme un tout, on trouve comme idée prédominante, dans les œuvres de la maturité, celle de mécanismes économiques inexorables poussant le prolétariat à la révolte (exprimée de la façon la plus catégorique dans le passage bien connu du *Capital* qui termine le chapitre sur l'« Accumulation primitive »). On connaît la position de Kautsky, suivie par Lénine dans le *Que faire ?*, d'après laquelle le prolétariat n'accède à l'activité politique que par l'effet de la propagande des intellectuels petits-bourgeois ; position que par ailleurs de nombreuses citations de Lénine lui-même contredisent. Dans *In Defense of Marxism*, Trotski a défini le socialisme scientifique comme « l'expression consciente de la tendance élémentaire et instinctive du prolétariat à reconstruire la société sur des fondements communistes ». Phrase belle, mais qui ne fait qu'obscurcir le problème, en appliquant les termes métaphoriques « élémentaires » et « instinctif » à ce qui est chez le prolétariat le produit d'un développement et d'une lutte historiques. [Voir « La question de l'histoire du mouvement ouvrier », *l. c.*]

de la propagande et de l'agitation. De là, l'importance primordiale accordée au travail dans les syndicats ; à leur constitution d'abord, à leur « noyautage » ensuite. En bref : l'exploitation capitaliste devait faire naître dans le prolétariat des revendications économiques, dont la satisfaction était impossible dans le cadre du système établi ; l'expérience ou la conscience de cette impossibilité devait entraîner les ouvriers à une activité politique visant à faire éclater le système ; le mouvement propre de l'économie capitaliste devait produire des crises, des ruptures de l'organisation capitaliste de la société, permettant au prolétariat d'intervenir en masse pour imposer ses solutions.

Il est incontestable que ces idées correspondent à des aspects réels de l'évolution du capitalisme et de l'activité du prolétariat, depuis le XIXe siècle jusqu'aux alentours de la Deuxième Guerre mondiale. L'absence d'organisation du capitalisme laissait entièrement libre cours aux « mécanismes du marché », qui effectivement produisaient – et tendaient nécessairement à produire – des crises dont rien, dans une économie libérale, ne limitait a priori la profondeur. Le capitalisme s'est pendant longtemps opposé avec acharnement à toute augmentation du niveau de vie ouvrier. Les luttes revendicatives ont été le point de départ de la prise de conscience d'une foule d'éléments ouvriers. Les organisations syndicales – qui d'ailleurs à leurs débuts ont été beaucoup plus que des simples syndicats professionnels – ont joué aussi bien le rôle de ferments dans la masse ouvrière que de milieu de formation des militants. La constitution des grandes organisations ouvrières, leur développement, l'influence qu'elles exercent sur l'évolution de l'économie et de la société capitaliste n'ont été évidemment possibles que parce qu'une fraction très importante du prolétariat y a participé activement et de façon permanente ; parce que, aussi, la masse ouvrière s'est toujours trouvée prête, en définitive, à travers les fluctuations conjoncturelles, à appuyer leur action sur des problèmes cruciaux et à se mobiliser politiquement de façon autre qu'électorale.

Il paraissait tout aussi évident que les luttes revendicatives, dès qu'elles dépassaient une certaine ampleur ou intensité, tendaient nécessairement à poser le problème du pouvoir et de l'organisation générale de la société. Deux exemples pris dans l'expérience française de cet après-guerre éclaireront cette dernière idée et montreront aussi pourquoi l'optique traditionnelle peut paraître à des militants français corroborée par la réalité encore aujourd'hui.

De 1945 à 1950, le capitalisme français effectue sa reconstruction dans le gaspillage et l'anarchie, mais avec une parfaite suite dans les idées sur un seul point : la reconstruction se fait sur le dos des salariés, c'est la baisse de leur niveau de vie et leur travail accru qui doit la financer. Étant donné le mécanisme de l'inflation et la direction de l'économie par la bourgeoisie, toute hausse générale des salaires se traduit presque immédiatement par une hausse des prix qui l'annule en termes réels. La revendication économique, impossible à satisfaire dans le cadre existant, conduit nécessairement au-delà de l'économie. Si le prolétariat veut arrêter sa surexploitation, il doit, à partir des revendications de salaire, les dépasser, poser le problème du contrôle des prix, de l'économie et finalement de l'État.

En 1957 et 1958, pour financer la guerre d'Algérie sans entamer ses profits, le capitalisme français réduit le niveau de vie des salariés. Des revendications de hausse des salaires dans ces conditions ne pouvaient avoir – et n'ont eu – aucun résultat. Le problème posé est celui de l'équilibre économique global. Les revendications de salaire ne pouvaient être effectivement satisfaites que si l'affectation du produit social par catégories d'utilisation était modifiée. Cela impliquait dans les circonstances données l'arrêt de la guerre d'Algérie, débouchait donc en plein sur les problèmes politiques du pays[1].

Mais ces situations ne sont nullement typiques. Elles traduisent les particularités du capitalisme français et ses traits « arriérés »; concrètement, son incapacité à parvenir, pendant ces périodes, à un degré de gestion « rationnelle » de son économie, intimement liée à son incapacité à se donner une organisation et une direction politiques. La reconstruction d'après-guerre s'est effectuée dans la plupart des autres pays capitalistes dans des conditions infiniment

1. Dans les deux cas – période de reconstruction, guerre d'Algérie –, le passage du revendicatif au politique a avorté. Mais on peut dire que, dans les deux cas, cet avortement était dû à des facteurs proprement politiques, concernant le prolétariat et ses rapports avec les organisations bureaucratiques, facteurs qui *auraient pu* être dépassés.

moins chaotiques et sans créer des tensions comparables à celles qui ont existé en France. La guerre d'Algérie aurait pu être évitée – comme aurait pu être évitée la guerre d'Indochine, comme *a été* évitée la guerre de la Tunisie, du Maroc ou celle de l'Afrique noire, comme *a été* évitée par les Anglais la guerre de l'Inde, du Ghana ou du Nigeria. Elle aurait pu, en tout cas, être financée de façon qui ne crée pas de situation économique explosive en France – comme le montre ce qui s'est passé depuis mai 1958[1].

La situation typique est celle de tous les autres pays capitalistes modernes, où depuis la guerre les luttes revendicatives, parfois très importantes et même violentes, n'ont pas mis en question la direction politique, encore moins la structure de la société, ni objectivement, ni dans la tête de ceux qui y participaient.

Mais, de même que la confirmation apparente des conceptions traditionnelles par le capitalisme du XIXe siècle ne suffisait pas pour les fonder, de même leur réfutation par l'expérience contemporaine ne règle pas leur sort. Il est, en tout état de cause, nécessaire de les discuter sur le plan théorique proprement dit. Cela conduit à un examen critique de l'économie politique marxiste, dont nous ne pouvons ici qu'esquisser les grandes lignes[2].

Le fait fondamental de la société capitaliste est évidemment que le travail, en tant que *travail salarié,* est asservi au capital. Sur le plan économique, cet asservissement se traduit par l'exploitation du travail salarié, c'est-à-dire l'appropriation par la classe dominante d'une partie du produit social (plus-value), qu'elle utilise à sa guise ; sous le capitalisme, cette utilisation prend nécessairement pour l'essentiel la forme de l'*accumulation,* c'est-à-dire de l'augmentation du capital par la transformation d'une partie de la plus-value en moyens de production supplémentaires. Combinée avec le progrès

1. Le financement de la guerre d'Algérie, de l'ordre au plus de 1 000 milliards de francs anciens par an, soit 4 % du produit national de la France, ne devrait pas créer des problèmes insurmontables pour un pays dont le produit national *s'accroît* de 4 ou 5 % *par an.* C'est une chose de dire que même un franc dépensé pour cette guerre est un franc de trop, et que cet argent est pris sur le travail des salariés ; c'en est une autre que de dire ou insinuer, comme le fait constamment la « gauche », que la guerre ne pourra pas être continuée pour des raisons financières, ou qu'elle ne pourrait l'être que par une réduction continue du niveau de vie des salariés.

2. Dans tout ce qui suit, ce n'est plus de marxisme traditionnel, mais bien de Marx lui-même qu'il s'agit.

technique, l'accumulation conduit à une expansion permanente de la production globale *et* de la production par ouvrier (rendement ou productivité). Le développement du capitalisme signifie la destruction des formes précapitalistes de production (production féodale ou petite production indépendante) et la prolétarisation croissante de la société. En même temps, la lutte entre capitalistes entraîne la concentration du capital, que ce soit par absorption ou élimination des capitalistes les plus faibles ou par des fusions volontaires.

Cette définition des grands traits de l'économie capitaliste constitue un des apports impérissables de Marx à la connaissance de la réalité sociale moderne ; clairement saisie par lui lorsque le capitalisme n'existait réellement que dans quelques villes d'Europe occidentale, elle a été confirmée de façon éclatante par l'évolution d'un siècle sur les cinq continents.

Mais l'analyse économique du capitalisme doit poser et résoudre les problèmes concernant le *fonctionnement* et l'*évolution* du système ainsi défini. Qu'est-ce qui détermine le niveau d'exploitation du travail salarié par le capital, ce que Marx appelle le taux d'exploitation (rapport de la plus-value totale ou de la masse des profits à la masse des salaires), et comment ce taux évolue-t-il ? Comment peut se réaliser l'équilibre économique (égalité de l'offre globale et de la demande globale) dans un système où production et demande dépendent de millions d'actes indépendants, et où surtout tous les rapports sont constamment bouleversés par l'accumulation et l'évolution technique ? Enfin, quelles sont les tendances à long terme de l'évolution du capitalisme, autrement dit, comment le fonctionnement du système en modifie-t-il progressivement la structure ?

C'est également Marx qui, le premier, a posé avec clarté ces questions et a essayé d'y répondre de façon systématique et cohérente. Cependant, quelles que soient la richesse et l'importance du travail monumental qu'il leur a consacré, il faut dire que les réponses qu'il a fournies sont erronées sur le plan théorique, et en contradiction profonde avec ce qui est, à nos yeux, l'esprit de sa propre conception révolutionnaire.

La pierre angulaire de tous les problèmes est la détermination du taux d'exploitation. Pour Marx, ce taux dépend exclusivement de facteurs économiques objectifs, qui font qu'il ne peut qu'aller en augmentant; c'est-à-dire que l'exploitation des ouvriers sous le capitalisme, vue comme *exploitation économique,* ne peut aller qu'en s'aggravant. Le taux d'exploitation dépend en effet, d'une part du produit réel de l'heure (ou journée, ou semaine) de travail, d'autre part du salaire réel. Le produit réel croît constamment (élévation de la productivité), sous l'effet des innovations techniques et de la « compression des pores » de la journée de travail. Quant au salaire réel, il est présenté dans *Le Capital* comme une donnée; c'est le coût « objectif » du maintien en marchandises du « niveau de vie » de la classe ouvrière. Qu'est-ce qui détermine ce niveau de vie? Des « facteurs historiques et moraux », dit Marx dans le Volume I du *Capital.* Mais l'ensemble de l'exposition rend clair que pour Marx ce niveau de vie doit être considéré au mieux[1] comme une constante; le fonctionnement du marché du travail, la pression d'une surpopulation ouvrière que le capitalisme reproduit constamment empêchent qu'il s'élève jamais de façon significative et durable[2].

[*Addition édition anglaise 1965. « Le taux de la plus-value est donc l'expression exacte du degré d'exploitation de la force de travail par le capital* ou du travailleur par le capitaliste » (*Le Capital,* Livre I; édition de la Pléiade, I, p. 771; soul. dans le texte). Marx exprime le taux de la plus-value par le rapport :

$$\frac{\text{p}}{\text{v}} = \frac{\text{surtravail}}{\text{travail nécessaire}}$$

Exprimé en termes monétaires, ce rapport est équivalent au rapport :

$$\frac{\text{profits totaux}}{\text{salaires totaux}}$$

(*ibid.,* p. 771-774).

1. Au mieux, car les capitalistes essayent constamment de le réduire (ils y sont obligés); et comme, dans l'exposition du *Capital,* aucun facteur ne s'y oppose, sauf au point où cette réduction rend impossible la survie biologique d'un prolétariat en nombre suffisant, ils y parviennent. C'est le sens de la « paupérisation absolue ».

2. Bien qu'il subsiste chez Marx des restes de la conception de Ricardo (régulation réciproque du salaire et de l'offre de travail de façon que les oscillations du salaire au-dessus ou au-dessous du minimum physiologique augmentent ou diminuent le taux de survie des générations ouvrières), la surpopulation ouvrière est pour Marx essentiellement un produit du capitalisme lui-même, qui remplace constamment les ouvriers par les machines. On en parlera plus loin.

Les salaires sont le prix de la *marchandise* force de travail. « Le *salaire* est, comme nous l'avons vu, le prix d'une marchandise déterminée : le travail. Aussi le salaire obéit-il aux mêmes lois que celles qui déterminent le *prix* de toute marchandise » (*Travail salarié et capital,* Pl. I, p. 206 ; soul. dans le texte). Ce prix de la force de travail est présenté, dans les écrits de Marx, comme prédéterminé et oscillant autour de la *valeur* de la force de travail. « L'offre et la demande ne règlent rien, si ce n'est les *fluctuations* temporaires des prix du marché. Elles vous expliqueront pourquoi le prix courant d'une marchandise s'élève au-dessus ou descend au-dessous de sa *valeur,* mais elles ne peuvent jamais rendre compte de cette *valeur* elle-même... Au moment où l'offre et la demande s'équilibrent, et donc cessent d'agir, le prix courant d'une marchandise coïncide avec sa *valeur réelle,* avec le prix normal autour duquel son prix de marché oscille... Cela est vrai pour les salaires, comme pour les prix de toutes les autres marchandises... Le salaire n'est qu'un autre nom du prix du travail (...) » (*Salaire, prix et plus-value,* Pl. I, p. 496, 498 ; soul. dans le texte).

Si les salaires réels sont déterminés par la valeur de la force de travail, qu'est-ce qui détermine cette valeur ? Marx est clair sur ce point. La valeur de la force de travail est déterminée par le coût objectif de l'entretien de l'ouvrier et de sa famille. « Qu'est-ce donc que la *valeur de la force de travail* ? Comme celle de toute autre marchandise, sa valeur est déterminée par la quantité de travail nécessaire pour la produire. La force de travail d'un homme, c'est tout simplement ce qu'il y a de vivant dans son individu. Une certaine masse de denrées nécessaires permet à un homme de grandir et de se maintenir en vie... En plus de la quantité de moyens de subsistance nécessaire à son *propre* entretien, il lui en faut une autre quantité pour élever un certain nombre d'enfants destinés à le remplacer sur le marché de travail et à perpétuer la race des travailleurs. En outre, pour développer la force de travail et acquérir une certaine habileté, il dépensera une autre quantité de valeur. Pour notre propos, il nous suffit de considérer le seul travail *moyen,* dont les coûts en éducation et en développement tendent à zéro » (*ibid.,* p. 510 ; soul. dans le texte). « (...) La *valeur de la force de travail* est déterminée par la valeur des moyens de subsistance nécessaires pour produire, développer, entretenir et perpétuer la force de travail » (*ibid.*, p. 511 ; soul. dans le texte). Cela est l'équivalent en marchandises du niveau de vie de la classe ouvrière. Mais qu'est-ce qui détermine ce niveau de vie ?

Marx admettait que des facteurs « historiques », « moraux » et « sociaux » entraient dans la détermination de ce niveau de vie. « La valeur de la force de travail est formée de deux éléments, l'un est purement physique, l'autre, historique et social. Sa limite dernière est déterminée par l'élément physique : pour se conserver et se reproduire, pour perpétuer son existence physique, la classe travailleuse doit recevoir les moyens de subsistance absolument indispensables pour vivre et se multiplier. La valeur de ces moyens indispensables, voilà donc la limite dernière de la *valeur du travail*... À côté de cet élément purement physiologique, la valeur du travail est déterminée dans chaque pays par un *standard de vie traditionnel.* Ce n'est pas seulement la simple vie physique ; c'est aussi la satisfaction de certains besoins, nés des conditions sociales dans lesquelles les gens vivent et ont été élevés. Le standard de vie anglais peut se réduire à l'irlandais ; le standard d'un paysan allemand, à celui d'un paysan de Livonie... L'élément historique ou social, qui entre dans la valeur du travail, peut s'élargir ou se resserrer ; il peut s'évanouir entièrement, en sorte que rien ne subsiste, sinon la limite physiologique » (*ibid.*, p. 528 ; soul. dans le texte). « (...) le nombre même des besoins dits naturels, aussi bien que le mode de les satisfaire, est un produit historique, et dépend ainsi, en grande partie, du degré de civilisation atteint. Les origines de la classe ouvrière dans chaque pays, le milieu historique où elle s'est formée continuent longtemps à exercer la plus grande influence sur les habitudes, les exigences, et par contrecoup les besoins qu'elle apporte dans la vie. La force de travail renferme donc, au point de vue de la valeur, un élément moral et historique ; ce qui la distingue des autres marchandises. Mais pour un pays et une époque donnés, la mesure nécessaire des moyens de subsistance est aussi donnée » (*Le Capital, l.c.*, p. 720).

Mais l'ensemble de l'exposition dans la plupart des écrits de Marx rend clair que pour Marx la valeur de la force de travail (et par conséquent le salaire) ne peut qu'osciller autour de limites étroites, sinon même diminuer effectivement : « (...) dans ce conflit incessant du capital et du travail, quelles chances le travail a-t-il de l'emporter? Je pourrais répondre en généralisant, et dire que le travail, comme toute marchandise, verra à la longue *son prix de marché* s'ajuster à sa *valeur*; que le travailleur, en dépit des hauts et des bas, *et quoi qu'il y fasse* (soul. par moi, C. C.), ne recevra jamais, en moyenne, que la valeur de son travail, qui se résout dans la valeur de sa force de travail, qui est déterminée par la valeur des objets nécessaires à sa conservation et à sa reproduction (…) » (*Salaire, prix et plus-value, l.c.*, p. 527; soul. dans le texte). Marx considérait une telle diminution comme très vraisemblable. « Ces quelques indications (il s'agit essentiellement de ce que, d'après Marx, "dans le progrès de l'industrie, la demande de travail ne va pas à la même allure que l'accumulation du capital", *ibid.*, p. 532) suffiront à le montrer : le fait du développement de l'industrie moderne doit progressivement incliner la balance en faveur du capitaliste et contre le travailleur; par voie de conséquence, la production capitaliste tend généralement à rabaisser, et non point à relever, l'étalon moyen des salaires, c'est-à-dire à repousser plus ou moins la *valeur du travail* vers sa *limite minimale* (…) [L]es luttes pour des salaires normaux sont des incidents inséparables du système des salaires dans son ensemble (…) [D]ans 99 cas sur 100, les travailleurs, en s'efforçant de relever les salaires, s'évertuent tout simplement pour soutenir la valeur donnée du travail (…) [L]es travailleurs ne doivent pas s'exagérer le résultat final de ces luttes quotidiennes. Qu'ils ne l'oublient pas : ils combattent les effets, non pas les causes; ils retardent la descente, ils n'en changent point la direction (…) » (*ibid.*, p. 532). « C'est ainsi que s'épaissit sans cesse la forêt des bras tendus qui demandent du travail et qui ne cessent de maigrir » (*Travail salarié et capital, l.c.*, p. 228).

Pour ce qui est du « facteur historique », il peut déterminer des différences d'un pays à un autre, mais rien, dans les écrits de Marx, ne laisse supposer qu'il pourrait rendre compte de *changements* – et, en particulier, d'*augmentations* – de la valeur de la force de travail, dans un pays donné, le long d'une période temporelle. Au contraire, comme on l'a déjà noté, « pour un pays et une époque donnés, la mesure nécessaire des moyens de subsistance est aussi donnée » (*Le Capital, l.c.*, p. 720) et « la production capitaliste tend généralement à rabaisser, et non point à relever, l'étalon moyen des salaires, c'est-à-dire à repousser plus ou moins la *valeur du travail* vers sa *limite minimale* » (*Salaire, prix et plus-value, l.c.,* p. 532 ; soul. dans le texte).

Le système d'ensemble de l'économie politique de Marx, toute sa théorie des crises et – par implication – ses postulats sur l'émergence d'une conscience socialiste étaient tous basés sur cette théorie des salaires. Plus spécifiquement, ils étaient fondés sur la prémisse que les mécanismes du marché du travail, les changements de la composition organique du capital et la pression d'une population travailleuse toujours croissante (que le capitalisme tend à produire) empêcheraient les salaires réels (c'est-à-dire le standard de vie) d'augmenter de façon durable et significative. Au mieux, le standard de vie resterait statique. Les capitalistes tendent constamment à le réduire. Ils y sont obligés. Et puisque, dans les pages du *Capital,* rien ne s'oppose à cette tendance sauf au point où elle parvient à mettre en danger la survie biologique de la classe ouvrière, les capitalistes atteignent leur but. C'est cela, le sens véritable de la « paupérisation absolue ».]

[*Addition 1979.* Commentant la phrase de Marx dans *Misère de la philosophie* : « Le prix naturel du travail n'est autre chose que le minimum du salaire » (et, plus bas : « le minimum du salaire n'en reste pas moins le centre vers lequel gravitent les prix courants du salaire » ; Pl. I, p. 27), Engels écrivait en 1885 : « La thèse que le prix "naturel", c'est-à-dire normal, de la force de travail coïncide avec le minimum de salaire, c'est-à-dire avec la valeur d'échange des subsistances absolument nécessaires pour la vie et la reproduction de l'ouvrier –, cette thèse, je l'ai établie pour la première fois dans l'"Esquisse d'une critique de l'économie politique" (*Annales franco-allemandes,* Paris, 1844) et dans *La Situation de la classe laborieuse en Angleterre.* On voit qu'elle fut alors adoptée par Marx. Lassalle nous l'a empruntée. Elle n'en est pas moins erronée, même si dans la réalité le salaire tend constamment à se rapprocher de son minimum. Certes, la force de travail est, en règle générale et en moyenne, payée au-dessous de sa valeur, mais ce fait ne saurait changer sa valeur. Dans *Le Capital,* Marx a rectifié la thèse ci-dessus (voir la section "Achat et vente de la force de travail"), tout en analysant les conditions qui permettent à la production capitaliste d'abaisser de plus en plus le prix de la force de travail au-dessous de sa valeur (chap. XXIII, “Loi générale de l’accumulation capitaliste”) » (Pl. I, p. 1547).

Il n’est pas nécessaire de s’étendre sur le caractère embarrassé de l’argumentation d’Engels qui, comme du reste implicitement Marx lui-même à cet égard, veut à la fois manger son pudding et l’avoir. Si, non pas accidentellement et pour quelques mois, mais « en règle générale et en moyenne » la « force de travail est payée au-dessous de sa valeur », alors les coûts de production et de reproduction de la force de travail sont ceux qui sont déterminés (pour un niveau de prix ou de valeurs unitaires donné) par ce paiement effectif, c’est la composante physique (la « quantité de subsistances ») correspondant à celui-ci qui fixe la « valeur de la force de travail » et toute autre « valeur » de cette force de travail est pure chimère métaphysique. Si le standard de vie de la classe ouvrière contient un « élément historique », alors « les conditions qui permettent à la production capitaliste d’abaisser de plus en plus le prix de la force de travail au-dessous de sa valeur » font bien évidemment partie de cet élément « historique » – *donc*, les facteurs « historiques » sous le capitalisme tendraient à abaisser de plus en plus ce standard de vie, et par là même la « valeur de la force de travail ».

Mais la question essentielle *n’est pas là*. Ce qui est requis par la logique de l’argumentation de Marx sur l’augmentation du taux d’exploitation n’est ni un standard de vie « minimum » de la classe ouvrière, ni une réduction de ce standard de vie vers un « minimum »; c’est la *constance* de ce standard de vie. Marx pourrait parfaitement admettre que ce standard de vie est, au départ, égal à plusieurs fois le « minimum biologique » (à supposer que cette dernière expression ait un sens – en vérité, elle n’en a aucun), et qu’il ne diminue pas sous le capitalisme.

Étant donné le fait incontestable de l’élévation de la productivité du travail sous le capitalisme, donc de la réduction des valeurs unitaires des marchandises qui entrent dans la consommation de la classe ouvrière, il pourrait toujours « déduire » que la *valeur* de la force de travail (produit de cette quantité de marchandises, constante, par leurs valeurs unitaires, décroissantes) diminue sous le capitalisme par le simple fonctionnement de l’économie, que donc aussi, à durée constante de la journée de travail, le taux d'exploitation (ou taux de la plus-value) ne peut qu'aller en augmentant. Dans la présentation et l'argumentation de Marx, pour qu'il y ait augmentation du taux d'exploitation, il faut et il suffit que le standard de vie de la classe ouvrière reste *constant.*

Certes, cette argumentation pourrait être assouplie ; il pourrait y avoir augmentation du taux d'exploitation même avec une élévation du standard de vie de la classe ouvrière, pourvu que celle-ci soit « moins rapide » que la baisse des valeurs unitaires des marchandises de consommation ouvrière (autrement dit, moins rapide que l'élévation de la productivité du travail dans les industries produisant ces marchandises). Mais, d'abord, cela ne pourrait jamais être démontré logiquement et en général ; ce serait une question *de fait.* Deuxièmement et surtout, la théorie serait alors sous l'obligation de dire quelque chose sur les facteurs qui font que ce standard de vie s'élève, et s'élève plus ou moins rapidement. Or, parmi ces facteurs, le principal est la lutte des travailleurs contre l'exploitation ; facteur à la fois « extra-économique » et, par essence, *indéterminé.* Elle serait donc obligée d'admettre que, en tant que théorie économique, elle n'a à peu près rien à dire sur ce qui détermine l'évolution de la variable centrale du système, à savoir du taux d'exploitation (qui co-détermine de manière décisive le taux d'accumulation, etc.). On voit par là que la nécessité de postuler un standard de vie de la classe ouvrière non pas « minimum » mais *constant* (ou « donné », comme dit Marx) dépasse même les exigences d'une démonstration de l'« élévation du taux de l'exploitation » ; elle est impliquée dans toute tentative de construire une théorie économique comme théorie des « déterminations objectives » du processus économique. D'une autre manière, Piero Sraffa a abouti implicitement à un résultat analogue dans *Production of Commodities by Means of Commodities* (Cambridge UP, 1960) <trad. fr. *Production de marchandises par des marchandises*, Paris, Dunod, 1970>.]

Il faut dire tout de suite que cette conception équivaut à traiter dans la théorie les ouvriers comme le capitalisme voudrait mais ne peut pas les traiter dans la pratique de la production – à savoir comme des *objets* purs et simples. Elle équivaut à dire que la force de travail est *intégralement* marchandise, au même titre qu'un animal, un combustible ou un minerai. Elle possède une valeur d'échange qui correspond à un coût objectif déterminé par les forces du marché; elle possède une valeur d'usage, dont l'extraction ne dépend que du bon vouloir du capitaliste et de ses méthodes de production. Le charbon ne peut pas influer sur le prix auquel il est vendu; ni empêcher le capitaliste d'augmenter son rendement énergétique par des méthodes d'utilisation perfectionnées. L'ouvrier non plus.

Encore une fois, que ce soit là la tendance du capitalisme, c'est certain. Mais, comme on le sait d'avance, et pour les raisons que l'on exposera plus loin, cette tendance ne peut jamais prévaloir intégralement – et si jamais elle le faisait, le capitalisme s'écroulerait aussitôt. Le capitalisme ne peut pas exister sans le prolétariat, et le prolétariat ne serait pas prolétariat s'il ne luttait constamment pour modifier ses conditions d'existence, aussi bien son sort dans la production que son « niveau de vie ». La production, loin d'être intégralement dominée par la volonté du capitaliste d'augmenter indéfiniment le rendement du travail, est tout autant déterminée par la résistance individuelle et collective des ouvriers à cette augmentation. L'extraction de la « valeur d'usage de la force de travail » n'est pas une opération technique, mais un processus de lutte acharnée, dans lequel les capitalistes se retrouvent perdants pour ainsi dire une fois sur deux. La même chose vaut pour le niveau de vie, c'est-à-dire le niveau du salaire réel. Dès ses origines, la classe ouvrière s'est battue pour réduire la durée du travail et pour élever le niveau des salaires, et c'est cette lutte qui a déterminé l'évolution de ce niveau. S'il est plus ou moins vrai que, pour l'ouvrier individuel à un instant donné, le niveau de son salaire se présente comme une donnée objective indépendante de son action[1], il est entièrement faux de dire que le niveau des salaires sur une période donnée est indépendant de l'action de la classe ouvrière. Ni le travail effectif à fournir pendant une heure de travail, ni le salaire reçu en échange ne peuvent être déterminés par aucune espèce de loi, règle, norme ou calcul « objectifs ». S'ils pouvaient l'être, le capitalisme serait un

1. Même cela n'est pas tout à fait exact; la lutte ouvrière même individuelle dans la production a une influence importante sur les rémunérations effectives. *Cf.* dans le n° 23 de *S. ou B.*, « Sur le contenu du socialisme », en particulier p. 120 et suivantes. [*EMO, 2,* p. 77 et suiv. <ici, p. 240 et suiv.>.]

système rationnel ou tout au moins rationalisable, et toute discussion sur le socialisme serait vaine.

Ce que nous disons ne signifie pas que des facteurs proprement économiques ou même « objectifs » ne jouent aucun rôle dans la détermination du niveau de salaire. Tout au contraire. La lutte de classe ne joue à chaque instant que dans un cadre économique – et plus généralement, objectif – donné et agit non seulement directement mais aussi par l'intermédiaire d'une série de « mécanismes économiques » partiels. Pour n'en donner qu'un exemple entre mille : une victoire revendicative des ouvriers dans un secteur a un effet d'entraînement sur le niveau général des salaires non seulement parce qu'elle peut stimuler la combativité des autres ouvriers, mais aussi du fait que les secteurs à bas salaire éprouveront des difficultés grandissantes pour recruter de la main-d'œuvre. Mais aucun de ces mécanismes n'a une action et une signification propres si on fait abstraction de la lutte de classe; et le cadre économique est graduellement modifié par celle-ci. Réciproquement, il faut dire que toute l'analyse du texte se réfère au *Capital.* Dans *Salaires, prix et profits* (conférence faite devant des ouvriers anglais longtemps avant *Le Capital*), Marx défend clairement l'idée juste que la lutte ouvrière peut améliorer le niveau des salaires. Cette idée est abandonnée dans *Le Capital,* au profit de la conception objectiviste discutée dans le texte. Il est vrai qu'il serait impossible de fonder sur elle la mécanique du capitalisme qu'essaie de constituer *Le Capital.*

[*Addition 1979.* La phrase sur *Salaires, prix et profits* (ou *Salaire, prix et plus-value*) du paragraphe ci-dessus contient deux erreurs. Cette conférence a été faite en 1865, soit deux ans seulement avant la parution du Livre I du *Capital* – auquel du reste Marx travaillait déjà depuis pas mal de temps. Et, d'autre part, comme le montrent les citations fournies plus haut, si Marx reconnaît dans ce texte que la lutte ouvrière peut exercer passagèrement une influence sur le niveau des salaires (et bien entendu aussi que les ouvriers ne sauraient se « résigner » sans se « dégrader »), il n'en conclut pas moins, de la manière la plus massive et la plus catégorique, que cette lutte ne peut que « retarder la descente », non pas « changer la direction » de l'évolution. Je ne peux m'expliquer cette double erreur qu'en me référant à ma tendance de l'époque à voir chez Marx une évolution l'éloignant des inspirations révolutionnaires de sa jeunesse pour en faire un théoricien « systématique ». Or cette évolution est toute relative. En vérité, ce que j'ai appelé les deux éléments antinomiques de la pensée de Marx – le germe révolutionnaire, anti-spéculatif, et l'élément théoriciste, systématique, objectiviste, déterministe – coexistent chez lui dès les premières œuvres. Voir maintenant, dans *L'Institution imaginaire de la société,* le chap. I, en particulier p. 76-96, et l'« Introduction » à *La Société bureaucratique, 1,* p. 46-50 <rééd. Bourgois, 1990, p. 45-49 ; cette « Introduction » générale à la réédition en « 10/18 » est publiée dans le volume *Quelle démocratie ?* de notre édition>.]

Il est tout autant erroné de prétendre que, lutte ou pas, le capitalisme ne *peut* pas laisser les salaires augmenter. Que chaque capitaliste et la classe capitaliste prise dans son ensemble s'y opposent tant qu'ils peuvent, c'est certain ; qu'il y ait une impossibilité pour le système, c'est radicalement faux. L'idée classique était que le capitalisme était incapable de supporter des augmentations de salaire, parce que celles-ci signifiaient automatiquement la diminution des profits, donc la réduction du fonds d'accumulation indispensable à l'entreprise pour survivre à la concurrence. Mais cette image statique est sans réalité. Si le rendement des ouvriers augmente dans une année de 4 %, et les salaires également, les profits augmentent nécessairement aussi de 4 % toutes choses égales par ailleurs. Et si la pression des salariés conduit à des augmentations à peu près analogues entre entreprises et secteurs, aucun capitaliste ne sera défavorisé par rapport à la concurrence. Du moment qu'elles n'excèdent pas substantiellement et durablement les augmentations de la productivité, et qu'elles sont généralisées, les augmentations de salaires sont parfaitement compatibles avec l'expansion du capital.

Elles lui sont même, en dernière analyse, indispensables sur le plan strictement économique (et abstraction faite de leur utilisation pour river les ouvriers à la production). Dans une économie qui croît en moyenne au taux de 3 % par an, et où les salaires correspondent à 50 % de la demande finale, tout écart tant soit peu substantiel entre le taux d'accroissement des salaires et le taux d'expansion de la production conduirait au bout d'un temps relativement court à des déséquilibres formidables, et à une incapacité d'écouler la production qui ne pourrait être corrigée par aucune « dépression », aussi profonde qu'elle soit. Une production qui augmente de 3 % par an double à peu près tous les vingt-trois ans : au bout d'un siècle, elle est multipliée par vingt. Si la production nette du secteur capitaliste en France était en 1860 de 100 par ouvrier employé, elle est aujourd'hui de 2000; la théorie de la paupérisation absolue signifie que si le salaire était de 50 en 1860, il est inférieur à 50 aujourd'hui, autrement dit que les salaires représentent moins de 50/2000e (soit moins de 2,5 %) du produit net du secteur capitaliste! Quel que soit le volume de l'accumulation, de l'exportation de capital, des dépenses de l'État, etc., l'écoulement de la production serait dans ces conditions rigoureusement impossible.

En fait, le résultat de la lutte de classe jusqu'ici a été une augmentation du salaire réel qui a été, en gros et à long terme, parallèle à l'augmentation de la productivité du travail. Le prolétariat, en d'autres termes, n'a pas réussi – ou pas substantiellement – à modifier la répartition du produit social à son avantage; mais il a réussi à éviter que cette répartition ne s'aggrave à son détriment. Le taux d'exploitation à long terme est resté à peu près constant. Pourquoi la lutte de classe a abouti jusqu'ici à ce résultat-ci et pas à un autre, c'est une question trop vaste pour qu'on puisse l'aborder ici.

La théorie de Marx sur l'élévation du taux d'exploitation a joué – et continue de jouer – un rôle dans la conception traditionnelle, pour autant que cette élévation y paraît comme le moteur de la lutte de classe. Mais elle a aussi une importance centrale dans son analyse des conditions d'équilibre dynamique de l'économie capitaliste et de ses « contradictions ».

[*Addition édition anglaise 1965.* On voit cela très clairement dans la préface écrite en 1891 par Engels pour *Travail salarié et capital* de Marx : « De toute la masse de produits créés par la classe ouvrière, il ne lui revient donc qu'une partie. Et, ainsi que nous venons de le voir, l'autre partie que la classe capitaliste conserve pour elle (...) devient, à chaque découverte et invention nouvelle, de plus en plus grande, alors que la partie revenant à la classe ouvrière (calculée par tête) ou bien ne s'accroît que très lentement et de façon insignifiante, ou bien reste stationnaire, ou bien encore, dans certaines circonstances, diminue.

Mais ces découvertes et inventions qui s'évincent réciproquement avec une rapidité de plus en plus grande, ce rendement du travail humain qui s'accroît chaque jour dans des proportions inouïes, finissent par créer un conflit dans lequel l'économie capitaliste actuelle ne peut que sombrer. D'un côté, des richesses incommensurables et un excédent de produits que les preneurs ne peuvent absorber. De l'autre, la grande masse de la société prolétarisée, transformée en salariés et mise de ce fait même dans l'incapacité de s'approprier cet excédent de produits. La scission de la société en une petite classe immensément riche et une grande classe de salariés non possédants fait que cette société étouffe sous son propre superflu, alors que la grande majorité de ses membres n'est presque pas, ou pas du tout, protégée contre l'extrême misère » (*Travail salarié et capital. Salaires, prix et profits*, Paris, Éditions Sociales, 1962, p. 17).]

La « dynamique objective des contradictions économiques du capitalisme » résulterait du conflit entre le développement illimité des forces productives, vers lequel tend le capitalisme, et le développement limité du pouvoir de consommation de la société (pouvoir économique, bien entendu, et non biologique), reflet de la stagnation du niveau de vie de la classe ouvrière ou de son élévation trop lente par rapport à la production. Ce conflit ferait que l'accumulation du capital ne pourrait se réaliser qu'à travers des crises périodiques entraînant une destruction des richesses, ou même rendrait cette accumulation à la limite impossible[1].

Il découle directement de ce que nous venons de dire que ce conflit ne crée pas de contradiction absolue et insurmontable. Le conflit est réel jusqu'à un certain point : le capitalisme augmente effectivement la production, mais cette augmentation ne

1. C'est à cette dernière conclusion que parvient Rosa Luxembourg, mais en fonction d'un raisonnement différent, que nous ne pouvons pas discuter ici. Ajoutons que de grandes discussions ont eu lieu entre marxistes pour savoir si les crises sont des crises de « surproduction » ou de « sous-consommation ». À une certaine époque, le terme de « sous-consommationniste » était une des injures les plus graves que l'on pouvait proférer contre quelqu'un sans être tenu de demander son exclusion immédiate. Cette distinction est purement théologique. Surproduction et sous-consommation sont des notions qui s'impliquent réciproquement ; il n'y a de surproduction que relative à un niveau donné de demande solvable, il n'y a de déficience de la demande que relative à un niveau donné de production.

s'accompagne pas automatiquement et nécessairement d'un accroissement correspondant de la demande sociale solvable. Mais il n'y a pas de contradiction insurmontable : la demande sociale solvable *peut* être augmentée, sans nullement que le ciel s'effondre. Elle peut l'être comme résultat de la lutte ouvrière, qui augmente les salaires ; en conséquence d'une augmentation de l'accumulation capitaliste ; par l'effet d'une politique consciente augmentant les dépenses de l'État[1].

Cette considération règle à nos yeux la question sur le plan profond ; car elle montre que la réalisation d'un équilibre dynamique de l'économie capitaliste (ou la possibilité de l'accumulation sans crises) est un problème *relatif.* C'est Marx lui-même qui a le premier montré, dans le volume II du *Capital,* que l'accumulation sans crises était *possible,* pourvu que certaines proportions entre les grandeurs économiques soient respectées. Ses formules peuvent être aisément généralisées : l'accumulation sans crises sera possible si, à partir d'un état d'équilibre, toutes les grandeurs économiques croissent proportionnellement – ou si leurs rythmes différents de croissance se compensent réciproquement. Si, par exemple, dans une économie à population constante, l'accumulation annuelle (accroissement annuel net du capital) équivaut à 3 % du capital installé et si, de ce fait[2], la productivité par heure-ouvrier augmente également de 3 %, il faut et il suffit pour que l'équilibre se préserve indéfiniment que les salaires et la consommation improductive des capitalistes (y compris celle de l'État) augmentent également de 3 % par an. Si, dans cette même économie, les rapports entre grandeurs économiques sont modifiés, des ajustements rétablissant l'équilibre sont toujours *possibles.* Si, par exemple, les capitalistes réussissent à imposer une diminution du salaire réel ouvrier mais augmentent de façon correspondante leur consommation improductive ou les dépenses de l'État, l'équilibre

1. La discussion de cette dernière possibilité dans le texte « La consolidation temporaire du capitalisme mondial » (dans le n° 3 de *S. ou B.,* p. 60-61 [maintenant, dans *CMR, 1,* p. 266-268]) est faite dans l'optique traditionnelle et comme telle elle est en partie insuffisante et en partie fausse.

2. La proportionnalité impliquée dans le texte entre le taux d'accumulation et le taux d'augmentation de la productivité est, à strictement parler, une hypothèse pour simplifier la discussion. Elle correspond toutefois aux faits observés ; c'est l'hypothèse qui se vérifie empiriquement en moyenne et à la longue.

sera maintenu; de même, s'ils entreprennent une accumulation à un taux plus élevé, aussi longtemps qu'ils maintiendront ce taux; de même enfin, s'ils diminuent leur accumulation pour augmenter les dépenses de l'État (dans ces deux derniers cas, le taux de croissance de l'économie sera différent de ce qu'il aurait été autrement, et aussi la répartition des forces productives entre production de moyens de production et production d'objets de consommation devra être modifiée, graduellement ou brutalement).

Maintenant, il est certain que l'économie capitaliste classique, à savoir entièrement livrée aux forces du marché, ne contient aucun mécanisme qui garantisse la croissance proportionnelle de ses grandeurs, ou qui ajuste ces croissances les unes aux autres; ou plutôt, que ce « mécanisme d'ajustement » n'est rien d'autre que la crise économique elle-même (crise de surproduction). Son évolution spontanée tend effectivement à produire régulièrement un déséquilibre; les phases d'expansion sont nécessairement des phases d'accumulation accélérée, pendant lesquelles la capacité de production tend à augmenter plus rapidement que la demande finale d'objets de consommation, ce qui conduit à la surproduction, au freinage du processus d'accumulation – et à la crise. Sous une forme affaiblie – l'alternance de phases d'euphorie et de récession – le même phénomène, résultat des mêmes facteurs, persiste dans l'économie capitaliste contemporaine.

Mais la concentration du capital et l'intervention croissante de l'État dans l'économie signifient précisément que l'économie capitaliste n'est plus intégralement livrée aux forces du marché – en tout cas, pas à l'égard du problème des crises, qui est le plus important aux yeux des capitalistes, parce que remettant en question de façon périodique la stabilité de leur pouvoir sur la société. L'intervention de l'État est précisément désormais ce facteur de compensation des déséquilibres, qui était absent dans le capitalisme classique. En augmentant ou diminuant sa demande nette de biens et services, l'État devient un régulateur du niveau de la demande globale, et peut en particulier compenser la déficience de cette demande qui est à l'origine des crises de surproduction[1].

1. D'autres moyens sont également utilisés (politique monétaire, régulation du crédit à la consommation, etc.). Mais aucun n'a l'efficacité de la politique budgétaire.

Que cette intervention de l'État capitaliste soit caractérisée elle-même par les irrationalités et l'anarchie profonde que présente la gestion capitaliste-bureaucratique de la société, c'est incontestable ; qu'elle crée à d'autres niveaux des conflits et des déséquilibres dont on parlera plus loin, c'est certain. Mais il n'empêche qu'une dépression du genre de celle de 1929 est désormais inconcevable, en dehors d'une crise de folie collective des capitalistes.

La question devrait du reste être claire depuis longtemps pour ceux qui admettent que la suppression de la propriété privée et du marché classique ne suffit pas pour abolir le capitalisme. Si l'on admet en effet que la concentration totale des moyens de production entre les mains d'une seule compagnie capitaliste ou de l'État ne leur enlève pas le caractère de capital – comme Marx, Engels et Lénine l'ont admis – aussi longtemps qu'une couche particulière domine la production et la société, on est obligé d'admettre immédiatement que les crises économiques de surproduction sont un phénomène relativement superficiel qui ne correspond qu'à une phase du capitalisme. Car où cherchera-t-on les crises de surproduction dans l'économie de capitalisme bureaucratique intégral – comme en Russie par exemple ? Il est en effet clair que, dans ce cas, l'incapacité profonde et nécessaire de la bureaucratie à planifier rationnellement de son propre point de vue ne se traduit pas et ne peut pas se traduire par des crises de surproduction générale, et que des « surproductions », si elles s'y manifestaient, n'auraient ni plus ni moins de signification que les autres expressions de l'incohérence de la planification bureaucratique[1].

Il faut dire que l'importance des dépenses étatiques comme moyen d'équilibrer l'économie avait été reconnue par les marxistes longtemps avant Keynes et le *deficit spending* : on admettait (et l'on admet toujours) que les dépenses d'armement peuvent sortir le capitalisme d'une dépression et sont utilisées à cet effet. Mais rien ne montre mieux le degré d'automystification auquel était parvenu le mouvement que la réduction de cette idée juste à un fétichisme des armements. Si les dépenses d'armement peuvent sortir le capitalisme d'une dépression, pourquoi les dépenses de construction de routes ne le peuvent-elles pas ? Un fait relatif – que, sous certaines conditions, la classe capitaliste préférera la construction d'armements à d'autres dépenses possibles – était érigé en absolu magique. La fabrication de canons aurait des vertus curatives des dépressions que d'autres types de dépenses de l'État n'auraient pas.

1. Il faut rappeler ici que des marxistes considérant l'URSS comme un régime « capitaliste d'État » y ont pendant longtemps cherché l'équivalent des dépressions capitalistes et de l'armée industrielle de réserve – et ont cru le trouver dans le

Pour Marx, ce qui était encore plus important que les crises de surproduction, c'était les grandes tendances ou lois qu'il avait cru discerner dans l'évolution du capitalisme : l'augmentation du taux d'exploitation ; l'élévation de la composition organique du capital (élimination des ouvriers par les machines) ; la baisse du taux de profit. Plus importantes parce qu'elles se trouvent à l'origine des crises de surproduction et qu'elles doivent conduire à une aggravation de celles-ci à travers l'histoire du capitalisme. En effet, l'augmentation de l'exploitation et l'élévation de la composition organique du capital conduisent toutes les deux à une diminution relative ou absolue de la masse des salaires, donc de la demande de biens de consommation parallèle à l'augmentation de la production de ces biens, donc à la surproduction ; et, à la crise suivante, le taux d'exploitation s'est entre-temps accru et la composition organique s'est élevée – ce qui rend le dépassement de la crise plus difficile. Mais ces tendances sont aussi plus importantes que les crises de surproduction, parce qu'elles expriment les « impossibilités » du capitalisme. La production ne peut pas croître indéfiniment, cependant que la demande finale d'objets de consommation stagne par suite de l'augmentation du taux d'exploitation. L'accumulation ne peut pas continuer sans se ralentir si sa source, la masse des profits, baisse relativement à la masse du capital. Le capitalisme enfin ne peut pas continuer à la fois à prolétariser la société et à condamner une masse croissante de prolétaires au chômage, comme le veut la loi de l'élévation de la composition organique et la croissance de l'armée industrielle de réserve qui en résulte.

Mais ces impossibilités sont imaginaires. Nous avons montré plus haut qu'il n'y a pas de « loi » d'augmentation du taux de l'exploitation, et qu'au contraire ce qui correspond aux nécessités de l'économie capitaliste, c'est la constance à long terme de ce taux d'exploitation. On a également montré ailleurs[1] que la « loi de la baisse tendancielle du taux de profit » était inconsistante et par ailleurs dépourvue de toute signification. Enfin, l'élévation

phénomène des camps de concentration, où Staline réunissait, à les en croire, la surpopulation ouvrière qui ne pouvait pas être employée dans la production.

1. Voir « Sur la dynamique du capitalisme » dans le n° 12 de *S. ou B.* [et l'Appendice I à ce texte, *infra*].

incontestable de la composition organique du capital – le fait que le même nombre d'ouvriers manipule une quantité toujours croissante de machines, matières premières, etc. –, d'une importance fondamentale pour l'évolution de la production et de l'économie à d'autres égards, n'a pas eu du tout le résultat que Marx lui attribuait, c'est-à-dire la croissance à long terme du chômage ou de l'armée industrielle de réserve. Ici encore, comme dans la question des crises, un problème relatif a été érigé en contradiction absolue. L'expulsion des ouvriers par les machines dans un secteur conduira ou non à un accroissement durable du chômage suivant que certaines conditions existent ou non : parmi celles-ci les plus importantes sont l'emploi primaire et secondaire créé par la construction des nouvelles machines, et surtout le rythme de l'accumulation dans les autres secteurs de l'économie. Or ces conditions dépendent de multiples facteurs, parmi lesquels un rôle décisif est joué par le taux d'exploitation qui, comme on l'a déjà dit, dépend essentiellement de la lutte de classe. Il se trouve ainsi que la lutte ouvrière pour l'augmentation des salaires a contribué indirectement (et de façon non intentionnelle) à limiter l'importance du chômage technologique.

Pour les économistes académiques, un taux élevé de salaire renforce la tendance des capitalistes à introduire des inventions et des investissements qui économisent le travail vivant. Par conséquent, l'augmentation des salaires devait favoriser le chômage. Mais ce raisonnement oublie, comme l'a fait remarquer Joan Robinson (*The Rate of Interest and Other Essays,* p. 52) que ce qui entre en ligne de compte pour un capitaliste à cet égard n'est pas le niveau absolu des salaires, mais la différence entre les salaires qu'il paye aux ouvriers et le coût de la machine qui les remplacerait ; or ce coût est également fonction du niveau des salaires. Une hausse générale des salaires n'altère donc pas les conditions du choix du capitaliste. Nous ajouterons, quant à nous, que la vraie relation entre niveau de salaires et emploi est le *contraire* de celle admise par l'économie académique. Car plus le taux de salaire est élevé, plus l'emploi total (primaire et secondaire) créé par un investissement donné est grand ; plus, par conséquent, la diminution finale nette de l'emploi provoquée par un investissement économisant du travail sera petite. Cela parce que ce que l'on appelle depuis

Keynes le « multiplicateur d'emploi » n'est rien d'autre, en termes marxistes, que l'inverse du taux d'exploitation; plus ce taux est petit, plus l'emploi total créé par un investissement sera grand. Il en résulte que, en luttant pour des salaires plus élevés, la classe ouvrière combat en même temps les effets sur l'emploi des inventions économisant du travail.

[*Addition édition anglaise 1965.* Ainsi, soit X le produit annuel net de l'économie, p le produit net par heure de travail, N l'emploi total (mesuré en heures de travail), w le salaire horaire, I l'investissement net et G la consommation improductive des capitalistes (privée et gouvernementale). Alors, par définition :

$$X = pN \text{ et } X = I + G + wN$$

Donc :

$$pN = I + G + wN$$
$$pN - wN = I + G$$
$$N(p - w) = I + G, \text{ soit}$$
$$N = \frac{(I + G)}{(p - w)}$$

On voit que, plus (p – w) est petit, c'est-à-dire plus w est grand relativement à p (en d'autres termes encore, plus le taux d'exploitation est bas), plus sera grande la quantité d'emploi correspondant à un niveau donné d'investissement (et/ou de consommation des capitalistes).

Le problème du chômage technologique est apparu de nouveau ces dernières années, sous la forme des « effets de l'automation », en particulier aux États-Unis. Ce n'est pas ici l'endroit pour discuter de manière détaillée l'impact et la signification de l'automation, qui soulève des problèmes beaucoup plus profonds que les problèmes simplement économiques. Pour l'instant, nous allons considérer strictement les effets de l'automation sur la quantité de l'emploi total.

Il faut souligner tout d'abord que, à cet égard, l'automation ne constitue pas quelque chose de qualitativement nouveau. Entre l'automation et les autres formes de « rationalisation » capitaliste, il n'y a qu'une différence de degré, relative au rythme selon lequel le travail vivant est remplacé par des machines. Sous certaines conditions, que nous essaierons d'analyser ici, cette différence – qui n'est pas gouvernée par des lois économiques aveugles – peut cependant devenir décisive.

Depuis plus d'un siècle maintenant, dans un pays comme les États-Unis (et, en fait, dans n'importe quel pays capitaliste avancé), la production par heure/ouvrier a augmenté au taux moyen composé d'environ 2,5 % par an. Cela revient à dire que la quantité de travail nécessaire pour la production d'un volume donné de produit a diminué, bon an mal an, d'à peu près 2,5 % par an. Cela signifie encore que la production totale d'il y a un siècle pourrait être produite aujourd'hui en utilisant seulement 8 % de la force de travail d'alors. Si rien d'autre n'était arrivé, l'élévation de la productivité du travail aurait donc créé une masse de chômeurs égale à 92 % de la main-d'œuvre d'il y a un siècle. À ces millions de chômeurs, on devrait évidemment ajouter la totalité de l'accroissement de la population travailleuse qui a eu lieu pendant ces cent années. Cette situation absurde n'aurait évidemment jamais pu se réaliser : le système aurait explosé plusieurs fois en cours de route. En fait, le système non seulement a été capable de réemployer la force de travail que « libérait » la mécanisation, mais aussi d'employer pratiquement la totalité de la force de travail additionnelle engendrée par la croissance de la population (et, dans le cas des États-Unis, l'énorme quantité de force de travail provenant de l'immigration en plus). Ainsi, *l'emploi total aux États-Unis aujourd'hui est presque sept fois plus grand qu'il y a un siècle (68 millions, contre 10,5 millions en 1860).*

Comment cela a-t-il pu se faire ? D'abord, évidemment, moyennant l'énorme et plus ou moins continue expansion de la demande (et de la production). La demande de marchandises (et de services) est, en dernière analyse, une demande de travail (excepté dans un monde de science-fiction où tout serait totalement automatisé, y compris les opérations chirurgicales). À chaque niveau de la technique, à chaque niveau de mécanisation et d'automation, la demande d'une quantité donnée de marchandises se traduit par une demande d'une quantité différente de travail. Le progrès technique signifie exactement cela : qu'une demande donnée de marchandises peut être satisfaite avec une quantité moindre de travail. *Mais il existe toujours un taux d'expansion de la demande qui peut absorber la force de travail « libérée » par le progrès technique.* Ainsi, supposons que chaque année 2,5 % de la force de travail existante est « libérée » du fait de la mécanisation. Supposons en outre que l'accroissement « naturel » de la force de travail est de 1 % par an. Alors, il suffit que la demande augmente d'environ 3,5 % par an pour que le travail disponible soit absorbé.

Ce raisonnement suppose aussi que les heures de travail hebdomadaires (ou annuelles) restent constantes. Cela n'est pas nécessaire – et cela n'a pas été le cas. La deuxième voie par laquelle les effets de l'élévation de la productivité sont résorbés est, comme on le sait, la réduction de la durée de la semaine de travail ou du « contenu en heures de travail » de l'année de travail. Cela aussi s'est réalisé. La semaine moyenne de travail a diminué de 70 heures peut-être il y a un siècle à 40-50 heures actuellement.

Si, par suite de l'« automation », la croissance du produit par heure/ouvrier devient substantiellement plus rapide qu'auparavant – et que, par conséquent, la vitesse à laquelle les ouvriers des secteurs automatisés deviennent « superflus » s'élève –, pour que l'équilibre soit préservé, la demande devra croître plus rapidement de manière correspondante et/ou la durée du travail diminuer plus fortement de manière correspondante.

C'est jusque-là, et pas plus loin, que peut nous mener le raisonnement économique. Il n'existe aucun mécanisme automatique incorporé au système capitaliste garantissant que la demande croîtra effectivement à un rythme plus rapide. Mais pas davantage, il n'existe de mécanisme qui empêche la demande de croître à un rythme suffisant. Ici encore, le facteur décisif est l'action des hommes, des groupes sociaux et des classes. Si les ouvriers réussissent à imposer un taux de croissance des salaires réels (et/ou de diminution de la durée de travail) qui corresponde au taux nouveau et plus élevé de croissance de la productivité, cela suffira pour maintenir le système en équilibre, à un taux d'expansion plus élevé. Également, si les capitalistes et leur État comprennent l'importance du problème et augmentent à un degré suffisant d'autres types de demande (qu'il s'agisse d'armements, d'éducation, de voyages interplanétaires ou de transferts de capital aux pays sous-développés), l'équilibre pourra tout aussi bien être maintenu. Et diverses combinaisons de ces deux facteurs pourraient aboutir au même résultat.

Le problème de l'automation n'est donc pas un problème économique, mais un problème social et politique. Et ce sont des facteurs sociaux et politiques qui pourraient conférer à l'automation une signification explosive dans les États-Unis d'aujourd'hui. Le fait que le capitalisme américain est loin d'être pleinement centralisé, comme aussi le fait que sa direction reste toujours dominée par des idées et des attitudes anachroniques (comme on l'a vu dans le conflit entre le Congrès et Kennedy concernant les réductions d'impôts), pourraient, s'ils étaient combinés avec une introduction accélérée de l'automation, conduire à une crise. Cette crise, à son tour, ne conduirait qu'à une centralisation et une bureaucratisation accrues, si les masses ne s'en emparaient pas pour renverser le système.

Encore une fois, dans tout ce qui précède nous n'avons considéré que les grands effets quantitatifs de l'automation sur l'emploi. Il existe évidemment d'autres aspects de la question, qui sont, en dernière analyse, plus importants : les types de travail requis par une économie plus ou moins automatisée diffèrent de ceux qui étaient demandés précédemment, la localisation du travail peut être différente, la structure de la main-d'œuvre et le type de travaux exécutés subiraient des transformations profondes, etc.]

*

* *

Les tendances vraiment importantes de l'évolution à long terme du capitalisme ne sont pas à chercher dans le domaine économique proprement dit, et cela pour une raison simple : cette évolution entraîne une modification des *structures* économiques du capitalisme, et par là une transformation plus ou moins profonde des lois économiques. Les relations et les lois à l'intérieur d'une économie capitaliste concurrentielle ne sont pas les mêmes que celles dans une économie où dominent les monopoles, et ces dernières sont très différentes de celles qui régissent une économie de capitalisme bureaucratique intégral (où les moyens de production sont étatisés et un plan de production général est appliqué). Ce qui est commun à ces différentes étapes, ce sont les tendances d'évolution de la *production* : l'aliénation croissante du travailleur, la mécanisation et la « rationalisation » capitalistes, et leur corollaire : la concentration. C'est aussi et surtout le facteur déterminant de cette évolution : la lutte de classe. Nous y reviendrons plus loin.

Nous avons essayé de montrer succinctement que le système économique développé par Marx dans *Le Capital* (sans parler de ses vulgarisations) ne rend pas compte du fonctionnement et de l'évolution du capitalisme. Si l'on réfléchit sur le sens de cette critique, on s'apercevra que ce qui nous est apparu constamment comme la source de ce qui est contestable dans *Le Capital* est sa méthodologie. La théorie du salaire de Marx et son corollaire, la théorie de l'augmentation du taux de l'exploitation, partent d'un postulat : que l'ouvrier est réduit effectivement et intégralement par le capital en objet (en marchandise). La théorie des crises part également d'un postulat, au fond analogue au premier : que les hommes et les classes (en l'occurrence, la classe capitaliste) ne peuvent rien face au fonctionnement de l'économie.

Ces postulats sont faux, mais ils ont aussi une signification plus profonde. Ils sont nécessaires pour que l'économie devienne une science au sens des sciences de la nature. Pour cela il faut que son *objet* soit formé par des *objets*; et c'est en effet comme des purs et simples objets qu'ouvriers et capitalistes apparaissent dans *Le Capital.* Ils n'y sont que les instruments aveugles et inconscients réalisant par leurs actes ce que les « lois économiques » imposent. Si l'économie doit devenir une mécanique de la société, il faut qu'elle ait affaire à des phénomènes régis par des lois « objectives », indépendantes de l'action des hommes et des classes. On aboutit ainsi à cet énorme paradoxe : Marx, qui a découvert la lutte des classes, écrit un ouvrage monumental analysant le développement du capitalisme, ouvrage d'où la lutte des classes est totalement absente.

Cette vue de l'histoire traduit l'influence qu'a exercée sur Marx l'idéologie capitaliste; car ces postulats et cette méthode, dans ce qu'ils ont de plus profond, expriment l'essence de la vision capitaliste de l'homme. Nous y reviendrons plus loin. Mais on ne peut clore cet examen critique de l'économie marxiste sans essayer d'en dégager clairement les implications politiques.

Quelle est, dans cette conception, la conscience de l'ouvrier? C'est une conscience de la misère, et rien de plus. L'ouvrier a des revendications économiques, suscitées par le système, et il apprend d'expérience que le système interdit leur satisfaction. Cela peut le mener à la révolte; mais quel en sera l'objet? Une meilleure satisfaction de ses besoins matériels. Si cette conception était vraie, tout ce que l'ouvrier apprendrait sous le capitalisme, c'est qu'il désire une consommation plus élevée et que le capitalisme est incapable de la lui offrir. Le prolétariat pourrait à la rigueur détruire cette société. Par quoi la remplacerait-il? Aucun contenu positif nouveau pouvant fonder une reconstruction de la société ne pourrait surgir d'une simple conscience de la misère; ni pour ce qui est de l'organisation de la nouvelle société, ni pour ce qui est de son orientation, le prolétariat ne pourrait tirer de son expérience de la vie sous le capitalisme de nouveaux principes. Brièvement parlant, la révolution prolétarienne devient dans ces conditions un simple réflexe de révolte contre la faim, dont il est impossible de voir comment jamais le socialisme pourrait être le résultat.

Et quelle est l'origine des contradictions du capitalisme, de ses crises et de *sa* crise historique? C'est l'« appropriation privée », autrement dit la propriété privée et le marché. C'est cela qui fait obstacle au « développement des forces productives », qui serait par ailleurs le seul, vrai et éternel objectif des sociétés humaines. La critique du capitalisme consiste finalement à dire qu'il ne développe pas assez vite les forces productives (ce qui revient à dire qu'il n'est pas assez capitalisme). Pour réaliser ce développement plus rapide, il faudrait et il suffirait que la propriété privée et le marché soient éliminés : nationalisation des moyens de production et planification offriraient alors la solution à la crise de la société contemporaine.

Cela d'ailleurs les ouvriers ne le savent pas et ne peuvent pas le savoir. Leur situation leur fait subir les conséquences des contradictions du capitalisme, elle ne les conduit nullement à en pénétrer les causes. La connaissance de celles-ci ne résulte pas de l'expérience de la production, mais du savoir théorique portant sur le fonctionnement de l'économie capitaliste, savoir accessible certes à des ouvriers individuels, mais non pas au prolétariat en tant que prolétariat. Poussé par sa révolte contre la misère, mais incapable de se diriger lui-même puisque son expérience ne lui donne aucun point de vue privilégié sur la réalité, le prolétariat ne peut être, dans cette optique, que l'infanterie au service d'un état-major de spécialistes, qui eux, *savent,* à partir d'*autres* considérations auxquelles le prolétariat comme tel n'a pas accès, ce qui ne va pas avec la société actuelle et comment il faut la modifier. La conception traditionnelle sur l'économie et la perspective révolutionnaire ne peut fonder, et n'a fondé effectivement dans l'histoire, qu'une *politique bureaucratique.*

Certes Marx lui-même n'a pas tiré ces conséquences de sa théorie économique ; ses positions politiques sont allées, la plupart du temps, dans un sens diamétralement opposé. Mais ce sont ces conséquences qui en découlent objectivement, et ce sont elles qui ont été affirmées de façon de plus en plus nette dans le mouvement historique effectif, aboutissant finalement au stalinisme.

La vue objectiviste de l'économie et de l'histoire ne peut être que la source d'une politique bureaucratique, c'est-à-dire d'une politique qui, sauvegardant l'essence du capitalisme, essaye d'en améliorer le fonctionnement.

3. LA CONTRADICTION FONDAMENTALE DU CAPITALISME

Le capitalisme est la première société historique que nous connaissions dont l'organisation contienne une contradiction interne insurmontable. Le terme de contradiction a été galvaudé par des générations de marxistes et de pseudo-marxistes, jusqu'à perdre toute signification. Il a été utilisé de façon abusive par Marx lui-même, qui parle de contradiction entre les « forces de production » et les « rapports de production », ce qui, on le verra plus loin, n'a pas de sens.

Comme d'autres sociétés historiques, le capitalisme est une société divisée en classes. Dans toute société divisée en classes, ces classes s'opposent car leurs intérêts sont en conflit. Mais l'existence de classes comme telle et l'exploitation comme telle ne créent pas de contradiction. Elles déterminent simplement une opposition ou un conflit entre deux groupes sociaux. Il n'y a pas de contradiction dans une société esclavagiste ou féodale, quelle que puisse être par moments la violence du conflit qui fait s'affronter exploiteurs et exploités. Ces sociétés sont « réglées » : la norme sociale, la domination d'une classe exige des individus des conduites qui peuvent être inhumaines et opprimantes, mais qui restent possibles et cohérentes. Ce que le maître impose à l'esclave, et le seigneur au serf, ne comporte pas de contradiction interne et est réalisable, sauf si le maître « dépasse les limites »; mais dans ce dernier cas il est pour ainsi dire lui-même en dehors des normes du système qui impliquent qu'il prenne soin du rendement et de la condition des esclaves, dans son propre intérêt de maître, comme il le fait pour le bétail. Même lorsque des circonstances permettent aux maîtres ou les obligent de traiter les esclaves de façon qui implique leur extermination, il n'y a pas là de « contradiction ». Il est logique de tuer les agneaux si la viande est chère et la laine trop bon marché. Que les agneaux peuvent en l'occurrence ne pas se laisser faire, c'est une autre histoire. De même, ces sociétés, une fois établies et en temps normal, ne sont pas déterminées dans leur évolution quotidienne par la lutte entre les deux classes. À la limite, les esclaves peuvent se révolter contre les maîtres, les serfs peuvent brûler le château du seigneur : les deux termes du conflit restent extérieurs l'un à l'autre. Il n'y a pas de dialectique commune du maître et de l'esclave sauf pour le philosophe et au niveau astral où celui-ci se situe; il n'y a pas de dialectique concrète commune, ce n'est pas l'activité quotidienne des exploités qui oblige quotidiennement les exploiteurs à transformer leur société.

Le capitalisme, au contraire, est bâti sur une contradiction intrinsèque – une contradiction vraie, au sens littéral du terme. L'organisation capitaliste de la société est contradictoire au sens rigoureux où un individu névrosé l'est : elle ne peut tenter de réaliser ses intentions que par des actes qui les contrarient constamment. Pour se situer au niveau fondamental, celui de la production : le système capitaliste ne peut vivre qu'en essayant continuellement de réduire les salariés en purs *exécutants* – et il ne peut fonctionner que dans la mesure où cette réduction ne se réalise pas; le capitalisme est obligé de solliciter constamment la *participation* des salariés au processus de production, participation qu'il tend par ailleurs lui-même à rendre impossible[1]. Cette même contradiction se retrouve, en termes presque identiques, dans les domaines de la politique ou de la culture.

Cette contradiction constitue le fait capitaliste fondamental, le noyau du rapport social capitaliste.

Ce rapport n'apparaît dans l'histoire de la société que lorsque certaines conditions sont réunies :

1) Il faut tout d'abord que le *travail salarié* soit devenu le rapport de production fondamental. La signification du travail salarié à cet égard est double :

– D'un côté, dans le travail salarié, direction et exécution sont virtuellement séparées dès le départ, et tendent à se séparer de plus en plus. Non seulement l'*objet* de la production, mais aussi les *méthodes* et les *moyens* de production – le déroulement du processus du travail – tendent, à un degré croissant, à être déterminés par un autre que le travailleur direct. Le commandement de l'activité tend à être transposé hors du sujet de l'activité.

Le commandement de l'activité est, dans un sens, extérieur au sujet de l'activité partout où il y a mise en valeur directe par les exploiteurs du travail des exploités; ainsi par exemple lorsqu'il s'agit du travail des esclaves. Mais ce commandement extérieur *reste* extérieur à l'activité; le maître se borne à fixer l'objectif de l'activité ou la tâche de l'esclave et à s'assurer qu'il les réalise ou qu'il n'arrête pas de travailler. Le processus du travail lui-même n'est pas « commandé »; les méthodes (comme les instruments) de travail sont traditionnelles et permanentes, elles ont été incorporées une fois pour toutes dans l'esclave, il y a tout au plus besoin de surveillance pour s'assurer que l'esclave s'y conforme.

1. Voir l'analyse de cette contradiction dans l'article « Sur le contenu du socialisme » (n° 23 de *S. ou B.*), en particulier p. 84 et suiv. et 117 et suiv. [Maintenant, dans *EMO, 2,* p. 15 et suiv., 71 et suiv. <ici, p. 197 et suiv, 236 et suiv.>]

Le maître n'a pas besoin de *pénétrer* constamment le processus du travail pour le bouleverser. La contradiction du capitalisme, c'est qu'il est commandement complètement extérieur de l'activité productive, et en même temps commandement obligé de *pénétrer constamment à l'intérieur* de cette activité, de lui dicter ses méthodes et jusqu'à ses gestes élémentaires.

– D'un autre côté, dans le rapport salarié, aussi bien la rémunération du travailleur que l'effort qu'il doit fournir sont essentiellement indéfinis. Aucune règle objective, aucun calcul, aucune convention sociale acceptée ne permet de dire, dans une société capitaliste, quel est le salaire juste ou l'effort à fournir pendant une heure de travail. Cette indétermination essentielle est masquée aux débuts de l'histoire du capitalisme par les habitudes et la tradition[1], mais elle apparaît clairement lorsque le prolétariat commence à contester l'état des choses existant. Dès ce moment, le « contrat de travail », toujours provisoire et renouvelable, ne repose que sur le rapport de forces entre les parties ; son exécution ne peut être assurée qu'en fonction d'une guerre incessante entre capitalistes et ouvriers[2].

2) Le rapport salarié ne devient un rapport intrinsèquement contradictoire qu'en fonction de l'apparition d'une technologie évolutive, et non statique comme celle des sociétés antérieures. Le développement rapide de cette technologie interdit toute sédimentation permanente des modes de production qui pourrait servir de base à une stabilisation des rapports de classe dans l'entreprise. Elle empêche en même temps que le savoir-faire technique se cristallise immuablement dans des catégories spécifiques de la population travailleuse.

3) Ces facteurs n'agissent qu'en conjonction avec une condition sociopolitique et culturelle générale : le capitalisme ne peut

1. Marx lui-même n'est pas parvenu à se dégager de cette optique ; la théorie du salaire exposée dans *Le Capital* fait explicitement appel à « l'élément moral et historique » qui détermine le niveau de vie de la classe ouvrière, donc la somme de biens dont un ouvrier a besoin pour vivre et se reproduire, donc la « valeur de la force de travail » dont le salaire est l'expression monétaire.

2. Voir la description de cette guerre dans les textes de Paul Romano (nos 1 à 6 de *S. ou B.*), Georges Vivier (nos 11-12 et 14-17), D. Mothé (n° 22) ; voir aussi « Sur le contenu du socialisme », *l. c.*, p. 117 et suiv. [*EMO, 2*, p. 71 et suiv. <ici, p. 236 et suiv.>]

se développer et s'affirmer complètement qu'au travers d'une révolution ou pseudo-révolution « bourgeoise » démocratique. Celle-ci, même lorsqu'elle n'entraîne pas une participation active des masses, liquide les statuts sociaux antérieurs, prétend que le seul fondement de l'organisation sociale est la raison, proclame l'égalité des droits et la souveraineté du peuple, etc. Ces caractéristiques se présentent même là où la révolution capitaliste et la transformation bureaucratique se trouvent télescopées (par exemple en Chine depuis 1949).

C'est l'ensemble de ces conditions qui donne à la lutte de classes sous le capitalisme son aspect particulier et unique. En effet, la lutte du prolétariat :

– englobe rapidement tous les aspects de l'organisation du travail ; car, loin d'apparaître comme « naturelles » ou « héritées », les méthodes et l'organisation de la production, constamment bouleversées par les capitalistes, apparaissent pour ce qu'elles sont en réalité : des méthodes visant l'exploitation maximum du travail, la subordination toujours croissante du travailleur au capital ;

– prend son point d'appui sur la contradiction interne de l'adversaire, qui est obligé à la fois de l'attiser constamment et de lui fournir ses armes ;

– par là même, elle est virtuellement permanente, aussi bien en ce qui concerne les salaires qu'en ce qui concerne le rythme et les conditions de travail ;

– n'en est pas réduite, comme celle des esclaves ou des serfs, à avoir pour objet le « tout ou rien » de l'organisation de la société. La guérilla incessante dans les lieux de travail éduque les prolétaires et leur fait prendre conscience de leur solidarité ; les succès des luttes partielles leur offrent, à moindres frais, la démonstration qu'ils peuvent par leur action modifier leur sort. Aussi paradoxal que cela puisse paraître, c'est parce qu'il a la possibilité d'une action « réformiste » que le prolétariat devient classe révolutionnaire ;

– par conséquent elle peut affecter, et affecte réellement au fur et à mesure qu'elle gagne en importance, l'évolution de la production, de l'économie et finalement de l'ensemble de la société. En agissant sur les taux de salaire, la lutte ouvrière agit aussi bien sur le niveau de la demande que sur la structure de la production et sur le rythme de l'accumulation capitaliste ; en agissant sur les rythmes et les conditions de travail, elle oblige le capitalisme à poursuivre le développement technologique dans un sens bien déterminé – celui qui lui offre les meilleures possibilités de mater la résistance des ouvriers ; en luttant contre le chômage, le prolétariat oblige l'État capitaliste à intervenir pour stabiliser l'activité économique, et par là à exercer un contrôle croissant sur cette activité. Les répercussions directes et indirectes de cette lutte ne laissent intacte aucune sphère de la vie sociale. Même les lieux de vacances des capitalistes ont été modifiés lorsque les ouvriers ont arraché les congés payés.

Quelle est donc l'histoire et la dynamique de la société moderne ? C'est l'histoire et la dynamique du développement du capitalisme. Mais le développement du capitalisme signifie littéralement le développement du prolétariat. Le capital produit l'ouvrier, et l'ouvrier produit le capital – non seulement quantitativement, mais *qualitativement.* L'histoire de la société dans laquelle prend naissance le capitalisme, c'est tout d'abord l'histoire de la prolétarisation croissante de cette société, de son envahissement par le prolétariat ; elle est, en même temps, l'histoire de la lutte des capitalistes et des prolétaires. La dialectique de cette société, c'est la dialectique de cette lutte. Tous les autres facteurs et mécanismes, qui peuvent jouer un rôle important dans les sociétés antérieures, prennent avec le développement du capitalisme un caractère périphérique et résiduel relativement à cet élément central.

Pour le marxisme traditionnel, la dynamique du capitalisme est celle d'une crise quantitativement croissante, d'une misère toujours plus lourde, d'un chômage toujours plus massif, de surproductions toujours plus amples. Contrairement aux apparences, cette vue implique en fait qu'il n'y a pas d'*histoire* du capitalisme, au sens vrai du terme – pas plus qu'il n'y a d'« histoire » d'un mélange chimique où des réactions se produisant à un rythme de plus en plus accéléré conduisent finalement à l'explosion du laboratoire. Car dans cette conception, le déroulement des événements est en vérité indépendant de l'action des hommes et des classes. Les capitalistes n'agissent pas – ils « sont agis » par les mobiles économiques qui les déterminent au même titre que la gravitation régit le mouvement des corps ; ils n'ont en fait aucune prise sur la réalité, qui évolue indépendamment d'eux, d'après les

« lois de mouvement du capitalisme » dont ils sont les marionnettes inconscientes. Il est hors de question qu'ils puissent aménager leur régime pour consolider leur pouvoir, inimaginable qu'ils puissent apprendre, eux aussi, de l'expérience historique comment mieux servir leurs intérêts. Même les ouvriers « sont agis » plutôt qu'ils n'agissent; leurs réactions sont déterminées par ce même mouvement automatique de l'économie, et conditionnées par une misère biologique; la révolution est presque directement reliée à la faim; bien entendu, l'action de la classe ne peut presque rien sur l'évolution de la société, aussi longtemps que celle-ci n'est pas renversée; bien entendu aussi, la révolution doit conduire à des résultats prédéterminés. L'on ne voit guère non plus ce que le prolétariat peut *apprendre* au cours de cette histoire, hormis qu'il faut combattre le capitalisme à mort. Connaître cette société ne peut signifier pour lui que l'éprouver comme la cause de sa misère, sans que sa vie et sa condition lui permettent de comprendre son fonctionnement et les causes de ce qui lui arrive; les théoriciens le savent, qui ont étudié les lois de la reproduction élargie du capital et de la baisse du taux de profit; s'il peut exister une conscience de la révolution, ce n'est alors certainement pas chez le prolétariat qu'il faut la chercher.

Le problème des rapports entre l'action du prolétariat et sa conscience n'a jamais été élucidé dans le marxisme classique. La tentative de Lukács de le résoudre (dans *Histoire et conscience de classe*) ne fait que l'obscurcir et montre bien les contradictions de la conception classique. Dans le premier des essais qui forment ce livre, la conscience du prolétariat n'est rien en dehors de son action, elle *est* action tout court. Le prolétariat incarne la vérité objective de l'histoire car son action doit la transformer en sa prochaine étape nécessaire; et il effectue cette transformation sans vraiment *savoir* ce qu'il fait. Ce savoir de soi ne pourra venir que par la révolution et après celle-ci. Ce tour de passe-passe par lequel un objet muet se transforme en sujet absolu relève de l'hégélianisme; c'est un idéalisme et même un spiritualisme absolu, qui pose la raison achevée et totale – qui s'ignore elle-même, n'est pas conscience de soi, donc n'est pas *sujet historique concret* – dans les « choses elles-mêmes » (et le prolétariat est chose sous le capitalisme, car pour Lukács le prolétaire est effectivement réifié, le capital réussit à transformer l'ouvrier en chose). Dans cette conception, la « praxis du prolétariat » a simplement pris la place de l'Esprit absolu de Hegel. Ce premier essai est écrit en pleine montée révolutionnaire en Russie et en Allemagne, en 1919. Mais une conscience qui n'est pas conscience de soi ne peut pas transformer l'histoire, le prolétariat n'arrive pas à se saisir lui-même du pouvoir en Europe, ni à le garder en Russie, et c'est une autre conscience de soi qui émerge, souveraine : le parti bolchevique. Lukács écrit alors (en septembre 1922) les « Remarques méthodologiques sur la question de l'organisation », dans lesquelles le Parti apparaît comme la conscience en acte de la classe. Comme toujours, le spiritualisme doit bien finir par trouver le sujet historique concret en lequel s'incarnera une transcendance qui sans cela resterait ce qu'elle est : un fantôme. Dieu devient alors l'Église catholique, l'Esprit absolu anime la bureaucratie prussienne, et la « praxis du prolétariat » devient la pratique de la IIIe Internationale déjà zinoviéviste.

Nous disons, quant à nous, que l'évolution du capitalisme est une histoire au sens fort du terme, à savoir un processus d'actions d'hommes et de classes qui modifient constamment et consciemment[1] les conditions mêmes dans lesquelles il se déroule et au cours duquel surgit du *nouveau.* C'est l'histoire de la constitution et du développement de deux classes d'hommes en lutte, dont chacune ne peut agir en rien sans agir sur l'autre ; c'est l'histoire de cette lutte, au cours de laquelle chacun des adversaires est amené à créer des armes, des moyens, des formes d'organisation, des idées, à inventer des réponses à la situation et des fins provisoires, qui ne sont nullement prédéterminés et dont les conséquences, voulues ou non, modifient à chaque étape le cadre de la lutte.

Pour la classe capitaliste, se constituer et se développer signifie accumuler, « rationaliser » et concentrer la production (c'est-à-dire « rationaliser » à une échelle toujours plus vaste). Accumuler signifie à la fois transformer le travail en capital, donner à la vie et à la mort de millions d'hommes la forme d'usines et de machines, et pour ce faire créer un nombre constamment

1. Ce qui ne veut évidemment pas dire que cette conscience est « parfaite » ni, encore moins, que toute modification est clairement vue et voulue.

croissant de prolétaires. « Rationaliser », dans le cadre capitaliste, signifie asservir toujours plus le travail vivant à la machine et aux dirigeants de la production, réduire toujours plus les exécutants à l'état d'exécutants. Par là même, le prolétariat se trouve à la fois constitué comme classe objective, et attaqué par le capitalisme dès sa constitution. C'est par sa riposte au capitalisme que le prolétariat *se fait* lui-même, au cours de son histoire, classe au sens plein du terme, classe *pour soi.*

La lutte du prolétariat contre le capitalisme se situe dès lors sur tous les plans qui affectent son existence; mais elle apparaît de façon aveuglante sur les plans de la *production,* de l'*économie* et de la *politique.* Le prolétariat lutte contre la « rationalisation » capitaliste de la production, contre les machines elles-mêmes d'abord, contre l'augmentation des rythmes de travail ensuite. Il attaque le fonctionnement « spontané » de l'économie capitaliste, en revendiquant des augmentations de salaire, des réductions des heures de travail, le plein-emploi. Il s'élève très tôt à une conception globale du problème de la société, il constitue des organisations politiques, essaie de modifier le cours des événements, se révolte, essaie de s'emparer du pouvoir.

Chacun de ces aspects de la lutte du prolétariat, et leur liaison profonde, demanderait, pour être étudié dans son développement historique et dans sa logique, des volumes. Telle n'est évidemment pas notre intention ici. Nous voulons simplement mettre en lumière ce qui est la véritable *logique* de l'histoire de la société capitaliste : la logique de la lutte des hommes et des classes.

Par lutte, nous sommes loin d'entendre seulement les batailles rangées massives et grandioses. On n'insistera jamais assez sur ce fait : cette lutte est permanente, d'abord et avant tout dans la production, car pour ainsi dire la moitié de chaque geste de l'ouvrier a comme objectif de le défendre contre l'exploitation et l'aliénation capitalistes. On n'insistera jamais non plus assez sur le fait que cette lutte *implicite* ou *informelle,* quotidienne et cachée, joue un rôle formateur de l'histoire aussi important que les grandes grèves et les révolutions[1].

1. Voir « Sur le contenu du socialisme », *l. c.*

La lutte des classes signifie, aussi longtemps qu'elle dure – et elle durera autant que cette société –, que chaque action d'un des adversaires entraîne immédiatement ou à terme une parade de l'autre qui à son tour suscite une riposte, et ainsi de suite. Mais chacune de ces actions modifie aussi bien celui qui l'entreprend que celui contre lequel elle se dirige ; chacune des classes ennemies est modifiée par l'action de l'autre. Ces actions entraînent des modifications profondes du milieu social, du terrain objectif sur lequel la lutte se déroule. Dans leurs moments culminants, elles contiennent une *création* historique, l'invention de formes d'organisation, de lutte ou de vie qui n'étaient nullement contenues dans l'état précédent, ni prédéterminées par celui-ci. Enfin, au cours de cette action il se constitue pour les deux classes en présence une expérience historique qui, chez le prolétariat, devient le développement vers une conscience socialiste.

Ainsi, sur le plan de la production, l'introduction à une grande échelle des machines par le capitalisme dans la première moitié du XIXe siècle[1] est perçue justement par les ouvriers comme une attaque directe, à laquelle ils réagissent en brisant les machines. Sur ce plan, ils subissent une défaite. Mais dès le départ, la lutte prend dans les usines une forme invincible : la résistance à la production. Le capitalisme riposte par la généralisation des salaires aux pièces et au rendement. Ceux-ci deviennent à leur tour l'objet d'une âpre lutte : les normes sont contestées. Le taylorisme est la réponse du capitalisme à cette lutte : les normes seront déterminées « scientifiquement » et « objectivement ». La résistance des ouvriers rend manifeste que cette « objectivité scientifique » est une rigolade. La psychologie, puis la sociologie industrielles apparaissent alors qui doivent permettre d'« intégrer » les ouvriers à l'entreprise. Elles s'effondrent dans la pratique, sous le poids de leurs propres contradictions mais surtout parce que les ouvriers ne se laissent pas faire. C'est dans les pays les plus avancés – États-Unis, Angleterre, pays scandinaves – où le patronat applique de plus en plus les méthodes « modernes », où les salaires ouvriers

1. Et longtemps après. Encore maintenant, devant l'introduction de l'« automation », l'attitude des ouvriers montre clairement qu'ils la perçoivent comme une *attaque*.

sont les plus élevés, que le conflit quotidien dans la production atteint des proportions fantastiques. Nous en sommes là aujourd'hui[1]. Ce schéma, qui ne prétend à rien de plus qu'à définir le *type* de l'évolution historique de la lutte entre les classes dans la production, se retrouve en condensé chaque fois qu'on étudie concrètement cette lutte dans une entreprise[2].

En même temps que cette série de ripostes-attaques, on peut dégager dans l'évolution de la production capitaliste de grandes constantes bien connues, exprimant la tendance permanente du capital à s'asservir le travail. La division des tâches est poursuivie et poussée à l'absurde, non pas parce qu'elle est le moyen inéluctable d'augmenter la productivité (au-delà d'un certain point, elle la diminue sans le moindre doute aussi bien directement qu'indirectement, par les énormes faux frais qu'elle engendre), mais parce qu'elle est le seul moyen de se soumettre un travailleur qui résiste, en rendant son travail absolument quantifiable et contrôlable, et lui-même intégralement remplaçable. La mécanisation prend cette tournure particulière : il faut que l'ouvrier soit dominé par la machine (que son rendement lui soit imposé par celle-ci), il faut que le cours de la production devienne le plus possible automatisé, c'est-à-dire indépendant du producteur. Division croissante des tâches et mécanisation de type capitaliste avancent évidemment en interaction étroite. Mais à chaque étape qu'elles marquent, la résistance ouvrière en fait une moitié d'échec pour les capitalistes[3].

Cette lutte a façonné le visage de l'industrie moderne et son contenu essentiel : la façon dont les hommes vivent dans les usines. Mais c'est aussi cette lutte qui a modelé l'économie et la société moderne dans son ensemble. La lutte ouvrière sur le plan économique s'est exprimée surtout par les revendications de salaire, auxquelles le capitalisme a opposé une résistance acharnée pendant très longtemps. Ayant presque perdu la bataille sur ce plan, il a fini par s'adapter à une économie dont le fait dominant est, du

1. Voir les textes sur les grèves en Angleterre et aux États-Unis publiés dans les n°s 18, 19, 26, 29 et 30 de *S. ou B.* [*cf. EMO, 1,* p. 279-380 <maintenant *QMO*, t. 1>].

2. Voir « Sur le contenu du socialisme », *ibid.*

3. Voir en particulier D. Mothé, « L'usine et la gestion ouvrière », dans le n° 22 de *S. ou B.*

point de vue de la demande, l'accroissement régulier de la masse des salaires, devenue la base d'un marché constamment élargi de biens de consommation. *Ce* type d'économie en expansion dans lequel nous vivons est, pour l'essentiel, le produit de la pression incessante exercée par la classe ouvrière sur les salaires – et ses problèmes principaux résultent de ce fait.

Sur le plan politique, aux premières tentatives du prolétariat de s'organiser, le capitalisme répond en règle générale par la répression, ouverte ou camouflée. Vaincu sur ce plan assez rapidement, il finit, au bout d'une longue courbe d'évolution historique, par faire de ces mêmes organisations politiques ouvrières des rouages essentiels de son fonctionnement. Mais cela même entraîne des modifications importantes de l'ensemble du système : la « démocratie » capitaliste ne peut plus fonctionner sans un grand parti « réformiste », qui ne peut pas à son tour être une pure et simple marionnette des capitalistes (car il perdrait alors ses bases électorales et ne pourrait plus remplir sa fonction) mais doit être aussi un parti « de gouvernement » (et très souvent, *au* gouvernement). Ce parti déteint obligatoirement sur le parti « conservateur » (dans aucun pays du monde il ne saurait être question de revenir sur des réformes qui ont provoqué des batailles acharnées il y a encore vingt ans, comme la sécurité sociale, l'assurance-chômage, l'impôt progressif sur le revenu, ou la politique de « plein-emploi » relatif). Ainsi (et en fonction aussi d'autres facteurs), après avoir résisté longtemps à l'idée d'une immixtion de l'État dans les affaires économiques (considérée comme « révolutionnaire » et « socialiste ») le capitalisme en arrive finalement à l'adopter, et à détourner à son profit la pression ouvrière *contre* les conséquences du fonctionnement spontané de l'économie, pour instaurer, à travers l'État, un contrôle de l'économie et de la société servant en fin de compte ses intérêts.

Il est à peine nécessaire de dire que ces aspects, séparés ici pour les besoins de l'analyse, ne le sont pas dans la réalité, que les effets de ces actions s'enchevêtrent inextricablement. Pour n'en donner qu'un exemple : le poids politique de la classe ouvrière dans les sociétés modernes exclut que l'État puisse permettre au chômage de se développer au-delà d'un degré relativement modéré. Ceci crée cependant une situation fort difficile pour les capitalistes sur le plan des salaires (où la position de force du prolétariat est soutenue par le plein-emploi) – où ils arrivent cependant à maintenir un statu quo relatif[1]. Mais cela crée également, si un degré de combativité « industrielle » du prolétariat est donné, une situation intolérable pour les capitalistes dans les usines[2]. Les « solutions » que la classe dominante parvient à trouver débouchent *toujours* sur de nouveaux problèmes, et ce processus traduit l'incapacité du capitalisme à surmonter sa contradiction fondamentale. Nous y reviendrons plus loin.

L'ensemble des moyens utilisés par le capitalisme obéit toujours au même impératif : maintenir sa domination, étendre son contrôle sur la société en général, sur le prolétariat en particulier. Quelle qu'ait pu être au départ l'influence d'autres facteurs – comme la lutte entre les capitalistes eux-mêmes, ou une évolution technique non encore subordonnée au capital –, elle a progressivement vu son importance décroître, en proportion directe de la prolétarisation de la société et de l'extension de la lutte des classes. Des sphères de la vie sociale autres que la production, l'économie et la politique n'étaient, dans les sociétés précédentes, qu'indirectement et implicitement en rapport avec la structure de classe de la société. Elles sont maintenant à la fois entraînées dans le conflit et explicitement intégrées dans le réseau d'organisations dans lequel la classe dominante tente d'enserrer la société entière. Tous les secteurs de la vie humaine doivent être soumis au contrôle des dirigeants. Toutes les ressources et les moyens sont utilisés par le capitalisme, et le savoir scientifique est mobilisé à son service : la psychologie et la psychanalyse, la sociologie industrielle et l'économie politique, l'électronique et les mathématiques sont mises à contribution pour assurer la survie du système, colmater les brèches de sa défense, lui permettre de pénétrer à l'intérieur de la classe exploitée, d'en comprendre les motivations et les conduites et de les utiliser au profit de la « production », de la « stabilité sociale » et de la vente d'objets inutiles.

C'est ainsi que la société moderne, qu'elle vive sous un régime « démocratique » ou « dictatorial », est en fait toujours *totalitaire*. Car la domination des exploiteurs doit, pour se maintenir, envahir

1. *Note 1979* : Voir plus bas, l'« Introduction à l'édition anglaise de 1974 ».

2. Voir les textes sur les grèves en Angleterre et aux États-Unis cités plus haut.

tous les domaines d'activité et tenter de se les soumettre. Que le totalitarisme ne prenne plus les formes extrêmes qu'il revêtait sous Hitler ou Staline, qu'il n'utilise plus comme moyen privilégié la terreur, ne change rien au fond de l'affaire. La terreur n'est qu'un des moyens dont peut user un pouvoir pour briser les ressorts de toute opposition ; mais elle n'est pas toujours applicable, ni toujours la plus rentable. La manipulation « pacifique » des masses, l'assimilation graduelle des oppositions organisées peuvent être plus efficaces.

4. LA POLITIQUE CAPITALISTE, AUTREFOIS ET AUJOURD'HUI

Au cours de cette lutte séculaire, le capitalisme transforme constamment la société, mais aussi il se modifie profondément lui-même. Nous commencerons l'examen de ces modifications sur le plan le plus « idéologique » : celui de la politique capitaliste[1].

Il y a actuellement une *politique* de la classe capitaliste, de plus en plus consciente et explicitée[2]. On la saisira mieux par le contraste qu'elle forme avec la « politique capitaliste du XIXe siècle ». On verra qu'en réalité, au XIXe siècle, *il n'y avait pas* de politique capitaliste au sens propre du terme ; nous utilisons cette expression pour la commodité, en entendant par là le système de référence, les idées-forces, la gamme des moyens utilisés et presque les réflexes du capitaliste individuel ou des capitalistes agissant comme classe à travers leurs institutions (partis, Parlement, administration de l'État, etc.) devant les problèmes qui se posaient à eux.

Cette « politique » capitaliste d'autrefois est bien connue, il suffit d'en résumer les grandes lignes. Chaque capitaliste doit

1. Nous commençons par cet aspect pour la clarté de l'exposition. L'idéologie, pour nous, ne « suit » ni ne « précède », n'est ni cause ni résultat, mais simplement l'expression de la *même* réalité sociale à son propre niveau, à la fois identique et différent.

2. La question du degré, de la nature, des supports sociaux de cette conscience est loin d'être simple, mais nous ne pouvons pas nous y arrêter maintenant.

être laissé libre de poursuivre son « entreprise », dans les limites (fort élastiques) tracées par le droit et par la « morale ». En particulier le contrat de travail doit être libre et déterminé par l'« accord des parties ». L'État doit garantir l'ordre social, passer, le cas échéant, des commandes profitables aux entreprises, favoriser l'activité des capitalistes par des tarifs douaniers et des traités de commerce, mener des guerres pour « protéger les intérêts de la nation », c'est-à-dire de tel ou tel groupe capitaliste. Mais il ne doit pas intervenir directement dans l'orientation et la gestion de l'économie, qu'il ne pourrait que « perturber », ni prélever par ses impôts une part importante du produit national, parce que ses dépenses sont « improductives ». Les revendications ouvrières sont *a priori* injustifiées parce qu'elles visent, concrètement, à diminuer les profits, et, abstraitement, à violer les lois du marché. Elles doivent donc être combattues à mort – y compris par l'intervention de la troupe – de même que leurs instruments : grève, syndicats, partis ouvriers, etc.

Ce qui importe ici n'est pas, bien entendu, de discuter l'absurdité de cette idéologie, son mélange d'enfantillage et de mauvaise foi – ni même de souligner le degré auquel aujourd'hui encore une fraction importante de la classe capitaliste et de ses politiciens (l'aile « libérale-réactionnaire » pour ainsi dire) reste sous son emprise. Ce qui nous intéresse, c'est que, correspondant à une phase de développement du capitalisme *et* du mouvement ouvrier, elle a joué un rôle déterminant dans le déroulement de la lutte des classes. Elle a à la fois nourri la résistance acharnée opposée par les capitalistes aux revendications ouvrières et conditionné les crises économiques classiques et le fonctionnement de l'économie en général. « Laissés à eux-mêmes », en effet, les automatismes de l'économie capitaliste ne pouvaient que susciter régulièrement des crises de surproduction, et la résorption de ces crises, également « laissée à elle-même », pouvait durer longtemps.

Il est remarquable que l'idéologie marxiste, tout en dénonçant violemment et à juste titre cette idéologie et la « politique » qui en découlait, en partageait les postulats fondamentaux dans certains domaines. Les marxistes pensaient, eux aussi, que l'on ne pouvait rien changer au fonctionnement de l'économie capitaliste, que les crises, inévitables, étaient au-delà de toute intervention de l'État. Seuls les « signes de valeur » étaient différents : pour les marxistes, les crises manifestaient les contradictions insurmontables du système et ne pouvaient qu'aller en s'aggravant[1] ; les capitalistes n'y voyaient que des « maux naturels » et « inévitables » qui avaient leur contrepartie positive (élimination des entreprises moins efficientes, etc.) ou même des signes passagers d'une « phase de croissance » du système. Les marxistes eux aussi pensaient, *au fond,* qu'on ne pouvait pas durablement améliorer le salaire réel des ouvriers, condamné par les « lois du mouvement du capitalisme » à fluctuer autour d'une moyenne inaltérable[2]. Sur ces points essentiels d'appréciation de la réalité, la politique marxiste et la politique capitaliste jusqu'aux environs de 1930 participaient d'une optique similaire.

D'autre part, le marxisme identifiait à l'*essence* du capitalisme ses manifestations du XIXe siècle et sa politique de l'époque. En tant que système, le capitalisme apparaissait au marxisme comme caractérisé fondamentalement par l'*anarchie* et l'*impuissance.* Cette politique, qui équivaut effectivement à l'*absence* ou à la *négation* de la politique : « laissez-faire », etc., on la voyait comme exprimant les tréfonds du système. Une société capitaliste était nécessairement cela : incapable d'avoir une vue et une volonté sur sa propre organisation et gestion. C'est l'anarchie au niveau subjectif de ses dirigeants qui ne veulent (ne peuvent vouloir) ni ne peuvent intervenir dans la marche de l'économie (et, s'ils intervenaient, ils seraient évidemment impuissants devant la marche inexorable des lois économiques) ; qui aussi, lorsqu'ils prennent des décisions, sont par nature incapables d'adopter un point de

1. « Enfin, à mesure que ce mouvement irrésistible contraint les capitalistes à exploiter les énormes moyens de production déjà existants sur une échelle plus grande encore et à faire jouer à cette fin tous les ressorts du crédit, les séismes qui ébranlent le monde commercial se multiplient, ne lui laissant qu'une seule issue… augmenter les *crises.* Elles gagnent en fréquence et en violence. » (K. Marx, *Travail salarié et capital,* Pl. I, p. 228. Soul. dans le texte.) [Note ajoutée à l'édition anglaise de 1965.]

2. À cet égard il y a toujours eu une certaine duplicité dans le mouvement marxiste entre la pratique – où l'on proclamait que telle entreprise ou tel secteur capitaliste pouvait et devait payer des augmentations de salaire – et la grande théorie, où l'on « démontrait » que la satisfaction des revendications ouvrières en matière de salaire était impossible dans le cadre du système.

vue plus général ou à plus long terme, rivés qu'ils sont au profit au sens le plus étroit. L'être du capitaliste est cet être immédiat, incapable de prendre une distance quelconque par rapport à la réalité, même si cela doit servir ses intérêts « bien compris ». C'est à grand-peine s'il arrive à comprendre que l'ouvrier, de même qu'une machine, a besoin de lubrification adéquate. Il préférera voir son entreprise démolie que concéder une augmentation de salaire, il fera toujours une guerre pour conquérir une colonie ou ne pas la perdre. Bref, le capitaliste est incapable de tactique et de stratégie, en particulier dans la lutte des classes.

Si, malgré cette impuissance et cette anarchie, le système fonctionne quand même, c'est que, derrière les marionnettes capitalistes, officient gravement les lois objectives et impersonnelles de l'économie qui en garantissent la cohérence et l'expansion, mais jusqu'à un certain point seulement; car, derrière cette cohérence, on rencontre à nouveau, à un niveau plus profond, l'anarchie ultime du système, sa contradiction « objective » finale.

Disons tout de suite que, pour être historiquement dépassée, cette image n'en a pas moins *été vraie* en partie. Le « tort » méthodologique – excusable – des marxistes d'autrefois a été d'élever au rang de traits éternels du capitalisme les caractéristiques d'une phase de son développement. Le tort réel – inexcusable – des « marxistes » d'aujourd'hui est de chercher la vérité sur le monde qui les entoure dans les livres d'il y a cent ans.

Il a été effectivement vrai que la politique capitaliste a été pendant longtemps cette absence de politique, ce mélange d'anarchie et d'impuissance. Il a été vrai que le comportement aussi bien du capitaliste individuel que de ses politiciens, de son État et de sa classe a été ce comportement à courte vue, sans distance, sans perspective, sans tactique ni stratégie. Il est vrai qu'aussi longtemps qu'il a pu, le capitaliste a traité l'ouvrier infiniment moins bien qu'une bête de somme et que son attitude ne s'est modifiée qu'en fonction de la lutte ouvrière et pour autant que celle-ci dure. Il est enfin vrai que dans cette société qui « se laissait faire » la seule cohérence était celle introduite par les lois économiques, laquelle évidemment, dans un monde complexe et évoluant rapidement, ne pouvait qu'aller de pair avec une incohérence fondamentale.

Les choses ont changé, et garder aujourd'hui cette image dépassée du capitalisme c'est commettre la plus grave – et la plus fréquente – des erreurs que l'on puisse commettre dans une guerre : ignorer l'adversaire, et sous-estimer sa force. Mais ce changement n'est pas dû à des mutations génétiques qui auraient rendu les capitalistes plus intelligents. La lutte du prolétariat a obligé la classe dominante à modifier sa politique, son idéologie, son organisation réelle. Le capitalisme a été modifié objectivement par cette lutte séculaire; mais il a été aussi modifié subjectivement, en ce sens que dirigeants et idéologues ont accumulé, à leur corps défendant[1], une *expérience* historique de la gestion de la société moderne.

Le contenu de la nouvelle politique capitaliste a été imposé aux classes dominantes par la lutte du prolétariat : il y a eu des victoires ouvrières qui ont montré dans les faits que le système pouvait très bien s'accommoder de certaines réformes et même les détourner à son profit; il y a eu aussi l'utilisation, par le capitalisme, d'idées, de méthodes, d'institutions qui ont surgi du mouvement ouvrier lui-même.

Ainsi les augmentations de salaire à partir d'un certain moment ne peuvent plus être combattues avec autant d'acharnement qu'autrefois, car la pression ouvrière devient trop forte; mais les capitalistes découvrent, petit à petit, que ce n'est pas *nécessaire* d'y opposer une résistance absolue. Du moment, en effet, que le mouvement se généralise – et les contrats collectifs par industrie jouent un grand rôle dans ce sens –, aucun capitaliste n'est mis en position défavorable vis-à-vis de ses concurrents du fait qu'il concède des augmentations de salaire; et, en fin de compte, il y trouve son profit par l'élargissement de la demande qu'elles entraînent. Enfin et surtout, le capitaliste se rattrape par l'augmentation du rendement, qui maintient le rapport salaires-profit approximativement

1. Comme le prouvent les énormes résistances que rencontre encore aujourd'hui une politique « moderne » au sein de la classe capitaliste. La politique de l'administration Eisenhower, qui a plongé l'économie américaine dans le marasme pendant les sept dernières années, exprime en partie ces résistances; on peut en dire autant de la politique Baumgartner en France, qui conduit le capitalisme français à progresser à pas de tortue sous prétexte de sauvegarder « la stabilité des prix ». Mais cela est encore plus vrai pour les 99 % des marxistes, qui sont loin en arrière des représentants les plus conscients du capitalisme, et qui montrent, dès qu'on les pousse un peu, que leur image du capitalisme est celle du XIXe siècle.

constant; et il essaie d'« acheter » la docilité des ouvriers dans le domaine le plus important, celui de la production, par des concessions sur les salaires[1]. Bien entendu, c'est ici par excellence un des cas où ce qui est utile pour la classe dans son ensemble et si toute la classe le fait, ne l'est pas nécessairement pour le capitaliste individuel; c'est une des raisons pour lesquelles cette nouvelle attitude n'apparaît que lorsque la concentration du capital d'un côté, celle des organisations ouvrières, de l'autre, atteignent un degré suffisant. Mais à partir de ce moment, une politique consciente d'augmentation « modérée » des salaires devient partie intégrante de la politique d'ensemble du capitalisme, car le lien entre cette augmentation et l'expansion du marché est de plus en plus clairement perçu.

D'une autre façon, la nécessité de maintenir un « plein-emploi » relatif, après l'expérience de la grande dépression de 1929-1933 et face à une classe ouvrière qui, de toute évidence, n'en accepterait pas une minute la répétition, s'est nettement imposée à la classe dirigeante – en même temps qu'était enfin aperçu le lien évident entre le maintien du plein-emploi et l'expansion accélérée du capital, et que les capitalistes découvraient, comme les ouvriers et même avant eux, que l'étatisme ne signifie nullement le socialisme. De même les syndicats, longtemps combattus, sont reconnus et finalement transformés en rouages du système[2].

On en arrive ainsi à la conception contemporaine, à la politique qui est effectivement appliquée même lorsqu'elle est combattue en paroles. Son pivot, c'est l'abandon du « laissez-faire », plus profondément : la répudiation de l'idéologie de la « libre entreprise » et de la croyance au fonctionnement spontané de l'économie et de la société comme devant produire le résultat optimum pour la classe dominante; c'est l'acceptation de l'idée (produit du mouvement ouvrier) d'une responsabilité générale de la société

1. C'était, avec une clarté totale, l'enjeu de la dernière grande grève de l'acier aux États-Unis. Voir les notes à ce sujet dans les nos 29 et 30 de *S. ou B.*

2. Cette transformation, qui a pris presque un siècle dans les autres pays capitalistes, s'est opérée en l'espace de quelques années aux États-Unis entre 1935-1937 où les grandes grèves ouvrières ont imposé au patronat la reconnaissance du CIO, et la fin de la guerre, où cette transformation était déjà achevée et les syndicats essentiellement préoccupés de maintenir la discipline dans la production en échange de concessions sur les salaires.

– c'est-à-dire de la classe dominante – devant les événements et du rôle central de l'État dans l'exercice de cette responsabilité; c'est, concurremment, l'idée de la nécessité d'un *contrôle,* le plus étendu possible, par la classe dominante et ses organes, de toutes les sphères d'activité sociale. L'intervention de l'État dans les affaires sociales devient la *règle* et non plus l'exception comme autrefois. Le contenu de cette intervention est désormais défini de façon radicalement opposée à l'idéologie capitaliste classique. L'État n'est plus supposé garantir simplement un ordre social à l'intérieur duquel le jeu capitaliste s'effectuerait librement. Il est explicitement chargé d'assurer le plein-emploi, et la « croissance économique dans la stabilité » – ce qui signifie assurer à la fois un niveau adéquat de demande globale et intervenir pour empêcher la pression des salaires de devenir trop forte –, la formation de la force de travail, les investissements dans les secteurs où le capital privé n'intervient pas suffisamment ou rationnellement, le développement scientifique et culturel. Les idées-forces sont désormais : l'expansion, le développement de la consommation et des loisirs, l'élargissement de l'éducation et la diffusion de la culture. Les moyens : l'organisation, la sélection des individus, la hiérarchisation.

Il est superflu, à cet endroit, d'insister sur le contenu de classe de ces objectifs et de ces moyens, et sur les contradictions de cette nouvelle politique capitaliste. Des doutes à cet égard – et le refus obstiné de reconnaître ce qui est la réalité du capitalisme contemporain – ne peuvent subsister que chez ceux qui, parce qu'ils continuent de confondre le socialisme avec l'expansion de *cette* production et de *cette* consommation, avec l'élargissement de *cette* éducation et la diffusion de *cette* culture, sentent le sol se dérober sous leurs pieds s'ils reconnaissent que le « niveau de vie », par exemple, s'élève sous le capitalisme.

Cette politique, qui représente *subjectivement* le produit de l'expérience capitaliste de la lutte de classe et de la gestion de la société, est en même temps *objectivement* le corollaire des transformations réelles du capitalisme, elle est la logique explicitée de ses nouvelles structures et des instruments mis en œuvre pour assurer sa domination sur la société. Mais en même temps, parce qu'elle doit se donner les moyens de ses fins, elle accélère l'évolution de ces structures et amplifie ces instruments. C'est vers cet aspect objectif de l'évolution du capitalisme que nous voulons maintenant nous tourner.

5. LA BUREAUCRATISATION DU CAPITALISME ET SA TENDANCE IDÉALE

Le résultat d'une lutte de classes deux fois séculaire a été la profonde transformation objective du capitalisme, que l'on peut résumer en ce terme : la bureaucratisation. Nous entendons par là une structure sociale dans laquelle la direction des activités collectives est entre les mains d'un appareil impersonnel organisé hiérarchiquement, supposé agir d'après des critères et des méthodes « rationnels », privilégié économiquement et recruté selon les règles qu'en fait il édicte et applique lui-même.

La bureaucratisation du capitalisme trouve sa source dans trois aspects de la lutte de classe et de la tentative du capitalisme de se soumettre et de contrôler l'activité sociale des hommes.

Tout d'abord, dans la *production.* La concentration et la « rationalisation » de la production entraînent l'apparition d'un appareil bureaucratique au sein de l'entreprise capitaliste, dont la fonction est la gestion de la production et des rapports de l'entreprise avec le reste de l'économie. En particulier, la direction du processus du travail – définition des tâches, des rythmes et des méthodes, contrôle de la quantité et de la qualité de la production, surveillance, planification du processus de production, gestion des hommes et de leur « intégration » à l'entreprise, autrement dit maniement du bâton et de la carotte – implique l'existence d'un appareil spécifique et important. La résistance des ouvriers à la production capitaliste suscite la nécessité pour le capitalisme d'un contrôle toujours plus poussé du processus du travail et de l'activité du travailleur, et ce contrôle exige à la fois une transformation complète des méthodes de gestion de l'entreprise par rapport à ce qu'elles étaient au XIXe siècle et la création d'un appareil gestionnaire qui tend à devenir le véritable lieu du pouvoir dans l'entreprise[1].

Ensuite, dans l'*État*. La modification profonde du rôle de l'État, devenu maintenant instrument de contrôle et même de gestion d'un nombre croissant de secteurs de la vie économique et sociale, va de pair avec un gonflement extraordinaire du personnel et des fonctions de ce qui a toujours été l'appareil bureaucratique par excellence.

Enfin, dans les *organisations politiques et syndicales*. Ici l'évolution du capitalisme recoupe l'évolution propre du mouvement ouvrier que des facteurs complexes conduisent, à partir d'une certaine étape, à la bureaucratisation[2]. Parallèlement, la fonction objective des grandes organisations « ouvrières » devient de maintenir le prolétariat à l'intérieur du système d'exploitation, d'en canaliser la lutte vers l'aménagement et non plus vers la destruction de ce système[3]. L'encadrement du prolétariat – et, plus généralement, de la population entière –, sa manipulation et la gestion de ses activités revendicatives et politiques impliquent un appareil spécifique, personnifié par la bureaucratie « ouvrière », politique et syndicale. Les mêmes facteurs – et aussi les nécessités de la lutte contre les organisations « ouvrières » bureaucratisées – induisent la bureaucratisation des formations politiques conservatrices.

À partir d'un certain moment, la bureaucratisation, la gestion des activités par des appareils hiérarchiques, devient la logique même de cette société, sa réponse à tout. Dans l'étape actuelle, la bureaucratisation a depuis longtemps dépassé les sphères de la production, de l'économie, de l'État et de la politique. La consommation est indubitablement bureaucratisée, en ce sens que ni son volume ni sa composition ne sont plus laissées aux mécanismes

1. Personne ne conteste que le capitaliste privé subsiste en Occident et qu'il continue à jouer un rôle important. Mais le point essentiel – que les tenants des conceptions traditionnelles sont incapables de voir –, c'est que même là où il existe, le grand capitaliste ne peut jouer son rôle dans l'affaire que comme le sommet de la pyramide bureaucratique et par l'intermédiaire de celle-ci.

2. Voir l'article « Prolétariat et organisation », dans le n° 27 de *S. ou B.* [*EMO, 2,* p. 123-187 <ici, p. 273-316>.]

3. Cela vaut même pour les organisations staliniennes, dont l'arrivée au pouvoir ne signifie en dernière analyse qu'un immense aménagement des *formes* de l'exploitation pour en mieux préserver la substance.

spontanés de l'économie et de la psychologie (le « libre choix » du consommateur n'a bien entendu jamais existé dans une société aliénée), mais forment l'objet d'une activité de manipulation toujours plus poussée d'appareils spécialisés correspondants (services de vente, publicité et recherches de marché, etc.). Les loisirs mêmes se bureaucratisent[1]. Un degré croissant de bureaucratisation de la culture se réalise, inévitable dans le contexte actuel, puisque sinon encore la « production » tout au moins la diffusion de cette culture est devenue une immense activité collective et organisée (presse, édition, radio, cinéma, télévision, etc.). La recherche scientifique elle-même se bureaucratise à un rythme terrifiant, qu'elle soit sous le contrôle des grandes entreprises ou de l'État[2].

L'analyse de cette société pose des problèmes neufs à tous les niveaux, qu'il ne peut être question d'aborder ici[3]. Mais il faut avant toute autre chose dégager le *sens* de cette évolution du capitalisme, voir en quoi elle affecte le sort des hommes dans la société dans ses racines les plus profondes.

Pendant un siècle, l'immense majorité des marxistes a vu dans le capitalisme le « système du profit »; elle l'a critiqué essentiellement parce qu'il condamnait les travailleurs à la misère (en tant que consommateurs) et parce qu'il corrompait les relations sociales par l'argent (cette corruption était d'ailleurs vue sous son aspect le plus vulgaire et le plus superficiel). L'idée que le capitalisme est avant tout une entreprise de déshumanisation de l'ouvrier et de destruction du travail en tant qu'activité signifiante (créatrice de significations) – idée pourtant formulée pour la première fois par Marx lui-même – leur aurait paru, s'ils la connaissaient, de la philosophie brumeuse, qu'ils auraient qualifiée volontiers de spiritualiste.

1. Voir D. Mothé, « Les ouvriers et la culture », dans le n° 30 de *S. ou B.*

2. Voir par exemple *L'Homme de l'organisation*, de W.H. Whyte <trad. fr., Paris, Plon, 1959, de *The Organization Man*, New York, Simon and Schuster, 1956>.

3. Pour la bureaucratie dans la production, voir « Sur le contenu du socialisme », *l. c.* Sur la bureaucratie politique, voir « La voie polonaise de la bureaucratisation », dans le n° 21 de *S. ou B.* [*SB, 2,* p. 339-372 <rééd. Bourgois, 1990, p. 407-423>] et « Prolétariat et organisation », *l. c.*

Une vue tout aussi superficielle du processus de bureaucratisation semble en train de se répandre aujourd'hui. Certains ne voient dans la bureaucratisation que l'apparition d'une couche gestionnaire qui s'ajoute aux patrons privés ou à la limite les remplace, instaure un type de commandement inacceptable dans la production et la vie politique, et par là même intensifie la révolte des exécutants et crée un nouvel et immense gaspillage. Tout cela est évidemment vrai et important. Mais on se condamnerait à ne rien comprendre à la société contemporaine si on s'en tenait là.

La bureaucratisation ne signifie pas seulement l'émergence d'une couche sociale dont le poids et l'importance s'accroissent constamment ; ni simplement que le fonctionnement de l'économie subit, en fonction de la concentration et de l'étatisation, des modifications essentielles. La bureaucratisation entraîne une transformation des valeurs et des significations qui fondent la vie des hommes en société, un remodelage de leurs attitudes et de leurs conduites. Si l'on ne comprend pas cet aspect, le plus profond de tous, on ne peut rien comprendre ni à la cohésion de la société actuelle ni à sa *crise*.

Le capitalisme impose à toute la société sa « raison » : la fin ultime de l'activité et de l'existence humaines est la production maximum, et tout doit être subordonné à cette fin arbitraire. La « rationalisation » capitaliste consiste en ce que cette fin doit être réalisée par des méthodes qui à la fois découlent de l'aliénation des hommes en tant que producteurs – puisque les hommes ne sont vus désormais que comme les moyens de la fin productive – et la recréent en l'approfondissant constamment : concrètement, par la séparation de plus en plus poussée de la direction et de l'exécution, par la réduction des travailleurs en simples exécutants, et par l'installation de la fonction de direction à l'*extérieur* du processus de travail. La « rationalisation » capitaliste est donc inséparable de la bureaucratisation[1], puisqu'elle ne peut avancer

1. C'est Max Weber qui le premier, partant de l'analyse de Marx du capitalisme comme rationalisation, a montré la parenté intime entre rationalisation et bureaucratie et a indiqué que l'avenir du capitalisme se trouvait dans la bureaucratie, système de direction « rationnel » par excellence. La lacune fondamentale de son analyse se trouve en ceci que pour lui cette « rationalisation » est rationalisation sans guillemets, autrement dit qu'il ne peut en dégager les contradictions internes. *Cf.* les derniers chapitres de son grand ouvrage, *Wirtschaft und Gesellschaft.*

que pour autant que se constitue un corps de « rationalisateurs », c'est-à-dire de dirigeants, organisateurs, cadres intermédiaires, contrôleurs, « préparateurs » du travail des autres, etc. Mais cette « rationalisation » imposée de l'extérieur et dans une optique bien définie (qui est celle de l'exploitation) entraîne la *destruction des significations* des activités sociales, de même que l'« organisation » de l'extérieur entraîne la *destruction de la responsabilité* et de l'*initiative* des hommes.

Il est facile de le voir d'abord sur le plan du *travail,* qui est le plus familier et où ces conséquences du processus de bureaucratisation (ou de la « rationalisation ») ont été aperçues depuis longtemps. Le capitalisme a détruit la signification du travail – ou plus exactement il a détruit le travail en tant qu'activité *signifiante,* en tant qu'activité au cours de laquelle les significations se constituent pour le sujet et à laquelle le sujet est attaché précisément de ce fait. Toute signification a été détruite *à l'intérieur* du travail, puisque dans les tâches devenues parcellaires il n'y a plus d'*objet* du travail à proprement parler (mais simplement des fragments de matière dont le sens est toujours ailleurs) et il n'y a même plus de *sujet* du travail, la personne du travailleur étant décomposée en facultés séparées dont certaines sont extraites arbitrairement de l'ensemble et seules mises en œuvre intensivement. En même temps, a été détruite toute possibilité pour le travailleur d'attacher une signification quelconque au travail comme tel – puisque le travailleur n'est pas présent dans le processus de production comme personne, mais simplement comme faculté anonyme et remplaçable de répétition indéfinie d'un geste élémentaire.

La fragmentation du processus du travail, et en particulier de son objet, crée du point de vue de la production elle-même des problèmes pratiquement insurmontables, qui ont été analysés ailleurs (« Sur le contenu du socialisme », *l. c.*). Brièvement parlant, la division croissante du travail et des tâches exige que le sens unifié du processus de production, qui n'existe pas chez les sujets qui l'accomplissent, doit exister ailleurs – sans quoi la production s'effondrerait sous le poids de sa propre différenciation interne. Cet « ailleurs », c'est la direction extérieure de la production, autrement dit la bureaucratie de l'entreprise, dont la fonction est précisément aussi de reconstituer idéalement l'unité de la production. Le sens du travail doit être trouvé chez ceux qui ne « travaillent » pas, dans les bureaux. Mais la bureaucratie elle-même, s'appliquant ses propres méthodes, en proliférant se subdivise, divise en son sein à la fois le travail et les tâches, de façon qu'il n'est pas plus facile de retrouver le sens unifié des opérations productives dans les bureaux que dans les ateliers. À la limite, la signification des opérations n'est possédée *par personne*.

Si la signification du travail comme tel est ainsi détruite, il reste pour les travailleurs la signification du travail et de la lutte quotidienne contre l'exploitation qui l'accompagne comme *terrain de socialisation positive*, comme cadre dans lequel se constituent la collectivité et la solidarité des travailleurs. Aussi déchirée et déchirante qu'elle soit, l'entreprise reste pour le travailleur le lieu de la communauté avec les autres, communauté de lutte en premier lieu. Cette considération fondamentale nous retiendra longuement par la suite. Mais elle n'entre pas en ligne de compte ici, où ce qui nous importe c'est la logique à la fois consciente et objective de la bureaucratisation, qui non seulement ignore cet aspect de la vie dans l'entreprise, mais le combat par tous les moyens puisqu'il est dirigé contre elle. La bureaucratie essaie constamment de détruire la solidarité et la socialisation positive des ouvriers par mille moyens, dont le principal est la tentative d'introduire une différenciation multipliée à l'infini au sein des travailleurs, en attribuant des « statuts » différents aux divers emplois et en les disposant selon une structure hiérarchique. Que cette tentative soit artificielle, et qu'elle échoue constamment dans les fins qu'elle vise, importe peu dans le présent contexte. Elle définit le *sens* de l'entreprise bureaucratique, qui est la destruction de tout sens du travail. Le travail, dans l'optique capitaliste-bureaucratique, ne doit avoir pour son sujet qu'une seule et unique signification : être la condition du salaire, la source du revenu.

L'organisation bureaucratique entraîne une autre conséquence, tout aussi importante : la *destruction de la responsabilité*. Du point de vue formel, l'organisation bureaucratique signifie la division des responsabilités : les domaines d'autorité ou de contrôle doivent être nettement définis et délimités, et les responsabilités fragmentées en conséquence. Mais la fragmentation de plus en plus poussée de ces domaines – expression du processus de division croissante du travail au sein de la bureaucratie elle-même – conduit à la limite à une destruction totale de la responsabilité. Tout d'abord, l'organisation de l'extérieur du travail et la réduction de l'énorme masse des travailleurs à des tâches d'exécution de plus en plus limitées signifient que toute responsabilité leur est en fait enlevée : l'organisation des activités par un nombre limité et défini de « responsables » (et cela vaut pour toutes les activités, non seulement pour la production) signifie que tout le monde est réduit à une attitude d'irresponsabilité. Tout le monde en dehors des « organisateurs » en première approximation ; mais les « organisateurs » eux-mêmes aussi en fin de compte, puisque la collectivisation des appareils bureaucratiques et la division du travail qui progresse en leur sein créent toujours des bureaucrates de la bureaucratie. Ensuite, de même que la division des tâches, la fragmentation croissante des domaines d'autorité et de responsabilité crée un énorme problème de *synthèse*, que la bureaucratie est incapable de résoudre rationnellement : très exactement, elle ne peut y répondre que d'après ses propres méthodes, en créant une nouvelle catégorie de bureaucrates, spécialistes de la synthèse, dont la fonction est d'opérer la réunification de ce qui a été brisé – mais leur simple existence signifie déjà une nouvelle brisure. Comme la définition des domaines et des responsabilités partielles ne peut jamais être ni exhaustive ni étanche, les questions : où s'arrête la responsabilité de A et où commence la responsabilité de B, où s'arrêtent les responsabilités des subordonnés et où commence la responsabilité du supérieur, ne sont jamais réglées, à l'intérieur de la bureaucratie, qu'au hasard des intrigues et des luttes entre cliques et clans. Finalement, le ressort le plus profond de l'attitude de responsabilité disparaît, puisque le travail n'est que source de revenu, que donc la seule chose qui compte est simplement de « se couvrir » à l'égard des règles formelles.

Pour les mêmes raisons, tend à disparaître l'*initiative*. Le système, par sa logique et par son fonctionnement réel, la dénie aux exécutants et veut la transférer aux dirigeants. Mais comme tout le monde est graduellement transformé en exécutant d'un niveau ou d'un autre, ce transfert signifie que l'initiative disparaît entre les mains de la bureaucratie au fur et à mesure qu'elle s'y concentre.

Cette situation, que nous avons décrite à partir de la production, se généralise au fur et à mesure que la bureaucratisation gagne les autres sphères de la vie sociale. Disparitions de la signification des activités, de la responsabilité et de l'initiative deviennent à un degré croissant les caractéristiques de la société bureaucratisée.

Comment donc cette société peut-elle assurer sa cohésion, qu'est-ce qui en maintient ensemble les différentes parties, et surtout qu'est-ce qui garantit, en temps normal, la subordination des exploités, leur conduite conforme aux besoins de fonctionnement du système? En partie, certes, la violence et la contrainte, prêtes toujours à intervenir pour garantir l'ordre social. Mais, pour des raisons évidentes, violence et contrainte ne suffisent pas et n'ont jamais suffi pour assurer le fonctionnement d'une société, sauf peut-être dans les galères. C'est vingt-quatre heures sur vingt-quatre qu'il faut que tous les gestes des hommes concourent, d'une façon ou d'une autre, à maintenir cette société en mouvement, dans *son* mouvement, qu'il faut qu'ils consomment les produits qu'elle offre, se rendent aux lieux de plaisir qu'elle propose, procréent les enfants dont elle aura besoin demain, les élèvent de façon conforme aux normes sociales, etc. Une société, quelles que soient ses contradictions et ses conflits, ne peut continuer que si elle arrive à inculquer à ses membres des *motivations adéquates*, les induisant à reproduire continuellement des comportements cohérents entre eux et avec la structure et le fonctionnement du système social. Peu importe que ces motivations soient ou nous apparaissent fausses ou mystifiées, pourvu qu'elles existent et que la société parvienne à les reproduire au sein de chaque génération nouvelle. La non-existence de Dieu, les contradictions internes du dogme catholique ou celles entre celui-ci et la pratique sociale de l'Église n'ont pas empêché les serfs chrétiens d'Europe occidentale de se comporter pendant des siècles en reconnaissant et en valorisant l'ordre féodal (*même* si, à des moments extrêmes, ils brûlaient le château du seigneur).

Mais des motivations adéquates – autres, encore une fois, que celles résultant de la simple contrainte directe ou indirecte – ne peuvent pas exister s'il ne s'impose à la société *un système de valeurs,* auquel tous ses membres participent à un degré plus ou moins grand. Le résultat de deux siècles de capitalisme, et singulièrement du dernier demi-siècle, a été l'effondrement des systèmes de valeurs traditionnels (religion, famille, etc.) et le lamentable échec des tentatives de leur substituer des valeurs « rationnelles » modernes (il suffit de penser à l'infinie platitude de la morale « laïque et républicaine » en France, dont les combinards radical-socialistes ont été la plus digne incarnation). Cet effondrement a d'ailleurs marché de pair avec cet autre résultat de l'évolution capitaliste : la dislocation des communautés humaines intégrées et organiques, qui seules peuvent être le sol nourricier de valeurs auxquelles les membres de la société participent effectivement (ici encore, l'usine et la communauté ouvrière qui s'y constitue s'opposent radicalement à cette tendance du capitalisme – mais cette constatation, pour capitale qu'elle soit, est en dehors du contexte présent de l'analyse).

Quelle peut donc être la réponse de cette société au problème de la motivation des hommes pour qu'ils fassent ce qu'elle leur demande de faire ? On l'a déjà vu, à propos du problème de la signification du travail : la seule motivation qui peut subsister, c'est le *revenu.* On pourrait dire qu'à celle-ci s'ajoute, dans une structure de plus en plus hiérarchisée et bureaucratisée, la *promotion.* Mais une foule de facteurs font que, malgré la tentative permanente d'attacher à la hiérarchie bureaucratique des différenciations de rang, de statut, etc., ces éléments ne peuvent pas dans le contexte du XXe siècle acquérir de l'importance, et que finalement la promotion ne vaut que parce qu'elle représente une progression de revenu.

Mais quelle est la signification du revenu ? Dans une société où le capital est de plus en plus impersonnel, le revenu privé ne peut plus, sauf rarissimes exceptions, conduire à une accumulation. Le revenu n'a donc de signification que par la *consommation* qu'il permet. Mais quelle est cette consommation ? Les besoins traditionnels ou (ce qui, pour l'instant, revient au même) les modes traditionnels de les satisfaire sont, par l'élévation continue des revenus, à la limite de la saturation. La consommation ne peut donc garder une apparence de sens que si de nouveaux besoins ou de nouveaux modes de satisfaction des besoins sont constamment créés – ce qui est en même temps indispensable pour maintenir l'économie dans son mouvement d'expansion. Ici la bureaucratisation intervient de nouveau. Le travail a perdu tout sens, sauf en tant que source de revenu. Ce revenu a un sens en tant qu'il permet aux individus de consommer, autrement dit de satisfaire des besoins. Mais cette consommation elle-même perd son sens originaire. Les besoins ne sont plus – ou de moins en moins – l'expression d'une relation organique de l'individu avec son milieu naturel et social : ils sont l'objet d'une *manipulation* sournoise ou violente et à la limite créés de toutes pièces par les soins d'une fraction spéciale de la bureaucratie, la bureaucratie de la consommation, de la publicité et de la vente. Que vous ayez ou non « vraiment besoin » de tel objet, peu importe, d'ailleurs comme vous le dira n'importe quel sociologue averti ces mots n'ont pas de sens ; il suffit que vous imaginiez qu'il vous est indispensable ou utile, qu'il existe d'abord et que d'autres le possèdent, que c'est « ce qui se fait » ou « qui se porte », etc. Que le « bien-être », le « niveau de vie » et l'« enrichissement » à l'échelle de la société entière deviennent alors des concepts entièrement suspendus en l'air, c'est évident : en quel sens peut-on dire qu'une société qui consacre une part croissante de ses activités pour créer de toutes pièces chez ses membres la conscience d'un manque, pour les épuiser ensuite dans un travail acharné visant à combler ce « manque », est « plus riche » ou « vit mieux » qu'une autre qui ne s'est pas créé cette conscience de manque ? Mais ce qui importe ici encore plus, c'est que même la vie privée ou la consommation, qui semblaient pouvoir demeurer le domaine où les individus façonnent la signification de leur existence, n'échappent pas au processus de « rationalisation » et de bureaucratisation : les attitudes spontanées ou culturelles du consommateur sont absolument insuffisantes pour former le support de l'énorme production moderne, le consommateur doit être amené à se comporter de façon conforme aux exigences de la société, à consommer en quantité croissante ce que la production fournit. Ses conduites et ses motivations doivent donc être soumises au calcul et manipulées, et cette manipulation devient désormais partie intégrante du processus d'« organisation de la société ». Cette manipulation est évidemment le résultat de la destruction des significations – mais elle devient immédiatement cause, et achève cette destruction.

On peut voir le même processus sur le plan de la politique. Les organisations politiques actuelles (*quelle que soit* leur orientation), bureaucratisées et séparées de la population, n'expriment plus une attitude ou une volonté politique d'une couche importante quelconque. Aucune catégorie de la population ne les nourrit de sa substance, aucune n'y *participe* effectivement, pour aucune elles ne sont le véhicule d'une création politique collective (que cette création soit révolutionnaire, réformiste ou conservatrice, *peu importe*). Comment peut donc être garantie l'« obédience » de la population à ces organisations ? En partie, certes, elle résulte d'une série d'automatismes incorporés dans la société ; mais pour une part croissante, elle doit être produite par un effort conscient et continu des états-majors bureaucratiques des partis, par l'intermédiaire de leurs services spécialisés. Il suffit d'ailleurs de réfléchir à ce fait : il y a vingt-cinq siècles d'histoire politique enregistrée du monde occidental – mais pour l'essentiel la *propagande* est une création du dernier demi-siècle. Par le passé, les gens allaient d'eux-mêmes vers le parti ou l'homme politique dont ils pensaient qu'il les exprimait, et personne ne se préoccupait de créer chez eux un intérêt politique. Maintenant, cet intérêt politique est nul, malgré (et à cause de) l'effort désespéré et permanent des organisations visant à le créer. Mais il y a longtemps que la propagande n'est plus que manipulation mystificatrice, le contenu a disparu, ce qui compte c'est l'« image » du parti ou de tel candidat chez les électeurs, on « vend » un Président à la population des États-Unis comme on vend une pâte dentifrice. Le processus n'est d'ailleurs évidemment pas à sens unique, et les manipulateurs sont aussi, d'une certaine façon, manipulés par ceux qu'ils manipulent ; mais la roue reste toujours dans la même ornière. Ici encore, le processus est le même : la signification de la politique pour les gens est morte. Mais la société a besoin d'un comportement politique minimum de ses sujets. C'est la manipulation des citoyens par la bureaucratie politique qui doit l'assurer.

Quel est donc le contenu le plus profond de la bureaucratisation, pour ce qui est du destin des hommes dans la société ? C'est l'insertion de chaque individu dans une petite alvéole d'un grand ensemble productif où il est astreint à un travail aliéné et aliénant, c'est la destruction du sens du travail et de toute vie collective, c'est la réduction de la vie à la vie privée hors du travail et hors de toute activité collective, c'est la réduction de cette vie privée à la consommation matérielle, c'est l'aliénation dans le domaine de la consommation elle-même par la manipulation permanente de l'individu en tant que consommateur.

Ce contenu, combiné avec les traits plus familiers du processus de bureaucratisation dans les domaines de la production, de l'économie et de la politique, nous permet de saisir la *tendance idéale du capitalisme bureaucratique*. Nous allons essayer de préciser cette tendance en définissant ce qu'on peut appeler le *modèle* d'une société bureaucratique, car ce n'est que projetée sur ce modèle que l'évolution des sociétés contemporaines devient pleinement compréhensible.

Une société bureaucratique est une société qui a réussi à transformer l'énorme majorité de la population en population salariée, ne laissant en dehors du rapport de salariat (et de la hiérarchie concomitante) que des couches marginales (5 % d'agriculteurs, 1 % d'artistes, d'intellectuels et de prostituées), et où :

– La population est intégrée à de grandes unités de production impersonnelles (dont la propriété peut appartenir à un individu, une société anonyme ou l'État) et y est disposée selon une structure hiérarchique pyramidale : cette structure correspond pour la plus petite partie à une différenciation des connaissances (elle-même produit de l'éducation et donc de la différence des revenus – et tendant par conséquent à se reproduire d'elle-même de génération en génération) et pour la plus grande partie à l'instauration de différenciations techniquement et économiquement arbitraires, mais nécessaires du point de vue des exploiteurs.

– Le travail a perdu toute signification en lui-même, y compris pour la majorité des couches « qualifiées », et n'en garde que comme source et condition du revenu. La division du travail est poussée à l'absurde ; la division des tâches, même si elle a atteint une certaine limite, ne laisse subsister que des tâches parcellaires dénuées de tout sens.

– Le « plein-emploi » est réalisé, à peu de choses près, en permanence. Les travailleurs salariés, manuels ou intellectuels, vivent dans une sécurité d'emploi presque complète s'ils « se conforment ». La production, mis à part des fluctuations mineures, avance bon an mal an d'un pourcentage non négligeable.

– Les salaires augmentent, bon an mal an, d'un pourcentage qui ne diffère pas appréciablement de celui de la production. Par conséquent la production en augmentant crée ses propres débouchés pour ce qui est du pouvoir d'achat.

– Les « besoins » au sens économique ou plutôt commercial et publicitaire du terme augmentent régulièrement avec le pouvoir d'achat. La société en crée suffisamment pour soutenir la demande des biens produits, que ce soit par la publicité et la manipulation des consommateurs, ou par l'action de la différenciation sociale, proposant constamment aux catégories de revenu inférieur des modèles de consommation plus dépensière.

– La hiérarchisation des emplois dans les entreprises a atteint un degré suffisant pour entamer à un degré substantiel les solidarités des grands groupes exploités. Le système, autrement dit, est suffisamment « ouvert » ou « flexible » pour créer des chances non nulles de « promotion » (par exemple une probabilité d'un dixième) pour la moitié supérieure de la classe salariée. Par conséquent les relations entre travailleurs dans l'entreprise ne se modèlent plus, dans la majorité des cas, sur l'atelier d'aujourd'hui, mais sur le bureau d'hier (compétition sournoise, intrigues et échine courbée).

– Par conséquent, l'entreprise non seulement est le lieu de travail abhorré mais cesse, dans la majorité des cas, d'être un lieu de socialisation positive.

– L'évolution de l'urbanisme et de l'habitat – différenciation poussée des lieux des activités, dislocation de toute vie communautaire intégrée dans les agglomérations urbaines – tend à annihiler la localité comme cadre de socialisation et support matériel d'une collectivité organique. Ces collectivités pouvaient être autrefois conflictuelles et contradictoires ; maintenant, elles cessent d'exister en tant que collectivités, elles ne sont que la juxtaposition d'individus et de familles vivant chacun sur soi et coexistant sous le mode de l'anonymat.

– Par conséquent, que ce soit à son travail ou à l'endroit qu'il habite, l'individu se trouve affronter un milieu soit hostile, soit inconnu, anonyme et massifié.

– La seule motivation qui subsiste est la course après la carotte d'un « niveau de vie toujours plus élevé » (à ne pas confondre avec la vraie vie qui, elle, n'a pas de niveau). Cette « élévation du niveau de vie », comportant en elle-même sa propre négation (puisqu'il y a toujours un autre niveau de vie, encore plus élevé), fonctionne comme la roue de l'écureuil.

– La vie sociale dans son ensemble garde des apparences « démocratiques », avec des partis politiques, des syndicats, etc., mais aussi bien ces organisations que l'État, la politique et la vie publique en général sont profondément bureaucratisés (sans que cette bureaucratisation soit, bien entendu, le décalque rigoureux de celle de la production).

– Par conséquent, la participation active des individus à la « politique » ou à la vie de ces organisations politiques et syndicales n'a, objectivement parlant, aucun sens, personne n'y pouvant rien et ne pouvant lutter contre l'état existant des choses – et est perçue par les individus comme privée de sens. Tout au plus, une petite minorité reste mystifiée à cet égard et opère la liaison entre les organisations et la population, qui, quant à elle, ne s'intéresse à la politique que de façon opportuniste et cynique, à l'occasion des « élections ».

– Non seulement la politique et les organisations correspondantes, mais *toute* organisation et *toute* activité collective a été à la fois bureaucratisée et abandonnée par les hommes, et, comme l'a dit quelqu'un de façon excellente, « même chez les boulistes il y a du monde pour jouer aux boules, mais personne pour élire le bureau, discuter des questions d'entretien, etc. ». La *privatisation* caractérise donc l'attitude des individus de façon générale – étant entendu que privatisation ne signifie pas l'absence de société et que chez l'homme la privatisation ne peut être qu'un mode de la socialité.

– Par conséquent, l'*irresponsabilité sociale* devient un trait essentiel du comportement humain ; irresponsabilité pour la première fois possible à cette échelle, parce que la société ne se trouve plus devant aucun défi, ni interne ni externe, parce que ses capacités de production et ses richesses énormes lui confèrent des marges inimaginables dans toute autre période historique, lui permettant presque toutes les erreurs, presque toutes les irrationalités, presque tout le gaspillage, et parce que sa propre aliénation et son inertie l'empêchent de faire surgir d'elle-même de nouvelles tâches et de nouvelles questions – de sorte qu'aucun problème crucial ne se pose à elle qui pourrait mettre à l'épreuve son incapacité fondamentale de parvenir à un choix explicite, serait-il irrationnel, ou même d'imaginer qu'elle aurait à opérer un tel choix.

– L'art et la culture sont effectivement et définitivement devenus des simples objets de consommation et de plaisir, sans lien avec les problèmes humains et sociaux, le formalisme prédominant et le Musée de toute espèce étant la manifestation culturelle suprême.

– La philosophie de la société est la consommation pour la consommation dans la vie privée et l'organisation pour l'organisation dans la vie collective.

*

* *

Ce cauchemar climatisé est déjà autour de nous, et cette description peut à peine être considérée comme une extrapolation de la réalité actuelle. Elle exprime le cours objectif que suit à une vitesse croissante la société bureaucratisée ; elle définit le but final des classes dominantes qui est de faire échec à la révolte des exploités en les attelant à la course derrière le « niveau de vie », en disloquant leur solidarité par la hiérarchisation, en bureaucratisant toute entreprise collective. Conscient ou non, c'est là le *projet capitaliste-bureaucratique,* le sens pratique qui unifie la politique des classes dominantes et les processus objectifs qui se déroulent dans leur société.

Mais ce projet échoue, car il n'arrive pas à surmonter la contradiction fondamentale du capitalisme, qu'il multiplie au contraire à l'infini, ni, jusqu'à présent, à supprimer la lutte des hommes et à les transformer en marionnettes manipulées par la bureaucratie de la production, de la consommation et de la politique. C'est vers l'analyse des conditions et de la signification de cet échec que nous voulons nous tourner maintenant.

6. L'ÉCHEC DU CAPITALISME

Le capitalisme tend à bureaucratiser intégralement la société. Qu'ils le sachent ou non, qu'ils le veuillent explicitement ou non, les capitalistes ne peuvent ni riposter à la lutte des travailleurs contre le système, ni résoudre les innombrables problèmes que leur pose constamment l'évolution du monde moderne, qu'en essayant de soumettre à leur pouvoir et à leur « organisation » des secteurs de plus en plus nombreux de la vie sociale, de pénétrer de plus en plus le travail et la vie des hommes pour la diriger d'après leurs intérêts et leur optique. La mentalité courante ne voit dans le développement du capitalisme que le développement de la production. Mais ce n'est là que le *résultat* de l'extension et de l'approfondissement des *rapports* de production et de vie capitalistes. Le développement du capitalisme, c'est la prolétarisation croissante de la population ; la réduction de tout travail en travail d'exécution au sein de grands ensembles organisés bureaucratiquement, et la séparation de plus en plus poussée des fonctions d'exécution et de direction ; la manipulation et l'organisation de l'extérieur de tous les aspects de la vie ; la constitution d'appareils de direction séparés, au sein desquels la même division entre direction et exécution est rapidement appliquée.

Ainsi, le capitalisme s'organise et organise la société. Il vise à produire une situation où l'appareil de direction déciderait de tout, où rien ne viendrait interrompre le fonctionnement « normal » prévu par les bureaux et les gouvernements, où tout se déroulerait suivant les plans des organisateurs, où la manipulation indéfinie des hommes les amènerait à se comporter docilement en machines à produire et à consommer. Ainsi, les contradictions et les crises du système seraient finalement surmontées.

Apparemment, le capitalisme a déjà parcouru une bonne partie du chemin menant à la réalisation de cet état de choses. Comme on l'a vu dans la première partie de ce texte, il est parvenu à contrôler suffisamment l'économie pour éliminer les dépressions ou le chômage massif, à manipuler les consommateurs de façon qu'ils absorbent une production constamment croissante, à intégrer les organisations ouvrières dans son système et à en faire des rouages, à transformer la politique en jeu inoffensif.

Ces manifestations de la bureaucratisation de la société, et en particulier le contrôle de l'économie, les apologistes du système et quelques marxistes traditionnels les considèrent comme prouvant que le capitalisme a « dépassé ses contradictions ». Ce qui amène souvent les marxistes traditionnels soit à nier les faits soit à abandonner la perspective révolutionnaire, c'est qu'ils ne voient pas que le capitalisme n'a fait qu'éliminer du milieu social ce qui *n'était pas* capitaliste, que les « contradictions » auxquelles ils sont habitués à penser ne sont précisément pas les contradictions du capitalisme, mais les incohérences d'une société que le capitalisme n'avait pas encore suffisamment transformée et assimilée. Ils ne comprennent pas par exemple que les dépressions économiques étaient conditionnées par le morcellement de la production en une multitude d'unités gérées indépendamment – morcellement qui n'a rien d'essentiellement capitaliste mais est, au contraire, tout aussi absurde du point de vue du système que le serait la gestion indépendante des divers ateliers d'une usine. La logique du capitalisme est de traiter l'ensemble de la société comme une immense entreprise intégrée ; les problèmes qu'il rencontre aussi longtemps que cette intégration n'est pas réalisée, loin de révéler son essence, ne font que la masquer.

Mais si on se débarrasse de cette optique superficielle, on voit immédiatement que la contradiction du capitalisme ne peut pas être supprimée à moins que le système ne soit aboli. Car cette contradiction, comme on l'a vu dans le chapitre 3 de ce texte, est posée par sa structure même ; elle est inhérente au rapport fondamental qui constitue l'organisation capitaliste de la production et du travail. Celle-ci tend constamment à réduire la quasi-totalité des travailleurs en exécutants purs et simples, mais s'effondrerait aussitôt si cette réduction se réalisait intégralement : elle est donc obligée simultanément de solliciter la participation des exécutants au processus de production *et* de leur interdire toute initiative. Dans une société en bouleversement continu, cette contradiction devient le problème quotidien de la production ; et la lutte de classe des travailleurs devient immédiatement une contestation permanente des fondements du système.

Or le développement du capitalisme n'est que l'extension des rapports capitalistes à toute la société ; en bureaucratisant toutes les activités pour « résoudre » les contradictions héritées des phases historiques antérieures, le capitalisme ne fait que propager partout sa contradiction fondamentale. Et ses tentatives de la résoudre n'aboutissent qu'à des échecs.

Pour s'en convaincre, il faut d'abord considérer la situation dans la production. Depuis un siècle, le taylorisme, la psychologie puis la sociologie industrielles ont essayé de réaliser cette quadrature du cercle : faire que les ouvriers exploités et aliénés travaillent comme s'ils ne l'étaient pas, que ceux à qui l'initiative est interdite en prennent d'extraordinaires lorsque c'est « nécessaire », c'est-à-dire tout le temps, que ceux qu'on exclut constamment de tout participent à quelque chose. La solution de ce problème n'a pas avancé d'un millimètre depuis un siècle[1]. Les vaines tentatives des sociologues industriels visant à « réformer les relations humaines dans l'industrie » ne servent finalement qu'à la décoration, au même titre que les jardinets bien entretenus dont s'entourent les usines modernes.

Certes, lorsque la logique du système poussée à ses conséquences ultimes aboutit à des impasses absolues, des corrections sont apportées. Mais ce ne sont que des oscillations autour d'un point de déséquilibre central. Ainsi, un mouvement se dessine actuellement contre la division toujours plus poussée des tâches,

1. Ce fait fondamental est reconnu par les dirigeants capitalistes qui ne se payent pas de mots. Voici par exemple comment le *Financial Times* (7 novembre 1960) résume un livre récemment publié par M. Wilfred Brown, président pendant vingt ans de la Glacier Metal Company, *Exploration in Management* (Heinemann, Londres, 1960) : « Fondamentalement, M. Brown a été préoccupé par la divergence entre l'organisation formelle de sa compagnie (du président jusqu'à l'atelier) et la forme réelle que prend dans les faits l'élaboration de la politique et des décisions… En un sens, son problème est ce qu'on pourrait désigner, en langage courant, par l'action des gens "par-dessus la tête" ou "derrière le dos " des autres. C'est un signe de la pénétration de l'analyse de M. Brown qu'il est parvenu à voir clairement et à reconnaître – mais sans pouvoir y remédier – ce qu'il appelle "la scission existant au bas de la chaîne de commandement". On a ici la reconnaissance franche par un businessman, au bout d'une recherche indépendante, du concept marxiste classique de l'aliénation de l'ouvrier. Que cela reste toujours le plus grand problème que l'industrie britannique (et même la société britannique) ait à résoudre, c'est amplement montré par la préoccupation croissante avec le nombre des grèves non officielles… »

parce qu'on s'est aperçu qu'au-delà d'un certain point cette division diminue le rendement global de l'entreprise plutôt qu'elle ne l'augmente[1]. Ou bien des entreprises modernes en Angleterre et aux États-Unis abandonnent le « salaire au rendement », pour éliminer les conflits que font perpétuellement surgir la définition des normes, le contrôle, etc., et reviennent à la rémunération au temps. Ces corrections ne corrigent finalement rien d'essentiel. Il est impossible dans le contexte actuel d'élargir les tâches au point que le travail de l'ouvrier récupère un semblant de signification ; et la restitution de tâches plus intégrées aux ouvriers, en augmentant leur degré relatif d'autonomie dans le travail, accroît leurs moyens de lutte contre la direction, donc nourrit à nouveau le conflit fondamental. Le retour aux rémunérations au temps, d'autre part, fait que le problème du rendement se trouve à nouveau posé dans son intégralité, à moins que la firme ne se contente du rendement déterminé par les ouvriers eux-mêmes.

Aussi bien la solution choisie par le capitalisme n'est pas l'aménagement de ses rapports avec les ouvriers, mais leur suppression radicale par la suppression de l'ouvrier, autrement dit par l'automatisation de la production. Comme l'a dit profondément un patron américain, « la source du mal dans l'industrie, c'est qu'elle est pleine d'hommes[2] ». Mais cette suppression ne peut jamais être totale : les ensembles automatisés ne peuvent pas fonctionner sans être entourés d'un réseau d'activités humaines (approvisionnement, surveillance, entretien et réparation) ; ils impliquent donc le maintien d'une force de travail, et des contradictions qui en découlent même si celles-ci prennent une nouvelle forme. Et de toute façon, pendant très longtemps encore l'automatisation de par sa nature même ne concernera qu'une petite minorité de la force de travail : les ouvriers effectivement ou virtuellement éliminés des secteurs automatisés doivent trouver quelque part un emploi – et ce ne peut être que dans les secteurs non automatisés. Les secteurs automatisés n'employant guère de main-d'œuvre, la grande majorité de celle-ci continuera longtemps encore à être

1. Voir par exemple G. Friedmann, *Le Travail en miettes.*

2. *New York Herald Tribune,* 5 juin 1961. Il s'agit d'un dirigeant d'International Harvester.

occupée dans les autres secteurs. L'automatisation ne résout donc pas le problème du capitalisme dans la production.

Ainsi les victoires du capitalisme sur les ouvriers dans la production se transforment, après un temps, en échecs[1]. La même dialectique apparaît à l'œuvre lorsqu'on considère la gestion de la société. Chaque « solution » que le capitalisme invente à ses problèmes en crée aussitôt de nouveaux; chacune de ses « victoires » comporte son revers. Soit par exemple le problème des dépressions et du chômage. Le capitalisme d'après-guerre est parvenu à contrôler le niveau de l'activité économique de façon à éliminer les dépressions économiques et à maintenir un plein-emploi relatif de la force de travail. Mais cette situation fait naître une foule de nouveaux problèmes, qu'on voit très clairement dans le cas de l'Angleterre. Dans ce pays, le taux de chômage depuis la guerre n'a jamais dépassé 2,5 %, tandis que les « offres d'emploi non satisfaites » sont fréquemment supérieures au nombre de chômeurs. Il en résulte, d'un côté, une poussée des salaires jugée évidemment « excessive » par les capitalistes; elle se matérialise dans les augmentations générales accordées par les négociations entre patrons et syndicats, mais surtout dans la « dérive des salaires », c'est-à-dire l'augmentation continue des rémunérations effectives au-delà des rémunérations contractuelles. D'un autre côté, et le plus intolérable pour les capitalistes, la lutte des ouvriers contre les conditions de production et de vie dans l'entreprise a pris une intensité et une ampleur extraordinaires; nous y reviendrons longuement. Pris à la gorge par la contestation de son pouvoir dans l'usine et par la hausse des salaires et des coûts qui entrave ses exportations sans lesquelles il ne pourrait vivre, le capitalisme anglais discute ouvertement depuis dix ans, dans les colonnes de ses journaux, du besoin d'injecter dans l'économie une bonne dose de chômage pour « discipliner » les ouvriers. C'est ainsi que le gouvernement conservateur a organisé intentionnellement des récessions économiques à plusieurs reprises : en 1955 (la stagnation de la production qui en a résulté a duré jusqu'en 1958), au début de 1960 (la production a stagné pendant un an) et encore en juillet 1961. Le problème n'a pas été résolu pour autant. D'abord,

1. *Cf.* « Sur le contenu du socialisme », *l. c.*

la dose de chômage n'était pas suffisante, et une dose plus grande risquait de provoquer une vraie dépression, ou bien une explosion de la lutte des classes. Ensuite ces récessions et plus généralement l'attitude « anti-inflationniste » du gouvernement ont induit une stagnation chronique de la production et de la productivité qui a contribué plus que tout le reste à miner la position concurrentielle des produits anglais sur les marchés internationaux. Enfin et surtout, étant donné la combativité du prolétariat anglais, ni la pression sur les salaires ni les conflits à propos des conditions de production n'ont diminué ; les récessions ont seulement ajouté à celles qui existaient déjà une nouvelle cause de conflits, les licenciements : on voit fréquemment l'ensemble d'une usine se mettre en grève parce que 50 ou 100 ouvriers ont reçu des lettres de licenciement, signe que les ouvriers se posent dans les faits le problème du contrôle du niveau de l'emploi par l'entreprise. Bref, la politique Macmillan depuis six ans est une politique de Gribouille, aggravant les problèmes au lieu de les résoudre, et s'en créant de nouveaux. On peut en dire autant de la politique Eisenhower aux États-Unis, qui, pour lutter contre la pression ouvrière[1], a restreint à plusieurs reprises l'expansion de la demande globale et provoqué ainsi une stagnation de la production américaine pendant sept ans, équivalent à la perte potentielle de quelque 200 à 300 milliards de dollars, et pour finir a créé de toutes pièces une crise internationale du dollar[2].

Il n'est guère possible de donner ici plus que quelques exemples de cette dialectique qui transforme la « solution » d'un problème

1. L'obsession des luttes ouvrières qui s'est emparée des patrons modernes, c'est ce que M. Mendès France appelle élégamment « la hantise de l'inflation » (*L'Express*, 22 septembre 1960).

2. Ce ne sont pas là des maladies anglo-saxonnes. En Allemagne, l'afflux de main-d'œuvre réfugiée et la docilité des travailleurs ont permis au capitalisme de progresser à un rythme très rapide. Mais cette période touche à sa fin : depuis deux ans, le plein-emploi continu mine la discipline dans la production (voir, dans le nº 30 de *S. ou B.*, p. 94, « Fin du miracle allemand ») et crée des hausses de salaire beaucoup plus fortes que l'augmentation de la productivité (+ 12 % pour les premiers, + 6 % pour la seconde entre les premiers semestres 1960 et 1961). Comme par hasard, au moment où le capitalisme allemand doit commencer à faire face à la contradiction entre l'expansion continue et le maintien de la « discipline au travail », le miracle politique allemand et la dictature Adenauer touchent également à leur fin.

par le capitalisme bureaucratique en source de nouvelles difficultés. En acceptant les augmentations de salaire, le capitalisme résout le problème des débouchés nécessaires à une expansion continue de la production; il essaie simultanément d'acheter la docilité des ouvriers dans la production et de les rejeter vers la vie privée. Mais l'élévation du niveau de vie n'a en rien diminué la tension revendicative sur le plan économique, plutôt plus forte aujourd'hui qu'autrefois; puis, lorsque la misère s'éloigne et l'emploi paraît assuré, le problème du sort de l'homme dans le travail prend aux yeux des ouvriers l'importance centrale qui est la sienne, ce qui intensifie la révolte contre le régime de l'usine capitaliste; enfin à plus long terme l'« élévation du niveau de vie » se réfute elle-même, l'absurdité de cette vie, de cette course sans fin après diverses espèces de carottes mécaniques, tend à apparaître. La domestication des syndicats permet au capitalisme de les utiliser dans ses intérêts. Mais elle provoque un détachement croissant des ouvriers à l'égard du syndicat, que les capitalistes sont finalement obligés de déplorer[1]; en intégrant la bureaucratie ouvrière à leur système ils lui ont fait perdre de plus en plus son emprise sur les ouvriers, l'arme s'émousse au fur et à mesure qu'ils s'en servent. En bureaucratisant les partis et la politique, on parvient à éloigner la population de toute activité publique, et à soustraire les chefs à son contrôle. Mais une société, qu'elle soit « démocratique » ou ouvertement totalitaire, ne peut pas fonctionner longtemps au milieu de l'indifférence générale des citoyens, et l'irresponsabilité totale des grands chefs peut coûter très cher (comme l'a montré, pour n'en citer qu'un exemple, Suez, et comme le montrent encore trois ans de gaullisme en France).

Pourquoi donc en est-il nécessairement ainsi? Pourquoi toute solution donnée par la classe dominante aux problèmes de la société reste partielle et débouche toujours sur de nouveaux conflits? C'est que la gestion d'ensemble de la société moderne échappe au pouvoir, aux possibilités et aux capacités de toute couche particulière. C'est qu'elle ne peut pas se faire de façon cohérente si l'énorme majorité des hommes est réduite au rôle

1. Voir par exemple les extraits du *Financial Times* et de l'*Economist* dans les numéros 29 (p. 108) et 30 (p. 94) de *S. ou B.*

d'exécutants, si leurs capacités d'organisation, d'initiative, de création sont systématiquement réprimées par cette même société qu'ils sont par ailleurs appelés à faire fonctionner.

Le capitalisme bureaucratique essaie de réaliser à l'échelle de la société ce qui est déjà irréalisable à l'échelle de l'atelier : traiter l'ensemble des activités de millions d'individus comme une masse d'objets à manipuler. Mais pour autant que les ouvriers d'un atelier exécuteraient strictement et rigoureusement les ordres qui leur sont donnés, la production menacerait de s'arrêter ; pour autant que les citoyens se laissent intégralement manipuler par la propagande ou se comportent avec la docilité totale que leur demande le pouvoir, tout contrôle et tout contrepoids disparaît, le champ est libre à la folie de la bureaucratie, et le produit nécessaire c'est Hitler, Staline ou la Pologne bureaucratique s'effondrant d'elle-même en 1956 parce que lorsque tout le monde marche aux ordres plus rien ne marche, pas même les tramways. Ce qui était à la rigueur possible théoriquement dans une société stagnante, esclavagiste ou féodale : la conformité complète du comportement des exploités à des normes établies « de tout temps », uniques, incontestables et immuables, est impossible dans une société en perpétuel bouleversement, qui impose aux maîtres aussi bien qu'aux assujettis de se modifier continuellement, de s'adapter à des situations chaque fois nouvelles et imprévisibles, qui rend caduques chaque jour les normes, les règles, les conduites, les manières de faire, les techniques et les valeurs de la veille. C'est cette société, prise dans un mouvement d'accélération croissante, qui ne pourrait vivre un instant si même les plus humbles de ses membres n'apportaient leur contribution à cette rénovation perpétuelle – en assimilant et en rendant humainement praticables de nouvelles techniques, en se prêtant à d'autres modes d'organisation et en en inventant, en modifiant leur consommation et leur manière de vivre, en transformant leurs idées et leur vue du monde ; c'est cette société qui, par sa structure de classe, interdit aux hommes de réaliser cette adaptation et cette création et veut monopoliser ces fonctions au profit d'une minorité qui devrait prévoir pour le compte de tout le monde, définir, décider, dicter et finalement vivre pour le compte de tout le monde.

Il ne s'agit pas ici de philosophie, et nous ne disons pas que le capitalisme bureaucratique est contraire à la nature humaine. Il n'y a pas de nature humaine ; et quelqu'un pourrait déjà dire que, précisément pour cette raison, l'homme ne peut pas devenir un objet et que, par conséquent, le projet capitaliste bureaucratique est utopique. Mais même ce raisonnement reste philosophique, donc abstrait. C'est précisément parce que l'homme n'est pas objet, et qu'il présente une plasticité presque infinie dans la pratique, qu'il pourrait être transformé en quasi-objet pour de longues périodes, et l'a été effectivement dans l'histoire. Dans l'*ergastulum* romain, dans la mine exploitée par des esclaves enchaînés, dans la galère ou le camp de concentration, les hommes ont été des quasi-objets non certes pour le philosophe ou le moraliste, mais pour leurs maîtres. Pour le philosophe le regard de l'esclave et sa parole témoigneront toujours de son humanité indestructible. Mais pour la pratique du maître ces considérations n'ont aucun intérêt : l'esclave est soumis à sa volonté jusqu'à la limite tracée par les lois de sa nature qui font qu'il peut s'évader, casser comme un outil ou s'effondrer comme une bête de somme. Notre point de vue est sociologique et historique : c'est *cette* société du capitalisme moderne, prise dans un mouvement d'autotransformation accéléré et irréversible, qui ne peut pas, même pour quelques années, transformer ses sujets en quasi-objets, sous peine de s'effondrer aussitôt. Le cancer qui la ronge, c'est qu'elle doit en même temps constamment essayer de réaliser cette transformation.

Il est essentiel d'ajouter que le capitalisme n'échoue pas seulement dans sa tentative de « rationaliser » d'après son optique et ses intérêts l'ensemble de la société ; il est tout autant incapable de « rationaliser » les rapports à l'intérieur de la classe dominante. La bureaucratie veut se présenter comme la rationalité incarnée, mais cette rationalité n'est qu'un phantasme. Nous ne reviendrons pas ici sur cette question, qui a déjà été discutée[1].

1. Voir « Sur le contenu du socialisme », *l. c.* ; « La révolution prolétarienne contre la bureaucratie », *S. ou B.*, n° 20, p. 139-153 [maintenant dans *SB*, *2*, p. 278-301 <rééd. Bourgois 1990, p. 371-406>] ; Claude Lefort, « Le totalitarisme sans Staline », *S. ou B.*, n° 19, p. 46-68 [maintenant dans *Éléments d'une critique de la bureaucratie*, Droz, Genève-Paris, 1971, p. 166-186 <rééd. « Tel », Gallimard, 1979, p. 155-235>] ; et, plus haut, le chapitre 5 de ce texte.

Rappelons simplement que la bureaucratie s'adjuge une tâche impossible en soi, c'est-à-dire d'organiser la vie et l'activité des hommes du dehors et à l'encontre de leurs intérêts ; que par là non seulement elle se prive de leurs concours – qu'elle est en même temps obligée de solliciter – mais elle suscite leur opposition active ; que cette opposition se manifeste aussi bien comme refus de coopérer dans la pratique que comme refus d'informer la bureaucratie sur ce qui se passe ; que par conséquent la bureaucratie en est réduite à « planifier » une réalité qu'elle ignore matériellement et que, même si elle la connaissait, elle ne peut juger adéquatement parce que son optique, ses méthodes, ses catégories mêmes de pensée sont étroitement limitées et finalement faussées par sa situation de couche exploiteuse et séparée de la société ; qu'elle ne peut « planifier » qu'au passé, ne voyant l'avenir que comme la répétition de ce qui a été à une échelle agrandie et ne pouvant le « dominer » qu'en essayant de le soumettre à ce qu'elle sait déjà. L'ensemble de ces contradictions est reporté et reproduit à l'intérieur de l'appareil bureaucratique lui-même ; l'extension de la bureaucratie fait qu'elle doit organiser son « travail » en s'appliquant ses propres méthodes, et donc en créant à l'intérieur de l'appareil bureaucratique une division entre dirigeants et exécutants qui fait resurgir au sein de cet appareil la contradiction qui caractérise les rapports de l'appareil avec la société ; loin donc de pouvoir s'unifier, la bureaucratie est profondément divisée en son intérieur ; cette division s'aggrave du fait que l'appareil bureaucratique est nécessairement hiérarchisé, que le sort des individus dépend de leur promotion et que, dans une société dynamique, il n'y a et il ne peut y avoir aucune base « rationnelle » pouvant régler le problème de la promotion des individus et de leur place dans l'appareil hiérarchique ; que la lutte de tous contre tous à l'intérieur de l'appareil aboutit à la formation de cliques et de clans dont l'activité altère essentiellement le fonctionnement de l'appareil et détruit ses dernières prétentions à la rationalité ; que l'information à l'intérieur de l'appareil est *nécessairement* cachée ou falsifiée ; que l'appareil ne peut fonctionner qu'en se donnant des règles fixes et rigides, périodiquement distancées par la réalité et dont la révision signifie une fois sur deux une crise.

Les facteurs qui déterminent l'échec du capitalisme bureaucratique dans sa tentative d'organiser totalement la société dans ses intérêts ne sont donc ni accidentels ni transitoires. Donnés avec l'existence même du système capitaliste, ils en expriment les structures les plus profondes : le caractère contradictoire du rapport capitaliste fondamental; sa contestation permanente par la lutte de classe; la reproduction de ces conflits à l'intérieur même de l'appareil bureaucratique et l'extériorité de celui-ci par rapport à la réalité qu'il doit gérer. C'est pourquoi ils ne peuvent être éliminés par aucune « réforme » du système; les réformes ne laissent pas seulement intacte la structure contradictoire de la société, elles en aggravent l'expression car toute réforme implique une bureaucratie, qui la gère. Le réformisme n'est pas utopique, comme l'ont cru autrefois les marxistes, parce que des lois économiques empêcheraient qu'on altère la distribution du produit social (ce qui est faux); il est utopique parce qu'il est toujours et par définition bureaucratique. Les modifications limitées qu'il veut introduire non seulement ne touchent jamais au rapport capitaliste fondamental mais doivent être administrées par des groupes à part et des institutions *ad hoc,* qui automatiquement se séparent des masses et s'opposent à elles. C'est le capitalisme moderne lui-même qui est réformiste; tout réformisme « ouvrier » ne peut être que le collaborateur du capitalisme dans la réalisation de ses tendances les plus profondes.

Mais est-ce que, bien qu'incapable de surmonter sa contradiction fondamentale, le capitalisme parvient à « organiser » extérieurement la société pour qu'elle évolue sans à-coups, sans heurts et sans crises? Est-ce que le contrôle bureaucratique et le totalitarisme parviennent à assurer un fonctionnement *cohérent* de la société du point de vue des exploiteurs? Il suffit de regarder la réalité autour de soi pour voir qu'il n'en est rien. Infiniment plus consciente et plus riche en moyens qu'il y a un siècle, la politique capitaliste échoue toujours autant face à la réalité sociale moderne. Cet échec se traduit, d'une façon permanente, par l'énorme gaspillage qui caractérise les sociétés contemporaines du point de vue même des classes dominantes, par le fait que leurs plans ne se réalisent jamais, pour ainsi dire, qu'à moitié, par leur incapacité de dominer effectivement le cours de la vie sociale. Mais il se traduit aussi, périodiquement, par les *crises* de la société établie, que le capitalisme n'est pas parvenu et ne peut pas parvenir à éliminer. Par crises nous n'entendons pas, ou pas seulement, les crises économiques, mais ces phases de la vie sociale où un événement quelconque (économique, politique, social, international) provoque un déséquilibre aigu dans le fonctionnement courant de la société et met les institutions et les mécanismes existants dans l'incapacité temporaire de rétablir l'équilibre. Des crises en ce sens, quelle qu'en soit l'origine, sont inhérentes à la nature même du système capitaliste, elles expriment son irrationalité et son incohérence fondamentales. C'est une chose de constater, par exemple, que le capitalisme peut désormais contenir les fluctuations de l'économie dans des limites étroites, que donc ces fluctuations perdent beaucoup de l'importance qu'elles avaient autrefois. C'en est une autre, à une distance infinie de la première, que de croire que le capitalisme est devenu capable d'assurer un développement social cohérent à son propre point de vue, sans heurts et sans éclatements. Les dimensions et la complexité de la vie sociale actuelle, mais surtout ses transformations permanentes font qu'un fonctionnement cohérent de la société ne peut être assuré ni par des « lois naturelles » ni par des réactions spontanées des hommes. Ce fonctionnement cohérent – qui ne faisait pas problème au cours des étapes précédentes de l'histoire – devient une tâche qui doit être assurée par des institutions et des activités *ad hoc*. Le bouleversement continu de la technique et des rapports économiques et sociaux, la mise en rapport de secteurs d'activité jusqu'alors éloignés, l'interdépendance croissante des peuples, des industries, des événements font que des problèmes nouveaux se présentent constamment, ou que les solutions appliquées auparavant ne valent plus. La classe dirigeante est alors objectivement mise en demeure d'organiser une réponse sociale cohérente à ces problèmes. Or, pour des raisons qui ont déjà été données, et qui tiennent à la fois à la structure de classe de la société et à sa propre aliénation comme classe exploiteuse, il n'y a aucune garantie qu'elle sera en mesure de le faire; elle en est incapable, pour ainsi dire, une fois sur deux. Chaque fois qu'il en est ainsi, une crise au sens précis du terme éclate – économique, politique internationale ou autre. Chaque crise particulière peut donc apparaître comme un « accident »; mais, dans un tel système, l'existence d'accidents et leur répétition périodique (quoique non « régulière ») sont absolument nécessaires. Qu'il s'agisse d'une récession plus prolongée que d'habitude, ou de la guerre d'Algérie; que les Noirs ne supportent plus la discrimination raciale à laquelle le capitalisme américain est incapable de mettre fin ; que les charbonnages belges cessent d'être rentables du jour au lendemain et qu'en conséquence on décide de « supprimer » purement et simplement de la carte économique le Borinage et ses centaines de milliers d'habitants – ou que le gouvernement belge, pour rationaliser ses finances, crée de ses propres mains une grève générale d'un million de travailleurs pendant un mois ; qu'en Allemagne de l'Est, en Pologne ou en Hongrie, au moment où la tension entre les classes se trouve déjà à son maximum et où les lézardes de l'édifice du pouvoir sont visibles pour tous, la bureaucratie ne sache faire rien de mieux que de mettre le feu aux poudres par des actes de provocation – contre ces « accidents » non seulement le système capitaliste n'est pas préservé mais il tend à les produire inéluctablement, sous une forme ou sous une autre. À ces moments, l'irrationalité profonde du système explose, la cohésion du tissu social se rompt, et le problème de l'organisation globale de la société est objectivement posé. S'il est en même temps posé explicitement dans la conscience des masses travailleuses, leur intervention consciente peut transformer cet « accident » en révolution sociale. Au demeurant, ce n'est jamais que de cette façon que les révolutions se sont produites dans l'histoire, du capitalisme aussi bien que des régimes précédents, et non point au moment où une imaginaire « dynamique des contradictions objectives » atteignait son paroxysme.

7. L'ÉTAPE ACTUELLE DE LA LUTTE DE CLASSE ET LA MATURATION DES CONDITIONS DU SOCIALISME

Le capitalisme, privé ou bureaucratique, continuera donc inéluctablement à produire des crises, même s'il ne s'agit plus de dépressions économiques et si personne ne peut en fixer la périodicité. Il n'est que de considérer la jungle marécageuse où se débattent les dirigeants de cette société, qu'ils s'appellent de Gaulle, Kennedy, Khrouchtchev ou Macmillan, leur impuissance et l'imbécillité à laquelle ils sont condamnés dès qu'un problème massif se présente ; il n'est que de se rappeler les crises, les bouleversements, les tensions, les effondrements dont sont remplies les quinze dernières années autant et plus que toute autre période historique, pour se convaincre que l'édifice de la société d'exploitation reste aussi fragile, aussi branlant que jamais.

Mais cette constatation à elle seule ne suffit pas à fonder une perspective révolutionnaire. Depuis quatre ans en France, on a pu dire à plusieurs occasions que le pouvoir était dans la rue. Mais dans la rue, il n'y avait personne pour le prendre si ce n'était des automobilistes préoccupés de sortir des embouteillages. En 1945, le capitalisme allemand subissait un effondrement absolu. Quelques années plus tard, il était devenu le plus « florissant » des capitalismes occidentaux. Une crise de la société est, par son essence même, une brève période de transition. Si pendant la phase de dislocation de l'organisation établie les masses n'interviennent pas, si elles ne trouvent pas en elles-mêmes la force et la conscience nécessaires pour instituer une nouvelle organisation sociale, les anciennes couches dominantes (ou d'autres formations) se ressaisiront et imposeront leur orientation. La société ne peut pas supporter le vide, pour que la vie puisse continuer un « ordre » quelconque doit s'instaurer. En l'absence d'une action des masses ouvrant une issue révolutionnaire, la vie reprendra sur le vieux modèle plus ou moins amendé selon les circonstances et les besoins de la domination des exploiteurs. L'évolution de la Pologne après 1956 en offre une autre illustration[1].

C'est ce que Lénine exprimait en disant : une révolution a lieu lorsqu'en haut *on ne peut plus,* et en bas *on ne veut plus.* Mais l'expérience des révolutions et des mouvements vaincus depuis quarante ans montre que, s'agissant d'une révolution socialiste,

1. Voir, dans le n° 21 de *S. ou B.,* Claude Lefort, « Retour de Pologne », p. 15-58 [maintenant dans *Éléments…, op. cit.,* p. 221-259 <puis dans *L'Invention démocratique,* Paris, Fayard, 1981>], et mon texte « La voie polonaise de la bureaucratisation », *ibid.,* p. 59-76 [maintenant dans *SB, 2,* p. 339-372 <rééd. Bourgois, 1990, p. 407-423>].

ces conditions ne sont pas suffisantes. Il faut ajouter : lorsqu'en bas on ne veut plus *et que l'on sait aussi,* plus ou moins, *ce que l'on veut.* Comme l'ont montré de nombreux exemples et, tout récemment encore, les grèves belges, il ne suffit pas que le système d'exploitation se trouve en crise, ni que la population s'en mêle ; il faut une intervention *consciente* des masses, leur capacité de définir des objectifs socialistes et de s'orienter pour les réaliser dans une situation infiniment complexe. En parlant de conscience dans ce contexte, nous n'entendons pas une conscience théorique, un système d'idées claires et précises existant préalablement à la pratique. La conscience des masses travailleuses se développe dans et par l'action ; et une révolution est précisément une phase de mutation nucléaire de l'histoire. Mais cette conscience éminemment *pratique* des masses révolutionnaires ne surgit pas à partir du néant ; d'une certaine façon, ses prémisses doivent avoir été posées pendant la période précédente. Le problème auquel nous avons à répondre est : les conditions d'une conscience socialiste chez le prolétariat continuent-elles à être données sous le capitalisme moderne[1] ?

Pour répondre à cette question, il n'y a qu'un moyen : examiner le comportement et les actions des travailleurs dans les pays de capitalisme moderne, analyser l'étape actuelle de la lutte de classe. Ce qu'une telle analyse fait apparaître immédiatement, c'est le contraste extrême qui oppose le comportement du prolétariat *dans la production* et son attitude *hors de la production,* face à la politique et à la société en général.

Soit un pays comme l'Angleterre. Comme on l'a déjà dit plus haut, le « plein-emploi » y est réalisé depuis la guerre ; les salaires réels ouvriers augmentent en moyenne de 2-2,5 % par an ; la sécurité sociale est beaucoup plus complète qu'en France ; plus de quatre millions de logements ont été construits depuis 15 ans. Cependant, pour le désespoir des capitalistes anglais et pour le plus grand étonnement des sociologues et psychologues industriels, les luttes ouvrières n'ont rien perdu de leur intensité et de

1. *Note 1979* : J'ai repris la discussion des problèmes auxquels est consacrée la suite de ce chapitre dans « La question de l'histoire du mouvement ouvrier », *EMO, 1,* en particulier p. 66-114. < Rééd. dans le volume *Quelle démocratie?* de notre édition.>

leur profondeur, au contraire. Nous publierons prochainement une étude particulière sur ce sujet ; pour l'instant, nous résumons les caractéristiques les plus importantes de ces luttes et du comportement du prolétariat anglais.

Organisation des luttes et des ouvriers. Il y a les grèves « officielles », c'est-à-dire déclenchées par décision ou après accord de la direction syndicale ; même pour ces grèves, l'initiative appartient dans la grande majorité des cas aux ouvriers et à leurs délégués d'atelier, qui décident de la grève et obtiennent la ratification du syndicat ; les grèves vraiment décidées par la direction syndicale ne concernent que les grandes batailles rangées de toute une corporation, au demeurant assez rares. Mais de plus en plus souvent on observe des grèves « non officielles », qui n'ont pas reçu l'approbation de la direction syndicale ou sont faites *contre* son opposition formelle. Elles ne sont pas pour cela inorganisées, tout au contraire. Un grand rôle dans leur organisation, comme d'ailleurs dans toute la vie ouvrière dans l'entreprise, est joué par les délégués d'atelier, les *shop-stewards*, qui ne sont nullement comme en France ou ailleurs des instruments de la bureaucratie syndicale ou ses otages, mais des représentants authentiques des ouvriers, élus et révocables. Membres du syndicat, comme tout le monde en Angleterre, les *shop-stewards* n'en acceptent pas pour autant les directives, et très souvent ils s'y opposent, sans que jamais le syndicat ose les sanctionner ; il n'y a pas d'exemple qu'un syndicat ait refusé d'accorder à un *shop-steward* élu par les ouvriers les « lettres de créance » *(credentials)* qui garantissent son statut à l'égard du patron. Les *shop-stewards* sont organisés de façon autonome à l'égard du syndicat (et pour cause, car en Angleterre il n'y a que des syndicats de corps de métier, et pas de syndicats d'industrie, et les travailleurs d'une usine peuvent facilement appartenir à trente syndicats différents ; cette particularité a sans doute favorisé l'indépendance des *shop-stewards* à l'égard des syndicats) ; il y a une réunion régulière des *shop-stewards* de chaque usine (généralement hebdomadaire), dont le comité a des activités et des ressources propres (provenant de contributions des ouvriers, de loteries, etc.) ; il y a également des comités de *shop-stewards* de toutes les entreprises d'un district, et des comités nationaux par industrie. D'autre part, les grèves « non officielles » comme aussi presque toutes les grèves « officielles » limitées à une entreprise sont toujours décidées par des assemblées générales des ouvriers concernés, et ne sont jamais terminées à moins qu'une réunion générale des grévistes n'en ait décidé ainsi par un vote.

Revendications. On peut montrer statistiquement que les revendications économiques au sens strict sont à l'origine d'une proportion décroissante des grèves; les revendications qui, de plus en plus fréquemment, provoquent des grèves concernent les conditions de production au sens le plus général (périodes de repos, chronométrage et cadences, conséquences de changements de machines ou de méthodes de production, etc.) et les conditions d'embauche et de licenciement; très souvent également des grèves sont déclenchées par solidarité avec d'autres ouvriers en grève[1].

Combativité et solidarité des ouvriers. Il n'y a pratiquement jamais de grève sans piquet de grève. Fréquemment, lorsqu'une catégorie d'ouvriers de l'usine est en grève d'autres catégories ou même l'ensemble se mettent en grève pour les soutenir; les produits qui sortent d'une usine en grève, ou les matières ou pièces qui lui sont destinées, sont déclarés « noirs », ce qui équivaut à une interdiction

1. Nous avons parlé à plusieurs reprises dans *S. ou B.* des grèves en Angleterre et aux États-Unis, et des *shop-stewards* (n°s 18, 19, 26. 29, 30, 32). Citons encore un cas « extrême », celui des usines Briggs à Dagenham (appartenant à la Ford anglaise), où il y a eu 289 arrêts de travail entre février 1954 et mai 1955 et 234 arrêts de travail entre août 1955 et mars 1957, arrêts dans leur grande majorité « non officiels » et allant de quelques heures à plusieurs jours. Pratiquement tous ces arrêts ont exprimé des conflits sur les conditions de production et de vie à l'usine : fourniture de vêtements de travail; congestion des couloirs de communication et mauvaise manutention; mesures de sécurité; chauffage et ventilation; convenances des ouvriers dans les décisions concernant l'emplacement des machines; politique du personnel et licenciements, en particulier de vieux ouvriers; accélération des cadences; chronométrages, en particulier en liaison avec les licenciements; standardisation des pièces et des méthodes de travail; travail de nuit; altération de la composition des équipes sans consultation préalable des *shop-stewards*; attitude provocante de la maîtrise; attitude de la direction face aux syndicats et aux délégués ouvriers. Voir le rapport officiel de Lord Cameron, *Report of a Court of Inquiry…*, Londres HMSO, Cmnd 131, 1957. Quoique extrême, le cas de Briggs est néanmoins typique en ce sens qu'on y voit en condensé la situation éparse dans toute l'industrie britannique. La même chose vaut pour l'Angleterre dans son ensemble par rapport aux autres pays capitalistes modernes : on y voit en agrandissement ce qui se passe partout, et surtout ce qui se passera de plus en plus partout. Se concentrer sur l'expérience anglaise aujourd'hui ne diffère pas de ce qu'était se concentrer sur celle de la Commune après 1871 ou de la Russie après 1917.

pour les ouvriers des autres usines ou des transports de les manipuler. Il y a toujours des collectes importantes de solidarité parmi les autres usines de la région.

Atmosphère générale. Il est impossible de rendre, dans un résumé schématique, le climat qui se dégage des descriptions détaillées ou de récits de camarades anglais sur la lutte ou simplement la vie dans les usines. Une solidarité complète entre les ouvriers se manifeste constamment; une contestation presque permanente du pouvoir de la direction et de la maîtrise se fait jour à propos des mille événements de la vie quotidienne de l'entreprise.

Ces traits, qui valent en gros pour toute l'industrie anglaise, apparaissent avec une netteté extrême dans certains secteurs industriels très importants et par ailleurs très divers (mines, automobile et industrie mécanique, chantiers navals, dockers, ouvriers des transports entre autres). Nous ne disons pas que la situation à cet égard est identique dans toutes les usines anglaises, à tout moment, mais que les traits résumés plus haut définissent la tendance typique des formes les plus évoluées de la lutte de classe dans un pays de capitalisme moderne. Et cette conclusion est corroborée par ce qui se passe aux États-Unis[1].

Cette situation n'empêche pas pourtant le prolétariat anglais, comme le prolétariat scandinave ou, encore plus, américain, d'être complètement inactif sur le plan politique. On pourrait soutenir que les ouvriers anglais, comme les ouvriers suédois, danois ou norvégiens, en appuyant le parti travailliste ou social-démocrate, expriment des aspirations politiques qui coïncident avec la politique de ces partis, c'est-à-dire sont essentiellement réformistes. Mais c'est là une idée superficielle. On ne peut pas considérer comme deux faits isolés et sans rapport que ces mêmes ouvriers

1. Les plus grandes luttes ouvrières des dernières années aux États-Unis ont eu lieu sur les conditions de travail et de vie dans l'entreprise : la révolte des ouvriers de l'automobile en 1955 contre la bureaucratie syndicale du CIO (voir le n° 18 de *S. ou B.*, p. 48-60 [et *EMO, 1*, p. 279-303 <maintenant dans *QMO*, t. 1>]) ; la grève de l'acier de 1959-1960 (voir les nos 29, p. 111, et 30, p. 94-96) ; enfin les grèves de l'automobile en automne 1961, où l'accord péniblement atteint entre la direction et les chefs syndicaux a été remis en question parce que ceux-ci avaient « oublié » les « problèmes locaux », c'est-à-dire les conditions de travail; une explosion de grèves sauvages, qui ont duré quinze jours, les a rappelés à la réalité et les ouvriers ont obtenu en gros ce qu'ils demandaient.

anglais, si intraitables devant le patron et si actifs comme groupe social dans l'entreprise, ont comme seule activité politique de voter Labour lors des élections générales, une fois tous les cinq ans. Lorsqu'on sait ce qu'est actuellement le Labour Party, qu'il est impossible de trouver dans son programme (théorique ou réel) des différences radicales avec le parti conservateur, et que sur toutes les questions essentielles qui se sont posées depuis dix ans il aurait agi exactement comme celui- ci ; lorsqu'on sait qu'en Suède ou en Norvège les partis réformistes sont au gouvernement depuis seize ans ou plus mais que si les partis conservateurs ou libéraux y retournaient, ils ne pourraient ni ne voudraient rien changer aux « réformes » réalisées, on est obligé d'attribuer une autre signification à ce soutien électoral. Ce sont des votes de moindre mal, dont le sens s'éclaire par l'indifférence totale manifestée par la population en général et par la classe ouvrière en particulier à l'égard des partis politiques et de leur « activité », même et y compris en période électorale. Les gens se dérangent encore pour mettre leur bulletin dans l'urne, mais guère pour assister aux réunions, encore moins pour prendre part aux campagnes électorales. Si maintenant on considère qu'il n'y a rien de fondamentalement inacceptable pour le capitalisme dans le programme travailliste ou dans le pouvoir des partis socialistes scandinaves, que le réformisme contemporain n'est qu'une autre manière de gérer le système capitaliste et finalement de le préserver, la signification de l'attitude politique des ouvriers dans les pays modernes apparaît clairement : le prolétariat ne s'exprime plus comme classe sur le plan politique, il n'affirme plus une volonté de transformer ou même d'orienter la société dans un sens qui lui soit propre, il agit tout au plus sur ce terrain comme un « groupe de pression » de plus.

Cette disparition de l'activité politique, et plus généralement ce que nous avons appelé la privatisation n'est pas propre à la classe ouvrière ; elle est un phénomène général, que l'on constate chez toutes les catégories de la population et qui exprime la crise profonde de la société contemporaine. Envers rigoureux de la bureaucratisation, elle manifeste l'agonie des institutions sociales et politiques qui, après avoir rejeté la population, sont maintenant rejetées par elle. Elle est le signe de l'impuissance des hommes devant l'énorme machinerie sociale qu'ils ont créée et qu'ils n'arrivent plus ni à comprendre ni à dominer, la condamnation radicale de cette machinerie. Elle exprime la décomposition des valeurs, des significations sociales et des communautés. De même que dans la production on constate la contradiction entre, d'un côté, l'extrême collectivisation du travail, l'interdépendance croissante des activités productives des travailleurs et, d'un autre côté, l'organisation du travail par la bureaucratie qui traite chaque ouvrier comme une unité séparée des autres ; de même à l'échelle de la société, on voit actuellement poussée jusqu'à la limite la contradiction entre la socialisation totale des individus, leur dépendance extrême à l'égard de la société nationale et mondiale, et l'atomisation de la vie, l'impossibilité d'intégrer les individus au-delà du cercle étroit de la famille – qui se désintègre elle-même d'ailleurs de plus en plus. La différence – et elle est immense –, c'est que dans la production, les travailleurs essaient constamment de trouver une issue positive à cette contradiction ; en combattant à la fois l'organisation bureaucratique du travail et l'atomisation qu'elle leur fait subir, ils constituent des groupes informels de travail et de lutte[1] ; aussi déchirée, conflictuelle, constamment en danger, détruite et renaissante qu'elle soit, la communauté des travailleurs d'un atelier ou d'une entreprise existe toujours comme tendance et manifeste que le capitalisme ne parvient à détruire ni l'activité de classe ni la socialisation positive des travailleurs sur le plan de la production. C'est qu'elles sont constamment suscitées par la structure même du capitalisme qui oblige l'ouvrier à s'opposer à l'organisation imposée du travail, à la fois pour se sauver lui-même *et* pour arriver à produire. Cette lutte nourrit constamment la socialisation des travailleurs qui la renforce en retour, et tous les efforts du capitalisme (hiérarchisation, sélection du personnel, discriminations injustifiées, bouleversements périodiques des équipes de travail, etc.) n'arrivent et n'arriveront jamais à entamer ni l'une ni l'autre. Au contraire, la modernisation du capitalisme donne à la lutte dans la production une intensité croissante et un contenu plus profond. D'abord, l'évolution de la technique et de l'organisation de la production pose d'une façon toujours plus aiguë le problème de la participation effective de l'homme à

1. Voir « Sur le contenu du socialisme », *l. c.*

son travail. Ensuite, au fur et à mesure que les autres problèmes qui préoccupaient précédemment la classe ouvrière perdent leur acuité vitale, que le chantage à la famine et au chômage devient impossible, la question de son sort dans la production devient pour le travailleur la question vitale. On peut accepter n'importe quel travail et n'importe quel régime lorsqu'on a faim et que des milliers de chômeurs attendent à la porte ; il n'en est plus de même actuellement. La lutte des ouvriers cesse alors, comme on l'a vu sur l'exemple de l'Angleterre, d'être une lutte étroitement économique, elle vise l'asservissement et l'aliénation de l'ouvrier en tant que producteur, son asservissement à la direction de l'entreprise et sa dépendance des fluctuations du marché de la main-d'œuvre. Quelle que soit la « conscience explicite » des ouvriers anglais, leur comportement effectif – aussi bien dans la vie quotidienne de l'usine que lors des grèves « non officielles » – pose implicitement la question : qui est le maître dans l'entreprise, donc, même si c'est sous une forme embryonnaire et fragmentaire, le problème de la *gestion* de la production. La collectivité ouvrière y apparaît agissant dans l'unité et la cohésion, et fait surgir d'elle-même, avec les *shop-stewards,* une forme d'organisation incarnant la démocratie et l'efficacité prolétariennes.

Mais rien d'équivalent n'existe sur le plan de la société. La crise du capitalisme a atteint le stade où elle devient une crise de la socialisation comme telle, et elle affecte le prolétariat tout autant que les autres couches. Les modes d'activité collectifs, quels qu'ils soient, s'effondrent, sont vidés de leur contenu, il n'en subsiste que les carcasses bureaucratisées. Ce n'est pas seulement vrai pour les activités politiques ou autres qui visent une fin précise ; ça l'est également pour les activités désintéressées. La *fête*, par exemple, création immémoriale de l'humanité, tend à disparaître des sociétés modernes comme phénomène social ; elle n'y apparaît plus que comme *spectacle,* agglomération matérielle d'individus qui ne communiquent plus positivement entre eux, et ne coexistent que par leurs relations juxtaposées, anonymes et passives, à un pôle qui est seul actif et dont la fonction est de faire exister la fête pour tous les assistants. Le spectacle, performance d'un individu ou d'un groupe spécialisé devant le public impersonnel et transitoire, devient ainsi le modèle de la socialisation contemporaine, dans laquelle chacun est passif relativement à la communauté et ne perçoit plus autrui comme sujet possible d'échange, de communication et de coopération, mais comme corps inerte limitant ses propres mouvements. Et ce n'est nullement accidentel que les observateurs des grèves en Wallonie, en janvier 1961, aient été tellement frappés par l'aspect proprement de *fête* que présentaient le pays et le comportement de gens pourtant plongés dans une lutte dure et dans le besoin : les immenses difficultés matérielles étaient dépassées par la résurrection d'une vraie société, d'une vraie communauté, par le fait que chacun existait positivement avec et pour les autres. Ce n'est que dans les éruptions de la lutte de classe que peut désormais revivre ce qui est définitivement mort dans la société instituée : une passion commune des hommes qui devient source d'action et non de passivité, une émotion qui renvoie non à la stupeur et à l'isolement mais à une communauté qui agit pour transformer ce qui est[1].

La disparition de l'activité politique parmi les ouvriers est le résultat à la fois et la condition de l'évolution du capitalisme que nous avons décrite. Le mouvement ouvrier, en transformant le capitalisme, était en retour transformé par lui, les organisations ouvrières ont été intégrées dans le système d'institutions de la société établie, en même temps qu'assimilées dans leur substance par elle ; leurs objectifs, leurs modes d'action, leurs formes d'organisation, leurs rapports avec les travailleurs se sont modelés à un degré croissant sur les prototypes capitalistes. Sans pouvoir ici reprendre l'analyse de ce processus historique[2], nous voulons montrer comment ses résultats conditionnent aujourd'hui d'une façon perpétuellement renouvelée le retrait des travailleurs de l'activité politique.

1. Le lecteur aura compris que dans tout ce qui précède nous ne parlons pas de la socialisation comme d'un concept formel, mais en référence au contenu de la socialisation. Le sociologue qui, sous prétexte qu'une salle de cinéma et une séance d'un Conseil ouvrier représentent toutes les deux des modes de socialisation, refuse de voir l'opposition absolue du type d'intégration sociale que ces deux modes représentent et la différence de leurs effets sur la dynamique de la société considérée, montre seulement à quel degré de vide et de gratuité peut arriver une « science » de plus en plus formaliste.

2. Voir « Prolétariat et organisation », *l. c.*

La bureaucratisation des organisations chasse les ouvriers de l'action collective. Elle commence comme acceptation par les ouvriers d'un corps stable de dirigeants et délégation permanente de pouvoirs à ce corps ; elle aboutit à la constitution de couches bureaucratiques dans les organisations politiques et syndicales, qui, les gérant comme une direction capitaliste gère une usine ou l'État, se retrouvent rapidement devant la même contradiction qu'elle : comment obtenir à la fois la participation et l'exclusion des gens. Contradiction insoluble, qui aboutit ici à des effets beaucoup plus dévastateurs que dans la production, car pour vivre il faut manger, mais il n'est pas indispensable de faire de la politique. C'est du reste ce qui explique que le retrait des ouvriers soit moindre par rapport aux syndicats que par rapport aux partis ; les syndicats peuvent encore apparaître comme ayant un rapport avec le pain quotidien.

C'est là le résultat de la bureaucratisation des formes d'organisation, des modes d'action et des rapports avec les travailleurs. Mais l'effet de la dégénérescence idéologique proprement dite est tout aussi important. Il n'y a plus d'idéologie révolutionnaire ou même simplement ouvrière, comme idéologie présente à l'échelle de la société (et non pas seulement cultivée dans les sectes). Ce que les organisations « ouvrières » proposent (lorsqu'elles proposent autre chose que des combines électorales et parlementaires) ne diffère pas essentiellement de ce que le capitalisme lui-même propose, en partie réalise, en tout cas tolère : augmentation de la consommation matérielle et de « loisirs » vides de tout contenu ; hiérarchie et promotion selon le mérite ; élimination des « irrationalités » extérieures dans l'organisation de la société – toutes valeurs essentiellement capitalistes. Le mouvement ouvrier avait commencé de manière radicalement différente, même s'il ne se désintéressait pas des objectifs partiels. Il avait commencé comme projet et promesse de transformation radicale des rapports entre les hommes, d'instauration d'égalité et de reconnaissance réciproques, de suppression des chefs, de liberté réelle. Tout cela maintenant a disparu, même comme démagogie ; les organisations « ouvrières » prétendent que leur pouvoir pourrait augmenter plus rapidement la production et la consommation, réduire davantage la durée du travail ou répandre plus largement l'éducation actuelle – en somme réaliser mieux et plus vite que le capitalisme les objectifs capitalistes. La production russe croit plus vite que la production américaine, les spoutniks russes sont plus gros et vont plus loin que les spoutniks américains, et voilà. Nous ne disons pas que les ouvriers conservent par-devers eux l'image pure et inaltérée de la société socialiste, la comparent avec le programme de la SFIO ou du PC et en concluent qu'ils ne veulent pas soutenir ces partis. Dans une très forte mesure, les objectifs capitalistes ont pénétré à nouveau le prolétariat. Mais précisément, leur réalisation n'exige pas une action ou une participation différente de celle que demande un parti bourgeois, un appui électoral suffit; et inversement, ils ne peuvent susciter chez les gens qu'une participation de type électoral[1].

Il y a donc, dans l'apathie politique des travailleurs, la convergence de deux processus. Aliénée et opprimée comme toujours, ou plutôt comme jamais, dans la production, la classe ouvrière lutte contre sa condition et conteste la domination de la direction capitaliste dans l'entreprise. Mais elle ne parvient plus à donner à cette lutte un prolongement à l'échelle de la société, parce qu'elle n'y rencontre plus aucune organisation, aucune idée, aucune perspective qui se distingue de l'infamie capitaliste, aucun mouvement qui symbolise l'espoir de nouveaux rapports entre les hommes. Il est alors naturel qu'elle se tourne vers des compensations ou des solutions privées, et qu'elle rencontre là un capitalisme qui se prête de plus en plus à cette compensation. Comme on l'a vu, ce n'est pas en effet accidentel que dans l'effondrement des valeurs, la seule valeur qui subsiste soit la valeur « privée » par excellence, celle de la consommation[2], et que le capitalisme l'exploite frénétiquement. C'est ainsi que, avec une sécurité relative de l'emploi,

1. Cela vaut encore plus, quoique d'une autre façon, pour les sympathisants communistes. Pour eux il s'agit que la Russie parvienne à « rattraper et dépasser les États-Unis » et cet objectif n'a nullement besoin de leur action ou participation, sa réalisation passe par l'exécution des Plans de cinq ou vingt ans ; de même savent-ils que finalement la victoire mondiale de ce « socialisme » ne dépend pas de ce qu'ils feront, mais de la quantité et de la qualité des fusées russes.

2. Encore une fois, nous n'oublions pas que rien ne peut être consommé qui ne vienne de la société et ne renvoie à elle, qui ne présuppose pour être acquis comme pour être produit une activité sociale, qui ne pose implicitement le problème de la société. Le spectateur de TV isolé chez lui est projeté sur le monde dès qu'il tourne le bouton; l'automobiliste immobilisé dans un embouteillage est littéralement noyé

un « niveau de vie » croissant, l'illusion ou la chance faible de la promotion, les travailleurs comme les autres individus essayent de fabriquer un sens à leur vie avec la consommation et les loisirs.

C'est cela, l'étape actuellement atteinte par la lutte de classe dans les sociétés modernes. Et la question à laquelle nous devons répondre est : cette situation infirme-t-elle ou, au contraire, corrobore-t-elle la perspective révolutionnaire ? Dans la terminologie traditionnelle, le capitalisme moderne continue-t-il ou non à produire les conditions d'une révolution socialiste ?

Le mouvement révolutionnaire moderne n'est pas un mouvement de réforme morale qui, s'adressant à l'intériorité d'un homme éternel, l'appelle à réaliser un monde meilleur. Il s'est, depuis Marx – et en ceci tout révolutionnaire digne de ce nom restera toujours marxiste –, appuyé sur une analyse de l'histoire et de la société montrant que la lutte d'une classe d'hommes dans la société capitaliste, la classe ouvrière, ne peut atteindre son objet qu'en abolissant cette société et, avec elle, les classes, qu'en instaurant une nouvelle société supprimant l'exploitation et l'aliénation sociale de l'homme[1]. La question du socialisme ne pouvait être vraiment posée que dans une société capitaliste, et ne pourra être résolue qu'en fonction d'un développement qui a lieu *dans* cette société. Mais cette idée capitale a été très tôt dans le marxisme obscurcie puis enfouie sous une mythologie des « conditions objectives de la révolution socialiste » qu'il importe de détruire.

La « maturation des conditions objectives du socialisme » a été vue traditionnellement comme un degré de développement suffisant des forces de production matérielles. Ceci parce qu'« une société ne disparaît jamais avant que soient développées toutes les forces productives qu'elle est assez large pour contenir » (K. Marx, Préface à la *Contribution à la critique de l'économie politique*) ; parce qu'on ne saurait bâtir le socialisme sur une base de misère matérielle ; parce qu'enfin, par le développement des forces

dans un océan d'individus et d'objets sociaux. *Mais avec ces individus et ces objets il n'a pas de rapport positif.*

1. Il ne s'agit pas de supprimer l'histoire et la condition humaine, tout conflit et tout malheur, mais ces formes précises d'asservissement de l'homme à l'homme ou à ses propres créations qui s'appellent l'exploitation, la hiérarchie, l'absurdité du travail, l'inertie et l'opacité des institutions.

productives, les contradictions « objectives » de l'économie capitaliste devaient être amenées à un paroxysme entraînant soit un effondrement, soit une crise permanente du système.

Il faut radicalement éliminer ce genre de considérations et la méthodologie qui les produit. Il n'y a pas de niveau de développement de la production en deçà duquel la révolution socialiste serait condamnée à échouer, au-delà duquel elle serait assurée de réussir. Aussi élevé soit-il, le niveau des forces productives ne garantira jamais qu'une révolution ne dégénérera pas en l'absence du facteur central, l'activité permanente et totale du prolétariat pour transformer la vie sociale. Quel est le fou qui dirait que la révolution socialiste est trois fois plus mûre aux États-Unis qu'en Europe occidentale, parce que la production par habitant y est trois fois plus élevée ? S'il est incontestable qu'on ne saurait bâtir le socialisme sur la misère, il faut également comprendre que jamais une société d'exploitation ne créera une abondance suffisante pour abolir ou même atténuer les antagonismes entre individus et groupes. La même mentalité mécaniste, pour laquelle il y avait un niveau de consommation rigide du travailleur sous le capitalisme, faisait croire à l'existence d'un niveau définissable de saturation des besoins, et que la « guerre de tous contre tous » s'atténuerait au fur et à mesure que l'on s'en approcherait[1]. Mais le capitalisme se développant développe aussi nécessairement les besoins, et l'antagonisme autour des biens matériels est incomparablement plus grand dans une société moderne que dans un village africain primitif. Ce n'est pas l'existence d'une plus ou moins grande abondance de biens matériels, mais une attitude différente du prolétariat face au problème de la consommation qui permet de dépasser cet antagonisme – et cette attitude différente se réalise toujours lorsque le prolétariat entre en action pour transformer la

1. Trotski disait que dans une famille aisée on ne se dispute pas pour la confiture. Image fallacieuse, parce que dans les familles riches on se dispute et même on s'assassine pour d'autres espèces de confiture, et plutôt plus que dans les familles pauvres. Tous les raisonnements de Trotski dans ce domaine ont été influencés outre mesure, quoique de façon compréhensible, par l'expérience de misère et de famine en Russie entre 1917 et 1923. Cette expérience n'est nullement typique. Nous ne disons pas que le socialisme est une affaire de conversion intérieure, mais que les attitudes des hommes devant la répartition des biens et les besoins sont des faits culturels, sociaux et historiques.

société, car elle n'est qu'un des aspects de la rupture avec l'ordre des choses précédent.

Tout autant faut-il éliminer l'idée que la maturation des conditions du socialisme consiste en un « accroissement » ou une « intensification » des contradictions objectives (c'est-à-dire indépendantes de l'action des classes ou déterminant inéluctablement cette action) du capitalisme. Nous avons montré dans la première partie de ce texte que toute dynamique économique des « contradictions objectives » était imaginaire. Ajoutons qu'elle est, du point de vue de la perspective révolutionnaire, superflue. Les ridicules expressions de « contradictions constamment croissantes », de « crises toujours plus profondes » doivent être reléguées à la phonothèque des incantations staliniennes. Les contradictions ne peuvent pas être croissantes, car ce ne sont pas des topinambours. Et il est difficile d'imaginer des crises objectives « plus profondes » que celles des États-Unis et de l'Europe en 1933, ou de l'Allemagne et de toute l'Europe continentale en 1945 ; la dislocation de la société établie était alors totale. En quoi consistera donc une crise « plus profonde » dans l'avenir, en la réapparition de l'anthropophagie ? La question n'est pas de savoir si des « crises toujours plus profondes » auront lieu à l'avenir – des crises aussi profondes que possible ont eu lieu et continueront d'avoir lieu aussi longtemps que dure le capitalisme – mais si ce facteur dont l'absence n'a pas permis la transformation révolutionnaire de ces crises par le passé, l'intervention consciente du prolétariat, aura lieu et pourquoi. *Il n'y a qu'une condition du socialisme, qui n'est ni « objective » ni « subjective », mais historique, c'est l'existence du prolétariat comme classe qui dans sa lutte se développe comme porteur d'un projet socialiste.*

Par là nous ne voulons pas dire que le capitalisme reste le même par rapport aux possibilités révolutionnaires, que son évolution « objective » est indifférente puisque de toute façon elle produira des crises, et qu'en 1961 comme en 1871 la question reste la même : le prolétariat sera-t-il capable d'intervenir et d'aller jusqu'au bout ? Cette vue intemporelle, cette analyse des essences révolutionnaires n'a rien à voir avec ce que nous disons, déjà pour cette première raison massive : il n'y a pas de révolution sans prolétariat, et le prolétariat est un produit du développement capitaliste. C'est le mouvement même du capitalisme qui prolétarisant la société étend – et ici il s'agit bel et bien du sens quantitatif du mot – la base d'une révolution socialiste, parce qu'il multiplie et rend finalement majoritaire dans la société une masse de travailleurs salariés, parcellaires, exploités et aliénés. – Deuxièmement parce que la façon dont le système d'exploitation est vécu et critiqué par un prolétaire (serait-il employé de bureau et son niveau de vie serait-il croissant) est radicalement différente de celle d'un paysan pauvre. Que les contradictions économiques d'un capitalisme archaïque fassent mourir de faim le paysan pauvre, celui-ci ne se rapproche pas pour autant du *socialisme*; mais le salarié moderne d'une grande entreprise, pour autant qu'il fasse l'expérience de l'exploitation et de l'oppression dans le travail, ne peut en tirer que des conclusions sur le besoin d'une réorganisation socialiste de la production et de la société. Entre le paysan pauvre et le socialisme il y a pour ainsi dire une infinité de solutions fausses; entre le salarié moderne et le socialisme, aucune (en dehors des solutions individuelles, qui ne le sont pas pour la classe). Pour le prolétariat russe en 1917, la paysannerie a été un immense bélier dont le poids a permis d'abattre le tsarisme mais a par la suite terriblement alourdi et encombré le cours de la révolution. Il n'y a pas de commune mesure à cet égard entre la situation russe en 1917 et la situation américaine, européenne ou russe aujourd'hui, précisément parce que l'évolution du capitalisme a créé dans ces sociétés une immense majorité de salariés pour laquelle, lorsqu'elle sortira de son inaction, seules les solutions socialistes paraîtront possibles. Le prolétariat seul est une classe révolutionnaire, car pour lui seul est posé en termes d'existence quotidienne le problème central du socialisme, le sort de l'homme dans la production. – Enfin, parce que la concentration capitaliste fournit les linéaments d'une organisation collective de la société et que son évolution renvoie constamment les hommes au problème de son organisation globale. De par sa structure objective le capitalisme actuel fait voir à chacun, dans son travail et dans sa vie, son problème comme celui de la suppression de l'aliénation, de la division entre dirigeants et exécutants – et lui fait voir aussi immédiatement le problème de la société comme étant de même nature, précisément parce qu'il tend à transformer la société en une immense entreprise bureaucratique. Plus l'organisation bureaucratique du capitalisme s'étend et recouvre la société, plus tous les conflits tendent à se modeler sur la contradiction fondamentale du système. L'expérience de la société tend ainsi à s'unifier, c'est le même conflit qui est vécu par tous et partout comme leur destin quotidien. Le développement même du capitalisme démolit les fondements « objectifs » de l'existence d'une classe dirigeante, à la fois techniquement (toute bureaucratie planificatrice peut d'ores et déjà être remplacée par des calculatrices électroniques) et socialement (en dévoilant le rôle proprement *négatif* des dirigeants aux yeux des exécutants) ; il fait naître une exigence de gestion rationnelle de la société qu'il contrecarre constamment par ses actes ; enfin il fournit de plus en plus les éléments des solutions socialistes futures.

Mais nous disons bien qu'aucun de ces facteurs n'a de signification positive par lui-même, indépendamment de l'action des hommes, car ils sont tous contradictoires ou ambigus, comme on voudra dire. La prolétarisation de la société s'accompagne de sa hiérarchisation et ne signifie pas, comme l'avait cru Marx, qu'une poignée de super-capitalistes se trouvera un jour isolée au milieu d'un océan de prolétaires. L'évolution technique qui donnerait d'immenses possibilités à un pouvoir révolutionnaire fournit entre-temps aux capitalistes des moyens de violence ou d'emprise subtile sur la société dépassant tout ce qu'on avait pu imaginer. La diffusion du savoir technologique va de pair avec ce que Ph. Guillaume a appelé un néo-analphabétisme effrayant. Le développement du capitalisme est aussi, on l'a longuement dit, un développement de la consommation qui apparaît pendant toute une période aux exploités comme une solution de rechange. La crise des valeurs rend la société capitaliste presque ingouvernable, mais dans cette crise sont aussi entraînées les valeurs, les idées et les organisations qu'avait fait naître le prolétariat. Bref : une révolution victorieuse a eu lieu en Russie en 1917, elle n'a pas eu lieu depuis dans des pays beaucoup plus avancés. Les révolutionnaires ne possèdent pas de capital placé à la Banque de l'Histoire qui s'accumulerait à intérêts composés.

S'il y a donc une maturation des conditions du socialisme, elle ne peut jamais être une maturation de conditions « objectives », car les conditions purement objectives par elles-mêmes n'ont pas de signification définie. Elle ne peut être qu'une progression d'une autre nature. Et cette progression on la constate bien lorsqu'on considère la succession des révolutions ouvrières. C'est la courbe ascendante qui relie les sommets des actions prolétariennes, de 1848 à 1871, à 1917 et à 1956. Ce qui était à Paris en 1848 la revendication vague d'une égalité économique et sociale devient en Russie en 1917 l'expropriation des capitalistes; et cet objectif négatif et encore indéterminé est décanté en fonction de l'expérience ultérieure et remplacé, lors de la révolution hongroise en 1956, par l'exigence positive de la domination des producteurs sur la production, de la gestion ouvrière. La forme du pouvoir politique de la classe se précise, de la Commune de 1871 aux Soviets de 1917 et de ceux-ci au réseau de Conseils d'entreprise de 1956.

Il y a donc un processus, interrompu et contradictoire certes, mais positif, qui n'est pas « objectif » en ce sens qu'il n'est rien d'autre que le développement du *sens incarné* de l'action ouvrière. Mais ce n'est pas non plus un processus simplement « subjectif » de formation et d'éducation des ouvriers à travers les péripéties de leur action. Il n'y a pas d'expérience qui sédimente dans la classe ouvrière en un sens effectif, il n'y a pas de mémoire du prolétariat car il n'y a pas de « conscience *du* prolétariat » autrement que comme expression métaphorique[1]. Et même chez les ouvriers individuels, dans les périodes qui séparent deux phases révolutionnaires, on chercherait la plupart du temps en vain la mémoire claire des événements, leur élaboration consciente, la préparation apparente d'une nouvelle définition des objectifs et des moyens; on ne trouvera généralement que confusion, apathie et souvent résurgence d'idées réactionnaires.

Comment se fait donc cette progression? En partie certes par un apprentissage ou une expérience consciente chez certains éléments

1. La théorie d'une « éducation » des ouvriers à travers les échecs d'une direction bureaucratique, qui sous-tend les idées de Trotski pendant les années 1930, n'a qu'une portée très limitée; elle ne vaut qu'à l'intérieur d'une phase révolutionnaire (il est vrai qu'il y a eu apprentissage des masses de Pétrograd de février à octobre 1917), ou pour une minorité ouvrière. Autrement, des travailleurs français qui ont vécu 1936 combien aujourd'hui en tirent les « leçons » qu'une organisation révolutionnaire en tirerait? Si l'on considère comme expérience l'expérience subjective et explicite, il faut convenir que le principal résultat des luttes qui échouent, c'est la démoralisation.

dont nous sommes loin de vouloir minimiser le rôle, qui est après tout celui des révolutionnaires. Mais cette expérience d'une « avant-garde », qui jouera le rôle de catalyseur au départ de la nouvelle phase d'activité ouvrière[1], n'aurait aucun effet si en même temps la masse ouvrière ne devenait pas plus apte ne serait-ce qu'à accepter les nouvelles conclusions, si elle ne se préparait pas à une phase nouvelle et supérieure d'activité. Que signifie cette préparation? Qu'entre-temps, par son action révolutionnaire précédente ou par son activité quotidienne, le prolétariat a transformé la société et donc aussi les termes du problème. À chaque instant, l'expérience du prolétariat se forme à partir de la réalité présente et non pas à partir des « leçons du passé »; mais cette réalité présente contient en elle les résultats de l'action passée, car elle n'est rien d'autre que le produit de l'étape précédente de la lutte des classes. Dans le présent, se trouvent déposés comme partie de la réalité à transformer les objectifs en partie réalisés et ceux qui en se réalisant ont changé de sens, les victoires et les échecs, les vérités et les erreurs d'autrefois. En transformant la réalité sociale par son action incessante, obscure ou éclatante, le prolétariat transforme en même temps les conditions de sa prise de conscience ultérieure et s'oblige pour ainsi dire lui-même à porter sa lutte à un niveau plus élevé lors de sa prochaine étape. Cette dialectique immanente à la lutte de classe ne relève d'aucune magie, ne traduit pas une harmonie préétablie ni ne prouve que le communisme a été assigné par une Providence révolutionnaire comme but à l'histoire humaine. Elle signifie simplement que, aussi longtemps que les solutions que le prolétariat essaie de trouver à son problème restent « fausses », partielles ou insuffisantes, le problème demeure entier et toute nouvelle tentative de le résoudre doit commencer par combattre ce que les anciennes solutions sont devenues dans la réalité. Le prolétariat peut essayer de modifier sa condition par le réformisme; du moment où le réformisme est réalisé – comme dans la société contemporaine –, il ne peut, s'il reprend la lutte, que le dépasser et le combattre puisque

1. Au départ seulement, car presque toujours cette avant-garde, formée sur les conclusions de la période précédente, a beaucoup de difficulté pour en démordre (ce qui faisait sa force fait maintenant sa faiblesse), tandis que l'activité des masses si la révolution continue tend rapidement à les dépasser. Cette constatation ne fait que renforcer le point de vue exprimé dans le texte.

le réformisme est devenu partie intégrante de la réalité à détruire. Le prolétariat peut essayer de se libérer en remettant le pouvoir au parti, c'est-à-dire finalement à une bureaucratie ; la réalisation même de cette « solution » conduira les ouvriers à la dépasser et à la combattre, comme ils l'ont fait en 1956, car elle montrera dans le pouvoir de la bureaucratie une autre forme du pouvoir capitaliste. Aussi longtemps que la société restera une société d'exploitation, la tension perpétuellement maintenue entre l'objectif de la libération de l'homme et les figures transitoires dans lesquelles l'action ouvrière a cru pouvoir investir cet objectif poussera l'histoire en avant. La maturation des conditions du socialisme, c'est l'accumulation des conditions objectives d'une conscience adéquate, accumulation qui est elle-même le produit de l'action du prolétariat. Et ce processus n'est ni « objectif » ni « subjectif », il est *historique* ; le subjectif n'y existe que pour autant qu'il modifie l'objectif et l'objectif n'y a d'autre signification que celle que lui confère, dans un contexte et un enchaînement donnés, l'action du subjectif. On peut voir dans ce processus une élimination des fausses solutions, à condition de comprendre qu'il ne s'agit pas d'élimination mentale mais réelle, et que le processus n'est pas un processus aléatoire, où une première, puis une autre, puis une autre fausse solution prises au hasard seraient éliminées parmi une infinité. Les tentatives de solution sont reliées les unes aux autres, objectivement (c'est du même problème qu'il s'agit, dans le même contexte historique) et subjectivement (c'est la même classe qui le pose). Ensuite, il n'y a pas d'infinité de fausses solutions, tout n'est pas possible, la société moderne trace un cadre. Enfin, il y a *une* solution *vraie*. Cette dernière affirmation différencie le révolutionnaire du philosophe de l'histoire.

Le problème que nous devons nous poser est : cette maturation, cette progression dialectique, continue-t-elle dans la période actuelle ? Pour l'éclairer, nous aborderons trois questions : celle du travail et de la gestion ouvrière ; celle de la bureaucratie et de la politique ; enfin, celle du niveau de vie et des valeurs.

Nous avons déjà montré plus haut que les conditions actuelles font voir aux travailleurs comme leur problème immédiat et quotidien ce qui est le problème central du socialisme : le travail et son organisation, le rôle de l'homme dans la production, les rapports entre hommes dans le travail – en somme la question de la *gestion* et des *fins* du travail. L'importance croissante des luttes relatives aux conditions de vie et de production dans l'usine que nous avons décrites sur l'exemple de l'Angleterre de même que les revendications de gestion ouvrière et de suppression des normes mises en avant par les Conseils ouvriers hongrois en 1956 attestent qu'il ne s'agit pas là d'une extrapolation théorique, mais d'un progrès réel qui a été conditionné, en Hongrie par la réalisation du pouvoir de la bureaucratie, et en Angleterre et aux États-Unis par la « satisfaction » partielle des demandes étroitement économiques et la réalisation du plein-emploi.

Que l'arrivée au pouvoir de la bureaucratie dans les pays de l'Est devait conduire à une expérience de la bureaucratie, et que cette expérience aboutirait tôt ou tard à des conclusions révolutionnaires, a été pour nous dès le départ une idée centrale[1]. Dans les pays de l'Est, la bureaucratie « ouvrière » est devenue classe dominante, par conséquent l'expérience que fait le prolétariat de « sa » bureaucratie est immédiatement et directement expérience de son caractère de classe exploiteuse. Dans les pays occidentaux, la bureaucratisation des organisations « ouvrières », dans la mesure où celles-ci ne sont pas encore intégralement identifiées au système d'exploitation, entraîne une expérience de la bureaucratie comme « direction politique » (ou syndicale) et par suite un retrait des ouvriers de la politique. Mais cette expérience prend actuellement un nouveau caractère. Ce que nous avons appelé la privatisation exprime une expérience de la politique bureaucratique, mais cette expérience ne concerne plus simplement le contenu de la politique, c'est la forme même de la politique traditionnelle, le fait politique comme tel qui est mis en question. Les ouvriers qui, après l'expérience du réformisme, étaient allés à la IIIe Internationale ou ceux qui après l'expérience du stalinisme étaient passés au trotskisme critiquaient et dépassaient une certaine politique en voulant la remplacer par une autre. Mais la classe ouvrière actuelle rejette l'activité politique comme telle,

1. Voir « Socialisme ou barbarie », dans le n° 1 de *S. ou B.*, en particulier p. 39-46 [maintenant dans *SB, 1,* p. 175-183 <rééd. Bourgois, 1990, p. 111-143>] ; également, « Les ouvriers face à la bureaucratie », *S. ou B.*, n° 18, p. 75-86 [maintenant dans *EMO, 1*, p. 333-355 <et *QMO*, t. 1>].

indépendamment de son contenu. La signification de ce phénomène n'est pas simple : il y a là incontestablement un retrait, une incapacité provisoire d'assumer le problème de la société qui n'est rien moins que positive. Mais il y a aussi autre chose et plus. Le rejet de la politique telle qu'elle existe est d'une certaine façon le rejet en bloc de la société actuelle ; c'est le contenu de tous les « programmes » qui est rejeté, parce que tous, conservateurs, réformistes ou « communistes », ne représentent que des variantes du même type de société. Mais il est aussi le rejet du *type d'activité* que représente la politique telle qu'elle est pratiquée par les organisations traditionnelles : activité séparée de spécialistes coupés des préoccupations de la population, tissu de mensonges et de manipulations, farce grotesque aux conséquences souvent tragiques. La dépolitisation actuelle est tout autant indifférence que critique de la séparation de la politique et de la vie, du mode d'existence artificiel des partis, des motivations intéressées des politiciens. Elle vise aussi bien l'inefficacité et la gratuité de la politique actuelle que sa transformation en profession spécialisée. Elle contient donc implicitement une nouvelle exigence : celle d'une activité concernant ce qui importe réellement dans la vie, celle de nouvelles méthodes d'action, de nouveaux rapports entre les hommes dans une organisation.

Nous nous sommes déjà expliqués sur les facteurs qui conduisent à l'« élévation du niveau de vie » et sur la consommation comme solution de compensation pour une classe ouvrière qui provisoirement ne voit pas ou n'est pas capable de créer une solution sociale à ses véritables problèmes. Mais cette « élévation du niveau de vie » porte en elle-même les germes de sa destruction, et cette destruction posera – pose déjà – tout le problème des valeurs et du sens de la vie humaine. D'abord, l'« élévation du niveau de vie » n'a pas de limite, elle devient une course interminable après le « plus » et le « nouveau » qui à la fin se dénonce elle-même. Il y a toujours un autre « plus » qui est davantage « plus » que celui-ci, la religion du nouveau doit devenir tôt ou tard une vieillerie d'après ses propres critères. Ensuite, l'expansion de la consommation sous sa forme capitaliste crée des contradictions criantes à l'échelle individuelle aussi bien que sociale. L'ouvrier qui s'endort devant sa télévision épuisé par les heures supplémentaires qu'il a fournies pour l'acheter, la population qui passe son temps dans les embouteillages parce que chacun possède son moyen de transport individuel, en sont des illustrations qui pourraient aisément être multipliées. On ne peut évidemment pas prédire quand et sous quelle forme cette phase parviendra à son épuisement[1]. Mais il est certain que l'expansion continue de cette consommation rend désormais possibles une critique et une démystification qui, lorsqu'elles s'amorceront, mettront en cause tout ce qui fait la vie sous le capitalisme, montreront que la consommation en elle-même n'a pas de sens pour l'homme, que les loisirs en eux-mêmes sont vides. Vit-on pour acquérir, au prix d'un travail de plus en plus absurde, un nombre croissant de gadgets de plus en plus perfectionnés et de plus en plus inutiles ? Passe-t-on les semaines pour attendre les dimanches hantés par l'idée de la semaine qui va commencer ? L'usure et les contradictions internes de la consommation et des loisirs capitalistes renverront tôt ou tard les travailleurs aux vrais problèmes : pourquoi la production et pourquoi le travail ? Quelle production et quel travail ? Quels doivent être les rapports entre les hommes, et quelle doit être l'orientation de la société ?

Les conditions actuelles posent aux travailleurs le problème de la gestion ouvrière de la production et du sort de l'homme dans le travail. Par son accession au pouvoir, la bureaucratie se désigne elle-même comme l'ennemi à combattre. La manipulation des consommateurs atteindra ses limites. Lorsque le prolétariat entrera à nouveau en lutte, il se trouvera infiniment plus proche des objectifs et des moyens du socialisme qu'en aucune autre période de son histoire.

1. Depuis 1955 aux États-Unis la consommation ne fournit plus un stimulant suffisant à l'expansion économique, parce qu'il y a une relative saturation de la demande de « biens durables », qui a été le grand moteur de l'expansion dans la phase précédente. Cela montre qu'il existe, même à l'étape actuelle, des limites à l'extension « indéfinie » de la consommation matérielle et à la manipulation des consommateurs pourtant la plus perfectionnée du monde. Mais il serait prématuré et dangereux d'en tirer une conclusion définitive.

8. POUR UN MOUVEMENT RÉVOLUTIONNAIRE MODERNE[1]

Il reste à tirer les conclusions pratiques de ce qui a été dit. Pour ceux qui l'ont compris, elles n'ont pas besoin de justification particulière.

1. En tant que mouvement organisé, le mouvement révolutionnaire est à reconstruire à partir de zéro. Cette reconstruction trouvera une base solide dans le développement de l'expérience ouvrière mais elle présuppose une rupture radicale avec les organisations actuelles, leur idéologie, leur mentalité, leurs méthodes, leurs actions. Tout ce qui a existé et existe comme forme instituée du mouvement ouvrier – partis, syndicats, etc. – est irrémédiablement et irrévocablement fini, pourri, intégré dans la société d'exploitation. Il ne peut pas y avoir de solutions miraculeuses, tout est à refaire au prix d'un long et patient travail. Tout est à recommencer, mais à recommencer à partir de l'immense expérience d'un siècle de luttes ouvrières, et avec un prolétariat qui se trouve plus près que jamais des véritables solutions.

2. Les équivoques créées sur le programme socialiste par les organisations « ouvrières » dégénérées, réformistes ou staliniennes, doivent être radicalement détruites. L'idée que le socialisme coïncide avec la nationalisation des moyens de production et la planification ; qu'il vise essentiellement – ou que les hommes devraient viser – l'augmentation de la production et de la consommation, ces idées doivent être dénoncées impitoyablement, leur identité avec l'orientation profonde du capitalisme montrée constamment. La forme nécessaire du socialisme comme gestion ouvrière de la production et de la société et pouvoir des Conseils de travailleurs doit être démontrée et illustrée à partir de l'expérience

1. <Ce chapitre fut repris en mars 1963, avec quelques modifications et ajouts, dans la « Plate-forme générale » (dont il constituait les paragraphes finaux, 31-44) de la tendance qui se constitua dans le groupe S. ou B. après le débat sur MRCM ; puis, avec quelques modifications encore, sous le titre « Éléments d'une nouvelle orientation » dans le texte « Recommencer la révolution » publié, après la scission du groupe, comme éditorial du n° 35 de *S. ou B.* (janvier-mars 1964). Il fut republié deux fois par l'auteur : dans *EMO, 2*, p. 354-365 (dans RR) et dans *CMR, 2*, p. 184-192 (dans MRCM). La version de *EMO, 2* paraîtra dans le volume *Quelle démocratie ?* de notre édition.>

historique récente. Le contenu essentiel du socialisme : restitution aux hommes de la domination sur leur propre vie ; transformation du travail de gagne-pain absurde en déploiement libre des forces créatrices des individus et des groupes ; constitution de communautés humaines intégrées ; union de la culture et de la vie des hommes, ce contenu ne doit pas être caché honteusement comme spéculation concernant un avenir indéterminé, mais mis en avant comme la seule réponse aux problèmes qui torturent et étouffent les hommes et la société aujourd'hui. Le programme socialiste doit être présenté pour ce qu'il est : un programme d'humanisation du travail et de la société. Il doit être clamé que le socialisme n'est pas une terrasse de loisirs sur la prison industrielle, ni des transistors pour les prisonniers, mais la destruction de la prison industrielle elle-même.

3. La critique révolutionnaire de la société capitaliste doit changer d'axe. Elle doit en premier lieu dénoncer le caractère inhumain et absurde du travail contemporain, sous tous ses aspects. Elle doit dévoiler l'arbitraire et la monstruosité de la hiérarchie dans la production et dans la société, son absence totale de justification, l'énorme gaspillage et les antagonismes qu'elle suscite, l'incapacité totale des dirigeants, les contradictions et l'irrationalité de la gestion bureaucratique de l'entreprise, de l'économie, de l'État, de la société. Elle doit montrer que, quelle que soit l'élévation du « niveau de vie », le problème des besoins des hommes n'est pas résolu même dans les sociétés les plus riches, que la consommation capitaliste est pleine de contradictions et finalement absurde. Elle doit enfin s'élargir à tous les aspects de la vie, dénoncer le délabrement des communautés, la déshumanisation des rapports entre individus, le contenu et les méthodes de l'éducation capitaliste, la monstruosité des villes modernes, la double oppression imposée aux femmes et aux jeunes.

4. Les organisations traditionnelles s'appuyaient sur l'idée que les revendications économiques forment le problème central pour les travailleurs, et que le capitalisme est incapable de les satisfaire. Cette idée doit être catégoriquement répudiée car elle ne correspond en rien aux réalités actuelles. L'organisation révolutionnaire et l'activité des militants révolutionnaires dans les syndicats ne peuvent pas se fonder sur une surenchère autour des revendications

économiques, tant bien que mal défendues par les syndicats et réalisables par le système capitaliste sans difficulté majeure. C'est dans la possibilité des augmentations de salaire que se trouve la base du réformisme permanent des syndicats et une des conditions de leur dégénérescence bureaucratique irréversible. Le capitalisme ne peut vivre qu'en accordant des augmentations de salaire, et pour cela des syndicats bureaucratisés et réformistes lui sont indispensables. Cela ne signifie pas que les militants révolutionnaires doivent nécessairement quitter les syndicats ou se désintéresser des revendications économiques, mais que ni l'un ni l'autre de ces points n'ont l'importance centrale qu'on leur accordait autrefois.

5. L'humanité du travailleur salarié est de moins en moins attaquée par une misère économique qui mettrait en danger son existence physique. Elle l'est de plus en plus par la nature et les conditions de son travail, par l'oppression et l'aliénation qu'il subit au cours de la production. Or c'est dans ce domaine qu'il n'y a pas et il ne peut pas y avoir de réforme durable, mais une lutte aux résultats changeants et jamais acquis, parce qu'on ne peut pas réduire l'aliénation de 3 % par an et parce que l'organisation de la production est constamment bouleversée par l'évolution technique. C'est également le domaine dans lequel les syndicats coopèrent systématiquement avec la direction. C'est une tâche centrale du mouvement révolutionnaire d'aider les travailleurs à organiser leur lutte contre les conditions de travail et de vie dans l'entreprise capitaliste.

6. Le rapport d'exploitation dans la société contemporaine prend de plus en plus la forme du rapport hiérarchique ; et le respect de la valeur de la hiérarchie, soutenue par les organisations « ouvrières », devient le dernier appui idéologique du système. Le mouvement révolutionnaire doit organiser une lutte systématique contre l'idéologie de la hiérarchie sous toutes ses formes, et contre la hiérarchie des salaires et des emplois dans les entreprises.

7. Dans toutes les luttes, la façon dont un résultat est obtenu est autant et plus importante que ce qui est obtenu. Même à l'égard de l'efficacité immédiate, des actions organisées et dirigées par les travailleurs eux-mêmes sont supérieures aux actions décidées et dirigées bureaucratiquement ; mais surtout, elles seules créent les conditions d'une progression, car elles seules apprennent aux

travailleurs à gérer leurs propres affaires. L'idée que ses interventions visent non pas à remplacer, mais à développer l'initiative et l'autonomie des travailleurs doit être le critère suprême guidant l'activité du mouvement révolutionnaire.

8. Même lorsque les luttes dans la production atteignent une grande intensité et un niveau élevé, le passage au problème global de la société reste pour les travailleurs le plus difficile à effectuer. C'est donc dans ce domaine que le mouvement révolutionnaire a une tâche capitale à remplir, qu'il ne faut pas confondre avec une agitation stérile autour des incidents de la « vie politique » capitaliste. Elle consiste à montrer que le système fonctionne toujours contre les travailleurs ; qu'ils ne pourront résoudre leurs problèmes sans abolir le capitalisme et la bureaucratie et reconstruire totalement la société ; qu'il y a une analogie profonde et intime entre leur sort de producteurs et leur sort d'hommes dans la société, en ce sens que ni l'un ni l'autre ne peuvent être modifiés sans que soit supprimée la division en une classe de dirigeants et une classe d'exécutants. Ce n'est qu'en fonction d'un long et patient travail dans cette direction que le problème d'une mobilisation des travailleurs sur des questions générales pourra à nouveau être posé en termes corrects.

9. L'expérience a prouvé que l'internationalisme n'est pas un produit automatique de la condition ouvrière. Développé en facteur politique réel par l'activité des organisations ouvrières d'autrefois, il a disparu lorsque celles-ci en dégénérant ont sombré dans le chauvinisme. Le mouvement révolutionnaire devra lutter pour faire remonter au prolétariat la longue pente qu'il a descendue depuis un quart de siècle, pour faire revivre la solidarité internationale des luttes ouvrières et surtout la solidarité des travailleurs des pays impérialistes à l'égard des luttes des peuples colonisés.

10. Le mouvement révolutionnaire doit cesser d'apparaître comme un mouvement politique au sens traditionnel du terme. La politique au sens traditionnel est morte, et pour de bonnes raisons. La population l'abandonne parce qu'elle la voit comme ce qu'elle est dans sa réalité sociale : l'activité d'une couche de mystificateurs professionnels qui tournent autour de la machinerie de l'État et de ses appendices pour y pénétrer ou pour s'en emparer. Le mouvement révolutionnaire doit apparaître pour ce qu'il est :

un mouvement total concerné par tout ce que les hommes font et subissent dans la société, et avant tout par leur vie quotidienne réelle.

11. Le mouvement révolutionnaire doit donc cesser d'être une organisation de spécialistes. Il doit devenir le lieu – le seul dans la société actuelle, en dehors de l'entreprise – où un nombre croissant d'individus réapprennent la vraie vie collective, gèrent leurs propres affaires, se réalisent et se développent en travaillant pour un projet commun dans la reconnaissance réciproque.

12. La propagande et l'effort de recrutement du mouvement révolutionnaire doivent désormais tenir compte des transformations de structure de la société capitaliste et de la généralisation de sa crise. La division en classes de la société est de plus en plus une division entre dirigeants et exécutants ; l'immense majorité des individus, quelles que soient leur qualification ou leur rémunération, sont transformés en exécutants salariés effectuant un travail parcellaire, qui éprouvent l'aliénation dans le travail et l'absurdité du système et tendent à se révolter contre celui-ci. Les employés et les travailleurs de bureau, ceux qu'on appelle les « tertiaires », se distinguent de moins en moins des travailleurs manuels et commencent à lutter contre le système suivant les mêmes lignes. De même, la crise de la culture et la décomposition des valeurs de la société capitaliste poussent des fractions importantes d'intellectuels et d'étudiants (dont le poids numérique est d'ailleurs croissant) vers une critique radicale du système. Le mouvement révolutionnaire peut seul donner un sens positif et une issue à la révolte de ces couches, et il en recevra en retour un enrichissement précieux. Et seul le mouvement révolutionnaire peut être le trait d'union, dans les conditions de la société d'exploitation, entre travailleurs manuels, « tertiaires » et intellectuels, union sans laquelle il ne peut y avoir de révolution victorieuse.

13. La rupture entre les générations et la révolte des jeunes dans la société moderne sont sans commune mesure avec le « conflit des générations » d'autrefois. Les jeunes ne s'opposent plus aux adultes pour prendre leur place dans un système établi et reconnu, ils refusent ce système, n'en reconnaissent plus les valeurs. La société contemporaine perd son emprise sur les générations qu'elle produit. La rupture est particulièrement brutale s'agissant de la

politique ; d'un côté, l'écrasante majorité des cadres et des militants ouvriers adultes ne peuvent pas, quelle que soit leur bonne foi et volonté, opérer leur reconversion, ils répètent machinalement les leçons et les phrases apprises autrefois et désormais vides, ils restent attachés à des formes d'action et d'organisation qui s'effondrent ; inversement, les organisations traditionnelles arrivent de moins en moins à recruter des jeunes, aux yeux desquels rien ne les sépare de tout l'attirail vermoulu et dérisoire qu'ils rencontrent en venant au monde social. Le mouvement révolutionnaire pourra donner un sens positif à l'immense révolte de la jeunesse contemporaine et en faire le ferment de la transformation sociale s'il sait trouver le langage vrai et neuf qu'elle cherche, et lui montrer une activité de lutte efficace contre ce monde qu'elle refuse.

La crise et l'usure du système capitaliste s'étendent aujourd'hui à tous les secteurs de la vie. Ses dirigeants s'épuisent à colmater les brèches du système sans jamais y parvenir. Dans cette société, la plus riche et la plus puissante que la terre ait portée, l'insatisfaction des hommes, leur impuissance devant leurs propres créations sont plus grandes que jamais. Si aujourd'hui le capitalisme réussit à privatiser les travailleurs, à les éloigner du problème social et de l'activité collective, cette phase ne saurait durer éternellement, ne serait-ce que parce que c'est la société établie qui en étouffe la première. Tôt ou tard, à la faveur d'un de ces « accidents » inéluctables sous le système actuel, les masses entreront de nouveau en action pour modifier leurs conditions d'existence. Le sort de cette action dépendra du degré de conscience, de l'initiative, de la volonté, de la capacité d'autonomie que montreront alors les travailleurs. Mais la formation de cette conscience, l'affermissement de cette autonomie dépendent à un degré décisif du travail continu d'une organisation révolutionnaire qui ait clairement compris l'expérience d'un siècle de luttes ouvrières et d'abord que l'objectif à la fois et le moyen de toute activité révolutionnaire, c'est le développement de l'action consciente et autonome des travailleurs ; qui soit capable de tracer la perspective d'une nouvelle société humaine pour laquelle il vaille la peine de vivre et de mourir ; qui incarne enfin elle-même l'exemple d'une activité collective que les hommes comprennent et dominent.

APPENDICES
À LA PREMIÈRE ÉDITION ANGLAISE
DU MRCM*

1. LA BAISSE DU TAUX DE PROFIT

L'analyse de l'économie capitaliste par Marx est basée sur trois concepts (catégories) fondamentaux :

C : capital constant (moyens de production produits) ;
V : capital variable (salaires) ;
S : plus-value (excès du produit net sur la masse des salaires, ou du produit brut sur la masse des salaires *et* le capital constant consommé dans la production).

Je supposerai que le lecteur est familiarisé avec ces concepts, et je vais considérer (comme le fait Marx dans le Livre III du *Capital*) l'économie capitaliste *totale,* après consolidation des transactions et des comptes inter-firmes et inter-secteurs. Dans ces conditions, S (plus-value totale) est égal à la masse des profits ; V est la masse des salaires ou l'ensemble des salaires payés. La situation de C est plus complexe car le symbole a été utilisé par Marx dans différentes parties du *Capital* pour dénoter des catégories différentes. Dans le Livre III, il se réfère à la valeur du *stock total du capital,* tandis que dans le Livre I (et le Livre II) il dénote la *dépréciation du capital fixe* incorporée dans la valeur d'un produit individuel ou du produit d'une firme, plus la valeur des biens de production « non durables » consommés pour la production (matières premières, combustibles, etc.). Il est évident que l'on devrait prêter chaque

* *Note 1979* : Rédigé sur la demande des camarades anglais de *Solidarity* pour accompagner la traduction anglaise de MRCM (publiée en avril 1965). Traduit de l'anglais par moi, avec quelques légères modifications destinées à faciliter la compréhension. <Première publication française, *CMR, 2,* p. 205-222.>

fois une extrême attention à la définition du sens selon lequel on utilise C, et à la pertinence de ce sens dans un contexte particulier donné. C'est ce que j'essaierai de faire, en utilisant, là où c'est nécessaire, des notations plus précises.

*

* *

Marx examine les relations entre C, V et S et formule trois « lois » qui gouvernent l'évolution de ces relations le long d'une période de temps.

1) $\frac{S}{V}$ (le rapport de la plus-value au capital variable ou de la masse des profits à la masse des salaires), que Marx appelle le *taux d'exploitation.* C'est là un concept univoque. Marx pensait que *le taux d'exploitation augmentait nécessairement avec le temps* (il parle évidemment, comme je le ferai tout le temps ici, des tendances à long terme, non pas de variations locales ou à court terme). D'après Marx, le taux d'exploitation augmente parce que la productivité du travail croît constamment sous le capitalisme – ce qui est un fait indiscutable. Cela signifie que la *valeur unitaire* (en termes de travail, évidemment, comme dans tous ces raisonnements) des marchandises diminue continuellement avec le temps. Donc, diminue aussi la valeur unitaire des marchandises qui composent le « panier de consommation » d'un ouvrier ou d'une famille ouvrière. Ce panier de consommation, en termes physiques, Marx le tient pour constant le long du temps – c'est-à-dire que le niveau de vie réel de la classe ouvrière est supposé stagnant. Ainsi, sa valeur diminue avec le temps – puisque cette valeur est le produit d'une quantité constante de marchandises multipliée par des valeurs unitaires qui baissent. En termes physiques, une heure de travail est payée avec la même quantité de marchandises, tandis que le *produit* (physique) de cette heure de travail augmente avec la productivité du travail. En termes de valeur, une heure de travail produit toujours par définition la même *valeur,* mais la valeur des marchandises avec lesquelles elle est payée décline (car les valeurs unitaires de ces marchandises diminuent au fur et à

mesure que la productivité augmente). Les ouvriers touchent (en termes physiques) un montant constant pris sur un total croissant, ou (en termes de valeur) un montant décroissant d'un total constant. Leur part par conséquent diminue, et, réciproquement, la part des capitalistes augmente.

Le *raisonnement* est ici correct, mais il tient ou s'effondre avec l'*hypothèse* que le niveau de vie réel de la classe ouvrière reste constant le long du temps. On peut formuler cela plus explicitement en disant que la force de travail exige, pour être produite et reproduite, une quantité fixe d'*inputs* (de marchandises à consommer : panier de consommation de la famille ouvrière), et que les lois du marché empêchent le « prix » de la force de travail (salaire) de se situer durablement au-dessus ou au-dessous de la « valeur » de la force de travail (l'équivalent en valeur de cette quantité physique fixe de biens de consommation). J'ai montré, dans le texte plus haut, qu'il n'en est pas ainsi. La force de travail *n'est pas* simplement une marchandise. Les luttes de la classe ouvrière *ont réussi* à élever, le long du temps, le niveau de vie des ouvriers ou la « valeur » de la force de travail. Je ne reprendrai pas ce point ici.

2) $\frac{C}{V}$ (le rapport du capital constant au capital variable), que Marx appelle la *composition organique du capital. Marx croyait que ce rapport aussi devait s'élever constamment le long de l'histoire du capitalisme.* Il se basait sur le fait indiscutable que le même nombre d'ouvriers manipulent un nombre toujours croissant de machines, une quantité toujours croissante de matières premières, etc.

Mais ce rapport, ou plutôt la manière dont Marx le formule, n'a pas un sens univoque. Il est clair que, si nous avions une méthode acceptable pour mesurer le *volume physique* des moyens de production produits et le comparer avec le *nombre d'hommes* (ou l'*input* total d'heures de travail), alors la mécanisation et la productivité croissante signifieraient *ipso facto* que la première quantité augmente beaucoup plus vite que la seconde. (Écartons dédaigneusement les quelques statisticiens pédants qui essaieraient de signaler que cette mesure de la quantité physique du capital revient à compter ensemble des moutons et des machines à écrire.) Mais, dans la formule de Marx, il n'est question ni de volume physique des moyens de production produits, ni de nombre des hommes. Si C est la dépréciation annuelle, et V la masse des salaires ou le capital variable, *les deux sont exprimés en termes de valeur.* Le fait évident qu'un nombre de plus en plus grand de machines est servi par un nombre de plus en plus petit d'ouvriers ne permet pas de conclure, sans autre considération, que la dépréciation annuelle en termes de valeur augmente constamment par rapport à la masse annuelle des salaires exprimés aussi en termes de valeur. Et pas davantage on ne peut prendre ces deux termes comme des indices appropriés du comportement des quantités physiques correspondantes. Le *capital* auquel se réfère le « nombre constamment croissant de machines, etc. » n'est pas la dépréciation annuelle (capital consommé productivement) mais le stock total de capital (capital physiquement présent dans le processus de production). Afin d'éliminer cette ambiguïté, soit K un indice du volume de ce capital total, et L le travail total (heures de travail ouvrées). Le fait empirique, et important, est que $\frac{K}{L}$ croît avec le temps. Mais diverses hypothèses spécifiques sont nécessaires pour passer de cette constatation à l'idée que $\frac{C}{V}$ aussi croît avec le temps.

Appelons r la dépréciation annuelle en pourcentage, w le salaire réel par heure de travail et U la valeur unitaire (c'est-à-dire l'inverse de la productivité nette du travail, ou bien les heures travaillées par unité de volume du produit net). Supposons que les valeurs unitaires des biens capitaux et des biens de consommation changent *pari passu,* c'est-à-dire que la productivité du travail dans les industries produisant des biens capitaux et dans les industries produisant des biens de consommation s'élève au même rythme avec le temps ; autrement dit, $U_1(t)/U_2(t)$ = constante (= a, disons). Alors, C = dépréciation annuelle en termes de valeur = $rKU_1(t)$ et V = total des salaires en termes de valeur = $wLU_2(t)$. La composition organique du capital, au sens de Marx, est alors $\frac{rKU_1(t)}{wLU_2(t)}$, soit $\frac{rKa}{wL}$. $\frac{Ka}{L}$

de toute évidence croît ; mais qu'en est-il de $\frac{rKa}{wL}$? Il est clair que son évolution dépend essentiellement de l'évolution de w, le salaire réel (il n'y a pas, *prima facie*, de raison pour supposer que r, le taux de dépréciation annuelle, varie systématiquement avec le temps). Sur la base de l'hypothèse de Marx, que w est stagnant, la « composition organique » (avec le sens que l'on vient de définir) s'élèvera. Mais dans la réalité, où w et K croissent en fait approximativement *pari passu*, la composition organique en termes de valeur restera en gros constante – ce qui est plus ou moins le cas –, que l'on considère $\frac{rK}{wL}$ (le rapport de la dépréciation annuelle à la masse des salaires) ou $\frac{K}{wL}$ (le rapport du capital fixe à la masse des salaires).

Si nous prenons C dans son autre sens, comme la somme de la dépréciation et de la valeur des matières premières, etc., l'argument devient un peu plus compliqué, mais sa substance reste la même. C'est de toute évidence un fait que « le même nombre d'ouvriers » manipule une quantité constamment croissante de matières premières, etc. Cela équivaut à dire que la productivité physique du travail s'élève. Mais $\frac{C}{V}$ est exprimé en termes de *valeur.* L'élévation de la productivité qui *accroît la quantité* des matières manipulées *réduira leur valeur unitaire,* si l'on considère l'ensemble de l'économie, exactement dans la même proportion. Ainsi le numérateur de la fraction reste constant en termes de valeur. Le comportement de la fraction $\frac{C}{V}$ dépendra donc de ce qui arrive au dénominateur, V. Si celui-ci diminue parce que, comme le pensait Marx, les salaires réels stagnent (et par conséquent, les salaires exprimés en termes de valeur décroissent), alors la « composition organique » s'élèvera en proportion. Mais si, comme c'est le cas dans la réalité, les salaires réels augmentent plus ou moins *pari passu* avec la productivité, alors la « composition organique » restera stable. Je n'ai pas tenu directement compte de cet aspect de la discussion parce que, comme je l'explique dans l'Appendice 2, les matières premières, etc., *n'*apparaissent *pas* dans les comptes consolidés de l'économie totale.

3) Enfin, Marx appelle *taux de profit* le rapport $\frac{S}{C+V}$.

Il pensait qu'il doit exister une tendance à long terme (elle-même la résultante de plusieurs facteurs agissant en sens contraire, qu'il mentionne) *du taux de profit vers la baisse.* L'argument central est que C (capital constant) augmente beaucoup plus rapidement que V (capital variable) – à cause de l'« élévation de la composition organique du capital ». Maintenant, S est extrait du travail vivant et, même si le taux de l'exploitation augmente, il est implicitement postulé qu'il ne peut pas augmenter assez vite pour compenser le fait que V devient de plus en plus petit par rapport à C. Ainsi, d'après Marx, le dénominateur croît plus vite que le numérateur (S) ; et le rapport $\frac{S}{C+V}$ (qui exprime le taux de profit) devrait décliner avec le passage du temps.

Cette argumentation est A) logiquement incohérente, B) empiriquement fausse, C) économiquement et politiquement sans pertinence. Considérons ces trois affirmations l'une après l'autre.

A) Le taux de profit n'est pas et ne peut pas être calculé comme le rapport du profit à la somme dépréciation + salaires. Le taux de profit est le rapport du profit au *capital,* c'est-à-dire le rapport du profit à la valeur du capital fixe total + la valeur des matières premières, etc., *nécessaires pour engager la production* (et *non pas* : manipulées au cours de la période comptable) + la valeur des salaires *nécessaires pour engager la production* (et *non pas* : payés au cours de la période comptable). C + V est à la fois trop et trop peu pour exprimer cela : trop peu car C (dépréciation) n'est qu'une petite partie du capital (c'est $KU_1(t)$, d'après les notations précédentes, qui devrait être utilisé à la place de C). Et V est trop, car il représente la masse annuelle de salaires et les capitalistes n'« avancent » pas comme capital la masse annuelle des salaires, mais seulement une fraction de cette masse correspondant à une « rotation » du capital variable. La même chose est vraie pour les matières premières. On peut trancher toutes ces complications en décidant d'ignorer les matières premières, etc., et en prenant comme période comptable quelque période moyenne d'une rotation du capital variable – de sorte que le « capital variable » avancé par les capitalistes devienne égal à la masse des salaires par période. Mais il est clair que l'on ne peut pas supposer que C représente le capital ; on doit prendre pour cela $KU_1(t)$ (que j'écrirai désormais KU).

Le taux de profit est alors $\frac{S}{(KU + V)}$. Pourquoi devrait-il baisser ? Parce que, dirait Marx, même si $\frac{S}{V}$ croît, $\frac{KU}{V}$ croît beaucoup plus rapidement. Mais comment le savons-nous ? Est-ce *nécessaire* ? Et si c'est le cas, pourquoi ? (*Cf.* plus haut la discussion sur l'« élévation de la composition organique ».) On aurait plutôt des raisons pour supposer, au contraire, qu'il ne saurait y avoir de divergence significative et permanente entre le taux de croissance du capital et le taux de croissance de la plus-value, car *il ne s'agit pas de deux grandeurs indépendantes* : le capital n'est rien d'autre que de la plus-value accumulée. Si la plus-value devenait très petite (relativement), la *croissance* du capital le deviendrait aussi.

Laissons Marx en paix ; il ouvrait héroïquement des chemins entièrement nouveaux. Demandons-nous plutôt comment se fait-il que des générations successives de « marxistes » n'ont pas pu voir qu'il y avait une relation fonctionnelle entre la plus-value « de cette année » et le capital « de l'année prochaine ». Pourquoi n'ont-ils pas essayé d'examiner cette relation ? Pourquoi, au lieu de cela, ont-ils continué à se gargariser avec la « baisse du taux de profit » et à bricoler des argumentations fallacieuses qui ne font qu'aligner des mots ? La seule explication possible est qu'ils préfèrent le dogme à la recherche réelle, même à celle qui utiliserait leurs propres catégories.

Considérons un exemple numérique, qui facilitera la compréhension du problème.

Supposons que, pendant la période 0, le volume du capital fixe est 500, l'*input* d'heures travaillées est 200 et le volume du produit net est 200. Alors le produit net par heure travaillée est de $\frac{200}{200} = 1$. La valeur unitaire (heures travaillées par unité de volume du produit net) est aussi $\frac{200}{200} = 1$. Supposons que le taux d'exploitation est 1, ce qui signifie que le produit net est également partagé entre ouvriers et capitalistes. Si le volume du produit net est 200, le total des salaires = 100 et le total de la plus-value = profit total = 100.

Supposons maintenant un taux de dépréciation de 10 %. Cela signifie que la valeur du produit brut est égale à la valeur du produit net + 10 % de la valeur du capital fixe. La valeur unitaire étant 1, la valeur du capital fixe est 500 × 1 = 500, et 10 % de cela fait 50. Ainsi, le produit brut pendant la période 0 est 250. Alors, le taux de profit est de

$$\frac{100}{500+100}=\frac{100}{600}=\frac{1}{6}=0,1666...$$

Supposons que la plus-value est accumulée dans la proportion de 1/2. Alors, du produit net de la période 0 sont accumulés 50. Le volume du capital fixe pour la période suivante (période 1) devient 500 + 50 = 550. Supposons aussi qu'entre la période 0 et la période 1 la productivité nette du travail par heure travaillée augmente de 10 %. Supposons que le total des heures travaillées reste le même. Alors le produit net total de la période 1 est 220. Sa valeur totale n'a évidemment pas varié : elle est par définition égale au nombre d'heures travaillées, qui est resté le même. Les valeurs unitaires ont évidemment diminué en raison exactement inverse de l'élévation de la productivité : la valeur de l'unité du produit est maintenant $\frac{200}{220} = \frac{1}{1,1} = 0,9090...$ Le produit brut, mesuré en termes physiques ou en valeurs unitaires de la période 0, est : 220 (produit net) + 55 (dépréciation à 10 % du capital de 550) = 275. En termes de valeurs unitaires de la période 1, il est $275 \times \frac{1}{1{,}1} = 250$.

Qu'est-il arrivé au taux d'exploitation, à la composition organique du capital et au taux de profit ?

V est, pendant la période 1 (et en termes de valeurs unitaires de la période 1), $100 \times \frac{1}{1{,}1} = 90{,}90\ldots$ (nous supposons évidemment, comme Marx, et pour rester à l'intérieur de *ses* hypothèses, que le salaire réel horaire est resté constant). S est alors 200 – 90,90... = 109,09... Que ce soit en termes de valeur ou en termes physiques, *le taux d'exploitation a augmenté.* Il est maintenant de $\frac{120}{100}$ ou de $\frac{109{,}0909\ldots}{90{,}9090\ldots} = 1{,}2$, au lieu de 1 en période 0. Marx est satisfait à ce titre.

La composition organique du capital, au sens que nous avons défini, *a aussi augmenté.* En termes physiques, elle est passée de $\frac{500}{100}$ à $\frac{550}{100}$. En termes de valeur, elle est passée de $\frac{500}{100}$ à $\frac{500}{90{,}90\ldots}$. Marx devait être satisfait à ce titre aussi.

Mais qu'est-il arrivé au *taux de profit* ? Il était $\frac{1}{6} = 0{,}1666\ldots$ pendant la période 0. Il est maintenant, en termes physiques,

$$\frac{120}{550 + 100} + \frac{120}{650} = 0{,}1846\ldots$$

Il est maintenant, en termes de valeur,

$$\frac{109{,}0909...}{500+90{,}9090...}=\frac{109{,}0909...}{590{,}9090...}=0{,}1846... \text{ aussi.}$$

Le taux de profit a ainsi augmenté !

Pour le lecteur que n'effraye pas un peu d'algèbre élémentaire, ce résultat se laisse facilement généraliser et permet de formuler les conditions générales pour que le taux de profit augmente, diminue ou reste constant.

Considérons toutes les quantités en termes physiques (le raisonnement est strictement identique en termes de valeur, mais les notations deviennent beaucoup plus encombrantes). Soit X le produit net de la période 0, W la masse des salaires, K le capital constant total. La plus-value (ou la masse des profits) est alors X – W, et le taux de profit est $\frac{X - W}{K + W}$. Si nous désignons par e le taux d'exploitation en période 0, alors $e = \frac{X - W}{W}$.

On peut alors écrire la plus-value X – W = eW. Si nous désignons par n la « composition organique du capital », c'est-à-dire le rapport de l'ensemble du stock du capital constant à la masse des salaires, $n = \frac{K}{W}$ et le capital constant peut être écrit K = nW.

La formule pour le taux de profit (en période 0) devient alors

$$\frac{eW}{nW + W} = \frac{e}{n+1}.$$

Supposons maintenant qu'une certaine fraction f de la plus-value de la période 0 est accumulée et vient augmenter le stock du capital ($0 < f < 1$). Alors le capital constant en période 1 sera K + f(X – W) = nW + feW. Supposons aussi que la productivité nette du travail s'élève entre la période 0 et la période 1 de p %. Le produit net de la période 1 devient X(1 + p). Supposons en outre que le total des heures travaillées reste le même, et que les salaires horaires réels restent également constants (hypothèse de Marx). La masse des salaires en période 1 sera alors la même qu'en période 0, soit W. La plus-value en période 1 sera X(1 + p) – W. Puisque X – W = eW, X = W + eW = (1 + e)W. La plus-value en période 1 peut donc être écrite comme $(1 + e)(1 + p)W - W = W(e + p + ep)$. Le capital constant est maintenant, comme on a vu, $nW + feW$. Le capital variable est toujours W. Ainsi, le capital total est $nW + feW + W = W(n + fe + 1)$.

Le taux de profit en période 1 sera donc :

$$\frac{W(e + p + ep)}{W(n + fe + 1)} = \frac{e + p + ep}{n + fe + 1}$$

Est-il plus grand ou plus petit que le taux de profit en période 0, à savoir $\frac{e}{n + 1}$? Pour répondre à cette question, nous devons examiner si la différence $\frac{e + p + ep}{n + fe + 1} - \frac{e}{n + 1}$ est positive, nulle ou négative. Si elle est positive, le taux de profit a augmenté. Si elle est nulle, le taux de profit est resté constant. Si elle est négative, le taux de profit a baissé.

Il est facile de voir que le signe de cette différence sera le même que le signe de l'expression

$(n + 1)(e + p + ep) - e(n + fe + 1)$

qui se simplifie en

$p(1 + n)(1 + e) - e^2f$.

Si $p(1 + n)(1 + e) - e^2f > 0$, alors le taux de profit augmente de la période 0 à la période 1. S'il est < 0, alors le taux de profit baisse.

Il devient maintenant évident pourquoi toutes les discussions sur la baisse du taux de profit sont de vains bavardages. Car tout dépend des valeurs numériques des divers paramètres (e, n, f et p) sur lesquelles on ne peut rien dire a priori.

Une forme plus éloquente de l'inégalité ci-dessus est

$$\frac{p}{f} > \frac{e^2}{(1 + n)(1 + e)}$$

qui exprime la condition pour que le taux de profit augmente (ou, si l'on inverse le signe de l'inégalité, pour qu'il baisse).

Dans notre exemple numérique, p = 0,1 ; f = 0,5 ; e = 1 ; n = 5. Ainsi, on avait

$$\frac{0,1}{0,5} > \frac{1}{(6 \times 2)}, \text{ soit } \frac{1}{5} > \frac{1}{12}.$$

Dans la réalité empirique, les ordres de grandeur des divers paramètres sont $p \simeq 0,03$, $f \simeq 0,25$, $e \simeq 1$, $n \simeq 8$. Ainsi, nous aurions

$$\frac{0,03}{0,25} > \frac{1}{(9 \times 2)}, \text{ soit } 0,12 > 0,055\ldots$$

Le taux de profit devrait donc croître rapidement, et avec de grandes marges. Pourquoi alors est-il, à part des fluctuations à court terme, resté pratiquement constant ? La réponse est que les « lois » de Marx sur les salaires réels constants et l'élévation du taux de l'exploitation *ne sont pas vraies.* Comme conséquence de la lutte des classes, les taux des salaires réels ont séculairement augmenté, et cela a empêché la hausse du taux de profit.

On ne doit pas oublier que, dans la formule ci-dessus, e et n représentent respectivement le taux d'exploitation et la composition organique *pendant la période initiale* ; par conséquent, si l'on continue le raisonnement pour une troisième période, il faudra remplacer leurs valeurs par celles de la deuxième période. En outre, on a pris p et f comme constants, et comme indépendants l'un de l'autre – ce qui n'est certainement pas vrai (il y a indubitablement une relation fonctionnelle entre le taux de croissance du stock de capital et le taux de croissance de la productivité). Ces considérations, et diverses autres, devraient être prises en compte si l'on voulait construire un « modèle » du fonctionnement à long terme de l'économie capitaliste. Ce n'est pas mon propos ici. Qu'il suffise de dire que, dans tout modèle plausible de cette espèce, la plus-value, les salaires et le stock de capital devront tous être des fonctions exponentielles du temps (c'est-à-dire des quantités qui augmentent d'après une loi d'intérêts composés), dont les taux de croissance s'avèrent être du même ordre de grandeur – de sorte qu'il ne peut y avoir ni accroissement du taux d'exploitation, ni élévation de la composition organique du capital *en termes de valeur,* ni baisse du taux de profit.

B) Il n'y a pas à s'attarder longtemps sur la question de la confirmation ou réfutation empirique de la « baisse du taux de profit ». Si une telle chose existait, il n'aurait pas été difficile de produire les données statistiques qui la démontreraient. Tout ce qu'on voit, au lieu de cela, dans la littérature « marxiste », ce sont des *exemples* particuliers et se référant à de courtes périodes – exemples évidemment tout à fait dénués de signification, puisque dans l'économie capitaliste le taux de profit connaît constamment des fluctuations vers le haut ou vers le bas. On peut toujours trouver des cas de périodes, de pays, de secteurs ou de firmes montrant une baisse du taux de profit. De la même manière, je peux « prouver » que la Terre est en train de se refroidir rapidement, et sera couverte d'une épaisse couche de glace vers 1973 ; je n'ai qu'à mesurer les températures chaque année de juillet à janvier, et à extrapoler la courbe. (De même, vous pouvez choisir la période allant de janvier à juillet, et « prouver » que nous nous serons tous évaporés d'ici à 1972 ; je préfère le ski[1].)

C) Enfin, toute la discussion est sans pertinence ; c'est un écran de fumée. Nous l'avons reprise uniquement parce que l'idée de la baisse du taux profit est devenue une obsession dans l'esprit de beaucoup de révolutionnaires honnêtes, qui ne peuvent se dégager des chaînes de la théorie traditionnelle. Quelle différence cela ferait-il pour le capitalisme dans son ensemble si les profits étaient actuellement de 12 % en moyenne, disons, au lieu de 15 % en moyenne il y a un siècle ? Est-ce que cela tendrait, comme on le suggère parfois dans ces discussions, à ralentir l'accumulation et par là l'expansion de la production capitaliste ? Et, en supposant qu'il le ferait : *et alors ?* Quand, et de combien ? Et quelle est la pertinence de cette idée dans un monde où, non pas pour une année, non pas pour deux, mais pour tout le dernier quart de siècle la production augmente à un taux dont on n'aurait même pas rêvé

1. De temps en temps, on peut lire dans les différentes « Tribunes marxistes-léninistes » des commentaires de ce type : « *New York, 15 février 1963.* La General Motors vient d'annoncer que ses profits pour 1962 étaient de 1,5 milliard de dollars, contre 1,8 milliard en 1961. Cela prouve, une fois de plus, la loi de la baisse du taux de profit établie par Marx. » « *New York, 17 février 1964.* La General Motors annonce que ses profits pour 1963 avaient atteint 2,2 milliards de dollars, contre 1,5 milliard en 1962. Cela prouve une fois de plus, contre tous les renégats et les révisionnistes, la vérité de la loi établie par Marx sur l'accroissement du taux d'exploitation. »

pendant la jeunesse florissante du capitalisme ? Et, si cette « loi » était vraie, *pourquoi cesserait-elle de l'être sous le socialisme* ?

Le seul « fondement » de la « loi » chez Marx est quelque chose qui n'a rien à voir avec le capitalisme comme tel ; c'est le *fait technique* du nombre croissant de machines et du nombre décroissant d'ouvriers. Sous le socialisme, les choses seraient « pires » encore. Le progrès technique serait encore plus rapide – et ce qui, dans le raisonnement de Marx, constitue sous le capitalisme le facteur qui contrecarre la baisse du taux de profit et la ralentit, à savoir la hausse du taux d'exploitation, n'aurait pas d'équivalent sous le socialisme. Est-ce qu'une économie socialiste arriverait alors à la stagnation par suite d'une pénurie de fonds accumulables ?

Je connais mes « marxistes ». Je sais qu'ils vont répondre par des incantations sans pertinence sur « la force de travail qui n'est plus une marchandise sous le socialisme », sur « le surplus social qui ne sera plus de la plus-value », etc. Qu'ils essaient donc de démontrer que ces phrases changent quelque chose à la relation entre le surplus social destiné à l'accumulation et le stock de capital existant. Elles n'y changent rien.

2. LES DIFFÉRENTES SIGNIFICATIONS DU « CAPITAL CONSTANT »

Dans le premier livre du *Capital,* Marx utilise C pour dénoter la dépréciation du capital *fixe* incorporée dans la valeur d'une marchandise individuelle ou du produit d'une firme, *plus* la valeur des biens de production « non durables » consommés dans la production (matières premières, combustibles, etc.).

Si l'on considère l'économie totale, c'est-à-dire si l'on consolide les comptes de toutes les firmes, etc., la valeur du produit total *ne* contient *pas* la valeur des matières premières, combustibles, etc. (c'est-à-dire du capital constant circulant), car celle-ci est pour ainsi dire dissoute dans la valeur ajoutée par le travail vivant qui produit les marchandises et la valeur de l'équipement *consommé* (c'est-à-dire sa dépréciation) pour cette production. Par exemple, la valeur du produit annuel de l'économie française ne comprend pas la pleine valeur des automobiles fabriquées, *plus* la pleine valeur des laminés d'acier utilisés pour les fabriquer, *plus* la pleine valeur de l'acier brut, *plus* la pleine valeur du minerai de fer, etc., car alors on compterait deux (ou plusieurs) fois la même chose. Tous les « biens de production intermédiaires » « se dissolvent » dans la consolidation. [Il en irait autrement si l'économie « mangeait ses stocks » de matières premières, etc., pendant une période – cas qui ne se présente jamais en temps normal.] Ainsi, la valeur du produit brut final égale la dépréciation plus les salaires plus les profits. Et si l'on utilise dans ce cas la formule C + V + S, l'on doit faire attention à ne pas oublier que, *pour l'économie totale C ne contient pas la valeur des matières premières, etc., mais seulement la dépréciation.*

Mais C peut être encore utilisé avec un troisième sens, comme le fait Marx dans le Livre III du *Capital.* Là, il est utilisé pour dénoter la valeur du *stock total de capital,* c'est-à-dire la valeur de tout l'équipement qui se trouve physiquement présent dans le processus de production, et indépendamment de la valeur qu'il ajoute réellement (moyennant sa dépréciation) à la production courante. Il est clair que cette valeur du stock du capital ne coïncide pas avec la dépréciation (excepté dans le cas complètement irréel d'une économie absolument statique, dans laquelle tous les biens d'équipement auraient la même durée de vie utile, et à condition de prendre comme « période comptable » cette même durée de vie utile).

On doit reconnaître que Marx lui-même est, plus d'une fois, tombé dans la confusion à propos de ces différentes significations de C. Par exemple, toute la discussion sur la « péréquation du taux de profit » entre secteurs de l'économie, dans le Livre III du *Capital,* est menée sur la base d'une confusion entre le « capital constant » conçu comme somme de la dépréciation plus la valeur des matières premières, etc., et le « capital constant » conçu comme capital fixe total [ou « capital avancé »]. C'est pourquoi, à part une incohérence dans les calculs de Marx (corrigée par L. von Bortkiewicz en 1907), ces calculs comportent une erreur fondamentale : ce qui est en fait égalisé, dans les exemples de Marx, est la « marge de profit sur la valeur du produit brut », et pas du tout le « taux de profit sur le capital[1] ». Mais il est clair que, lorsque nous parlons de « taux de profit », nous visons le profit sur le « capital avancé », et celui-ci inclut le *total* du capital fixe. Si nous rapportons le profit à C au premier ou au deuxième des sens définis plus haut, il ne s'agit plus de profit sur le capital, mais de marges de profit sur la valeur du produit brut courant. C'est la raison pour laquelle j'ai utilisé, dans l'Appendice 1 *supra,* le symbole K pour le capital fixe total.

1. *Cf.* Paul Sweezy, *The Theory of Capitalist Development,* Londres, 1952, p. 108-130 ; J. Winternitz, « Values and Prices », *Economic Journal,* 1948, p. 276 *sq.* ; K. May, « Value and Price of Production », *Ec. J.*, 1948, p. 596 *sq.* ; Joan Robinson, *Collected Economic Papers,* Oxford, 1951, p. 137. J'ai formulé ce que je pense être la solution du problème de la « péréquation du taux de profit » dans le cas général dans « Sur la dynamique du capitalisme (II) », *S. ou B.*, n° 13 (janvier-mars 1954), p. 78-81. [Il n'est pas inutile de noter que l'utilisation de C dans le Livre II du *Capital,* lors de la discussion des schémas de reproduction, se réfère encore à un autre sens, à mi-chemin des deux premiers définis plus haut. Ces schémas impliquent une consolidation *partielle* (par secteurs) de l'économie ; ainsi, les « biens de production intermédiaires » n'y apparaissent pas s'ils sont consommés productivement en cours de période à l'intérieur du Secteur I (production de moyens de production) mais apparaissent comme produit du Secteur I « vendu » au Secteur II (production de biens de consommation).]

INTRODUCTION À L'ÉDITION ANGLAISE DE 1974[*]

I

Lorsque « Le mouvement révolutionnaire sous le capitalisme moderne » a été initialement rédigé, en 1959, on ne pouvait pas juger de la justesse des idées qu'il formulait sur la base de l'expérience courante. Ses idées essentielles, résumées dans son « Introduction » et dans son chapitre final (plus haut, p. 47-54 et 184-192 <ici, p. 403-408 et 523-528>), *ne* constituaient *pas* une description d'une masse de données empiriques qui s'imposerait d'elle-même. Pas davantage, elles n'extrapolaient les observations, d'après des méthodes scientifiques « exactes », sûres et établies. Certes, elles soutenaient une relation avec les événements et les tendances effectifs – mais cette relation impliquait non seulement une nouvelle interprétation des « faits », mais aussi *et* surtout une décision concernant les « faits » qui étaient pertinents et ceux qui ne l'étaient pas. Ces décisions équivalaient à un changement du cadre théorique traditionnel – et ne pouvaient être prises que moyennant un tel changement. Changement qui, à son tour, découlait non tellement d'un travail purement théorique, mais d'une nouvelle conception de l'objet du socialisme.

Le texte affirmait, par exemple, que le niveau de vie de la classe ouvrière s'élevait et allait continuer de s'élever ; que le chômage permanent n'avait plus, et n'allait plus avoir dans l'avenir, l'importance numérique qu'il avait eu pendant les précédentes 150 années de développement capitaliste, et que l'État capitaliste était devenu capable de contrôler le niveau général d'activité économique et d'empêcher des crises de surproduction majeures.

* *Note 1979* : Écrite en anglais pour la réédition de 1974 du « Mouvement révolutionnaire sous le capitalisme moderne » par *Solidarity.* Traduite de l'anglais par moi. <Première publication française, *CMR, 2*, p. 223-258.>

Tout cela était certes correct, pour ce qui est des années 1950. Mais cette période, prise en elle-même, aurait pu avoir été seulement une autre phase d'expansion cyclique du capitalisme – comme l'avaient été les années 1920. Pendant de telles périodes, il y a toujours eu une élévation des salaires réels, une baisse du chômage et l'apparence d'une capacité triomphante des classes dominantes de gérer bien leurs affaires.

Le texte affirmait aussi que l'absence d'activité politique des masses, dans les pays capitalistes avancés, exprimait une caractéristique nouvelle, profonde et durable du capitalisme moderne. Il appelait ce phénomène *privatisation* et soutenait qu'il allait constituer le problème central confrontant l'activité des révolutionnaires pendant la période historique à venir. Certes, c'était là ce que l'on avait observé dans les pays occidentaux, où la population était restée politiquement inactive pendant les années 1950. En France, de Gaulle était arrivé au pouvoir en 1958 au milieu d'une apathie générale. Mais des périodes de « recul » dans l'activité politique des masses avaient été la règle dans l'histoire du capitalisme. Il n'y avait rien, au niveau empirique, qui obligeait à penser qu'on assistait à un phénomène nouveau.

De même, le texte affirmait que les nouvelles attitudes de la jeunesse et ses révoltes contre différents aspects du système n'avaient rien de commun avec le « conflit des générations » observé dans la plupart des sociétés depuis des temps immémoriaux ; que ces attitudes nouvelles exprimaient un rejet total du système par les jeunes ; que la société établie était en train de devenir incapable d'élever une nouvelle génération qui reproduirait l'état de choses existant – et que la révolte des jeunes était devenue un ferment important du processus de transformation sociale. Certes, vers la fin des années 1950, les manifestations étudiantes en Turquie ou en Corée avaient provoqué la chute de gouvernements particulièrement corrompus et réactionnaires, mais on aurait pu les considérer comme des manifestations simplement politiques ; après tout, dans les pays non industrialisés, les étudiants avaient, de longue date, joué un rôle politique important.

Enfin, le texte soutenait que les questions étroitement « économiques » et « politiques », au sens établi de ces termes, devenaient de moins en moins pertinentes et que le mouvement révolutionnaire devait désormais être concerné non pas par des abstractions, mais par tout ce que les hommes et les femmes font et subissent dans la société actuelle, et avant tout par les problèmes qu'ils affrontent dans leur vie quotidienne réelle. Tout cela revenait à un diagnostic de la crise de la société comme crise de l'ensemble de sa texture et de son organisation, et de ce qui tenait cette texture ensemble, à savoir des significations, des motivations, de la responsabilité et de la socialisation elle-même. À cette crise le système essayait de faire face par le moyen d'une « consommation » constamment croissante et en essayant d'enchaîner les gens à la « course de rats ». Le texte affirmait que cette parade ne pourrait pas servir le système très longtemps, car le vide et l'absurdité de cette philosophie de l'« encore plus et encore plus » allaient tôt ou tard se dénoncer eux-mêmes. Tout cela aurait pu être simplement un assemblage d'impressions et de notations « littéraires », « psychologiques », « sociologiques » ou « philosophiques » (correctes ou non, intéressantes ou non). La vraie question était celle de sa pertinence pour l'activité révolutionnaire.

Quinze ans après, on a le droit de constater que ces idées ont été amplement « confirmées par l'expérience ». Le développement économique des pays industrialisés ne peut être compris que sur la base des conceptions définies dans ce texte, alors même que des facteurs nouveaux et imprévisibles se sont dramatiquement manifestés (la deuxième partie de cette « Introduction » est consacrée à cette question). Aucune activité *politique* des masses – et en particulier du prolétariat – ne s'est manifestée, et ce n'est pas les occasions qui auront manqué : une grève générale en Belgique en 1961, huit années de guerre du Vietnam aux États-Unis, Mai 1968 en France, trois ans de crise sociale et politique en Italie depuis 1969, un chaos sans précédent en Grande-Bretagne depuis trois mois. [Grève des mineurs de l'hiver 1973-1974, en pleine crise pétrolière.] Rien de tout cela n'a provoqué, pas même partiellement, pas même sous le contrôle des organisations bureaucratiques traditionnelles, une mobilisation *politique* du prolétariat. D'autre part, depuis le début des années 1960, l'activité et l'effervescence de la jeunesse en général, des étudiants en particulier, ont constitué le principal facteur de trouble dans les sociétés occidentales. Pendant le même temps, les relations familiales traditionnelles et la place et le rôle de la femme dans la société ont été mis en question avec une intensité croissante, de même que l'idéologie capitaliste de la croissance et de la consommation et la conception capitaliste de la relation entre l'homme et la nature. La question « philosophique » portant sur la signification de la vie en société est en train de devenir une question « pratique » pour un nombre croissant de gens.

Ce qui importe, au-delà de cette « confirmation par les faits », est la question de savoir comment et pourquoi il a été possible de formuler ces affirmations avant l'événement. Quelles étaient la conception et la méthode générales permettant de décider, dans le chaos des données sociales et historiques, ce qui était pertinent et ce qui ne l'était pas, ce qui contenait les germes de l'avenir et ce qui n'était qu'un résidu du passé, ce qui correspondait aux intérêts profonds des hommes et des femmes et ce qui n'intéressait qu'une poignée de pseudo-théoriciens ? Cette méthode et cette conception ont été explicitement formulées ailleurs, et il n'est pas nécessaire d'y revenir ici[1]. Qu'il suffise d'énoncer un principe général d'orientation : sont pertinents les faits qui ont trait au projet révolutionnaire, conçu comme une transformation radicale de la société créée par l'activité autonome des gens. C'est donc cette *activité autonome* – ou bien son absence –, ses formes et son contenu, passés et présents, effectifs et potentiels, qui devient la catégorie théorique centrale, le point archimédien de l'interprétation. Séparée de cela, toute théorie, aussi élaborée, subtile et complexe soit-elle, est condamnée, tôt ou tard, à révéler son identité avec les postulats les plus fondamentaux – même s'ils sont cachés – de l'idéologie du capitalisme et, plus généralement, de toutes les sociétés aliénées. Ces postulats reviennent à poser les êtres humains comme une simple classe particulière d'objets ou de choses, qui seraient à décrire, analyser et prédire par la théorie, et à traiter et manipuler par une « pratique » réduite à une technique.

1. Voir « Recommencer la révolution », *S ou B.*, n° 35, janvier 1964 [maintenant in *EMO, 2,* p. 307-365 <repris dans le volume *Quelle démocratie ?* de notre édition>], et « Marxisme et théorie révolutionnaire », *S. ou B.*, n°s 36 à 40, avril 1964 à juin 1965 [maintenant in *L'Institution imaginaire de la société,* Seuil, 1975, Première Partie].

Cela étant donné, il n'est pas difficile de répondre à une autre question, apparemment énigmatique, à savoir : comment se fait-il que les représentants et partisans de la méthode marxiste – la prétendue « science » de la société et de la révolution – se sont montrés constamment incapables, quelle que soit la variété particulière de leur croyance, de prévoir quoi que ce soit ou même simplement de voir ce qui se passait autour d'eux? Comment se fait-il que ni en 1960, ni en 1965, ni en 1970, ni aujourd'hui ils n'aient été capables de prévoir – ou simplement de voir – de tels faits massifs comme l'expansion continue de la production capitaliste et ses implications, l'importance croissante des luttes de la classe ouvrière dans la production autour des conditions et de l'organisation du travail, l'« apathie » politique et la privatisation des gens, l'étendue et la profondeur de la révolte des jeunes, la crise des relations familiales traditionnelles, le mouvement des femmes, etc.? La raison en est que, tout d'abord, c'est leur conception même qui les rend aveugles. Il ne s'agit pas ici de telle ou telle thèse particulière, mais de l'esprit de leur conception, de son noyau philosophique et logique; c'est celui-ci qui dirige leurs regards vers ce qui n'est pas pertinent, vers ce qui peut, prétendument, être saisi par la méthode « scientifique ».

Il faut ajouter que le terme de « scientifique » est ici un grossier abus de langage. L'attitude scientifique ne consiste pas à continuer à discourir sans se soucier de ce qui arrive à l'objet des discours. Marx, qui n'était certainement pas un empiriste, n'a jamais cessé d'essayer de relier sa pensée à l'évolution économique, politique ou culturelle de son époque. Mais même cela ne suffit pas. Lorsqu'une théorie est controuvée par les faits, ou doit affronter des faits qu'elle n'avait pas prévus ni ne pouvait prévoir – ou qu'elle ne peut pas interpréter –, elle peut toujours être « sauvée », comme on sait, par le recours à des hypothèses additionnelles, pourvu que la totalité de ces hypothèses garde une cohérence logique. Cela peut marcher, jusqu'à un certain point. Mais au-delà de ce point, l'accumulation continue d'hypothèses additionnelles est presque toujours le signe qu'une théorie est morte.

L'exemple le plus célèbre dans l'histoire de la science est celui des « épicycles ». Pendant des siècles, les astronomes ont essayé de rendre compatibles les mouvements observés des planètes avec l'idée que la Terre était au centre de l'univers (système géocentrique). Dans le jargon scientifique d'aujourd'hui, dire d'une conception qu'elle a atteint le stade des épicycles, c'est dire qu'elle est devenue intenable.

Mais les diverses espèces de « marxistes » contemporains sont incapables de faire même cela. Tous les faits doivent être rigidement ajustés à une théorie formulée il y a 125 ans – ou, plus exactement, à la version particulière de cette théorie que le « marxiste » particulier en question considère comme la seule correcte. Ce que l'on ne peut pas faire ainsi entrer de force dans le cadre préconçu est simplement ignoré – totalement, ou dans ses traits essentiels. Ainsi, la plupart des interprétations « marxistes » de la révolte étudiante de Mai 1968 en France se réduisent à ceci : les étudiants luttaient contre le chômage qu'ils allaient rencontrer après la fin de leurs études. Laissant de côté la stupidité intrinsèque de cette « interprétation », il est intéressant d'observer comment l'on escamotait ainsi la substance de l'affaire, à savoir le *contenu* de la lutte et des revendications étudiantes. Les étudiants ne demandaient pas au gouvernement de leur garantir qu'ils trouveraient un emploi après la fin de leurs études ; ils essayaient d'imposer l'autogestion des universités, d'abolir le rapport traditionnel maître-élève, de changer les programmes, les méthodes, l'orientation des études. Tout cela ne pouvait nullement les aider à trouver un emploi après la fin de leurs études (en réalité, dans le contexte du système existant, ce serait plutôt le contraire). C'est dans ces revendications que gisent l'importance historique et la nouveauté du mouvement étudiant.

Dans le domaine de l'économie, champ privilégié pour les marxistes, la situation est encore pire. Ainsi, la croissance continuée de la production capitaliste est soit ignorée, soit « expliquée » par la « production d'armements ». On ne sait pas par où commencer et où terminer la discussion de cet argument grotesque. Pour prétendre à une plausibilité *prima facie*, l'argument requiert que la production d'armements ait été croissante et continue de croître, en termes relatifs, par rapport à l'ensemble de la production. Seuls les termes relatifs ont évidemment une signification lorsqu'on considère un tout en expansion. Cela, les différents « économistes marxistes » semblent organiquement incapables de le comprendre. Ils raisonnent toujours en termes absolus, qui sont privés de toute signification. Ce qui importe, en économie, ce sont les proportions, les *taux* de croissance ou de diminution, les accélérations ou décélérations *relatives,* etc. Que penserait-on d'un médecin qui, examinant un adolescent, conclurait : « Il est gravement malade, ses bras se sont allongés de 7 centimètres depuis six ans ; cela doit être un cas d'acromégalie ! » – et qui ne remarque pas que pendant cette même période, l'adolescent a grandi de 30 centimètres ?

De la même manière, on entend constamment dire que le budget militaire des États-Unis a été augmenté de tant de milliards de dollars cette année – mais jamais que cela représente, éventuellement, une *proportion* du PNB *plus petite* que celle de l'année précédente. Mais une proportion décroissante de dépenses d'armement aurait dû avoir aggravé les difficultés supposées du capitalisme. Et de quoi parle l'économie politique de Marx ? Parle-t-elle de valeurs d'*usage,* ou de « valeurs » et de « marchandises » ? Les armements ne seraient-ils pas des « marchandises » ? Le fait que nous ne les aimons pas leur enlève-t-il leur qualité de « marchandise » ? Et est-ce que les armements sont produits à partir de rien ? Supposons que la production d'armements augmente, que ce soit en termes relatifs ou en termes absolus ; cela n'implique-t-il pas une augmentation plus ou moins parallèle de la production d'acier, de combustibles, d'instruments électroniques, etc. – et de la production d'objets de consommation pour les ouvriers qui produisent tout cela ?

Un bel exemple, assez typique, de la logique des « marxistes » contemporains est fourni par les tentatives récentes de défendre l'idée de la « baisse du taux de profit » en montant en épingle *le cas du capitalisme anglais pendant la dernière décennie* (n'existe-t-il pas d'autres pays et d'autres périodes ?) et en expliquant cette baisse du taux de profit par la *hausse* des salaires qui a résulté d'une plus grande combativité de la classe ouvrière[1]. Accordons les faits invoqués, les prémisses et le raisonnement. Comment ne pas voir que, si la thèse est vraie, elle *détruit* totalement la théorie

1. Par exemple A. Glyn et B. Sutcliffe, *British Capitalism, Workers and the Profit Squeeze,* Penguin 1972.

économique de Marx ? Le postulat fondamental de celle-ci est que la force de travail est une marchandise comme n'importe quelle autre, et que, fluctuations temporaires mises à part, sa « valeur » *ne peut pas* être modifiée par l'action humaine. Ce n'est pas telle ou telle conséquence secondaire, mais le *concept fondamental* du système qui est ruiné si l'on accepte que le niveau des salaires (et par conséquent le taux d'exploitation) est déterminé par la lutte de classe (comme, en effet, je l'ai affirmé dans ce texte il y a quinze ans). Deuxièmement, pour Marx le taux d'exploitation doit *augmenter* sous le capitalisme. C'est là une conséquence beaucoup plus claire et beaucoup moins ambiguë de son système que la « baisse du taux de profit ». Marx est sous l'obligation d'expliquer, et essaie de le faire dans le Livre III du *Capital,* comment il est possible que le taux de profit baisse *malgré l'augmentation du taux* de l'exploitation (laquelle évidemment, en elle-même, tendrait à augmenter la masse des profits et, toutes choses égales d'ailleurs, le taux de profit aussi bien). Aujourd'hui, les défenseurs de Marx affirment que le taux de profit baisse *parce que* le taux d'exploitation *diminue.* Arrêtez-vous et admirez.

L'attitude générale et typique d'un « marxiste » contemporain, dans ce champ comme dans tous les autres, est la combinaison d'une *dénégation de la réalité* et de l'affirmation que *demain* (et demain il y aura un autre demain) la réalité correspondra enfin aux prévisions de la théorie. (Ce qui implique, évidemment, qu'aujourd'hui elle ne leur correspond pas.) En d'autres termes, tous les « marxistes » contemporains affirment simultanément (implicitement ou explicitement) :

a) qu'il est faux que la production croît, que les salaires réels augmentent, que le chômage ne montre aucune tendance vers une augmentation à long terme, que l'on n'observe pas de dépressions profondes, etc. – *et*

b) que tout cela est vrai, mais que *cela cessera d'être vrai demain*[1].

L'important à cet égard est de comprendre pourquoi et comment ce type d'attitude totalement irrationnelle et anti-scientifique, camouflée sous les prétentions de la « science »,

1. De même : 1) je n'ai pas volé, 2) j'ai volé, mais seulement 10 F, non pas 1 000 F, 3) j'ai volé parce que j'avais faim.

peut encore prévaloir et être si largement répandue parmi des êtres humains « normaux ». C'est là un problème immense, et d'une importance cardinale pour l'action révolutionnaire elle-même. Car si les gens déterminent leur comportement sur la base de croyances, lesquelles, une fois dépouillées d'une interminable série de rationalisations et d'impertinences, reviennent à : « Je tiens *p* pour vrai car je pense que *non-p* est vrai », la question de savoir comment et moyennant quel processus ces gens pourraient jamais apprendre à partir de leur expérience et devenir réceptifs à une argumentation logique devient une question dramatique. Je ne peux pas en discuter ici. Qu'il suffise de noter d'abord que ce fait lui-même constitue encore une réfutation massive de la conception marxiste de l'histoire (selon laquelle des « illusions » peuvent jouer un rôle dans l'histoire, mais non pas de pures et simples irrationalités – et, en outre, ces illusions devraient être passibles d'une « explication » rationnelle quelconque, aussi bien quant à leur contenu que quant aux raisons qui leur permettent de dominer les individus). En deuxième lieu, nous avons ici un phénomène historique nouveau : l'adhésion à un ensemble de croyances qui ne peuvent être définies ni comme une « idéologie » au sens propre du terme (comme, par exemple, l'idéologie capitaliste « libérale » du XIXe siècle), c'est-à-dire un système apparemment cohérent d'idées qui fournissent une « justification rationnelle » des intérêts et de la pratique sociale d'une couche sociale donnée, ni comme une « religion », malgré la tentation justifiée d'utiliser ce terme. L'élément religieux, en l'occurrence, se trouve dans *le mode d'adhésion subjective à l'ensemble des croyances en question,* la recherche d'une certitude au-delà de toute question et l'impénétrabilité à toute argumentation logique. Mais le contenu des croyances, avec ses prétentions « scientifiques » et l'absence de toute référence à un principe ou à une origine transcendants, diffère substantiellement de que nous connaissons historiquement comme religion. Nous observons ainsi un nouveau type de croyances collectives irrationnelles qui exprime, comme toutes les religions, le besoin des êtres humains aliénés de cesser de penser et de chercher pour eux-mêmes et de situer hors d'eux-mêmes une source de la vérité et une garantie que le temps amènera l'accomplissement de leurs souhaits. Mais, à une époque de triomphe de la science, ce besoin ne peut plus être satisfait par des représentations purement et simplement mythiques, comme les représentations religieuses. Il se tourne ainsi, pour sa satisfaction, vers une croyance pseudo-rationnelle. Il est à peine nécessaire d'ajouter que ce complexe d'attitudes et de croyances forme une partie organique du monde social établi, contre lequel un révolutionnaire a à lutter – et ce n'est pas là une façon de parler : car on en voit clairement les effets pernicieux et réactionnaires lorsque l'on rencontre des ouvriers ou des étudiants honnêtes dont la pensée a été plongée dans une confusion inextricable par les mystifications propagées par les différentes sectes « marxistes ».

II

Il est utile d'examiner brièvement l'évolution économique des pays industrialisés pendant les quinze dernières années (et en particulier pendant la phase la plus récente de cette période), et cela pour deux raisons principales. D'abord, parce que c'est dans ce domaine particulier que la confusion propagée par les « marxistes » traditionnels est la plus grande. Deuxièmement, parce que l'évolution récente montre clairement que la répudiation des concepts et des méthodes traditionnels d'analyse non seulement ne nous laisse pas désarmés devant les phénomènes économiques mais qu'elle est, au contraire, une présupposition nécessaire pour l'intelligence des événements.

La croissance capitaliste pendant les années 1960

Pendant la majeure partie des années 1960 l'expansion économique dans les pays capitalistes industrialisés a continué de manière plus ou moins régulière, suivant le processus décrit dans les chapitres I et II du « Mouvement révolutionnaire sous le capitalisme moderne ». Pendant ces dix années, le volume de la production totale (produit national brut aux prix du marché, prix constants) de l'ensemble des pays de l'OCDE a augmenté au taux composé de 4,8 % par an – le taux était légèrement inférieur aux États-Unis, supérieur en Europe continentale et de loin plus élevé au Japon[1]. La croissance des dépenses de consommation privée a été en gros similaire, de même que celle des salaires réels. Il y a eu quelques fluctuations mineures du niveau de la production (ou, plus exactement, de son taux de croissance) et du niveau de l'emploi, mais ces fluctuations sont restées extrêmement étroites, par comparaison à ce qui se passait avant la Deuxième Guerre mondiale, tout au long de la période (et jusqu'à aujourd'hui). Il n'y a eu qu'une exception importante dans cette image générale : le Royaume-Uni, pour les raisons déjà discutées dans les chapitres 6 et 7 du texte.

L'expansion de l'emploi

Pour ces mêmes pays, et pour la période 1957 à 1970, la population active civile est passée de 264,7 millions à 299,4 millions; la population active civile occupée, de 257,1 à 291,5 millions. La différence entre ces deux séries, équivalente en gros au chômage, était de 7,6 millions (soit 2,87 % de la population active) en 1957 (année de boom) et de 7,9 millions (soit 2,64 % de la population active) en 1970 (année de faible activité). Pendant la même période, l'emploi dans l'agriculture est tombé de 61,2 millions en 1957 à 42,1 millions en 1970. Ainsi, le secteur capitaliste proprement dit de l'économie a absorbé, en plus de l'accroissement « naturel » de la population active de 30 millions pendant la période, 19 autres millions libérés par l'agriculture. En d'autres termes, l'emploi dans l'industrie et les « services » a augmenté

1. Les 22 pays de l'OCDE (Europe non soviétique, États-Unis, Canada, Australie et Japon) comprennent pratiquement tous les pays « occidentaux » industrialisés, et rien qu'eux (les exceptions étant l'Afrique du Sud et la Nouvelle-Zélande, qui n'y sont pas comprises, et le Portugal et la Turquie, qui le sont). Sauf mention contraire, les données statistiques dans ce texte sont prises dans les *Comptes nationaux des pays de l'OCDE. 1960-1970,* OCDE, Paris, 1972, *Statistiques de la population active 1959-1970,* OCDE, Paris, 1972, les *Principaux indicateurs économiques* (mensuel) et les *Statistiques rétrospectives 1959-1969,* OCDE, Paris, 1970.

de 195,9 millions en 1957 à 249,4 millions en 1970 (+ 27 % en 13 ans, soit environ 2 % par an). Pendant la même période, le total des forces armées a diminué, passant pour l'ensemble des pays de l'OCDE de 6,34 millions à 5,84 millions (la mobilisation américaine pour la guerre du Vietnam compensant en partie la démobilisation française après la guerre d'Algérie).

Dans plusieurs pays importants, le chômage est en fait devenu *négatif* pendant cette période. Ainsi, l'Allemagne comptait encore en 1957 quelque 760 000 chômeurs ; à la fin de 1973 (et avec une récession commençante), non seulement le nombre des vacances d'emplois était encore supérieur au nombre de chômeurs, non seulement plusieurs centaines de milliers de réfugiés additionnels de l'Allemagne de l'Est avaient été absorbées par l'économie de la République fédérale, mais, en outre, environ *deux millions* de travailleurs étrangers immigrés (pour la plupart turcs, yougoslaves et grecs) étaient entrés dans le pays et y travaillaient. Cela revient à dire que le « chômage » était d'environ *moins 10 %* de la population active « allemande » – en d'autres termes que pendant cette période, il y avait eu non pas un excès, mais un déficit de main-d'œuvre de cet ordre. À un degré moins impressionnant, la même situation prévalait dans la plupart des autres pays continentaux. La France, outre qu'elle a absorbé un million de Français d'Algérie, a eu besoin d'un afflux continu de travailleurs immigrés, et emploie actuellement environ 1,5 million de travailleurs étrangers (surtout algériens, africains, espagnols, etc.). Le travail des immigrés est crucial pour la Suisse et important pour les Pays-Bas, la Belgique et la Suède. Même les États-Unis ont absorbé pendant cette période un afflux d'immigrants atteignant en moyenne 350 000 par an (y compris, dans ce cas, les femmes et les enfants).

La pression des salaires et l'inflation

Cependant, pendant cette même période, un facteur de dislocation allait se renforçant. C'était l'« inflation » ou, plus exactement, la hausse des prix. Le *taux* d'élévation du niveau général des prix (« indice des prix implicite du PNB ») a augmenté continuellement, année après année, passant de 2,1 % en 1961 à 5,9 %

en 1970. Des facteurs accidentels et exceptionnels ont contribué à l'inflation pour telle année ou tel pays. Mais le caractère général et continu du phénomène montre que ce n'est pas là qu'il faut en chercher les causes principales. La cause principale a été la pression croissante exercée non seulement par les ouvriers de l'industrie – bien que ceux-ci aient effectivement fixé l'allure du mouvement dans la plupart des cas – mais par tous les salariés, visant à obtenir des revenus plus élevés, des réductions de la durée du travail et, à un degré croissant, des modifications dans leurs conditions de travail. Cette pression a revêtu par moments une forme plus ou moins explosive – par exemple, la grève générale en France en mai-juin 1968, ou le « mai rampant » italien, qui a duré presque trois ans à partir de 1969. Cette pression a été, et reste, constamment présente dans tous les pays industrialisés.

Politiques capitalistes devant l'inflation

Dans les conditions prévalentes, d'occupation virtuellement pleine de la main-d'œuvre et de forte demande globale, les entreprises capitalistes n'ont pratiquement guère de motifs pour résister à cette pression (et cela dans des limites assez larges). L'accroissement des coûts salariaux nominaux est facilement compensé par des prix de vente plus élevés. Les marges de profit sont ainsi maintenues, et la valeur de l'endettement de la firme à l'égard des banques ou des porteurs d'obligations se trouve réduite (en termes de la valeur marchande courante de la production de la firme). Mais pas davantage ne peuvent résister à ces pressions les gouvernements capitalistes dans leur rôle de représentants des « intérêts généraux » du système.

Faillite des politiques de « régulation de la demande »

Pendant longtemps, les gouvernements capitalistes ont essayé de réduire la rapidité des hausses des salaires et des prix par le moyen de politiques générales de « régulation de la demande ». L'idée profondissime qui sous-tend ces politiques est que, si vous réussissez à fabriquer un taux de chômage plus important, la combativité des ouvriers baissera d'autant, par crainte du chômage, et par conséquent les hausses de salaire aussi. Quelques économistes ont essayé de quantifier cette corrélation négative entre le niveau de l'emploi et la rapidité de la hausse des salaires, et le résultat a été pompeusement baptisé « courbe de Phillips ». On oubliait seulement que l'influence de cette relation offre/demande sur le prix de la force de travail[1], qui était en effet réelle dans le bon vieux temps, a pratiquement cessé d'exister.

Comme les faits l'ont montré, la pression des salariés pour des revenus plus élevés ne diminue pas, ou ne diminue que marginalement, lorsque le chômage augmente *dans les limites réalisables. Sur le papier* (c'est-à-dire si l'on extrapolait les « courbes »), la pression des travailleurs pourrait diminuer si l'on pouvait pousser le chômage à un niveau fantastique, disons 10 ou 20 % de la population active. Mais aucun gouvernement capitaliste n'est suffisamment stupide pour faire cela, car ils savent tous que le système exploserait instantanément. En d'autres termes, le facteur décisif ici est un changement séculaire du comportement des salariés, qui en sont arrivés à considérer comme allant de soi une augmentation de leurs revenus réels bon an mal an, qui ne sont pas dissuadés à cet égard par les fluctuations habituelles de la demande et de l'emploi, et qui certainement ne toléreraient plus un chômage massif. La conclusion la plus claire de tout le travail économétrique fait depuis quinze ans sur la relation entre le chômage et le taux de hausse des salaires est que, même lorsque le chômage monte jusqu'à un niveau qui correspond à une croissance *nulle* de la production réelle, il y a encore une hausse résiduelle non négligeable des salaires nominaux. Cela signifie que les politiques qui essaient d'augmenter le chômage (pour réduire par là la pression sur les salaires) non seulement ne constituent pas, du point de vue des capitalistes, une cure du mal mais l'aggravent; car dans ce cas, il y a encore et toujours une hausse des salaires sans la compensation qu'auraient fourni autrement la croissance de la production et l'augmentation de la productivité par heure travaillée. Les

1. Sur laquelle s'appuie nécessairement, soit dit en passant, l'ensemble de l'économie politique, classique, néo-classique *et* marxiste.

gouvernements britanniques, aussi bien conservateurs que travaillistes, en ont fait l'amère expérience.

Faillite des « politiques des revenus »

L'autre méthode inventée par les gouvernements capitalistes et leurs conseillers pour faire face à l'accélération de l'inflation a été la tentative d'imposer des « politiques des revenus » – tentative qui s'est terminée, dans presque tous les cas, par un échec dérisoire. La raison essentielle en est évidemment que les politiques des revenus supposent le problème résolu, car elles ne pourraient aboutir que si les travailleurs étaient disposés à accepter que leurs revenus soient déterminés par quelqu'un d'autre ; mais, si tel avait été le cas, il n'y aurait eu, pour commencer, aucun besoin d'une politique des revenus. Les gouvernements capitalistes aiment penser que s'ils obtenaient l'accord de la bureaucratie syndicale sur un taux donné de hausses « permises » des salaires, ils auraient résolu le problème. Ils sont obligés de découvrir répétitivement (comme les directions des entreprises) que l'accord de la bureaucratie syndicale et l'accord des travailleurs sont deux choses assez différentes.

Conséquences internes de l'inflation des prix

Il est bien connu, et facilement compréhensible, que les hausses des prix et des salaires se nourrissent les unes les autres. Une fois que le processus a commencé, il tend spontanément à s'accélérer. Et cela crée des problèmes difficiles pour les économies capitalistes. Pour les raisons auxquelles allusion a été faite plus haut, un taux « modéré » d'inflation générale (disons 3 %, par an) est certainement un facteur favorable à l'expansion capitaliste. Un taux d'inflation situé entre 5 et 10 % par an est, peut-être, quelque chose à quoi une économie capitaliste peut faire face. Mais au-delà de ces taux, combien d'inflation une économie capitaliste peut-elle tolérer? Il existe certainement un point – bien que l'on ne puisse pas le déterminer d'avance – au-delà duquel une économie monétaire ne pourrait plus fonctionner normalement, car la monnaie cesserait alors de pouvoir fonctionner comme un moyen de conservation des valeurs, ou même comme étalon de calcul économique.

Conséquences internationales de l'inflation des prix

En outre, le processus crée des déséquilibres entre les différents pays capitalistes, ou accentue les déséquilibres existants. Le taux d'inflation sera presque certainement différent pour des pays différents (en fonction de l'intensité de la pression exercée par les salariés, et de diverses caractéristiques nationales comme le degré comparatif d'imbécillité des gouvernements respectifs). Ainsi, les positions relatives des différents pays par rapport au commerce et aux paiements internationaux seront affectées à des degrés différents ; certains pays constateront que leurs prix les éliminent des marchés internationaux et/ou que leur monnaie est sujette à des « crises de confiance » périodiques parmi les financiers internationaux (une bonne illustration en est fournie par les exportations britanniques et les tribulations de la livre sterling depuis vingt ans). À cela aussi, il existe un remède, du moins sur le papier : la dévaluation de la monnaie des pays où l'inflation est plus forte. Mais pour fonctionner, la dévaluation doit être « réelle ». Cela veut dire qu'elle doit réussir à réduire la consommation globale du pays qui dévalue, ou – ce qui est, plus ou moins, la même chose – le « prix » relatif de la force de travail nationale comparée à celle des autres pays (la première formulation concernant l'aspect offre/demande globales du problème, la deuxième concernant l'aspect coûts). Les deux reviennent essentiellement à une réduction du niveau des salaires réels. Et cela dépend, évidemment, en dernier lieu de la réaction des travailleurs devant la baisse de leurs revenus réels que la dévaluation tend à induire (moyennant l'augmentation du prix des produits importés en termes de monnaie nationale). Ainsi nous nous retrouvons au point de départ, car c'était là que le problème avait commencé. Ainsi, le « succès » relatif des dévaluations américaines de décembre 1971 et de février 1973 a été dû essentiellement au fait que les travailleurs américains ont, en gros, accepté une baisse de leur *part* de la production (de 1970 à la fin de 1973 les gains horaires « réels » – c'est-à-dire corrigés de la hausse des prix à la consommation – dans l'industrie manufacturière des États-Unis ont augmenté d'environ 5 %, cependant que la production industrielle a augmenté d'environ 20 % et la production par heure-ouvrier d'environ 10 %). Et l'échec des dévaluations répétées de la livre est dû au fait que le contraire a eu lieu en Grande-Bretagne.

Une digression sur les « anticipations »

Une digression quelque peu longue est nécessaire ici. Outre les facteurs « réels » que l'on a discutés jusqu'ici, les facteurs dits « psychologiques » jouent un rôle très important dans tous les faits économiques, et en particulier en matière de prix et de valeurs des devises. Ces facteurs introduisent un élément supplémentaire d'imprévisibilité et d'irrationalité, et leur action tend à amplifier les déséquilibres plus souvent qu'à les corriger. Soit dit en passant, le terme de « psychologie » que les économistes académiques utilisent dans ce cas est assez mal choisi. La substance de l'affaire est, évidemment, que personne ne peut jamais entreprendre une action, qu'il s'agisse d'économie ou de n'importe quoi d'autre, sans une vue concernant les événements et les situations futurs dont il pense qu'ils sont pertinents et peuvent influencer les résultats de ses actes. Ces vues ne sont pas, et ne peuvent jamais être, des répétitions ou extrapolations simples, fidèles et adéquates de l'expérience passée; si elles l'étaient, elles seraient encore plus « fausses » qu'elles ne le sont d'habitude. Les vues sur l'avenir jouent un rôle capital dans les décisions prises à un instant donné. Elles contribuent donc à former l'avenir. Cela, bien entendu, n'implique aucunement que l'avenir correspondra en réalité aux vues que l'on avait le concernant. Le résultat de ce qu'un nombre de personnes partagent fortement une vue donnée sur un événement futur peut suffire pour produire cet événement (comme lorsque tout le monde pense que la valeur internationale du dollar va baisser et de ce fait vend des dollars, amenant ainsi la baisse), ou bien pour provoquer l'effet opposé (comme lorsque de nombreuses firmes pensent que la production d'un article donné sera très profitable dans l'avenir et, agissant en conséquence, créent une offre excessive du produit en question et des pertes pour elles-mêmes). Aucune décision concernant des investissements, par exemple, ne peut jamais être prise sans que soient adoptées *ipso facto* des vues extrêmement fermes sur un avenir couvrant de nombreuses années.

Une fois qu'une telle décision est prise, ces vues se trouvent incorporées dans des changements durables du « monde réel ». L'économie politique classique (et celle de Marx) était basée sur le vieux postulat métaphysique selon lequel le présent n'est rien d'autre qu'une sédimentation du passé ; par suite, ou bien elle écartait l'influence de ce facteur sur le processus économique, ou bien le traitait-elle implicitement comme une sorte d'écume entourant les « forces réelles », ou comme si les différentes décisions et vues portant sur l'avenir, et les actions auxquelles celles-ci aboutissaient, pouvaient tout au plus présenter des écarts aléatoires autour d'une certaine vue et ligne de conduite « normale » (et donc se compensaient en moyenne entre elles). Cette vue « normale » était la vue « rationnelle » pour les économistes classiques et néo-classiques. Pour Marx, elle était en partie « rationnelle », en partie « irrationnelle » (cette « irrationalité » étant pour lui l'expression d'une « rationalité » cachée et contradictoire à un niveau plus profond et non conscient).

Maintenant, ce facteur – que l'on appelle « anticipations » dans la littérature économique contemporaine, mais qu'il vaudrait mieux appeler « projections » – joue un rôle décisif dans une économie comme celle du capitalisme contemporain. Premièrement, cette économie existe, et ne peut exister que, dans un état de changement perpétuel (la seule chose certaine concernant demain étant qu'il *ne* sera *pas* comme aujourd'hui). Deuxièmement, les facteurs monétaires et financiers ont acquis sous le capitalisme moderne une importance constamment croissante. Le résultat est, non pas que les aspects « réels » des questions se trouvent séparés de leurs aspects « financiers », mais qu'ils se trouvent, dans de nombreux cas et à beaucoup d'égards, *subordonnés* à ceux-ci. Ainsi, les valuations présentes de tous les avoirs et biens (excepté les denrées périssables, par exemple les légumes frais) sont essentiellement basées sur des projections de leurs valuations futures. Et ces valuations sont une composante centrale des décisions qui mènent à des événements réels. Cela est particulièrement vrai, bien entendu, pour ce qui est des valeurs relatives des devises et particulièrement important pendant une période où l'inflation généralisée des prix oblige les preneurs de décisions à introduire dans leurs projections des estimations sur le cours futur des prix relatifs. Ces projections deviennent par là un facteur important dans les enchaînements du processus inflationniste.

L'« accident » vietnamien et ses effets – internes...

Revenons à notre sujet central. Le principal trait caractéristique des économies capitalistes avancées pendant les années 1960 a été la généralisation et l'accélération de l'inflation des prix, résultant d'abord et surtout de la pression exercée pour l'accroissement des salaires. Sur cette toile de fond a surgi un facteur qui, du point de vue purement économique, est un « accident » ou plutôt une constellation d'« accidents » : la guerre du Vietnam et la manière selon laquelle les Administrations successives des États-Unis ont traité ses conséquences économiques. La guerre elle-même a créé une forte « demande » additionnelle aux États-Unis. De 1964 à 1969, les « dépenses de défense » des États-Unis, au sens de la comptabilité nationale et à prix courants, sont passées de 51,8 à 81,3 milliards de dollars, soit une augmentation de 57 %. Pendant la même période, le produit intérieur brut a augmenté de 638,9 à 941,5 milliards de dollars, c'est-à-dire « seulement » de 47 %. Cela a augmenté les pressions inflationnistes. Mais le problème n'était nullement insoluble « en soi », comme le montrent d'autres exemples historiques. Le gouvernement de Gaulle a continué la guerre d'Algérie de 1958 à 1961 *en même temps* que l'économie française était « stabilisée » et que ses comptes extérieurs montraient une amélioration spectaculaire. Que le problème était soluble le montrent aussi les grandeurs des quantités en cause. Aucun miracle n'est nécessaire pour « faire de la place » à 30 milliards de dépenses additionnelles sur un poste donné, pendant une période où le total des ressources disponibles augmente de 300 milliards de dollars. Le problème a été totalement « bousillé » par l'Administration Johnson essentiellement à cause des raisons *politiques* : ses illusions persistantes relatives à une victoire rapide au Vietnam, et sa difficulté à adopter des mesures impopulaires d'imposition devant la montée de l'opposition interne à la guerre.

... et internationaux

Le résultat en a été à la fois l'accélération de l'inflation des prix aux États-Unis et une détérioration rapide et aiguë de la balance des transactions avec l'étranger. Les « exportations nettes » de biens et services, qui étaient de + 4,5 milliards de dollars en 1964, tombaient à – 2,3 milliards de dollars en 1969. Cela venait s'ajouter à une tendance bien marquée depuis le milieu des années 1950 : l'Allemagne, l'Italie, le Japon et la France faisaient avec succès, l'une après l'autre, une nouvelle entrée dans les marchés mondiaux comme concurrents dans le domaine des produits industriels, et commençaient à menacer les positions de l'industrie américaine. Mais le capital américain n'a pas pour autant arrêté ses investissements à l'étranger. Bien que ces investissements soient négligeables par comparaison au PNB et aux ressources des États-Unis – de l'ordre de 3 milliards de dollars par an en moyenne pour les « investissements directs » –, ils étaient très importants comparés à la balance des transactions avec l'étranger.

Maintenant, si le pays A présente, pour une année donnée, un excédent commercial de 1 milliard de dollars sur le pays B, il peut être payé par un moyen de paiement acceptable (or, devises), ou bien acheter des avoirs dans le pays B (de la terre, des bâtiments, des mines, des usines). Mais si le pays A présente un déficit à l'égard du pays B et, en plus, achète des avoirs dans le pays B, comment peut-il payer pour le tout ? Eh bien, il peut payer moyennant des reconnaissances de dette. Pour combien de temps ? Aussi longtemps que le pays B les accepte. Et pendant combien de temps le pays B les acceptera-t-il ? Dans les affaires habituelles (entre individus ou entreprises), les reconnaissances de dette seront acceptées aussi longtemps que B pense qu'il a de bonnes raisons pour croire qu'elles seront honorées en temps voulu. La situation est plus ou moins analogue pour ce qui est des reconnaissances de dette internationales qui sont connues sous le nom de monnaies nationales. La situation n'est pas *totalement* analogue pour ce qui est de la monnaie dominante du pays capitaliste dominant, cette reconnaissance de dette particulière appelée dollar.

Le système monétaire international et l'étalon dollar

Pour diverses raisons qui tiennent à toute l'histoire du capitalisme occidental depuis 1933 et particulièrement depuis 1945, les États-Unis ont réussi à faire du dollar presque un moyen de paiement légal entre pays capitalistes (et même entre pays « socialistes »). Il n'est ni possible ni nécessaire de traiter ici de tous les aspects complexes du « système monétaire international ». Il suffit pour notre propos de souligner que les deux « créditeurs » principaux des États-Unis (les Banques centrales de l'Allemagne et du Japon) ont en fait accepté d'absorber toutes les reconnaissances de dette, c'est-à-dire tous les dollars qui sortaient des États-Unis pendant les années 1960[1]. À la fin de 1960 les « avoirs officiels en or et devises étrangères » des États-Unis se montaient à 17,8 milliards de dollars; leurs « obligations à court terme à l'égard de

1. L'Accord de Bretton Woods de 1945 prévoyait que les dollars étaient convertibles en or, c'est-à-dire que les banques centrales étrangères pouvaient toujours demander que les dollars en leur possession soient échangés contre de l'or. Les États-Unis se sont conformés à cette règle aussi longtemps qu'ils le pouvaient et le voulaient, c'est-à-dire pendant les années 1950. Pendant les années 1960, ils ont cessé de le faire et ont obligé par divers moyens – les « Bons Roosa », les accords de *swap*, etc. – leurs alliés à absorber un montant net d'environ 30 milliards de dollars. La France gaullienne a refusé de jouer le jeu et a continué de convertir ses excédents en or – une politique sainement marxiste. Cela ne lui a procuré à la fin aucun avantage, mais les hymnes français aux mérites intrinsèques de l'or, par ailleurs totalement à côté de la question, ont joué un rôle dans l'érosion de la confiance vis-à-vis du dollar, et ont ainsi contribué à la crise monétaire de 1969-1973. Quant aux autres pays, les raisons principales qui leur ont fait accepter les exigences américaines étaient évidemment politiques. Mais elles étaient aussi économiques : si l'étalon dollar était abandonné, le seul autre terme praticable de l'alternative était l'adoption de taux de change flottants, ou – ce qui revient au même – des réévaluations périodiques des monnaies des autres pays (deutschemark, yen) que les pays concernés ont essayé d'éviter aussi longtemps que possible, pour ne pas diminuer leur compétitivité internationale. Bien entendu, ils n'ont pas pu l'éviter à la fin.

l'étranger », à 17,3 milliards. À la fin de 1970, le premier chiffre était tombé à 11,7 milliards de dollars, le deuxième était monté à 40,5 milliards. L'augmentation d'environ 30 milliards de dollars dans l'endettement net des États-Unis pendant la période est du même ordre de grandeur que leur « investissement direct à l'étranger ».

Depuis 1914 presque tous les pays ont vécu sur un système de papier monnaie interne. Et, à partir de 1960, ce système a aussi couvert les transactions internationales. Car en réalité, pendant les quinze dernières années, le monde capitaliste a vécu dans un système d'étalon dollar, soit un *cours forcé* de papier monnaie, recouvert par le mince voile de la « convertibilité » théorique du dollar en or, voile que Nixon a déchiré le 15 août 1971. C'était là une situation impensable pour l'économie politique « classique » aussi bien que marxiste, pour laquelle un tel système n'est pas « mauvais » (comme l'ont constamment affirmé M. Jacques Rueff et feu le Général de Gaulle), mais intrinsèquement absurde, à la limite de l'impossible et condamné à s'effondrer en l'espace de quelques jours, semaines ou tout au plus mois. Mais ce système apparaît comme « normal » sous les conditions actuelles, car en réalité le capitalisme moderne ne peut fonctionner à moins qu'il n'étende à l'échelle mondiale les fonctions monétaires, bancaires et financières qui sont la base de ses opérations au niveau national. Cela crée des problèmes particuliers, pour lesquels il n'existe ni solution « naturelle » (avec l'or jouant le rôle de « monnaie universelle », comme le pensait Marx), ni solution institutionnelle facile et immédiate.

« Solutions » possibles du problème monétaire international

L'expansion fantastique des transactions commerciales et financières internationales a rendu impossible, depuis longtemps, l'accomplissement de la fonction de « monnaie internationale » par l'or, et cela, en gros, pour les mêmes raisons qui avaient éliminé partout cette fonction de l'or au niveau national. L'expansion du commerce a requis que les Banques centrales des différents pays se comportent les unes à l'égard des autres comme le font les banques à l'intérieur d'un pays, en acceptant chacune le « papier » des autres (c'est-à-dire les devises respectives ou des créances libellées en devises), et en réglant leurs comptes par le moyen d'opérations de compensation et d'opérations comptables. Moyennant un processus similaire à celui qui impose une seule « monnaie » effective à l'intérieur d'un pays donné (même avant que la loi ne définisse une « monnaie légale » unique), une des devises concernées en arrive à jouer le rôle, d'abord de moyen de paiement universel et d'étalon des prix, et, subséquemment, même celui de moyen de conservation des valeurs (permettant de détenir des avoirs « liquides » ou semi-« liquides » sous une forme facilement utilisable sur les marchés internationaux, commerciaux et financiers). Pour des raisons évidentes, cette devise sera celle du pays qui est « dominant » dans les domaines du commerce et de la finance internationaux (la livre sterling jusqu'à la Première Guerre mondiale, le dollar depuis les années 1930). Mais, contrairement à ce qui se passe à l'intérieur d'un pays donné (où les billets d'une seule banque, la Banque centrale, deviennent « monnaie légale », leur acceptation étant rendue obligatoire par la loi), des pays « indépendants » ne peuvent pas être forcés d'accepter, contre leur volonté, une monnaie étrangère. Ainsi, les soldes finals nets existant entre pays à la fin d'une période doivent pouvoir être réglés par des transferts d'un avoir universellement accepté. Jusqu'à ces dernières années, l'or avait conservé cette fonction, parallèlement au dollar.

Mais, non seulement l'or n'est plus monnaie (par exemple, il n'est pas et ne peut pas être l'« étalon des prix ») ; l'or ne peut même plus accomplir correctement la fonction d'un moyen de règlement final, comme l'ont montré les événements des quinze dernières années. Cela pour différentes raisons, qu'il n'est pas nécessaire d'examiner ici en détail. Qu'il suffise d'en mentionner la principale : dans le climat social et politique existant, aucun pays capitaliste n'est disposé à subordonner sa politique économique – c'est-à-dire le taux d'expansion de sa production et les niveaux de la demande et de l'emploi – à la nécessité de régler en or le solde de ses transactions extérieures. Ils préféreront tous modifier, aussi fréquemment qu'il le faut, leur taux de change. Une fois que cela commence à être pratiqué systématiquement (c'est-à-dire une fois que le fétichisme concernant la « valeur de la monnaie nationale » est dépassé), la fonction « internationale » de l'or devient superflue.

Le problème monétaire international n'est pas difficile à « résoudre » sur le papier. Une Banque centrale mondiale pourrait être établie, accomplissant les activités qu'une banque centrale accomplit au niveau national, régulant les activités des différentes banques nationales et leur accordant des crédits sous des conditions déterminées. Mais de toute évidence un tel arrangement (qui impliquerait que les différents gouvernements capitalistes aient abandonné une partie substantielle de leur indépendance économique) serait impossible sans une autorité politique mondiale. Une telle autorité ne peut pas être établie « à l'amiable », étant donné les conflits et les frictions entre les pays capitalistes (s'il en fallait une preuve, le destin du Fonds Monétaire International l'a fournie). Une banque centrale mondiale pourrait être imposée par la puissance mondialement dominante, aussi longtemps qu'une telle puissance existe (et en fait, le Fonds Monétaire International, pour autant qu'il ait joué un rôle effectif quelconque, était un simple instrument du *Federal Reserve System* des États-Unis jusqu'à la fin des années 1960; pour les Russes, les choses ont été beaucoup plus faciles à l'intérieur de leur aire de domination politique). Le déclin, pendant ces dernières années, de la puissance économique et politique relative des États-Unis, et en particulier la forte détérioration de leur balance des transactions extérieures, a fait qu'il leur devient impossible de continuer, et encore moins de renforcer, leurs activités en tant que « régulateur en dernier ressort ».

L'autre possibilité qui reste est l'établissement d'un mécanisme régulateur plus ou moins « autonome », tel que celui constitué par des changements fréquents des « valeurs » internationales relatives des monnaies nationales. À la limite, cela devient un système de « taux flottants généralisés ». Un tel système comporte ses propres irrationalités et ses propres problèmes; en particulier, les pays pour lesquels le flottement amène une dévaluation continue de leur monnaie pourront avoir à affronter les problèmes internes que l'on a discutés plus haut à propos des dévaluations pures et simples. Mais, comme quelques experts internationaux l'ont noté l'année dernière, les critiques du système semblent oublier qu'il n'existe pas beaucoup d'autres solutions[1]. La situation qui prévaut actuellement, mélange d'un « flottement généralisé », de l'étalon-dollar et de quelques résidus persistants du rôle traditionnel de l'or, contient des facteurs de déséquilibre encore plus importants.

La tempête monétaire, 1969-1973

Parmi ces facteurs de déséquilibre, mentionnons seulement le rôle décisif des « anticipations » ou projections portant sur les valeurs futures des monnaies (et donc aussi sur les valeurs internationales des marchandises et avoirs). Ces projections peuvent avoir une influence déstabilisatrice extrême. Ce facteur a joué un rôle central dans la séquence d'événements qui a conduit à la « suspension » indéfinie de la convertibilité du dollar, en août 1971, et à ses dévaluations de décembre 1971 et de février 1973. Il avait déjà beaucoup contribué aux infortunes de la livre sterling pendant de nombreuses années. Aussi longtemps que la « confiance » dans le dollar restait solide, non seulement les banques centrales mais aussi les banques privées, les sociétés multinationales, etc., ont continué, pendant des années, à accumuler des dollars (détenant leurs avoirs liquides sous forme de dollars ou de créances à court terme libellées en dollars). Il s'agissait là de centaines de milliards de dollars. Lorsque l'érosion de cette confiance a commencé, en 1969, une « fuite devant le dollar » s'est manifestée, qui s'est rapidement nourrie d'elle-même et a atteint des dimensions inaffrontables pendant le premier semestre 1971, forçant finalement les États-Unis à abolir la convertibilité du dollar et par la suite à dévaluer.

Cette séquence d'événements, qui semblait alors devoir laisser l'économie capitaliste sans un moyen de paiement international, aurait pu déclencher une « crise de confiance » générale et conduire à une récession plus profonde que les précédentes ou même à une dépression ; cela d'autant plus que les événements de l'été 1971 survenaient à un moment où l'économie des États-Unis

1. OCDE, *Perspectives économiques*, juillet 1973.

se trouvait encore dans un état de récession fabriqué par la politique économique (1970-1971) et que les autres pays industriels passaient par une des phases périodiques de décélération de leur taux de croissance. Et, de fait, pendant l'automne de 1971, toutes les Bourses subirent des baisses catastrophiques. Les « anticipations » étaient sombres. Et les marxistes annoncèrent, plus fortement que d'habitude, que la « dernière crise » du capitalisme était en train d'arriver.

... et le boom de 1972-1973

En réalité, et malgré la continuation des troubles monétaires internationaux, un des booms les plus forts de toute l'histoire du capitalisme commença à peu près à ce même moment. Le taux de croissance du PNB de l'ensemble des pays de l'OCDE est passé de 3,5 % en 1971 à presque 6 % en 1972 et a dépassé 7 % en 1973. En même temps, le commerce international connaissait des taux d'expansion sans précédent. Cette période a été aussi (excepté une brève fluctuation de la mi-1971 au printemps de 1972, due essentiellement au blocage des prix imposé par Nixon aux États-Unis) une période de hausse rapide des prix, causée par les facteurs fondamentaux que l'on a discutés plus haut, dont l'action était cette fois-ci renforcée par la hausse des prix alimentaires (résultat, surtout, de l'admirable efficacité des « politiques » agricoles des États-Unis et de l'URSS) et des prix des matières premières (pour lesquels le rôle des anticipations inflationnistes a été important). Vers le milieu de 1973, le niveau général des prix dans l'ensemble des pays de l'OCDE était en train d'augmenter à un taux annuel dépassant 8,5 %[1]. Après un certain temps, les dévaluations du dollar ont commencé à produire leurs effets. Pendant l'année 1973, la balance commerciale des États-Unis revenait rapidement vers une position excédentaire. Après un minimum atteint en juillet 1973, le rétablissement

1. Les données chiffrées de ce paragraphe proviennent des *Perspectives économiques* de l'OCDE, juillet 1973.

de la confiance envers le dollar commençait à faire remonter sa valeur internationale.

Au début de l'automne de 1973 on pouvait prévoir que, après le boom exceptionnellement puissant des deux années précédentes, 1974 serait une année d'expansion plus lente (en fait, les signes d'un ralentissement étaient clairs aux États-Unis, en Allemagne et au Japon), que la situation monétaire internationale deviendrait beaucoup plus calme, mais que l'inflation continuerait sans faiblir.

L'« accident » de la guerre israélo-arabe

C'est alors que la guerre israélo-arabe éclata. Le pétrole arabe fut soumis à l'embargo. Les prix du pétrole quadruplèrent en trois mois. Les prix des autres matières premières montèrent au ciel. Et M. Heath, invoquant quelques statistiques erronées, refusa aux mineurs britanniques une modeste augmentation de salaires.

Ces événements confrontèrent le capitalisme occidental à une menace sans précédent. Ce qui se manifestait brutalement était la claire possibilité d'une dislocation économique résultant de la pénurie soudaine d'un élément physique fondamental de la production (l'énergie). Cette pénurie n'était pas causée par des facteurs économiques, mais par des facteurs politiques. La situation révélait dramatiquement les catastrophiques implications potentielles, qui s'étaient accumulées pendant très longtemps, du processus de développement technologique capitaliste (et « socialiste »). Mais même en deçà d'une dislocation totale, la crise du pétrole aurait pu avoir des effets immenses. En réduisant énormément la demande adressée à certains secteurs stratégiques de la production capitaliste (automobile, aéronautique, etc.) et en diminuant en même temps les possibilités de production de presque tous les autres secteurs (même de l'agriculture), ceci ne compensant nullement cela, la crise du pétrole aurait pu réduire à néant les anticipations des entreprises, provoquer des coupes très lourdes de l'investissement aussi bien que de la consommation, et aboutir cumulativement à une dépression *combinée avec* des hausses des prix encore plus fortes. En bref, elle aurait pu conduire à une situation où un Napoléon doublé d'un Keynes se serait senti perdu, et où les Nixon, les Heath, les Wilson et les Pompidou auraient fait figure d'enfants arriérés à qui l'on demande de résoudre les problèmes de la théorie des champs unifiée. Dans une telle situation les instruments traditionnels de « régulation de la demande », que les gouvernements capitalistes avaient enfin péniblement appris à utiliser, auraient été totalement vains. Des mesures proches de celles d'une économie de guerre auraient dû être appliquées (allocation rigoureuse des ressources rares, contrôle des prix et des salaires, sinon rationnement universel, etc.), et l'on aurait eu à les faire accepter par la population dans des conditions de « paix ».

Perspectives présentes

Au moment où j'écris (début mars 1974), tout semble indiquer que, à moins que des luttes sociales ne se développent (ce qui est bien évidemment possible, et même plus probable que, par exemple, il y a un an, mais aucunement inévitable), l'économie capitaliste sera capable de réémerger de l'énorme tempête provoquée par la crise du pétrole – qui est venue s'ajouter aux premières manifestations d'un ralentissement du cycle économique, lui-même s'ajoutant à une crise monétaire internationale qui traîne, elle-même s'ajoutant à une inflation constamment accélérée –, et cela seulement au prix d'une nouvelle récession. Cette récession pourrait même ne pas être plus sévère que d'autres récessions que l'on a observées depuis la fin de la Deuxième Guerre mondiale[1].

1. Cela doit être assorti d'une restriction – qui est en fait très importante. C'est que, une fois que la hausse massive « une fois pour toutes » du niveau des prix causée par les événements récents aura fini de se propager à travers le système (les économies capitalistes dominantes doivent permettre que cette hausse ait lieu, afin de réduire le changement des termes de l'échange entre pays industrialisés et pays producteurs de pétrole et de matières premières, et rétablir un certain équilibre des transactions entre les premiers et les seconds), les pays capitalistes réussissent soit à arrêter l'accélération de l'inflation des prix, soit à apprendre à vivre sous des conditions « latino-américaines ». Rien ne garantit qu'ils y parviendront. Rien non plus qu'ils n'y parviendront pas. Comme je l'ai dit à plusieurs reprises, l'issue dépend, en dernier lieu, des réactions et des actions des travailleurs.

Mais il faut bien le noter : nous *ne* sommes *pas, absolument pas* liés ni par cette « prévision » particulière, ni par ce *type* de prévision. Il aurait pu y avoir (et cela pourrait encore se produire) à cette occasion (ou à une autre, dans l'avenir) une crise économique très profonde, ou même une dislocation de l'économie capitaliste encore plus aiguë que n'en ait jamais osé rêver même le trotskiste le plus exalté. Mais une telle crise ne constituerait pas une confirmation, mais une *réfutation* de toute la conception marxiste, économique et générale. Car elle ne saurait être saisie au moyen d'une analyste marxiste, pour les mêmes raisons que la situation présente ne saurait être saisie au moyen d'une analyse de ce type. Elle n'aurait pas été le résultat des facteurs que le marxisme considère comme agissants et fondamentaux. En particulier, elle n'aurait pas été le produit d'une « contradiction » entre la capacité du système à « produire de la plus-value » et son incapacité à « réaliser la plus-value ». Elle aurait été le résultat de facteurs sur lesquels le marxisme n'a rien ou presque rien à dire (ou qu'il considère comme secondaires et périphériques par rapport aux « lois économiques fondamentales » du capitalisme). Les plus importants de ces facteurs sont : les luttes sociales comme déterminant fondamental de l'évolution économique ; les conflits politiques entre les couches dominantes des différents pays et à l'intérieur de ces couches ; la manière, nécessairement mi-« rationnelle » mi-« irrationnelle » d'après laquelle les gouvernements capitalistes gèrent l'économie et décident de leur politique générale ; le jeu politico-militaire mondial et son étape présente (qui conditionne la capacité des chefs de quelques tribus bédouines à extraire des puissances impérialistes, l'espace d'une nuit, une rente d'environ cent milliards de dollars par an. Cela peut-il être expliqué en termes de la « théorie de la valeur-travail » – ou bien est-ce là une manifestation de la « baisse du taux de profit » ?) ; et, *last but not least*, l'absurdité intrinsèque du développement *technologique* capitaliste, célébré par Marx et les marxistes comme la Raison agissante en personne.

La possibilité du déclenchement d'une crise économique (dont l'apparition, le type et le contenu auraient été imprévus et imprévisibles pour n'importe qui, et en particulier pour les marxistes utilisant leur « méthode ») à partir des récents événements politiques internationaux confirme amplement les conceptions formulées dans « Le mouvement révolutionnaire dans le capitalisme moderne ». Une telle crise, si elle était apparue – ou si elle apparaissait maintenant – aurait été un « accident » par rapport à l'économie elle-même. Elle n'aurait pas été l'effet du fonctionnement propre de l'économie comme telle, mais de facteurs extrinsèques, extérieurs à l'économie – et cela est, depuis Aristote, la définition même de l'« accident ». J'ai écrit plus haut (chapitre VI du « Mouvement révolutionnaire… ») que « chaque crise particulière peut apparaître comme un "accident"; mais, dans un tel système, l'existence d'accidents et leur répétition périodique – quoique non "régulière" – sont absolument nécessaires ». Car cette société est fondamentalement *irrationnelle.* Et cela implique qu'*il n'existe pas* une « dynamique de ses contradictions » simple, directe, belle (et ainsi finalement rationnelle). Cela peut pousser au désespoir ceux qui croyaient avoir trouvé, dans trois formules économiques élémentaires, la clé des secrets de l'histoire humaine. Mais ces gens, quelle que soit l'étiquette qu'ils s'attribuent, n'avaient jamais compris quel est l'objet de la révolution.

Les révolutionnaires qui veulent comprendre le fonctionnement du système doivent se situer à ce point archimédien : la lutte des êtres humains contre leur aliénation, et le conflit et le déchirement qui en résultent dans toutes les sphères, tous les aspects, tous les moments de la vie sociale. Aussi longtemps que cette lutte continue, les couches dominantes continueront à être incapables d'organiser leur système d'une manière cohérente, et la société continuera à rouler d'accident en accident. Telles sont les conditions de l'activité révolutionnaire à l'époque présente – et elles sont amplement suffisantes.

17 mars 1974

TABLE DES MATIÈRES

*

* *

Table des matières du tome 1

Cet ouvrage a été achevé d`imprimer
par l'imprimerie Pulsio en août 2012
Imprimé en France